약점까지 확실하게
점검하는 매1N

JN363624

에듀윌 공기업
매일 1회씩 꺼내 푸는 NCS Ver.2

매1N Ver.2
약점보완 오답노트

eduwill

매1N 약점보완 오답노트

오답노트 작성 예시

문항 번호	유형	틀린 이유	관련 문제	비고
3번	독해	발문을 잘못 읽고 일치/불일치 문제로 풂	의사소통능력	발문 제대로 읽고 옳은/옳지 않은 것 구분하자!
5번	어휘	'통시적'의 뜻을 몰랐음. 통시적: 시대를 관통하여 살피는 것	의사소통능력	어휘는 그때그때 계속 외우자!
8번	어휘	'지양'과 '지향'의 뜻을 반대로 생각함	의사소통능력	- 지양: 어떤 것을 하지 않음 - 지향: 목표를 향함
11번	독해	지문 내용도 어렵고 문장이 너무 길어 이해가 안됨	의사소통능력	문제를 먼저 확인하고 지문을 읽어 보자!
15번	자료해석	증가율 공식을 헷갈림	수리능력	증가율 공식을 외우자!
19번	자료해석	그래프에서 수치를 잘못 보고 풂	수리능력	연도를 먼저 확인하고 수치를 보자!
21번	명제	명제의 대우 개념을 모름	문제해결능력	명제: P이면 Q이다. (참) 명제의 대우: Q가 아니면 P가 아니다. (참)
25번	문서이해	자료가 너무 길어 파악하는 시간이 오래 걸려서 못 풂	문제해결능력	문제를 먼저 확인하고 자료에서 실마리를 찾자!

Day ____________

문항 번호	유형	틀린 이유	관련 문제	비고

Day ________

문항 번호	유형	틀린 이유	관련 문제	비고

Day ________

문항 번호	유형	틀린 이유	관련 문제	비고

Day ________

문항 번호	유형	틀린 이유	관련 문제	비고

Day ____________

문항 번호	유형	틀린 이유	관련 문제	비고

Day ______

문항 번호	유형	틀린 이유	관련 문제	비고

Day ________

문항 번호	유형	틀린 이유	관련 문제	비고

Day ______________

문항 번호	유형	틀린 이유	관련 문제	비고

Day ______

문항 번호	유형	틀린 이유	관련 문제	비고

Day ________

문항 번호	유형	틀린 이유	관련 문제	비고

Day ________

문항 번호	유형	틀린 이유	관련 문제	비고

Day ____________

문항 번호	유형	틀린 이유	관련 문제	비고

Day ________

문항 번호	유형	틀린 이유	관련 문제	비고

Day ______

문항 번호	유형	틀린 이유	관련 문제	비고

Day ____________

문항 번호	유형	틀린 이유	관련 문제	비고

Day ______

문항 번호	유형	틀린 이유	관련 문제	비고

Day ______

문항 번호	유형	틀린 이유	관련 문제	비고

Day ____________

문항 번호	유형	틀린 이유	관련 문제	비고

Day ______

문항 번호	유형	틀린 이유	관련 문제	비고

Day ________

문항 번호	유형	틀린 이유	관련 문제	비고

Day ________

문항 번호	유형	틀린 이유	관련 문제	비고

Day ________

문항 번호	유형	틀린 이유	관련 문제	비고

회독용 답안지 DAY (   )

성명											
㉠	㉯	㉠	㉠	㉯	㉠	㉠	㉯	㉠	㉠	㉯	㉠
ㄱ	ㅏ	ㄱ	ㄱ	ㅏ	ㄱ	ㄱ	ㅏ	ㄱ	ㄱ	ㅏ	ㄱ
ㄴ	ㅑ	ㄴ	ㄴ	ㅑ	ㄴ	ㄴ	ㅑ	ㄴ	ㄴ	ㅑ	ㄴ
ㄷ	ㅓ	ㄷ	ㄷ	ㅓ	ㄷ	ㄷ	ㅓ	ㄷ	ㄷ	ㅓ	ㄷ
ㄹ	ㅕ	ㄹ	ㄹ	ㅕ	ㄹ	ㄹ	ㅕ	ㄹ	ㄹ	ㅕ	ㄹ
ㅁ	ㅗ	ㅁ	ㅁ	ㅗ	ㅁ	ㅁ	ㅗ	ㅁ	ㅁ	ㅗ	ㅁ
ㅂ	ㅛ	ㅂ	ㅂ	ㅛ	ㅂ	ㅂ	ㅛ	ㅂ	ㅂ	ㅛ	ㅂ
ㅅ	ㅜ	ㅅ	ㅅ	ㅜ	ㅅ	ㅅ	ㅜ	ㅅ	ㅅ	ㅜ	ㅅ
ㅇ	ㅠ	ㅇ	ㅇ	ㅠ	ㅇ	ㅇ	ㅠ	ㅇ	ㅇ	ㅠ	ㅇ
ㅈ	ㅡ	ㅈ	ㅈ	ㅡ	ㅈ	ㅈ	ㅡ	ㅈ	ㅈ	ㅡ	ㅈ
ㅊ	ㅣ	ㅊ	ㅊ	ㅣ	ㅊ	ㅊ	ㅣ	ㅊ	ㅊ	ㅣ	ㅊ
ㅋ	ㅐ	ㅋ	ㅋ	ㅐ	ㅋ	ㅋ	ㅐ	ㅋ	ㅋ	ㅐ	ㅋ
ㅌ	ㅒ	ㅌ	ㅌ	ㅒ	ㅌ	ㅌ	ㅒ	ㅌ	ㅌ	ㅒ	ㅌ
ㅍ	ㅔ	ㅍ	ㅍ	ㅔ	ㅍ	ㅍ	ㅔ	ㅍ	ㅍ	ㅔ	ㅍ
ㅎ	ㅖ	ㅎ	ㅎ	ㅖ	ㅎ	ㅎ	ㅖ	ㅎ	ㅎ	ㅖ	ㅎ
	ㅘ		ㄲ	ㅘ	ㄲ	ㄲ	ㅘ	ㄲ	ㄲ	ㅘ	ㄲ
	ㅙ		ㄸ	ㅙ	ㄸ	ㄸ	ㅙ	ㄸ	ㄸ	ㅙ	ㄸ
	ㅚ		ㅃ	ㅚ	ㅃ	ㅃ	ㅚ	ㅃ	ㅃ	ㅚ	ㅃ
	ㅝ		ㅆ	ㅝ	ㅆ	ㅆ	ㅝ	ㅆ	ㅆ	ㅝ	ㅆ
	ㅞ		ㅉ	ㅞ	ㅉ	ㅉ	ㅞ	ㅉ	ㅉ	ㅞ	ㅉ
	ㅟ			ㅟ	ㄺ		ㅟ	ㄺ		ㅟ	ㄺ
	ㅢ			ㅢ	ㄻ		ㅢ	ㄻ		ㅢ	ㄻ

수험번호					
0	0	0	0	0	0
1	1	1	1	1	1
2	2	2	2	2	2
3	3	3	3	3	3
4	4	4	4	4	4
5	5	5	5	5	5
6	6	6	6	6	6
7	7	7	7	7	7
8	8	8	8	8	8
9	9	9	9	9	9

출생(생년을 제외한) 월일			
0	0	0	0
1	1	1	1
2	2	2	2
3	3	3	3
4	4	4	4
5	5	5	5
6	6	6	6
7	7	7	7
8	8	8	8
9	9	9	9

수험생 유의사항

(1) 아래와 같은 방식으로 답안지를 바르게 작성한다.
[보기] ① ② ● ④ ⑤
(2) 성명란은 왼쪽부터 빠짐없이 순서대로 작성한다.
(3) 수험번호는 각자 자신에게 부여받은 번호를 표기하여 작성한다.
(4) 출생 월일은 출생연도를 제외하고 작성한다.
(예) 2002년 4월 1일 → 0401

문번	1회독	문번	2회독	문번	3회독
01	① ② ③ ④ ⑤	01	① ② ③ ④ ⑤	01	① ② ③ ④ ⑤
02	① ② ③ ④ ⑤	02	① ② ③ ④ ⑤	02	① ② ③ ④ ⑤
03	① ② ③ ④ ⑤	03	① ② ③ ④ ⑤	03	① ② ③ ④ ⑤
04	① ② ③ ④ ⑤	04	① ② ③ ④ ⑤	04	① ② ③ ④ ⑤
05	① ② ③ ④ ⑤	05	① ② ③ ④ ⑤	05	① ② ③ ④ ⑤
06	① ② ③ ④ ⑤	06	① ② ③ ④ ⑤	06	① ② ③ ④ ⑤
07	① ② ③ ④ ⑤	07	① ② ③ ④ ⑤	07	① ② ③ ④ ⑤
08	① ② ③ ④ ⑤	08	① ② ③ ④ ⑤	08	① ② ③ ④ ⑤
09	① ② ③ ④ ⑤	09	① ② ③ ④ ⑤	09	① ② ③ ④ ⑤
10	① ② ③ ④ ⑤	10	① ② ③ ④ ⑤	10	① ② ③ ④ ⑤
11	① ② ③ ④ ⑤	11	① ② ③ ④ ⑤	11	① ② ③ ④ ⑤
12	① ② ③ ④ ⑤	12	① ② ③ ④ ⑤	12	① ② ③ ④ ⑤
13	① ② ③ ④ ⑤	13	① ② ③ ④ ⑤	13	① ② ③ ④ ⑤
14	① ② ③ ④ ⑤	14	① ② ③ ④ ⑤	14	① ② ③ ④ ⑤
15	① ② ③ ④ ⑤	15	① ② ③ ④ ⑤	15	① ② ③ ④ ⑤
16	① ② ③ ④ ⑤	16	① ② ③ ④ ⑤	16	① ② ③ ④ ⑤
17	① ② ③ ④ ⑤	17	① ② ③ ④ ⑤	17	① ② ③ ④ ⑤
18	① ② ③ ④ ⑤	18	① ② ③ ④ ⑤	18	① ② ③ ④ ⑤
19	① ② ③ ④ ⑤	19	① ② ③ ④ ⑤	19	① ② ③ ④ ⑤
20	① ② ③ ④ ⑤	20	① ② ③ ④ ⑤	20	① ② ③ ④ ⑤
21	① ② ③ ④ ⑤	21	① ② ③ ④ ⑤	21	① ② ③ ④ ⑤
22	① ② ③ ④ ⑤	22	① ② ③ ④ ⑤	22	① ② ③ ④ ⑤
23	① ② ③ ④ ⑤	23	① ② ③ ④ ⑤	23	① ② ③ ④ ⑤
24	① ② ③ ④ ⑤	24	① ② ③ ④ ⑤	24	① ② ③ ④ ⑤
25	① ② ③ ④ ⑤	25	① ② ③ ④ ⑤	25	① ② ③ ④ ⑤

회독용 답안지 DAY ( )

성 명											
ㄱ	ㅏ	ㄱ	ㄱ	ㅏ	ㄱ	ㄱ	ㅏ	ㄱ	ㄱ	ㅏ	ㄱ
ㄴ	ㅑ	ㄴ	ㄴ	ㅑ	ㄴ	ㄴ	ㅑ	ㄴ	ㄴ	ㅑ	ㄴ
ㄷ	ㅓ	ㄷ	ㄷ	ㅓ	ㄷ	ㄷ	ㅓ	ㄷ	ㄷ	ㅓ	ㄷ
ㄹ	ㅕ	ㄹ	ㄹ	ㅕ	ㄹ	ㄹ	ㅕ	ㄹ	ㄹ	ㅕ	ㄹ
ㅁ	ㅗ	ㅁ	ㅁ	ㅗ	ㅁ	ㅁ	ㅗ	ㅁ	ㅁ	ㅗ	ㅁ
ㅂ	ㅛ	ㅂ	ㅂ	ㅛ	ㅂ	ㅂ	ㅛ	ㅂ	ㅂ	ㅛ	ㅂ
ㅅ	ㅜ	ㅅ	ㅅ	ㅜ	ㅅ	ㅅ	ㅜ	ㅅ	ㅅ	ㅜ	ㅅ
ㅇ	ㅠ	ㅇ	ㅇ	ㅠ	ㅇ	ㅇ	ㅠ	ㅇ	ㅇ	ㅠ	ㅇ
ㅈ	ㅡ	ㅈ	ㅈ	ㅡ	ㅈ	ㅈ	ㅡ	ㅈ	ㅈ	ㅡ	ㅈ
ㅊ	ㅣ	ㅊ	ㅊ	ㅣ	ㅊ	ㅊ	ㅣ	ㅊ	ㅊ	ㅣ	ㅊ
ㅋ	ㅐ	ㅋ	ㅋ	ㅐ	ㅋ	ㅋ	ㅐ	ㅋ	ㅋ	ㅐ	ㅋ
ㅌ	ㅒ	ㅌ	ㅌ	ㅒ	ㅌ	ㅌ	ㅒ	ㅌ	ㅌ	ㅒ	ㅌ
ㅍ	ㅔ	ㅍ	ㅍ	ㅔ	ㅍ	ㅍ	ㅔ	ㅍ	ㅍ	ㅔ	ㅍ
ㅎ	ㅖ	ㅎ	ㅎ	ㅖ	ㅎ	ㅎ	ㅖ	ㅎ	ㅎ	ㅖ	ㅎ
	ㅘ		ㄲ	ㅘ	ㄲ	ㄲ	ㅘ	ㄲ	ㄲ	ㅘ	ㄲ
	ㅙ		ㄸ	ㅙ	ㄸ	ㄸ	ㅙ	ㄸ	ㄸ	ㅙ	ㄸ
	ㅚ		ㅃ	ㅚ	ㅃ	ㅃ	ㅚ	ㅃ	ㅃ	ㅚ	ㅃ
	ㅝ		ㅆ	ㅝ	ㅆ	ㅆ	ㅝ	ㅆ	ㅆ	ㅝ	ㅆ
	ㅞ		ㅉ	ㅞ	ㅉ	ㅉ	ㅞ	ㅉ	ㅉ	ㅞ	ㅉ
	ㅟ			ㅟ	ㄺ		ㅟ	ㄺ		ㅟ	ㄺ
	ㅢ			ㅢ	ㄻ		ㅢ	ㄻ		ㅢ	ㄻ

수 험 번 호					
⓪	⓪	⓪	⓪	⓪	⓪
①	①	①	①	①	①
②	②	②	②	②	②
③	③	③	③	③	③
④	④	④	④	④	④
⑤	⑤	⑤	⑤	⑤	⑤
⑥	⑥	⑥	⑥	⑥	⑥
⑦	⑦	⑦	⑦	⑦	⑦
⑧	⑧	⑧	⑧	⑧	⑧
⑨	⑨	⑨	⑨	⑨	⑨

출생(생년을 제외한) 월일			
⓪	⓪	⓪	⓪
①	①	①	①
②	②	②	②
③	③	③	③
④	④	④	④
⑤	⑤	⑤	⑤
⑥	⑥	⑥	⑥
⑦	⑦	⑦	⑦
⑧	⑧	⑧	⑧
⑨	⑨	⑨	⑨

수험생 유의사항

(1) 아래와 같은 방식으로 답안지를 바르게 작성한다.

[보기] ① ② ● ④ ⑤

(2) 성명란은 왼쪽부터 빠짐없이 순서대로 작성한다.

(3) 수험번호는 각자 자신에게 부여받은 번호를 표기하여 작성한다.

(4) 출생 월일은 출생연도를 제외하고 작성한다.

(예) 2002년 4월 1일 → 0401

문번	1회독	문번	2회독	문번	3회독
01	① ② ③ ④ ⑤	01	① ② ③ ④ ⑤	01	① ② ③ ④ ⑤
02	① ② ③ ④ ⑤	02	① ② ③ ④ ⑤	02	① ② ③ ④ ⑤
03	① ② ③ ④ ⑤	03	① ② ③ ④ ⑤	03	① ② ③ ④ ⑤
04	① ② ③ ④ ⑤	04	① ② ③ ④ ⑤	04	① ② ③ ④ ⑤
05	① ② ③ ④ ⑤	05	① ② ③ ④ ⑤	05	① ② ③ ④ ⑤
06	① ② ③ ④ ⑤	06	① ② ③ ④ ⑤	06	① ② ③ ④ ⑤
07	① ② ③ ④ ⑤	07	① ② ③ ④ ⑤	07	① ② ③ ④ ⑤
08	① ② ③ ④ ⑤	08	① ② ③ ④ ⑤	08	① ② ③ ④ ⑤
09	① ② ③ ④ ⑤	09	① ② ③ ④ ⑤	09	① ② ③ ④ ⑤
10	① ② ③ ④ ⑤	10	① ② ③ ④ ⑤	10	① ② ③ ④ ⑤
11	① ② ③ ④ ⑤	11	① ② ③ ④ ⑤	11	① ② ③ ④ ⑤
12	① ② ③ ④ ⑤	12	① ② ③ ④ ⑤	12	① ② ③ ④ ⑤
13	① ② ③ ④ ⑤	13	① ② ③ ④ ⑤	13	① ② ③ ④ ⑤
14	① ② ③ ④ ⑤	14	① ② ③ ④ ⑤	14	① ② ③ ④ ⑤
15	① ② ③ ④ ⑤	15	① ② ③ ④ ⑤	15	① ② ③ ④ ⑤
16	① ② ③ ④ ⑤	16	① ② ③ ④ ⑤	16	① ② ③ ④ ⑤
17	① ② ③ ④ ⑤	17	① ② ③ ④ ⑤	17	① ② ③ ④ ⑤
18	① ② ③ ④ ⑤	18	① ② ③ ④ ⑤	18	① ② ③ ④ ⑤
19	① ② ③ ④ ⑤	19	① ② ③ ④ ⑤	19	① ② ③ ④ ⑤
20	① ② ③ ④ ⑤	20	① ② ③ ④ ⑤	20	① ② ③ ④ ⑤
21	① ② ③ ④ ⑤	21	① ② ③ ④ ⑤	21	① ② ③ ④ ⑤
22	① ② ③ ④ ⑤	22	① ② ③ ④ ⑤	22	① ② ③ ④ ⑤
23	① ② ③ ④ ⑤	23	① ② ③ ④ ⑤	23	① ② ③ ④ ⑤
24	① ② ③ ④ ⑤	24	① ② ③ ④ ⑤	24	① ② ③ ④ ⑤
25	① ② ③ ④ ⑤	25	① ② ③ ④ ⑤	25	① ② ③ ④ ⑤

회독용 답안지 DAY ( )

성 명											
㉠	ㅏ	㉠	㉠	ㅏ	㉠	㉠	ㅏ	㉠	㉠	ㅏ	㉠
㉡	ㅑ	㉡	㉡	ㅑ	㉡	㉡	ㅑ	㉡	㉡	ㅑ	㉡
㉢	ㅓ	㉢	㉢	ㅓ	㉢	㉢	ㅓ	㉢	㉢	ㅓ	㉢
㉣	ㅕ	㉣	㉣	ㅕ	㉣	㉣	ㅕ	㉣	㉣	ㅕ	㉣
㉤	ㅗ	㉤	㉤	ㅗ	㉤	㉤	ㅗ	㉤	㉤	ㅗ	㉤
㉥	ㅛ	㉥	㉥	ㅛ	㉥	㉥	ㅛ	㉥	㉥	ㅛ	㉥
㉦	ㅜ	㉦	㉦	ㅜ	㉦	㉦	ㅜ	㉦	㉦	ㅜ	㉦
㉧	ㅠ	㉧	㉧	ㅠ	㉧	㉧	ㅠ	㉧	㉧	ㅠ	㉧
㉨	ㅡ	㉨	㉨	ㅡ	㉨	㉨	ㅡ	㉨	㉨	ㅡ	㉨
㉩	ㅣ	㉩	㉩	ㅣ	㉩	㉩	ㅣ	㉩	㉩	ㅣ	㉩
㉪	ㅐ	㉪	㉪	ㅐ	㉪	㉪	ㅐ	㉪	㉪	ㅐ	㉪
㉫	ㅒ	㉫	㉫	ㅒ	㉫	㉫	ㅒ	㉫	㉫	ㅒ	㉫
㉬	ㅔ	㉬	㉬	ㅔ	㉬	㉬	ㅔ	㉬	㉬	ㅔ	㉬
㉭	ㅖ	㉭	㉭	ㅖ	㉭	㉭	ㅖ	㉭	㉭	ㅖ	㉭
	ㅘ		ㄲ	ㅘ	ㄲ	ㄲ	ㅘ	ㄲ	ㄲ	ㅘ	ㄲ
	ㅙ		ㄸ	ㅙ	ㄸ	ㄸ	ㅙ	ㄸ	ㄸ	ㅙ	ㄸ
	ㅚ		ㅃ	ㅚ	ㅃ	ㅃ	ㅚ	ㅃ	ㅃ	ㅚ	ㅃ
	ㅝ		ㅆ	ㅝ	ㅆ	ㅆ	ㅝ	ㅆ	ㅆ	ㅝ	ㅆ
	ㅞ		ㅉ	ㅞ	ㅉ	ㅉ	ㅞ	ㅉ	ㅉ	ㅞ	ㅉ
	ㅟ			ㅟ	ㄺ		ㅟ	ㄺ		ㅟ	ㄺ
	ㅢ			ㅢ	ㄻ		ㅢ	ㄻ		ㅢ	ㄻ

수	험	번	호		
⓪	⓪	⓪	⓪	⓪	⓪
①	①	①	①	①	①
②	②	②	②	②	②
③	③	③	③	③	③
④	④	④	④	④	④
⑤	⑤	⑤	⑤	⑤	⑤
⑥	⑥	⑥	⑥	⑥	⑥
⑦	⑦	⑦	⑦	⑦	⑦
⑧	⑧	⑧	⑧	⑧	⑧
⑨	⑨	⑨	⑨	⑨	⑨

출생(생년을 제외한) 월일			
⓪	⓪	⓪	⓪
①	①	①	①
②	②	②	②
③	③	③	③
④	④	④	④
⑤	⑤	⑤	⑤
⑥	⑥	⑥	⑥
⑦	⑦	⑦	⑦
⑧	⑧	⑧	⑧
⑨	⑨	⑨	⑨

수험생 유의사항

(1) 아래와 같은 방식으로 답안지를 바르게 작성한다.

[보기] ① ② ● ④ ⑤

(2) 성명란은 왼쪽부터 빠짐없이 순서대로 작성한다.

(3) 수험번호는 각자 자신에게 부여받은 번호를 표기하여 작성한다.

(4) 출생 월일은 출생연도를 제외하고 작성한다.

(예) 2002년 4월 1일 → 0401

문번	1회독	문번	2회독	문번	3회독
01	① ② ③ ④ ⑤	01	① ② ③ ④ ⑤	01	① ② ③ ④ ⑤
02	① ② ③ ④ ⑤	02	① ② ③ ④ ⑤	02	① ② ③ ④ ⑤
03	① ② ③ ④ ⑤	03	① ② ③ ④ ⑤	03	① ② ③ ④ ⑤
04	① ② ③ ④ ⑤	04	① ② ③ ④ ⑤	04	① ② ③ ④ ⑤
05	① ② ③ ④ ⑤	05	① ② ③ ④ ⑤	05	① ② ③ ④ ⑤
06	① ② ③ ④ ⑤	06	① ② ③ ④ ⑤	06	① ② ③ ④ ⑤
07	① ② ③ ④ ⑤	07	① ② ③ ④ ⑤	07	① ② ③ ④ ⑤
08	① ② ③ ④ ⑤	08	① ② ③ ④ ⑤	08	① ② ③ ④ ⑤
09	① ② ③ ④ ⑤	09	① ② ③ ④ ⑤	09	① ② ③ ④ ⑤
10	① ② ③ ④ ⑤	10	① ② ③ ④ ⑤	10	① ② ③ ④ ⑤
11	① ② ③ ④ ⑤	11	① ② ③ ④ ⑤	11	① ② ③ ④ ⑤
12	① ② ③ ④ ⑤	12	① ② ③ ④ ⑤	12	① ② ③ ④ ⑤
13	① ② ③ ④ ⑤	13	① ② ③ ④ ⑤	13	① ② ③ ④ ⑤
14	① ② ③ ④ ⑤	14	① ② ③ ④ ⑤	14	① ② ③ ④ ⑤
15	① ② ③ ④ ⑤	15	① ② ③ ④ ⑤	15	① ② ③ ④ ⑤
16	① ② ③ ④ ⑤	16	① ② ③ ④ ⑤	16	① ② ③ ④ ⑤
17	① ② ③ ④ ⑤	17	① ② ③ ④ ⑤	17	① ② ③ ④ ⑤
18	① ② ③ ④ ⑤	18	① ② ③ ④ ⑤	18	① ② ③ ④ ⑤
19	① ② ③ ④ ⑤	19	① ② ③ ④ ⑤	19	① ② ③ ④ ⑤
20	① ② ③ ④ ⑤	20	① ② ③ ④ ⑤	20	① ② ③ ④ ⑤
21	① ② ③ ④ ⑤	21	① ② ③ ④ ⑤	21	① ② ③ ④ ⑤
22	① ② ③ ④ ⑤	22	① ② ③ ④ ⑤	22	① ② ③ ④ ⑤
23	① ② ③ ④ ⑤	23	① ② ③ ④ ⑤	23	① ② ③ ④ ⑤
24	① ② ③ ④ ⑤	24	① ② ③ ④ ⑤	24	① ② ③ ④ ⑤
25	① ② ③ ④ ⑤	25	① ② ③ ④ ⑤	25	① ② ③ ④ ⑤

회독용 답안지 DAY (   )

성 명											
㉠	㉮	㉠	㉠	㉮	㉠	㉠	㉮	㉠	㉠	㉮	㉠
ㄱ	ㅏ	ㄱ	ㄱ	ㅏ	ㄱ	ㄱ	ㅏ	ㄱ	ㄱ	ㅏ	ㄱ
ㄴ	ㅑ	ㄴ	ㄴ	ㅑ	ㄴ	ㄴ	ㅑ	ㄴ	ㄴ	ㅑ	ㄴ
ㄷ	ㅓ	ㄷ	ㄷ	ㅓ	ㄷ	ㄷ	ㅓ	ㄷ	ㄷ	ㅓ	ㄷ
ㄹ	ㅕ	ㄹ	ㄹ	ㅕ	ㄹ	ㄹ	ㅕ	ㄹ	ㄹ	ㅕ	ㄹ
ㅁ	ㅗ	ㅁ	ㅁ	ㅗ	ㅁ	ㅁ	ㅗ	ㅁ	ㅁ	ㅗ	ㅁ
ㅂ	ㅛ	ㅂ	ㅂ	ㅛ	ㅂ	ㅂ	ㅛ	ㅂ	ㅂ	ㅛ	ㅂ
ㅅ	ㅜ	ㅅ	ㅅ	ㅜ	ㅅ	ㅅ	ㅜ	ㅅ	ㅅ	ㅜ	ㅅ
ㅇ	ㅠ	ㅇ	ㅇ	ㅠ	ㅇ	ㅇ	ㅠ	ㅇ	ㅇ	ㅠ	ㅇ
ㅈ	ㅡ	ㅈ	ㅈ	ㅡ	ㅈ	ㅈ	ㅡ	ㅈ	ㅈ	ㅡ	ㅈ
ㅊ	ㅣ	ㅊ	ㅊ	ㅣ	ㅊ	ㅊ	ㅣ	ㅊ	ㅊ	ㅣ	ㅊ
ㅋ	ㅐ	ㅋ	ㅋ	ㅐ	ㅋ	ㅋ	ㅐ	ㅋ	ㅋ	ㅐ	ㅋ
ㅌ	ㅒ	ㅌ	ㅌ	ㅒ	ㅌ	ㅌ	ㅒ	ㅌ	ㅌ	ㅒ	ㅌ
ㅍ	ㅔ	ㅍ	ㅍ	ㅔ	ㅍ	ㅍ	ㅔ	ㅍ	ㅍ	ㅔ	ㅍ
ㅎ	ㅖ	ㅎ	ㅎ	ㅖ	ㅎ	ㅎ	ㅖ	ㅎ	ㅎ	ㅖ	ㅎ
	ㅘ		ㄲ	ㅘ	ㄲ	ㄲ	ㅘ	ㄲ	ㄲ	ㅘ	ㄲ
	ㅙ		ㄸ	ㅙ	ㄸ	ㄸ	ㅙ	ㄸ	ㄸ	ㅙ	ㄸ
	ㅚ		ㅃ	ㅚ	ㅃ	ㅃ	ㅚ	ㅃ	ㅃ	ㅚ	ㅃ
	ㅝ		ㅆ	ㅝ	ㅆ	ㅆ	ㅝ	ㅆ	ㅆ	ㅝ	ㅆ
	ㅞ		ㅉ	ㅞ	ㅉ	ㅉ	ㅞ	ㅉ	ㅉ	ㅞ	ㅉ
	ㅟ			ㅟ	ㄺ		ㅟ	ㄺ		ㅟ	ㄺ
	ㅢ			ㅢ	ㄻ		ㅢ	ㄻ		ㅢ	ㄻ

수 험 번 호					
⓪	⓪	⓪	⓪	⓪	⓪
①	①	①	①	①	①
②	②	②	②	②	②
③	③	③	③	③	③
④	④	④	④	④	④
⑤	⑤	⑤	⑤	⑤	⑤
⑥	⑥	⑥	⑥	⑥	⑥
⑦	⑦	⑦	⑦	⑦	⑦
⑧	⑧	⑧	⑧	⑧	⑧
⑨	⑨	⑨	⑨	⑨	⑨

출생(생년을 제외한) 월일			
⓪	⓪	⓪	⓪
①	①	①	①
②	②	②	②
③	③	③	③
④	④	④	④
⑤	⑤	⑤	⑤
⑥	⑥	⑥	⑥
⑦	⑦	⑦	⑦
⑧	⑧	⑧	⑧
⑨	⑨	⑨	⑨

수험생 유의사항

(1) 아래와 같은 방식으로 답안지를 바르게 작성한다.

[보기] ① ② ● ④ ⑤

(2) 성명란은 왼쪽부터 빠짐없이 순서대로 작성한다.

(3) 수험번호는 각자 자신에게 부여받은 번호를 표기하여 작성한다.

(4) 출생 월일은 출생연도를 제외하고 작성한다.

(예) 2002년 4월 1일 → 0401

문번	1회독	문번	2회독	문번	3회독
01	① ② ③ ④ ⑤	01	① ② ③ ④ ⑤	01	① ② ③ ④ ⑤
02	① ② ③ ④ ⑤	02	① ② ③ ④ ⑤	02	① ② ③ ④ ⑤
03	① ② ③ ④ ⑤	03	① ② ③ ④ ⑤	03	① ② ③ ④ ⑤
04	① ② ③ ④ ⑤	04	① ② ③ ④ ⑤	04	① ② ③ ④ ⑤
05	① ② ③ ④ ⑤	05	① ② ③ ④ ⑤	05	① ② ③ ④ ⑤
06	① ② ③ ④ ⑤	06	① ② ③ ④ ⑤	06	① ② ③ ④ ⑤
07	① ② ③ ④ ⑤	07	① ② ③ ④ ⑤	07	① ② ③ ④ ⑤
08	① ② ③ ④ ⑤	08	① ② ③ ④ ⑤	08	① ② ③ ④ ⑤
09	① ② ③ ④ ⑤	09	① ② ③ ④ ⑤	09	① ② ③ ④ ⑤
10	① ② ③ ④ ⑤	10	① ② ③ ④ ⑤	10	① ② ③ ④ ⑤
11	① ② ③ ④ ⑤	11	① ② ③ ④ ⑤	11	① ② ③ ④ ⑤
12	① ② ③ ④ ⑤	12	① ② ③ ④ ⑤	12	① ② ③ ④ ⑤
13	① ② ③ ④ ⑤	13	① ② ③ ④ ⑤	13	① ② ③ ④ ⑤
14	① ② ③ ④ ⑤	14	① ② ③ ④ ⑤	14	① ② ③ ④ ⑤
15	① ② ③ ④ ⑤	15	① ② ③ ④ ⑤	15	① ② ③ ④ ⑤
16	① ② ③ ④ ⑤	16	① ② ③ ④ ⑤	16	① ② ③ ④ ⑤
17	① ② ③ ④ ⑤	17	① ② ③ ④ ⑤	17	① ② ③ ④ ⑤
18	① ② ③ ④ ⑤	18	① ② ③ ④ ⑤	18	① ② ③ ④ ⑤
19	① ② ③ ④ ⑤	19	① ② ③ ④ ⑤	19	① ② ③ ④ ⑤
20	① ② ③ ④ ⑤	20	① ② ③ ④ ⑤	20	① ② ③ ④ ⑤
21	① ② ③ ④ ⑤	21	① ② ③ ④ ⑤	21	① ② ③ ④ ⑤
22	① ② ③ ④ ⑤	22	① ② ③ ④ ⑤	22	① ② ③ ④ ⑤
23	① ② ③ ④ ⑤	23	① ② ③ ④ ⑤	23	① ② ③ ④ ⑤
24	① ② ③ ④ ⑤	24	① ② ③ ④ ⑤	24	① ② ③ ④ ⑤
25	① ② ③ ④ ⑤	25	① ② ③ ④ ⑤	25	① ② ③ ④ ⑤

회독용 답안지 DAY (   )

성						명					
ㄱ	ㅏ	ㄱ	ㄱ	ㅏ	ㄱ	ㄱ	ㅏ	ㄱ	ㄱ	ㅏ	ㄱ
ㄴ	ㅑ	ㄴ	ㄴ	ㅑ	ㄴ	ㄴ	ㅑ	ㄴ	ㄴ	ㅑ	ㄴ
ㄷ	ㅓ	ㄷ	ㄷ	ㅓ	ㄷ	ㄷ	ㅓ	ㄷ	ㄷ	ㅓ	ㄷ
ㄹ	ㅕ	ㄹ	ㄹ	ㅕ	ㄹ	ㄹ	ㅕ	ㄹ	ㄹ	ㅕ	ㄹ
ㅁ	ㅗ	ㅁ	ㅁ	ㅗ	ㅁ	ㅁ	ㅗ	ㅁ	ㅁ	ㅗ	ㅁ
ㅂ	ㅛ	ㅂ	ㅂ	ㅛ	ㅂ	ㅂ	ㅛ	ㅂ	ㅂ	ㅛ	ㅂ
ㅅ	ㅜ	ㅅ	ㅅ	ㅜ	ㅅ	ㅅ	ㅜ	ㅅ	ㅅ	ㅜ	ㅅ
ㅇ	ㅠ	ㅇ	ㅇ	ㅠ	ㅇ	ㅇ	ㅠ	ㅇ	ㅇ	ㅠ	ㅇ
ㅈ	ㅡ	ㅈ	ㅈ	ㅡ	ㅈ	ㅈ	ㅡ	ㅈ	ㅈ	ㅡ	ㅈ
ㅊ	ㅣ	ㅊ	ㅊ	ㅣ	ㅊ	ㅊ	ㅣ	ㅊ	ㅊ	ㅣ	ㅊ
ㅋ	ㅐ	ㅋ	ㅋ	ㅐ	ㅋ	ㅋ	ㅐ	ㅋ	ㅋ	ㅐ	ㅋ
ㅌ	ㅒ	ㅌ	ㅌ	ㅒ	ㅌ	ㅌ	ㅒ	ㅌ	ㅌ	ㅒ	ㅌ
ㅍ	ㅔ	ㅍ	ㅍ	ㅔ	ㅍ	ㅍ	ㅔ	ㅍ	ㅍ	ㅔ	ㅍ
ㅎ	ㅖ	ㅎ	ㅎ	ㅖ	ㅎ	ㅎ	ㅖ	ㅎ	ㅎ	ㅖ	ㅎ
	ㅘ		ㄲ	ㅘ	ㄲ	ㄲ	ㅘ	ㄲ	ㄲ	ㅘ	ㄲ
	ㅙ		ㄸ	ㅙ	ㄸ	ㄸ	ㅙ	ㄸ	ㄸ	ㅙ	ㄸ
	ㅚ		ㅃ	ㅚ	ㅃ	ㅃ	ㅚ	ㅃ	ㅃ	ㅚ	ㅃ
	ㅝ		ㅆ	ㅝ	ㅆ	ㅆ	ㅝ	ㅆ	ㅆ	ㅝ	ㅆ
	ㅞ		ㅉ	ㅞ	ㅉ	ㅉ	ㅞ	ㅉ	ㅉ	ㅞ	ㅉ
	ㅟ			ㅟ	ㄺ		ㅟ	ㄺ		ㅟ	ㄺ
	ㅢ			ㅢ	ㄻ		ㅢ	ㄻ		ㅢ	ㄻ

수	험		번		호
⓪	⓪	⓪	⓪	⓪	⓪
①	①	①	①	①	①
②	②	②	②	②	②
③	③	③	③	③	③
④	④	④	④	④	④
⑤	⑤	⑤	⑤	⑤	⑤
⑥	⑥	⑥	⑥	⑥	⑥
⑦	⑦	⑦	⑦	⑦	⑦
⑧	⑧	⑧	⑧	⑧	⑧
⑨	⑨	⑨	⑨	⑨	⑨

출생(생년을 제외한) 월일			
⓪	⓪	⓪	⓪
①	①	①	①
②	②	②	②
③	③	③	③
④	④	④	④
⑤	⑤	⑤	⑤
⑥	⑥	⑥	⑥
⑦	⑦	⑦	⑦
⑧	⑧	⑧	⑧
⑨	⑨	⑨	⑨

수험생 유의사항

(1) 아래와 같은 방식으로 답안지를 바르게 작성한다.
[보기] ① ② ● ④ ⑤
(2) 성명란은 왼쪽부터 빠짐없이 순서대로 작성한다.
(3) 수험번호는 각자 자신에게 부여받은 번호를 표기하여 작성한다.
(4) 출생 월일은 출생연도를 제외하고 작성한다.
(예) 2002년 4월 1일 → 0401

문번	1회독	문번	2회독	문번	3회독
01	① ② ③ ④ ⑤	01	① ② ③ ④ ⑤	01	① ② ③ ④ ⑤
02	① ② ③ ④ ⑤	02	① ② ③ ④ ⑤	02	① ② ③ ④ ⑤
03	① ② ③ ④ ⑤	03	① ② ③ ④ ⑤	03	① ② ③ ④ ⑤
04	① ② ③ ④ ⑤	04	① ② ③ ④ ⑤	04	① ② ③ ④ ⑤
05	① ② ③ ④ ⑤	05	① ② ③ ④ ⑤	05	① ② ③ ④ ⑤
06	① ② ③ ④ ⑤	06	① ② ③ ④ ⑤	06	① ② ③ ④ ⑤
07	① ② ③ ④ ⑤	07	① ② ③ ④ ⑤	07	① ② ③ ④ ⑤
08	① ② ③ ④ ⑤	08	① ② ③ ④ ⑤	08	① ② ③ ④ ⑤
09	① ② ③ ④ ⑤	09	① ② ③ ④ ⑤	09	① ② ③ ④ ⑤
10	① ② ③ ④ ⑤	10	① ② ③ ④ ⑤	10	① ② ③ ④ ⑤
11	① ② ③ ④ ⑤	11	① ② ③ ④ ⑤	11	① ② ③ ④ ⑤
12	① ② ③ ④ ⑤	12	① ② ③ ④ ⑤	12	① ② ③ ④ ⑤
13	① ② ③ ④ ⑤	13	① ② ③ ④ ⑤	13	① ② ③ ④ ⑤
14	① ② ③ ④ ⑤	14	① ② ③ ④ ⑤	14	① ② ③ ④ ⑤
15	① ② ③ ④ ⑤	15	① ② ③ ④ ⑤	15	① ② ③ ④ ⑤
16	① ② ③ ④ ⑤	16	① ② ③ ④ ⑤	16	① ② ③ ④ ⑤
17	① ② ③ ④ ⑤	17	① ② ③ ④ ⑤	17	① ② ③ ④ ⑤
18	① ② ③ ④ ⑤	18	① ② ③ ④ ⑤	18	① ② ③ ④ ⑤
19	① ② ③ ④ ⑤	19	① ② ③ ④ ⑤	19	① ② ③ ④ ⑤
20	① ② ③ ④ ⑤	20	① ② ③ ④ ⑤	20	① ② ③ ④ ⑤
21	① ② ③ ④ ⑤	21	① ② ③ ④ ⑤	21	① ② ③ ④ ⑤
22	① ② ③ ④ ⑤	22	① ② ③ ④ ⑤	22	① ② ③ ④ ⑤
23	① ② ③ ④ ⑤	23	① ② ③ ④ ⑤	23	① ② ③ ④ ⑤
24	① ② ③ ④ ⑤	24	① ② ③ ④ ⑤	24	① ② ③ ④ ⑤
25	① ② ③ ④ ⑤	25	① ② ③ ④ ⑤	25	① ② ③ ④ ⑤

회독용 답안지 DAY (   )

성			명								
ㄱ	ㅏ	ㄱ	ㄱ	ㅏ	ㄱ	ㄱ	ㅏ	ㄱ	ㄱ	ㅏ	ㄱ
ㄴ	ㅑ	ㄴ	ㄴ	ㅑ	ㄴ	ㄴ	ㅑ	ㄴ	ㄴ	ㅑ	ㄴ
ㄷ	ㅓ	ㄷ	ㄷ	ㅓ	ㄷ	ㄷ	ㅓ	ㄷ	ㄷ	ㅓ	ㄷ
ㄹ	ㅕ	ㄹ	ㄹ	ㅕ	ㄹ	ㄹ	ㅕ	ㄹ	ㄹ	ㅕ	ㄹ
ㅁ	ㅗ	ㅁ	ㅁ	ㅗ	ㅁ	ㅁ	ㅗ	ㅁ	ㅁ	ㅗ	ㅁ
ㅂ	ㅛ	ㅂ	ㅂ	ㅛ	ㅂ	ㅂ	ㅛ	ㅂ	ㅂ	ㅛ	ㅂ
ㅅ	ㅜ	ㅅ	ㅅ	ㅜ	ㅅ	ㅅ	ㅜ	ㅅ	ㅅ	ㅜ	ㅅ
ㅇ	ㅠ	ㅇ	ㅇ	ㅠ	ㅇ	ㅇ	ㅠ	ㅇ	ㅇ	ㅠ	ㅇ
ㅈ	ㅡ	ㅈ	ㅈ	ㅡ	ㅈ	ㅈ	ㅡ	ㅈ	ㅈ	ㅡ	ㅈ
ㅊ	ㅣ	ㅊ	ㅊ	ㅣ	ㅊ	ㅊ	ㅣ	ㅊ	ㅊ	ㅣ	ㅊ
ㅋ	ㅐ	ㅋ	ㅋ	ㅐ	ㅋ	ㅋ	ㅐ	ㅋ	ㅋ	ㅐ	ㅋ
ㅌ	ㅒ	ㅌ	ㅌ	ㅒ	ㅌ	ㅌ	ㅒ	ㅌ	ㅌ	ㅒ	ㅌ
ㅍ	ㅔ	ㅍ	ㅍ	ㅔ	ㅍ	ㅍ	ㅔ	ㅍ	ㅍ	ㅔ	ㅍ
ㅎ	ㅖ	ㅎ	ㅎ	ㅖ	ㅎ	ㅎ	ㅖ	ㅎ	ㅎ	ㅖ	ㅎ
	ㅘ		ㄲ	ㅘ	ㄲ	ㄲ	ㅘ	ㄲ	ㄲ	ㅘ	ㄲ
	ㅙ		ㄸ	ㅙ	ㄸ	ㄸ	ㅙ	ㄸ	ㄸ	ㅙ	ㄸ
	ㅚ		ㅃ	ㅚ	ㅃ	ㅃ	ㅚ	ㅃ	ㅃ	ㅚ	ㅃ
	ㅝ		ㅆ	ㅝ	ㅆ	ㅆ	ㅝ	ㅆ	ㅆ	ㅝ	ㅆ
	ㅞ		ㅉ	ㅞ	ㅉ	ㅉ	ㅞ	ㅉ	ㅉ	ㅞ	ㅉ
	ㅟ			ㅟ	ㄺ		ㅟ	ㄺ		ㅟ	ㄺ
	ㅢ			ㅢ	ㄻ		ㅢ	ㄻ		ㅢ	ㄻ

수	험	번	호		
⓪	⓪	⓪	⓪	⓪	⓪
①	①	①	①	①	①
②	②	②	②	②	②
③	③	③	③	③	③
④	④	④	④	④	④
⑤	⑤	⑤	⑤	⑤	⑤
⑥	⑥	⑥	⑥	⑥	⑥
⑦	⑦	⑦	⑦	⑦	⑦
⑧	⑧	⑧	⑧	⑧	⑧
⑨	⑨	⑨	⑨	⑨	⑨

출생(생년을 제외한) 월일			
⓪	⓪	⓪	⓪
①	①	①	①
②	②	②	②
③	③	③	③
④	④	④	④
⑤	⑤	⑤	⑤
⑥	⑥	⑥	⑥
⑦	⑦	⑦	⑦
⑧	⑧	⑧	⑧
⑨	⑨	⑨	⑨

수험생 유의사항

(1) 아래와 같은 방식으로 답안지를 바르게 작성한다.

[보기] ① ② ● ④ ⑤

(2) 성명란은 왼쪽부터 빠짐없이 순서대로 작성한다.

(3) 수험번호는 각자 자신에게 부여받은 번호를 표기하여 작성한다.

(4) 출생 월일은 출생연도를 제외하고 작성한다.

(예) 2002년 4월 1일 → 0401

문번	1회독	문번	2회독	문번	3회독
01	① ② ③ ④ ⑤	01	① ② ③ ④ ⑤	01	① ② ③ ④ ⑤
02	① ② ③ ④ ⑤	02	① ② ③ ④ ⑤	02	① ② ③ ④ ⑤
03	① ② ③ ④ ⑤	03	① ② ③ ④ ⑤	03	① ② ③ ④ ⑤
04	① ② ③ ④ ⑤	04	① ② ③ ④ ⑤	04	① ② ③ ④ ⑤
05	① ② ③ ④ ⑤	05	① ② ③ ④ ⑤	05	① ② ③ ④ ⑤
06	① ② ③ ④ ⑤	06	① ② ③ ④ ⑤	06	① ② ③ ④ ⑤
07	① ② ③ ④ ⑤	07	① ② ③ ④ ⑤	07	① ② ③ ④ ⑤
08	① ② ③ ④ ⑤	08	① ② ③ ④ ⑤	08	① ② ③ ④ ⑤
09	① ② ③ ④ ⑤	09	① ② ③ ④ ⑤	09	① ② ③ ④ ⑤
10	① ② ③ ④ ⑤	10	① ② ③ ④ ⑤	10	① ② ③ ④ ⑤
11	① ② ③ ④ ⑤	11	① ② ③ ④ ⑤	11	① ② ③ ④ ⑤
12	① ② ③ ④ ⑤	12	① ② ③ ④ ⑤	12	① ② ③ ④ ⑤
13	① ② ③ ④ ⑤	13	① ② ③ ④ ⑤	13	① ② ③ ④ ⑤
14	① ② ③ ④ ⑤	14	① ② ③ ④ ⑤	14	① ② ③ ④ ⑤
15	① ② ③ ④ ⑤	15	① ② ③ ④ ⑤	15	① ② ③ ④ ⑤
16	① ② ③ ④ ⑤	16	① ② ③ ④ ⑤	16	① ② ③ ④ ⑤
17	① ② ③ ④ ⑤	17	① ② ③ ④ ⑤	17	① ② ③ ④ ⑤
18	① ② ③ ④ ⑤	18	① ② ③ ④ ⑤	18	① ② ③ ④ ⑤
19	① ② ③ ④ ⑤	19	① ② ③ ④ ⑤	19	① ② ③ ④ ⑤
20	① ② ③ ④ ⑤	20	① ② ③ ④ ⑤	20	① ② ③ ④ ⑤
21	① ② ③ ④ ⑤	21	① ② ③ ④ ⑤	21	① ② ③ ④ ⑤
22	① ② ③ ④ ⑤	22	① ② ③ ④ ⑤	22	① ② ③ ④ ⑤
23	① ② ③ ④ ⑤	23	① ② ③ ④ ⑤	23	① ② ③ ④ ⑤
24	① ② ③ ④ ⑤	24	① ② ③ ④ ⑤	24	① ② ③ ④ ⑤
25	① ② ③ ④ ⑤	25	① ② ③ ④ ⑤	25	① ② ③ ④ ⑤

회독용 답안지 DAY ( )

성 명

㉠	㉮	㉠	㉠	㉮	㉠	㉠	㉮	㉠	㉠	㉮	㉠
㉡	ㅑ	㉡	㉡	ㅑ	㉡	㉡	ㅑ	㉡	㉡	ㅑ	㉡
㉢	ㅓ	㉢	㉢	ㅓ	㉢	㉢	ㅓ	㉢	㉢	ㅓ	㉢
㉣	ㅕ	㉣	㉣	ㅕ	㉣	㉣	ㅕ	㉣	㉣	ㅕ	㉣
㉤	ㅗ	㉤	㉤	ㅗ	㉤	㉤	ㅗ	㉤	㉤	ㅗ	㉤
㉥	ㅛ	㉥	㉥	ㅛ	㉥	㉥	ㅛ	㉥	㉥	ㅛ	㉥
㉦	ㅜ	㉦	㉦	ㅜ	㉦	㉦	ㅜ	㉦	㉦	ㅜ	㉦
㉧	ㅠ	㉧	㉧	ㅠ	㉧	㉧	ㅠ	㉧	㉧	ㅠ	㉧
㉨	ㅡ	㉨	㉨	ㅡ	㉨	㉨	ㅡ	㉨	㉨	ㅡ	㉨
㉩	ㅣ	㉩	㉩	ㅣ	㉩	㉩	ㅣ	㉩	㉩	ㅣ	㉩
㉪	ㅐ	㉪	㉪	ㅐ	㉪	㉪	ㅐ	㉪	㉪	ㅐ	㉪
㉫	ㅒ	㉫	㉫	ㅒ	㉫	㉫	ㅒ	㉫	㉫	ㅒ	㉫
㉬	ㅔ	㉬	㉬	ㅔ	㉬	㉬	ㅔ	㉬	㉬	ㅔ	㉬
㉭	ㅖ	㉭	㉭	ㅖ	㉭	㉭	ㅖ	㉭	㉭	ㅖ	㉭
	ㅘ		ㄲ	ㅘ	ㄲ	ㄲ	ㅘ	ㄲ	ㄲ	ㅘ	ㄲ
	ㅙ		ㄸ	ㅙ	ㄸ	ㄸ	ㅙ	ㄸ	ㄸ	ㅙ	ㄸ
	ㅚ		ㅃ	ㅚ	ㅃ	ㅃ	ㅚ	ㅃ	ㅃ	ㅚ	ㅃ
	ㅝ		ㅆ	ㅝ	ㅆ	ㅆ	ㅝ	ㅆ	ㅆ	ㅝ	ㅆ
	ㅞ		ㅉ	ㅞ	ㅉ	ㅉ	ㅞ	ㅉ	ㅉ	ㅞ	ㅉ
	ㅟ			ㅟ	ㄺ		ㅟ	ㄺ		ㅟ	ㄺ
	ㅢ			ㅢ	ㄻ		ㅢ	ㄻ		ㅢ	ㄻ

수 험 번 호

⓪	⓪	⓪	⓪	⓪	⓪
①	①	①	①	①	①
②	②	②	②	②	②
③	③	③	③	③	③
④	④	④	④	④	④
⑤	⑤	⑤	⑤	⑤	⑤
⑥	⑥	⑥	⑥	⑥	⑥
⑦	⑦	⑦	⑦	⑦	⑦
⑧	⑧	⑧	⑧	⑧	⑧
⑨	⑨	⑨	⑨	⑨	⑨

출생(생년을 제외한) 월일

⓪	⓪	⓪	⓪
①	①	①	①
②	②	②	②
③	③	③	③
④	④	④	④
⑤	⑤	⑤	⑤
⑥	⑥	⑥	⑥
⑦	⑦	⑦	⑦
⑧	⑧	⑧	⑧
⑨	⑨	⑨	⑨

수험생 유의사항

(1) 아래와 같은 방식으로 답안지를 바르게 작성한다.

[보기] ① ② ● ④ ⑤

(2) 성명란은 왼쪽부터 빠짐없이 순서대로 작성한다.

(3) 수험번호는 각자 자신에게 부여받은 번호를 표기하여 작성한다.

(4) 출생 월일은 출생연도를 제외하고 작성한다.

(예) 2002년 4월 1일 → 0401

문번	1회독	문번	2회독	문번	3회독
01	① ② ③ ④ ⑤	01	① ② ③ ④ ⑤	01	① ② ③ ④ ⑤
02	① ② ③ ④ ⑤	02	① ② ③ ④ ⑤	02	① ② ③ ④ ⑤
03	① ② ③ ④ ⑤	03	① ② ③ ④ ⑤	03	① ② ③ ④ ⑤
04	① ② ③ ④ ⑤	04	① ② ③ ④ ⑤	04	① ② ③ ④ ⑤
05	① ② ③ ④ ⑤	05	① ② ③ ④ ⑤	05	① ② ③ ④ ⑤
06	① ② ③ ④ ⑤	06	① ② ③ ④ ⑤	06	① ② ③ ④ ⑤
07	① ② ③ ④ ⑤	07	① ② ③ ④ ⑤	07	① ② ③ ④ ⑤
08	① ② ③ ④ ⑤	08	① ② ③ ④ ⑤	08	① ② ③ ④ ⑤
09	① ② ③ ④ ⑤	09	① ② ③ ④ ⑤	09	① ② ③ ④ ⑤
10	① ② ③ ④ ⑤	10	① ② ③ ④ ⑤	10	① ② ③ ④ ⑤
11	① ② ③ ④ ⑤	11	① ② ③ ④ ⑤	11	① ② ③ ④ ⑤
12	① ② ③ ④ ⑤	12	① ② ③ ④ ⑤	12	① ② ③ ④ ⑤
13	① ② ③ ④ ⑤	13	① ② ③ ④ ⑤	13	① ② ③ ④ ⑤
14	① ② ③ ④ ⑤	14	① ② ③ ④ ⑤	14	① ② ③ ④ ⑤
15	① ② ③ ④ ⑤	15	① ② ③ ④ ⑤	15	① ② ③ ④ ⑤
16	① ② ③ ④ ⑤	16	① ② ③ ④ ⑤	16	① ② ③ ④ ⑤
17	① ② ③ ④ ⑤	17	① ② ③ ④ ⑤	17	① ② ③ ④ ⑤
18	① ② ③ ④ ⑤	18	① ② ③ ④ ⑤	18	① ② ③ ④ ⑤
19	① ② ③ ④ ⑤	19	① ② ③ ④ ⑤	19	① ② ③ ④ ⑤
20	① ② ③ ④ ⑤	20	① ② ③ ④ ⑤	20	① ② ③ ④ ⑤
21	① ② ③ ④ ⑤	21	① ② ③ ④ ⑤	21	① ② ③ ④ ⑤
22	① ② ③ ④ ⑤	22	① ② ③ ④ ⑤	22	① ② ③ ④ ⑤
23	① ② ③ ④ ⑤	23	① ② ③ ④ ⑤	23	① ② ③ ④ ⑤
24	① ② ③ ④ ⑤	24	① ② ③ ④ ⑤	24	① ② ③ ④ ⑤
25	① ② ③ ④ ⑤	25	① ② ③ ④ ⑤	25	① ② ③ ④ ⑤

회독용 답안지 DAY ( )

성	명										
ㄱ	ㅏ	ㄱ	ㄱ	ㅏ	ㄱ	ㄱ	ㅏ	ㄱ	ㄱ	ㅏ	ㄱ
ㄴ	ㅑ	ㄴ	ㄴ	ㅑ	ㄴ	ㄴ	ㅑ	ㄴ	ㄴ	ㅑ	ㄴ
ㄷ	ㅓ	ㄷ	ㄷ	ㅓ	ㄷ	ㄷ	ㅓ	ㄷ	ㄷ	ㅓ	ㄷ
ㄹ	ㅕ	ㄹ	ㄹ	ㅕ	ㄹ	ㄹ	ㅕ	ㄹ	ㄹ	ㅕ	ㄹ
ㅁ	ㅗ	ㅁ	ㅁ	ㅗ	ㅁ	ㅁ	ㅗ	ㅁ	ㅁ	ㅗ	ㅁ
ㅂ	ㅛ	ㅂ	ㅂ	ㅛ	ㅂ	ㅂ	ㅛ	ㅂ	ㅂ	ㅛ	ㅂ
ㅅ	ㅜ	ㅅ	ㅅ	ㅜ	ㅅ	ㅅ	ㅜ	ㅅ	ㅅ	ㅜ	ㅅ
ㅇ	ㅠ	ㅇ	ㅇ	ㅠ	ㅇ	ㅇ	ㅠ	ㅇ	ㅇ	ㅠ	ㅇ
ㅈ	ㅡ	ㅈ	ㅈ	ㅡ	ㅈ	ㅈ	ㅡ	ㅈ	ㅈ	ㅡ	ㅈ
ㅊ	ㅣ	ㅊ	ㅊ	ㅣ	ㅊ	ㅊ	ㅣ	ㅊ	ㅊ	ㅣ	ㅊ
ㅋ	ㅐ	ㅋ	ㅋ	ㅐ	ㅋ	ㅋ	ㅐ	ㅋ	ㅋ	ㅐ	ㅋ
ㅌ	ㅒ	ㅌ	ㅌ	ㅒ	ㅌ	ㅌ	ㅒ	ㅌ	ㅌ	ㅒ	ㅌ
ㅍ	ㅔ	ㅍ	ㅍ	ㅔ	ㅍ	ㅍ	ㅔ	ㅍ	ㅍ	ㅔ	ㅍ
ㅎ	ㅖ	ㅎ	ㅎ	ㅖ	ㅎ	ㅎ	ㅖ	ㅎ	ㅎ	ㅖ	ㅎ
	ㅘ		ㄲ	ㅘ	ㄲ	ㄲ	ㅘ	ㄲ	ㄲ	ㅘ	ㄲ
	ㅙ		ㄸ	ㅙ	ㄸ	ㄸ	ㅙ	ㄸ	ㄸ	ㅙ	ㄸ
	ㅚ		ㅃ	ㅚ	ㅃ	ㅃ	ㅚ	ㅃ	ㅃ	ㅚ	ㅃ
	ㅝ		ㅆ	ㅝ	ㅆ	ㅆ	ㅝ	ㅆ	ㅆ	ㅝ	ㅆ
	ㅞ		ㅉ	ㅞ	ㅉ	ㅉ	ㅞ	ㅉ	ㅉ	ㅞ	ㅉ
	ㅟ			ㅟ	ㄺ		ㅟ	ㄺ		ㅟ	ㄺ
	ㅢ			ㅢ	ㄻ		ㅢ	ㄻ		ㅢ	ㄻ

수	험	번	호		
⓪	⓪	⓪	⓪	⓪	⓪
①	①	①	①	①	①
②	②	②	②	②	②
③	③	③	③	③	③
④	④	④	④	④	④
⑤	⑤	⑤	⑤	⑤	⑤
⑥	⑥	⑥	⑥	⑥	⑥
⑦	⑦	⑦	⑦	⑦	⑦
⑧	⑧	⑧	⑧	⑧	⑧
⑨	⑨	⑨	⑨	⑨	⑨

출생(생년을 제외한) 월일			
⓪	⓪	⓪	⓪
①	①	①	①
②	②	②	②
③	③	③	③
④	④	④	④
⑤	⑤	⑤	⑤
⑥	⑥	⑥	⑥
⑦	⑦	⑦	⑦
⑧	⑧	⑧	⑧
⑨	⑨	⑨	⑨

수험생 유의사항

(1) 아래와 같은 방식으로 답안지를 바르게 작성한다.

[보기] ① ② ● ④ ⑤

(2) 성명란은 왼쪽부터 빠짐없이 순서대로 작성한다.

(3) 수험번호는 각자 자신에게 부여받은 번호를 표기하여 작성한다.

(4) 출생 월일은 출생연도를 제외하고 작성한다.

(예) 2002년 4월 1일 → 0401

문번	1회독	문번	2회독	문번	3회독
01	① ② ③ ④ ⑤	01	① ② ③ ④ ⑤	01	① ② ③ ④ ⑤
02	① ② ③ ④ ⑤	02	① ② ③ ④ ⑤	02	① ② ③ ④ ⑤
03	① ② ③ ④ ⑤	03	① ② ③ ④ ⑤	03	① ② ③ ④ ⑤
04	① ② ③ ④ ⑤	04	① ② ③ ④ ⑤	04	① ② ③ ④ ⑤
05	① ② ③ ④ ⑤	05	① ② ③ ④ ⑤	05	① ② ③ ④ ⑤
06	① ② ③ ④ ⑤	06	① ② ③ ④ ⑤	06	① ② ③ ④ ⑤
07	① ② ③ ④ ⑤	07	① ② ③ ④ ⑤	07	① ② ③ ④ ⑤
08	① ② ③ ④ ⑤	08	① ② ③ ④ ⑤	08	① ② ③ ④ ⑤
09	① ② ③ ④ ⑤	09	① ② ③ ④ ⑤	09	① ② ③ ④ ⑤
10	① ② ③ ④ ⑤	10	① ② ③ ④ ⑤	10	① ② ③ ④ ⑤
11	① ② ③ ④ ⑤	11	① ② ③ ④ ⑤	11	① ② ③ ④ ⑤
12	① ② ③ ④ ⑤	12	① ② ③ ④ ⑤	12	① ② ③ ④ ⑤
13	① ② ③ ④ ⑤	13	① ② ③ ④ ⑤	13	① ② ③ ④ ⑤
14	① ② ③ ④ ⑤	14	① ② ③ ④ ⑤	14	① ② ③ ④ ⑤
15	① ② ③ ④ ⑤	15	① ② ③ ④ ⑤	15	① ② ③ ④ ⑤
16	① ② ③ ④ ⑤	16	① ② ③ ④ ⑤	16	① ② ③ ④ ⑤
17	① ② ③ ④ ⑤	17	① ② ③ ④ ⑤	17	① ② ③ ④ ⑤
18	① ② ③ ④ ⑤	18	① ② ③ ④ ⑤	18	① ② ③ ④ ⑤
19	① ② ③ ④ ⑤	19	① ② ③ ④ ⑤	19	① ② ③ ④ ⑤
20	① ② ③ ④ ⑤	20	① ② ③ ④ ⑤	20	① ② ③ ④ ⑤
21	① ② ③ ④ ⑤	21	① ② ③ ④ ⑤	21	① ② ③ ④ ⑤
22	① ② ③ ④ ⑤	22	① ② ③ ④ ⑤	22	① ② ③ ④ ⑤
23	① ② ③ ④ ⑤	23	① ② ③ ④ ⑤	23	① ② ③ ④ ⑤
24	① ② ③ ④ ⑤	24	① ② ③ ④ ⑤	24	① ② ③ ④ ⑤
25	① ② ③ ④ ⑤	25	① ② ③ ④ ⑤	25	① ② ③ ④ ⑤

회독용 답안지 DAY (   )

성 명			
㉠ㄴㄷㄹㅁㅂㅅㅇㅈㅊㅋㅌㅍㅎ / ㅏㅑㅓㅕㅗㅛㅜㅠㅡㅣㅐㅒㅔㅖㅘㅙㅚㅝㅞㅟㅢ / ㄱㄴㄷㄹㅁㅂㅅㅇㅈㅊㅋㅌㅍㅎ	ㄱㄴㄷㄹㅁㅂㅅㅇㅈㅊㅋㅌㅍㅎㄲㄸㅃㅆㅉ / ㅏㅑㅓㅕㅗㅛㅜㅠㅡㅣㅐㅒㅔㅖㅘㅙㅚㅝㅞㅟㅢ / ㄱㄴㄷㄹㅁㅂㅅㅇㅈㅊㅋㅌㅍㅎㄲㄸㅃㅆㅉㄺㄻ	ㄱㄴㄷㄹㅁㅂㅅㅇㅈㅊㅋㅌㅍㅎㄲㄸㅃㅆㅉ / ㅏㅑㅓㅕㅗㅛㅜㅠㅡㅣㅐㅒㅔㅖㅘㅙㅚㅝㅞㅟㅢ / ㄱㄴㄷㄹㅁㅂㅅㅇㅈㅊㅋㅌㅍㅎㄲㄸㅃㅆㅉㄺㄻ	ㄱㄴㄷㄹㅁㅂㅅㅇㅈㅊㅋㅌㅍㅎㄲㄸㅃㅆㅉ / ㅏㅑㅓㅕㅗㅛㅜㅠㅡㅣㅐㅒㅔㅖㅘㅙㅚㅝㅞㅟㅢ / ㄱㄴㄷㄹㅁㅂㅅㅇㅈㅊㅋㅌㅍㅎㄲㄸㅃㅆㅉㄺㄻ

수	험	번	호		
⓪①②③④⑤⑥⑦⑧⑨	⓪①②③④⑤⑥⑦⑧⑨	⓪①②③④⑤⑥⑦⑧⑨	⓪①②③④⑤⑥⑦⑧⑨	⓪①②③④⑤⑥⑦⑧⑨	⓪①②③④⑤⑥⑦⑧⑨

출생(생년을 제외한) 월일			
⓪①②③④⑤⑥⑦⑧⑨	⓪①②③④⑤⑥⑦⑧⑨	⓪①②③④⑤⑥⑦⑧⑨	⓪①②③④⑤⑥⑦⑧⑨

수험생 유의사항

(1) 아래와 같은 방식으로 답안지를 바르게 작성한다.
[보기] ① ② ● ④ ⑤
(2) 성명란은 왼쪽부터 빠짐없이 순서대로 작성한다.
(3) 수험번호는 각자 자신에게 부여받은 번호를 표기하여 작성한다.
(4) 출생 월일은 출생연도를 제외하고 작성한다.
(예) 2002년 4월 1일 → 0401

문번	1회독	문번	2회독	문번	3회독
01	① ② ③ ④ ⑤	01	① ② ③ ④ ⑤	01	① ② ③ ④ ⑤
02	① ② ③ ④ ⑤	02	① ② ③ ④ ⑤	02	① ② ③ ④ ⑤
03	① ② ③ ④ ⑤	03	① ② ③ ④ ⑤	03	① ② ③ ④ ⑤
04	① ② ③ ④ ⑤	04	① ② ③ ④ ⑤	04	① ② ③ ④ ⑤
05	① ② ③ ④ ⑤	05	① ② ③ ④ ⑤	05	① ② ③ ④ ⑤
06	① ② ③ ④ ⑤	06	① ② ③ ④ ⑤	06	① ② ③ ④ ⑤
07	① ② ③ ④ ⑤	07	① ② ③ ④ ⑤	07	① ② ③ ④ ⑤
08	① ② ③ ④ ⑤	08	① ② ③ ④ ⑤	08	① ② ③ ④ ⑤
09	① ② ③ ④ ⑤	09	① ② ③ ④ ⑤	09	① ② ③ ④ ⑤
10	① ② ③ ④ ⑤	10	① ② ③ ④ ⑤	10	① ② ③ ④ ⑤
11	① ② ③ ④ ⑤	11	① ② ③ ④ ⑤	11	① ② ③ ④ ⑤
12	① ② ③ ④ ⑤	12	① ② ③ ④ ⑤	12	① ② ③ ④ ⑤
13	① ② ③ ④ ⑤	13	① ② ③ ④ ⑤	13	① ② ③ ④ ⑤
14	① ② ③ ④ ⑤	14	① ② ③ ④ ⑤	14	① ② ③ ④ ⑤
15	① ② ③ ④ ⑤	15	① ② ③ ④ ⑤	15	① ② ③ ④ ⑤
16	① ② ③ ④ ⑤	16	① ② ③ ④ ⑤	16	① ② ③ ④ ⑤
17	① ② ③ ④ ⑤	17	① ② ③ ④ ⑤	17	① ② ③ ④ ⑤
18	① ② ③ ④ ⑤	18	① ② ③ ④ ⑤	18	① ② ③ ④ ⑤
19	① ② ③ ④ ⑤	19	① ② ③ ④ ⑤	19	① ② ③ ④ ⑤
20	① ② ③ ④ ⑤	20	① ② ③ ④ ⑤	20	① ② ③ ④ ⑤
21	① ② ③ ④ ⑤	21	① ② ③ ④ ⑤	21	① ② ③ ④ ⑤
22	① ② ③ ④ ⑤	22	① ② ③ ④ ⑤	22	① ② ③ ④ ⑤
23	① ② ③ ④ ⑤	23	① ② ③ ④ ⑤	23	① ② ③ ④ ⑤
24	① ② ③ ④ ⑤	24	① ② ③ ④ ⑤	24	① ② ③ ④ ⑤
25	① ② ③ ④ ⑤	25	① ② ③ ④ ⑤	25	① ② ③ ④ ⑤

회독용 답안지 DAY (   )

성 명

ㄱ	ㅏ	ㄱ	ㄱ	ㅏ	ㄱ	ㄱ	ㅏ	ㄱ	ㄱ	ㅏ	ㄱ
ㄴ	ㅑ	ㄴ	ㄴ	ㅑ	ㄴ	ㄴ	ㅑ	ㄴ	ㄴ	ㅑ	ㄴ
ㄷ	ㅓ	ㄷ	ㄷ	ㅓ	ㄷ	ㄷ	ㅓ	ㄷ	ㄷ	ㅓ	ㄷ
ㄹ	ㅕ	ㄹ	ㄹ	ㅕ	ㄹ	ㄹ	ㅕ	ㄹ	ㄹ	ㅕ	ㄹ
ㅁ	ㅗ	ㅁ	ㅁ	ㅗ	ㅁ	ㅁ	ㅗ	ㅁ	ㅁ	ㅗ	ㅁ
ㅂ	ㅛ	ㅂ	ㅂ	ㅛ	ㅂ	ㅂ	ㅛ	ㅂ	ㅂ	ㅛ	ㅂ
ㅅ	ㅜ	ㅅ	ㅅ	ㅜ	ㅅ	ㅅ	ㅜ	ㅅ	ㅅ	ㅜ	ㅅ
ㅇ	ㅠ	ㅇ	ㅇ	ㅠ	ㅇ	ㅇ	ㅠ	ㅇ	ㅇ	ㅠ	ㅇ
ㅈ	ㅡ	ㅈ	ㅈ	ㅡ	ㅈ	ㅈ	ㅡ	ㅈ	ㅈ	ㅡ	ㅈ
ㅊ	ㅣ	ㅊ	ㅊ	ㅣ	ㅊ	ㅊ	ㅣ	ㅊ	ㅊ	ㅣ	ㅊ
ㅋ	ㅐ	ㅋ	ㅋ	ㅐ	ㅋ	ㅋ	ㅐ	ㅋ	ㅋ	ㅐ	ㅋ
ㅌ	ㅒ	ㅌ	ㅌ	ㅒ	ㅌ	ㅌ	ㅒ	ㅌ	ㅌ	ㅒ	ㅌ
ㅍ	ㅔ	ㅍ	ㅍ	ㅔ	ㅍ	ㅍ	ㅔ	ㅍ	ㅍ	ㅔ	ㅍ
ㅎ	ㅖ	ㅎ	ㅎ	ㅖ	ㅎ	ㅎ	ㅖ	ㅎ	ㅎ	ㅖ	ㅎ
	ㅘ		ㄲ	ㅘ	ㄲ	ㄲ	ㅘ	ㄲ	ㄲ	ㅘ	ㄲ
	ㅙ		ㄸ	ㅙ	ㄸ	ㄸ	ㅙ	ㄸ	ㄸ	ㅙ	ㄸ
	ㅚ		ㅃ	ㅚ	ㅃ	ㅃ	ㅚ	ㅃ	ㅃ	ㅚ	ㅃ
	ㅝ		ㅆ	ㅝ	ㅆ	ㅆ	ㅝ	ㅆ	ㅆ	ㅝ	ㅆ
	ㅞ		ㅉ	ㅞ	ㅉ	ㅉ	ㅞ	ㅉ	ㅉ	ㅞ	ㅉ
	ㅟ			ㅟ	ㄺ		ㅟ	ㄺ		ㅟ	ㄺ
	ㅢ			ㅢ	ㄻ		ㅢ	ㄻ		ㅢ	ㄻ

수 험 번 호

⓪	⓪	⓪	⓪	⓪	⓪
①	①	①	①	①	①
②	②	②	②	②	②
③	③	③	③	③	③
④	④	④	④	④	④
⑤	⑤	⑤	⑤	⑤	⑤
⑥	⑥	⑥	⑥	⑥	⑥
⑦	⑦	⑦	⑦	⑦	⑦
⑧	⑧	⑧	⑧	⑧	⑧
⑨	⑨	⑨	⑨	⑨	⑨

출생(생년을 제외한) 월일

⓪	⓪	⓪	⓪
①	①	①	①
②	②	②	②
③	③	③	③
④	④	④	④
⑤	⑤	⑤	⑤
⑥	⑥	⑥	⑥
⑦	⑦	⑦	⑦
⑧	⑧	⑧	⑧
⑨	⑨	⑨	⑨

수험생 유의사항

(1) 아래와 같은 방식으로 답안지를 바르게 작성한다.

[보기] ① ② ● ④ ⑤

(2) 성명란은 왼쪽부터 빠짐없이 순서대로 작성한다.

(3) 수험번호는 각자 자신에게 부여받은 번호를 표기하여 작성한다.

(4) 출생 월일은 출생연도를 제외하고 작성한다.

(예) 2002년 4월 1일 → 0401

문번	1회독	문번	2회독	문번	3회독
01	① ② ③ ④ ⑤	01	① ② ③ ④ ⑤	01	① ② ③ ④ ⑤
02	① ② ③ ④ ⑤	02	① ② ③ ④ ⑤	02	① ② ③ ④ ⑤
03	① ② ③ ④ ⑤	03	① ② ③ ④ ⑤	03	① ② ③ ④ ⑤
04	① ② ③ ④ ⑤	04	① ② ③ ④ ⑤	04	① ② ③ ④ ⑤
05	① ② ③ ④ ⑤	05	① ② ③ ④ ⑤	05	① ② ③ ④ ⑤
06	① ② ③ ④ ⑤	06	① ② ③ ④ ⑤	06	① ② ③ ④ ⑤
07	① ② ③ ④ ⑤	07	① ② ③ ④ ⑤	07	① ② ③ ④ ⑤
08	① ② ③ ④ ⑤	08	① ② ③ ④ ⑤	08	① ② ③ ④ ⑤
09	① ② ③ ④ ⑤	09	① ② ③ ④ ⑤	09	① ② ③ ④ ⑤
10	① ② ③ ④ ⑤	10	① ② ③ ④ ⑤	10	① ② ③ ④ ⑤
11	① ② ③ ④ ⑤	11	① ② ③ ④ ⑤	11	① ② ③ ④ ⑤
12	① ② ③ ④ ⑤	12	① ② ③ ④ ⑤	12	① ② ③ ④ ⑤
13	① ② ③ ④ ⑤	13	① ② ③ ④ ⑤	13	① ② ③ ④ ⑤
14	① ② ③ ④ ⑤	14	① ② ③ ④ ⑤	14	① ② ③ ④ ⑤
15	① ② ③ ④ ⑤	15	① ② ③ ④ ⑤	15	① ② ③ ④ ⑤
16	① ② ③ ④ ⑤	16	① ② ③ ④ ⑤	16	① ② ③ ④ ⑤
17	① ② ③ ④ ⑤	17	① ② ③ ④ ⑤	17	① ② ③ ④ ⑤
18	① ② ③ ④ ⑤	18	① ② ③ ④ ⑤	18	① ② ③ ④ ⑤
19	① ② ③ ④ ⑤	19	① ② ③ ④ ⑤	19	① ② ③ ④ ⑤
20	① ② ③ ④ ⑤	20	① ② ③ ④ ⑤	20	① ② ③ ④ ⑤
21	① ② ③ ④ ⑤	21	① ② ③ ④ ⑤	21	① ② ③ ④ ⑤
22	① ② ③ ④ ⑤	22	① ② ③ ④ ⑤	22	① ② ③ ④ ⑤
23	① ② ③ ④ ⑤	23	① ② ③ ④ ⑤	23	① ② ③ ④ ⑤
24	① ② ③ ④ ⑤	24	① ② ③ ④ ⑤	24	① ② ③ ④ ⑤
25	① ② ③ ④ ⑤	25	① ② ③ ④ ⑤	25	① ② ③ ④ ⑤

회독용 답안지 DAY (   )

성 명											
ㄱ	ㅏ	ㄱ	ㄱ	ㅏ	ㄱ	ㄱ	ㅏ	ㄱ	ㄱ	ㅏ	ㄱ
ㄴ	ㅑ	ㄴ	ㄴ	ㅑ	ㄴ	ㄴ	ㅑ	ㄴ	ㄴ	ㅑ	ㄴ
ㄷ	ㅓ	ㄷ	ㄷ	ㅓ	ㄷ	ㄷ	ㅓ	ㄷ	ㄷ	ㅓ	ㄷ
ㄹ	ㅕ	ㄹ	ㄹ	ㅕ	ㄹ	ㄹ	ㅕ	ㄹ	ㄹ	ㅕ	ㄹ
ㅁ	ㅗ	ㅁ	ㅁ	ㅗ	ㅁ	ㅁ	ㅗ	ㅁ	ㅁ	ㅗ	ㅁ
ㅂ	ㅛ	ㅂ	ㅂ	ㅛ	ㅂ	ㅂ	ㅛ	ㅂ	ㅂ	ㅛ	ㅂ
ㅅ	ㅜ	ㅅ	ㅅ	ㅜ	ㅅ	ㅅ	ㅜ	ㅅ	ㅅ	ㅜ	ㅅ
ㅇ	ㅠ	ㅇ	ㅇ	ㅠ	ㅇ	ㅇ	ㅠ	ㅇ	ㅇ	ㅠ	ㅇ
ㅈ	ㅡ	ㅈ	ㅈ	ㅡ	ㅈ	ㅈ	ㅡ	ㅈ	ㅈ	ㅡ	ㅈ
ㅊ	ㅣ	ㅊ	ㅊ	ㅣ	ㅊ	ㅊ	ㅣ	ㅊ	ㅊ	ㅣ	ㅊ
ㅋ	ㅐ	ㅋ	ㅋ	ㅐ	ㅋ	ㅋ	ㅐ	ㅋ	ㅋ	ㅐ	ㅋ
ㅌ	ㅒ	ㅌ	ㅌ	ㅒ	ㅌ	ㅌ	ㅒ	ㅌ	ㅌ	ㅒ	ㅌ
ㅍ	ㅔ	ㅍ	ㅍ	ㅔ	ㅍ	ㅍ	ㅔ	ㅍ	ㅍ	ㅔ	ㅍ
ㅎ	ㅖ	ㅎ	ㅎ	ㅖ	ㅎ	ㅎ	ㅖ	ㅎ	ㅎ	ㅖ	ㅎ
	ㅘ		ㄲ	ㅘ	ㄲ	ㄲ	ㅘ	ㄲ	ㄲ	ㅘ	ㄲ
	ㅙ		ㄸ	ㅙ	ㄸ	ㄸ	ㅙ	ㄸ	ㄸ	ㅙ	ㄸ
	ㅚ		ㅃ	ㅚ	ㅃ	ㅃ	ㅚ	ㅃ	ㅃ	ㅚ	ㅃ
	ㅝ		ㅆ	ㅝ	ㅆ	ㅆ	ㅝ	ㅆ	ㅆ	ㅝ	ㅆ
	ㅞ		ㅉ	ㅞ	ㅉ	ㅉ	ㅞ	ㅉ	ㅉ	ㅞ	ㅉ
	ㅟ			ㅟ	ㄺ		ㅟ	ㄺ		ㅟ	ㄺ
	ㅢ			ㅢ	ㄻ		ㅢ	ㄻ		ㅢ	ㄻ

수 험 번 호					
⓪	⓪	⓪	⓪	⓪	⓪
①	①	①	①	①	①
②	②	②	②	②	②
③	③	③	③	③	③
④	④	④	④	④	④
⑤	⑤	⑤	⑤	⑤	⑤
⑥	⑥	⑥	⑥	⑥	⑥
⑦	⑦	⑦	⑦	⑦	⑦
⑧	⑧	⑧	⑧	⑧	⑧
⑨	⑨	⑨	⑨	⑨	⑨

출생(생년을 제외한) 월일			
⓪	⓪	⓪	⓪
①	①	①	①
②	②	②	②
③	③	③	③
④	④	④	④
⑤	⑤	⑤	⑤
⑥	⑥	⑥	⑥
⑦	⑦	⑦	⑦
⑧	⑧	⑧	⑧
⑨	⑨	⑨	⑨

수험생 유의사항

(1) 아래와 같은 방식으로 답안지를 바르게 작성한다.
[보기] ① ② ● ④ ⑤
(2) 성명란은 왼쪽부터 빠짐없이 순서대로 작성한다.
(3) 수험번호는 각자 자신에게 부여받은 번호를 표기하여 작성한다.
(4) 출생 월일은 출생연도를 제외하고 작성한다.
(예) 2002년 4월 1일 → 0401

문번	1회독	문번	2회독	문번	3회독
01	① ② ③ ④ ⑤	01	① ② ③ ④ ⑤	01	① ② ③ ④ ⑤
02	① ② ③ ④ ⑤	02	① ② ③ ④ ⑤	02	① ② ③ ④ ⑤
03	① ② ③ ④ ⑤	03	① ② ③ ④ ⑤	03	① ② ③ ④ ⑤
04	① ② ③ ④ ⑤	04	① ② ③ ④ ⑤	04	① ② ③ ④ ⑤
05	① ② ③ ④ ⑤	05	① ② ③ ④ ⑤	05	① ② ③ ④ ⑤
06	① ② ③ ④ ⑤	06	① ② ③ ④ ⑤	06	① ② ③ ④ ⑤
07	① ② ③ ④ ⑤	07	① ② ③ ④ ⑤	07	① ② ③ ④ ⑤
08	① ② ③ ④ ⑤	08	① ② ③ ④ ⑤	08	① ② ③ ④ ⑤
09	① ② ③ ④ ⑤	09	① ② ③ ④ ⑤	09	① ② ③ ④ ⑤
10	① ② ③ ④ ⑤	10	① ② ③ ④ ⑤	10	① ② ③ ④ ⑤
11	① ② ③ ④ ⑤	11	① ② ③ ④ ⑤	11	① ② ③ ④ ⑤
12	① ② ③ ④ ⑤	12	① ② ③ ④ ⑤	12	① ② ③ ④ ⑤
13	① ② ③ ④ ⑤	13	① ② ③ ④ ⑤	13	① ② ③ ④ ⑤
14	① ② ③ ④ ⑤	14	① ② ③ ④ ⑤	14	① ② ③ ④ ⑤
15	① ② ③ ④ ⑤	15	① ② ③ ④ ⑤	15	① ② ③ ④ ⑤
16	① ② ③ ④ ⑤	16	① ② ③ ④ ⑤	16	① ② ③ ④ ⑤
17	① ② ③ ④ ⑤	17	① ② ③ ④ ⑤	17	① ② ③ ④ ⑤
18	① ② ③ ④ ⑤	18	① ② ③ ④ ⑤	18	① ② ③ ④ ⑤
19	① ② ③ ④ ⑤	19	① ② ③ ④ ⑤	19	① ② ③ ④ ⑤
20	① ② ③ ④ ⑤	20	① ② ③ ④ ⑤	20	① ② ③ ④ ⑤
21	① ② ③ ④ ⑤	21	① ② ③ ④ ⑤	21	① ② ③ ④ ⑤
22	① ② ③ ④ ⑤	22	① ② ③ ④ ⑤	22	① ② ③ ④ ⑤
23	① ② ③ ④ ⑤	23	① ② ③ ④ ⑤	23	① ② ③ ④ ⑤
24	① ② ③ ④ ⑤	24	① ② ③ ④ ⑤	24	① ② ③ ④ ⑤
25	① ② ③ ④ ⑤	25	① ② ③ ④ ⑤	25	① ② ③ ④ ⑤

회독용 답안지 DAY ( )

성 명											
ㄱ	ㅏ	ㄱ	ㄱ	ㅏ	ㄱ	ㄱ	ㅏ	ㄱ	ㄱ	ㅏ	ㄱ
ㄴ	ㅑ	ㄴ	ㄴ	ㅑ	ㄴ	ㄴ	ㅑ	ㄴ	ㄴ	ㅑ	ㄴ
ㄷ	ㅓ	ㄷ	ㄷ	ㅓ	ㄷ	ㄷ	ㅓ	ㄷ	ㄷ	ㅓ	ㄷ
ㄹ	ㅕ	ㄹ	ㄹ	ㅕ	ㄹ	ㄹ	ㅕ	ㄹ	ㄹ	ㅕ	ㄹ
ㅁ	ㅗ	ㅁ	ㅁ	ㅗ	ㅁ	ㅁ	ㅗ	ㅁ	ㅁ	ㅗ	ㅁ
ㅂ	ㅛ	ㅂ	ㅂ	ㅛ	ㅂ	ㅂ	ㅛ	ㅂ	ㅂ	ㅛ	ㅂ
ㅅ	ㅜ	ㅅ	ㅅ	ㅜ	ㅅ	ㅅ	ㅜ	ㅅ	ㅅ	ㅜ	ㅅ
ㅇ	ㅠ	ㅇ	ㅇ	ㅠ	ㅇ	ㅇ	ㅠ	ㅇ	ㅇ	ㅠ	ㅇ
ㅈ	ㅡ	ㅈ	ㅈ	ㅡ	ㅈ	ㅈ	ㅡ	ㅈ	ㅈ	ㅡ	ㅈ
ㅊ	ㅣ	ㅊ	ㅊ	ㅣ	ㅊ	ㅊ	ㅣ	ㅊ	ㅊ	ㅣ	ㅊ
ㅋ	ㅐ	ㅋ	ㅋ	ㅐ	ㅋ	ㅋ	ㅐ	ㅋ	ㅋ	ㅐ	ㅋ
ㅌ	ㅒ	ㅌ	ㅌ	ㅒ	ㅌ	ㅌ	ㅒ	ㅌ	ㅌ	ㅒ	ㅌ
ㅍ	ㅔ	ㅍ	ㅍ	ㅔ	ㅍ	ㅍ	ㅔ	ㅍ	ㅍ	ㅔ	ㅍ
ㅎ	ㅖ	ㅎ	ㅎ	ㅖ	ㅎ	ㅎ	ㅖ	ㅎ	ㅎ	ㅖ	ㅎ
	ㅘ		ㄲ	ㅘ	ㄲ	ㄲ	ㅘ	ㄲ	ㄲ	ㅘ	ㄲ
	ㅙ		ㄸ	ㅙ	ㄸ	ㄸ	ㅙ	ㄸ	ㄸ	ㅙ	ㄸ
	ㅚ		ㅃ	ㅚ	ㅃ	ㅃ	ㅚ	ㅃ	ㅃ	ㅚ	ㅃ
	ㅝ		ㅆ	ㅝ	ㅆ	ㅆ	ㅝ	ㅆ	ㅆ	ㅝ	ㅆ
	ㅞ		ㅉ	ㅞ	ㅉ	ㅉ	ㅞ	ㅉ	ㅉ	ㅞ	ㅉ
	ㅟ			ㅟ	ㄺ		ㅟ	ㄺ		ㅟ	ㄺ
	ㅢ			ㅢ	ㄻ		ㅢ	ㄻ		ㅢ	ㄻ

수 험 번 호					
⓪	⓪	⓪	⓪	⓪	⓪
①	①	①	①	①	①
②	②	②	②	②	②
③	③	③	③	③	③
④	④	④	④	④	④
⑤	⑤	⑤	⑤	⑤	⑤
⑥	⑥	⑥	⑥	⑥	⑥
⑦	⑦	⑦	⑦	⑦	⑦
⑧	⑧	⑧	⑧	⑧	⑧
⑨	⑨	⑨	⑨	⑨	⑨

출생(생년을 제외한) 월일			
⓪	⓪	⓪	⓪
①	①	①	①
②	②	②	②
③	③	③	③
④	④	④	④
⑤	⑤	⑤	⑤
⑥	⑥	⑥	⑥
⑦	⑦	⑦	⑦
⑧	⑧	⑧	⑧
⑨	⑨	⑨	⑨

수험생 유의사항

(1) 아래와 같은 방식으로 답안지를 바르게 작성한다.

[보기] ① ② ● ④ ⑤

(2) 성명란은 왼쪽부터 빠짐없이 순서대로 작성한다.

(3) 수험번호는 각자 자신에게 부여받은 번호를 표기하여 작성한다.

(4) 출생 월일은 출생연도를 제외하고 작성한다.

(예) 2002년 4월 1일 → 0401

문번	1회독	문번	2회독	문번	3회독
01	① ② ③ ④ ⑤	01	① ② ③ ④ ⑤	01	① ② ③ ④ ⑤
02	① ② ③ ④ ⑤	02	① ② ③ ④ ⑤	02	① ② ③ ④ ⑤
03	① ② ③ ④ ⑤	03	① ② ③ ④ ⑤	03	① ② ③ ④ ⑤
04	① ② ③ ④ ⑤	04	① ② ③ ④ ⑤	04	① ② ③ ④ ⑤
05	① ② ③ ④ ⑤	05	① ② ③ ④ ⑤	05	① ② ③ ④ ⑤
06	① ② ③ ④ ⑤	06	① ② ③ ④ ⑤	06	① ② ③ ④ ⑤
07	① ② ③ ④ ⑤	07	① ② ③ ④ ⑤	07	① ② ③ ④ ⑤
08	① ② ③ ④ ⑤	08	① ② ③ ④ ⑤	08	① ② ③ ④ ⑤
09	① ② ③ ④ ⑤	09	① ② ③ ④ ⑤	09	① ② ③ ④ ⑤
10	① ② ③ ④ ⑤	10	① ② ③ ④ ⑤	10	① ② ③ ④ ⑤
11	① ② ③ ④ ⑤	11	① ② ③ ④ ⑤	11	① ② ③ ④ ⑤
12	① ② ③ ④ ⑤	12	① ② ③ ④ ⑤	12	① ② ③ ④ ⑤
13	① ② ③ ④ ⑤	13	① ② ③ ④ ⑤	13	① ② ③ ④ ⑤
14	① ② ③ ④ ⑤	14	① ② ③ ④ ⑤	14	① ② ③ ④ ⑤
15	① ② ③ ④ ⑤	15	① ② ③ ④ ⑤	15	① ② ③ ④ ⑤
16	① ② ③ ④ ⑤	16	① ② ③ ④ ⑤	16	① ② ③ ④ ⑤
17	① ② ③ ④ ⑤	17	① ② ③ ④ ⑤	17	① ② ③ ④ ⑤
18	① ② ③ ④ ⑤	18	① ② ③ ④ ⑤	18	① ② ③ ④ ⑤
19	① ② ③ ④ ⑤	19	① ② ③ ④ ⑤	19	① ② ③ ④ ⑤
20	① ② ③ ④ ⑤	20	① ② ③ ④ ⑤	20	① ② ③ ④ ⑤
21	① ② ③ ④ ⑤	21	① ② ③ ④ ⑤	21	① ② ③ ④ ⑤
22	① ② ③ ④ ⑤	22	① ② ③ ④ ⑤	22	① ② ③ ④ ⑤
23	① ② ③ ④ ⑤	23	① ② ③ ④ ⑤	23	① ② ③ ④ ⑤
24	① ② ③ ④ ⑤	24	① ② ③ ④ ⑤	24	① ② ③ ④ ⑤
25	① ② ③ ④ ⑤	25	① ② ③ ④ ⑤	25	① ② ③ ④ ⑤

회독용 답안지 DAY (   )

성 명											
ㄱ	ㅏ	ㄱ	ㄱ	ㅏ	ㄱ	ㄱ	ㅏ	ㄱ	ㄱ	ㅏ	ㄱ
ㄴ	ㅑ	ㄴ	ㄴ	ㅑ	ㄴ	ㄴ	ㅑ	ㄴ	ㄴ	ㅑ	ㄴ
ㄷ	ㅓ	ㄷ	ㄷ	ㅓ	ㄷ	ㄷ	ㅓ	ㄷ	ㄷ	ㅓ	ㄷ
ㄹ	ㅕ	ㄹ	ㄹ	ㅕ	ㄹ	ㄹ	ㅕ	ㄹ	ㄹ	ㅕ	ㄹ
ㅁ	ㅗ	ㅁ	ㅁ	ㅗ	ㅁ	ㅁ	ㅗ	ㅁ	ㅁ	ㅗ	ㅁ
ㅂ	ㅛ	ㅂ	ㅂ	ㅛ	ㅂ	ㅂ	ㅛ	ㅂ	ㅂ	ㅛ	ㅂ
ㅅ	ㅜ	ㅅ	ㅅ	ㅜ	ㅅ	ㅅ	ㅜ	ㅅ	ㅅ	ㅜ	ㅅ
ㅇ	ㅠ	ㅇ	ㅇ	ㅠ	ㅇ	ㅇ	ㅠ	ㅇ	ㅇ	ㅠ	ㅇ
ㅈ	ㅡ	ㅈ	ㅈ	ㅡ	ㅈ	ㅈ	ㅡ	ㅈ	ㅈ	ㅡ	ㅈ
ㅊ	ㅣ	ㅊ	ㅊ	ㅣ	ㅊ	ㅊ	ㅣ	ㅊ	ㅊ	ㅣ	ㅊ
ㅋ	ㅐ	ㅋ	ㅋ	ㅐ	ㅋ	ㅋ	ㅐ	ㅋ	ㅋ	ㅐ	ㅋ
ㅌ	ㅒ	ㅌ	ㅌ	ㅒ	ㅌ	ㅌ	ㅒ	ㅌ	ㅌ	ㅒ	ㅌ
ㅍ	ㅔ	ㅍ	ㅍ	ㅔ	ㅍ	ㅍ	ㅔ	ㅍ	ㅍ	ㅔ	ㅍ
ㅎ	ㅖ	ㅎ	ㅎ	ㅖ	ㅎ	ㅎ	ㅖ	ㅎ	ㅎ	ㅖ	ㅎ
	ㅘ		ㄲ	ㅘ	ㄲ	ㄲ	ㅘ	ㄲ	ㄲ	ㅘ	ㄲ
	ㅙ		ㄸ	ㅙ	ㄸ	ㄸ	ㅙ	ㄸ	ㄸ	ㅙ	ㄸ
	ㅚ		ㅃ	ㅚ	ㅃ	ㅃ	ㅚ	ㅃ	ㅃ	ㅚ	ㅃ
	ㅝ		ㅆ	ㅝ	ㅆ	ㅆ	ㅝ	ㅆ	ㅆ	ㅝ	ㅆ
	ㅞ		ㅉ	ㅞ	ㅉ	ㅉ	ㅞ	ㅉ	ㅉ	ㅞ	ㅉ
	ㅟ			ㅟ	ㄺ		ㅟ	ㄺ		ㅟ	ㄺ
	ㅢ			ㅢ	ㄻ		ㅢ	ㄻ		ㅢ	ㄻ

수 험 번 호					
⓪	⓪	⓪	⓪	⓪	⓪
①	①	①	①	①	①
②	②	②	②	②	②
③	③	③	③	③	③
④	④	④	④	④	④
⑤	⑤	⑤	⑤	⑤	⑤
⑥	⑥	⑥	⑥	⑥	⑥
⑦	⑦	⑦	⑦	⑦	⑦
⑧	⑧	⑧	⑧	⑧	⑧
⑨	⑨	⑨	⑨	⑨	⑨

출생(생년을 제외한) 월일			
⓪	⓪	⓪	⓪
①	①	①	①
②	②	②	②
③	③	③	③
④	④	④	④
⑤	⑤	⑤	⑤
⑥	⑥	⑥	⑥
⑦	⑦	⑦	⑦
⑧	⑧	⑧	⑧
⑨	⑨	⑨	⑨

수험생 유의사항

(1) 아래와 같은 방식으로 답안지를 바르게 작성한다.

[보기] ① ② ● ④ ⑤

(2) 성명란은 왼쪽부터 빠짐없이 순서대로 작성한다.

(3) 수험번호는 각자 자신에게 부여받은 번호를 표기하여 작성한다.

(4) 출생 월일은 출생연도를 제외하고 작성한다.

(예) 2002년 4월 1일 → 0401

문번	1회독	문번	2회독	문번	3회독
01	① ② ③ ④ ⑤	01	① ② ③ ④ ⑤	01	① ② ③ ④ ⑤
02	① ② ③ ④ ⑤	02	① ② ③ ④ ⑤	02	① ② ③ ④ ⑤
03	① ② ③ ④ ⑤	03	① ② ③ ④ ⑤	03	① ② ③ ④ ⑤
04	① ② ③ ④ ⑤	04	① ② ③ ④ ⑤	04	① ② ③ ④ ⑤
05	① ② ③ ④ ⑤	05	① ② ③ ④ ⑤	05	① ② ③ ④ ⑤
06	① ② ③ ④ ⑤	06	① ② ③ ④ ⑤	06	① ② ③ ④ ⑤
07	① ② ③ ④ ⑤	07	① ② ③ ④ ⑤	07	① ② ③ ④ ⑤
08	① ② ③ ④ ⑤	08	① ② ③ ④ ⑤	08	① ② ③ ④ ⑤
09	① ② ③ ④ ⑤	09	① ② ③ ④ ⑤	09	① ② ③ ④ ⑤
10	① ② ③ ④ ⑤	10	① ② ③ ④ ⑤	10	① ② ③ ④ ⑤
11	① ② ③ ④ ⑤	11	① ② ③ ④ ⑤	11	① ② ③ ④ ⑤
12	① ② ③ ④ ⑤	12	① ② ③ ④ ⑤	12	① ② ③ ④ ⑤
13	① ② ③ ④ ⑤	13	① ② ③ ④ ⑤	13	① ② ③ ④ ⑤
14	① ② ③ ④ ⑤	14	① ② ③ ④ ⑤	14	① ② ③ ④ ⑤
15	① ② ③ ④ ⑤	15	① ② ③ ④ ⑤	15	① ② ③ ④ ⑤
16	① ② ③ ④ ⑤	16	① ② ③ ④ ⑤	16	① ② ③ ④ ⑤
17	① ② ③ ④ ⑤	17	① ② ③ ④ ⑤	17	① ② ③ ④ ⑤
18	① ② ③ ④ ⑤	18	① ② ③ ④ ⑤	18	① ② ③ ④ ⑤
19	① ② ③ ④ ⑤	19	① ② ③ ④ ⑤	19	① ② ③ ④ ⑤
20	① ② ③ ④ ⑤	20	① ② ③ ④ ⑤	20	① ② ③ ④ ⑤
21	① ② ③ ④ ⑤	21	① ② ③ ④ ⑤	21	① ② ③ ④ ⑤
22	① ② ③ ④ ⑤	22	① ② ③ ④ ⑤	22	① ② ③ ④ ⑤
23	① ② ③ ④ ⑤	23	① ② ③ ④ ⑤	23	① ② ③ ④ ⑤
24	① ② ③ ④ ⑤	24	① ② ③ ④ ⑤	24	① ② ③ ④ ⑤
25	① ② ③ ④ ⑤	25	① ② ③ ④ ⑤	25	① ② ③ ④ ⑤

회독용 답안지 DAY (   )

성 명

ㄱ	ㅏ	ㄱ	ㄱ	ㅏ	ㄱ	ㄱ	ㅏ	ㄱ	ㄱ	ㅏ	ㄱ
ㄴ	ㅑ	ㄴ	ㄴ	ㅑ	ㄴ	ㄴ	ㅑ	ㄴ	ㄴ	ㅑ	ㄴ
ㄷ	ㅓ	ㄷ	ㄷ	ㅓ	ㄷ	ㄷ	ㅓ	ㄷ	ㄷ	ㅓ	ㄷ
ㄹ	ㅕ	ㄹ	ㄹ	ㅕ	ㄹ	ㄹ	ㅕ	ㄹ	ㄹ	ㅕ	ㄹ
ㅁ	ㅗ	ㅁ	ㅁ	ㅗ	ㅁ	ㅁ	ㅗ	ㅁ	ㅁ	ㅗ	ㅁ
ㅂ	ㅛ	ㅂ	ㅂ	ㅛ	ㅂ	ㅂ	ㅛ	ㅂ	ㅂ	ㅛ	ㅂ
ㅅ	ㅜ	ㅅ	ㅅ	ㅜ	ㅅ	ㅅ	ㅜ	ㅅ	ㅅ	ㅜ	ㅅ
ㅇ	ㅠ	ㅇ	ㅇ	ㅠ	ㅇ	ㅇ	ㅠ	ㅇ	ㅇ	ㅠ	ㅇ
ㅈ	ㅡ	ㅈ	ㅈ	ㅡ	ㅈ	ㅈ	ㅡ	ㅈ	ㅈ	ㅡ	ㅈ
ㅊ	ㅣ	ㅊ	ㅊ	ㅣ	ㅊ	ㅊ	ㅣ	ㅊ	ㅊ	ㅣ	ㅊ
ㅋ	ㅐ	ㅋ	ㅋ	ㅐ	ㅋ	ㅋ	ㅐ	ㅋ	ㅋ	ㅐ	ㅋ
ㅌ	ㅒ	ㅌ	ㅌ	ㅒ	ㅌ	ㅌ	ㅒ	ㅌ	ㅌ	ㅒ	ㅌ
ㅍ	ㅔ	ㅍ	ㅍ	ㅔ	ㅍ	ㅍ	ㅔ	ㅍ	ㅍ	ㅔ	ㅍ
ㅎ	ㅖ	ㅎ	ㅎ	ㅖ	ㅎ	ㅎ	ㅖ	ㅎ	ㅎ	ㅖ	ㅎ
	ㅘ		ㄲ	ㅘ	ㄲ	ㄲ	ㅘ	ㄲ	ㄲ	ㅘ	ㄲ
	ㅙ		ㄸ	ㅙ	ㄸ	ㄸ	ㅙ	ㄸ	ㄸ	ㅙ	ㄸ
	ㅚ		ㅃ	ㅚ	ㅃ	ㅃ	ㅚ	ㅃ	ㅃ	ㅚ	ㅃ
	ㅝ		ㅆ	ㅝ	ㅆ	ㅆ	ㅝ	ㅆ	ㅆ	ㅝ	ㅆ
	ㅞ		ㅉ	ㅞ	ㅉ	ㅉ	ㅞ	ㅉ	ㅉ	ㅞ	ㅉ
	ㅟ			ㅟ	ㄺ		ㅟ	ㄺ		ㅟ	ㄺ
	ㅢ			ㅢ	ㄻ		ㅢ	ㄻ		ㅢ	ㄻ

수 험 번 호

0	0	0	0	0	0
1	1	1	1	1	1
2	2	2	2	2	2
3	3	3	3	3	3
4	4	4	4	4	4
5	5	5	5	5	5
6	6	6	6	6	6
7	7	7	7	7	7
8	8	8	8	8	8
9	9	9	9	9	9

출생(생년을 제외한) 월일

0	0	0	0
1	1	1	1
2	2	2	2
3	3	3	3
4	4	4	4
5	5	5	5
6	6	6	6
7	7	7	7
8	8	8	8
9	9	9	9

수험생 유의사항

(1) 아래와 같은 방식으로 답안지를 바르게 작성한다.
[보기] ① ② ● ④ ⑤
(2) 성명란은 왼쪽부터 빠짐없이 순서대로 작성한다.
(3) 수험번호는 각자 자신에게 부여받은 번호를 표기하여 작성한다.
(4) 출생 월일은 출생연도를 제외하고 작성한다.
(예) 2002년 4월 1일 → 0401

문번	1회독	문번	2회독	문번	3회독
01	① ② ③ ④ ⑤	01	① ② ③ ④ ⑤	01	① ② ③ ④ ⑤
02	① ② ③ ④ ⑤	02	① ② ③ ④ ⑤	02	① ② ③ ④ ⑤
03	① ② ③ ④ ⑤	03	① ② ③ ④ ⑤	03	① ② ③ ④ ⑤
04	① ② ③ ④ ⑤	04	① ② ③ ④ ⑤	04	① ② ③ ④ ⑤
05	① ② ③ ④ ⑤	05	① ② ③ ④ ⑤	05	① ② ③ ④ ⑤
06	① ② ③ ④ ⑤	06	① ② ③ ④ ⑤	06	① ② ③ ④ ⑤
07	① ② ③ ④ ⑤	07	① ② ③ ④ ⑤	07	① ② ③ ④ ⑤
08	① ② ③ ④ ⑤	08	① ② ③ ④ ⑤	08	① ② ③ ④ ⑤
09	① ② ③ ④ ⑤	09	① ② ③ ④ ⑤	09	① ② ③ ④ ⑤
10	① ② ③ ④ ⑤	10	① ② ③ ④ ⑤	10	① ② ③ ④ ⑤
11	① ② ③ ④ ⑤	11	① ② ③ ④ ⑤	11	① ② ③ ④ ⑤
12	① ② ③ ④ ⑤	12	① ② ③ ④ ⑤	12	① ② ③ ④ ⑤
13	① ② ③ ④ ⑤	13	① ② ③ ④ ⑤	13	① ② ③ ④ ⑤
14	① ② ③ ④ ⑤	14	① ② ③ ④ ⑤	14	① ② ③ ④ ⑤
15	① ② ③ ④ ⑤	15	① ② ③ ④ ⑤	15	① ② ③ ④ ⑤
16	① ② ③ ④ ⑤	16	① ② ③ ④ ⑤	16	① ② ③ ④ ⑤
17	① ② ③ ④ ⑤	17	① ② ③ ④ ⑤	17	① ② ③ ④ ⑤
18	① ② ③ ④ ⑤	18	① ② ③ ④ ⑤	18	① ② ③ ④ ⑤
19	① ② ③ ④ ⑤	19	① ② ③ ④ ⑤	19	① ② ③ ④ ⑤
20	① ② ③ ④ ⑤	20	① ② ③ ④ ⑤	20	① ② ③ ④ ⑤
21	① ② ③ ④ ⑤	21	① ② ③ ④ ⑤	21	① ② ③ ④ ⑤
22	① ② ③ ④ ⑤	22	① ② ③ ④ ⑤	22	① ② ③ ④ ⑤
23	① ② ③ ④ ⑤	23	① ② ③ ④ ⑤	23	① ② ③ ④ ⑤
24	① ② ③ ④ ⑤	24	① ② ③ ④ ⑤	24	① ② ③ ④ ⑤
25	① ② ③ ④ ⑤	25	① ② ③ ④ ⑤	25	① ② ③ ④ ⑤

회독용 답안지 DAY (　)

성 명											
㉠	ㅏ	㉠	㉠	ㅏ	㉠	㉠	ㅏ	㉠	㉠	ㅏ	㉠
㉡	ㅑ	㉡	㉡	ㅑ	㉡	㉡	ㅑ	㉡	㉡	ㅑ	㉡
㉢	ㅓ	㉢	㉢	ㅓ	㉢	㉢	ㅓ	㉢	㉢	ㅓ	㉢
㉣	ㅕ	㉣	㉣	ㅕ	㉣	㉣	ㅕ	㉣	㉣	ㅕ	㉣
㉤	ㅗ	㉤	㉤	ㅗ	㉤	㉤	ㅗ	㉤	㉤	ㅗ	㉤
㉥	ㅛ	㉥	㉥	ㅛ	㉥	㉥	ㅛ	㉥	㉥	ㅛ	㉥
㉦	ㅜ	㉦	㉦	ㅜ	㉦	㉦	ㅜ	㉦	㉦	ㅜ	㉦
㉧	ㅠ	㉧	㉧	ㅠ	㉧	㉧	ㅠ	㉧	㉧	ㅠ	㉧
㉨	ㅡ	㉨	㉨	ㅡ	㉨	㉨	ㅡ	㉨	㉨	ㅡ	㉨
㉩	ㅣ	㉩	㉩	ㅣ	㉩	㉩	ㅣ	㉩	㉩	ㅣ	㉩
㉪	ㅐ	㉪	㉪	ㅐ	㉪	㉪	ㅐ	㉪	㉪	ㅐ	㉪
㉫	ㅒ	㉫	㉫	ㅒ	㉫	㉫	ㅒ	㉫	㉫	ㅒ	㉫
㉬	ㅔ	㉬	㉬	ㅔ	㉬	㉬	ㅔ	㉬	㉬	ㅔ	㉬
㉭	ㅖ	㉭	㉭	ㅖ	㉭	㉭	ㅖ	㉭	㉭	ㅖ	㉭
	ㅘ		ㄲ	ㅘ	ㄲ	ㄲ	ㅘ	ㄲ	ㄲ	ㅘ	ㄲ
	ㅙ		ㄸ	ㅙ	ㄸ	ㄸ	ㅙ	ㄸ	ㄸ	ㅙ	ㄸ
	ㅚ		ㅃ	ㅚ	ㅃ	ㅃ	ㅚ	ㅃ	ㅃ	ㅚ	ㅃ
	ㅝ		ㅆ	ㅝ	ㅆ	ㅆ	ㅝ	ㅆ	ㅆ	ㅝ	ㅆ
	ㅞ		ㅉ	ㅞ	ㅉ	ㅉ	ㅞ	ㅉ	ㅉ	ㅞ	ㅉ
	ㅟ			ㅟ	ㄺ		ㅟ	ㄺ		ㅟ	ㄺ
	ㅢ			ㅢ	ㄻ		ㅢ	ㄻ		ㅢ	ㄻ

수 험 번 호					
⓪	⓪	⓪	⓪	⓪	⓪
①	①	①	①	①	①
②	②	②	②	②	②
③	③	③	③	③	③
④	④	④	④	④	④
⑤	⑤	⑤	⑤	⑤	⑤
⑥	⑥	⑥	⑥	⑥	⑥
⑦	⑦	⑦	⑦	⑦	⑦
⑧	⑧	⑧	⑧	⑧	⑧
⑨	⑨	⑨	⑨	⑨	⑨

출생(생년을 제외한) 월일			
⓪	⓪	⓪	⓪
①	①	①	①
②	②	②	②
③	③	③	③
④	④	④	④
⑤	⑤	⑤	⑤
⑥	⑥	⑥	⑥
⑦	⑦	⑦	⑦
⑧	⑧	⑧	⑧
⑨	⑨	⑨	⑨

수험생 유의사항

(1) 아래와 같은 방식으로 답안지를 바르게 작성한다.

[보기] ① ② ● ④ ⑤

(2) 성명란은 왼쪽부터 빠짐없이 순서대로 작성한다.

(3) 수험번호는 각자 자신에게 부여받은 번호를 표기하여 작성한다.

(4) 출생 월일은 출생연도를 제외하고 작성한다.

(예) 2002년 4월 1일 → 0401

문번	1회독	문번	2회독	문번	3회독
01	① ② ③ ④ ⑤	01	① ② ③ ④ ⑤	01	① ② ③ ④ ⑤
02	① ② ③ ④ ⑤	02	① ② ③ ④ ⑤	02	① ② ③ ④ ⑤
03	① ② ③ ④ ⑤	03	① ② ③ ④ ⑤	03	① ② ③ ④ ⑤
04	① ② ③ ④ ⑤	04	① ② ③ ④ ⑤	04	① ② ③ ④ ⑤
05	① ② ③ ④ ⑤	05	① ② ③ ④ ⑤	05	① ② ③ ④ ⑤
06	① ② ③ ④ ⑤	06	① ② ③ ④ ⑤	06	① ② ③ ④ ⑤
07	① ② ③ ④ ⑤	07	① ② ③ ④ ⑤	07	① ② ③ ④ ⑤
08	① ② ③ ④ ⑤	08	① ② ③ ④ ⑤	08	① ② ③ ④ ⑤
09	① ② ③ ④ ⑤	09	① ② ③ ④ ⑤	09	① ② ③ ④ ⑤
10	① ② ③ ④ ⑤	10	① ② ③ ④ ⑤	10	① ② ③ ④ ⑤
11	① ② ③ ④ ⑤	11	① ② ③ ④ ⑤	11	① ② ③ ④ ⑤
12	① ② ③ ④ ⑤	12	① ② ③ ④ ⑤	12	① ② ③ ④ ⑤
13	① ② ③ ④ ⑤	13	① ② ③ ④ ⑤	13	① ② ③ ④ ⑤
14	① ② ③ ④ ⑤	14	① ② ③ ④ ⑤	14	① ② ③ ④ ⑤
15	① ② ③ ④ ⑤	15	① ② ③ ④ ⑤	15	① ② ③ ④ ⑤
16	① ② ③ ④ ⑤	16	① ② ③ ④ ⑤	16	① ② ③ ④ ⑤
17	① ② ③ ④ ⑤	17	① ② ③ ④ ⑤	17	① ② ③ ④ ⑤
18	① ② ③ ④ ⑤	18	① ② ③ ④ ⑤	18	① ② ③ ④ ⑤
19	① ② ③ ④ ⑤	19	① ② ③ ④ ⑤	19	① ② ③ ④ ⑤
20	① ② ③ ④ ⑤	20	① ② ③ ④ ⑤	20	① ② ③ ④ ⑤
21	① ② ③ ④ ⑤	21	① ② ③ ④ ⑤	21	① ② ③ ④ ⑤
22	① ② ③ ④ ⑤	22	① ② ③ ④ ⑤	22	① ② ③ ④ ⑤
23	① ② ③ ④ ⑤	23	① ② ③ ④ ⑤	23	① ② ③ ④ ⑤
24	① ② ③ ④ ⑤	24	① ② ③ ④ ⑤	24	① ② ③ ④ ⑤
25	① ② ③ ④ ⑤	25	① ② ③ ④ ⑤	25	① ② ③ ④ ⑤

회독용 답안지 DAY ( )

성 명

㉠	ㅏ	㉠	㉠	ㅏ	㉠	㉠	ㅏ	㉠	㉠	ㅏ	㉠
㉡	ㅑ	㉡	㉡	ㅑ	㉡	㉡	ㅑ	㉡	㉡	ㅑ	㉡
㉢	ㅓ	㉢	㉢	ㅓ	㉢	㉢	ㅓ	㉢	㉢	ㅓ	㉢
㉣	ㅕ	㉣	㉣	ㅕ	㉣	㉣	ㅕ	㉣	㉣	ㅕ	㉣
㉤	ㅗ	㉤	㉤	ㅗ	㉤	㉤	ㅗ	㉤	㉤	ㅗ	㉤
㉥	ㅛ	㉥	㉥	ㅛ	㉥	㉥	ㅛ	㉥	㉥	ㅛ	㉥
㉦	ㅜ	㉦	㉦	ㅜ	㉦	㉦	ㅜ	㉦	㉦	ㅜ	㉦
㉧	ㅠ	㉧	㉧	ㅠ	㉧	㉧	ㅠ	㉧	㉧	ㅠ	㉧
㉨	ㅡ	㉨	㉨	ㅡ	㉨	㉨	ㅡ	㉨	㉨	ㅡ	㉨
㉩	ㅣ	㉩	㉩	ㅣ	㉩	㉩	ㅣ	㉩	㉩	ㅣ	㉩
㉪	ㅐ	㉪	㉪	ㅐ	㉪	㉪	ㅐ	㉪	㉪	ㅐ	㉪
㉫	ㅒ	㉫	㉫	ㅒ	㉫	㉫	ㅒ	㉫	㉫	ㅒ	㉫
㉬	ㅔ	㉬	㉬	ㅔ	㉬	㉬	ㅔ	㉬	㉬	ㅔ	㉬
㉭	ㅖ	㉭	㉭	ㅖ	㉭	㉭	ㅖ	㉭	㉭	ㅖ	㉭
	ㅘ		ㄲ	ㅘ	ㄲ	ㄲ	ㅘ	ㄲ	ㄲ	ㅘ	ㄲ
	ㅙ		ㄸ	ㅙ	ㄸ	ㄸ	ㅙ	ㄸ	ㄸ	ㅙ	ㄸ
	ㅚ		ㅃ	ㅚ	ㅃ	ㅃ	ㅚ	ㅃ	ㅃ	ㅚ	ㅃ
	ㅝ		ㅆ	ㅝ	ㅆ	ㅆ	ㅝ	ㅆ	ㅆ	ㅝ	ㅆ
	ㅞ		ㅉ	ㅞ	ㅉ	ㅉ	ㅞ	ㅉ	ㅉ	ㅞ	ㅉ
	ㅟ			ㅟ	ㄺ		ㅟ	ㄺ		ㅟ	ㄺ
	ㅢ			ㅢ	ㄻ		ㅢ	ㄻ		ㅢ	ㄻ

수 험 번 호

⓪	⓪	⓪	⓪	⓪	⓪
①	①	①	①	①	①
②	②	②	②	②	②
③	③	③	③	③	③
④	④	④	④	④	④
⑤	⑤	⑤	⑤	⑤	⑤
⑥	⑥	⑥	⑥	⑥	⑥
⑦	⑦	⑦	⑦	⑦	⑦
⑧	⑧	⑧	⑧	⑧	⑧
⑨	⑨	⑨	⑨	⑨	⑨

출생(생년을 제외한) 월일

⓪	⓪	⓪	⓪
①	①	①	①
②	②	②	②
③	③	③	③
④	④	④	④
⑤	⑤	⑤	⑤
⑥	⑥	⑥	⑥
⑦	⑦	⑦	⑦
⑧	⑧	⑧	⑧
⑨	⑨	⑨	⑨

수험생 유의사항

(1) 아래와 같은 방식으로 답안지를 바르게 작성한다.

[보기] ① ② ● ④ ⑤

(2) 성명란은 왼쪽부터 빠짐없이 순서대로 작성한다.

(3) 수험번호는 각자 자신에게 부여받은 번호를 표기하여 작성한다.

(4) 출생 월일은 출생연도를 제외하고 작성한다.

(예) 2002년 4월 1일 → 0401

문번	1회독	문번	2회독	문번	3회독
01	① ② ③ ④ ⑤	01	① ② ③ ④ ⑤	01	① ② ③ ④ ⑤
02	① ② ③ ④ ⑤	02	① ② ③ ④ ⑤	02	① ② ③ ④ ⑤
03	① ② ③ ④ ⑤	03	① ② ③ ④ ⑤	03	① ② ③ ④ ⑤
04	① ② ③ ④ ⑤	04	① ② ③ ④ ⑤	04	① ② ③ ④ ⑤
05	① ② ③ ④ ⑤	05	① ② ③ ④ ⑤	05	① ② ③ ④ ⑤
06	① ② ③ ④ ⑤	06	① ② ③ ④ ⑤	06	① ② ③ ④ ⑤
07	① ② ③ ④ ⑤	07	① ② ③ ④ ⑤	07	① ② ③ ④ ⑤
08	① ② ③ ④ ⑤	08	① ② ③ ④ ⑤	08	① ② ③ ④ ⑤
09	① ② ③ ④ ⑤	09	① ② ③ ④ ⑤	09	① ② ③ ④ ⑤
10	① ② ③ ④ ⑤	10	① ② ③ ④ ⑤	10	① ② ③ ④ ⑤
11	① ② ③ ④ ⑤	11	① ② ③ ④ ⑤	11	① ② ③ ④ ⑤
12	① ② ③ ④ ⑤	12	① ② ③ ④ ⑤	12	① ② ③ ④ ⑤
13	① ② ③ ④ ⑤	13	① ② ③ ④ ⑤	13	① ② ③ ④ ⑤
14	① ② ③ ④ ⑤	14	① ② ③ ④ ⑤	14	① ② ③ ④ ⑤
15	① ② ③ ④ ⑤	15	① ② ③ ④ ⑤	15	① ② ③ ④ ⑤
16	① ② ③ ④ ⑤	16	① ② ③ ④ ⑤	16	① ② ③ ④ ⑤
17	① ② ③ ④ ⑤	17	① ② ③ ④ ⑤	17	① ② ③ ④ ⑤
18	① ② ③ ④ ⑤	18	① ② ③ ④ ⑤	18	① ② ③ ④ ⑤
19	① ② ③ ④ ⑤	19	① ② ③ ④ ⑤	19	① ② ③ ④ ⑤
20	① ② ③ ④ ⑤	20	① ② ③ ④ ⑤	20	① ② ③ ④ ⑤
21	① ② ③ ④ ⑤	21	① ② ③ ④ ⑤	21	① ② ③ ④ ⑤
22	① ② ③ ④ ⑤	22	① ② ③ ④ ⑤	22	① ② ③ ④ ⑤
23	① ② ③ ④ ⑤	23	① ② ③ ④ ⑤	23	① ② ③ ④ ⑤
24	① ② ③ ④ ⑤	24	① ② ③ ④ ⑤	24	① ② ③ ④ ⑤
25	① ② ③ ④ ⑤	25	① ② ③ ④ ⑤	25	① ② ③ ④ ⑤

회독용 답안지 DAY (　)

성 명											
ㄱ	ㅏ	ㄱ	ㄱ	ㅏ	ㄱ	ㄱ	ㅏ	ㄱ	ㄱ	ㅏ	ㄱ
ㄴ	ㅑ	ㄴ	ㄴ	ㅑ	ㄴ	ㄴ	ㅑ	ㄴ	ㄴ	ㅑ	ㄴ
ㄷ	ㅓ	ㄷ	ㄷ	ㅓ	ㄷ	ㄷ	ㅓ	ㄷ	ㄷ	ㅓ	ㄷ
ㄹ	ㅕ	ㄹ	ㄹ	ㅕ	ㄹ	ㄹ	ㅕ	ㄹ	ㄹ	ㅕ	ㄹ
ㅁ	ㅗ	ㅁ	ㅁ	ㅗ	ㅁ	ㅁ	ㅗ	ㅁ	ㅁ	ㅗ	ㅁ
ㅂ	ㅛ	ㅂ	ㅂ	ㅛ	ㅂ	ㅂ	ㅛ	ㅂ	ㅂ	ㅛ	ㅂ
ㅅ	ㅜ	ㅅ	ㅅ	ㅜ	ㅅ	ㅅ	ㅜ	ㅅ	ㅅ	ㅜ	ㅅ
ㅇ	ㅠ	ㅇ	ㅇ	ㅠ	ㅇ	ㅇ	ㅠ	ㅇ	ㅇ	ㅠ	ㅇ
ㅈ	ㅡ	ㅈ	ㅈ	ㅡ	ㅈ	ㅈ	ㅡ	ㅈ	ㅈ	ㅡ	ㅈ
ㅊ	ㅣ	ㅊ	ㅊ	ㅣ	ㅊ	ㅊ	ㅣ	ㅊ	ㅊ	ㅣ	ㅊ
ㅋ	ㅐ	ㅋ	ㅋ	ㅐ	ㅋ	ㅋ	ㅐ	ㅋ	ㅋ	ㅐ	ㅋ
ㅌ	ㅒ	ㅌ	ㅌ	ㅒ	ㅌ	ㅌ	ㅒ	ㅌ	ㅌ	ㅒ	ㅌ
ㅍ	ㅔ	ㅍ	ㅍ	ㅔ	ㅍ	ㅍ	ㅔ	ㅍ	ㅍ	ㅔ	ㅍ
ㅎ	ㅖ	ㅎ	ㅎ	ㅖ	ㅎ	ㅎ	ㅖ	ㅎ	ㅎ	ㅖ	ㅎ
	ㅘ		ㄲ	ㅘ	ㄲ	ㄲ	ㅘ	ㄲ	ㄲ	ㅘ	ㄲ
	ㅙ		ㄸ	ㅙ	ㄸ	ㄸ	ㅙ	ㄸ	ㄸ	ㅙ	ㄸ
	ㅚ		ㅃ	ㅚ	ㅃ	ㅃ	ㅚ	ㅃ	ㅃ	ㅚ	ㅃ
	ㅝ		ㅆ	ㅝ	ㅆ	ㅆ	ㅝ	ㅆ	ㅆ	ㅝ	ㅆ
	ㅞ		ㅉ	ㅞ	ㅉ	ㅉ	ㅞ	ㅉ	ㅉ	ㅞ	ㅉ
	ㅟ			ㅟ	ㄺ		ㅟ	ㄺ		ㅟ	ㄺ
	ㅢ			ㅢ	ㄻ		ㅢ	ㄻ		ㅢ	ㄻ

수 험 번 호					
⓪	⓪	⓪	⓪	⓪	⓪
①	①	①	①	①	①
②	②	②	②	②	②
③	③	③	③	③	③
④	④	④	④	④	④
⑤	⑤	⑤	⑤	⑤	⑤
⑥	⑥	⑥	⑥	⑥	⑥
⑦	⑦	⑦	⑦	⑦	⑦
⑧	⑧	⑧	⑧	⑧	⑧
⑨	⑨	⑨	⑨	⑨	⑨

출생(생년을 제외한) 월일			
⓪	⓪	⓪	⓪
①	①	①	①
②	②	②	②
③	③	③	③
④	④	④	④
⑤	⑤	⑤	⑤
⑥	⑥	⑥	⑥
⑦	⑦	⑦	⑦
⑧	⑧	⑧	⑧
⑨	⑨	⑨	⑨

수험생 유의사항

(1) 아래와 같은 방식으로 답안지를 바르게 작성한다.

[보기] ① ② ● ④ ⑤

(2) 성명란은 왼쪽부터 빠짐없이 순서대로 작성한다.

(3) 수험번호는 각자 자신에게 부여받은 번호를 표기하여 작성한다.

(4) 출생 월일은 출생연도를 제외하고 작성한다.

(예) 2002년 4월 1일 → 0401

문번	1회독	문번	2회독	문번	3회독
01	① ② ③ ④ ⑤	01	① ② ③ ④ ⑤	01	① ② ③ ④ ⑤
02	① ② ③ ④ ⑤	02	① ② ③ ④ ⑤	02	① ② ③ ④ ⑤
03	① ② ③ ④ ⑤	03	① ② ③ ④ ⑤	03	① ② ③ ④ ⑤
04	① ② ③ ④ ⑤	04	① ② ③ ④ ⑤	04	① ② ③ ④ ⑤
05	① ② ③ ④ ⑤	05	① ② ③ ④ ⑤	05	① ② ③ ④ ⑤
06	① ② ③ ④ ⑤	06	① ② ③ ④ ⑤	06	① ② ③ ④ ⑤
07	① ② ③ ④ ⑤	07	① ② ③ ④ ⑤	07	① ② ③ ④ ⑤
08	① ② ③ ④ ⑤	08	① ② ③ ④ ⑤	08	① ② ③ ④ ⑤
09	① ② ③ ④ ⑤	09	① ② ③ ④ ⑤	09	① ② ③ ④ ⑤
10	① ② ③ ④ ⑤	10	① ② ③ ④ ⑤	10	① ② ③ ④ ⑤
11	① ② ③ ④ ⑤	11	① ② ③ ④ ⑤	11	① ② ③ ④ ⑤
12	① ② ③ ④ ⑤	12	① ② ③ ④ ⑤	12	① ② ③ ④ ⑤
13	① ② ③ ④ ⑤	13	① ② ③ ④ ⑤	13	① ② ③ ④ ⑤
14	① ② ③ ④ ⑤	14	① ② ③ ④ ⑤	14	① ② ③ ④ ⑤
15	① ② ③ ④ ⑤	15	① ② ③ ④ ⑤	15	① ② ③ ④ ⑤
16	① ② ③ ④ ⑤	16	① ② ③ ④ ⑤	16	① ② ③ ④ ⑤
17	① ② ③ ④ ⑤	17	① ② ③ ④ ⑤	17	① ② ③ ④ ⑤
18	① ② ③ ④ ⑤	18	① ② ③ ④ ⑤	18	① ② ③ ④ ⑤
19	① ② ③ ④ ⑤	19	① ② ③ ④ ⑤	19	① ② ③ ④ ⑤
20	① ② ③ ④ ⑤	20	① ② ③ ④ ⑤	20	① ② ③ ④ ⑤
21	① ② ③ ④ ⑤	21	① ② ③ ④ ⑤	21	① ② ③ ④ ⑤
22	① ② ③ ④ ⑤	22	① ② ③ ④ ⑤	22	① ② ③ ④ ⑤
23	① ② ③ ④ ⑤	23	① ② ③ ④ ⑤	23	① ② ③ ④ ⑤
24	① ② ③ ④ ⑤	24	① ② ③ ④ ⑤	24	① ② ③ ④ ⑤
25	① ② ③ ④ ⑤	25	① ② ③ ④ ⑤	25	① ② ③ ④ ⑤

회독용 답안지 DAY (   )

성 명											
㉠	ㅏ	㉠	㉠	ㅏ	㉠	㉠	ㅏ	㉠	㉠	ㅏ	㉠
㉡	ㅑ	㉡	㉡	ㅑ	㉡	㉡	ㅑ	㉡	㉡	ㅑ	㉡
㉢	ㅓ	㉢	㉢	ㅓ	㉢	㉢	ㅓ	㉢	㉢	ㅓ	㉢
㉣	ㅕ	㉣	㉣	ㅕ	㉣	㉣	ㅕ	㉣	㉣	ㅕ	㉣
㉤	ㅗ	㉤	㉤	ㅗ	㉤	㉤	ㅗ	㉤	㉤	ㅗ	㉤
㉥	ㅛ	㉥	㉥	ㅛ	㉥	㉥	ㅛ	㉥	㉥	ㅛ	㉥
㉦	ㅜ	㉦	㉦	ㅜ	㉦	㉦	ㅜ	㉦	㉦	ㅜ	㉦
㉧	ㅠ	㉧	㉧	ㅠ	㉧	㉧	ㅠ	㉧	㉧	ㅠ	㉧
㉨	ㅡ	㉨	㉨	ㅡ	㉨	㉨	ㅡ	㉨	㉨	ㅡ	㉨
㉩	ㅣ	㉩	㉩	ㅣ	㉩	㉩	ㅣ	㉩	㉩	ㅣ	㉩
㉪	ㅐ	㉪	㉪	ㅐ	㉪	㉪	ㅐ	㉪	㉪	ㅐ	㉪
㉫	ㅒ	㉫	㉫	ㅒ	㉫	㉫	ㅒ	㉫	㉫	ㅒ	㉫
㉬	ㅔ	㉬	㉬	ㅔ	㉬	㉬	ㅔ	㉬	㉬	ㅔ	㉬
㉭	ㅖ	㉭	㉭	ㅖ	㉭	㉭	ㅖ	㉭	㉭	ㅖ	㉭
	ㅘ		ㄲ	ㅘ	ㄲ	ㄲ	ㅘ	ㄲ	ㄲ	ㅘ	ㄲ
	ㅙ		ㄸ	ㅙ	ㄸ	ㄸ	ㅙ	ㄸ	ㄸ	ㅙ	ㄸ
	ㅚ		ㅃ	ㅚ	ㅃ	ㅃ	ㅚ	ㅃ	ㅃ	ㅚ	ㅃ
	ㅝ		ㅆ	ㅝ	ㅆ	ㅆ	ㅝ	ㅆ	ㅆ	ㅝ	ㅆ
	ㅞ		ㅉ	ㅞ	ㅉ	ㅉ	ㅞ	ㅉ	ㅉ	ㅞ	ㅉ
	ㅟ			ㅟ	ㄺ		ㅟ	ㄺ		ㅟ	ㄺ
	ㅢ			ㅢ	ㄻ		ㅢ	ㄻ		ㅢ	ㄻ

수 험 번 호					
⓪	⓪	⓪	⓪	⓪	⓪
①	①	①	①	①	①
②	②	②	②	②	②
③	③	③	③	③	③
④	④	④	④	④	④
⑤	⑤	⑤	⑤	⑤	⑤
⑥	⑥	⑥	⑥	⑥	⑥
⑦	⑦	⑦	⑦	⑦	⑦
⑧	⑧	⑧	⑧	⑧	⑧
⑨	⑨	⑨	⑨	⑨	⑨

출생(생년을 제외한) 월일			
⓪	⓪	⓪	⓪
①	①	①	①
②	②	②	②
③	③	③	③
④	④	④	④
⑤	⑤	⑤	⑤
⑥	⑥	⑥	⑥
⑦	⑦	⑦	⑦
⑧	⑧	⑧	⑧
⑨	⑨	⑨	⑨

수험생 유의사항

(1) 아래와 같은 방식으로 답안지를 바르게 작성한다.
[보기] ① ② ● ④ ⑤
(2) 성명란은 왼쪽부터 빠짐없이 순서대로 작성한다.
(3) 수험번호는 각자 자신에게 부여받은 번호를 표기하여 작성한다.
(4) 출생 월일은 출생연도를 제외하고 작성한다.
(예) 2002년 4월 1일 → 0401

문번	1회독	문번	2회독	문번	3회독
01	① ② ③ ④ ⑤	01	① ② ③ ④ ⑤	01	① ② ③ ④ ⑤
02	① ② ③ ④ ⑤	02	① ② ③ ④ ⑤	02	① ② ③ ④ ⑤
03	① ② ③ ④ ⑤	03	① ② ③ ④ ⑤	03	① ② ③ ④ ⑤
04	① ② ③ ④ ⑤	04	① ② ③ ④ ⑤	04	① ② ③ ④ ⑤
05	① ② ③ ④ ⑤	05	① ② ③ ④ ⑤	05	① ② ③ ④ ⑤
06	① ② ③ ④ ⑤	06	① ② ③ ④ ⑤	06	① ② ③ ④ ⑤
07	① ② ③ ④ ⑤	07	① ② ③ ④ ⑤	07	① ② ③ ④ ⑤
08	① ② ③ ④ ⑤	08	① ② ③ ④ ⑤	08	① ② ③ ④ ⑤
09	① ② ③ ④ ⑤	09	① ② ③ ④ ⑤	09	① ② ③ ④ ⑤
10	① ② ③ ④ ⑤	10	① ② ③ ④ ⑤	10	① ② ③ ④ ⑤
11	① ② ③ ④ ⑤	11	① ② ③ ④ ⑤	11	① ② ③ ④ ⑤
12	① ② ③ ④ ⑤	12	① ② ③ ④ ⑤	12	① ② ③ ④ ⑤
13	① ② ③ ④ ⑤	13	① ② ③ ④ ⑤	13	① ② ③ ④ ⑤
14	① ② ③ ④ ⑤	14	① ② ③ ④ ⑤	14	① ② ③ ④ ⑤
15	① ② ③ ④ ⑤	15	① ② ③ ④ ⑤	15	① ② ③ ④ ⑤
16	① ② ③ ④ ⑤	16	① ② ③ ④ ⑤	16	① ② ③ ④ ⑤
17	① ② ③ ④ ⑤	17	① ② ③ ④ ⑤	17	① ② ③ ④ ⑤
18	① ② ③ ④ ⑤	18	① ② ③ ④ ⑤	18	① ② ③ ④ ⑤
19	① ② ③ ④ ⑤	19	① ② ③ ④ ⑤	19	① ② ③ ④ ⑤
20	① ② ③ ④ ⑤	20	① ② ③ ④ ⑤	20	① ② ③ ④ ⑤
21	① ② ③ ④ ⑤	21	① ② ③ ④ ⑤	21	① ② ③ ④ ⑤
22	① ② ③ ④ ⑤	22	① ② ③ ④ ⑤	22	① ② ③ ④ ⑤
23	① ② ③ ④ ⑤	23	① ② ③ ④ ⑤	23	① ② ③ ④ ⑤
24	① ② ③ ④ ⑤	24	① ② ③ ④ ⑤	24	① ② ③ ④ ⑤
25	① ② ③ ④ ⑤	25	① ② ③ ④ ⑤	25	① ② ③ ④ ⑤

회독용 답안지 DAY (   )

성			명								
㉠	ㅏ	㉠	㉠	ㅏ	㉠	㉠	ㅏ	㉠	㉠	ㅏ	㉠
㉡	ㅑ	㉡	㉡	ㅑ	㉡	㉡	ㅑ	㉡	㉡	ㅑ	㉡
㉢	ㅓ	㉢	㉢	ㅓ	㉢	㉢	ㅓ	㉢	㉢	ㅓ	㉢
㉣	ㅕ	㉣	㉣	ㅕ	㉣	㉣	ㅕ	㉣	㉣	ㅕ	㉣
㉤	ㅗ	㉤	㉤	ㅗ	㉤	㉤	ㅗ	㉤	㉤	ㅗ	㉤
㉥	ㅛ	㉥	㉥	ㅛ	㉥	㉥	ㅛ	㉥	㉥	ㅛ	㉥
㉦	ㅜ	㉦	㉦	ㅜ	㉦	㉦	ㅜ	㉦	㉦	ㅜ	㉦
㉧	ㅠ	㉧	㉧	ㅠ	㉧	㉧	ㅠ	㉧	㉧	ㅠ	㉧
㉨	ㅡ	㉨	㉨	ㅡ	㉨	㉨	ㅡ	㉨	㉨	ㅡ	㉨
㉩	ㅣ	㉩	㉩	ㅣ	㉩	㉩	ㅣ	㉩	㉩	ㅣ	㉩
㉪	ㅐ	㉪	㉪	ㅐ	㉪	㉪	ㅐ	㉪	㉪	ㅐ	㉪
㉫	ㅒ	㉫	㉫	ㅒ	㉫	㉫	ㅒ	㉫	㉫	ㅒ	㉫
㉬	ㅔ	㉬	㉬	ㅔ	㉬	㉬	ㅔ	㉬	㉬	ㅔ	㉬
㉭	ㅖ	㉭	㉭	ㅖ	㉭	㉭	ㅖ	㉭	㉭	ㅖ	㉭
	ㅘ		ㄲ	ㅘ	ㄲ	ㄲ	ㅘ	ㄲ	ㄲ	ㅘ	ㄲ
	ㅙ		ㄸ	ㅙ	ㄸ	ㄸ	ㅙ	ㄸ	ㄸ	ㅙ	ㄸ
	ㅚ		ㅃ	ㅚ	ㅃ	ㅃ	ㅚ	ㅃ	ㅃ	ㅚ	ㅃ
	ㅝ		ㅆ	ㅝ	ㅆ	ㅆ	ㅝ	ㅆ	ㅆ	ㅝ	ㅆ
	ㅞ		ㅉ	ㅞ	ㅉ	ㅉ	ㅞ	ㅉ	ㅉ	ㅞ	ㅉ
	ㅟ			ㅟ	ㄺ		ㅟ	ㄺ		ㅟ	ㄺ
	ㅢ			ㅢ	ㄻ		ㅢ	ㄻ		ㅢ	ㄻ

수	험	번	호		
⓪	⓪	⓪	⓪	⓪	⓪
①	①	①	①	①	①
②	②	②	②	②	②
③	③	③	③	③	③
④	④	④	④	④	④
⑤	⑤	⑤	⑤	⑤	⑤
⑥	⑥	⑥	⑥	⑥	⑥
⑦	⑦	⑦	⑦	⑦	⑦
⑧	⑧	⑧	⑧	⑧	⑧
⑨	⑨	⑨	⑨	⑨	⑨

출생(생년을 제외한) 월일			
⓪	⓪	⓪	⓪
①	①	①	①
②	②	②	②
③	③	③	③
④	④	④	④
⑤	⑤	⑤	⑤
⑥	⑥	⑥	⑥
⑦	⑦	⑦	⑦
⑧	⑧	⑧	⑧
⑨	⑨	⑨	⑨

수험생 유의사항

(1) 아래와 같은 방식으로 답안지를 바르게 작성한다.

[보기] ① ② ● ④ ⑤

(2) 성명란은 왼쪽부터 빠짐없이 순서대로 작성한다.

(3) 수험번호는 각자 자신에게 부여받은 번호를 표기하여 작성한다.

(4) 출생 월일은 출생연도를 제외하고 작성한다.

(예) 2002년 4월 1일 → 0401

문번	1회독	문번	2회독	문번	3회독
01	① ② ③ ④ ⑤	01	① ② ③ ④ ⑤	01	① ② ③ ④ ⑤
02	① ② ③ ④ ⑤	02	① ② ③ ④ ⑤	02	① ② ③ ④ ⑤
03	① ② ③ ④ ⑤	03	① ② ③ ④ ⑤	03	① ② ③ ④ ⑤
04	① ② ③ ④ ⑤	04	① ② ③ ④ ⑤	04	① ② ③ ④ ⑤
05	① ② ③ ④ ⑤	05	① ② ③ ④ ⑤	05	① ② ③ ④ ⑤
06	① ② ③ ④ ⑤	06	① ② ③ ④ ⑤	06	① ② ③ ④ ⑤
07	① ② ③ ④ ⑤	07	① ② ③ ④ ⑤	07	① ② ③ ④ ⑤
08	① ② ③ ④ ⑤	08	① ② ③ ④ ⑤	08	① ② ③ ④ ⑤
09	① ② ③ ④ ⑤	09	① ② ③ ④ ⑤	09	① ② ③ ④ ⑤
10	① ② ③ ④ ⑤	10	① ② ③ ④ ⑤	10	① ② ③ ④ ⑤
11	① ② ③ ④ ⑤	11	① ② ③ ④ ⑤	11	① ② ③ ④ ⑤
12	① ② ③ ④ ⑤	12	① ② ③ ④ ⑤	12	① ② ③ ④ ⑤
13	① ② ③ ④ ⑤	13	① ② ③ ④ ⑤	13	① ② ③ ④ ⑤
14	① ② ③ ④ ⑤	14	① ② ③ ④ ⑤	14	① ② ③ ④ ⑤
15	① ② ③ ④ ⑤	15	① ② ③ ④ ⑤	15	① ② ③ ④ ⑤
16	① ② ③ ④ ⑤	16	① ② ③ ④ ⑤	16	① ② ③ ④ ⑤
17	① ② ③ ④ ⑤	17	① ② ③ ④ ⑤	17	① ② ③ ④ ⑤
18	① ② ③ ④ ⑤	18	① ② ③ ④ ⑤	18	① ② ③ ④ ⑤
19	① ② ③ ④ ⑤	19	① ② ③ ④ ⑤	19	① ② ③ ④ ⑤
20	① ② ③ ④ ⑤	20	① ② ③ ④ ⑤	20	① ② ③ ④ ⑤
21	① ② ③ ④ ⑤	21	① ② ③ ④ ⑤	21	① ② ③ ④ ⑤
22	① ② ③ ④ ⑤	22	① ② ③ ④ ⑤	22	① ② ③ ④ ⑤
23	① ② ③ ④ ⑤	23	① ② ③ ④ ⑤	23	① ② ③ ④ ⑤
24	① ② ③ ④ ⑤	24	① ② ③ ④ ⑤	24	① ② ③ ④ ⑤
25	① ② ③ ④ ⑤	25	① ② ③ ④ ⑤	25	① ② ③ ④ ⑤

회독용 답안지 DAY (   )

성 명

ㄱ	ㅏ	ㄱ	ㄱ	ㅏ	ㄱ	ㄱ	ㅏ	ㄱ	ㄱ	ㅏ	ㄱ
ㄴ	ㅑ	ㄴ	ㄴ	ㅑ	ㄴ	ㄴ	ㅑ	ㄴ	ㄴ	ㅑ	ㄴ
ㄷ	ㅓ	ㄷ	ㄷ	ㅓ	ㄷ	ㄷ	ㅓ	ㄷ	ㄷ	ㅓ	ㄷ
ㄹ	ㅕ	ㄹ	ㄹ	ㅕ	ㄹ	ㄹ	ㅕ	ㄹ	ㄹ	ㅕ	ㄹ
ㅁ	ㅗ	ㅁ	ㅁ	ㅗ	ㅁ	ㅁ	ㅗ	ㅁ	ㅁ	ㅗ	ㅁ
ㅂ	ㅛ	ㅂ	ㅂ	ㅛ	ㅂ	ㅂ	ㅛ	ㅂ	ㅂ	ㅛ	ㅂ
ㅅ	ㅜ	ㅅ	ㅅ	ㅜ	ㅅ	ㅅ	ㅜ	ㅅ	ㅅ	ㅜ	ㅅ
ㅇ	ㅠ	ㅇ	ㅇ	ㅠ	ㅇ	ㅇ	ㅠ	ㅇ	ㅇ	ㅠ	ㅇ
ㅈ	ㅡ	ㅈ	ㅈ	ㅡ	ㅈ	ㅈ	ㅡ	ㅈ	ㅈ	ㅡ	ㅈ
ㅊ	ㅣ	ㅊ	ㅊ	ㅣ	ㅊ	ㅊ	ㅣ	ㅊ	ㅊ	ㅣ	ㅊ
ㅋ	ㅐ	ㅋ	ㅋ	ㅐ	ㅋ	ㅋ	ㅐ	ㅋ	ㅋ	ㅐ	ㅋ
ㅌ	ㅒ	ㅌ	ㅌ	ㅒ	ㅌ	ㅌ	ㅒ	ㅌ	ㅌ	ㅒ	ㅌ
ㅍ	ㅔ	ㅍ	ㅍ	ㅔ	ㅍ	ㅍ	ㅔ	ㅍ	ㅍ	ㅔ	ㅍ
ㅎ	ㅖ	ㅎ	ㅎ	ㅖ	ㅎ	ㅎ	ㅖ	ㅎ	ㅎ	ㅖ	ㅎ
	ㅘ		ㄲ	ㅘ	ㄲ	ㄲ	ㅘ	ㄲ	ㄲ	ㅘ	ㄲ
	ㅙ		ㄸ	ㅙ	ㄸ	ㄸ	ㅙ	ㄸ	ㄸ	ㅙ	ㄸ
	ㅚ		ㅃ	ㅚ	ㅃ	ㅃ	ㅚ	ㅃ	ㅃ	ㅚ	ㅃ
	ㅝ		ㅆ	ㅝ	ㅆ	ㅆ	ㅝ	ㅆ	ㅆ	ㅝ	ㅆ
	ㅞ		ㅉ	ㅞ	ㅉ	ㅉ	ㅞ	ㅉ	ㅉ	ㅞ	ㅉ
	ㅟ			ㅟ	ㄺ		ㅟ	ㄺ		ㅟ	ㄺ
	ㅢ			ㅢ	ㄻ		ㅢ	ㄻ		ㅢ	ㄻ

수 험 번 호

⓪	⓪	⓪	⓪	⓪	⓪
①	①	①	①	①	①
②	②	②	②	②	②
③	③	③	③	③	③
④	④	④	④	④	④
⑤	⑤	⑤	⑤	⑤	⑤
⑥	⑥	⑥	⑥	⑥	⑥
⑦	⑦	⑦	⑦	⑦	⑦
⑧	⑧	⑧	⑧	⑧	⑧
⑨	⑨	⑨	⑨	⑨	⑨

출생(생년을 제외한) 월일

⓪	⓪	⓪	⓪
①	①	①	①
②	②	②	②
③	③	③	③
④	④	④	④
⑤	⑤	⑤	⑤
⑥	⑥	⑥	⑥
⑦	⑦	⑦	⑦
⑧	⑧	⑧	⑧
⑨	⑨	⑨	⑨

수험생 유의사항

(1) 아래와 같은 방식으로 답안지를 바르게 작성한다.
[보기] ① ② ● ④ ⑤
(2) 성명란은 왼쪽부터 빠짐없이 순서대로 작성한다.
(3) 수험번호는 각자 자신에게 부여받은 번호를 표기하여 작성한다.
(4) 출생 월일은 출생연도를 제외하고 작성한다.
(예) 2002년 4월 1일 → 0401

문번	1회독	문번	2회독	문번	3회독
01	① ② ③ ④ ⑤	01	① ② ③ ④ ⑤	01	① ② ③ ④ ⑤
02	① ② ③ ④ ⑤	02	① ② ③ ④ ⑤	02	① ② ③ ④ ⑤
03	① ② ③ ④ ⑤	03	① ② ③ ④ ⑤	03	① ② ③ ④ ⑤
04	① ② ③ ④ ⑤	04	① ② ③ ④ ⑤	04	① ② ③ ④ ⑤
05	① ② ③ ④ ⑤	05	① ② ③ ④ ⑤	05	① ② ③ ④ ⑤
06	① ② ③ ④ ⑤	06	① ② ③ ④ ⑤	06	① ② ③ ④ ⑤
07	① ② ③ ④ ⑤	07	① ② ③ ④ ⑤	07	① ② ③ ④ ⑤
08	① ② ③ ④ ⑤	08	① ② ③ ④ ⑤	08	① ② ③ ④ ⑤
09	① ② ③ ④ ⑤	09	① ② ③ ④ ⑤	09	① ② ③ ④ ⑤
10	① ② ③ ④ ⑤	10	① ② ③ ④ ⑤	10	① ② ③ ④ ⑤
11	① ② ③ ④ ⑤	11	① ② ③ ④ ⑤	11	① ② ③ ④ ⑤
12	① ② ③ ④ ⑤	12	① ② ③ ④ ⑤	12	① ② ③ ④ ⑤
13	① ② ③ ④ ⑤	13	① ② ③ ④ ⑤	13	① ② ③ ④ ⑤
14	① ② ③ ④ ⑤	14	① ② ③ ④ ⑤	14	① ② ③ ④ ⑤
15	① ② ③ ④ ⑤	15	① ② ③ ④ ⑤	15	① ② ③ ④ ⑤
16	① ② ③ ④ ⑤	16	① ② ③ ④ ⑤	16	① ② ③ ④ ⑤
17	① ② ③ ④ ⑤	17	① ② ③ ④ ⑤	17	① ② ③ ④ ⑤
18	① ② ③ ④ ⑤	18	① ② ③ ④ ⑤	18	① ② ③ ④ ⑤
19	① ② ③ ④ ⑤	19	① ② ③ ④ ⑤	19	① ② ③ ④ ⑤
20	① ② ③ ④ ⑤	20	① ② ③ ④ ⑤	20	① ② ③ ④ ⑤
21	① ② ③ ④ ⑤	21	① ② ③ ④ ⑤	21	① ② ③ ④ ⑤
22	① ② ③ ④ ⑤	22	① ② ③ ④ ⑤	22	① ② ③ ④ ⑤
23	① ② ③ ④ ⑤	23	① ② ③ ④ ⑤	23	① ② ③ ④ ⑤
24	① ② ③ ④ ⑤	24	① ② ③ ④ ⑤	24	① ② ③ ④ ⑤
25	① ② ③ ④ ⑤	25	① ② ③ ④ ⑤	25	① ② ③ ④ ⑤

빠르게 계산 실력을
향상시키는 매1N

에듀윌 공기업
매일 1회씩 꺼내 푸는 NCS Ver.2

매일 3장
계산연습

eduwill

DAY 01 덧셈 연습

❶ 종이를 반으로 접은 후 문제를 풀어 보세요.

정답 확인

1. 37 + 24 → 40 + (21) → (61)
2. 68 + 55 → 70 + (53) → (123)
3. 45 + 66 → 50 + (61) → (111)
4. 19 + 63 → 20 + (62) → (82)
5. 39 + 11 → 40 + (10) → (50)
6. 56 + 96 → 60 + (92) → (152)
7. 65 + 76 → 70 + (71) → (141)
8. 29 + 32 → 30 + (31) → (61)
9. 38 + 83 → 40 + (81) → (121)
10. 68 + 82 → 70 + (80) → (150)
11. 35 + 27 → (32) + 30 → (62)
12. 42 + 21 → (43) + 20 → (63)
13. 99 + 94 → 100 + (93) → (193)
14. 87 + 28 → (85) + 30 → (115)
15. 47 + 11 → (48) + 10 → (58)
16. 37 + 81 → (38) + 80 → (118)
17. 83 + 36 → 80 + (39) → (119)
18. 49 + 32 → 50 + (31) → (81)
19. 83 + 53 → 80 + (56) → (136)
20. 77 + 62 → (79) + 60 → (139)

☑ 풀이실력 체크하기

풀이시간	체크하기
~1분 이하	□ 계산 고수시군요!
1분 초과~1분 30초 이하	□ 우수해요!
1분 30초 초과~2분 이하	□ 평균이에요!
2분 초과~2분 30초 이하	□ 좀 더 분발해야 해요!
2분 30분 초과	□ 부단한 노력이 필요해요!

연습 문제

MZ법: 더하기 계산에서 한 쪽을 ＋해 주면, 다른 쪽을 －해 주면서 계산하기 쉬운 숫자로 바꿔 주는 방법

㉮ 87＋64＝(87＋3)＋(64－3)＝90＋61＝151

789＋142＝(789＋11)＋(142－11)＝800＋131＝931

MZ법을 활용하여 다음 빈칸에 알맞은 값을 쓰시오.

1. 37 ＋ 24 → 40 ＋ (　　　) → (　　　)
2. 68 ＋ 55 → 70 ＋ (　　　) → (　　　)
3. 45 ＋ 66 → 50 ＋ (　　　) → (　　　)
4. 19 ＋ 63 → 20 ＋ (　　　) → (　　　)
5. 39 ＋ 11 → 40 ＋ (　　　) → (　　　)
6. 56 ＋ 96 → 60 ＋ (　　　) → (　　　)
7. 65 ＋ 76 → 70 ＋ (　　　) → (　　　)
8. 29 ＋ 32 → 30 ＋ (　　　) → (　　　)
9. 38 ＋ 83 → 40 ＋ (　　　) → (　　　)
10. 68 ＋ 82 → 70 ＋ (　　　) → (　　　)
11. 35 ＋ 27 → (　　　) ＋ 30 → (　　　)
12. 42 ＋ 21 → (　　　) ＋ 20 → (　　　)
13. 99 ＋ 94 → 100 ＋ (　　　) → (　　　)
14. 87 ＋ 28 → (　　　) ＋ 30 → (　　　)
15. 47 ＋ 11 → (　　　) ＋ 10 → (　　　)
16. 37 ＋ 81 → (　　　) ＋ 80 → (　　　)
17. 83 ＋ 36 → 80 ＋ (　　　) → (　　　)
18. 49 ＋ 32 → 50 ＋ (　　　) → (　　　)
19. 83 ＋ 53 → 80 ＋ (　　　) → (　　　)
20. 77 ＋ 62 → (　　　) ＋ 60 → (　　　)

❗ 종이를 반으로 접은 후 문제를 풀어 보세요.

정답 확인

1. 41 + 74 → 40 + (75) → (115)

2. 92 + 89 → 90 + (91) → (181)

3. 54 + 43 → 50 + (47) → (97)

4. 82 + 58 → 80 + (60) → (140)

5. 33 + 58 → 30 + (61) → (91)

6. 12 + 69 → 10 + (71) → (81)

7. 54 + 33 → 50 + (37) → (87)

8. 22 + 78 → 20 + (80) → (100)

9. 83 + 94 → 80 + (97) → (177)

10. 51 + 88 → 50 + (89) → (139)

11. 63 + 73 → 60 + (76) → (136)

12. 32 + 17 → 30 + (19) → (49)

13. 44 + 63 → 40 + (67) → (107)

14. 62 + 98 → 60 + (100) → (160)

15. 52 + 55 → 50 + (57) → (107)

16. 23 + 55 → 20 + (58) → (78)

17. 54 + 13 → 50 + (17) → (67)

18. 41 + 88 → 40 + (89) → (129)

19. 72 + 47 → 70 + (49) → (119)

20. 83 + 84 → 80 + (87) → (167)

☑ 풀이실력 체크하기

풀이시간	체크하기
~1분 이하	☐ 계산 고수시군요!
1분 초과~1분 30초 이하	☐ 우수해요!
1분 30초 초과~2분 이하	☐ 평균이에요!
2분 초과~2분 30초 이하	☐ 좀 더 분발해야 해요!
2분 30분 초과	☐ 부단한 노력이 필요해요!

연습 문제

MZ법을 활용하여 다음 빈칸에 알맞은 값을 쓰시오.

1. 41 + 74 → 40 + (　　　) → (　　　)
2. 92 + 89 → 90 + (　　　) → (　　　)
3. 54 + 43 → 50 + (　　　) → (　　　)
4. 82 + 58 → 80 + (　　　) → (　　　)
5. 33 + 58 → 30 + (　　　) → (　　　)
6. 12 + 69 → 10 + (　　　) → (　　　)
7. 54 + 33 → 50 + (　　　) → (　　　)
8. 22 + 78 → 20 + (　　　) → (　　　)
9. 83 + 94 → 80 + (　　　) → (　　　)
10. 51 + 88 → 50 + (　　　) → (　　　)
11. 63 + 73 → 60 + (　　　) → (　　　)
12. 32 + 17 → 30 + (　　　) → (　　　)
13. 44 + 63 → 40 + (　　　) → (　　　)
14. 62 + 98 → 60 + (　　　) → (　　　)
15. 52 + 55 → 50 + (　　　) → (　　　)
16. 23 + 55 → 20 + (　　　) → (　　　)
17. 54 + 13 → 50 + (　　　) → (　　　)
18. 41 + 88 → 40 + (　　　) → (　　　)
19. 72 + 47 → 70 + (　　　) → (　　　)
20. 83 + 84 → 80 + (　　　) → (　　　)

❶ 종이를 반으로 접은 후 문제를 풀어 보세요.

정답 확인

1. 77 + 64 → 80 + (61) → (141)
2. 58 + 91 → (59) + 90 → (149)
3. 65 + 26 → (61) + 30 → (91)
4. 27 + 89 → (26) + 90 → (116)
5. 38 + 64 → 40 + (62) → (102)
6. 97 + 82 → 100 + (79) → (179)
7. 63 + 79 → (62) + 80 → (142)
8. 45 + 21 → (46) + 20 → (66)
9. 38 + 14 → 40 + (12) → (52)
10. 17 + 46 → 20 + (43) → (63)
11. 57 + 98 → (55) + 100 → (155)
12. 28 + 56 → 30 + (54) → (84)
13. 88 + 37 → 90 + (35) → (125)
14. 54 + 37 → (51) + 40 → (91)
15. 35 + 69 → (34) + 70 → (104)
16. 24 + 78 → (22) + 80 → (102)
17. 11 + 57 → 10 + (58) → (68)
18. 39 + 89 → (38) + 90 → (128)
19. 77 + 99 → (76) + 100 → (176)
20. 46 + 75 → 50 + (71) → (121)

☑ 풀이실력 체크하기

풀이시간	체크하기
~1분 이하	☐ 계산 고수시군요!
1분 초과~1분 30초 이하	☐ 우수해요!
1분 30초 초과~2분 이하	☐ 평균이에요!
2분 초과~2분 30초 이하	☐ 좀 더 분발해야 해요!
2분 30분 초과	☐ 부단한 노력이 필요해요!

연습 문제

MZ법을 활용하여 다음 빈칸에 알맞은 값을 쓰시오.

1. $77 + 64 \rightarrow 80 + ($　　$) \rightarrow ($　　$)$
2. $58 + 91 \rightarrow ($　　$) + 90 \rightarrow ($　　$)$
3. $65 + 26 \rightarrow ($　　$) + 30 \rightarrow ($　　$)$
4. $27 + 89 \rightarrow ($　　$) + 90 \rightarrow ($　　$)$
5. $38 + 64 \rightarrow 40 + ($　　$) \rightarrow ($　　$)$
6. $97 + 82 \rightarrow 100 + ($　　$) \rightarrow ($　　$)$
7. $63 + 79 \rightarrow ($　　$) + 80 \rightarrow ($　　$)$
8. $45 + 21 \rightarrow ($　　$) + 20 \rightarrow ($　　$)$
9. $38 + 14 \rightarrow 40 + ($　　$) \rightarrow ($　　$)$
10. $17 + 46 \rightarrow 20 + ($　　$) \rightarrow ($　　$)$
11. $57 + 98 \rightarrow ($　　$) + 100 \rightarrow ($　　$)$
12. $28 + 56 \rightarrow 30 + ($　　$) \rightarrow ($　　$)$
13. $88 + 37 \rightarrow 90 + ($　　$) \rightarrow ($　　$)$
14. $54 + 37 \rightarrow ($　　$) + 40 \rightarrow ($　　$)$
15. $35 + 69 \rightarrow ($　　$) + 70 \rightarrow ($　　$)$
16. $24 + 78 \rightarrow ($　　$) + 80 \rightarrow ($　　$)$
17. $11 + 57 \rightarrow 10 + ($　　$) \rightarrow ($　　$)$
18. $39 + 89 \rightarrow ($　　$) + 90 \rightarrow ($　　$)$
19. $77 + 99 \rightarrow ($　　$) + 100 \rightarrow ($　　$)$
20. $46 + 75 \rightarrow 50 + ($　　$) \rightarrow ($　　$)$

DAY 02 덧셈 연습

❶ 종이를 반으로 접은 후 문제를 풀어 보세요.

정답 확인

1. 192 + 53 → 190 + (55) → (245)
2. 398 + 86 → 400 + (84) → (484)
3. 289 + 71 → 300 + (60) → (360)
4. 266 + 98 → (264) + 100 → (364)
5. 156 + 76 → (152) + 80 → (232)
6. 329 + 67 → (326) + 70 → (396)
7. 992 + 34 → 1,000 + (26) → (1,026)
8. 666 + 25 → (661) + 30 → (691)
9. 385 + 36 → 400 + (21) → (421)
10. 477 + 58 → (475) + 60 → (535)
11. 768 + 82 → (770) + 80 → (850)
12. 812 + 93 → 800 + (105) → (905)
13. 132 + 29 → (131) + 30 → (161)
14. 224 + 68 → (222) + 70 → (292)
15. 388 + 25 → 400 + (13) → (413)
16. 538 + 43 → (541) + 40 → (581)
17. 723 + 46 → (719) + 50 → (769)
18. 804 + 58 → 800 + (62) → (862)
19. 926 + 77 → (923) + 80 → (1,003)
20. 324 + 45 → (329) + 40 → (369)

☑ 풀이실력 체크하기

풀이시간	체크하기
~1분 이하	□ 계산 고수시군요!
1분 초과~1분 30초 이하	□ 우수해요!
1분 30초 초과~2분 이하	□ 평균이에요!
2분 초과~2분 30초 이하	□ 좀 더 분발해야 해요!
2분 30분 초과	□ 부단한 노력이 필요해요!

연습 문제

MZ법: 더하기 계산에서 한 쪽을 ＋해 주면, 다른 쪽을 －해 주면서 계산하기 쉬운 숫자로 바꿔 주는 방법

예 $87+64=(87+3)+(64-3)=90+61=151$

$789+142=(789+11)+(142-11)=800+131=931$

MZ법을 활용하여 다음 빈칸에 알맞은 값을 쓰시오.

1. 192 ＋ 53 → 190 ＋ (　　　) → (　　　)
2. 398 ＋ 86 → 400 ＋ (　　　) → (　　　)
3. 289 ＋ 71 → 300 ＋ (　　　) → (　　　)
4. 266 ＋ 98 → (　　　) ＋ 100 → (　　　)
5. 156 ＋ 76 → (　　　) ＋ 80 → (　　　)
6. 329 ＋ 67 → (　　　) ＋ 70 → (　　　)
7. 992 ＋ 34 → 1,000 ＋ (　　　) → (　　　)
8. 666 ＋ 25 → (　　　) ＋ 30 → (　　　)
9. 385 ＋ 36 → 400 ＋ (　　　) → (　　　)
10. 477 ＋ 58 → (　　　) ＋ 60 → (　　　)
11. 768 ＋ 82 → (　　　) ＋ 80 → (　　　)
12. 812 ＋ 93 → 800 ＋ (　　　) → (　　　)
13. 132 ＋ 29 → (　　　) ＋ 30 → (　　　)
14. 224 ＋ 68 → (　　　) ＋ 70 → (　　　)
15. 388 ＋ 25 → 400 ＋ (　　　) → (　　　)
16. 538 ＋ 43 → (　　　) ＋ 40 → (　　　)
17. 723 ＋ 46 → (　　　) ＋ 50 → (　　　)
18. 804 ＋ 58 → 800 ＋ (　　　) → (　　　)
19. 926 ＋ 77 → (　　　) ＋ 80 → (　　　)
20. 324 ＋ 45 → (　　　) ＋ 40 → (　　　)

❶ 종이를 반으로 접은 후 문제를 풀어 보세요.

정답 확인

| 1

구분	가	나	총합
A	128	93	221
B	84	76	160
총합	212	169	381

| 2

구분	가	나	총합
A	567	98	665
B	85	43	128
총합	652	141	793

| 3

구분	가	나	총합
A	224	13	237
B	38	59	97
총합	262	72	334

| 4

구분	가	나	총합
A	382	21	403
B	66	87	153
총합	448	108	556

| 5

구분	가	나	총합
A	820	15	835
B	43	88	131
총합	863	103	966

☑ 풀이실력 체크하기

풀이시간	체크하기
~1분 30초 이하	☐ 계산 고수시군요!
1분 30초 초과~2분 이하	☐ 우수해요!
2분 초과~2분 30초 이하	☐ 평균이에요!
2분 30초 초과~3분 이하	☐ 좀 더 분발해야 해요!
3분 초과	☐ 부단한 노력이 필요해요!

연습 문제

다음 표의 빈칸에 알맞은 값을 쓰시오.

1

구분	가	나	총합
A	128	93	
B	84	76	
총합			

2

구분	가	나	총합
A	567	98	
B	85	43	
총합			

3

구분	가	나	총합
A	224	13	
B	38	59	
총합			

4

구분	가	나	총합
A	382	21	
B	66	87	
총합			

5

구분	가	나	총합
A	820	15	
B	43	88	
총합			

❶ 종이를 반으로 접은 후 문제를 풀어 보세요.

정답 확인

| 1

구분	가	나	총합
A	188	213	401
B	26	39	65
총합	214	252	466

| 2

구분	가	나	총합
A	317	24	341
B	228	31	259
총합	545	55	600

| 3

구분	가	나	총합
A	82	324	406
B	589	18	607
총합	671	342	1,013

| 4

구분	가	나	총합
A	722	106	828
B	29	49	78
총합	751	155	906

| 5

구분	가	나	총합
A	65	329	394
B	44	709	753
총합	109	1,038	1,147

☑ 풀이실력 체크하기

풀이시간	체크하기
~1분 30초 이하	☐ 계산 고수시군요!
1분 30초 초과~2분 이하	☐ 우수해요!
2분 초과~2분 30초 이하	☐ 평균이에요!
2분 30초 초과~3분 이하	☐ 좀 더 분발해야 해요!
3분 초과	☐ 부단한 노력이 필요해요!

연습 문제

다음 표의 빈칸에 알맞은 값을 쓰시오.

1

구분	가	나	총합
A	188	213	
B	26	39	
총합			

2

구분	가	나	총합
A	317	24	
B	228	31	
총합			

3

구분	가	나	총합
A	82	324	
B	589	18	
총합			

4

구분	가	나	총합
A	722	106	
B	29	49	
총합			

5

구분	가	나	총합
A	65	329	
B	44	709	
총합			

DAY 03

덧셈 연습

❶ 종이를 반으로 접은 후 문제를 풀어 보세요.

정답 확인

1. 23 + 55 + 71 → 20 + (59) + 70 → (149)
2. 82 + 13 + 37 → 82 + (10) + 40 → (132)
3. 79 + 62 + 20 → 80 + (61) + 20 → (161)
4. 36 + 54 + 64 → 40 + 54 + (60) → (154)
5. 71+ 29 +76 → 70 + (30) + 76 → (176)
6. 35 + 37 + 38 → (30) + 40 + 40 → (110)
7. 91 + 32 + 74 → 90 + 30 + (77) → (197)
8. 38 + 57 + 77 → 40 + 60 + (72) → (172)
9. 59 + 33 + 90 → 60 + (32) + 90 → (182)
10. 39 + 25 + 46 → 40 + (20) + 50 → (110)
11. 50 + 55 + 29 → 50 + (54) + 30 → (134)
12. 928 + 19 + 88 → (925) + 20 + 90 → (1,035)
13. 384 + 56 + 50 → (380) + 60 + 50 → (490)
14. 17 + 455 + 73 → 20 + 455 + (70) → (545)
15. 63 + 635 + 19 → 70 + 630 + (17) → (717)
16. 18 + 75 + 988 → 20 + (71) + 990 → (1,081)
17. 83 + 65 + 781 → 80 + (69) + 780 → (929)
18. 324 + 67 + 59 → (320) + 70 + 60 → (450)
19. 64 + 964 + 50 → (68) + 960 + 50 → (1,078)
20. 211 + 34 + 117 → 210 + 30 + (122) → (362)

☑ 풀이실력 체크하기

풀이시간	체크하기
~1분 이하	☐ 계산 고수시군요!
1분 초과~2분 이하	☐ 우수해요!
2분 초과~3분 이하	☐ 평균이에요!
3분 초과~4분 이하	☐ 좀 더 분발해야 해요!
4분 초과	☐ 부단한 노력이 필요해요!

연습 문제

MZ법: 더하기 계산에서 한 쪽을 +해 주면, 다른 쪽을 −해 주면서 계산하기 쉬운 숫자로 바꿔 주는 방법

㉠ $87+64=(87+3)+(64-3)=90+61=151$

$789+142=(789+11)+(142-11)=800+131=931$

MZ법을 활용하여 다음 빈칸에 알맞은 값을 쓰시오.

1. 23 + 55 + 71 → 20 + (　　　) + 70 → (　　　)
2. 82 + 13 + 37 → 82 + (　　　) + 40 → (　　　)
3. 79 + 62 + 20 → 80 + (　　　) + 20 → (　　　)
4. 36 + 54 + 64 → 40 + 54 + (　　　) → (　　　)
5. 71 + 29 + 76 → 70 + (　　　) + 76 → (　　　)
6. 35 + 37 + 38 → (　　　) + 40 + 40 → (　　　)
7. 91 + 32 + 74 → 90 + 30 + (　　　) → (　　　)
8. 38 + 57 + 77 → 40 + 60 + (　　　) → (　　　)
9. 59 + 33 + 90 → 60 + (　　　) + 90 → (　　　)
10. 39 + 25 + 46 → 40 + (　　　) + 50 → (　　　)
11. 50 + 55 + 29 → 50 + (　　　) + 30 → (　　　)
12. 928 + 19 + 88 → (　　　) + 20 + 90 → (　　　)
13. 384 + 56 + 50 → (　　　) + 60 + 50 → (　　　)
14. 17 + 455 + 73 → 20 + 455 + (　　　) → (　　　)
15. 63 + 635 + 19 → 70 + 630 + (　　　) → (　　　)
16. 18 + 75 + 988 → 20 + (　　　) + 990 → (　　　)
17. 83 + 65 + 781 → 80 + (　　　) + 780 → (　　　)
18. 324 + 67 + 59 → (　　　) + 70 + 60 → (　　　)
19. 64 + 964 + 50 → (　　　) + 960 + 50 → (　　　)
20. 211 + 34 + 117 → 210 + 30 + (　　　) → (　　　)

❶ 종이를 반으로 접은 후 문제를 풀어 보세요.

정답 확인

1

구분	가	나	다	총합
A	32	47	29	108
B	84	25	83	192
C	95	33	42	170
총합	211	105	154	470

2

구분	가	나	다	총합
A	79	55	57	191
B	36	65	41	142
C	33	71	29	133
총합	148	191	127	466

3

구분	가	나	다	총합
A	90	19	35	144
B	32	37	72	141
C	83	49	29	161
총합	205	105	136	446

4

구분	가	나	다	총합
A	79	42	62	183
B	27	36	39	102
C	31	28	72	131
총합	137	106	173	416

5

구분	가	나	다	총합
A	88	24	88	200
B	32	38	23	93
C	91	27	14	132
총합	211	89	125	425

☑ 풀이실력 체크하기

풀이시간	체크하기
~2분 이하	☐ 계산 고수시군요!
2분 초과~2분 30초 이하	☐ 우수해요!
2분 30초 초과~3분 이하	☐ 평균이에요!
3분 초과~4분 이하	☐ 좀 더 분발해야 해요!
4분 초과	☐ 부단한 노력이 필요해요!

연습 문제

다음 표의 빈칸에 알맞은 값을 쓰시오.

1

구분	가	나	다	총합
A	32	47	29	
B	84	25	83	
C	95	33	42	
총합				

2

구분	가	나	다	총합
A	79	55	57	
B	36	65	41	
C	33	71	29	
총합				

3

구분	가	나	다	총합
A	90	19	35	
B	32	37	72	
C	83	49	29	
총합				

4

구분	가	나	다	총합
A	79	42	62	
B	27	36	39	
C	31	28	72	
총합				

5

구분	가	나	다	총합
A	88	24	88	
B	32	38	23	
C	91	27	14	
총합				

❶ 종이를 반으로 접은 후 문제를 풀어 보세요.

정답 확인

| 1

구분	가	나	다	종합
A	53	35	45	133
B	95	40	29	164
C	48	42	137	227
종합	196	117	211	524

| 2

구분	가	나	다	종합
A	27	60	31	118
B	56	293	28	377
C	82	39	74	195
종합	165	392	133	690

| 3

구분	가	나	다	종합
A	37	22	85	144
B	153	72	64	289
C	52	37	24	113
종합	242	131	173	546

| 4

구분	가	나	다	종합
A	72	73	88	233
B	23	14	32	69
C	64	534	64	662
종합	159	621	184	964

| 5

구분	가	나	다	종합
A	27	74	52	153
B	48	342	30	420
C	78	36	24	138
종합	153	452	106	711

☑ 풀이실력 체크하기

풀이시간	체크하기
~2분 이하	☐ 계산 고수시군요!
2분 초과~2분 30초 이하	☐ 우수해요!
2분 30초 초과~3분 이하	☐ 평균이에요!
3분 초과~4분 이하	☐ 좀 더 분발해야 해요!
4분 초과	☐ 부단한 노력이 필요해요!

연습 문제

다음 표의 빈칸에 알맞은 값을 쓰시오.

1

구분	가	나	다	총합
A	53	35	45	
B	95	40	29	
C	48	42	137	
총합				

2

구분	가	나	다	총합
A	27	60	31	
B	56	293	28	
C	82	39	74	
총합				

3

구분	가	나	다	총합
A	37	22	85	
B	153	72	64	
C	52	37	24	
총합				

4

구분	가	나	다	총합
A	72	73	88	
B	23	14	32	
C	64	534	64	
총합				

5

구분	가	나	다	총합
A	27	74	52	
B	48	342	30	
C	78	36	24	
총합				

DAY 04 빨셈 연습

❗ 종이를 반으로 접은 후 문제를 풀어 보세요.

정답 확인

1. 86 − 29 → (87) − 30 → (57)

2. 73 − 22 → (71) − 20 → (51)

3. 66 − 17 → (69) − 20 → (49)

4. 54 − 38 → (56) − 40 → (16)

5. 72 − 66 → (76) − 70 → (6)

6. 62 − 37 → (65) − 40 → (25)

7. 77 − 38 → (79) − 40 → (39)

8. 42 − 27 → (45) − 30 → (15)

9. 55 − 39 → (56) − 40 → (16)

10. 63 − 26 → (67) − 30 → (37)

11. 83 − 22 → (81) − 20 → (61)

12. 58 − 33 → (55) − 30 → (25)

13. 77 − 29 → (78) − 30 → (48)

14. 61 − 15 → (66) − 20 → (46)

15. 82 − 57 → (85) − 60 → (25)

16. 66 − 28 → (68) − 30 → (38)

17. 52 − 19 → (53) − 20 → (33)

18. 77 − 58 → (79) − 60 → (19)

19. 54 − 32 → (52) − 30 → (22)

20. 63 − 17 → (66) − 20 → (46)

☑ 풀이실력 체크하기

풀이시간	체크하기
~1분 이하	□ 계산 고수시군요!
1분 초과~2분 이하	□ 우수해요!
2분 초과~3분 이하	□ 평균이에요!
3분 초과~4분 이하	□ 좀 더 분발해야 해요!
4분 초과	□ 부단한 노력이 필요해요!

연습 문제

MZ법: 빼기 계산에서 한 쪽을 +해 주면, 다른 쪽을 +해 주고, 한 쪽을 −해 주면 다른 쪽도 −해 주면서 계산하기 쉬운 숫자로 바꿔 주되 빼기의 간격은 유지한다.

예 $54-28=(54+2)-(28+2)=56-30=26$

$454-177=(454+23)-(177+23)=477-200=277$

MZ법을 활용하여 다음 빈칸에 알맞은 값을 쓰시오.

1. 86 − 29 → (　　　) − 30 → (　　　)
2. 73 − 22 → (　　　) − 20 → (　　　)
3. 66 − 17 → (　　　) − 20 → (　　　)
4. 54 − 38 → (　　　) − 40 → (　　　)
5. 72 − 66 → (　　　) − 70 → (　　　)
6. 62 − 37 → (　　　) − 40 → (　　　)
7. 77 − 38 → (　　　) − 40 → (　　　)
8. 42 − 27 → (　　　) − 30 → (　　　)
9. 55 − 39 → (　　　) − 40 → (　　　)
10. 63 − 26 → (　　　) − 30 → (　　　)
11. 83 − 22 → (　　　) − 20 → (　　　)
12. 58 − 33 → (　　　) − 30 → (　　　)
13. 77 − 29 → (　　　) − 30 → (　　　)
14. 61 − 15 → (　　　) − 20 → (　　　)
15. 82 − 57 → (　　　) − 60 → (　　　)
16. 66 − 28 → (　　　) − 30 → (　　　)
17. 52 − 19 → (　　　) − 20 → (　　　)
18. 77 − 58 → (　　　) − 60 → (　　　)
19. 54 − 32 → (　　　) − 30 → (　　　)
20. 63 − 17 → (　　　) − 20 → (　　　)

❗ 종이를 반으로 접은 후 문제를 풀어 보세요.

정답 확인

| 1

구분	가	나	총합
A	62	43	105
B	13	25	38
총합	75	68	143

| 2

구분	가	나	총합
A	73	22	95
B	26	32	58
총합	99	54	153

| 3

구분	가	나	총합
A	24	52	76
B	13	42	55
총합	37	94	131

| 4

구분	가	나	총합
A	73	22	95
B	24	13	37
총합	97	35	132

| 5

구분	가	나	총합
A	52	43	95
B	14	31	45
총합	66	74	140

☑ 풀이실력 체크하기

풀이시간	체크하기
~1분 30초 이하	☐ 계산 고수시군요!
1분 30초 초과~2분 이하	☐ 우수해요!
2분 초과~2분 30초 이하	☐ 평균이에요!
2분 30초 초과~3분 이하	☐ 좀 더 분발해야 해요!
3분 초과	☐ 부단한 노력이 필요해요!

연습 문제

다음 표의 빈칸에 알맞은 값을 쓰시오.

| 1

구분	가	나	총합
A	62		105
B		25	38
총합	75	68	143

| 2

구분	가	나	총합
A	73		95
B		32	58
총합	99	54	153

| 3

구분	가	나	총합
A	24		76
B		42	55
총합	37	94	131

| 4

구분	가	나	총합
A	73		95
B		13	37
총합	97	35	132

| 5

구분	가	나	총합
A	52		95
B		31	45
총합	66	74	140

❗ 종이를 반으로 접은 후 문제를 풀어 보세요.

정답 확인

| 1

구분	가	나	총합
A	25	16	41
B	27	34	61
총합	52	50	102

| 2

구분	가	나	총합
A	15	33	48
B	42	27	69
총합	57	60	117

| 3

구분	가	나	총합
A	53	27	80
B	42	35	77
총합	95	62	157

| 4

구분	가	나	총합
A	24	14	38
B	61	33	94
총합	85	47	132

| 5

구분	가	나	총합
A	29	42	71
B	37	15	52
총합	66	57	123

☑ 풀이실력 체크하기

풀이시간	체크하기
~1분 30초 이하	☐ 계산 고수시군요!
1분 30초 초과~2분 이하	☐ 우수해요!
2분 초과~2분 30초 이하	☐ 평균이에요!
2분 30초 초과~3분 이하	☐ 좀 더 분발해야 해요!
3분 초과	☐ 부단한 노력이 필요해요!

연습 문제

다음 표의 빈칸에 알맞은 값을 쓰시오.

1

구분	가	나	종합
A	25		41
B			61
종합	52	50	102

2

구분	가	나	종합
A	15		48
B			69
종합	57	60	117

3

구분	가	나	종합
A	53		80
B			77
종합	95	62	157

4

구분	가	나	종합
A			38
B		33	94
종합	85	47	132

5

구분	가	나	종합
A			71
B		15	52
종합	66	57	123

DAY 05 빨셈 연습

❶ 종이를 반으로 접은 후 문제를 풀어 보세요.

정답 확인

1. 874 − 89 → (875) − 90 → (785)
2. 353 − 64 → (359) − 70 → (289)
3. 847 − 29 → (848) − 30 → (818)
4. 220 − 33 → (227) − 40 → (187)
5. 746 − 45 → (741) − 40 → (701)
6. 729 − 44 → (725) − 40 → (685)
7. 877 − 29 → (878) − 30 → (848)
8. 106 − 51 → (105) − 50 → (55)
9. 559 − 67 → (552) − 60 → (492)
10. 243 − 95 → (248) − 100 → (148)
11. 739 − 86 → (733) − 80 → (653)
12. 393 − 53 → (390) − 50 → (340)
13. 429 − 46 → (423) − 40 → (383)
14. 583 − 63 → (580) − 60 → (520)
15. 636 − 35 → (631) − 30 → (601)
16. 554 − 74 → (550) − 70 → (480)
17. 376 − 23 → (373) − 20 → (353)
18. 389 − 32 → (387) − 30 → (357)
19. 983 − 87 → (986) − 90 → (896)
20. 503 − 88 → (505) − 90 → (415)

☑ 풀이실력 체크하기

풀이시간	체크하기
~1분 이하	☐ 계산 고수시군요!
1분 초과~2분 이하	☐ 우수해요!
2분 초과~3분 이하	☐ 평균이에요!
3분 초과~4분 이하	☐ 좀 더 분발해야 해요!
4분 초과	☐ 부단한 노력이 필요해요!

연습 문제

MZ법: 빼기 계산에서 한 쪽을 +해 주면, 다른 쪽을 +해 주고, 한 쪽을 −해 주면 다른 쪽도 −해 주면서 계산하기 쉬운 숫자로 바꿔 주되 빼기의 간격은 유지한다.

예 $54-28=(54+2)-(28+2)=56-30=26$

$454-177=(454+23)-(177+23)=477-200=277$

MZ법을 활용하여 다음 빈칸에 알맞은 값을 쓰시오.

1. 874 − 89 → (　　　) − 90 → (　　　)
2. 353 − 64 → (　　　) − 70 → (　　　)
3. 847 − 29 → (　　　) − 30 → (　　　)
4. 220 − 33 → (　　　) − 40 → (　　　)
5. 746 − 45 → (　　　) − 40 → (　　　)
6. 729 − 44 → (　　　) − 40 → (　　　)
7. 877 − 29 → (　　　) − 30 → (　　　)
8. 106 − 51 → (　　　) − 50 → (　　　)
9. 559 − 67 → (　　　) − 60 → (　　　)
10. 243 − 95 → (　　　) − 100 → (　　　)
11. 739 − 86 → (　　　) − 80 → (　　　)
12. 393 − 53 → (　　　) − 50 → (　　　)
13. 429 − 46 → (　　　) − 40 → (　　　)
14. 583 − 63 → (　　　) − 60 → (　　　)
15. 636 − 35 → (　　　) − 30 → (　　　)
16. 554 − 74 → (　　　) − 70 → (　　　)
17. 376 − 23 → (　　　) − 20 → (　　　)
18. 389 − 32 → (　　　) − 30 → (　　　)
19. 983 − 87 → (　　　) − 90 → (　　　)
20. 503 − 88 → (　　　) − 90 → (　　　)

❶ 종이를 반으로 접은 후 문제를 풀어 보세요.

정답 확인

| 1

구분	가	나	총합
A	62	92	154
B	83	25	108
총합	145	117	262

| 2

구분	가	나	총합
A	73	56	129
B	92	32	124
총합	165	88	253

| 3

구분	가	나	총합
A	77	26	103
B	48	93	141
총합	125	119	244

| 4

구분	가	나	총합
A	49	46	95
B	73	25	98
총합	122	71	193

| 5

구분	가	나	총합
A	79	66	145
B	52	15	67
총합	131	81	212

☑ 풀이실력 체크하기

풀이시간	체크하기
~1분 30초 이하	☐ 계산 고수시군요!
1분 30초 초과~2분 이하	☐ 우수해요!
2분 초과~2분 30초 이하	☐ 평균이에요!
2분 30초 초과~3분 이하	☐ 좀 더 분발해야 해요!
3분 초과	☐ 부단한 노력이 필요해요!

연습 문제

다음 표의 빈칸에 알맞은 값을 쓰시오.

1

구분	가	나	총합
A	62		154
B		25	108
총합	145	117	262

2

구분	가	나	총합
A	73		129
B		32	124
총합	165	88	253

3

구분	가	나	총합
A	77		103
B		93	141
총합	125	119	244

4

구분	가	나	총합
A	49		95
B		25	98
총합	122	71	193

5

구분	가	나	총합
A	79		145
B		15	67
총합	131	81	212

❶ 종이를 반으로 접은 후 문제를 풀어 보세요.

정답 확인

| 1

구분	가	나	총합
A	64	35	99
B	53	16	69
총합	117	51	168

| 2

구분	가	나	총합
A	42	68	110
B	92	35	127
총합	134	103	237

| 3

구분	가	나	총합
A	73	53	126
B	36	63	99
총합	109	116	225

| 4

구분	가	나	총합
A	38	28	66
B	55	62	117
총합	93	90	183

| 5

구분	가	나	총합
A	69	21	90
B	56	35	91
총합	125	56	181

☑ 풀이실력 체크하기

풀이시간	체크하기
~1분 30초 이하	□ 계산 고수시군요!
1분 30초 초과~2분 이하	□ 우수해요!
2분 초과~2분 30초 이하	□ 평균이에요!
2분 30초 초과~3분 이하	□ 좀 더 분발해야 해요!
3분 초과	□ 부단한 노력이 필요해요!

연습 문제

다음 표의 빈칸에 알맞은 값을 쓰시오.

| 1

구분	가	나	총합
A	64		99
B			69
총합	117	51	168

| 2

구분	가	나	총합
A		68	110
B			127
총합	134	103	237

| 3

구분	가	나	총합
A			126
B		63	99
총합	109	116	225

| 4

구분	가	나	총합
A			66
B	55		117
총합	93	90	183

| 5

구분	가	나	총합
A	69	21	90
B			
총합	125		181

DAY 06 빨셈 연습

❶ 종이를 반으로 접은 후 문제를 풀어 보세요.

정답 확인

구분	문제	항목1	차이	중간값	차이	항목2	결과
1	67－52	67	7	60	8	52	15
2	48－28	48	18	30	2	28	20
3	74－39	74	34	40	1	39	35
4	97－75	97	17	80	5	75	22
5	71－23	71	41	30	7	23	48
6	84－74	84	4	80	6	74	10
7	64－37	64	24	40	3	37	27
8	34－28	34	4	30	2	28	6
9	32－19	32	12	20	1	19	13
10	83－49	83	33	50	1	49	34
11	42－26	42	12	30	4	26	16
12	97－38	97	57	40	2	38	59
13	62－18	62	42	20	2	18	44
14	84－67	84	14	70	3	67	17
15	53－37	53	13	40	3	37	16
16	32－19	32	12	20	1	19	13
17	48－29	48	18	30	1	29	19
18	66－48	66	16	50	2	48	18
19	25－17	25	5	20	3	17	8
20	73－69	73	3	70	1	69	4

☑ 풀이실력 체크하기

풀이시간	체크하기
~1분 이하	☐ 계산 고수시군요!
1분 초과~2분 이하	☐ 우수해요!
2분 초과~3분 이하	☐ 평균이에요!
3분 초과~4분 이하	☐ 좀 더 분발해야 해요!
4분 초과	☐ 부단한 노력이 필요해요!

연습 문제

중간값법: 뺄셈에서 두 항의 중간 지점에서 가장 딱 떨어지는 숫자(중간값)를 상정한 후 두 항목에서 그 중간값과의 차이를 구한다. 그리고 그 두 값을 더하여 뺄셈 값을 구한다.

예 123－97＝중간값을 100으로 잡으면 각 항과의 차이는 다음과 같다.

123－(23)－100－(3)－97

이때 23과 3을 더하면 뺄셈 값은 26이다.

3,542－2,887＝중간값을 3,000으로 잡으면 각 항과의 차이는 다음과 같다.

3,542－(542)－3,000－(113)－2,887

이때 542와 113을 더하면 뺄셈 값은 655이다.

중간값법을 활용하여 다음 빈칸에 알맞은 값을 쓰시오.

구분	문제	항목1	차이	중간값	차이	항목2	결과
1	67－52	67		60		52	
2	48－28	48		30		28	
3	74－39	74		40		39	
4	97－75	97		80		75	
5	71－23	71		30		23	
6	84－74	84		80		74	
7	64－37	64		40		37	
8	34－28	34		30		28	
9	32－19	32		20		19	
10	83－49	83		50		49	
11	42－26	42		30		26	
12	97－38	97		40		38	
13	62－18	62		20		18	
14	84－67	84		70		67	
15	53－37	53		40		37	
16	32－19	32		20		19	
17	48－29	48		30		29	
18	66－48	66		50		48	
19	25－17	25		20		17	
20	73－69	73		70		69	

❶ 종이를 반으로 접은 후 문제를 풀어 보세요.

정답 확인

구분	문제	항목1	차이	중간값	차이	항목2	결과
1	635−387	635	235	400	13	387	248
2	245−169	245	45	200	31	169	76
3	812−698	812	112	700	2	698	114
4	776−488	776	276	500	12	488	288
5	546−250	546	246	300	50	250	296
6	352−298	352	52	300	2	298	54
7	877−788	877	77	800	12	788	89
8	433−367	433	33	400	33	367	66
9	195−178	195	15	180	2	178	17
10	382−359	382	22	360	1	359	23
11	721−679	721	21	700	21	679	42
12	477−458	477	17	460	2	458	19
13	627−589	627	27	600	11	589	38
14	417−360	417	17	400	40	360	57
15	524−492	524	24	500	8	492	32
16	729−655	729	29	700	45	655	74
17	974−958	974	14	960	2	958	16
18	716−694	716	16	700	6	694	22
19	275−217	275	55	220	3	217	58
20	533−299	533	233	300	1	299	234

☑ 풀이실력 체크하기

풀이시간	체크하기
~1분 이하	☐ 계산 고수시군요!
1분 초과~2분 이하	☐ 우수해요!
2분 초과~3분 이하	☐ 평균이에요!
3분 초과~4분 이하	☐ 좀 더 분발해야 해요!
4분 초과	☐ 부단한 노력이 필요해요!

연습 문제

구분	문제	항목1	차이	중간값	차이	항목2	결과
1	635−387	635				387	
2	245−169	245				169	
3	812−698	812				698	
4	776−488	776				488	
5	546−250	546				250	
6	352−298	352				298	
7	877−788	877				788	
8	433−367	433				367	
9	195−178	195				178	
10	382−359	382				359	
11	721−679	721				679	
12	477−458	477				458	
13	627−589	627				589	
14	417−360	417				360	
15	524−492	524				492	
16	729−655	729				655	
17	974−958	974				958	
18	716−694	716				694	
19	275−217	275				217	
20	533−299	533				299	

❶ 종이를 반으로 접은 후 문제를 풀어 보세요.

정답 확인

구분	문제	항목1	차이	중간값	차이	항목2	결과
1	3,141－2,781	3,141	141	3,000	219	2,781	360
2	8,741－6,982	8,741	1,741	7,000	18	6,982	1,759
3	2,138－1,989	2,138	138	2,000	11	1,989	149
4	5,320－3,777	5,320	1,320	4,000	223	3,777	1543
5	1,217－579	1,217	217	1,000	421	579	638
6	6,241－5,923	6,241	241	6,000	77	5,923	318
7	5,713－4,987	5,713	713	5,000	13	4,987	726
8	7,251－6,888	7,251	251	7,000	112	6,888	363
9	4,548－3,720	4,548	548	4,000	280	3,720	828
10	7,311－6,863	7,311	311	7,000	137	6,863	448
11	3,254－2,999	3,254	254	3,000	1	2,999	255
12	7,162－6,750	7,162	162	7,000	250	6,750	412
13	5,555－4,789	5,555	555	5,000	211	4,789	766
14	4,635－3,799	4,635	635	4,000	201	3,799	836
15	8,521－7,600	8,521	521	8,000	400	7,600	921
16	2,762－1,788	2,762	762	2,000	212	1,788	974
17	3,221－1,560	3,221	1,221	2,000	440	1,560	1,661
18	8.765－6,918	8,765	1,765	7,000	82	6,918	1,847
19	5,221－4,590	5,221	221	5,000	410	4,590	631
20	7,613－5,399	7,613	1,613	6,000	601	5,399	2,214

☑ 풀이실력 체크하기

풀이시간	체크하기
~1분 이하	□ 계산 고수시군요!
1분 초과~2분 이하	□ 우수해요!
2분 초과~3분 이하	□ 평균이에요!
3분 초과~4분 이하	□ 좀 더 분발해야 해요!
4분 초과	□ 부단한 노력이 필요해요!

연습 문제

구분	문제	항목1	차이	중간값	차이	항목2	결과
1	3,141−2,781	3,141				2,781	
2	8,741−6,982	8,741				6,982	
3	2,138−1,989	2,138				1,989	
4	5,320−3,777	5,320				3,777	
5	1,217−579	1,217				579	
6	6,241−5,923	6,241				5,923	
7	5,713−4,987	5,713				4,987	
8	7,251−6,888	7,251				6,888	
9	4,548−3,720	4,548				3,720	
10	7,311−6,863	7,311				6,863	
11	3,254−2,999	3,254				2,999	
12	7,162−6,750	7,162				6,750	
13	5,555−4,789	5,555				4,789	
14	4,635−3,799	4,635				3,799	
15	8,521−7,600	8,521				7,600	
16	2,762−1,788	2,762				1,788	
17	3,221−1,560	3,221				1,560	
18	8.765−6,918	8,765				6,918	
19	5,221−4,590	5,221				4,590	
20	7,613−5,399	7,613				5,399	

DAY 07 곱셈 연습

❗ 종이를 반으로 접은 후 문제를 풀어 보세요.

정답 확인

1. 61×13

			3
	1	9	
	6		
	7	9	3

2. 34×24

		1	6
	2	0	
	6		
	8	1	6

3. 58×21

			8
	2	1	
1	0		
1	2	1	8

4. 46×16

		3	6
	3	0	
	4		
	7	3	6

5. 77×15

		3	5
	4	2	
	7		
1	1	5	5

☑ 풀이실력 체크하기

풀이시간	체크하기
~1분 이하	☐ 계산 고수시군요!
1분 초과~1분 30초 이하	☐ 우수해요!
1분 30초 초과~2분 이하	☐ 평균이에요!
2분 초과~2분 30초 이하	☐ 좀 더 분발해야 해요!
2분 30분 초과	☐ 부단한 노력이 필요해요!

연습 문제

트라젠버그법: AB×CD 형태의 곱셈에서 먼저 B×D를 해서 그 결과를 1의 자리에 두고(십의 자리가 넘어가면 올림으로 표시), A×D와 B×C를 수행한 다음에 이 두 결과를 더하고, 그것을 십의 자리에 넣는다. 마지막으로 A×C를 수행하고 그것을 백의 자리에 넣고, 각 열에 있는 값을 합산하여 계산한다.

예 24×31=B×D=4
(A×D)+(B×C)=2+12=14
A×C=6

		4
1	4	
6		
7	4	4

트라젠버그법을 활용하여 다음 각 열에 알맞은 숫자를 쓰시오.

1. 61×13

2. 34×24

3. 58×21

4. 46×16

5. 77×15

❗ 종이를 반으로 접은 후 문제를 풀어 보세요.

정답 확인

1. 62×43

			6
	2	6	
2	4		
2	6	6	6

2. 55×31

			5
	2	0	
1	5		
1	7	0	5

3. 68×32

		1	6
	3	6	
1	8		
2	1	7	6

4. 54×42

			8
	2	6	
2	0		
2	2	6	8

5. 37×31

			7
	2	4	
	9		
1	1	4	7

☑ 풀이실력 체크하기

풀이시간	체크하기
~1분 이하	☐ 계산 고수시군요!
1분 초과~1분 30초 이하	☐ 우수해요!
1분 30초 초과~2분 이하	☐ 평균이에요!
2분 초과~2분 30초 이하	☐ 좀 더 분발해야 해요!
2분 30분 초과	☐ 부단한 노력이 필요해요!

연습 문제

트라젠버그법을 활용하여 다음 각 열에 알맞은 숫자를 쓰시오.

1. 62×43

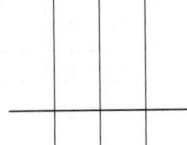

2. 55×31

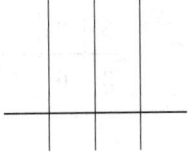

3. 68×32

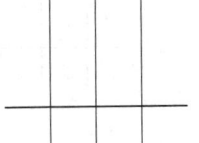

4. 54×42

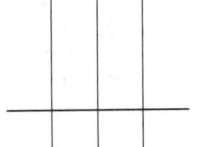

5. 37×31

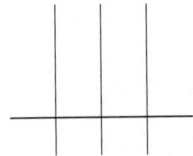

❗ 종이를 반으로 접은 후 문제를 풀어 보세요.

정답 확인

1. 57×64

		2	8
	6	2	
3	0		
3	6	4	8

2. 84×24

		1	6
	4	0	
1	6		
2	0	1	6

3. 93×88

		2	4
	9	6	
7	2		
8	1	8	4

4. 64×55

		2	0
	5	0	
3	0		
3	5	2	0

5. 72×51

			2
	1	7	
3	5		
3	6	7	2

☑ 풀이실력 체크하기

풀이시간	체크하기
~1분 이하	□ 계산 고수시군요!
1분 초과~1분 30초 이하	□ 우수해요!
1분 30초 초과~2분 이하	□ 평균이에요!
2분 초과~2분 30초 이하	□ 좀 더 분발해야 해요!
2분 30분 초과	□ 부단한 노력이 필요해요!

연습 문제

트라젠버그법을 활용하여 다음 각 열에 알맞은 숫자를 쓰시오.

1. 57×64

2. 84×24

3. 93×88

4. 64×55

5. 72×51

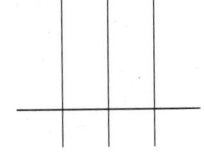

DAY 08 # 곱셈 연습

❶ 종이를 반으로 접은 후 문제를 풀어 보세요.

정답 확인

1. $42\times28=42\times(30-2)=1,260-84=1,176$
2. $31\times19=31\times(20-1)=620-31=589$
3. $35\times21=35\times(20+1)=700+35=735$
4. $62\times97=62\times(100-3)=6,200-186=6,014$
5. $61\times18=(60+1)\times18=1,080+18=1,098$
6. $45\times61=45\times(60+1)=2,700+45=2,745$
7. $23\times29=23\times(30-1)=690-23=667$
8. $47\times38=47\times(40-2)=1,880-94=1,786$
9. $54\times13=54\times(10+3)=540+162=702$
10. $71\times28=(70+1)\times28=1,960+28=1,988$
11. $58\times24=(60-2)\times24=1,440-48=1,392$
12. $69\times19=69\times(20-1)=1,380-69=1,311$
13. $82\times16=(80+2)\times16=1,280+32=1,312$
14. $77\times37=77\times(40-3)=3,080-231=2,849$
15. $54\times23=54\times(20+3)=1,080+162=1,242$
16. $83\times11=83\times(10+1)=830+83=913$
17. $43\times29=43\times(30-1)=1,290-43=1,247$
18. $72\times22=72\times(20+2)=1,440+144=1,584$
19. $79\times51=79\times(50+1)=3,950+79=4,029$
20. $38\times22=38\times(20+2)=760+76=836$

☑ 풀이실력 체크하기

풀이시간	체크하기
~2분 이하	☐ 계산 고수시군요!
2분 초과~2분 30초 이하	☐ 우수해요!
2분 30초 초과~3분 이하	☐ 평균이에요!
3분 초과~4분 이하	☐ 좀 더 분발해야 해요!
4분 초과	☐ 부단한 노력이 필요해요!

연습 문제

분배법칙: 곱셈하는 한 쪽을 a+b의 형식으로 풀어서 암산하기 쉬운 형태로 바꿔 준 후 각자 곱한 다음에 그 숫자를 더해서 결괏값을 찾아낸다.

예 $45 \times 22 = 45 \times (20+2) = 900 + 90 = 990$

$540 \times 98 = 540 \times (100-2) = 54{,}000 - 1{,}080 = 52{,}920$

분배법칙을 활용하여 다음 빈칸을 알맞게 채우시오.

1. $42 \times 28 = ($ $\qquad$ $) = ($ $\qquad$ $)$
2. $31 \times 19 = ($ $\qquad$ $) = ($ $\qquad$ $)$
3. $35 \times 21 = ($ $\qquad$ $) = ($ $\qquad$ $)$
4. $62 \times 97 = ($ $\qquad$ $) = ($ $\qquad$ $)$
5. $61 \times 18 = ($ $\qquad$ $) = ($ $\qquad$ $)$
6. $45 \times 61 = ($ $\qquad$ $) = ($ $\qquad$ $)$
7. $23 \times 29 = ($ $\qquad$ $) = ($ $\qquad$ $)$
8. $47 \times 38 = ($ $\qquad$ $) = ($ $\qquad$ $)$
9. $54 \times 13 = ($ $\qquad$ $) = ($ $\qquad$ $)$
10. $71 \times 28 = ($ $\qquad$ $) = ($ $\qquad$ $)$
11. $58 \times 24 = ($ $\qquad$ $) = ($ $\qquad$ $)$
12. $69 \times 19 = ($ $\qquad$ $) = ($ $\qquad$ $)$
13. $82 \times 16 = ($ $\qquad$ $) = ($ $\qquad$ $)$
14. $77 \times 37 = ($ $\qquad$ $) = ($ $\qquad$ $)$
15. $54 \times 23 = ($ $\qquad$ $) = ($ $\qquad$ $)$
16. $83 \times 11 = ($ $\qquad$ $) = ($ $\qquad$ $)$
17. $43 \times 29 = ($ $\qquad$ $) = ($ $\qquad$ $)$
18. $72 \times 22 = ($ $\qquad$ $) = ($ $\qquad$ $)$
19. $79 \times 51 = ($ $\qquad$ $) = ($ $\qquad$ $)$
20. $38 \times 22 = ($ $\qquad$ $) = ($ $\qquad$ $)$

❗ 종이를 반으로 접은 후 문제를 풀어 보세요.

정답 확인

1

×	25	14
34	850	476
12	300	168

2

×	61	29
23	1,403	667
15	915	435

3

×	11	22
12	132	264
34	374	748

4

×	28	32
19	532	608
21	588	672

5

×	13	52
41	533	2,132
70	910	3,640

☑ 풀이실력 체크하기

풀이시간	체크하기
~2분 30초 이하	☐ 계산 고수시군요!
2분 30초 초과~3분 이하	☐ 우수해요!
3분 초과~4분 이하	☐ 평균이에요!
4분 초과~5분 이하	☐ 좀 더 분발해야 해요!
5분 초과	☐ 부단한 노력이 필요해요!

연습 문제

분배법칙을 활용하여 각 칸에 올바른 ac, ad, bc, bd의 값을 쓰시오.

×	c	d
a	a×c	a×d
b	b×c	b×d

1

×	25	14
34		
12		

2

×	61	29
23		
15		

3

×	11	22
12		
34		

4

×	28	32
19		
21		

5

×	13	52
41		
70		

❶ 종이를 반으로 접은 후 문제를 풀어 보세요.

정답 확인

| 1

×	42	78
55	2,310	4,290
27	1,134	2,106

| 2

×	91	84
89	8,099	7,476
69	6,279	5,796

| 3

×	67	34
72	4,824	2,448
51	3,417	1,734

| 4

×	85	93
55	4,675	5,115
42	3,570	3,906

| 5

×	23	29
69	1,587	2,001
31	713	899

☑ 풀이실력 체크하기

풀이시간	체크하기
~2분 30초 이하	☐ 계산 고수시군요!
2분 30초 초과~3분 이하	☐ 우수해요!
3분 초과~4분 이하	☐ 평균이에요!
4분 초과~5분 이하	☐ 좀 더 분발해야 해요!
5분 초과	☐ 부단한 노력이 필요해요!

연습 문제

분배법칙을 활용하여 각 칸에 올바른 ac, ad, bc, bd의 값을 쓰시오.

×	c	d
a	a×c	a×d
b	b×c	b×d

1

×	42	78
55		
27		

2

×	91	84
89		
69		

3

×	67	34
72		
51		

4

×	85	93
55		
42		

5

×	23	29
69		
31		

DAY 09

곱셈 연습

❶ 종이를 반으로 접은 후 문제를 풀어 보세요.

정답 확인

1. $375\times42=375\times(40+2)=15,000+750=15,750$
2. $220\times54=220\times(50+4)=11,000+880=11,880$
3. $627\times61=627\times(60+1)=37,620+627=38,247$
4. $293\times53=293\times(50+3)=14,650+879=15,529$
5. $516\times94=516\times(90+4)=46,440+2,064=48,504$
6. $813\times13=813\times(10+3)=8,130+2,439=10,569$
7. $249\times34=249\times(30+4)=7,470+996=8,466$
8. $496\times41=496\times(40+1)=19,840+496=20,336$
9. $168\times78=168\times(80-2)=13,440-336=13,104$
10. $895\times49=895\times(50-1)=44,750-895=43,855$
11. $486\times43=486\times(40+3)=19,440+1,458=20,898$
12. $899\times91=899\times(90+1)=80,910+899=81,809$
13. $364\times54=364\times(50+4)=18,200+1,456=19,656$
14. $134\times23=134\times(20+3)=2,680+402=3,082$
15. $177\times58=177\times(60-2)=10,620-354=10,266$
16. $575\times75=575\times(70+5)=40,250+2,875=43,125$
17. $788\times94=788\times(90+4)=70,920+3,152=74,072$
18. $293\times98=293\times(100-2)=29,300-586=28,714$
19. $364\times52=364\times(50+2)=18,200+728=18,928$
20. $398\times84=(400-2)\times84=33,600-168=33,432$

☑ 풀이실력 체크하기

풀이시간	체크하기
~2분 이하	☐ 계산 고수시군요!
2분 초과~2분 30초 이하	☐ 우수해요!
2분 30초 초과~3분 이하	☐ 평균이에요!
3분 초과~4분 이하	☐ 좀 더 분발해야 해요!
4분 초과	☐ 부단한 노력이 필요해요!

연습 문제

분배법칙: 곱셈하는 한 쪽을 a+b의 형식으로 풀어서 암산하기 쉬운 형태로 바꿔 준 후 각자 곱한 다음에 그 숫자를 더해서 결괏값을 찾아낸다.

예 $45\times22=45\times(20+2)=900+90=990$

$540\times98=540\times(100-2)=54,000-1,080=52,920$

분배법칙을 활용하여 다음 빈칸을 알맞게 채우시오.

1. $375\times42=($ $)=($ $)$
2. $220\times54=($ $)=($ $)$
3. $627\times61=($ $)=($ $)$
4. $293\times53=($ $)=($ $)$
5. $516\times94=($ $)=($ $)$
6. $813\times13=($ $)=($ $)$
7. $249\times34=($ $)=($ $)$
8. $496\times41=($ $)=($ $)$
9. $168\times78=($ $)=($ $)$
10. $895\times49=($ $)=($ $)$
11. $486\times43=($ $)=($ $)$
12. $899\times91=($ $)=($ $)$
13. $364\times54=($ $)=($ $)$
14. $134\times23=($ $)=($ $)$
15. $177\times58=($ $)=($ $)$
16. $575\times75=($ $)=($ $)$
17. $788\times94=($ $)=($ $)$
18. $293\times98=($ $)=($ $)$
19. $364\times52=($ $)=($ $)$
20. $398\times84=($ $)=($ $)$

❶ 종이를 반으로 접은 후 문제를 풀어 보세요.

정답 확인

1

×	35	72
165	5,775	11,880
24	840	1,728

2

×	22	91
511	11,242	46,501
37	814	3,367

3

×	79	32
45	3,555	1,440
262	20,698	8,384

4

×	712	53
11	7,832	583
62	44,144	3,286

5

×	18	417
91	1,638	37,947
27	486	11,259

☑ 풀이실력 체크하기

풀이시간	체크하기
~2분 30초 이하	☐ 계산 고수시군요!
2분 30초 초과~3분 이하	☐ 우수해요!
3분 초과~4분 이하	☐ 평균이에요!
4분 초과~5분 이하	☐ 좀 더 분발해야 해요!
5분 초과	☐ 부단한 노력이 필요해요!

연습 문제

분배법칙을 활용하여 각 칸에 올바른 ac, ad, bc, bd의 값을 쓰시오.

×	c	d
a	a×c	a×d
b	b×c	b×d

1

×	35	72
165		
24		

2

×	22	91
511		
37		

3

×	79	32
45		
262		

4

×	712	53
11		
62		

5

×	18	417
91		
27		

❗ 종이를 반으로 접은 후 문제를 풀어 보세요.

정답 확인

| 1

×	57	112
412	23,484	46,144
23	1,311	2,576

| 2

×	43	318
287	12,341	91,266
72	3,096	22,896

| 3

×	21	88
36	756	3,168
721	15,141	63,448

| 4

×	524	16
28	14,672	448
31	16,244	496

| 5

×	32	114
83	2,656	9,462
12	384	1,368

☑ 풀이실력 체크하기

풀이시간	체크하기
~2분 30초 이하	☐ 계산 고수시군요!
2분 30초 초과~3분 이하	☐ 우수해요!
3분 초과~4분 이하	☐ 평균이에요!
4분 초과~5분 이하	☐ 좀 더 분발해야 해요!
5분 초과	☐ 부단한 노력이 필요해요!

연습 문제

분배법칙을 활용하여 각 칸에 올바른 ac, ad, bc, bd의 값을 쓰시오.

×	c	d
a	a×c	a×d
b	b×c	b×d

1

×	57	112
412		
23		

2

×	43	318
287		
72		

3

×	21	88
36		
721		

4

×	524	16
28		
31		

5

×	32	114
83		
12		

DAY **10** # 곱셈 연습

❗ 종이를 반으로 접은 후 문제를 풀어 보세요.

정답 확인

1

×	22	15
21	462	315
31	682	465

2

×	32	56
24	768	1,344
62	1,984	3,472

3

×	23	35
32	736	1,120
71	1,633	2,485

4

×	28	42
15	420	630
19	532	798

5

×	15	97
27	405	2,619
32	480	3,104

☑ 풀이실력 체크하기

풀이시간	체크하기
~2분 30초 이하	☐ 계산 고수시군요!
2분 30초 초과~3분 이하	☐ 우수해요!
3분 초과~4분 이하	☐ 평균이에요!
4분 초과~5분 이하	☐ 좀 더 분발해야 해요!
5분 초과	☐ 부단한 노력이 필요해요!

연습 문제

분배법칙이나 트라젠버그법을 활용하여 각 칸에 올바른 ac, ad, bc, bd의 값을 쓰시오.

×	c	d
a	a×c	a×d
b	b×c	b×d

| 1

×	22	15
21		
31		

| 2

×	32	56
24		
62		

| 3

×	23	35
32		
71		

| 4

×	28	42
15		
19		

| 5

×	15	97
27		
32		

❶ 종이를 반으로 접은 후 문제를 풀어 보세요.

정답 확인

| 1

×	64	82
89	5,696	7,298
47	3,008	3,854

| 2

×	113	27
68	7,684	1,836
72	8,136	1,944

| 3

×	39	22
312	12,168	6,864
46	1,794	1,012

| 4

×	26	36
71	1,846	2,556
482	12,532	17,352

| 5

×	231	63
46	10,626	2,898
21	4,851	1,323

☑ 풀이실력 체크하기

풀이시간	체크하기
~2분 30초 이하	☐ 계산 고수시군요!
2분 30초 초과~3분 이하	☐ 우수해요!
3분 초과~4분 이하	☐ 평균이에요!
4분 초과~5분 이하	☐ 좀 더 분발해야 해요!
5분 초과	☐ 부단한 노력이 필요해요!

연습 문제

분배법칙이나 트라젠버그법을 활용하여 각 칸에 올바른 ac, ad, bc, bd의 값을 쓰시오.

×	c	d
a	a×c	a×d
b	b×c	b×d

1

×	64	82
89		
47		

2

×	113	27
68		
72		

3

×	39	22
312		
46		

4

×	26	36
71		
482		

5

×	231	63
46		
21		

❶ 종이를 반으로 접은 후 문제를 풀어 보세요.

정답 확인

| 1

×	111	52
712	79,032	37,024
25	2,775	1,300

| 2

×	51	211
23	1,173	4,853
152	7,752	32,072

| 3

×	28	589
31	868	18,259
51	1,428	30,039

| 4

×	217	425
48	10,416	20,400
80	17,360	34,000

| 5

×	515	53
52	26,780	2,756
195	100,425	10,335

☑ 풀이실력 체크하기

풀이시간	체크하기
~2분 30초 이하	☐ 계산 고수시군요!
2분 30초 초과~3분 이하	☐ 우수해요!
3분 초과~4분 이하	☐ 평균이에요!
4분 초과~5분 이하	☐ 좀 더 분발해야 해요!
5분 초과	☐ 부단한 노력이 필요해요!

연습 문제

분배법칙이나 트라젠버그법을 활용하여 각 칸에 올바른 ac, ad, bc, bd의 값을 쓰시오.

×	c	d
a	a×c	a×d
b	b×c	b×d

| 1

×	111	52
712		
25		

| 2

×	51	211
23		
152		

| 3

×	28	589
31		
51		

| 4

×	217	425
48		
80		

| 5

×	515	53
52		
195		

DAY 11

나눗셈 연습

❶ 종이를 반으로 접은 후 문제를 풀어 보세요.

정답 확인

1. $\frac{23}{45}$ → 약 (51)%

2. $\frac{52}{81}$ → 약 (64)%

3. $\frac{37}{64}$ → 약 (58)%

4. $\frac{12}{57}$ → 약 (21)%

5. $\frac{39}{95}$ → 약 (41)%

6. $\frac{26}{35}$ → 약 (74)%

7. $\frac{42}{72}$ → 약 (58)%

8. $\frac{17}{82}$ → 약 (21)%

9. $\frac{28}{77}$ → 약 (36)%

10. $\frac{35}{43}$ → 약 (81)%

11. $\frac{68}{99}$ → 약 (69)%

12. $\frac{10}{73}$ → 약 (14)%

13. $\frac{64}{73}$ → 약 (88)%

14. $\frac{77}{89}$ → 약 (87)%

15. $\frac{46}{64}$ → 약 (72)%

16. $\frac{61}{81}$ → 약 (75)%

17. $\frac{23}{47}$ → 약 (49)%

18. $\frac{15}{45}$ → 약 (33)%

19. $\frac{47}{57}$ → 약 (82)%

20. $\frac{59}{89}$ → 약 (66)%

☑ 풀이실력 체크하기

풀이시간	체크하기
~3분 이하	□ 계산 고수시군요!
3분 초과~3분 30초 이하	□ 우수해요!
3분 30초 초과~4분 30초 이하	□ 평균이에요!
4분 30초 초과~5분 30초 이하	□ 좀 더 분발해야 해요!
5분 30초 초과	□ 부단한 노력이 필요해요!

연습 문제

다음 분수의 비중을 계산하시오.(단, 소수점 첫째 자리에서 반올림하고 백분율로 표시하시오.)

1. $\frac{23}{45}$ → 약 (　　　)%

2. $\frac{52}{81}$ → 약 (　　　)%

3. $\frac{37}{64}$ → 약 (　　　)%

4. $\frac{12}{57}$ → 약 (　　　)%

5. $\frac{39}{95}$ → 약 (　　　)%

6. $\frac{26}{35}$ → 약 (　　　)%

7. $\frac{42}{72}$ → 약 (　　　)%

8. $\frac{17}{82}$ → 약 (　　　)%

9. $\frac{28}{77}$ → 약 (　　　)%

10. $\frac{35}{43}$ → 약 (　　　)%

11. $\frac{68}{99}$ → 약 (　　　)%

12. $\frac{10}{73}$ → 약 (　　　)%

13. $\frac{64}{73}$ → 약 (　　　)%

14. $\frac{77}{89}$ → 약 (　　　)%

15. $\frac{46}{64}$ → 약 (　　　)%

16. $\frac{61}{81}$ → 약 (　　　)%

17. $\frac{23}{47}$ → 약 (　　　)%

18. $\frac{15}{45}$ → 약 (　　　)%

19. $\frac{47}{57}$ → 약 (　　　)%

20. $\frac{59}{89}$ → 약 (　　　)%

❗ 종이를 반으로 접은 후 문제를 풀어 보세요.

정답 확인

1. $\frac{35}{37}$ → 약 (95)%

2. $\frac{26}{29}$ → 약 (90)%

3. $\frac{48}{26}$ → 약 (185)%

4. $\frac{15}{24}$ → 약 (63)%

5. $\frac{33}{17}$ → 약 (194)%

6. $\frac{84}{68}$ → 약 (124)%

7. $\frac{70}{38}$ → 약 (184)%

8. $\frac{83}{87}$ → 약 (95)%

9. $\frac{77}{49}$ → 약 (157)%

10. $\frac{20}{52}$ → 약 (38)%

11. $\frac{24}{44}$ → 약 (55)%

12. $\frac{61}{98}$ → 약 (62)%

13. $\frac{19}{27}$ → 약 (70)%

14. $\frac{36}{44}$ → 약 (82)%

15. $\frac{27}{22}$ → 약 (123)%

16. $\frac{47}{13}$ → 약 (362)%

17. $\frac{46}{25}$ → 약 (184)%

18. $\frac{54}{87}$ → 약 (62)%

19. $\frac{89}{23}$ → 약 (387)%

20. $\frac{54}{72}$ → 약 (75)%

☑ 풀이실력 체크하기

풀이시간	체크하기
~3분 이하	☐ 계산 고수시군요!
3분 초과~3분 30초 이하	☐ 우수해요!
3분 30초 초과~4분 30초 이하	☐ 평균이에요!
4분 30초 초과~5분 30초 이하	☐ 좀 더 분발해야 해요!
5분 30초 초과	☐ 부단한 노력이 필요해요!

연습 문제

다음 분수의 비중을 계산하시오.(단, 소수점 첫째 자리에서 반올림하고 백분율로 표시하시오.)

1. $\frac{35}{37}$ → 약 (   )%

2. $\frac{26}{29}$ → 약 (   )%

3. $\frac{48}{26}$ → 약 (   )%

4. $\frac{15}{24}$ → 약 (   )%

5. $\frac{33}{17}$ → 약 (   )%

6. $\frac{84}{68}$ → 약 (   )%

7. $\frac{70}{38}$ → 약 (   )%

8. $\frac{83}{87}$ → 약 (   )%

9. $\frac{77}{49}$ → 약 (   )%

10. $\frac{20}{52}$ → 약 (   )%

11. $\frac{24}{44}$ → 약 (   )%

12. $\frac{61}{98}$ → 약 (   )%

13. $\frac{19}{27}$ → 약 (   )%

14. $\frac{36}{44}$ → 약 (   )%

15. $\frac{27}{22}$ → 약 (   )%

16. $\frac{47}{13}$ → 약 (   )%

17. $\frac{46}{25}$ → 약 (   )%

18. $\frac{54}{87}$ → 약 (   )%

19. $\frac{89}{23}$ → 약 (   )%

20. $\frac{54}{72}$ → 약 (   )%

❶ 종이를 반으로 접은 후 문제를 풀어 보세요.

정답 확인

| 1

÷	67	88
21	31%	24%
45	67%	51%

| 2

÷	79	93
32	41%	34%
61	77%	66%

| 3

÷	38	41
12	32%	29%
26	68%	63%

| 4

÷	52	88
63	121%	72%
39	75%	44%

| 5

÷	24	95
34	142%	36%
66	275%	69%

☑ 풀이실력 체크하기

풀이시간	체크하기
~2분 30초 이하	□ 계산 고수시군요!
2분 30초 초과~3분 이하	□ 우수해요!
3분 초과~4분 이하	□ 평균이에요!
4분 초과~5분 이하	□ 좀 더 분발해야 해요!
5분 초과	□ 부단한 노력이 필요해요!

연습 문제

다음 각 칸에 올바른 a/c, a/d, b/c, b/d의 값을 쓰시오. (단, 소수점 첫째 자리에 반올림하고 백분율 값으로 표시하시오.)

÷	c	d
a	a / c	a / d
b	b / c	b / d

I 1

÷	67	88
21	%	%
45	%	%

I 2

÷	79	93
32	%	%
61	%	%

I 3

÷	38	41
12	%	%
26	%	%

I 4

÷	52	88
63	%	%
39	%	%

I 5

÷	24	95
34	%	%
66	%	%

DAY 12 나눗셈 연습

❗ 종이를 반으로 접은 후 문제를 풀어 보세요.

정답 확인

1. $\frac{37}{465}$ → 약 (8)%

2. $\frac{52}{929}$ → 약 (5.6)%

3. $\frac{56}{452}$ → 약 (12.4)%

4. $\frac{15}{479}$ → 약 (3.1)%

5. $\frac{28}{576}$ → 약 (4.9)%

6. $\frac{22}{375}$ → 약 (5.9)%

7. $\frac{65}{729}$ → 약 (8.9)%

8. $\frac{27}{568}$ → 약 (4.8)%

9. $\frac{15}{139}$ → 약 (10.8)%

10. $\frac{57}{562}$ → 약 (10.1)%

11. $\frac{343}{59}$ → 약 (581.4)%

12. $\frac{174}{65}$ → 약 (267.4)%

13. $\frac{518}{51}$ → 약 (1,015.7)%

14. $\frac{237}{52}$ → 약 (455.8)%

15. $\frac{894}{65}$ → 약 (1,375.4)%

16. $\frac{128}{78}$ → 약 (164.1)%

17. $\frac{426}{84}$ → 약 (507.1)%

18. $\frac{328}{98}$ → 약 (334.7)%

19. $\frac{461}{15}$ → 약 (3,073.3)%

20. $\frac{275}{38}$ → 약 (723.7)%

☑ 풀이실력 체크하기

풀이시간	체크하기
~3분 이하	☐ 계산 고수시군요!
3분 초과~3분 30초 이하	☐ 우수해요!
3분 30초 초과~4분 30초 이하	☐ 평균이에요!
4분 30초 초과~5분 30초 이하	☐ 좀 더 분발해야 해요!
5분 30초 초과	☐ 부단한 노력이 필요해요!

연습 문제

다음 분수의 비중을 계산하시오.(단, 소수점 둘째 자리에서 반올림하고 백분율로 표시하시오.)

1. $\frac{37}{465}$ → 약 (   )%
2. $\frac{52}{929}$ → 약 (   )%
3. $\frac{56}{452}$ → 약 (   )%
4. $\frac{15}{479}$ → 약 (   )%
5. $\frac{28}{576}$ → 약 (   )%
6. $\frac{22}{375}$ → 약 (   )%
7. $\frac{65}{729}$ → 약 (   )%
8. $\frac{27}{568}$ → 약 (   )%
9. $\frac{15}{139}$ → 약 (   )%
10. $\frac{57}{562}$ → 약 (   )%
11. $\frac{343}{59}$ → 약 (   )%
12. $\frac{174}{65}$ → 약 (   )%
13. $\frac{518}{51}$ → 약 (   )%
14. $\frac{237}{52}$ → 약 (   )%
15. $\frac{894}{65}$ → 약 (   )%
16. $\frac{128}{78}$ → 약 (   )%
17. $\frac{426}{84}$ → 약 (   )%
18. $\frac{328}{98}$ → 약 (   )%
19. $\frac{461}{15}$ → 약 (   )%
20. $\frac{275}{38}$ → 약 (   )%

❗ 종이를 반으로 접은 후 문제를 풀어 보세요.

정답 확인

1. $\frac{5,143}{755}$ → 약 (681.2)%

2. $\frac{759}{2,715}$ → 약 (28)%

3. $\frac{131}{463}$ → 약 (28.3)%

4. $\frac{7,592}{817}$ → 약 (929.3)%

5. $\frac{645}{1,618}$ → 약 (39.9)%

6. $\frac{376}{6,618}$ → 약 (5.7)%

7. $\frac{99}{373}$ → 약 (26.5)%

8. $\frac{635}{4,143}$ → 약 (15.3)%

9. $\frac{749}{7,965}$ → 약 (9.4)%

10. $\frac{5,147}{56}$ → 약 (9,191.1)%

11. $\frac{5,570}{993}$ → 약 (560.9)%

12. $\frac{834}{2,324}$ → 약 (35.9)%

13. $\frac{354}{6,582}$ → 약 (5.4)%

14. $\frac{2,472}{6,496}$ → 약 (38.1)%

15. $\frac{2,295}{6,582}$ → 약 (34.9)%

16. $\frac{3,648}{7,491}$ → 약 (48.7)%

17. $\frac{3,627}{5,728}$ → 약 (63.3)%

18. $\frac{4,722}{6,882}$ → 약 (68.6)%

19. $\frac{1,434}{3,245}$ → 약 (44.2)%

20. $\frac{3,583}{8,768}$ → 약 (40.9)%

☑ 풀이실력 체크하기

풀이시간	체크하기
~3분 이하	☐ 계산 고수시군요!
3분 초과~3분 30초 이하	☐ 우수해요!
3분 30초 초과~4분 30초 이하	☐ 평균이에요!
4분 30초 초과~5분 30초 이하	☐ 좀 더 분발해야 해요!
5분 30초 초과	☐ 부단한 노력이 필요해요!

연습 문제

다음 분수의 비중을 계산하시오.(단, 소수점 둘째 자리에서 반올림하고 백분율로 표시하시오.)

1. $\frac{5,143}{755}$ → 약 (   )%

2. $\frac{759}{2,715}$ → 약 (   )%

3. $\frac{131}{463}$ → 약 (   )%

4. $\frac{7,592}{817}$ → 약 (   )%

5. $\frac{645}{1,618}$ → 약 (   )%

6. $\frac{376}{6,618}$ → 약 (   )%

7. $\frac{99}{373}$ → 약 (   )%

8. $\frac{635}{4,143}$ → 약 (   )%

9. $\frac{749}{7,965}$ → 약 (   )%

10. $\frac{5,147}{56}$ → 약 (   )%

11. $\frac{5,570}{993}$ → 약 (   )%

12. $\frac{834}{2,324}$ → 약 (   )%

13. $\frac{354}{6,582}$ → 약 (   )%

14. $\frac{2,472}{6,496}$ → 약 (   )%

15. $\frac{2,295}{6,582}$ → 약 (   )%

16. $\frac{3,648}{7,491}$ → 약 (   )%

17. $\frac{3,627}{5,728}$ → 약 (   )%

18. $\frac{4,722}{6,882}$ → 약 (   )%

19. $\frac{1,434}{3,245}$ → 약 (   )%

20. $\frac{3,583}{8,768}$ → 약 (   )%

❶ 종이를 반으로 접은 후 문제를 풀어 보세요.

정답 확인

| 1

/	1,253	3,722
254	20.3%	6.8%
672	53.6%	18.1%

| 2

/	4,213	7,324
1,842	43.7%	25.2%
2,472	58.7%	33.8%

| 3

/	432	3,511
5,367	1,242.4%	152.9%
2,172	502.8%	61.9%

| 4

/	1,781	6,142
735	41.3%	12%
3,654	205.2%	59.5%

| 5

/	1,589	9,299
1,822	114.7%	19.6%
2,581	162.4%	27.8%

☑ 풀이실력 체크하기

풀이시간	체크하기
~2분 30초 이하	☐ 계산 고수시군요!
2분 30초 초과~3분 이하	☐ 우수해요!
3분 초과~4분 이하	☐ 평균이에요!
4분 초과~5분 이하	☐ 좀 더 분발해야 해요!
5분 초과	☐ 부단한 노력이 필요해요!

연습 문제

다음 각 칸에 올바른 a/c, a/d, b/c, b/d의 값을 쓰시오. (단, 소수점 둘째 자리에 반올림하고 백분율 값으로 표시하시오.)

/	c	d
a	a / c	a / d
b	b / c	b / d

| 1

/	1,253	3,722
254	%	%
672	%	%

| 2

/	4,213	7,324
1,842	%	%
2,472	%	%

| 3

/	432	3,511
5,367	%	%
2,172	%	%

| 4

/	1,781	6,142
735	%	%
3,654	%	%

| 5

/	1,589	9,299
1,822	%	%
2,581	%	%

DAY **13** # 나눗셈 연습

❶ 종이를 반으로 접은 후 문제를 풀어 보세요.

정답 확인

1. 3 → 7: (133.3)%
2. 3 → 13: (333.3)%
3. 5 → 8: (60)%
4. 3 → 10: (233.3)%
5. 4 → 17: (325)%
6. 5 → 26: (420)%
7. 9 → 36: (300)%
8. 19 → 9: (−52.6)%
9. 8 → 25: (212.5)%
10. 6 → 65: (983.3)%
11. 8 → 29: (262.5)%
12. 4 → 37: (825)%
13. 8 → 15: (87.5)%
14. 9 → 20: (122.2)%
15. 4 → 9: (125)%
16. 13 → 8: (−38.5)%
17. 24 → 7: (−70.8)%
18. 7 → 13: (85.7)%
19. 13 → 4: (−69.2)%
20. 8 → 33: (312.5)%

☑ 풀이실력 체크하기

풀이시간	체크하기
~3분 이하	□ 계산 고수시군요!
3분 초과~3분 30초 이하	□ 우수해요!
3분 30초 초과~4분 30초 이하	□ 평균이에요!
4분 30초 초과~6분 이하	□ 좀 더 분발해야 해요!
6분 초과	□ 부단한 노력이 필요해요!

연습 문제

처음 주어진 수치에서 화살표를 거친 후 변화된 수치다. 각각의 증가율을 계산하여 빈칸에 알맞은 값을 쓰시오.(단, 소수점 둘째 자리에서 반올림하고 백분율로 표시하시오.)

1. $3 \rightarrow 7$: 약 (　　　)%

2. $3 \rightarrow 13$: 약 (　　　)%

3. $5 \rightarrow 8$: 약 (　　　)%

4. $3 \rightarrow 10$: 약 (　　　)%

5. $4 \rightarrow 17$: 약 (　　　)%

6. $5 \rightarrow 26$: 약 (　　　)%

7. $9 \rightarrow 36$: 약 (　　　)%

8. $19 \rightarrow 9$: 약 (　　　)%

9. $8 \rightarrow 25$: 약 (　　　)%

10. $6 \rightarrow 65$: 약 (　　　)%

11. $8 \rightarrow 29$: 약 (　　　)%

12. $4 \rightarrow 37$: 약 (　　　)%

13. $8 \rightarrow 15$: 약 (　　　)%

14. $9 \rightarrow 20$: 약 (　　　)%

15. $4 \rightarrow 9$: 약 (　　　)%

16. $13 \rightarrow 8$: 약 (　　　)%

17. $24 \rightarrow 7$: 약 (　　　)%

18. $7 \rightarrow 13$: 약 (　　　)%

19. $13 \rightarrow 4$: 약 (　　　)%

20. $8 \rightarrow 33$: 약 (　　　)%

❗ 종이를 반으로 접은 후 문제를 풀어 보세요.

정답 확인

1. 25 → 42: (68)%

2. 53 → 94: (77.4)%

3. 71 → 91: (28.2)%

4. 43 → 78: (81.4)%

5. 48 → 66: (37.5)%

6. 28 → 65: (132.1)%

7. 86 → 92: (7)%

8. 54 → 86: (59.3)%

9. 36 → 23: (−36.1)%

10. 54 → 13: (−75.9)%

11. 38 → 69: (81.6)%

12. 16 → 46: (187.5)%

13. 18 → 37: (105.6)%

14. 66 → 69: (4.5)%

15. 18 → 43: (138.9)%

16. 12 → 46: (283.3)%

17. 32 → 65: (103.1)%

18. 26 → 39: (50)%

19. 38 → 18: (−52.6)%

20. 37 → 29: (−21.6)%

☑ 풀이실력 체크하기

풀이시간	체크하기
~3분 이하	☐ 계산 고수시군요!
3분 초과~3분 30초 이하	☐ 우수해요!
3분 30초 초과~4분 30초 이하	☐ 평균이에요!
4분 30초 초과~6분 이하	☐ 좀 더 분발해야 해요!
6분 초과	☐ 부단한 노력이 필요해요!

연습 문제

처음 주어진 수치에서 화살표를 거친 후 변화된 수치다. 각각의 증가율을 계산하여 빈칸에 알맞은 값을 쓰시오.(단, 소수점 둘째 자리에서 반올림하고 백분율로 표시하시오.)

1. 25 → 42: 약 (　　　)%

2. 53 → 94: 약 (　　　)%

3. 71 → 91: 약 (　　　)%

4. 43 → 78: 약 (　　　)%

5. 48 → 66: 약 (　　　)%

6. 28 → 65: 약 (　　　)%

7. 86 → 92: 약 (　　　)%

8. 54 → 86: 약 (　　　)%

9. 36 → 23: 약 (　　　)%

10. 54 → 13: 약 (　　　)%

11. 38 → 69: 약 (　　　)%

12. 16 → 46: 약 (　　　)%

13. 18 → 37: 약 (　　　)%

14. 66 → 69: 약 (　　　)%

15. 18 → 43: 약 (　　　)%

16. 12 → 46: 약 (　　　)%

17. 32 → 65: 약 (　　　)%

18. 26 → 39: 약 (　　　)%

19. 38 → 18: 약 (　　　)%

20. 37 → 29: 약 (　　　)%

❗ 종이를 반으로 접은 후 문제를 풀어 보세요.

정답 확인

1. 165 → 528: (220)%
2. 195 → 923: (373.3)%
3. 435 → 899: (106.7)%
4. 267 → 763: (185.8)%
5. 387 → 592: (53)%
6. 348 → 165: (−52.6)%
7. 782 → 229: (−70.7)%
8. 584 → 686: (17.5)%
9. 936 → 523: (−44.1)%
10. 364 → 222: (−39)%
11. 1,238 → 1,472: (18.9)%
12. 2,162 → 3,117: (44.2)%
13. 3,923 → 4,379: (11.6)%
14. 2,564 → 3,177: (23.9)%
15. 6,984 → 8,889: (27.3)%
16. 7,212 → 4,654: (−35.5)%
17. 3,233 → 2,556: (−20.9)%
18. 2,678 → 1,319: (−50.7)%
19. 5,678 → 2,314: (−59.2)%
20. 3,776 → 1,112: (−70.6)%

☑ 풀이실력 체크하기

풀이시간	체크하기
~3분 이하	☐ 계산 고수시군요!
3분 초과~3분 30초 이하	☐ 우수해요!
3분 30초 초과~4분 30초 이하	☐ 평균이에요!
4분 30초 초과~6분 이하	☐ 좀 더 분발해야 해요!
6분 초과	☐ 부단한 노력이 필요해요!

연습 문제

처음 주어진 수치에서 화살표를 거친 후 변화된 수치다. 각각의 증가율을 계산하여 빈칸에 알맞은 값을 쓰시오.(단, 소수점 둘째 자리에서 반올림하고 백분율로 표시하시오.)

1. 165 → 528: 약 (   )%
2. 195 → 923: 약 (   )%
3. 435 → 899: 약 (   )%
4. 267 → 763: 약 (   )%
5. 387 → 592: 약 (   )%
6. 348 → 165: 약 (   )%
7. 782 → 229: 약 (   )%
8. 584 → 686: 약 (   )%
9. 936 → 523: 약 (   )%
10. 364 → 222: 약 (   )%
11. 1,238 → 1,472: 약 (   )%
12. 2,162 → 3,117: 약 (   )%
13. 3,923 → 4,379: 약 (   )%
14. 2,564 → 3,177: 약 (   )%
15. 6,984 → 8,889: 약 (   )%
16. 7,212 → 4,654: 약 (   )%
17. 3,233 → 2,556: 약 (   )%
18. 2,678 → 1,319: 약 (   )%
19. 5,678 → 2,314: 약 (   )%
20. 3,776 → 1,112: 약 (   )%

DAY **14**

나눗셈 연습

❶ 종이를 반으로 접은 후 문제를 풀어 보세요.

정답 확인

1

a	b	c	d	e
52	36	73	88	41

1. $\frac{a}{b}$ 비중: 약 (144.4) %
2. $\frac{b}{e}$ 비중: 약 (87.8) %
3. c → d 증감률: 약 (20.5) %

2

a	b	c	d	e
27	33	28	51	58

1. $\frac{a}{b}$ 비중: 약 (81.8) %
2. $\frac{b}{e}$ 비중: 약 (56.9) %
3. c → d 증감률: 약 (82.1) %

3

a	b	c	d	e
62	31	58	92	37

1. $\frac{a}{b}$ 비중: 약 (200) %
2. $\frac{b}{e}$ 비중: 약 (83.8) %
3. c → d 증감률: 약 (58.6) %

4

a	b	c	d	e
15	35	39	82	41

1. $\frac{a}{b}$ 비중: 약 (42.9) %
2. $\frac{b}{e}$ 비중: 약 (85.4) %
3. c → d 증감률: 약 (110.3) %

☑ 풀이실력 체크하기

풀이시간	체크하기
~2분 30초 이하	☐ 계산 고수시군요!
2분 30초 초과~3분 이하	☐ 우수해요!
3분 초과~4분 이하	☐ 평균이에요!
4분 초과~5분 이하	☐ 좀 더 분발해야 해요!
5분 초과	☐ 부단한 노력이 필요해요!

연습 문제

주어진 질문을 보고 그 값을 계산하시오.(단, 비중과 증감률 계산 시 소수점 둘째 자리에서 반올림하고 백분율로 표시하시오.)

| 1

a	b	c	d	e
52	36	73	88	41

1. $\frac{a}{b}$ 비중: 약 (   ) %
2. $\frac{b}{e}$ 비중: 약 (   ) %
3. c → d 증감률: 약 (   ) %

| 2

a	b	c	d	e
27	33	28	51	58

1. $\frac{a}{b}$ 비중: 약 (   ) %
2. $\frac{b}{e}$ 비중: 약 (   ) %
3. c → d 증감률: 약 (   ) %

| 3

a	b	c	d	e
62	31	58	92	37

1. $\frac{a}{b}$ 비중: 약 (   ) %
2. $\frac{b}{e}$ 비중: 약 (   ) %
3. c → d 증감률: 약 (   ) %

| 4

a	b	c	d	e
15	35	39	82	41

1. $\frac{a}{b}$ 비중: 약 (   ) %
2. $\frac{b}{e}$ 비중: 약 (   ) %
3. c → d 증감률: 약 (   ) %

❗ 종이를 반으로 접은 후 문제를 풀어 보세요.

정답 확인

1

a	b	c	d	e
425	316	872	216	528

1. $\frac{a}{b}$ 비중: 약 (134.5) %
2. $\frac{b}{e}$ 비중: 약 (59.8) %
3. c → d 증감률: 약 (−75.2) %

2

a	b	c	d	e
325	736	611	549	198

1. $\frac{a}{b}$ 비중: 약 (44.2) %
2. $\frac{b}{e}$ 비중: 약 (371.7) %
3. c → d 증감률: 약 (−10.1) %

3

a	b	c	d	e
275	369	551	289	385

1. $\frac{a}{b}$ 비중: 약 (74.5) %
2. $\frac{b}{e}$ 비중: 약 (95.8) %
3. c → d 증감률: 약 (−47.5) %

4

a	b	c	d	e
521	229	308	610	728

1. $\frac{a}{b}$ 비중: 약 (227.5) %
2. $\frac{b}{e}$ 비중: 약 (31.5) %
3. c → d 증감률: 약 (98.1) %

☑ 풀이실력 체크하기

풀이시간	체크하기
~2분 30초 이하	☐ 계산 고수시군요!
2분 30초 초과~3분 이하	☐ 우수해요!
3분 초과~4분 이하	☐ 평균이에요!
4분 초과~5분 이하	☐ 좀 더 분발해야 해요!
5분 초과	☐ 부단한 노력이 필요해요!

연습 문제

주어진 질문을 보고 그 값을 계산하시오.(단, 비중과 증감률 계산 시 소수점 둘째 자리에서 반올림하고 백분율로 표시하시오.)

| 1

a	b	c	d	e
425	316	872	216	528

1. $\frac{a}{b}$ 비중: 약 ( ) %
2. $\frac{b}{e}$ 비중: 약 ( ) %
3. c → d 증감률: 약 ( ) %

| 2

a	b	c	d	e
325	736	611	549	198

1. $\frac{a}{b}$ 비중: 약 ( ) %
2. $\frac{b}{e}$ 비중: 약 ( ) %
3. c → d 증감률: 약 ( ) %

| 3

a	b	c	d	e
275	369	551	289	385

1. $\frac{a}{b}$ 비중: 약 ( ) %
2. $\frac{b}{e}$ 비중: 약 ( ) %
3. c → d 증감률: 약 ( ) %

| 4

a	b	c	d	e
521	229	308	610	728

1. $\frac{a}{b}$ 비중: 약 ( ) %
2. $\frac{b}{e}$ 비중: 약 ( ) %
3. c → d 증감률: 약 ( ) %

❗ 종이를 반으로 접은 후 문제를 풀어 보세요.

정답 확인

| 1

a	b	c	d	e
6,172	4,298	5,004	2,718	3,427

1. $\frac{a}{b}$ 비중: 약 (143.6) %
2. $\frac{b}{e}$ 비중: 약 (125.4) %
3. c → d 증감률: 약 (−45.7) %

| 2

a	b	c	d	e
7,389	3,245	9,131	7,998	2,112

1. $\frac{a}{b}$ 비중: 약 (227.7) %
2. $\frac{b}{e}$ 비중: 약 (153.6) %
3. c → d 증감률: 약 (−12.4) %

| 3

a	b	c	d	e
3,526	7,895	2,079	1,830	3,398

1. $\frac{a}{b}$ 비중: 약 (44.7) %
2. $\frac{b}{e}$ 비중: 약 (232.3) %
3. c → d 증감률: 약 (−12) %

| 4

a	b	c	d	e
2,623	3,436	2,777	3,001	2,989

1. $\frac{a}{b}$ 비중: 약 (76.3) %
2. $\frac{b}{e}$ 비중: 약 (115) %
3. c → d 증감률: 약 (8.1) %

☑ 풀이실력 체크하기

풀이시간	체크하기
~2분 30초 이하	☐ 계산 고수시군요!
2분 30초 초과~3분 이하	☐ 우수해요!
3분 초과~4분 이하	☐ 평균이에요!
4분 초과~5분 이하	☐ 좀 더 분발해야 해요!
5분 초과	☐ 부단한 노력이 필요해요!

연습 문제

주어진 질문을 보고 그 값을 계산하시오.(단, 비중과 증감률 계산 시 소수점 둘째 자리에서 반올림하고 백분율로 표시하시오.)

| 1

a	b	c	d	e
6,172	4,298	5,004	2,718	3,427

1. $\frac{a}{b}$ 비중: 약 (　　　) %
2. $\frac{b}{e}$ 비중: 약 (　　　) %
3. c → d 증감률: 약 (　　　) %

| 2

a	b	c	d	e
7,389	3,245	9,131	7,998	2,112

1. $\frac{a}{b}$ 비중: 약 (　　　) %
2. $\frac{b}{e}$ 비중: 약 (　　　) %
3. c → d 증감률: 약 (　　　) %

| 3

a	b	c	d	e
3,526	7,895	2,079	1,830	3,398

1. $\frac{a}{b}$ 비중: 약 (　　　) %
2. $\frac{b}{e}$ 비중: 약 (　　　) %
3. c → d 증감률: 약 (　　　) %

| 4

a	b	c	d	e
2,623	3,436	2,777	3,001	2,989

1. $\frac{a}{b}$ 비중: 약 (　　　) %
2. $\frac{b}{e}$ 비중: 약 (　　　) %
3. c → d 증감률: 약 (　　　) %

DAY **15** # 분수비교 연습

❶ 종이를 반으로 접은 후 문제를 풀어 보세요.

정답 확인

구분	결괏값	부등호	결괏값
1	0.42	>	0.37
2	0.22	<	0.31
3	0.53	>	0.47
4	0.4	<	0.56
5	0.38	>	0.36
6	0.45	<	0.46
7	0.43	<	0.45
8	0.55	<	0.57
9	0.62	>	0.55
10	0.39	>	0.38
11	0.21	<	0.22
12	0.64	>	0.45
13	0.22	<	0.26
14	0.78	<	0.85
15	0.63	<	0.82
16	0.23	<	0.29
17	0.24	>	0.21
18	0.32	>	0.31
19	0.19	>	0.16
20	0.36	>	0.32

☑ 풀이실력 체크하기

풀이시간	체크하기
~3분 이하	☐ 계산 고수시군요!
3분 초과~3분 30초 이하	☐ 우수해요!
3분 30초 초과~4분 30초 이하	☐ 평균이에요!
4분 30초 초과~6분 이하	☐ 좀 더 분발해야 해요!
6분 초과	☐ 부단한 노력이 필요해요!

연습 문제

주어진 두 분수 중 더 큰 것에 표시하시오.

구분	분수 1	부등호	분수 2
1	$\frac{5}{12}$		$\frac{7}{19}$
2	$\frac{2}{9}$		$\frac{5}{16}$
3	$\frac{8}{15}$		$\frac{9}{19}$
4	$\frac{2}{5}$		$\frac{5}{9}$
5	$\frac{5}{13}$		$\frac{4}{11}$
6	$\frac{9}{20}$		$\frac{6}{13}$
7	$\frac{3}{7}$		$\frac{5}{11}$
8	$\frac{6}{11}$		$\frac{4}{7}$
9	$\frac{8}{13}$		$\frac{6}{11}$
10	$\frac{7}{18}$		$\frac{5}{13}$
11	$\frac{3}{14}$		$\frac{4}{18}$
12	$\frac{7}{11}$		$\frac{9}{20}$
13	$\frac{2}{9}$		$\frac{5}{19}$
14	$\frac{7}{9}$		$\frac{11}{13}$
15	$\frac{5}{8}$		$\frac{14}{17}$
16	$\frac{3}{13}$		$\frac{5}{17}$
17	$\frac{4}{17}$		$\frac{3}{14}$
18	$\frac{7}{22}$		$\frac{4}{13}$
19	$\frac{6}{31}$		$\frac{7}{44}$
20	$\frac{9}{25}$		$\frac{6}{19}$

❗ 종이를 반으로 접은 후 문제를 풀어 보세요.

정답 확인

구분	결괏값	부등호	결괏값
1	0.489	<	0.494
2	0.84	<	0.86
3	0.63	<	0.95
4	0.6	>	0.46
5	0.37	>	0.31
6	1.41	<	1.51
7	0.18	>	0.13
8	0.43	<	0.46
9	0.7	<	0.73
10	0.73	<	0.79
11	0.54	<	0.6
12	0.76	>	0.34
13	0.57	>	0.52
14	0.88	>	0.82
15	0.68	<	0.71
16	0.51	<	0.52
17	0.77	<	0.85
18	0.69	<	0.75
19	0.52	<	0.72
20	0.59	<	0.65

☑ 풀이실력 체크하기

풀이시간	체크하기
~3분 이하	☐ 계산 고수시군요!
3분 초과~3분 30초 이하	☐ 우수해요!
3분 30초 초과~4분 30초 이하	☐ 평균이에요!
4분 30초 초과~6분 이하	☐ 좀 더 분발해야 해요!
6분 초과	☐ 부단한 노력이 필요해요!

연습 문제

주어진 두 분수 중 더 큰 것에 표시하시오.

구분	분수 1	부등호	분수 2
1	$\frac{23}{47}$		$\frac{38}{77}$
2	$\frac{36}{43}$		$\frac{49}{57}$
3	$\frac{12}{19}$		$\frac{69}{73}$
4	$\frac{59}{99}$		$\frac{16}{35}$
5	$\frac{28}{75}$		$\frac{17}{54}$
6	$\frac{38}{27}$		$\frac{65}{43}$
7	$\frac{18}{99}$		$\frac{5}{38}$
8	$\frac{22}{51}$		$\frac{37}{80}$
9	$\frac{19}{27}$		$\frac{35}{48}$
10	$\frac{11}{15}$		$\frac{26}{33}$
11	$\frac{27}{50}$		$\frac{47}{78}$
12	$\frac{61}{80}$		$\frac{14}{41}$
13	$\frac{28}{49}$		$\frac{40}{77}$
14	$\frac{63}{72}$		$\frac{14}{17}$
15	$\frac{19}{28}$		$\frac{35}{49}$
16	$\frac{41}{80}$		$\frac{13}{25}$
17	$\frac{72}{93}$		$\frac{17}{20}$
18	$\frac{35}{51}$		$\frac{69}{92}$
19	$\frac{11}{21}$		$\frac{31}{43}$
20	$\frac{22}{37}$		$\frac{33}{51}$

❶ 종이를 반으로 접은 후 문제를 풀어 보세요.

정답 확인

구분	결괏값	부등호	결괏값
1	2.06	<	2.08
2	3.06	<	3.33
3	3.45	<	3.53
4	1.93	<	2.11
5	2.23	>	2.21
6	0.72	>	0.68
7	0.63	>	0.58
8	3.5	>	3.33
9	0.51	<	0.52
10	5.14	<	5.18
11	4.22	>	3.45
12	0.29	<	0.3
13	1.36	>	1.21
14	0.59	>	0.56
15	0.54	>	0.44
16	4.91	>	4.59
17	0.41	<	0.45
18	0.17	>	0.12
19	4.77	>	3.81
20	0.95	>	0.9

☑ 풀이실력 체크하기

풀이시간	체크하기
~3분 이하	□ 계산 고수시군요!
3분 초과~3분 30초 이하	□ 우수해요!
3분 30초 초과~4분 30초 이하	□ 평균이에요!
4분 30초 초과~6분 이하	□ 좀 더 분발해야 해요!
6분 초과	□ 부단한 노력이 필요해요!

연습 문제

주어진 두 분수 중 더 큰 것에 표시하시오.

구분	분수 1	부등호	분수 2
1	$\frac{33}{16}$		$\frac{27}{13}$
2	$\frac{52}{17}$		$\frac{30}{9}$
3	$\frac{38}{11}$		$\frac{60}{17}$
4	$\frac{29}{15}$		$\frac{40}{19}$
5	$\frac{49}{22}$		$\frac{31}{14}$
6	$\frac{18}{25}$		$\frac{48}{71}$
7	$\frac{55}{87}$		$\frac{11}{19}$
8	$\frac{49}{14}$		$\frac{70}{21}$
9	$\frac{25}{49}$		$\frac{13}{25}$
10	$\frac{72}{14}$		$\frac{57}{11}$
11	$\frac{38}{9}$		$\frac{69}{20}$
12	$\frac{17}{58}$		$\frac{21}{71}$
13	$\frac{15}{11}$		$\frac{88}{73}$
14	$\frac{19}{32}$		$\frac{42}{75}$
15	$\frac{27}{50}$		$\frac{12}{27}$
16	$\frac{54}{11}$		$\frac{78}{17}$
17	$\frac{26}{63}$		$\frac{37}{82}$
18	$\frac{17}{99}$		$\frac{10}{81}$
19	$\frac{62}{13}$		$\frac{80}{21}$
20	$\frac{56}{59}$		$\frac{66}{73}$

DAY **16**

분수비교 연습

❶ 종이를 반으로 접은 후 문제를 풀어 보세요.

정답 확인

구분	결괏값	부등호	결괏값
1	0.097	>	0.085
2	0.43	<	0.46
3	0.17	>	0.16
4	0.18	>	0.16
5	0.18	>	0.16
6	0.1990	<	0.1993
7	0.09	>	0.076
8	0.1	>	0.09
9	0.05	>	0.046
10	0.1796	>	0.1794
11	3.41	<	3.83
12	0.18	<	0.196
13	0.21	>	0.198
14	6.47	<	6.85
15	0.18	>	0.169
16	0.219	>	0.207
17	0.25	>	0.19
18	0.097	>	0.094
19	3.34	<	4.26
20	0.15	<	0.16

☑ 풀이실력 체크하기

풀이시간	체크하기
~3분 이하	□ 계산 고수시군요!
3분 초과~3분 30초 이하	□ 우수해요!
3분 30초 초과~4분 30초 이하	□ 평균이에요!
4분 30초 초과~6분 이하	□ 좀 더 분발해야 해요!
6분 초과	□ 부단한 노력이 필요해요!

연습 문제

주어진 두 분수 중 더 큰 것에 표시하시오.

구분	분수 1	부등호	분수 2
1	$\frac{34}{351}$		$\frac{23}{272}$
2	$\frac{54}{126}$		$\frac{235}{512}$
3	$\frac{37}{222}$		$\frac{57}{361}$
4	$\frac{38}{213}$		$\frac{50}{321}$
5	$\frac{22}{123}$		$\frac{35}{213}$
6	$\frac{41}{206}$		$\frac{55}{276}$
7	$\frac{65}{712}$		$\frac{23}{303}$
8	$\frac{720}{7,131}$		$\frac{52}{561}$
9	$\frac{36}{720}$		$\frac{22}{483}$
10	$\frac{90}{501}$		$\frac{47}{262}$
11	$\frac{126}{37}$		$\frac{425}{111}$
12	$\frac{28}{153}$		$\frac{49}{250}$
13	$\frac{67}{312}$		$\frac{84}{425}$
14	$\frac{511}{79}$		$\frac{603}{88}$
15	$\frac{37}{202}$		$\frac{41}{242}$
16	$\frac{23}{105}$		$\frac{39}{188}$
17	$\frac{31}{125}$		$\frac{42}{222}$
18	$\frac{88}{907}$		$\frac{23}{245}$
19	$\frac{117}{35}$		$\frac{200}{47}$
20	$\frac{53}{361}$		$\frac{79}{483}$

❶ 종이를 반으로 접은 후 문제를 풀어 보세요.

정답 확인

구분	결괏값	부등호	결괏값
1	0.48	<	0.51
2	0.49	>	0.37
3	0.33	>	0.3
4	0.26	>	0.25
5	1.83	<	2.83
6	2.74	<	3.69
7	0.886	>	0.876
8	0.9	>	0.84
9	0.54	>	0.52
10	1.59	>	1.18
11	0.89	<	0.92
12	0.69	<	0.79
13	0.87	>	0.85
14	1.04	<	1.32
15	0.52	>	0.49
16	0.76	<	0.84
17	2.01	<	2.22
18	1.4	>	1.36
19	1.48	<	2.24
20	0.76	>	0.72

☑ 풀이실력 체크하기

풀이시간	체크하기
~3분 이하	□ 계산 고수시군요!
3분 초과~3분 30초 이하	□ 우수해요!
3분 30초 초과~4분 30초 이하	□ 평균이에요!
4분 30초 초과~6분 이하	□ 좀 더 분발해야 해요!
6분 초과	□ 부단한 노력이 필요해요!

연습 문제

주어진 두 분수 중 더 큰 것에 표시하시오.

구분	분수 1	부등호	분수 2
1	$\frac{123}{256}$		$\frac{362}{703}$
2	$\frac{371}{763}$		$\frac{111}{304}$
3	$\frac{298}{901}$		$\frac{211}{712}$
4	$\frac{109}{421}$		$\frac{152}{603}$
5	$\frac{526}{287}$		$\frac{345}{122}$
6	$\frac{671}{245}$		$\frac{472}{128}$
7	$\frac{319}{360}$		$\frac{523}{597}$
8	$\frac{289}{320}$		$\frac{461}{548}$
9	$\frac{219}{407}$		$\frac{472}{905}$
10	$\frac{381}{239}$		$\frac{517}{439}$
11	$\frac{711}{800}$		$\frac{569}{617}$
12	$\frac{548}{791}$		$\frac{253}{322}$
13	$\frac{176}{203}$		$\frac{497}{586}$
14	$\frac{612}{589}$		$\frac{262}{199}$
15	$\frac{317}{608}$		$\frac{249}{505}$
16	$\frac{178}{234}$		$\frac{581}{694}$
17	$\frac{725}{361}$		$\frac{333}{150}$
18	$\frac{872}{623}$		$\frac{544}{399}$
19	$\frac{258}{174}$		$\frac{483}{216}$
20	$\frac{548}{723}$		$\frac{715}{987}$

❗ 종이를 반으로 접은 후 문제를 풀어 보세요.

정답 확인

구분	결괏값	부등호	결괏값
1	1.42	>	1.37
2	2.12	<	2.18
3	0.72	>	0.71
4	0.68	<	0.88
5	1.13	<	1.28
6	0.38	<	0.44
7	3.89	<	3.97
8	1.06	>	0.93
9	2.22	>	1.88
10	0.7	<	0.79
11	0.86	<	0.87
12	0.44	<	0.51
13	0.94	>	0.92
14	0.37	>	0.35
15	0.47	<	0.53
16	0.73	>	0.51
17	0.24	<	0.29
18	0.66	>	0.63
19	2.21	>	1.92
20	0.58	>	0.5

☑ 풀이실력 체크하기

풀이시간	체크하기
~3분 이하	☐ 계산 고수시군요!
3분 초과~3분 30초 이하	☐ 우수해요!
3분 30초 초과~4분 30초 이하	☐ 평균이에요!
4분 30초 초과~6분 이하	☐ 좀 더 분발해야 해요!
6분 초과	☐ 부단한 노력이 필요해요!

연습 문제

주어진 두 분수 중 더 큰 것에 표시하시오.

구분	분수 1	부등호	분수 2
1	$\frac{3,728}{2,618}$		$\frac{2,739}{1,999}$
2	$\frac{5,820}{2,742}$		$\frac{3,274}{1,501}$
3	$\frac{5,547}{7,747}$		$\frac{2,763}{3,899}$
4	$\frac{2,331}{3,444}$		$\frac{7,892}{8,925}$
5	$\frac{5,236}{4,632}$		$\frac{2,563}{2,001}$
6	$\frac{3,183}{8,334}$		$\frac{1,983}{4,555}$
7	$\frac{8,335}{2,142}$		$\frac{7,643}{1,927}$
8	$\frac{3,617}{3,422}$		$\frac{6,238}{6,728}$
9	$\frac{5,236}{2,356}$		$\frac{9,310}{4,954}$
10	$\frac{3,581}{5,146}$		$\frac{4,989}{6,319}$
11	$\frac{7,246}{8,411}$		$\frac{3,716}{4,271}$
12	$\frac{2,354}{5,357}$		$\frac{3,652}{7,210}$
13	$\frac{7,246}{7,734}$		$\frac{5,167}{5,623}$
14	$\frac{3,135}{8,494}$		$\frac{1,500}{4,244}$
15	$\frac{2,013}{4,325}$		$\frac{4,723}{8,978}$
16	$\frac{5,135}{7,035}$		$\frac{1,023}{2,002}$
17	$\frac{1,523}{6,345}$		$\frac{2,873}{9,887}$
18	$\frac{3,104}{4,714}$		$\frac{2,073}{3,292}$
19	$\frac{2,995}{1,358}$		$\frac{5,222}{2,723}$
20	$\frac{5,259}{9,024}$		$\frac{3,519}{6,984}$

DAY **17**

평균 구하기 연습

❗ 종이를 반으로 접은 후 문제를 풀어 보세요.

정답 확인

| 1

숫자					평균
4	5	3	4	5	4.2

| 2

숫자					평균
7	8	9	5	7	7.2

| 3

숫자					평균
3	2	5	3	4	3.4

| 4

숫자					평균
9	8	9	6	7	7.8

| 5

숫자					평균
3	5	2	8	9	5.4

☑ 풀이실력 체크하기

풀이시간	체크하기
~1분 이하	☐ 계산 고수시군요!
1분 초과~1분 30초 이하	☐ 우수해요!
1분 30초 초과~2분 이하	☐ 평균이에요!
2분 초과~2분 30초 이하	☐ 좀 더 분발해야 해요!
2분 30분 초과	☐ 부단한 노력이 필요해요!

연습 문제

주어진 숫자들의 평균을 구하시오.

| 1

숫자					평균
4	5	3	4	5	

| 2

숫자					평균
7	8	9	5	7	

| 3

숫자					평균
3	2	5	3	4	

| 4

숫자					평균
9	8	9	6	7	

| 5

숫자					평균
3	5	2	8	9	

❶ 종이를 반으로 접은 후 문제를 풀어 보세요.

정답 확인

1

숫자										평균
5	6	2	5	7	9	3	4	3	4	4.8

2

숫자										평균
8	9	8	8	7	8	5	9	8	7	7.7

3

숫자										평균
4	6	5	6	5	4	5	5	4	6	5

4

숫자										평균
7	9	8	7	7	8	7	6	9	7	7.5

5

숫자										평균
4	5	4	4	5	6	3	4	5	5	4.5

☑ 풀이실력 체크하기

풀이시간	체크하기
~1분 이하	☐ 계산 고수시군요!
1분 초과~1분 30초 이하	☐ 우수해요!
1분 30초 초과~2분 이하	☐ 평균이에요!
2분 초과~2분 30초 이하	☐ 좀 더 분발해야 해요!
2분 30분 초과	☐ 부단한 노력이 필요해요!

연습 문제

주어진 숫자들의 평균을 구하시오.

1

숫자										평균
5	6	2	5	7	9	3	4	3	4	

2

숫자										평균
8	9	8	8	7	8	5	9	8	7	

3

숫자										평균
4	6	5	6	5	4	5	5	4	6	

4

숫자										평균
7	9	8	7	7	8	7	6	9	7	

5

숫자										평균
4	5	4	4	5	6	3	4	5	5	

❶ 종이를 반으로 접은 후 문제를 풀어 보세요.

정답 확인

| 1

숫자															평균
2	3	5	2	3	5	2	1	2	3	2	3	2	4	3	2.8

| 2

숫자															평균
8	7	8	8	9	9	7	8	6	8	7	8	9	9	7	7.87

| 3

숫자															평균
6	6	5	6	7	7	4	5	6	5	7	8	7	6	7	6.13

| 4

숫자															평균
3	7	8	2	3	8	4	8	2	9	3	6	2	9	6	5.33

| 5

숫자															평균
3	9	4	7	2	7	1	9	4	8	5	6	2	7	8	5.47

☑ 풀이실력 체크하기

풀이시간	체크하기
~2분 30초 이하	☐ 계산 고수시군요!
2분 30초 초과~3분 이하	☐ 우수해요!
3분 초과~4분 이하	☐ 평균이에요!
4분 초과~5분 이하	☐ 좀 더 분발해야 해요!
5분 초과	☐ 부단한 노력이 필요해요!

연습 문제

주어진 숫자들의 평균을 구하시오.

| 1

숫자															평균
2	3	5	2	3	5	2	1	2	3	2	3	2	4	3	

| 2

숫자															평균
8	7	8	8	9	9	7	8	6	8	7	8	9	9	7	

| 3

숫자															평균
6	6	5	6	7	7	4	5	6	5	7	8	7	6	7	

| 4

숫자															평균
3	7	8	2	3	8	4	8	2	9	3	6	2	9	6	

| 5

숫자															평균
3	9	4	7	2	7	1	9	4	8	5	6	2	7	8	

DAY 18 # 평균 구하기 연습

❗ 종이를 반으로 접은 후 문제를 풀어 보세요.

정답 확인

| 1

숫자					평균
56	67	54	63	72	62.4

| 2

숫자					평균
89	92	90	87	76	86.8

| 3

숫자					평균
23	53	43	36	41	39.2

| 4

숫자					평균
68	79	83	60	72	72.4

| 5

숫자					평균
87	69	23	49	62	58

☑ 풀이실력 체크하기

풀이시간	체크하기
~1분 이하	☐ 계산 고수시군요!
1분 초과~1분 30초 이하	☐ 우수해요!
1분 30초 초과~2분 이하	☐ 평균이에요!
2분 초과~2분 30초 이하	☐ 좀 더 분발해야 해요!
2분 30분 초과	☐ 부단한 노력이 필요해요!

연습 문제

주어진 숫자들의 평균을 구하시오.

1

숫자					평균
56	67	54	63	72	

2

숫자					평균
89	92	90	87	76	

3

숫자					평균
23	53	43	36	41	

4

숫자					평균
68	79	83	60	72	

5

숫자					평균
87	69	23	49	62	

❗ 종이를 반으로 접은 후 문제를 풀어 보세요.

정답 확인

| 1

숫자										평균
56	58	59	62	57	64	66	69	56	52	59.9

| 2

숫자										평균
88	90	85	93	88	82	91	87	95	92	89.1

| 3

숫자										평균
58	65	66	69	58	63	66	59	63	65	63.2

| 4

숫자										평균
68	34	64	93	50	18	83	57	28	64	55.9

| 5

숫자										평균
71	29	31	93	35	70	24	57	27	84	52.1

☑ 풀이실력 체크하기

풀이시간	체크하기
~2분 30초 이하	☐ 계산 고수시군요!
2분 30초 초과~3분 이하	☐ 우수해요!
3분 초과~4분 이하	☐ 평균이에요!
4분 초과~5분 이하	☐ 좀 더 분발해야 해요!
5분 초과	☐ 부단한 노력이 필요해요!

연습 문제

주어진 숫자들의 평균을 구하시오.

| 1

숫자										평균
56	58	59	62	57	64	66	69	56	52	

| 2

숫자										평균
88	90	85	93	88	82	91	87	95	92	

| 3

숫자										평균
58	65	66	69	58	63	66	59	63	65	

| 4

숫자										평균
68	34	64	93	50	18	83	57	28	64	

| 5

숫자										평균
71	29	31	93	35	70	24	57	27	84	

❶ 종이를 반으로 접은 후 문제를 풀어 보세요.

정답 확인

I 1

숫자															평균
66	68	69	63	64	67	71	73	68	70	65	63	72	67	69	67.67

I 2

숫자															평균
93	97	91	90	88	93	83	99	94	85	96	88	92	84	93	91.07

I 3

숫자															평균
23	26	25	20	32	33	39	32	28	29	30	27	31	29	25	28.6

I 4

숫자															평균
88	85	58	52	36	47	15	27	59	37	73	83	82	43	67	56.8

I 5

숫자															평균
42	86	79	23	55	92	33	53	24	74	59	97	40	79	11	56.47

☑ 풀이실력 체크하기

풀이시간	체크하기
~2분 30초 이하	☐ 계산 고수시군요!
2분 30초 초과~3분 이하	☐ 우수해요!
3분 초과~4분 이하	☐ 평균이에요!
4분 초과~5분 이하	☐ 좀 더 분발해야 해요!
5분 초과	☐ 부단한 노력이 필요해요!

연습 문제

주어진 숫자들의 평균을 구하시오.

| 1

숫자															평균
66	68	69	63	64	67	71	73	68	70	65	63	72	67	69	

| 2

숫자															평균
93	97	91	90	88	93	83	99	94	85	96	88	92	84	93	

| 3

숫자															평균
23	26	25	20	32	33	39	32	28	29	30	27	31	29	25	

| 4

숫자															평균
88	85	58	52	36	47	15	27	59	37	73	83	82	43	67	

| 5

숫자															평균
42	86	79	23	55	92	33	53	24	74	59	97	40	79	11	

DAY 19 # 실전 연습

❶ 종이를 반으로 접은 후 문제를 풀어 보세요.

정답 확인

1

a	b	c	d	e	f
24	31	26	43	27	36

1. a×b: (744)
2. $\frac{b}{c}$ 비중: 약 (119.2) %
3. c → d 증감률: 약 (65.4) %
4. $\frac{c}{d}$, $\frac{e}{f}$ 중 더 큰 값은?:

   $\frac{c}{d} \fallingdotseq 0.6$ (<) $\frac{e}{f} = 0.75$

2

a	b	c	d	e	f
65	57	61	63	58	61

1. a×b: (3,705)
2. $\frac{b}{c}$ 비중: 약 (93.4) %
3. c → d 증감률: 약 (3.3) %
4. $\frac{c}{d}$, $\frac{e}{f}$ 중 더 큰 값은?:

   $\frac{c}{d} \fallingdotseq 0.97$ (>) $\frac{e}{f} \fallingdotseq 0.95$

3

a	b	c	d	e	f
34	62	46	28	47	31

1. a×b: (2,108)
2. $\frac{b}{c}$ 비중: 약 (134.8) %
3. c → d 증감률: 약 (−39.1) %
4. $\frac{c}{d}$, $\frac{e}{f}$ 중 더 큰 값은?:

   $\frac{c}{d} \fallingdotseq 1.64$ (>) $\frac{e}{f} \fallingdotseq 1.52$

4

a	b	c	d	e	f
69	31	69	49	53	39

1. a×b: (2,139)
2. $\frac{b}{c}$ 비중: 약 (44.9) %
3. c → d 증감률: 약 (−29) %
4. $\frac{c}{d}$, $\frac{e}{f}$ 중 더 큰 값은?:

   $\frac{c}{d} \fallingdotseq 1.41$ (>) $\frac{e}{f} \fallingdotseq 1.36$

☑ 풀이실력 체크하기

풀이시간	체크하기
~2분 30초 이하	☐ 계산 고수시군요!
2분 30초 초과~3분 이하	☐ 우수해요!
3분 초과~4분 이하	☐ 평균이에요!
4분 초과~5분 이하	☐ 좀 더 분발해야 해요!
5분 초과	☐ 부단한 노력이 필요해요!

연습 문제

주어진 질문을 보고 그 값을 계산하시오.(단, 비중과 증감률 계산 시 소수점 둘째 자리에서 반올림하고 백분율로 표시하시오.)

I 1

a	b	c	d	e	f
24	31	26	43	27	36

1. a×b: (　　　)
2. $\frac{b}{c}$ 비중: 약 (　　　) %
3. c → d 증감률: 약 (　　　) %
4. $\frac{c}{d}$, $\frac{e}{f}$ 중 더 큰 값은?:

   $\frac{c}{d}$ (　　　) $\frac{e}{f}$

I 2

a	b	c	d	e	f
65	57	61	63	58	61

1. a×b: (　　　)
2. $\frac{b}{c}$ 비중: 약 (　　　) %
3. c → d 증감률: 약 (　　　) %
4. $\frac{c}{d}$, $\frac{e}{f}$ 중 더 큰 값은?:

   $\frac{c}{d}$ (　　　) $\frac{e}{f}$

I 3

a	b	c	d	e	f
34	62	46	28	47	31

1. a×b: (　　　)
2. $\frac{b}{c}$ 비중: 약 (　　　) %
3. c → d 증감률: 약 (　　　) %
4. $\frac{c}{d}$, $\frac{e}{f}$ 중 더 큰 값은?:

   $\frac{c}{d}$ (　　　) $\frac{e}{f}$

I 4

a	b	c	d	e	f
69	31	69	49	53	39

1. a×b: (　　　)
2. $\frac{b}{c}$ 비중: 약 (　　　) %
3. c → d 증감률: 약 (　　　) %
4. $\frac{c}{d}$, $\frac{e}{f}$ 중 더 큰 값은?:

   $\frac{c}{d}$ (　　　) $\frac{e}{f}$

❗ 종이를 반으로 접은 후 문제를 풀어 보세요.

정답 확인

1

a	b	c	d	e	f
735	256	323	477	521	618

1. a × b: (188,160)
2. $\frac{b}{c}$ 비중: 약 (79.3) %
3. c → d 증감률: 약 (47.7) %
4. $\frac{c}{d}$, $\frac{e}{f}$ 중 더 큰 값은?:

   $\frac{c}{d} \fallingdotseq 0.68$ (<) $\frac{e}{f} \fallingdotseq 0.84$

2

a	b	c	d	e	f
254	369	531	937	518	742

1. a × b: (93,726)
2. $\frac{b}{c}$ 비중: 약 (69.5) %
3. c → d 증감률: 약 (76.5) %
4. $\frac{c}{d}$, $\frac{e}{f}$ 중 더 큰 값은?:

   $\frac{c}{d} \fallingdotseq 0.57$ (<) $\frac{e}{f} \fallingdotseq 0.7$

3

a	b	c	d	e	f
369	528	636	684	468	498

1. a × b: (194,832)
2. $\frac{b}{c}$ 비중: 약 (83) %
3. c → d 증감률: 약 (7.5) %
4. $\frac{c}{d}$, $\frac{e}{f}$ 중 더 큰 값은?:

   $\frac{c}{d} \fallingdotseq 0.93$ (<) $\frac{e}{f} \fallingdotseq 0.94$

4

a	b	c	d	e	f
570	411	284	492	351	728

1. a × b: (234,270)
2. $\frac{b}{c}$ 비중: 약 (144.7) %
3. c → d 증감률: 약 (73.2) %
4. $\frac{c}{d}$, $\frac{e}{f}$ 중 더 큰 값은?:

   $\frac{c}{d} \fallingdotseq 0.58$ (>) $\frac{e}{f} \fallingdotseq 0.48$

☑ 풀이실력 체크하기

풀이시간	체크하기
~2분 30초 이하	☐ 계산 고수시군요!
2분 30초 초과~3분 이하	☐ 우수해요!
3분 초과~4분 이하	☐ 평균이에요!
4분 초과~5분 이하	☐ 좀 더 분발해야 해요!
5분 초과	☐ 부단한 노력이 필요해요!

연습 문제

주어진 질문을 보고 그 값을 계산하시오.(단, 비중과 증감률 계산 시 소수점 둘째 자리에서 반올림하고 백분율로 표시하시오.)

1

a	b	c	d	e	f
735	256	323	477	521	618

1. a×b: (　　　)
2. $\frac{b}{c}$ 비중: 약 (　　　) %
3. c → d 증감률: 약 (　　　) %
4. $\frac{c}{d}$, $\frac{e}{f}$ 중 더 큰 값은?:

   $\frac{c}{d}$ (　　　) $\frac{e}{f}$

2

a	b	c	d	e	f
254	369	531	937	518	742

1. a×b: (　　　)
2. $\frac{b}{c}$ 비중: 약 (　　　) %
3. c → d 증감률: 약 (　　　) %
4. $\frac{c}{d}$, $\frac{e}{f}$ 중 더 큰 값은?:

   $\frac{c}{d}$ (　　　) $\frac{e}{f}$

3

a	b	c	d	e	f
369	528	636	684	468	498

1. a×b: (　　　)
2. $\frac{b}{c}$ 비중: 약 (　　　) %
3. c → d 증감률: 약 (　　　) %
4. $\frac{c}{d}$, $\frac{e}{f}$ 중 더 큰 값은?:

   $\frac{c}{d}$ (　　　) $\frac{e}{f}$

4

a	b	c	d	e	f
570	411	284	492	351	728

1. a×b: (　　　)
2. $\frac{b}{c}$ 비중: 약 (　　　) %
3. c → d 증감률: 약 (　　　) %
4. $\frac{c}{d}$, $\frac{e}{f}$ 중 더 큰 값은?:

   $\frac{c}{d}$ (　　　) $\frac{e}{f}$

❶ 종이를 반으로 접은 후 문제를 풀어 보세요.

정답 확인

1

a	b	c	d	e	f
3,928	4,375	5,190	4,172	8,163	6,294

1. a+b: (8,303)
2. $\frac{b}{c}$ 비중: 약 (84.3) %
3. c → d 증감률: 약 (−19.6) %
4. $\frac{c}{d}$, $\frac{e}{f}$ 중 더 큰 값은?:

   $\frac{c}{d} \fallingdotseq 1.24$ (<) $\frac{e}{f} \fallingdotseq 1.3$

2

a	b	c	d	e	f
5,282	3,277	8,462	7,275	4,288	3,164

1. a+b: (8,559)
2. $\frac{b}{c}$ 비중: 약 (38.7) %
3. c → d 증감률: 약 (−14) %
4. $\frac{c}{d}$, $\frac{e}{f}$ 중 더 큰 값은?:

   $\frac{c}{d} \fallingdotseq 1.16$ (<) $\frac{e}{f} \fallingdotseq 1.36$

3

a	b	c	d	e	f
5,619	4,362	5,553	8,310	6,274	9,001

1. a+b: (9,981)
2. $\frac{b}{c}$ 비중: 약 (78.6) %
3. c → d 증감률: 약 (49.6) %
4. $\frac{c}{d}$, $\frac{e}{f}$ 중 더 큰 값은?:

   $\frac{c}{d} \fallingdotseq 0.67$ (<) $\frac{e}{f} \fallingdotseq 0.7$

4

a	b	c	d	e	f
2,356	5,633	6,256	2,677	3,225	1,137

1. a+b: (7,989)
2. $\frac{b}{c}$ 비중: 약 (90) %
3. c → d 증감률: 약 (−57.2) %
4. $\frac{c}{d}$, $\frac{e}{f}$ 중 더 큰 값은?:

   $\frac{c}{d} \fallingdotseq 2.34$ (<) $\frac{e}{f} \fallingdotseq 2.84$

☑ 풀이실력 체크하기

풀이시간	체크하기
~2분 30초 이하	☐ 계산 고수시군요!
2분 30초 초과~3분 이하	☐ 우수해요!
3분 초과~4분 이하	☐ 평균이에요!
4분 초과~5분 이하	☐ 좀 더 분발해야 해요!
5분 초과	☐ 부단한 노력이 필요해요!

연습 문제

주어진 질문을 보고 그 값을 계산하시오.(단, 비중과 증감률 계산 시 소수점 둘째 자리에서 반올림하고 백분율로 표시하시오.)

1

a	b	c	d	e	f
3,928	4,375	5,190	4,172	8,163	6,294

1. a+b: (   )
2. $\frac{b}{c}$ 비중: 약 (   ) %
3. c → d 증감률: 약 (   ) %
4. $\frac{c}{d}$, $\frac{e}{f}$ 중 더 큰 값은?:

   $\frac{c}{d}$ (   ) $\frac{e}{f}$

2

a	b	c	d	e	f
5,282	3,277	8,462	7,275	4,288	3,164

1. a+b: (   )
2. $\frac{b}{c}$ 비중: 약 (   ) %
3. c → d 증감률: 약 (   ) %
4. $\frac{c}{d}$, $\frac{e}{f}$ 중 더 큰 값은?:

   $\frac{c}{d}$ (   ) $\frac{e}{f}$

3

a	b	c	d	e	f
5,619	4,362	5,553	8,310	6,274	9,001

1. a+b: (   )
2. $\frac{b}{c}$ 비중: 약 (   ) %
3. c → d 증감률: 약 (   ) %
4. $\frac{c}{d}$, $\frac{e}{f}$ 중 더 큰 값은?:

   $\frac{c}{d}$ (   ) $\frac{e}{f}$

4

a	b	c	d	e	f
2,356	5,633	6,256	2,677	3,225	1,137

1. a+b: (   )
2. $\frac{b}{c}$ 비중: 약 (   ) %
3. c → d 증감률: 약 (   ) %
4. $\frac{c}{d}$, $\frac{e}{f}$ 중 더 큰 값은?:

   $\frac{c}{d}$ (   ) $\frac{e}{f}$

실전 연습

❗ 종이를 반으로 접은 후 문제를 풀어 보세요.

정답 확인

| 1

a	b	c	d	e	f
35	98	38	46	25	31

1. a+e: (60)
2. b−c: (60)
3. $\frac{a}{c}$ 비중: 약 (92.1) %
4. c → e 증감률: 약 (−34.2) %
5. $\frac{c}{d}$, $\frac{e}{f}$ 중 더 큰 값은?:

   $\frac{c}{d} \fallingdotseq 0.83$ (>) $\frac{e}{f} \fallingdotseq 0.81$

| 2

a	b	c	d	e	f
53	72	56	24	78	37

1. a+e: (131)
2. b−c: (16)
3. $\frac{a}{c}$ 비중: 약 (94.6) %
4. c → e 증감률: 약 (39.3) %
5. $\frac{c}{d}$, $\frac{e}{f}$ 중 더 큰 값은?:

   $\frac{c}{d} \fallingdotseq 2.33$ (>) $\frac{e}{f} \fallingdotseq 2.11$

| 3

a	b	c	d	e	f
88	58	22	34	76	94

1. a+e: (164)
2. b−c: (36)
3. $\frac{a}{c}$ 비중: 약 (400) %
4. c → e 증감률: 약 (245.5) %
5. $\frac{c}{d}$, $\frac{e}{f}$ 중 더 큰 값은?:

   $\frac{c}{d} \fallingdotseq 0.65$ (<) $\frac{e}{f} \fallingdotseq 0.81$

| 4

a	b	c	d	e	f
62	80	34	57	38	64

1. a+e: (100)
2. b−c: (46)
3. $\frac{a}{c}$ 비중: 약 (182.4) %
4. c → e 증감률: 약 (11.8) %
5. $\frac{c}{d}$, $\frac{e}{f}$ 중 더 큰 값은?:

   $\frac{c}{d} \fallingdotseq 0.6$ (>) $\frac{e}{f} \fallingdotseq 0.59$

☑ 풀이실력 체크하기

풀이시간	체크하기
~2분 30초 이하	☐ 계산 고수시군요!
2분 30초 초과~3분 이하	☐ 우수해요!
3분 초과~4분 이하	☐ 평균이에요!
4분 초과~5분 이하	☐ 좀 더 분발해야 해요!
5분 초과	☐ 부단한 노력이 필요해요!

연습 문제

주어진 질문을 보고 그 값을 계산하시오.(단, 비중과 증감률 계산 시 소수점 둘째 자리에서 반올림하고 백분율로 표시하시오.)

| 1

a	b	c	d	e	f
35	98	38	46	25	31

1. a+e: (　　　)
2. b−c: (　　　)
3. $\frac{a}{c}$ 비중: 약 (　　　) %
4. c → e 증감률: 약 (　　　) %
5. $\frac{c}{d}$, $\frac{e}{f}$ 중 더 큰 값은?:

   $\frac{c}{d}$ (　　　) $\frac{e}{f}$

| 2

a	b	c	d	e	f
53	72	56	24	78	37

1. a+e: (　　　)
2. b−c: (　　　)
3. $\frac{a}{c}$ 비중: 약 (　　　) %
4. c → e 증감률: 약 (　　　) %
5. $\frac{c}{d}$, $\frac{e}{f}$ 중 더 큰 값은?:

   $\frac{c}{d}$ (　　　) $\frac{e}{f}$

| 3

a	b	c	d	e	f
88	58	22	34	76	94

1. a+e: (　　　)
2. b−c: (　　　)
3. $\frac{a}{c}$ 비중: 약 (　　　) %
4. c → e 증감률: 약 (　　　) %
5. $\frac{c}{d}$, $\frac{e}{f}$ 중 더 큰 값은?:

   $\frac{c}{d}$ (　　　) $\frac{e}{f}$

| 4

a	b	c	d	e	f
62	80	34	57	38	64

1. a+e: (　　　)
2. b−c: (　　　)
3. $\frac{a}{c}$ 비중: 약 (　　　) %
4. c → e 증감률: 약 (　　　) %
5. $\frac{c}{d}$, $\frac{e}{f}$ 중 더 큰 값은?:

   $\frac{c}{d}$ (　　　) $\frac{e}{f}$

❶ 종이를 반으로 접은 후 문제를 풀어 보세요.

정답 확인

1

a	b	c	d	e	f
425	789	312	345	579	602

1. a+e: (1,004)
2. b−c: (477)
3. $\frac{a}{c}$ 비중: 약 (136.2) %
4. c → e 증감률: 약 (85.6) %
5. $\frac{c}{d}$, $\frac{e}{f}$ 중 더 큰 값은?:

   $\frac{c}{d} \fallingdotseq 0.9$ ($<$) $\frac{e}{f} \fallingdotseq 0.96$

2

a	b	c	d	e	f
478	628	367	273	748	625

1. a+e: (1,226)
2. b−c: (261)
3. $\frac{a}{c}$ 비중: 약 (130.2) %
4. c → e 증감률: 약 (103.8) %
5. $\frac{c}{d}$, $\frac{e}{f}$ 중 더 큰 값은?:

   $\frac{c}{d} \fallingdotseq 1.34$ ($>$) $\frac{e}{f} \fallingdotseq 1.2$

3

a	b	c	d	e	f
902	393	125	572	202	896

1. a+e: (1,104)
2. b−c: (268)
3. $\frac{a}{c}$ 비중: 약 (721.6) %
4. c → e 증감률: 약 (61.6) %
5. $\frac{c}{d}$, $\frac{e}{f}$ 중 더 큰 값은?:

   $\frac{c}{d} \fallingdotseq 0.22$ ($<$) $\frac{e}{f} \fallingdotseq 0.23$

4

a	b	c	d	e	f
732	882	568	627	317	428

1. a+e: (1,049)
2. b−c: (314)
3. $\frac{a}{c}$ 비중: 약 (128.9) %
4. c → e 증감률: 약 (−44.2) %
5. $\frac{c}{d}$, $\frac{e}{f}$ 중 더 큰 값은?:

   $\frac{c}{d} \fallingdotseq 0.91$ ($>$) $\frac{e}{f} \fallingdotseq 0.74$

☑ 풀이실력 체크하기

풀이시간	체크하기
~2분 30초 이하	☐ 계산 고수시군요!
2분 30초 초과~3분 이하	☐ 우수해요!
3분 초과~4분 이하	☐ 평균이에요!
4분 초과~5분 이하	☐ 좀 더 분발해야 해요!
5분 초과	☐ 부단한 노력이 필요해요!

연습 문제

주어진 질문을 보고 그 값을 계산하시오.(단, 비중과 증감률 계산 시 소수점 둘째 자리에서 반올림하고 백분율로 표시하시오.)

1

a	b	c	d	e	f
425	789	312	345	579	602

1. a+e: (　　　)
2. b−c: (　　　)
3. $\frac{a}{c}$ 비중: 약 (　　　) %
4. c → e 증감률: 약 (　　　) %
5. $\frac{c}{d}$, $\frac{e}{f}$ 중 더 큰 값은?:

   $\frac{c}{d}$ (　　　) $\frac{e}{f}$

2

a	b	c	d	e	f
478	628	367	273	748	625

1. a+e: (　　　)
2. b−c: (　　　)
3. $\frac{a}{c}$ 비중: 약 (　　　) %
4. c → e 증감률: 약 (　　　) %
5. $\frac{c}{d}$, $\frac{e}{f}$ 중 더 큰 값은?:

   $\frac{c}{d}$ (　　　) $\frac{e}{f}$

3

a	b	c	d	e	f
902	393	125	572	202	896

1. a+e: (　　　)
2. b−c: (　　　)
3. $\frac{a}{c}$ 비중: 약 (　　　) %
4. c → e 증감률: 약 (　　　) %
5. $\frac{c}{d}$, $\frac{e}{f}$ 중 더 큰 값은?:

   $\frac{c}{d}$ (　　　) $\frac{e}{f}$

4

a	b	c	d	e	f
732	882	568	627	317	428

1. a+e: (　　　)
2. b−c: (　　　)
3. $\frac{a}{c}$ 비중: 약 (　　　) %
4. c → e 증감률: 약 (　　　) %
5. $\frac{c}{d}$, $\frac{e}{f}$ 중 더 큰 값은?:

   $\frac{c}{d}$ (　　　) $\frac{e}{f}$

❗ 종이를 반으로 접은 후 문제를 풀어 보세요.

정답 확인

1

a	b	c	d	e	f
3,726	5,922	4,216	3,782	6,281	5,212

1. a+e: (10,007)
2. b−c: (1,706)
3. $\frac{a}{c}$ 비중: 약 (88.4) %
4. c → e 증감률: 약 (49) %
5. $\frac{c}{d}$, $\frac{e}{f}$ 중 더 큰 값은?:

$\frac{c}{d} \fallingdotseq 1.11$ (<) $\frac{e}{f} \fallingdotseq 1.21$

2

a	b	c	d	e	f
3,742	4,214	3,562	4,245	7,246	9,434

1. a+e: (10,988)
2. b−c: (652)
3. $\frac{a}{c}$ 비중: 약 (105.1) %
4. c → e 증감률: 약 (103.4) %
5. $\frac{c}{d}$, $\frac{e}{f}$ 중 더 큰 값은?:

$\frac{c}{d} \fallingdotseq 0.84$ (>) $\frac{e}{f} \fallingdotseq 0.77$

3

a	b	c	d	e	f
4,256	7,353	4,256	5,829	1,293	1,932

1. a+e: (5,549)
2. b−c: (3,097)
3. $\frac{a}{c}$ 비중: 약 (100) %
4. c → e 증감률: 약 (−69.6) %
5. $\frac{c}{d}$, $\frac{e}{f}$ 중 더 큰 값은?:

$\frac{c}{d} \fallingdotseq 0.73$ (>) $\frac{e}{f} \fallingdotseq 0.67$

4

a	b	c	d	e	f
6,582	4,862	3,625	6,482	2,849	4,299

1. a+e: (9,431)
2. b−c: (1,237)
3. $\frac{a}{c}$ 비중: 약 (181.6) %
4. c → e 증감률: 약 (−21.4) %
5. $\frac{c}{d}$, $\frac{e}{f}$ 중 더 큰 값은?:

$\frac{c}{d} = 0.56$ (<) $\frac{e}{f} \fallingdotseq 0.66$

☑ 풀이실력 체크하기

풀이시간	체크하기
~2분 30초 이하	☐ 계산 고수시군요!
2분 30초 초과~3분 이하	☐ 우수해요!
3분 초과~4분 이하	☐ 평균이에요!
4분 초과~5분 이하	☐ 좀 더 분발해야 해요!
5분 초과	☐ 부단한 노력이 필요해요!

연습 문제

주어진 질문을 보고 그 값을 계산하시오.(단, 비중과 증감률 계산 시 소수점 둘째 자리에서 반올림하고 백분율로 표시하시오.)

| 1

a	b	c	d	e	f
3,726	5,922	4,216	3,782	6,281	5,212

1. a+e: (　　　)
2. b−c: (　　　)
3. $\frac{a}{c}$ 비중: 약 (　　　) %
4. c → e 증감률: 약 (　　　) %
5. $\frac{c}{d}$, $\frac{e}{f}$ 중 더 큰 값은?:

   $\frac{c}{d}$ (　　　) $\frac{e}{f}$

| 2

a	b	c	d	e	f
3,742	4,214	3,562	4,245	7,246	9,434

1. a+e: (　　　)
2. b−c: (　　　)
3. $\frac{a}{c}$ 비중: 약 (　　　) %
4. c → e 증감률: 약 (　　　) %
5. $\frac{c}{d}$, $\frac{e}{f}$ 중 더 큰 값은?:

   $\frac{c}{d}$ (　　　) $\frac{e}{f}$

| 3

a	b	c	d	e	f
4,256	7,353	4,256	5,829	1,293	1,932

1. a+e: (　　　)
2. b−c: (　　　)
3. $\frac{a}{c}$ 비중: 약 (　　　) %
4. c → e 증감률: 약 (　　　) %
5. $\frac{c}{d}$, $\frac{e}{f}$ 중 더 큰 값은?:

   $\frac{c}{d}$ (　　　) $\frac{e}{f}$

| 4

a	b	c	d	e	f
6,582	4,862	3,625	6,482	2,849	4,299

1. a+e: (　　　)
2. b−c: (　　　)
3. $\frac{a}{c}$ 비중: 약 (　　　) %
4. c → e 증감률: 약 (　　　) %
5. $\frac{c}{d}$, $\frac{e}{f}$ 중 더 큰 값은?:

   $\frac{c}{d}$ (　　　) $\frac{e}{f}$

MEMO

MEMO

eduwill

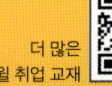

취업 대세 에듀윌!
Why 에듀윌 취업 교재

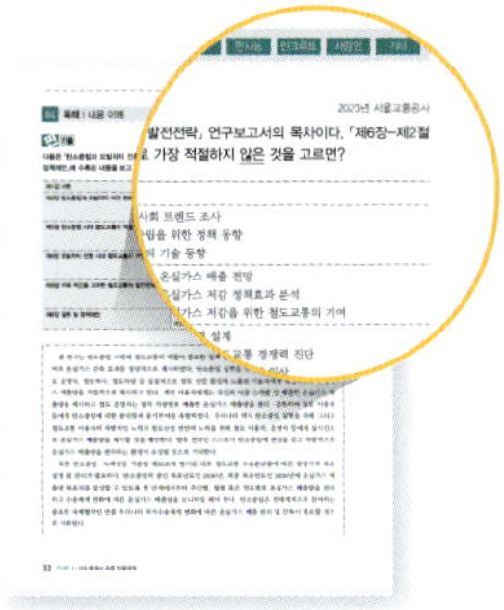

기출맛집 에듀윌!
100% 찐기출복원 수록

주요 공·대기업 기출복원 문제 수록
과목별 최신 기출부터 기출변형 문제 연습으로 단기 취업 성공!

공·대기업 온라인모의고사
+ 성적분석 서비스

실제 온라인 시험과 동일한 환경 구성
대기업 교재 기준 전 회차 온라인 시험 제공으로 실전 완벽 대비

합격을 위한
부가 자료

교재 연계 무료 특강
+ 교재 맞춤형 부가학습자료 특별 제공!

빠르게 NCS 실력을 향상시키는

매1N 3회독 학습가이드

3회독 루틴 프로세스

1회독

1 **3회독 기록표에 학습날짜와 시작시간을 적습니다.**

- 회독 때마다 시간을 재고 풀면 문풀 시간을 단축할 수 있습니다.
- 날짜와 시작시간을 적은 다음 바로 문제를 풉니다.

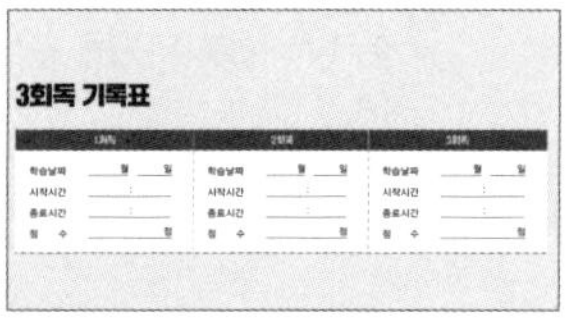

2 **시험장에서 문제를 푸는 것처럼 문제지에 체크하며 풉니다.**

- 나중에 할 복습을 위해 문제지에 체크하지 않고 풀거나, 체크하고 푼 다음 지우는 것은 좋지 않습니다.
- 실제 시험 칠 때와 동일하게 문제지에 체크하며 풀어야 훈련할 수 있습니다.

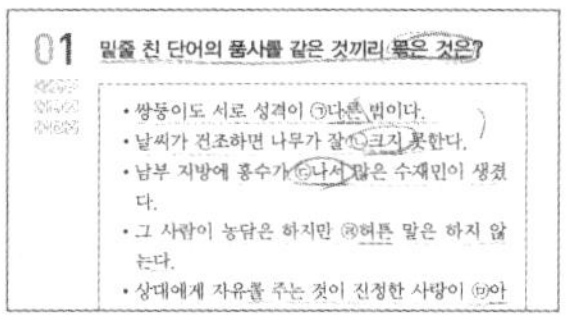

3 **모바일 OMR 또는 회독용 답안지에 마킹한 후,**
3회독 기록표에 종료시간을 적고 초과시간을 계산합니다.

- 문풀 연습 때부터 풀이시간을 훈련해야 합니다. 수록되어 있는 '회독용 답안지'를 활용하세요.

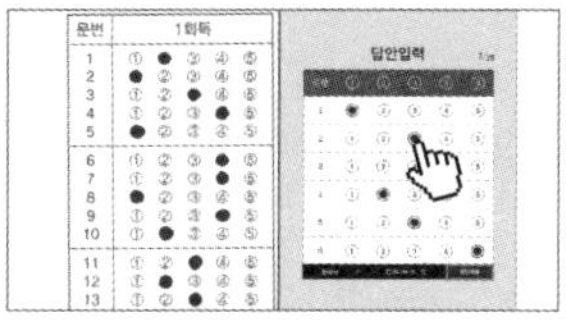

4 **문항별 3회독 체크표에 표시합니다.**

- 문제를 풀면서 알고 풀었으면 ◎, 헷갈려서 찍었으면 △, 전혀 몰라서 찍었으면 ☒에 체크하세요. 찍어서 맞은 문제는 틀린 것입니다. 정확한 수준 파악을 위해 '문항별 3회독 체크표'를 활용하세요.

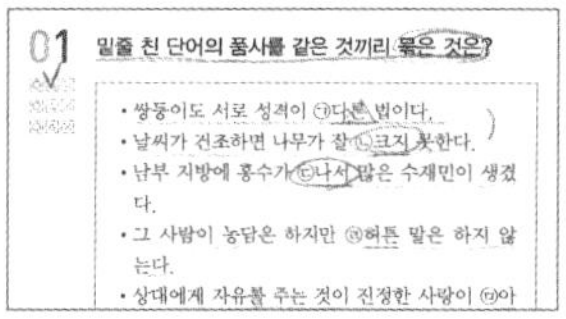

5 **채점을 완료한 후 3회독 기록표에 점수를 작성합니다.**

6 **정답과 해설에서 영역별 실력 점검표에 맞은 개수를 작성한 후 취약 영역을 파악합니다.**

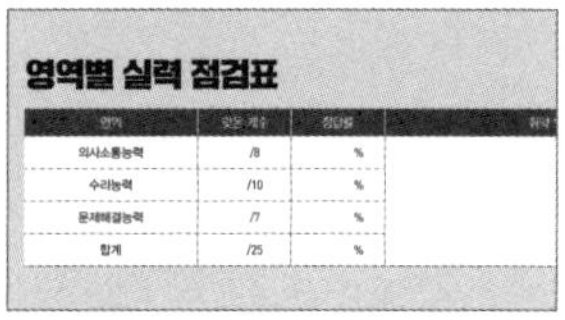

7 **해설을 통해 전체 25문항을 리뷰합니다.**

8 **모르거나 헷갈려서 틀린 문제를 매1N 약점보완 오답노트에 정리합니다.**

2~3회독

1 **문항별 3회독 체크표에 △와 ☒ 표시된 문항을 다시 풉니다.**

– 단순히 문제를 다시 푸는 것보다는 1~2회독 때 왜 오답을 선택했는지를 다시 생각해 보는 방식으로 문제를 풉니다.

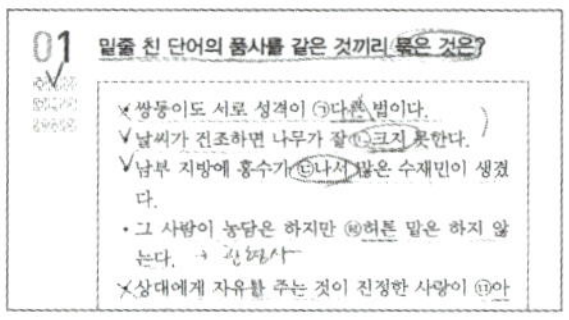

2 **회독용 답안지에 마킹한 후, 3회독 기록표에 종료시간을 적고 초과시간을 계산합니다.**

– 문풀 연습 때부터 풀이시간을 훈련해야 합니다. 수록되어 있는 '회독용 답안지'를 활용하세요.

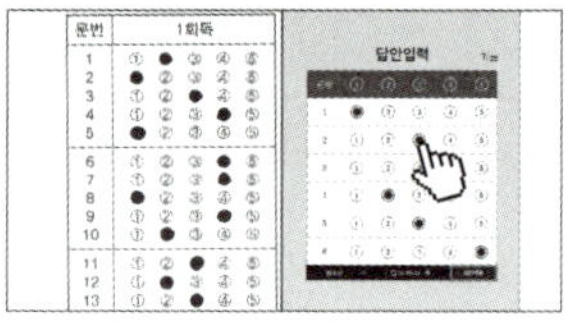

3 **문항별 3회독 체크표에 표시합니다.**

– 문제를 풀면서 알고 풀었으면 ◎, 헷갈려서 찍었으면 △, 전혀 몰라서 찍었으면 ☒에 체크하세요.

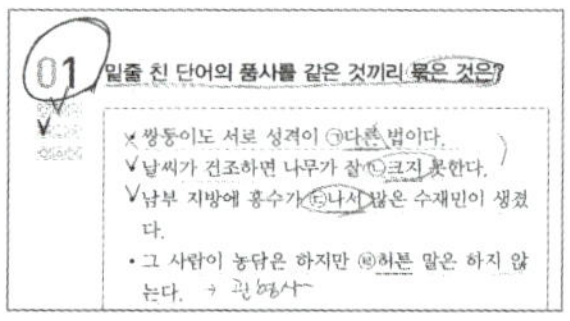

4 **해설을 통해 해당 문항을 리뷰합니다.**

한눈에 보는 3회독 실력향상 기록표

구분	1회독		2회독		3회독	
	학습날짜	점수	학습날짜	점수	학습날짜	점수
DAY 01	월 일		월 일		월 일	
DAY 02	월 일		월 일		월 일	
DAY 03	월 일		월 일		월 일	
DAY 04	월 일		월 일		월 일	
DAY 05	월 일		월 일		월 일	
DAY 06	월 일		월 일		월 일	
DAY 07	월 일		월 일		월 일	
DAY 08	월 일		월 일		월 일	
DAY 09	월 일		월 일		월 일	
DAY 10	월 일		월 일		월 일	
DAY 11	월 일		월 일		월 일	
DAY 12	월 일		월 일		월 일	
DAY 13	월 일		월 일		월 일	
DAY 14	월 일		월 일		월 일	
DAY 15	월 일		월 일		월 일	
DAY 16	월 일		월 일		월 일	
DAY 17	월 일		월 일		월 일	
DAY 18	월 일		월 일		월 일	
DAY 19	월 일		월 일		월 일	
DAY 20	월 일		월 일		월 일	

모든 시작에는
두려움과 서투름이
따르기 마련이에요.

당신이 나약해서가 아니에요

에듀윌 공기업

매일 1회씩 꺼내 푸는 NCS Ver.2

DAY 01

eduwill

매1N 3회독 루틴 프로세스

*더 자세한 내용은 매1N 3회독 학습가이드를 확인하세요!

1 3회독 기록표에 학습날짜와 문제풀이 시작시간을 적습니다.

2 시험장에서 문제를 푸는 것처럼 풀어 보세요.

3 모바일 OMR 또는 회독용 답안지에 마킹한 후, 종료시간을 적고 초과시간을 체크합니다.

▶모바일 OMR 바로가기

[DAY 01]

http://eduwill.kr/Te8j

4 문항별 3회독 체크표(◯ △ ✕)에 표시합니다. 문제를 풀면서 알고 풀었으면 ◯, 헷갈렸으면 △, 전혀 몰라서 찍었으면 ✕에 체크하세요.

3회독 TIP

- 1회독: 25문항을 빠짐없이 풀어 보세요.
- 2~3회독: 틀린 문항만 골라서 풀어 보세요.

3회독 기록표

1회독		2회독		3회독	
학습날짜	월 일	학습날짜	월 일	학습날짜	월 일
시작시간	:	시작시간	:	시작시간	:
종료시간	:	종료시간	:	종료시간	:
점 수	점	점 수	점	점 수	점

01 **다음 [보기]의 밑줄 친 표현 중에서 맞춤법에 맞는 것을 모두 고르면?**

○△× ○△× ○△×

보기
㉠ 변호사 일이 힘들어 베겨 내지 못하겠다. ㉡ 살다보면 별 희안한 일이 다 생기지요. ㉢ 내가 수습 때는 막대기로 맞고 그랬는데, 요즘은 그런 것도 없어. ㉣ 그 사람이 과장이 되는 것은 떼논당상이라는 말이 있던데요. ㉤ 내일 당번은 내가 할께. 어디 가서 놀다 와.

① ㉠, ㉡ ② ㉡, ㉢ ③ ㉡, ㉤ ④ ㉢, ㉣ ⑤ ㉣, ㉤

02 다음 글의 필자가 글을 통해 가장 경계해야 함을 드러내고 있는 인물을 고르면?

○△×
○△×
○△×

토론을 하는 사람은 의(義)로써 서로 돕고, 도(道)로써 서로 깨우치고, 선(善)을 따를 뿐 반드시 이길 것을 구하지 않으며, 의에 승복할 뿐 말이 막히는 것을 부끄럽게 여기지 않습니다. 거짓으로써 서로 미혹케 하고, 화려한 언사로써 서로 혼란스럽게 하고, 나중에 멈추는 것을 서로 자랑으로 여기며, 어떻게든 이기기만을 바라는 것은 토론을 함에서 본받을 바가 아닙니다. 무릇 소진(蘇秦)과 장의(張儀)는 제후들을 현혹시켜 대국을 망하게 하고 군주가 가지고 있는 것을 잃게 하였으니, 이들이 변설에 뛰어나지 않은 것은 아니지만 이들의 말은 나라를 어지럽히는 길이었습니다. 군자는 비속한 사람들과 더불어 군주를 섬기는 것을 꺼려하였으니, 그들이 군주의 말이라면 무조건 따르면서 어떤 일도 못하는 바가 없는 것을 걱정하였던 것입니다.

지금 당신은 바르고 의로운 말을 받아들여 경(卿)·상(相)을 보좌해야 함에도 불구하고, 그들의 뜻에 무조건 순종하여 당장의 유리한 말만을 좋아하며 훗날의 일을 생각하지 않습니다. 당신 같은 식으로 관리 노릇을 하면 마땅히 중벌을 받게 될 것입니다.

① 언변이 뛰어나 사람들을 미혹하게 하는 사람
② 토론을 피하고 자신의 뜻만 세우려 하는 사람
③ 윗사람의 말에 대해 어떠한 비판도 없이 무조건 받아들이는 사람
④ 토론에 있어 무조건 이기려고만 하는 사람
⑤ 출세에 눈이 멀어 무슨 짓이든 하는 사람

03 다음 글의 내용과 일치하지 않는 것을 고르면?

○△✕
○△✕
○△✕

하나의 화면은 수많은 점들로 구성되는데, 이를 화소라 한다. 각각의 화소는 밝기와 색상을 나타내는 화소 값을 가진다. 화소 간 중복은 한 화면 안에서 서로 가까이 있는 화소들끼리 화소 값의 차이가 별로 없거나 변화가 규칙적인 것을 말한다. 동영상 압축에서는 원래의 화소 값들을 여러 개의 성분들로 형태를 변환한 다음, 화질에 거의 영향을 미치지 않는 성분들을 제거하고 나머지 성분들만을 저장한다. 이때 압축 전후의 화소들의 개수에는 변화가 없으나 변환된 성분들을 저장하는 개수가 줄어들기 때문에 화질의 차이는 별로 없이 데이터의 양을 크게 줄일 수 있다. 그런데 화면이 단순할수록 또 규칙적일수록 화소 간 중복이 많아서, 제거 가능한 성분들이 많아진다. 다만 이들 성분을 너무 많이 제거하면 화면이 흐려지거나 얼룩이 지는 등 동영상의 화질이 나빠진다. 이러한 과정은, 우유에서 수분을 없애 전지분유를 만들면 부피는 크게 줄어들지만 원래 우유의 맛이 거의 보존되는 것과 비슷하다.

① 각각의 화소는 밝기와 색상을 가진 화소 값을 갖고 있다.
② 동영상 압축 시 화질에 영향을 미치지 않는 화소를 제거하므로 화소가 감소한다.
③ 화면이 단순하여 제거 가능한 성분을 너무 많이 삭제할 경우 화질이 안 좋아진다.
④ 하나의 화면은 수많은 점으로 구성되어 있고, 이를 화소라 한다.
⑤ 화소 값의 차이가 규칙적이거나 별로 없는 것을 화소 간 중복이라 한다.

04 다음 글의 주제로 옳은 것을 고르면?

○△×
○△×
○△×

> 많은 사람들이 좀 특이한 색이나 모양을 지닌 돌을 보면 자기도 모르게 주워서 보관하게 된다. 돌은 사람을 끄는 신비한 생명을 지닌 것 같다. 사람은 태초부터 돌을 수집해 왔으며, 죽은 자의 영혼이 묘비 속에 계속 살아있다고 믿기도 했다. 묘비를 세우는 풍습은 인간의 죽지 않는 영원한 어떤 부분이 지상에 계속 남아있으며, 그 부분은 돌을 통해 가장 적절히 모습을 드러낸다는 상징적인 생각에서 부분적으로 비롯되었다고 볼 수도 있다. 역사적인 현장에 유명인의 기념비를 세우는 것을 거의 모든 문명사회에서 볼 수 있는데, 이러한 문화 역시 돌이 지닌 상징적 의미에서 비롯되었을 것이다.

① 돌은 죽은 조상들이 거주하는 것이라는 믿음이 있기 때문에 거의 모든 문명사회에서 비석을 볼 수 있다.
② 돌이 우리의 생체 에너지와 관련이 있다는 믿음은 단순한 미스터리라 하여 태초부터 무시되어 왔다.
③ 사람들은 길에서 발견하는 돌은 언젠가 재앙을 가져온다고 생각하기 때문에 돌에 연연해하지 않을 것이다.
④ 사람들은 돌을 수집하면 언젠가 가치가 있으리라는 것을 알기 때문에 매력 있는 돌을 수집하는 데 열성을 보여 왔다.
⑤ 많은 사람들이 좀 특이한 색이나 모양의 돌을 보면 주워서 간직한다.

05 다음 글에 해당하는 사례를 [보기]에서 모두 고르면?

○△×
○△×
○△×

서브스크립션 커머스란 정기구독을 뜻하는 서브스크립션(Subscription)과 상업을 뜻하는 커머스(Commerce)의 합성어로, 구매자가 정기 구독료나 가입비를 서비스업체에 지급하면 해당 업체가 상품을 알아서 선정해 정기적으로 배달해주는 상거래를 말한다. 주간지·월간지를 정기구독하면 잡지가 배달돼 오는 것과 같은 판매 방식으로, 다른 사람보다 일찍 새로운 상품을 써보고 싶어 하는 얼리어답터 계층을 타깃으로 하는 것이 특징이다. 2010년 하버드 MBA 출신들이 만든 버치박스(birchbox.com)가 최초인 것으로 알려졌는데, 2012년경부터 미주와 유럽 시장을 넘어 아시아 시장에서도 주목받고 있다.

보기

㉠ 제철 과일 중 가장 신선한 것을 대량으로 구입한 뒤 소량으로 나누어 소비자들에게 정기적으로 배달하는 A사
㉡ 가죽필통 만들기, 향초 만들기 등 매달 다른 취미활동에 필요한 재료들을 정기 배송해주는 B사
㉢ 셰프의 레시피와 함께 식재료를 쿠킹박스 형태로 정기 배송해주는 C사
㉣ 전문가가 추천한 3가지 맛의 원두를 소비자에게 소량 배송 후, 월말에 한 번에 결제 받는 D사

① ㉠, ㉢
② ㉡, ㉣
③ ㉢, ㉣
④ ㉠, ㉡, ㉢
⑤ ㉡, ㉢, ㉣

06 다음 글을 바탕으로 추론한 내용으로 옳은 것을 [보기]에서 모두 고르면?

○△×
○△×
○△×

과거에는 질병의 '치료'를 중시하였으나 점차 질병의 '진단'을 중시하는 추세로 변화하고 있다. 조기진단을 통해 질병을 최대한 빠른 시점에 발견하고 이에 따른 명확한 치료책을 제시함으로써 뒤늦은 진단 및 오진으로 발생하는 사회적 비용을 최소화하고 질병 관리능력을 증대시키고 있다. 조기진단의 경제적 효과는 실로 엄청난데, 관련 기관의 보고서에 의하면 유방암 치료비는 말기진단 시 60,000~145,000달러인데 비해 조기진단 시 10,000~15,000달러로 현저한 차이를 보인다. 또한 조기진단과 치료로 인한 생존율 역시 말기진단의 경우에 비해 4배 이상 증가한 것으로 밝혀졌다.

현재 조기진단을 가능케 하는 진단영상기기로는 X-ray, CT, MRI 등이 널리 쓰이고 있으며, 이 중 1985년에 개발된 MRI가 가장 최신장비로 손꼽힌다. MRI는 다른 기기에 비해 연골과 근육, 척수, 혈관 속 물질, 뇌조직 등 체내 부드러운 조직의 미세한 차이를 구분하고 신체의 이상 유무를 밝히는 데 탁월하여 현존하는 진단기기 중에 가장 성능이 좋은 것으로 평가받고 있다. 이러한 특징으로 인해 MRI는 세포조직 내 유방암, 위암, 파킨슨병, 알츠하이머병, 다발성경화증 등의 뇌신경계 질환 진단에 많이 활용되고 있다.

전 세계적으로 MRI 관련 산업의 시장규모는 매년 약 42~45억 달러씩 늘어나고 있다. 한국의 시장규모는 연간 8,000만~1억 달러씩 증가하고 있다. 현재 한국에는 약 800대의 MRI기기가 도입돼 있다. 이는 인구 백만 명당 16대꼴로 일본이나 미국에는 미치지 못하지만 유럽이나 기타 OECD 국가들에는 뒤지지 않는 보급률이다.

보기

㉠ 질병의 조기진단은 경제적 측면뿐만 아니라, 치료 효과 측면에서도 유리하다.
㉡ CT는 조기진단을 가능케 하는 진단영상기기로서, 체내 부드러운 조직의 미세한 차이를 구분하는 데 있어 다른 기기에 비해 더 탁월한 효과를 보여준다.
㉢ 한국의 MRI기기 보급률은 대부분의 OECD 국가들과 견줄 수 있는 정도이다.
㉣ 한국의 MRI 관련 산업 시장규모는 전 세계 시장규모의 3%를 상회하고 있다.

① ㉠, ㉢　② ㉠, ㉣　③ ㉡, ㉢　④ ㉡, ㉣　⑤ ㉠, ㉢, ㉣

07 다음 글의 필자의 의도를 고려할 때, ‘권위주의’와 관련된 진술 중 밑줄 친 부분이 뜻하는 바와 가장 관련이 깊은 것을 고르면?

○△×
○△×
○△×

> 관료제는 대개 권위주의적인 문화와 결합되어 작동할 때가 많다. 한국 사회처럼 전근대적인 권위주의가 제대로 청산되지 못하고, 오랜 개발 독재 체제 속에서 관료제가 더욱 강화된 사회에서 관료제는 더욱 경직될 수밖에 없다. 그런데 문제는 권위주의 문화가 개인적 상속물이 아니라 사회적 상속물이라는 점이다. 즉, 권위주의는 자신이 속한 집단으로부터 획득한 사회적 획득물이기 때문에 쉽게 고쳐지지 않는 속성이 있다는 것이다. 이는 언어가 사회적 획득물이기 때문에 고치기 어려운 이치와 같다.

① 권위주의는 공동체적인 문화를 보장해 주는 사고 방식이다.
② 권위주의가 흔들리게 되면 사회적 윤리도 타락하게 마련이다.
③ 윗사람의 권위에 도전하는 사람은 사회적으로 비난을 받게 된다.
④ 사회적인 권위를 획득하기 위해서는 많은 시간과 노력이 필요하다.
⑤ 집단 간의 다툼에서 승리하기 위해서는 권위주의가 매우 유용하다.

08 다음 글의 필자의 관점에서 '생산'이 아닌 것을 고르면?

○△×
○△×
○△×

생산의 기준은 바로 부가가치(附加價值)에 달려있다. 즉, 어떤 행위든 그것이 부가가치를 창출해내면 생산이 되지만, 아무리 외형상으로 두드리고 조이고 기름칠을 하더라도 부가가치를 만들어내지 못하면 그것을 생산이라고 할 수 없는 것이다. 그러면 부가가치는 또 무엇인가?

부가가치(value-added)란 말 그대로 재화의 가치가 증가된 것을 말한다. 여기서 재화의 가치를 판단하는 기준은 시장의 가격이다. 따라서 어떤 행위로 인해 부가가치가 얼마나 창출되었는가를 알기 위해서는 특정 재화에 대해 생산행위 이전과 이후의 시장가격을 비교하면 된다. 다시 말해 부가가치는 원재료의 구매가격과 생산품의 판매가격의 차이로 나타난다. 예를 들어, 통닭집 주인이 생닭 한 마리를 2,000원에 구입하여 기름에 튀기고 양념을 묻힌 다음 5,000원에 팔았다면, 이때 통닭집 주인이 창출한 부가가치는 3,000원이 되는 것이다. 이처럼 부가가치의 계산에 있어 결정적인 것은 바로 시장가격이다.

그런데 시장가격의 결정에 가장 중요한 것은 바로 수요이고, 수요는 다시 소비자들의 선호에 의하여 결정된다는 것을 상기한다면, 생산이라는 것은 결국 수요와 대응되거나, 또는 별개의 개념이 아니라 수요를 결정하는 소비자들의 선호에 의하여 좌우되는 것임을 알 수 있다. 소비자들이 많이 선호하는 재화는 높은 부가가치를 올릴 수 있는 반면, 소비자에게 외면 당하는 제품에서는 부가가치가 나타날 수 없는 것이다. 이렇게 볼 때, 시대와 장소에 따라 소비자들의 선호가 변하게 되면 그에 따라 생산의 기준과 범주 역시 달라질 수밖에 없다.

① 건설 현장에서 일당을 받고 일하는 행위
② 전시회에서 팔 그림을 그리기 위해 밤을 새서 작업하는 화가
③ 자신의 아이에게 줄 노래를 만드는 작곡가
④ 폐지를 주워서 고물상에 갖다 파는 행위
⑤ 뒷산 약숫물을 병에 담아다가 길거리에서 파는 행위

09 다음 수들은 공통된 규칙으로 나열되어 있다. 빈칸에 들어갈 알맞은 숫자를 고르면?

○△✕
○△✕
○△✕

3	9	5	10	60	53	61	( )

① 45 ② 86 ③ 114 ④ 342 ⑤ 549

10 영업사원인 진영이의 회사는 사원들에게 매달 기본급으로 170만 원을 지급하고, 300만 원 이상 500만 원 이하의 실적을 올리면 300만 원을 초과한 금액의 20%를, 500만 원 이상의 실적을 올리면 추가로 500만 원을 초과한 금액의 30%를 보너스로 지급한다. 이번 달에 진영이의 실적이 760만 원이었다면, 진영이가 받게 되는 돈은 얼마인지 고르면?

○△✕
○△✕
○△✕

① 288만 원 ② 293만 원 ③ 298만 원 ④ 303만 원 ⑤ 308만 원

11 형과 동생이 한쪽 벽에 페인트를 칠하려고 한다. 형이 혼자서 페인트를 다 칠하려면 10시간이 걸리고 동생은 40시간이 걸린다. 형과 동생이 같이 칠하다가 나머지 5시간은 형 혼자서 칠했다고 할 때, 같이 페인트를 칠한 시간을 고르면?

○△✕
○△✕
○△✕

① 1시간 ② 2시간 ③ 3시간 ④ 4시간 ⑤ 5시간

12 다음 [표]는 영화산업의 종사자 현황에 대한 자료이다. 2020년도 영화산업 종사자 중 35~39세는 전년도에 비해 5.5% 상승했다고 할 때, 2020년도 35~39세의 종사자수를 고르면?(단, 소수점 첫째 자리에서 반올림한다.)

[표] 영화산업 종사자 현황

(단위: 명)

구분	2016년	2017년	2018년	2019년
29세 이하	16,568	17,937	18,698	18,095
30~34세	4,692	4,940	4,541	4,467
35~39세	2,882	3,120	3,239	3,346
40세 이상	5,351	4,860	3,760	3,738
합계	29,493	30,857	30,238	29,646

① 3,520명 ② 3,530명 ③ 3,560명 ④ 3,570명 ⑤ 3,620명

13 다음 [표]는 연평균 소비자물가지수가 전년도에 비해 몇 % 상승했는지를 나타낸 자료이다. 이를 바탕으로 전년도 대비 소비자물가지수의 평균 상승률은 몇 %인지 고르면?(단, 소수점 셋째 자리에서 반올림한다.)

[표] 전년도 대비 상승한 연평균 소비자물가지수

(단위: %)

구분	2015년	2016년	2017년	2018년	2019년	2020년	2021년
소비자물가지수 상승률	2.8	2.2	2.5	4.7	2.8	3.0	4.0
농산물 및 석유류 제외 지수	2.3	1.8	2.3	4.3	3.6	1.8	3.2
식료품 및 에너지 제외 지수	2.3	2.0	2.5	3.6	3.0	1.9	2.6
생활물가지수	4.0	3.1	3.2	5.3	2.1	3.4	4.4

① 2.41% ② 2.94% ③ 3.14% ④ 3.57% ⑤ 3.88%

14 다음 [표]는 2019년 1월부터 5월까지 J면세점의 국적별 매출 실적에 대한 자료이다. 이에 대한 설명으로 옳은 것을 [보기]에서 모두 고르면?

○△×
○△×
○△×

[표] 2019년 1월~5월까지의 J면세점 국적별 매출 실적 (단위: 원)

국적	1월	2월	3월	4월	5월
내국인	35,392,832,850	34,395,836,910	36,034,486,770	39,197,604,080	42,238,768,240
일본인	10,673,060	12,731,110	17,083,850	16,169,400	28,287,080
중국인	331,792,220	641,784,530	608,521,250	975,245,060	993,498,080
기타	76,423,940	83,354,450	123,820,460	203,065,400	192,243,780
대만인	12,366,240	21,319,000	19,983,200	22,479,050	21,221,130
미국인	41,937,280	48,784,800	81,072,410	95,407,530	107,140,810
러시아인	2,563,670	2,604,130	2,557,240	6,530,900	6,345,440
태국인	1,489,100	1,204,620	2,055,410	6,008,020	3,131,770
홍콩인	2,939,680	3,731,650	14,338,410	17,429,480	13,689,480
필리핀인	2,418,960	1,551,060	1,597,450	5,924,470	3,183,210
해외교포	19,894,640	15,342,660	27,161,320	26,757,630	29,906,290
합계	35,895,331,640	35,228,244,920	36,932,677,770	40,572,621,020	43,637,415,310

보기

㉠ 전체 매출 실적이 1월부터 지속적으로 증가하고 있다.
㉡ 태국인의 매출 실적은 2월 이후 점점 증가하다가 하락하는 추세를 보인다.
㉢ 필리핀인은 4월에 전월보다 450만 원 이상 매출이 증가하였다.
㉣ 3월 매출에서 가장 큰 비중을 차지하는 국적은 중국인이다.
㉤ 매월 대만인 매출 실적은 일본인의 매출 실적보다 높다.

① ㉡ ② ㉡, ㉢ ③ ㉢, ㉣ ④ ㉠, ㉡, ㉢ ⑤ ㉢, ㉣, ㉤

15 다음 [표]는 전국의 어업 관련 사업별 어가에 대한 연도별 통계자료이다. 이에 대한 설명으로 옳지 않은 것을 고르면?

○△×
○△×
○△×

[표] 어업 관련 사업별 어가

(단위: 가구)

분류	2021년	2020년	2019년
어가	53,221	54,793	58,791
어업관련사업경영어가	12,376	24,995	17,211
수산물직판장	722	3,611	1,123
수산물직거래	7,492	1,664	11,149
식당경영	2,207	1,592	2,575
수산물가공업	761	6,449	2,298
어촌관광사업	895	1,220	1,470
낚시안내업	1,821	1,210	2,122
하지 않았음	40,845	29,798	41,580

① 어가는 2019년부터 꾸준히 감소하고 있다.
② 어업관련사업경영어가는 2020년에 전년 대비 40% 증가했다.
③ 수산물직거래와 식당경영은 증감 추이가 동일하다.
④ 식당경영은 낚시안내업보다 항상 많다.
⑤ 수산물직판장은 2021년에 전년 대비 약 80% 감소했다.

16 다음 [표]는 중대형마트의 가격 비교에 대한 자료이다. 이에 대한 설명으로 옳은 것을 [보기]에서 모두 고르면?

○△×
○△×
○△×

[표] 중대형마트의 가격 비교

(단위: 원)

품목	E마트	A마트	H마트	T마트	W마트
사이다	1,980	2,500	2,450	2,500	2,250
콜라	2,780	2,650	2,580	2,650	2,450
병소주	1,130	1,200	1,180	1,150	1,230
캔맥주	1,277	1,500	1,320	1,450	1,450
라면	634	680	660	640	690
케찹	2,000	2,000	1,690	1,820	1,950
당면	4,720	4,800	4,650	5,400	4,600

보기

㉠ 사이다는 E마트보다 W마트에서 사는 것이 저렴하다.
㉡ A마트를 다른 4개 마트와 비교했을 때, 가장 비싸게 팔고 있는 품목은 사이다, 병소주, 캔맥주이다.
㉢ 라면과 캔맥주를 한 마트에서 산다고 했을 때 가장 저렴하게 살 수 있는 곳은 E마트이다.
㉣ W마트에서 품목별로 한 개씩 산다면, 총합은 15,000원이 넘는다.

① ㉢ ② ㉠, ㉡ ③ ㉡, ㉢ ④ ㉢, ㉣ ⑤ ㉠, ㉡, ㉢

17 **다음 [표]는 어느 해 일부 OECD 국가들의 근로자에 대한 통계 자료이다. 이를 바탕으로 외국인 근로자 수가 가장 많은 나라를 고르면?**

[표] 일부 OECD 국가들의 근로자 통계 (단위: 만 명, %)

항목 \ 국가	A	B	C	D	E
전체 근로자 수	2,100	7,100	4,300	8,200	6,300
외국인 근로자 비율	9.0	2.0	5.0	1.8	3.0

① A ② B ③ C ④ D ⑤ E

18 **A, B, C, D는 각각 시청자로 이번에 아이돌 오디션 프로그램에 출연한 가, 나, 다, 라, 마에 대해 이야기하고 있었다. 이들이 시청자 투표로 1표만을 행사했을 때, 다음의 대화를 읽고 A가 투표한 한 사람이 누구인지 고르면?**(단, 이들 중 거짓말을 한 사람은 단 한 명이다.)

A: 나는 나에 투표를 하지는 않았어.
B: A는 다에 투표를 하지 않았지.
C: A는 가에 투표를 했을 걸.
D: B는 거짓말을 하고 있어.

① 가 ② 나 ③ 다 ④ 라 ⑤ 마

19 아프리카 북부 지역의 지도를 보면 A, B, C 세 나라가 동서 방향으로 나란히 이웃하고 있다. 이 세 나라는 불교, 이슬람교, 그리고 가톨릭교 중에서 하나의 종교를 국교로 정하고 있다. 다음 [조건]이 모두 참일 때, 항상 참인 것을 고르면?

○△×
○△×
○△×

조건

- 가톨릭교를 국교로 한 나라는 가장 동쪽에 있다.
- B 나라는 A 나라의 바로 옆, 서쪽에 있다.
- C 나라는 불교를 국교로 하고 있다.

① A 나라는 이슬람교를 국교로 하고 있다.
② B 나라의 국교는 가톨릭교이다.
③ A 나라는 B 나라와 C 나라 중간에 위치하고 있다.
④ C 나라는 가장 서쪽에 위치하고 있다.
⑤ A와 C는 붙어 있는 나라다.

20 A, B, C, D, E는 1,000m 달리기를 한다. 다음 [조건]을 바탕으로 처음 출발할 때에 학생들이 대기하고 있는 순서대로 나열했을 때 앞에서 네 번째에 있는 학생을 고르면?

○△×
○△×
○△×

조건

- C는 B보다 5m 앞에 선다.
- C는 D보다 2m 앞에 서나, E보다는 3m 뒤에 선다.
- A는 E보다 11m 뒤에 선다.

① A ② B ③ C ④ D ⑤ E

21 **다음 [조건]이 모두 참일 때, 절대 같은 팀이 될 수 <u>없는</u> 사람끼리 묶인 것을 고르면?**

○△×
○△×
○△×

조건
• 김 팀장, 이 팀장, 박 팀장과 A, B, C, D, E 5명의 사원이 2인, 2인, 4인 팀으로 나눠 앉는다. • 이 팀장의 팀원이 제일 많으며, 각 팀은 팀장과 사원으로 구성된다. • A는 2인 팀이 아니다. • B와 C는 같은 팀이 아니다. • A와 D는 같은 팀이다. • E는 4인 팀이 아니다.

① 김 팀장, E 사원　② 이 팀장, B 사원　③ B 사원, D 사원
④ A 사원, C 사원　⑤ C 사원, E 사원

22 **A에게는 아내 B와 장남 C와 장녀 D가 있다. 한편 장남 C는 이미 사망하였지만, 그에게는 아내 E와 장남 F가 있다. A가 유산 3,500만 원을 남기고 사망한 경우에 장남 C의 아내 E와 장남 F가 받을 각각의 상속액을 바르게 짝지은 것을 고르면?**(단, 상속인 간의 상속 비율의 경우 배우자는 1.5이고 나머지 자녀들은 각각 1이다. 또한 상속인 중에 1인이 사망한 경우에는 사망한 자의 상속인이 그 몫을 상속한다.)

○△×
○△×
○△×

	E	F
①	600만 원	400만 원
②	500만 원	500만 원
③	1,000만 원	0원
④	875만 원	125만 원
⑤	400만 원	600만 원

23 다음 내용을 근거로 판단할 때, ㉠에 해당하는 수를 고르면?

ⓄⒶⓍ
ⓄⒶⓍ
ⓄⒶⓍ

> ○○팀의 팀원은 모두 20명이며, 성과등급은 4단계(S, A, B, C)로 구성된다. 아래는 ○○팀 소속 직원들의 대화 내용이다.
>
> 甲: 乙대리 축하해! 작년에 비해 올해 성과등급이 비약적으로 올랐던데? 우리 부처에서 성과등급이 세 단계나 변한 팀원은 乙대리 외에 없잖아.
>
> 乙: 고마워. 올해는 평가방식을 많이 바꿨다며? 작년이랑 똑같은 성과등급을 받은 팀원은 우리 팀에서 한 명밖에 없어.
>
> 甲: 그렇구나. 우리 팀에서 작년에 비해 성과등급이 한 단계 변한 팀원 수는 두 단계 변한 팀원 수의 2배라고 해.
>
> 乙: 그러면 우리 팀에서 성과등급이 한 단계 변한 팀원은 (㉠)명이네.

① 4　② 6　③ 8　④ 10　⑤ 12

24 인터넷 쇼핑몰에서 회원가입을 하고 프린터를 구매하려고 한다. 다음 [표]는 구매하고자 하는 프린터 모델에 대하여 인터넷 쇼핑몰 세 곳의 가격과 조건을 조사한 자료이다. [표]에 있는 모든 혜택을 적용하였을 때, 프린터의 배송비를 포함한 실제 구매가격을 바르게 비교한 것을 고르면?(단, 할인쿠폰은 정상가격을 기준으로 하고, 중복할인이 불가할 때는 할인혜택이 큰 것을 사용한다.)

ⓄⒶⓍ
ⓄⒶⓍ
ⓄⒶⓍ

[표] A~C 쇼핑몰 프린트 가격과 조건

구분	A쇼핑몰	B쇼핑몰	C쇼핑몰
정상가격	129,000원	131,000원	130,000원
회원혜택	7,000원 할인	3,500원 할인	7% 할인
할인쿠폰	5% 쿠폰	3% 쿠폰	5,000원
중복할인 여부	불가	가능	불가
배송비	2,000원	무료	2,500원

① A < B < C　② B < C < A　③ B < A < C
④ C < A < B　⑤ C < B < A

25 L감독과 K감독은 뮤직비디오 촬영지로 적절한 곳을 고르고자 한다. 다음 국내 해수욕장 정보와 감독들이 나눈 대화를 참고했을 때 촬영지로 가장 적절한 곳을 고르면?

○△×
○△×
○△×

지역	해수욕장	간략소개	개장 기간	주차장	화장실	매점	서울 – 촬영지 이동시간
강원 강릉시	정동진	전국 최고의 해돋이 명승지	연중 무휴	Y	Y	Y	3시간
강원 양양군	38 해수욕장	철조망 없이 시원한 바다를 구경할 수 있는 해변	매년 7~8월	Y	Y	N	2시간 20분
전남 함평군	안악 해수욕장	서해안 어촌마을의 조용한 해변으로 붉은 노을이 아름다운 해변	매년 7~8월	Y	Y	Y	3시간 50분
충남 보령시	장안 해수욕장	낚시꾼에게 각광받는 질 좋은 해변	매년 7~8월	N	N	N	2시간 30분
충남 보령시	원산도 해수욕장	깨끗한 수질과 적당한 수온 덕분에 두고두고 찾는 해변	매년 7~8월	N	Y	N	2시간 30분

L감독: 우선 서울에서 200분 내로 갈 수 있는 곳이어야 합니다.
K감독: 네, 주차시설이 있어야 촬영에 무리도 없을 것입니다.
L감독: 좋습니다. 새벽 촬영이라 힘들겠지만 잘 해내리라 믿습니다.
K감독: 촬영 후에 해안가 근처 매점 파라솔에 앉아 맥주 한 캔 마셔도 좋겠군요!

① 정동진 ② 38 해수욕장 ③ 안악 해수욕장
④ 장안 해수욕장 ⑤ 원산도 해수욕장

정답과 해설 ▶ P.2

에듀윌 공기업

매일 1회씩 꺼내 푸는 NCS Ver.2

DAY 02

eduwill

매1N 3회독 루틴 프로세스

*더 자세한 내용은 매1N 3회독 학습가이드를 확인하세요!

1 3회독 기록표에 학습날짜와 문제풀이 시작시간을 적습니다.

2 시험장에서 문제를 푸는 것처럼 풀어 보세요.

3 모바일 OMR 또는 회독용 답안지에 마킹한 후, 종료시간을 적고 초과시간을 체크합니다.

▶모바일 OMR 바로가기

[DAY 02]

http://eduwill.kr/5e8j

4 문항별 3회독 체크표(○ △ ✕)에 표시합니다. 문제를 풀면서 알고 풀었으면 ○, 헷갈렸으면 △, 전혀 몰라서 찍었으면 ✕에 체크하세요.

3회독 TIP

- 1회독: 25문항을 빠짐없이 풀어 보세요.
- 2~3회독: 틀린 문항만 골라서 풀어 보세요.

3회독 기록표

1회독		2회독		3회독	
학습날짜	월 일	학습날짜	월 일	학습날짜	월 일
시작시간	:	시작시간	:	시작시간	:
종료시간	:	종료시간	:	종료시간	:
점 수	점	점 수	점	점 수	점

DAY **02**

제한시간 | 25분

01 다음의 단어 관계가 성립하도록 빈칸에 들어갈 단어를 순서대로 바르게 나열한 것을 고르면?

○△✕
○△✕
○△✕

짓궂다 : (　　　) = (　　　) : 당돌하다

① 상냥하다, 당차다　② 심술궂다, 조용하다　③ 얄궂다, 안차다
④ 똑똑하다, 차분하다　⑤ 명랑하다, 어둡다

02 다음 글에 해당하는 예시로 적절하지 않은 것을 고르면?

○△✕
○△✕
○△✕

> 과학의 발전은 대부분의 경우, 기존 이론으로 설명할 수 없는 현상의 발견과 이를 설명하기 위한 새로운 가설의 제기, 이 가설의 검증, 검증 결과에 따른 가설의 폐기 또는 이론으로서의 정립 과정을 거친다. 새로운 가설이 기존 이론이 설명할 수 있는 것보다 일반화되어 더 많은 것을 설명할 수 있거나, 기존 이론보다 간단한 가정으로 현상을 설명할 수 있다면, 그 새로운 가설은 이러한 검증 과정을 통하여 보다 우월한 이론으로 인정된다.

① 프톨레마이오스적인 지구중심의 천체관은 지구의 운동을 보다 잘 설명해주는 코페르니쿠스의 지동설에 의해 1540년에서 1600년에 걸쳐 대체되었다.
② 우주에서의 천체운동에 대한 데카르트의 설명은 불완전한 것이었고, 곧 뉴턴의 역학과 만유인력에 의해 대체되었다.
③ 뉴턴은 빛을 입자로 취급하여 빛의 직진, 반사, 굴절과 같은 현상을 설명하였다. 그러나 간섭, 회절과 같은 현상의 설명은 오직 빛을 파동으로 이해함으로써 가능하고, 1810년에서 1850년에 걸쳐 입자광학은 파동광학으로 대체되었다.
④ 물질은 원자로 구성되어 있다는 원자론은, 원자가 실체임을 증명할 수 없으므로 받아들일 수 없다는 반대론자들의 입장을 1815년에서 1880년에 걸쳐 극복하였다.
⑤ 20세기 초 뉴턴의 역학은 보다 많은 현상을 설명할 수 있는 양자론의 등장으로 도전받았다. 현재 자연현상에 대한 물리적인 설명은 때로 양자론을 적용하기도 하지만, 일상적인 크기의 물리량을 다루는 경우에는 뉴턴의 역학을 적용하고 있다.

03 다음 글의 주제로 가장 적절한 것을 고르면?

○△× ○△× ○△×

월가에서 신(新)경제론자들이 판을 칠 때 기술주 거품을 예측한 합리적 투자자들은 꽤 있었다. 그러나 이들은 대개 차익거래에 나서지 못했다. 왜냐하면 차익거래에는 현실적으로 매우 높은 위험이 뒤따르기 때문이다. 90년대 신경제 거품처럼 주가 왜곡이 예상 밖으로 오래 지속되면 차익거래자는 단기적으로 손실을 크게 볼 수도 있다. 포트폴리오 자산운영 전문가들이 차익거래에 나선 자기 행동을 확신하더라도 자산관리를 맡긴 일반투자자들은 전문가의 차익거래를 제대로 평가할 능력이 없다. 따라서 투자기금이 차익거래로 단기 손실을 보면 일반투자자들은 초조감을 견디지 못하고 자산운영을 맡긴 계약을 취소하고 자금을 빼내려들 것이다. 결국 차익거래는 실패하고 소음거래자(소란스런 비합리적 거래자)의 확신만 강화될 수 있다. 이론적으로는 차익거래의 위험을 줄이는 방법들이 제시되지만 실제로 적용하는 데는 제약이 많다.

보통 사람들은 자산운영 전문가들이 합리적일 것이라고 믿고 있다. 그러나 인지심리학의 실험연구에 따르면 전문가들은 일반인보다 정보 우위에 있을 뿐 일반인과 마찬가지로 통계적인 판단 편향과 오류를 흔히 범하는 것으로 나타난다. 그런데도 전문가들은 과잉확신 경향이 있어 자신이 소음거래자일 수도 있다는 것을 인정하려 들지 않는다. 설문조사를 해보면 90% 이상의 사람들이 자기 운전 실력이 평균 이상이라고 믿고 있다.

자산운영자들은 3개월, 6개월마다 평가를 받아야 하는 처지이기 때문에 투자시계가 단기적일 수밖에 없다. 월가의 증권분석가들이 매도 의견을 내는 경우는 2% 미만이라는 데서 알 수 있듯이 증권분석가들은 금융자본의 이익을 위해 일하는 사람이지 결코 중립적인 전문가가 아니다. 차익거래의 현실적 제약, 전문가의 과잉확신과 단기주의, 그리고 복잡하게 얽혀 있는 월가의 이해관계 등이 서로 상승작용을 일으키는 경우 신경제 거품이 장기간 지속되는 어처구니없는 시장실패가 반복적으로 발생할 수 있다.

① 자본시장이 반드시 합리적으로 운용되는 것은 아니다.
② 자산운영 전문가의 의견에 대한 일반인의 과신은 경제적 손실로 나타날 수 있다.
③ 시장실패는 투자자들과 증권분석가들의 예측 불가능한 행동의 결과이다.
④ 차익거래의 확실성을 높일 수 있는 효율적인 방법을 찾기란 매우 힘들다.
⑤ 현대 경제에서 전문가의 정보와 이론은 확실한 투자 지침으로 기능하지 못한다.

04 다음 글과 일치하지 않는 내용을 [보기]에서 모두 고르면?

○△×
○△×
○△×

노르만족은 바이킹(Vikings)이라고도 불리었는데, 스칸디나비아반도에 거주하던 호전적인 해양세력이었다. 이들은 인구 증가로 토지가 부족해지자 따뜻하고 비옥한 땅을 찾아서 고향 땅인 스칸디나비아를 떠나 유럽 각지로 진출하였다. 그러나 이들의 무자비한 침입과 약탈은 유럽인을 공포에 떨게 하여, 많은 사람들이 자신의 목숨과 재산을 지키기 위해 먼 곳에 있는 국왕보다는 무력을 지닌 각 지역의 유력자(영주)에게 의존하게 만들었다. 영주들은 토지를 매개로 기사들과 주종관계를 맺음으로써 침략에 대비하였다. 이것이 유럽 사회의 봉건화의 시초였다.

보기

㉠ 노르만족은 바이킹이라는 해적집단이었다.
㉡ 노르만족은 보물을 찾아 전 유럽을 누비며 약탈을 일삼았다.
㉢ 영주와 기사들은 계약의 표시로 금을 걸고 주종관계의 계약을 맺었다.
㉣ 바이킹족의 침략은 유럽 사회 봉건화의 증거다.

① ㉠, ㉢
② ㉡, ㉣
③ ㉠, ㉡, ㉣
④ ㉡, ㉢, ㉣
⑤ ㉠, ㉡, ㉢, ㉣

05 다음 글을 읽고 [가]에서 기술하는 관점에 따르면 정당화되지만 [나]에서 기술하는 관점에 따르면 정당화되기 어려운 진술을 [보기]에서 모두 고르면?

○△×
○△×
○△×

[가] 삼국지에 나오는 유비의 촉나라는 중국의 서쪽 변방의 작은 나라에 불과했다. 조조의 위나라가 중국 대륙의 반절을, 그리고 손권의 오나라가 나머지 반절의 3분의 2를, 유비의 촉나라는 그 나머지 부분만을 차지했을 뿐이다. 게다가 촉나라는 삼국 중에서 제일 먼저 망하고 위나라를 이은 진나라에 의해 삼국이 통일되었다. 그럼에도 불구하고 유비가 한 왕조 부흥이라는 대의명분이 있었기에 나관중은 유비를 충신으로, 조조를 역적으로 몰아세우고 있다.

[나] 서양인들은 자본주의와 경제 발전을 기준으로 모든 것을 평가한다. 그리하여 경제발전에 성공하면 온갖 사회적 요소를 경제 발전의 원인으로 끼워 맞춘다. 반대로 경제가 몰락하면 온갖 사회적 요소들을 불합리성과 연관시키며 비난한다. 이런 관점은 우리 사회에도 만연되어 있다. 최근 억압식 학교교육에 대한 비판을 자주 한다. 그리하여 보다 자율화된 학교에 대하여 신문이나 방송을 통하여 그 자율성을 보도한다. 그러나 이런 보도 뒤에는 꼭 나오는 말이 있다. '이 학교는 이런 자율적인 교육방침에도 불구하고 대학 진학률이 00%이고 서울대 진학률 역시 00%에 이릅니다.' 라는 식의 보도이다. 결국 교육 자율화 역시 대학 진학률에 따라 평가된다.

보기

㉠ 비록 경영 성과를 높일 수 있다고 해도 공공요금 인상과 실업자 증가 등의 부작용을 감안하면 국영기업의 민영화는 추진되어서는 안 된다.
㉡ 실추된 이미지를 만회하기 위한 동기라 할지라도 모 재벌의 기부 행위는 정당하다.
㉢ 기업의 이윤은 투명한 경영과 공공성을 통해서만 정당화될 수 있다.
㉣ 논문 조작을 비롯한 몇 가지 의혹에도 불구하고 황○○ 씨에 대한 연구 지원은 조속히 재개되어야 마땅하다.
㉤ 거대 여당에 맞서 정치적 영향력을 확대해나가기 위한 방안으로 A당과 B당의 연합은 고려해볼 가치가 충분하다.

① ㉠, ㉢ ② ㉡, ㉢ ③ ㉢, ㉤ ④ ㉣, ㉤ ⑤ ㉡, ㉣, ㉤

06 다음 글을 바탕으로 추론한 내용으로 옳지 않은 것을 고르면?

○△×
○△×
○△×

대한민국이 짧은 기간에 이룬 경제 성장을 외국인은 흔히 '한강의 기적'이라고 부른다. 그리고 그 기적의 배경으로 대부분 한국 국민의 근면성과 교육열을 꼽는다. 버락 오바마 미국 대통령도 수차례 "한국의 교육을 본받으라"고 했다. 그의 '한국 교육 예찬'에는 부러움과 질투가 섞여 있다. 굳이 외국인의 시선을 빌리지 않더라도, 자원이 턱없이 부족하고 영토도 작은 나라가 전쟁의 폐허에서 반세기 만에 경제강국(GDP 세계 11위, 수출액 세계 6위, 2015년 기준)으로 도약한 것은 교육을 빼고는 설명하기 어렵다.

세계는 '인재 전쟁' 중이다. 지구촌 곳곳에서 일자리가 부족하다고 아우성이지만 인재는 어디서나 귀한 대접을 받는다. 인재가 기업의 경쟁력, 국가의 경쟁력이다. 자원빈국 싱가포르가 세계가 부러워하는 탄탄한 경제를 일군 것 역시 인재의 힘이다.

미국 경제학자 줄리언 사이먼은 '궁극적인 자원은 결국 인간'이라고 단언한다. 천연자원은 인간을 거쳐야 비로소 가치 있는 자원이 된다. 인적자원 개발을 통해 개인은 행복하고 안정적인 삶을 꾸리고, 국가는 지속가능한 성장 동력을 얻는다.

인공지능(AI)이 중심인 4차 산업혁명의 키워드는 창의와 융합이다. 인문과 기술을 연결해 새로운 가치를 창출하는 기업이 앞서가고, 그런 기업이 많은 국가가 글로벌 선도국가가 되는 시대다. 한국경제신문사 주최로 열린 '글로벌 인재포럼'에서도 참석자들은 "창의적 인재 양성은 선택이 아니라 필수"라고 강조했다. 인재가 미래다. 미래가 불확실할수록 더 참인 명제다.

① 4차 산업혁명은 인공지능(AI)과 더불어 창의적 인재가 이끌어야 한다.
② 인재 양성은 기업의 경쟁력과 동시에 국가 경쟁력의 원동력이 된다.
③ 창의적이고 융합화한 인재를 양성하기 위한 교육은 끊임없이 지속되어야 한다.
④ 미래에는 기술만을 위한 기업이 선도하는 시대가 될 것이다.
⑤ 창의적인 인재 양성은 국가의 발전적인 미래를 위해서 필수적인 요소로 정착되어야 한다.

07 다음 대화를 읽고 A~E의 중심 내용이 옳지 않은 것을 고르면?

○△×
○△×
○△×

A: 노인이 인간다운 생활을 영위하면서 소속된 가족 및 지역사회에 적응하고 통합되도록 필요한 자원을 제공하여 활기찬 노후생활을 보장하는 것을 목표로 하는 균형적 노인복지정책은 효율성과 평등성의 조화를 통하여 노동유인을 훼손하지 않음으로써 사회적 효율성을 높이고, 사회적 평등성을 동시에 제고하는 균형적 복지체계가 구축되도록 한다. 즉, 전국민 기초생활을 국가가 책임지고 기초보장을 실시하되, 근로능력이 있는 자의 일시적인 소득중단(실업자)에 대해서는 직업훈련, 창업지원, 공공근로 등과 연계시키고, 근로능력이 없는 노령계층에 대해서는 기초연금을 통하여 기초보장을 제공하도록 한다.

B: 그러자면 먼저 경제정책·노동시장정책과 사회복지정책의 상호조절 기능을 강화하여, 국가경쟁력과 생산성을 제고하는 방향으로 노동시장의 유연성을 제고하며, 개인의 안정적인 소득보장을 위해 고용, 평생교육 및 사회복지의 효과적인 연계망을 구축하고, 인적자본(Human capital)과 사회복지에 대한 투자를 확충함으로써 노동력의 질을 높이도록 해야 한다. 이는 곧 평생교육체계에 기초한 노인의 근로능력 향상과 창업지원 프로그램의 개발을 통한 노인의 자활지원이 국가적인 차원에서 추구되어야 함을 의미한다.

C: 그리고 사회적 연대에 의해 자조가 뒷받침되는 사회(Caring world)를 구축하기 위해 지역사회 중심의 사회서비스를 강화하는 것이 필요하다. 따라서 노동연계복지(Workfare)뿐만 아니라 근로할 수 있는 환경(Infra-structure)을 적극적으로 조성하여 노인의 전문성을 사회에 기여하게 하고, 노인의 필요서비스는 노령인력에 의해서 충족될 수 있도록 하는 자립촉진형 복지의 일환으로 노인을 위한 취업 및 자립지원의 강화가 요구되고 있다.

D: 무엇보다도 사회 전체가 노인에게 공적제도를 통해 경제·사회적 발전 수준에 부합되는 서비스를 제공함으로써 제반 삶의 질을 확보해 줄 수 있는 기초보장 즉, 국민복지기본선이 이루어져야 한다. 이러한 새로운 패러다임에 상응하는 노인복지의 기본방향은 노년기에도 고용, 자원봉사, 가족보호의 제공을 통해 사회와 경제에 생산적인 삶을 영위할 수 있는 활동적인 고령화(Active aging)가 되어야 한다.

E: 균형적 복지의 목표는 경제성장과 분배의 균형을 유지하여 성장 동력을 유지시키고 개인의 행복을 지원하는 정서적 복지를 제공하는 것이다. 그 결과 사회는 지속적 성장을 유지하고 국민들의 소득수준이 높아지며, 국가의 재정은 건전성을 유지하게 된다. 정책의 수단으로는 개인의 적극적인 활성화(Activation)와 인력개발에 집중하여, 근로를 활성화시키고 경제성장으로 이어져 사회발전의 동력을 이끌어낼 수 있도록 한다는 것에 중점을 두고 있다.

① A – 사회적 효율성과 평등성을 동시에 제고하는 균형적 복지체계 구축을 위해 실업자에게는 일자리를 주고 근로능력이 없는 노령계층에게 기초보장을 실시하여야 한다.
② B – 노인의 근로능력 향상과 노인의 자활지원이 국가적인 차원에서 추구되어야 한다.
③ C – 사회적 연대에 의해 자조가 뒷받침되는 사회(Caring world)를 구축하기 위해 지역사회 중심의 사회서비스 강화와, 노인을 위한 취업 및 자립지원의 강화가 요구된다.
④ D – 노인복지의 기본방향은 활동적인 고령화(Active aging)가 되어야 한다.
⑤ E – 사회의 지속적 성장, 국민의 평균적인 고소득, 건전한 국가재정 등이 균형적 복지의 목표이다.

08 다음 수들은 공통된 규칙으로 나열되어 있다. 빈칸에 들어갈 알맞은 숫자를 고르면?

○△✕ ○△✕ ○△✕

72	32	( )	36	60	40	54	44	48

① 21 ② 38 ③ 42 ④ 66 ⑤ 30

09 노래를 잘하는 A는 오디션 합격률이 $\frac{4}{5}$ 정도 된다. A는 최근에 연달아 세 군데의 오디션에 지원을 했는데, A가 한 군데 이상 오디션에 합격할 확률을 고르면?

○△✕ ○△✕ ○△✕

① $\frac{58}{64}$ ② $\frac{63}{64}$ ③ $\frac{4}{5}$ ④ $\frac{121}{125}$ ⑤ $\frac{124}{125}$

10 다음 [표]는 소비자물가 상승률에 대한 자료이다. 이를 바탕으로 집세 상승률이 두 번째로 낮았던 해의 집세 상승률과 생활물가 상승률이 세 번째로 높았던 해의 생활물가 상승률의 합(ⓐ)과 근원물가 상승률이 가장 높았던 해의 근원물가 상승률과 공공서비스 상승률이 가장 낮았던 해의 공공서비스 상승률의 합(ⓑ)을 구했을 때, ⓐ와 ⓑ의 차를 고르면?

○△✕ ○△✕ ○△✕

[표] 전년 대비 소비자물가 상승률 (단위: %)

구분	2011년	2012년	2013년	2014년	2015년	2016년
소비자물가	4	2.2	1.3	1.3	0.7	1
– 농축수산물	9.2	3.1	−0.6	−2.7	2	3.8
– 공업제품	4.9	2.8	0.9	1.3	−0.2	−0.5
– 집세	4	4.2	2.7	2.3	2.5	1.9
– 공공서비스	−0.4	0.5	0.7	0.7	1.2	1.5
– 개인서비스	3.7	1.1	1.6	1.7	1.9	2.7
근원물가	3.2	1.6	1.6	2	2.2	1.6
생활물가	4.4	1.7	0.7	0.8	−0.2	0.7

① 0.1 ② 0.2 ③ 0.3 ④ 0.4 ⑤ 0.5

11 다음 [표]는 연도별 독립유공자 포상 인원에 대한 자료이다. 이에 대한 설명으로 옳은 것을 [보기]에서 모두 고르면?

○△× ○△× ○△×

[표] 연도별 독립유공자 포상 인원 (단위: 명)

연도 \ 훈격	전체	건국훈장				건국포장	대통령표창
			독립장	애국장	애족장		
2014년	341(10)	266(2)	4(0)	111(1)	151(1)	30(2)	45(6)
2015년	510(21)	326(3)	2(0)	130(0)	194(3)	74(5)	110(13)
2016년	312(14)	204(4)	0(0)	87(0)	117(4)	36(2)	72(8)
2017년	269(11)	152(8)	1(0)	43(0)	108(8)	43(1)	74(2)
2018년	355(60)	150(11)	0(0)	51(2)	99(9)	51(9)	154(40)

※ (　)는 포상 인원 중 여성 포상 인원을 의미함

보기

㉠ 여성 건국훈장 포상 인원은 매년 증가했다.
㉡ 매년 건국훈장 포상 인원은 전체 포상 인원의 절반 이상이다.
㉢ 남성 애국장 포상 인원과 남성 애족장 포상 인원의 차이가 가장 큰 해는 2015년이다.
㉣ 건국포장 포상 인원 중 여성 비율이 가장 낮은 해에는 대통령표창 포상 인원 중 여성 비율도 가장 낮다.

① ㉠, ㉡ ② ㉠, ㉣ ③ ㉡, ㉢ ④ ㉠, ㉢, ㉣ ⑤ ㉡, ㉢, ㉣

12 다음 [표]는 생활 물품의 모바일 쇼핑 거래액에 관한 자료이다. 이에 대한 설명으로 옳지 않은 것을 고르면?

○△× ○△× ○△×

[표] 생활 물품의 모바일 쇼핑 거래액 (단위: 억 원)

구분	2021년			2022년
	연간	1월	12월	1월
합계	183,590	15,070	17,730	16,350
생활용품	118,520	9,710	11,270	10,490
자동차용품	15,430	1,070	1,960	1,660
가구	39,320	3,470	3,510	3,250
애완용품	10,320	820	990	950

① 2021년 1월 대비 2021년 12월에는 모든 생활 물품의 모바일 쇼핑 거래액이 증가했다.
② 전월 대비 2022년 1월에 모바일 쇼핑 거래액이 두 번째로 많이 감소한 물품은 자동차용품이다.
③ 전년 동월 대비 2022년 1월에 자동차용품의 모바일 쇼핑 거래액 증가율은 50% 이상이다.
④ 전년 동월 대비 2022년 1월에 모바일 쇼핑 거래액이 감소한 물품은 가구가 유일하다.
⑤ 2021년 2월~11월까지의 애완용품 월평균 거래액은 860억 원 이상이다.

13 다음 [표]는 우리나라의 기온 추이에 관한 자료이다. 이에 대한 설명으로 옳지 않은 것을 고르면?

○△× ○△× ○△×

[표] 우리나라의 기온 추이 (단위: ℃)

구분	2014년	2015년	2016년	2017년	2018년	2019년	2020년
연평균	12.7	12.4	12.3	12.9	13.1	13.4	13.6
봄	10.8	11.0	12.2	11.6	13.1	12.7	13.2
여름	24.9	24.0	24.7	25.4	23.6	23.7	24.8
가을	14.5	15.3	13.7	14.6	14.9	15.2	15.1
겨울	−0.7	−0.4	−1	1.5	0.7	1.4	1.6

① 2016년 이후 연평균 온도는 매년 상승하였다.
② 여름의 온도가 두 번째로 높았던 해는 2014년이다.
③ 봄의 온도는 한 번도 가을의 온도보다 높았던 적이 없다.
④ 겨울의 온도가 가장 낮았던 해와 가을의 온도가 가장 낮았던 해는 동일하다.
⑤ 2016년 봄과 가을 온도를 합한 평균은 2017년 봄과 가을 온도를 합한 평균보다 높다.

14 다음 [표]는 교통수단별 내국인 출국 수에 대한 자료이다. 이를 바탕으로 작성한 그래프로 옳지 <u>않은</u> 것을 고르면?

[표] 교통수단별 내국인 출국 수

(단위: 명)

구분		2014년	2015년	2016년	2017년
합계		16,080,684	19,310,430	22,383,190	12,620,762
공항	소계	15,209,044	18,399,033	21,475,868	12,109,715
	인천	1,861,007	2,477,493	3,159,822	1,787,218
	김해	12,164,084	14,529,895	16,708,344	9,376,538
	김포	951,547	1,079,351	1,116,788	557,635
	제주	54,801	53,742	70,290	32,057
	기타	177,605	258,552	420,624	356,267
항구	소계	871,640	911,397	907,322	511,047
	부산	485,143	561,465	598,968	371,494
	인천	110,862	92,519	87,737	32,707
	기타	273,754	255,899	218,945	106,335

① 인천 공항과 인천항의 연도별 내국인 출국 수

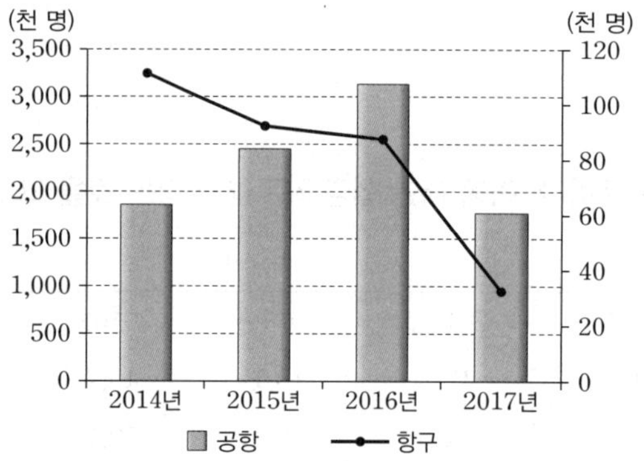

② 김포 공항의 연도별 내국인 출국 비율

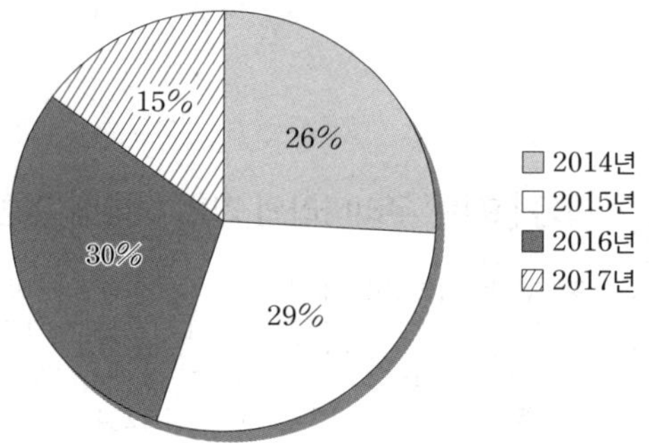

③ 김해 공항의 연도별 내국인 출국 수

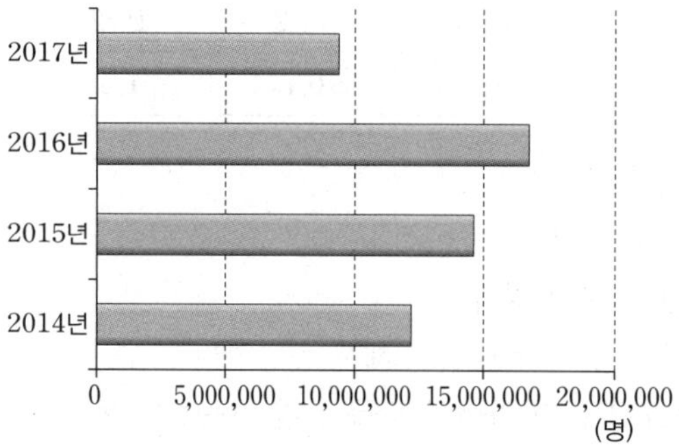

④ 부산항과 인천항의 연도별 내국인 출국 수

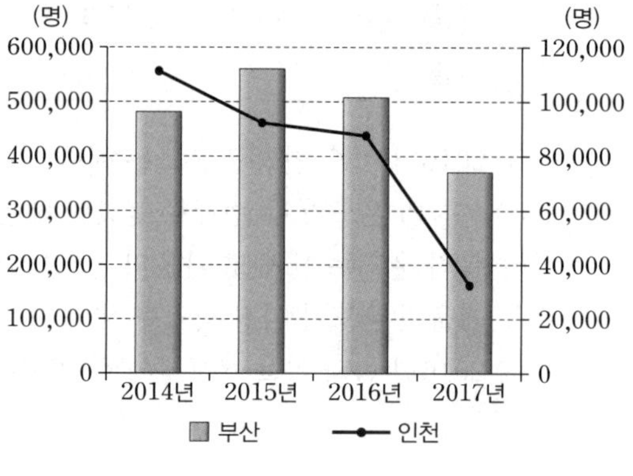

⑤ 제주 공항의 연도별 내국인 출국 수

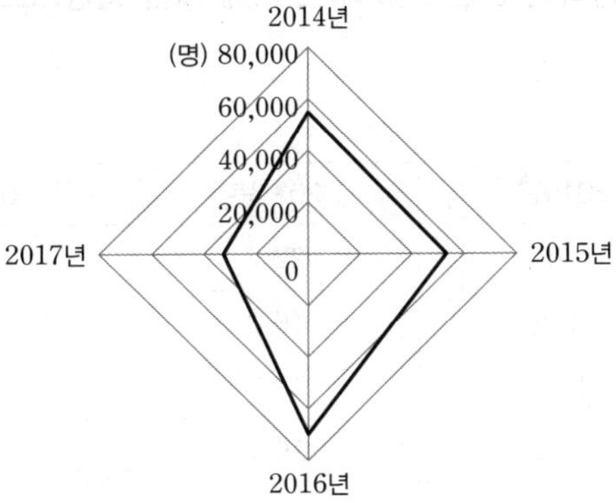

15 **다음 [표]는 문화체육관광부가 중·고등학생을 대상으로 선호 도서 분야별 비중에 대해 조사한 자료이다. 이에 대한 설명으로 옳은 것을 [보기]에서 모두 고르면?**(단, 소수점 둘째 자리에서 반올림한다.)

○△×
○△×
○△×

[표] 중·고등학생의 선호 도서 분야별 비중 (단위: 명, %)

구분		사례 수	장르소설	문학	취미·여행	자기 계발서	예술·문화	역사·지리	과학·기술
중학교	소계	1,001	33	15.8	13.4	4.3	5	5.9	6.7
고등학교	소계	1,027	28.2	18.3	8.4	8.2	4.4	4.3	8
중학교	1학년	313	31	16	14.3	3.5	6.2	6	7.6
	2학년	352	34.4	15.1	13.9	3.6	4.6	5.8	5.8
	3학년	336	33.6	16.3	12.1	5.9	4.2	5.9	6.9
고등학교	1학년	299	29.3	18.6	8	7.2	3.4	5	9
	2학년	289	26.9	19.6	8.3	6.7	5.7	4	5.8
	3학년	439	28.2	17.2	8.9	9.9	4.3	4.1	8.8

보기

㉠ 고등학생이 중학생보다 역사·지리 분야 책을 좋아한다.
㉡ 문학을 선호한다고 응답한 학생은 중학교 2학년 학생이 가장 많다.
㉢ 중학교 3학년 학생 중 과학·기술을 좋아하는 학생은 22명 이상이다.
㉣ 장르소설을 좋아하는 고등학생은 같은 분야를 좋아하는 중학생보다 적다.

① ㉠, ㉡ ② ㉠, ㉢ ③ ㉡, ㉢ ④ ㉡, ㉣ ⑤ ㉢, ㉣

16 다음 [표]는 게임산업 주요 제작·배급 장르별 구성비에 관한 자료이다. 이에 대한 설명으로 옳은 것을 고르면?

○△×
○△×
○△×

[표] 게임산업 주요 제작·배급 장르별 구성비 (단위: %)

분류	2018년	2019년	2020년	2021년
롤플레잉	17.5	20	22.7	19.7
액션·대전·어드벤처	14.6	22.6	16.9	18.1
웹보드게임	6.7	9.4	10.7	11.3
스포츠게임	16.8	12.2	10.1	11
슈팅게임	4.5	6.8	7.1	9.3
기타 시뮬레이션	6.5	7.7	7	7
교육용게임	9.2	5.4	5.7	6.1
전략시뮬레이션	11.5	6.9	5.8	4.8
기타	0.6	3.9	10	4.4
체감게임	–	–	–	3.4
기능성게임	5.7	0.4	1.1	3.2
프라이즈게임	6.4	4.6	3	1.8

※ 구성비가 높을수록 인기가 있다고 말할 수 있음

① 매해 가장 인기 있는 게임은 롤플레잉 게임이다.
② 스포츠게임은 계속 인기가 떨어지고 있다.
③ 2018년에 비해 2021년에는 스포츠게임을 즐기는 사람들의 수가 줄었다.
④ 체감게임은 2021년 이전에는 존재하지 않았다.
⑤ 슈팅게임의 인기는 꾸준히 올라가고 있다.

17 **다음 [조건]이 모두 참일 때, [보기]의 A, B에 대한 설명으로 옳은 것을 고르면?**

○△×
○△×
○△×

조건

- 커피숍에서 월요일~금요일 5일 동안 에스프레소, 아메리카노, 카라멜 마키아토, 헤이즐넛 라테, 바닐라 라테를 돌아가면서 할인 판매하고자 한다.
- 아메리카노와 헤이즐넛 라테 사이에 다른 커피 2개를 할인한다.
- 바닐라 라테는 에스프레소보다 먼저, 카라멜 마키아토보다 나중에 할인한다.
- 카라멜 마키아토보다 먼저 할인되는 커피는 없다.

보기

A: 수요일에 할인될 커피는 바닐라 라테이다.
B: 헤이즐넛 라테는 에스프레소보다 나중에 할인 판매된다.

① A만 옳다.
② B만 옳다.
③ A, B 모두 옳다.
④ A, B 모두 틀리다.
⑤ A, B 모두 옳은지 틀린지 알 수 없다.

18 **다음 [조건]을 바탕으로 했을 때, [보기]의 설명으로 옳은 것을 고르면?**

○△×
○△×
○△×

조건

- 부산으로 출장을 가게 되면 대구와 창원도 들렀다 온다.
- 대구로 출장을 가게 되면 울산 또는 포항에 간다.
- 대전이나 부산이나 광주 중에 적어도 두 곳은 간다.

보기

㉠ 대전과 광주 출장이 확정되면 부산은 가지 않는다.
㉡ 부산으로 출장을 가게 되면 울산에도 간다.

① ㉠만 반드시 참이다.
② ㉡만 반드시 참이다.
③ ㉠, ㉡ 둘 다 반드시 참이다.
④ ㉠, ㉡ 둘 다 반드시 거짓이다.
⑤ ㉠, ㉡ 둘 다 알 수 없다.

19 **다음 [조건]을 근거로 판단할 때, A에게 전달할 책의 제목과 A의 연구실 번호가 바르게 짝지어진 것을 고르면?**

○△× ○△× ○△×

조건

- 5명의 연구원(A~E)에게 책 1권씩을 전달해야 하고, 책 제목은 모두 다르다.
- 5명은 모두 각자의 연구실에 있고, 연구실 번호는 311호부터 315호까지이다.
- C는 315호, D는 312호, E는 311호에 있다.
- B에게 「연구개발」, D에게 「공공정책」을 전달해야 한다.
- 「전환이론」은 311호에, 「사회혁신」은 314호에, 「복지실천」은 315호에 전달해야 한다.

	책 제목	연구실 번호
①	「전환이론」	311호
②	「공공정책」	312호
③	「연구개발」	313호
④	「사회혁신」	314호
⑤	「복지실천」	315호

20 **A, B, C, D, E, F 6명이 햄버거 빨리 먹기 시합을 했다. 다음 [조건]이 모두 참일 때, 항상 옳지 않은 것을 고르면?**(단, 동시에 햄버거를 다 먹은 사람은 없다.)

○△× ○△× ○△×

조건

- C는 D보다 4번째로 앞서서 햄버거를 다 먹었다.
- A는 F보다 늦게 햄버거를 다 먹었다.
- C의 순위는 2번째가 아니었다.
- E는 A보다 늦게 햄버거를 다 먹었다.
- B는 마지막은 아니다.

① E는 마지막으로 햄버거를 다 먹었다.
② F는 2번째 아니면 3번째로 햄버거를 다 먹었다.
③ B는 D보다 먼저 햄버거를 다 먹었을 가능성이 있다.
④ B는 항상 A보다 먼저 햄버거를 다 먹었다.
⑤ A는 2번째로 햄버거를 다 먹을 수 없다.

21 교수, 강사, 학생으로 구성되어 있는 A, B, C, D, E, F 6명은 원탁에 둘러앉아 학교발전방향에 대한 회의를 하려고 한다. 다음 [조건]을 모두 고려하였을 때, [보기]에서 항상 참인 것을 모두 고르면?

○△×
○△×
○△×

조건

- D와 F사이엔 반드시 한 사람이 앉는다.
- A는 강사이며, D와 마주 보고 앉아 있다.
- 강사는 강사끼리, 학생은 학생끼리 연이어 앉을 수 없다.
- B와 F는 서로 마주 보고 앉아 있다.
- A, B, C, D, E, F는 각각 1명의 교수와 2명의 강사 그리고 3명의 학생으로 구성되어 있다.

보기

㉠ 교수와 강사는 서로 연이어 앉을 수 없다.
㉡ 교수가 될 수 있는 사람은 B, C, E 세 사람이다.
㉢ F는 강사이다.
㉣ B와 C는 서로 연이어 앉는다.

① ㉠, ㉡　② ㉠, ㉢　③ ㉠, ㉣　④ ㉡, ㉣　⑤ ㉢, ㉣

22 다음 자료에 근거하여 옳은 설명을 [보기]에서 모두 고르면?

저소득층에게 새로운 의료 서비스를 제공하는 방안을 구상 중이다. (i) 자원봉사제도(무료로 검진을 하겠다는 의사를 활용), (ii) 유급의료제도(공단에서 기관을 신설하고 의사를 유급으로 고용하여 의료 서비스를 제공), (iii) 의료보호제도(공단이 의료 서비스의 비용을 대신 지불) 등의 세 가지 대안 중 하나를 선택하려 한다.

이 대안을 비교하는 데 고려해야 할 목표는 (i) 비용의 저렴성, (ii) 접근용이성, (iii) 실현가능성, (iv) 의료 서비스의 전문성이다. 각 대안과 목표의 관계를 정리하면 아래의 [표]와 같다. 각 대안이 목표를 달성하는 데 유리한 경우는 (+)로, 불리한 경우는 (−)로 표시한다. 단, 유·불리 정도는 동일하다. 목표에 대한 가중치의 경우, '0'은 해당 목표를 무시하는 것을, '1'은 해당 목표를 고려하는 것을 의미한다.

[표] 대안과 목표의 상관관계

목표	가중치		대안		
	A안	B안	자원봉사제도	유급의료제도	의료보호제도
비용저렴성	0	0	+	−	−
접근용이성	1	0	−	+	−
실현가능성	0	0	+	−	+
전문성	1	1	−	+	−

보기

㉠ 전문성 면에서는 유급의료제도가 자원봉사제도보다 더 좋은 대안으로 평가받게 된다.
㉡ A안의 가중치를 적용할 경우 유급의료제도가 가장 적절한 대안으로 평가받게 된다.
㉢ B안의 가중치를 적용할 경우 자원봉사제도가 가장 적절한 대안으로 평가받게 된다.
㉣ A안과 B안 중 어떤 것을 적용하더라도 대안 비교의 결과는 달라지지 않는다.

① ㉠, ㉡　② ㉠, ㉣　③ ㉡, ㉢　④ ㉠, ㉡, ㉣　⑤ ㉡, ㉢, ㉣

23 **20대 대상 SPA 제조 회사에서 다각화를 위해 신규 사업으로 인테리어 소품 시장에 진출하려고 한다. 3C분석을 통해 다음과 같이 다양한 자료를 수집했다고 할 때, 이를 바탕으로 추론한 내용으로 옳지 않은 것을 고르면?**

○△×
○△×
○△×

3C	상황분석
고객 (Customer)	• 20대 SPA 브랜드 시장은 경쟁 포화 상태 • 2030 대상 인테리어 소품 시장은 매년 급성장
경쟁사 (Competitor)	• 2030 인테리어 소품 시장에 진출할 경우, 경쟁사로는 글로벌 및 토종 인테리어 소품 기업 외에도 가구 전문기업이 포함됨 • 경쟁사들은 브랜드 인지도, 유통망, 생산 등에서 차별화된 경쟁력을 지님 • 경쟁사들은 고급스러운 이미지를 통한 프리미엄 전략 구사
자사 (Company)	• 신규 시장 진출 시 막대한 마케팅 비용 발생 • 기존 SPA 브랜드 이미지 고착 • 공룡기업 대비 낮은 브랜드 인지도 • SPA 브랜드로 쌓은 유통망, 생산 노하우 • 디지털 MKT 역량 우수

① 20대 SPA 시장의 경쟁이 치열해짐에 따라, SPA 브랜드로 쌓은 유통망과 생산 노하우를 통해 가격경쟁력을 확보할 수 있으므로 신규 사업을 추진하는 것이 필요하다.

② 시장 후발 주자이지만 우수한 디지털 MKT 역량과 막대한 예산 투여로 기존 SPA 브랜드의 이미지를 벗어내는 것은 시간문제이다.

③ 경쟁사는 고급스러운 이미지로 프리미엄 전략을 택하기 때문에, 경쟁사 대비 브랜드 인지도가 낮은 우리 기업은 저원가 전략으로 승부하는 것이 바람직하다.

④ 신시장 진출이고 기존의 SPA 브랜드 이미지를 강하게 가지고 있기 때문에 우수한 디지털 MKT 역량을 사용한다고 해도 비용이 많이 들 수 있다.

⑤ 기존 사업에서 쌓은 역량을 새로운 사업에 접목시켜 경쟁력을 키울 수 있다.

[24~25] 다음 [표]는 4대 보험 요율에 대한 자료이다. 이를 바탕으로 질문에 답하시오.

[표] 4대 보험 요율(소득월액 기준)

4대 보험	근로자 부담	회사 부담	합계	비고
국민연금	4.50%	4.50%	9.0%	
건강보험	3.12%	3.12%	6.24%	
장기요양보험	0.23%	0.23%	0.46%	
고용보험	0.65%	0.90%	1.55%	150인 미만 기준
산재보험	전액 회사부담(0.85 ~ 28.2%)		–	업종별 상이(출퇴근 재해 1.5% 포함)
총부담률	8.50%		17.3%	산재보험 제외

※ 보험료 산정방법
① 국민연금: 국민연금 부담액=월급여×국민연금 요율(9%)
② 건강보험: 건강보험 부담액=(건강보험료)+(장기요양보험료)
③ 고용보험: 고용보험 부담액=월급여×1.55%
④ 산재보험: 회사에서 부담

24 김소현 주임의 월급여가 250만 원이라고 가정했을 때, 김 주임이 납부해야 할 국민연금은 얼마인지 고르면?

○△×
○△×
○△×

① 112,500원 ② 125,000원 ③ 212,500원 ④ 225,000원 ⑤ 230,000원

25 김 주임이 납부해야 할 건강보험 부담액은 얼마인지 고르면?

○△×
○△×
○△×

① 71,500원 ② 78,000원 ③ 83,750원 ④ 92,250원 ⑤ 167,500원

정답과 해설 ▶ P.8

에듀윌 공기업

매일 1회씩 꺼내 푸는 NCS Ver.2

DAY 03

eduwill

매1N 3회독 루틴 프로세스

*더 자세한 내용은 매1N 3회독 학습가이드를 확인하세요!

1 3회독 기록표에 학습날짜와 문제풀이 시작시간을 적습니다.

2 시험장에서 문제를 푸는 것처럼 풀어 보세요.

3 모바일 OMR 또는 회독용 답안지에 마킹한 후, 종료시간을 적고 초과시간을 체크합니다.

▶**모바일 OMR 바로가기**

[DAY 03]

http://eduwill.kr/1e8j

4 문항별 3회독 체크표(○ △ ✕)에 표시합니다. 문제를 풀면서 알고 풀었으면 ○, 헷갈렸으면 △, 전혀 몰라서 찍었으면 ✕에 체크하세요.

3회독 TIP

- 1회독: 25문항을 빠짐없이 풀어 보세요.
- 2~3회독: 틀린 문항만 골라서 풀어 보세요.

3회독 기록표

1회독		2회독		3회독	
학습날짜	월 일	학습날짜	월 일	학습날짜	월 일
시작시간	:	시작시간	:	시작시간	:
종료시간	:	종료시간	:	종료시간	:
점 수	점	점 수	점	점 수	점

01 다음 중 어법에 맞고 자연스러운 문장을 고르면?

○△× ○△× ○△×

① 미래의 인류의 문화가 물질문명이나 정신문화의 조화를 이루는 발전이 주축이 될 것이다.

② 우리 것을 내팽개치는 것이 아니라 오히려 우리 문화와 전통을 갈고 닦으면서 우물 안 개구리에서 벗어나 세계 속에 우뚝 서는 것이 세계화의 참뜻이다.

③ 과거 역사를 통하여 우리 민족에게는 저항적인 민족주의가 깊이 뿌리박고 있으나 이제는 한국인들이 외국 사람과의 섞임에 익숙하여 이웃으로 변해지도록 우리 스스로를 변화시켜야 한다.

④ 교통과 정보통신 수단의 가속적인 발달과 함께 세계는 점차 좁아지고 있으며, 기업의 다국적화와 각국 간의 상호 의존성의 심화와 함께 국경 없는 지구촌 시대와 한 지붕 경제권이 되었다.

⑤ 암이 일어나는 원인에는 발암성 바이러스에 의한 것 말고도, 세포가 유전적으로 비정상이어서 특수한 염색체의 일부분이 위치를 옮겨감으로써 일어나는 암도 있고, 돌연변이를 일으키는 발암 유전자로 인해 발생하는 암도 있다.

02 다음 글의 빈칸에 들어갈 문장으로 가장 적절한 것을 고르면?

○△× ○△× ○△×

웰즈의 소설『타임머신』을 보면, 타임머신을 만든 발명가가 과거로 여행을 하면서 나비를 발로 밟음으로써 역사를 변화시키는 대목이 나온다. 시간 여행을 다룬 다른 소설에 등장하는 주인공들도 역사를 바꾸는 위험에 대해 항상 걱정한다. 그러나 만약 역사가 그렇게 바뀔 수 있다면 시간 여행자에 의해 모순이 생겨난다. 어떤 시간 여행자가 그의 할아버지가 소년이었던 과거로 시간 여행을 했다고 가정해 보자. 그런데 어떤 이유로 인하여 이 시간 여행자가 자신의 할아버지를 총으로 살해했다고 하자. 그러나 할아버지가 자식을 보지 못하고 사망한다면 그 손자 역시 존재할 수 없기 때문에 그 총 한 방은 바로 그 사건의 발생을 위한 필요조건을 제거해 버리는 결과를 낳고 만다. 이러한 모순으로 인하여 시간 여행은 논리 법칙과 양립할 수 없다고 결론을 내릴 수 있다. 반면 시간 여행의 가능성을 옹호하는 사람은 위의 반론에서 벗어나기 위해 다음과 같은 요지의 주장을 한다. (   )

① 비교적 가까운 과거로의 여행은 논리 법칙에 어긋나지 않는다.
② 역사는 시간 여행 중에 발생하는 사건에 의해 변화하지 않는다.
③ 과거로의 시간 여행자는 나비를 발로 밟지 않도록 조심해야 한다.
④ 시간 여행자가 과거로 시간 여행을 한다면 자신의 할아버지를 만날 수 있을 것이다.
⑤ 호킹을 과거로 데려가 아인슈타인과 공동 연구를 시킨다면 더욱 많은 업적을 남길 것이다.

03 다음은 국토교통부에서 배포한 보도자료의 일부이다. 이 글의 목적으로 옳은 것을 고르면?

○△×
○△×
○△×

국토교통부는 최근 일부 재건축 단지의 시공사 선정 과정에서 발생하고 있는 과도한 이사비 지급, 재건축 초과이익 부담금 지원, 금품·향응 제공 등의 문제를 근본적으로 차단하기 위하여, 입찰－홍보－투표－계약으로 이루어지는 시공사 선정 제도 전반에 걸쳐 제도를 개선한다고 밝혔다.

우선, 입찰 단계에서는 재건축사업의 경우 건설사는 설계, 공사비, 인테리어, 건축옵션 등 시공과 관련된 사항만 입찰 시 제안할 수 있도록 하고, 시공과 관련 없는 이사비·이주비·이주촉진비, 재건축 초과이익 부담금 등에 대하여는 제안할 수 없게 된다. 이에 따라 종전처럼 재건축 조합원은 금융기관을 통한 이주비 대출만 가능해진다.

한편, 시공사 선정 과정의 위법행위를 단속하기 위하여 지난 9월 25일부터 국토부－서울시의 합동점검을 실시하고 있으며, 금년 말까지 다수의 시공사 선정이 예정되어 있어 11월 1일부터는 이에 대한 보다 종합적이고 강도 높은 집중점검이 실시된다.

점검항목은 회계처리 등 조합 운영의 전반에 관한 사항은 물론 시공사 선정 과정 및 계약 내용도 집중 점검할 예정이며, 시공사 선정을 앞두고 있는 조합에 대해서는 불법 홍보행위에 대한 단속도 병행하게 된다. 특히, 이번 점검에는 경찰청과 협조체계를 구축하여 핫라인을 개설하고, 필요 시에는 증거수집이나 현장단속 등에 있어서도 경찰 협조를 얻을 계획이다. 이와 별도로 서울시에서 시행하고 있는 정비사업의 공공지원제도를 강화하는 방안도 검토할 계획이다.

국토교통부는 서울시와 협의하여 현재 조례 등으로 규정하고 있는 공공지원 관련 규정 중 조합의 예산·회계처리, 공동시행자 선정, 조합임원 선거 규정 등 필요한 사항은 법령에서 직접 규정하고 처벌규정도 신설하는 방안을 추진할 예정이다.

국토교통부는 금년 말까지 제도개선을 완료할 계획이며, 이번 개선안과 함께 내년 2월부터 금품 제공에 대한 신고포상금제 및 자진신고자 감면제도가 본격 시행되면 그간에 있었던 정비사업의 불공정한 수주경쟁 관행이 정상화될 것으로 기대된다고 밝혔다.

① 재건축 시공사 선정 과정 중 비리 고발
② 시공사 선정 과정 중 위법 행위 감시 예고
③ 강남권 재건축 예정지 감사일정 공개
④ 서울시와의 협력 사업 홍보
⑤ 재건축 시공사 선정 제도 개선계획 홍보

04 **다음 글은 어떤 주장을 뒷받침하는 대표적인 예이다. 그 주장으로 가장 적절한 것을 고르면?**

○△×
○△×
○△×

X－선 사진을 통해 폐질환 진단법을 배우고 있는 의과대학 학생을 생각해 보자. 그는 암실에서 환자의 가슴을 찍은 X－선 사진을 보면서, 이 사진의 특징을 설명하는 방사선 전문의의 강의를 듣고 있다. 그 학생은 가슴을 찍은 X－선 사진에서 늑골뿐만 아니라 그 밑에 있는 폐, 늑골의 음영, 그리고 그것들 사이에 있는 아주 작은 반점들을 볼 수 있다. 하지만 처음부터 그럴 수 있었던 것은 아니다. 첫 강의에서는 X－선 사진에 대한 전문의의 설명을 전혀 이해하지 못했다. 그가 가리키는 부분이 무엇인지, 희미한 반점이 과연 특정 질환의 흔적인지 전혀 알 수가 없었다. 전문의가 상상력을 동원해 어떤 가상적 이야기를 꾸며 내는 것처럼 느껴졌을 뿐이다. 그러나 몇 주 동안 이론을 배우고 실습을 하면서 지금은 생각이 달라졌다. 그는 문제의 X－선 사진에서 이제는 늑골뿐 아니라 폐도 볼 수 있게 되었다. 그가 탐구심을 갖고 좀 더 노력한다면 폐와 관련된 생리적인 변화, 흉터나 만성 질환의 병리학적 변화, 급성 질환의 증세와 같은 다양한 현상들까지도 자세하게 경험하고 알 수 있게 될 것이다. 그는 전문가로서 새로운 세계에 들어선 것이고, 그 사진의 명확한 의미를 지금은 대부분 해석할 수 있게 되었다. 이론과 실습을 통해 새로운 세계를 볼 수 있게 된 것이다.

① 관찰은 배경지식에 의존한다.
② 과학에서의 관찰은 오류가 있을 수 있다.
③ 과학 장비의 도움으로 관찰 가능한 영역은 확대된다.
④ 관찰정보는 기본적으로 시각에 맺혀지는 상에 의해 결정된다.
⑤ X－선 사진의 판독은 과학데이터 해석의 일반적인 원리를 따른다.

05 다음 글을 바탕으로 추론한 내용으로 옳지 않은 것을 [보기]에서 모두 고르면?

○△×
○△×
○△×

페스트의 일종인 유스티니아누스 역병의 여러 단계를 재구성해 보자. 이 질병은 인도와 중국 사이 히말리야에 사는 설치류 사이에서 수천 년 전에 시작되었다. 그것은 중국, 중동, 동아프리카, 북아프리카의 야생 설치류에게 퍼졌다. 그러나 이 병은 여전히 인간에게는 별 의미가 없었는데, 왜냐하면 사냥꾼이 감염된 동물을 죽인다든지 할 때에만 산발적으로 만났기 때문이다. 2000년 전의 알려지지 않은 환경 변화(아마도 기후의 유동)는 설치류의 먹이 공급을 증가시켜 그 무리의 숫자를 폭발적으로 늘렸다. 당연히 페스트균 감염이 발생하였다. 이러한 감염은 그전에도 수없이 일어났지만, 이번에는 인도산 검은 왕쥐를 끌어들인 인간의 정착지가 생겨났던 것이다. 이 끈질기고 적응력이 강한 동물은 초원에 사는 종이었는데, 훼손된 환경에서도 살아남았다. 이것들은 사람들의 헛간, 샛길, 선박에서 번성하였다.

검은 왕쥐는 감염된 야생 설치류와 사람 사이를 매개하였다. 그것들은 야생 설치류로부터 페스트균을 받아 자신들의 벼룩을 감염시켰다. 가장 흔한 쥐벼룩은 그 숙주만큼이나 끈질기고 기회에 강하다. 이 쥐벼룩은 늘 병든 쥐를 버리고 떠난다. 즉 쥐가 흑사병으로 죽으면 감염된 벼룩은 인간을 향해 자신의 길을 간다. 곧 사람들은 쥐와 마찬가지로 순식간에 비참하게 죽기 시작한다.

처음에 사람들은 흑사병을 서로 전염시키지 못했다. 그러나 곧 두 가지 요소가 이 질병을 증폭시켰다. 하나는 자연적인 것이고 하나는 인공적인 것이었는데, 바로 추운 기후와 선박이다. 추운 기후 때문에 페스트균은 림프선에서 폐로 옮겨갔고, 페스트는 기침을 통해 사람에서 사람으로 바로 전파될 수 있었다. 그리고 선박은 흑사병에 감염된 쥐들을 더 멀리 더 널리 실어 날랐다. 잽싼 등반가인 이 검은 왕쥐는 선박의 로프를 타고 오를 수 있었고, 그 결과 인도에서부터 동지중해와 동아프리카로 옮겨갔다. 이 쥐와 흑사병은 선박을 타고 이집트로부터 콘스탄티노플에 상륙하였으며, 거기서 유럽의 항구들로 들어갔다. 흑사병은 또한 인도에서 동진하여 중국과 일본에 이르렀다.

학자들은 이 시나리오의 몇몇 사항들에 대해 논의 중이다. 어떤 이들은 페스트가 아프리카 또는 아시아와 아프리카 양쪽에서 기원하였다고 주장한다. 또 어떤 이들은 그것이 아시아에서 발생했으며 실크로드를 따라 주로 육로를 통해 이집트로 들어왔다고 주장한다. 그럼에도 불구하고 위에서 이야기한 몇 가지 기본적인 가능성에 대해서는 대체적으로 합의가 이루어져 있다.

보기

㉠ 유스티니아누스의 역병의 기원은 아직도 정확하게 밝혀지지 않았다.
㉡ 검은 왕쥐가 나타나기 전까지 인간은 흑사병에 노출된 적이 없었다.
㉢ 당시 흑사병은 범세계적으로 뻗어나갔다.
㉣ 조류 독감도 언젠가는 인간에게 큰 해가 될지도 모른다.
㉤ 위생관념에 따라 쥐를 제거하면서 유스티니아누스의 흑사병은 사그라들었다.

① ㉠, ㉤　　② ㉡, ㉢　　③ ㉡, ㉤　　④ ㉢, ㉣　　⑤ ㉠, ㉡, ㉢

06 다음 글을 바탕으로 '테크노크라트'들이 동의할 수 있는 주장과 가장 거리가 먼 것을 고르면?

○△×
○△×
○△×

남북전쟁 이래의 영웅인 카우보이는 기술 시대의 새로운 영웅인 엔지니어로 대체되었다. 엔지니어는 수십 권의 베스트셀러 소설에서 주인공으로 등장했다. 효율성이라는 도구로 무장한 엔지니어는 신(新) 제국의 건설자였다. 그의 거대한 작품들은 어디에서나 볼 수 있었다. 마천루와 교각과 댐이 미국 전역에 세워졌다. 미국인들은 새로운 기술화(技術化)의 가치에 몰입한 나머지 기술 이상주의를 옹호하게 되었다.

미국의 사회이론가 베블렌은 상업적인 탐욕과 시장의 비합리성이 기술의 시대적 역할을 약화시킴으로써 대대적인 낭비와 비능률을 조장한다고 비판했다. 그는 국가를 전문 엔지니어들에게 위탁함으로써 경제를 구원하고 미국을 새로운 에덴동산으로 변혁시킬 수 있을 것이라고 주장했다. 그는 가장 엄격한 효율성의 기준에 의거하여 비능률을 뿌리 뽑고자 했다. 그래서 그는 국가를 잘 작동하는 메가톤급 기계처럼 생각하고 전문 엔지니어가 그것을 운영하는 방안을 구상했다.

그 이후 테크노크라트(Technocrat)라 칭하는 개혁자 집단은 베블렌의 생각을 받아들여 미국의 엔지니어들에게 독재에 가까운 권력을 부여해 줄 것을 촉구했다. 이들은 정치 경제와 관련된 철학적 개념들과 대중적 민주주의가 미 대륙의 기술 지배를 위한 설계도를 만드는 데 아무런 기여도 하지 못한다고 주장하면서, 인간에 의한 통치보다도 과학에 의한 통치를 선호하였다. 이들은 기술 유토피아의 이상을 현실 정치에 반영하려는 운동을 전개하였다. 이들 테크노크라트들은 과학이 낭비와 실업, 배고픔과 빈곤을 영원히 추방하고 궁핍의 시대를 풍요의 시대로 바꾼다고 주장하였다. 또한 그들은 자연과 인간 및 기계 사용의 효율을 극대화하기 위해서 국가의 자원을 총괄하고 관리하는 별도의 기관을 설립할 것을 주창하였다.

① 유전자 조작된 식물로 세계의 기아문제를 해결해야 한다.
② 수소자동차를 실용화해서 대기 오염을 막아야 한다.
③ 자동차 배기가스 저감장치를 개발해서 환경오염을 막아야 한다.
④ 공장 폐수의 정화장치를 만들어 폐수를 정화시켜야 한다.
⑤ 화석연료의 사용을 줄여 환경오염을 막아야 한다.

07 다음 글을 읽은 후의 반응으로 적절하지 않은 것을 고르면?

○△×
○△×
○△×

요즘 시청자들은 자신도 모르는 사이에 간접 광고에 수시로 노출되어 광고와 더불어 살아가는 환경에 놓이게 됐다. 방송 프로그램의 앞과 뒤에 붙어 방송되는 직접 광고와 달리 PPL(Product placement)이라고도 하는 간접 광고는 프로그램 내에 상품을 배치해 광고 효과를 거두려 하는 광고 형태이다. 간접 광고는 직접 광고보다 시청자가 리모컨을 이용해 광고를 회피하기가 상대적으로 어려워 노출될 확률이 더 높다.

광고주들은 광고를 통해 상품의 인지도를 높이고 상품에 대한 호의적 태도를 확산시키려 한다. 간접 광고에서는 이러한 광고 효과를 거두기 위해 주류적 배치와 주변적 배치를 활용한다. 주류적 배치는 출연자가 상품을 사용·착용하거나 대사를 통해 상품을 언급하는 것이고, 주변적 배치는 화면 속의 배경을 통해 상품을 노출하는 것인데, 시청자들은 주변적 배치보다 주류적 배치에 더 주목하게 된다. 또 간접 광고를 통해 배치되는 상품이 자연스럽게 활용되어 프로그램의 맥락에 잘 맞으면 해당 작품에 대한 광고 효과가 커지는데, 이를 맥락 효과라 한다.

우리나라는 1990년대 중반부터 극히 제한된 형태의 간접 광고만을 허용하는 협찬 제도를 운용해 왔다. 이 제도는 프로그램 제작자가 협찬 업체로부터 경비, 물품, 인력, 장소 등을 제공받아 활용하고 프로그램이 종료될 때 협찬 업체를 알리는 협찬 고지를 허용했다. 그러나 프로그램의 내용이 전개될 때 상품명이나 상호를 보여 주거나 출연자가 이를 언급해 광고 효과를 주는 것은 법으로 금지했다. 협찬 받은 의상의 상표를 보이지 않게 가리는 것은 그 때문이다.

우리나라는 협찬 제도를 그대로 유지하면서 광고주와 방송사 등의 요구에 따라 방송법에 '간접 광고'라는 조항을 신설하여 2010년부터 시행하였다. 간접 광고 제도가 도입된 취지는 프로그램 내에서 광고하는 행위에 대해 법적인 규제를 완화하여 방송 광고 산업을 활성화하겠다는 것이었다. 이로써 프로그램 내에서 상품명이나 상호를 보여 주는 것이 허용되었다. 다만 시청권의 보호를 위해 상품명이나 상호를 언급하거나 구매 및 이용을 권유하는 것은 금지되었다. 또 방송이 대중에게 미치는 영향력이 크기 때문에 객관성과 공정성이 요구되는 보도, 시사, 토론 등의 프로그램에서는 간접 광고가 금지되었다. 그럼에도 불구하고 간접 광고 제도를 비판하는 사람들은 간접 광고로 인해 광고 노출 시간이 길어지고 프로그램의 맥락과 동떨어진 억지스러운 상품 배치가 빈번해 프로그램의 질이 떨어지고 있다고 주장한다.

이처럼 시청자의 인식 속에 은연 중 파고드는 간접 광고에 적절히 대응하기 위해서는 시청자들에게 간접 광고에 대한 주체적 해석이 요구된다. 미디어 이론가들에 따르면, 사람들은 외부의 정보를 주체적으로 해석할 수 있는 자기 나름의 프레임을 갖고 있어서 미디어의 콘텐츠를 수동적으로만 받아들이는 것은 아니라고 한다. 이것이 간접 광고를 분석하고 그것을 비판적으로 수용하는 미디어 교육이 필요한 이유이다.

① 방송법의 간접 광고 조항에 따르면 말이야, 프로그램 안에서 상호나 상품명을 보여 주는 것은 괜찮지만 구매나 이용을 권유하는 것은 금지야.
② 간접 광고에서는 광고 효과를 위해 주류적 배치와 주변적 배치를 활용하는데, 시청자들은 보통 출연자가 상품을 사용하거나 대사를 통해 언급하는 주류적 배치에 더 주목하게 된다고 알려져 있어.
③ 최근 간접 광고로 인한 광고 노출 시간이 길어지고 프로그램의 몰입이 저하 되어서 프로그램 질이 떨어진다고 비판하는 사람들이 계속 늘고 있어.

④ 흔히 PPL이라고 하는 간접 광고는 직접 광고보다 시청자가 피하기 어렵기 때문에 노출될 확률이 더 높다고 해.

⑤ 프로그램 속에서 상품 배치를 자연스럽게 해서 맥락에 잘 맞으면 작품에 대한 광고 효과가 커져. 이런 것을 바로 맥락 효과라고 얘기하는군.

08 다음 글을 읽고 ㉠의 구체적 사례로 가장 적절한 것을 고르면?

○△×
○△×
○△×

관료제는 현대 조직의 중요한 속성이다. 관료제란 무엇인가? 사회학에서는 일반적으로 관료제를 '특정한 목적을 달성하기 위해 의도적으로 만든 공식 집단으로서, 엄격한 위계 서열 속에 업무를 분화한 피라미드형 대규모 집단'이라고 말하고 있다. 막스 베버에 따르면 근대 관료제는 정밀한 전문성에 입각해 있고, 매우 객관적이고 비인격적인 원리에 의해 운영된다. 그래서 개인의 사적인 감정을 개입시킨다거나 자의적이거나 보편적이지 않은 기준으로 사람을 평가해서는 안 된다. 그리고 업무를 처리하는 데 효율적이다. 업무 처리 과정에서의 기계와 같은 정밀성, 속도, 정확성, 문서에 대한 지식, 지속성, 판별력, 통합성, 엄격한 복종, 각종 비용 등의 절감 효과 때문이다.

말하자면 관료제에서는 자기 완결적인 조직 원리가 매우 잘 작동된다. 각 개인이나 부서는 자기에게 할당된 업무만을 수행하면 된다. 다른 부서나 남의 업무에 신경을 쓰는 것은 불필요한 일이며, 조직을 전체적으로 엮어 주는 시스템이 합리에 따라 제대로 돌아간다면 매우 효율적인 성과를 낼 수 있다. 그러나 합리적으로 보이는 시스템에 종종 허점이 드러난다. ㉠ 원칙에 따라 할당된 부분에만 충실한 나머지 전체를 보지 못하는 것이다.

① 법률상의 근거가 없다는 사실만을 내세워 친일파의 후손들이 조상에게 물려받은 재산을 몰수하지 않고 있다.

② 급히 사용해야 할 건축물의 준공 검사를 하면서, 안전과 직접적인 관련이 없는 규정까지도 세세하게 조사한다.

③ 국제적 수준의 교육을 받고자 하는 학부모들의 욕구를 외면하고, 초중고 학생들의 해외 유학에 까다로운 조건을 제시한다.

④ 업무가 복잡하다는 이유로, 사회적 약자인 장애인들이 관청이나 회사에 취업할 때 혜택을 주는 조치를 취하지 않는다.

⑤ 담당 기관들 사이에 원활한 협의가 이루어지지 않아, 상하수도·전화선·가스관 등의 공사 중 같은 장소를 여러 번 파낸다.

09 다음 수들은 공통된 규칙에 의해 나열되어 있다. 빈칸에 들어갈 알맞은 숫자를 고르면?

○△×
○△×
○△×

2	3	6	9	36	41	(　)

① 52　② 82　③ 123　④ 246　⑤ 328

10 A는 한 프로젝트를 끝내는 데 10일이 걸리고, B는 A보다 선임이라 6일이면 끝낸다. 처음에는 A가 프로젝트를 하다가 4일 정도 지난 후에 프로젝트 마감날짜가 앞당겨져서, B가 같이 합류해서 프로젝트를 끝마쳤다. 이 경우 프로젝트를 끝내는 데 최소 며칠이 걸린 셈인지 고르면?

○△×
○△×
○△×

① 5일　② 6일　③ 7일　④ 8일　⑤ 9일

11 다음 [표]는 우리나라의 성별 및 연령집단별 평일과 휴일 일평균 여가시간에 대한 자료이다. 이에 대한 설명으로 옳은 것을 고르면?

○△×
○△×
○△×

[표] 우리나라의 성별 및 연령집단별 평일과 휴일 일평균 여가시간 (단위: 시간)

구분		평일			휴일		
		2016년	2018년	2020년	2016년	2018년	2020년
전체		3.3	3.6	3.1	5.1	5.8	5
성별	남자	3.1	3.3	2.9	5.2	5.9	5.1
	여자	3.5	3.8	3.3	5	5.7	4.9
연령집단	10대	2.6	3.1	2.7	4.8	5.6	5.1
	20대	3.1	3.3	2.9	5.6	6.1	5.3
	30대	2.8	3.1	2.8	4.8	5.5	4.8
	40대	3	3.3	2.8	4.9	5.6	4.7
	50대	3	3.5	2.9	4.8	5.6	4.8
	60대	4.1	4.3	3.6	5.2	5.9	5.1
	70대 이상	5.9	5.3	4.7	6.5	6.5	5.7

① 2020년과 2018년에 전체 여가시간은 2년 전 대비 모두 증가하였다.
② 제시된 기간에 평일과 휴일 모두 남자의 여가시간이 여자보다 많다.
③ 제시된 기간에 평일 여가시간 평균의 합이 두 번째로 낮은 연령집단은 20대이다.
④ 제시된 기간에 휴일 여가시간 평균의 합이 세 번째로 높은 연령집단은 60대이다.
⑤ 제시된 기간에 10대의 여가시간이 항상 평일과 휴일 모두 가장 적었다.

12 다음 [표]는 교육정도별 경제활동인구와 연도별 경제활동인구에 대한 자료이다. 이에 대한 설명으로 옳지 않은 것을 [보기]에서 모두 고르면?

○△✕
○△✕
○△✕

[표1] 교육정도별 경제활동인구 (단위: 천 명)

구분		2018년		2019년		2020년		2021년	
		취업자	실업자	취업자	실업자	취업자	실업자	취업자	실업자
합계		25,066	807	25,599	937	25,936	976	26,235	1,012
초졸 이하		2,395	48	2,281	57	2,153	58	2,042	50
중졸		2,276	57	2,209	61	2,180	61	2,146	64
고졸		9,836	347	10,105	416	10,253	433	10,308	443
대졸		10,559	355	11,004	402	11,351	425	11,739	456
	전문대졸	3,419	132	3,399	143	(　)	146	3,430	140
	대졸 이상	7,140	223	7,605	259	7,976	278	8,310	316

[표2] 연도별 경제활동인구

구분	2018년	2019년	2020년	2021년
경제활동인구	25,873	26,536	26,913	27,247

※ 실업률(%) $= \frac{\text{실업자 수}}{\text{경제활동인구}} \times 100$

보기

㉠ 2019~2020년에 총인구의 실업률은 전년 대비 감소한 적이 있다.
㉡ 대졸 이상 인구의 취업자 대비 실업자의 비율은 2021년에 가장 높다.
㉢ 전문대졸 인구의 취업자 수는 2020년에 가장 적다.

① ㉠　② ㉡　③ ㉢　④ ㉠, ㉡　⑤ ㉡, ㉢

[13~14] 다음 [표]는 국민건강보험공단의 NCS직업기초능력검사에 응시한 '가'대학교, '나'대학교 학생들의 의사소통, 수리, 문제해결 영역별 시험성적에 대한 자료이다. 이를 바탕으로 질문에 답하시오.

[표] 학교별 · 영역별 시험성적

(단위: 점)

구분	평균				영역별 총점
	'가' 대학교		'나' 대학교		
	남학생 (20명)	여학생 (10명)	남학생(15명)	여학생(15명)	
의사소통능력	6.0	6.5	(A)	6.0	365
수리능력	(B)	5.5	5.0	6.0	320
문제해결능력	5.0	5.0	6.0	5.0	315

※ 각 과목의 만점은 10점임

13 주어진 [표]에서 빈칸 A, B에 각각 들어갈 점수가 바르게 나열된 것을 고르면?

① A=5, B=5 ② A=5, B=6 ③ A=6, B=5
④ A=6, B=6 ⑤ A=6.5, B=5.5

14 주어진 [표]에 대한 설명으로 옳은 것을 [보기]에서 모두 고르면?

보기

㉠ 의사소통능력의 경우 '나' 대학교 학생들의 평균이 '가' 대학교 학생들의 평균보다 높다.
㉡ 세 영역 전체 평균 점수는 '가' 대학교 여학생이 '가' 대학교 남학생보다 높다.
㉢ 전체 남학생의 문제해결능력 영역의 평균 점수는 전체 여학생의 문제해결능력 영역의 평균 점수보다 높다.

① ㉡ ② ㉠, ㉡ ③ ㉠, ㉢ ④ ㉡, ㉢ ⑤ ㉠, ㉡, ㉢

15 다음 [표]는 연도별 전체 가구 및 1인 가구 수에 대한 자료이다. 이에 대한 설명으로 옳지 않은 것을 고르면?

○△×
○△×
○△×

[표] 연도별 전체 가구 및 1인 가구 수 (단위: 천 가구)

구분	2014년		2015년		2016년	
	전체 가구	1인 가구	전체 가구	1인 가구	전체 가구	1인 가구
합계	18,530	4,939	18,776	5,110	19,018	5,279
남자	13,334	2,133	13,423	2,223	( )	2,294
여자	( )	2,806	( )	2,887	5,516	2,985

① 전체 남자 가구 수 중 1인 가구 수가 차지하는 비중은 2016년이 2014년보다 높다.
② 전체 가구 중 1인 가구가 차지하는 비중은 매년 증가하고 있다.
③ 전체 가구 중 여자 수는 매년 증가하고 있다.
④ 2014년 여자 전체 가구 중 여자 1인 가구 수의 구성비는 60% 미만이다.
⑤ 2014~2016년 남자 전체 가구 수를 합하면 40,000천 가구보다 적다.

16 다음 [표]는 어느 포털 사이트에서 이번 휴가에 가고 싶은 여행지를 설문조사한 결과를 나타낸 자료이다. 이에 대해 옳은 설명을 한 사람을 [보기]에서 모두 고르면?

○△×
○△×
○△×

[표] 휴가에 가고 싶은 여행지 설문 조사 결과 (단위: 명)

구분	유럽	미주	중국·일본	동남아시아	합계
20~29세	3,405	4,557	6,783	6,050	20,795
30~39세	4,720	2,982	7,250	5,677	20,629
40~49세	5,173	4,642	2,856	2,964	15,635
50~59세	4,099	6,889	4,029	4,497	19,514

보기

A: 30대 중 중국·일본 지역으로 여행가고 싶은 사람은 전체 응답자 중 10%가 안 되는군요.
B: 아시아로 여행가고 싶은 사람들을 살펴보면 30대가 20대보다 적네요.
C: 20대 중 미주 지역을 여행가고 싶은 사람들의 비율이 50대 중 동남아시아로 여행가고 싶은 사람들의 비율보다 높네요.
D: 전체 응답자 중 3040세대의 비율이 50%를 넘네요.

① A ② A, D ③ B, C
④ C, D ⑤ A, B, C, D

17 다음 [표]는 A지역의 월평균 온실가스(온실가스농도) 대한 자료이다. 이에 대한 설명으로 옳지 않은 것을 [보기]에서 모두 고르면?

[표] A지역 월평균 온실가스(온실가스농도)

온실가스 유형	2020년 1월(겨울)	2020년 4월(봄)	2020년 7월(여름)	2020년 10월(가을)
이산화탄소 (ppm)	394.8	397.3	386.5	392.0
메탄 (ppb)	1,904	1,897	1,908	1,901
아산화질소 (ppb)	323.2	322.9	322.5	322.3
염화불화탄소11 (ppt)	250.8	249.8	248.8	247.8
염화불화탄소12 (ppt)	531.3	530.0	528.5	526.9

보기

㉠ 여름에는 봄에 비해 이산화탄소가 줄어드는 반면 메탄의 농도가 늘어났다.
㉡ 겨울에는 모든 온실가스의 농도가 최고가 된다.
㉢ 메탄은 온실가스 중에서는 가장 유해한 가스라 할 수 있다.

① ㉡ ② ㉠, ㉡ ③ ㉠, ㉢ ④ ㉡, ㉢ ⑤ ㉠, ㉡, ㉢

18 시설과에 A, B, C, D, E, F의 총 6명의 직원이 있다. 이들 가운데 반드시 4명의 직원으로만 팀을 구성하여 부처회의에 참석해 달라는 요청이 있었다. 만일 E가 불가피한 사정으로 그 회의에 참석할 수 없게 된 상황에서 아래의 [조건]을 모두 충족시켜야 하는 경우 몇 개의 팀을 구성할 수 있는지 고르면?

조건

- A 또는 B는 반드시 참석해야 한다. 하지만 A, B가 함께 참석할 수 없다.
- D 또는 E는 반드시 참석해야 한다. 하지만 D, E가 함께 참석할 수 없다.
- 만일 C가 참석하지 않게 된다면 D도 참석할 수 없다.
- 만일 B가 참석하지 않게 된다면 F도 참석할 수 없다.

① 0개 ② 1개 ③ 2개 ④ 3개 ⑤ 4개

19 **다음 명제가 모두 참일 때, A, B, C, D 중 참이 아닌 진술을 한 사람은 모두 몇 명인지 고르면?**

○△✕
○△✕
○△✕

- 선호가 빨래를 하면 그 날 꼭 비가 온다.
- 기현이가 세차를 하면 그 날 꼭 비가 온다.
- 빨래나 세차를 하고 그 날 비가 온 사람은 기분이 좋지 않다.
- 비가 온 다음 날은 기온이 매우 높다.

A: 비가 오는 걸 보니 선호가 빨래를 한 게 분명해!
B: 기현이가 세차를 했으니 내일은 반드시 비가 올 거야.
C: 선호나 기현이는 빨래나 세차를 하고 항상 기분이 좋지 않겠어.
D: 오늘 날이 굉장히 더운걸 보니 분명 어제 선호나 기현이가 빨래나 세차를 했을 거야.

① 0명 ② 1명 ③ 2명 ④ 3명 ⑤ 4명

20 **외국에서 협력사의 대표일행들이 A 공단에 방문했다. 본사에서 일정을 마치고 제주도에서 열리는 포럼으로 이동할 수 있게 B 담당자는 이동 일정을 짜고 있다. 다음 [표]는 각 이동수단별로 10점 만점을 받아야 하는 절대고려요소와, 어느 정도 성취하면 되는 상대고려요소를 파악하여 작성한 것이다. 절대고려요소와 상대고려요소의 평점의 합이 가장 높은 것을 택할 때, B 담당자가 택할 이동수단을 고르면?**(단, 상대고려요소는 '각 수단별 평점×가중치'의 결괏값으로 반영한다.)

○△✕
○△✕
○△✕

[표] 이동수단별 절대고려요소와 상대고려요소 평점

구분		가중치(%)	각 수단별 평점(점)				
			국적 항공	민간 항공1	민간 항공2	전세 항공	선박
절대고려요소	안전성	–	10	10	9	10	8
상대고려요소	경제성	80	7	8	10	7	9
	편의성	100	9	9	9	10	7
	관광성	70	8	7	10	8	10
	홍보성	90	8	9	9	9	9

① 국적항공 ② 민간항공1 ③ 민간항공2 ④ 전세항공 ⑤ 선박

21 주식회사 SH의 외국계 CEO 줄리아는 다음 주 월요일부터 금요일까지 세 명의 기업인, 두 명의 컨설턴트, 두 명의 회사임원, 두 명의 변호사, 그리고 한 명의 주주와 합해서 열 번의 미팅 약속이 잡혀있다. 미팅은 오전과 오후에 한 번씩 이루어지며 한 번에 한 명씩만 만날 예정이다. 미팅 일정이 다음 [조건]을 만족할 때, 줄리아가 주주를 만날 수 있는 날을 모두 고르면?

○△×
○△×
○△×

조건

- 기업인을 만난 다음 날엔 꼭 회사임원을 적어도 한 명 만나야 한다.
- 변호사는 3일의 차이를 두고 만난다.
- 월요일에는 오전/오후 모두 기업인을 만난다.
- 목요일에 컨설턴트 한 명, 금요일에 변호사 한 명과 만나기로 결정되었다.

① 화요일, 수요일 ② 화요일, 금요일 ③ 수요일, 목요일
④ 수요일, 금요일 ⑤ 목요일, 금요일

22 임원 3명과 사원 5명으로 구성된 A, B, C, D, E, F, G, H가 원탁에 둘러 앉아 회의를 하려고 한다. 다음 [조건]을 바탕으로 할 때, F와 마주 보고 있는 사람을 고르면?

○△×
○△×
○△×

조건

- C가 앉은 자리에서 두 자리 건너 B가 앉아 있다.
- B가 앉은 자리에서 두 자리 건너 H가 앉아 있다.
- E와 H는 서로 마주 보고 있다.
- G는 임원이고 C의 오른쪽에 앉으며, G와 D 사이에는 2명이 앉아 있다.

① A ② C ③ D ④ E ⑤ H

23 다음 글을 근거로 판단할 때, 옳은 것을 [보기]에서 모두 고르면?

○△×
○△×
○△×

△△부처는 직원 교육에 사용할 교재를 외부 업체에 위탁하여 제작하려 한다. 업체가 제출한 시안을 5개의 항목으로 평가하고, 평가 점수의 총합이 가장 높은 시안을 채택한다. 평가 점수의 총합이 동점일 경우, 평가 항목 중 학습내용 점수가 가장 높은 시안을 채택한다. 5개의 업체가 제출한 시안(A~E)의 평가 결과는 다음과 같다.

(단위: 점)

평가 항목(만점) \ 시안	A	B	C	D	E
학습내용(30)	25	30	20	25	20
학습체계(30)	25	(ⓐ)	30	25	20
교수법(20)	20	17	(ⓑ)	20	15
학습평가(10)	10	10	10	5	10
학습매체(10)	10	10	10	10	10

보기

㉠ D와 E 시안은 채택되지 않는다.
㉡ ⓑ의 점수와 상관없이 C시안은 채택되지 않는다.
㉢ ⓐ이 23점이라면 B시안이 채택된다.

① ㉠ ② ㉢ ③ ㉠, ㉡ ④ ㉡, ㉢ ⑤ ㉠, ㉡, ㉢

24 **다음 글을 근거로 판단할 때, 7월 1일부터 6일까지 지역 농산물 유통센터에서 판매된 甲의 수박 총판매액을 고르면?**

○△× ○△× ○△×

- A시는 농산물의 판매를 촉진하기 위하여 지역 농산물 유통센터를 운영하고 있다. 해당 유통센터는 농산물을 수확 당일 모두 판매하는 것을 목표로 운영하며, 당일 판매하지 못한 농산물은 판매가에서 20%를 할인하여 다음 날 판매한다.
- 농부 甲은 7월 1일부터 5일까지 매일 수확한 수박 100개씩을 수확 당일 A시 지역 농산물 유통센터에 공급하였다.
- 甲으로부터 공급받은 수박의 당일 판매가는 개당 1만 원이며, 매일 판매된 수박 개수는 아래와 같았다. 단, 수확 당일 판매되지 않은 수박은 다음 날 모두 판매되었다.

날짜	1일	2일	3일	4일	5일	6일
판매된 수박(개)	80	100	110	100	100	10

① 482만 원 ② 484만 원 ③ 486만 원 ④ 488만 원 ⑤ 490만 원

25 다음 글과 [상황]을 근거로 판단할 때, 옳은 것을 [보기]에서 모두 고르면?

○△×
○△×
○△×

□□부서는 매년 △△사업에 대해 사업자 자격 요건 재허가 심사를 실시한다.
기본심사 점수에서 감점 점수를 뺀 최종심사 점수가 70점 이상이면 '재허가', 60점 이상 70점 미만이면 '허가 정지', 60점 미만이면 '허가 취소'로 판정한다.

- 기본심사 점수: 100점 만점으로, ㉮~㉱의 4가지 항목(각 25점 만점) 점수의 합으로 한다. 단, 점수는 자연수이다.
- 감점 점수: 과태료 부과의 경우 1회당 2점, 제재 조치의 경우 경고 1회당 3점, 주의 1회당 1.5점, 권고 1회당 0.5점으로 한다.

상황

사업자 A~C의 기본심사 점수 및 감점 사항은 아래와 같다.

사업자	기본심사 항목별 점수			
	㉮	㉯	㉰	㉱
A	20	23	17	?
B	18	21	18	?
C	23	18	21	16

사업자	과태료 부과 횟수	제재 조치 횟수		
		경고	주의	권고
A	3	–	–	6
B	5	–	3	2
C	4	1	2	–

보기

㉠ A의 ㉱ 항목 점수가 15점이라면 A는 재허가를 받을 수 있다.
㉡ B의 허가가 취소되지 않으려면 B의 ㉱ 항목 점수가 19점 이상이어야 한다.
㉢ C가 과태료를 부과 받은 적이 없다면 판정 결과가 달라진다.
㉣ 기본심사 점수와 최종심사 점수 간의 차이가 가장 큰 사업자는 C이다.

① ㉠ ② ㉡ ③ ㉠, ㉡ ④ ㉡, ㉢ ⑤ ㉢, ㉣

정답과 해설 ▶ P.14

에듀윌 공기업

매일 1회씩 꺼내 푸는 NCS Ver.2

DAY 04

eduwill

매1N 3회독 루틴 프로세스

*더 자세한 내용은 매1N 3회독 학습가이드를 확인하세요!

1 3회독 기록표에 학습날짜와 문제풀이 시작시간을 적습니다.

2 시험장에서 문제를 푸는 것처럼 풀어 보세요.

3 모바일 OMR 또는 회독용 답안지에 마킹한 후, 종료시간을 적고 초과시간을 체크합니다.

▶**모바일 OMR 바로가기**

[DAY 04]

http://eduwill.kr/ve8j

4 문항별 3회독 체크표(◎△☒)에 표시합니다. 문제를 풀면서 알고 풀었으면 ◎, 헷갈렸으면 △, 전혀 몰라서 찍었으면 ☒에 체크하세요.

3회독 TIP

- 1회독: 25문항을 빠짐없이 풀어 보세요.
- 2~3회독: 틀린 문항만 골라서 풀어 보세요.

3회독 기록표

1회독		2회독		3회독	
학습날짜	월 일	학습날짜	월 일	학습날짜	월 일
시작시간	:	시작시간	:	시작시간	:
종료시간	:	종료시간	:	종료시간	:
점 수	점	점 수	점	점 수	점

01 다음 글에 이어질 내용으로 가장 적절한 것을 고르면?

○△×
○△×
○△×

내가 하동에 있을 때 집 곁에 작은 샘이 있었다. 그 근원이 수풀 속에 잠기어 나오는 방향을 알지 못하므로 이웃 사람들은 억측해서 분토(糞土) 속에서 나오는 것이라 말하며, 더럽게 여겨 먹으려 하지 않았다. 내가 가서 보고 그 근원을 씻고 그 흐름을 터 놓아, 동쪽에다가 벽돌로 우물을 만들었다. 이것은 바로 이웃에 있는 이름난 냉정(冷井)과 그 맥이 같고 그 맛이 또한 같으니, 한 근원이요 물줄기만 갈린 것이었다. 이에 부로(父老)들이 서로 와서 치하하며, 왕래하고 길어내며 사용해도 샘은 마르지 않았다. 이는 옛말과 같이 지혜를 써서 물을 흐르게 한 것인가, 아니면 흐르는 것을 거슬러 올라가 근원을 알아낸 것인가? 사람의 이치도 이와 비슷하다. 재주가 족히 임금을 착하게 하며 백성을 윤택하게 할 선비가 있는데 사람이 곁에서 비방하면 물러와서 부끄러움을 참아 때를 기다린다. 그러다가 하루아침에 성주를 만나고 지기를 만나 그 도를 천하에 행하게 되면 또 어찌 이 물과 다르겠는가?

① 오늘날 위에 있는 자는 다만 용모와 언사로써 사람을 취하고 그 마음의 옳고 그름에는 관심을 두지 않는다.

② 오늘날 위에 있는 자는 어려운 일이라고 하더라도 다만 도덕적으로 일을 처리하지 아니하고 겉만 보고 포기하는 경우가 허다하다.

③ 오늘날 위에 있는 자는 선비들의 행동이 같은 뿌리로 연결된 사실도 모른 채, 각각을 다르게 평가한다.

④ 오늘날 위에 있는 자는 어려운 일은 거들떠보지도 않고, 오로지 쉽고 편한 것만 생각하며 살아간다.

⑤ 오늘날 위에 있는 자는 인간의 마음가짐에 따라 세상과 사물의 이치조차 달라질 수 있다는 것을 모르고 있다.

02 다음 글에서 밑줄 친 포디즘이 가져 온 '많은 변화'로 옳은 것을 고르면?

○△×
○△×
○△×

미국의 자동화 회사인 포드사에서 시작된 새로운 경영 기법으로 출발한 포디즘은 많은 변화를 가져왔다. 포드의 시도는 기존에 있던 낡은 기술과 세분화된 분업 체계를 합리화한 것에 불과하였지만, 노동자들을 조립라인에 고정시켜 두고 작업물을 이동시키는 방식을 취함으로써 극적인 생산성 향상을 이루어 내는 데 성공한다. 물론 노동 과정 전체에 대한 관리와 구상, 그리고 통제와 실행의 분리는 이미 많은 산업에 도입되어 있었지만 포드가 특별히 기여한 점은, 대량 생산·대량 소비, 새로운 노동력 재생산 체계, 새로운 노동 통제와 관리의 정치학, 새로운 미학과 심리학, 요컨대 새로운 유형의 합리적이고 현대적이며 대중적인 민주 사회로의 변화이다. 이것은 새로운 생산 방식의 도입만을 의미하는 것이 아니라, 전반적으로 새로운 유형의 노동자와 새로운 유형의 인간을 창출하는 데에 기여했다. 포드에 의해 도입된 '하루 5달러, 8시간 노동'이라는 조치는 노동자들을 생산성 높은 조립라인 체제에 적응시키기 위한 조치였지만 그것은 동시에 노동자들에게 기업의 대량 생산 제품인 막대한 양의 재화들을 소비할 수 있는 충분한 수입과 여가 시간을 제공함을 뜻하였다. 이로써 1930년대 이후 1970년대 초반에 이르는 자본주의 세계의 오랜 호황을 가능케 한 대량 생산, 대량 소비의 새로운 시대가 열리게 된 것이다.

① 분업이라는 개념이 처음으로 등장하게 되었다.
② 노동자들의 수공 생산 방식이 대량 생산 방식에 밀려 사라지게 되었다.
③ 노동 과정을 통제하고 관리하는 방식이 처음 도입되었다.
④ 정치적으로 민주주의가 정착되는 계기가 되었다.
⑤ 쏟아져 나오는 상품을 소비할 수 있는 여가 시간과 수입을 가진 개인이 등장하였다.

03 다음 글의 흐름상 빈칸에 들어갈 내용으로 옳은 것을 고르면?

○△×
○△×
○△×

A는 월소득이 100만 원이다. 이 100만 원으로는 식구들 입에 풀칠하기도 바쁘다. 당연히 버는 것보다 쓰는 돈이 더 많을 수밖에 없다. 적자분은 정부 보조로 메우거나 적자 그 자체로 계속 쌓여간다. B는 월 200만 원을 번다. 적자는 아니지만 소득과 지출이 같다. 저축은 엄두도 나지 않는다. 그나마 수입과 지출의 끝수 맞추기가 점차 힘들어진다. ○○은행 경영연구소 자료에 따르면 지난해는 월평균 소득 115만~135만 원 계층에서 소득 대비 적자폭이 5.8%에 이르렀는데, 올 1/4분기 들어서는 월평균 소득 135만~155만 원 계층까지 적자로 돌아섰다. C는 월소득이 1,000만 원이다. 생활비는 600만 원이면 족하다. 나머지는 저축한다. 저축은 통상 금융기관을 경유해 기업투자로 이어진다.

국민소득은 국민 각자의 소득차가 있을지라도 이렇게 해서 다시 생산부문으로 순환되고, 투자분은 더 큰 부가가치를 창출하면서 다시 소득으로 돌아오게 마련이다. 그런데 최근 들어 이런 순환과정에 이상이 생기기 시작했다. C가 자신의 잉여소득 400만 원을 저축하지 않고 외국계 투자펀드에 집어넣거나 아니면 직접 해외유출시키고 있는 것이다. 주변에서는 재산의 국내외 포트폴리오를 다시 짠다는 소리가 여기저기서 들린다. C는 요즘 들어 일부러 해외로 나가 소비하는 경우가 많아졌다. 전에 없던 주변 눈총 때문이다. 이 부분까지 합하면 해외 유출분은 더 늘어난다.

A, B, C를 합쳐 매달 1,300만 원의 돈이 우리 사회를 돌아야 그나마 재생산을 유지할 텐데 전체 지출액수가 줄어들면 각자에게 돌아오는 미래 소득 역시 점차 축소될 수밖에 없다. 이런 과정은 국가 규모로 확대해도 마찬가지다. 현재 우리나라 대기업들은 현금 보유액만 40~50조 원에 달한다거나 아니면 수출 호조로 호황을 누린다는 이야기가 매스컴을 장식한 지 오래다. 그럼에도 내수시장에서는 전혀 실감이 나지 않는다. 그 이유는 (   )

① 가계의 월평균 적자폭이 확대되고 있기 때문이다.
② 기업에 대한 은행의 대출 한도가 감소했기 때문이다.
③ 돈 있는 사람들의 해외소비가 늘었기 때문이다.
④ 기업들이 해외로 투자를 돌리고 있기 때문이다.
⑤ 소득의 불균형이 더욱 심화되고 있기 때문이다.

04 다음 글을 읽고 '트랜스휴머니스트'들의 관점을 보여주는 주장으로 옳지 않은 것을 고르면?

○△×
○△×
○△×

트랜스휴머니즘은 '현재 인간의 모습은 발달의 끝이 아니며 초기 단계에 해당한다는 전제 아래 과학 기술을 통해 더 나은 인간이 될 수 있다고 주장하는 철학'이다. 트랜스휴머니즘은 휴머니즘의 확장으로 인간과 이성을 중시하는 휴머니즘을 추구하지만, 과학 기술이라는 새로운 방법을 통해 인간의 무한한 가능성을 계발한다는 점이 기존의 휴머니즘과 다르다.

트랜스휴머니즘이 주목받는 이유는 급속도로 발전하고 있는 과학 기술에 기반한 주장을 펴고 있기 때문이다. 과학자들은 인간 게놈 지도 완성 이후 개별 유전자의 역할을 분석하고 있으며, 이것이 성공하면 유전병이나 암 등을 예방할 수 있을 것으로 기대한다. 트랜스휴머니스트들은 이 결과를 바탕으로 한 유전자 치료를 통해 인간의 지능이나 성격, 육체적 특징도 변화시킬 수 있다고 주장한다.

이들은 뇌와 컴퓨터 네트워크를 연결해 생각만으로 e메일을 보내고 머릿속으로 인터넷 서핑을 하는 일도 상상하고 있다. 슈퍼컴퓨터와 연결된 뇌는 컴퓨터만큼 빨리 작동할 것이고 집중력이나 판단력을 높이는 약이나 소프트웨어의 도움으로 '슈퍼인텔리전스'가 구현된다고 이들은 상상한다.

① 만약 멀리 볼 수 있는 기능을 가진 의안이 개발된다면 당장 내 눈을 그것으로 바꿔 끼고 싶다.
② 다음 달에 있을 입사시험을 준비하기 위해 신경을 자극하는 약을 먹어서 최상의 두뇌 컨디션으로 문제를 풀 수 있게 대비해야겠다.
③ 신용카드도 귀찮은데 칩 같은 것을 몸속에 내장해서 사용하면 편리하지 않을까?
④ 인간을 위해 봉사하도록 스스로 학습과 사고가 가능한 인공지능 로봇이 개발되면 구매할 것이다.
⑤ 소프트웨어 갈아 끼우듯이 인간의 두뇌를 갈아 끼울 수만 있다면 정말 편할 것이다.

05 다음 글의 필자의 주장과 다른 것을 고르면?

○△×
○△×
○△×

우리가 차를 같이 타고 가는데 빨간 신호등이 켜져 당신이 차를 멈추었다고 하자. 그때 내가 왜 차를 멈추냐고 묻는다면 당신은 신호등을 가리키면서, "빨간 불이 켜지면 저는 항상 차를 멈추죠."라고 대답할 것이다. 잠시 후 전화벨이 울렸을 때 내가 "왜 수화기를 듭니까?"라고 물으면 당신은 "전화벨이 울렸기 때문이죠."라고 대답할 것이며, 너무나 당연한 것을 묻는 나를 어리석은 사람으로 여길 것이다. 당신은 빨간 신호등이 켜졌을 때 항상 차를 멈추고 전화벨이 울렸을 때 항상 수화기를 들었는가? 아주 급한 일로 인해 의식적으로 빨간 신호등을 무시한 적은 없었는가? 비록 전화가 걸려왔지만 그 순간에 더 중요한 일을 하고 있는 중이어서 전화를 받지 않은 경우가 때때로 있지는 않았는가? 빨간 신호등이 차를 멈추게 하고 벨소리가 전화를 받게 하는 것과 전혀 무관하다고 말하는 것은 아니다. 그러나 빨간 신호등과 전화소리가 차를 멈추게 하고 전화를 받게 하는 직접적인 원인이 되지는 않는다는 것을 말하고 있다. 우리는 생존하기 위해 최선을 다하려는 강한 욕구를 내면적으로 지니고 있기 때문에 빨간 신호등이 켜졌을 때 차를 멈춘다. 또한 우리들 대부분은 사람들과 이야기 하고 싶은 강한 욕구를 지니고 있기 때문에 전화벨이 울릴 때 수화기를 들게 된다. 복잡한 거리에서 빨간 신호등을 무시하고 달린다든가, 아무 일도 하지 않으면서 전화를 받지 않을 수 있는 가능성을 생각해 보라. 결국 당신을 행동하게 하는 것은 외부의 작용이 아니라 당신 자신의 내면적인 작용에 의한 것임이 명백해질 것이다. 만일 우리들의 행동이 외적요인에 의해서 결정된다고 믿는다면 우리는 생명을 가진 인간이 아니라 생명이 없는 기계처럼 행동하게 될 것이다.

① 살아가면서 만나는 모든 사람들이 나를 잘 대우해 주길 몹시 바라나 내가 원하는 것을 얻지 못해 슬퍼하는 것은 나의 선택 때문이다.
② 인생의 실패는 무관심했던 부모, 나의 비열했던 배우자, 혹은 불만스러운 직업 때문이다.
③ 어떤 행동이 어리석은 행동으로 보일지라도 그 행동은 자신의 내면적인 강한 욕구를 충족시키기 위한 수단이다.
④ 인간의 행동은 외부의 자극에 대한 반응으로만 설명될 수는 없다.
⑤ 인간이 생각하고 활동하고 느끼는 것은 내면작용에 의해서 일어난다.

06 다음 글의 내용과 일치하는 것을 고르면?

○△×
○△×
○△×

고려 초기에는 지방 여러 곳에 불교 신자들이 모여 활동하는 '향도(香徒)'라는 이름의 단체가 있었다. 당시에 향도는 석탑을 만들어 사찰에 기부하는 활동과 '매향(埋香)'이라고 불리는 일을 했다. 매향이란 향나무를 갯벌에 묻어두는 행위를 뜻한다. 오랫동안 묻어둔 향나무를 침향이라고 하는데, 그 향이 특히 좋았다. 불교 신자들은 매향한 자리에서 나는 침향의 향기를 미륵불에게 바치는 제물이라고 여겼다. 매향과 석탑 조성에는 상당한 비용이 들어갔는데, 향도는 그 비용을 구성원으로부터 거두어들여 마련했다. 고려 초기에는 향도가 주도하는 매향과 석탑 조성 공사가 많았으며, 지방 향리들이 향도를 만들어 운영하는 것이 일반적이었다. 향리가 지방에 거주하는 사람들 가운데 비교적 재산이 많았기 때문이다. 고려 왕조는 건국 초에 불교를 진흥했는데, 당시 지방 향리들도 불교 신앙을 갖고 자기 지역의 불교 진흥을 위해 향도 활동에 참여했다.

향리들이 향도의 운영을 주도하던 때에는 같은 군현에 속한 향리들이 모두 힘을 합쳐 그 군현 안에 하나의 향도만 만드는 경우가 대다수였다. 그러한 곳에서는 향리들이 자신이 속한 향도가 매향과 석탑 조성 공사를 할 때마다 군현 내 주민들을 마음대로 동원해 필요한 노동을 시키는 일이 자주 벌어졌다. 그런데 12세기에 접어들어 향도가 주도하는 공사의 규모가 이전에 비해 작아지고 매향과 석탑 조성 공사의 횟수도 줄었다. 이러한 분위기 속에서도 하나의 군현 안에 여러 개의 향도가 만들어져 그 숫자가 늘었는데, 그중에는 같은 마을 주민들만을 구성원으로 한 것도 있었다. 13세기 이후를 고려 후기라고 하는데, 그 시기에는 마을마다 향도가 만들어졌다. 마을 단위로 만들어진 향도는 주민들이 자발적으로 만든 것으로서 그 대부분은 해당 마을의 모든 주민을 구성원으로 한 것이었다. 이런 향도들은 마을 사람들이 관혼상제를 치를 때 그것을 지원했으며 자기 마을 사람들을 위해 하천을 정비하거나 다리를 놓는 등의 일까지 했다.

① 고려 왕조는 불교 진흥을 위해 지방 각 군현에 향도를 조직하였다.
② 향도는 매향으로 얻은 침향을 이용해 향을 만들어 판매하는 일을 하였다.
③ 고려 후기에는 구성원이 장례식을 치를 때 그것을 돕는 일을 하는 향도가 있었다.
④ 고려 초기에는 지방 향리들이 자신이 관할하는 군현의 하천 정비를 위해 향도를 조직하였다.
⑤ 고려 후기로 갈수록 석탑 조성 공사의 횟수가 늘었으며 그로 인해 같은 마을 주민을 구성원으로 하는 향도가 나타났다.

07 다음 글에 제시된 '전문가시스템'에 대한 설명으로 옳지 않은 것을 고르면?

○△×
○△×
○△×

논리적 추론을 기반으로 한 컴퓨터의 추론능력은 1970년대에 들어 전문가시스템 기술에서 진가를 발휘하기 시작했다. 전문가시스템이란 특정 분야의 전문적 지식을 바탕으로 추론을 통해 인간 전문가와 같은 판단이나 결론을 내리는 컴퓨터 프로그램을 말한다. 특히 초창기의 의료진단(MYCIN), 광물탐사를 위한 시추 데이터의 지질학적 분석(PROSPECTOR), 전화선의 고장진단(ACE) 등을 비롯해 현재 수많은 전문가시스템이 의료진단, 공정제어, 기계의 고장진단 및 수리, 주가예측, 군사 분야 등 다양한 분야에 활용되고 있다.

보통 전문가시스템에서는 지식을 규칙의 형태로 표현한다. 규칙이란 조건부와 결론부로 나누어지는데, 조건부의 조건이 만족되면 결론부의 결론을 도출하거나 결론부의 내용을 수행한다. 예를 들면 "몸에 열이 나고 기침을 하면 감기이다(또는 감기일 가능성이 크다)." 이와 같은 규칙을 적용해 실제로 몸에 열이 나고 기침을 한다면 감기라고 판단한다. 이 같은 단계를 여러 번 거침으로써 복잡한 추론이 가능해진다.

전문가시스템도 추론의 기본 원리는 논리적 추론과 유사하지만 한 가지 다른 점이 있다. 논리적 추론과 같이 규칙이 엄격하게 논리적으로 정확할 필요가 없다는 점이다. 예를 들면 "몸에 열이 나고 기침을 하면 감기이다"는 규칙이 꼭 100% 정확히 맞아야 할 필요는 없다.

인공지능의 초창기에 개발된 논리적 추론이나 전문가시스템의 추론 기법은 주로 기호를 바탕으로 이뤄진다는 특징이 있다. 즉 기호를 사용해 컴퓨터 내부적으로 지식을 표현하고 이를 적절한 규칙에 의해 변형함으로써 새로운 사실이나 판단을 도출하는 것이다.

① 전문가시스템은 지식을 조건부의 조건이 만족되면 결론부의 결론을 도출된다는 규칙의 형태로 나타낸다.

② 전문가시스템은 논리적 추론과 마찬가지로 설정된 규칙이 예외 없이 논리적으로 정확해야 한다는 조건하에서 성립한다.

③ 전문가시스템이란 일정한 분야의 전문적 지식을 기반으로 추론을 통해 인간 전문가와 같은 판단이나 결론을 내리는 컴퓨터 프로그램을 일컫는다.

④ 전문가시스템은 기호를 사용해 컴퓨터 내부적으로 지식을 표현하고 이를 적절한 규칙에 의해 바꿈으로써 새로운 사실이나 판단을 이끌어낸다.

⑤ 전문가시스템이 사용하는 기호적 방법은 인간의 지식과 사고를 표현하고 그것의 규칙을 찾아내는 데 일정한 한계를 지니고 있다.

08 다음 [가]~[마]를 글의 흐름에 따라 순서대로 바르게 나열한 것을 고르면?

○△✕
○△✕
○△✕

[가] 미국의 초대 재무장관인 해밀턴(A. Hamilton)으로 대표되는 제조업 중심의 북부는 보호주의 정책을 원하였고 남북전쟁이 북부의 승리로 끝났다는 사실로부터 우리는 이후 미국 무역정책의 골격이 보호주의로 되었음을 어렵지 않게 추론해 낼 수 있다.

[나] 유럽 산업혁명 연구의 권위자인 경제사학자 트레빌콕(C. Trevilcock)도 1879년에 시행된 독일의 관세 인상에 대해 논평하면서 당시 '자유무역 국가인 미국'을 포함한 모든 국가들이 관세를 인상하고 있었다고 서술하고 있을 정도이다.

[다] 하지만 학자들은 이 사실을 좀처럼 인정하지 않고 있으며, 일반 지식인들도 이 사실을 인식하지 못하는 듯하다.

[라] 저명한 경제학자 베어록(P. Bairoch)이 미국을 가리켜 근대적 보호주의의 모국이자 철옹성이라고 표현한 바 있듯이, 아마도 유치산업(幼稚産業)* 장려정책을 가장 열성적으로 시행한 국가는 미국일 것이다.

[마] 그러나 좀 더 세밀하고 공정하게 역사적 자료를 살펴보면 대부분의 신흥공업국들이 펴온 유치산업 보호정책이 미국의 산업화 과정에서 쉽게 발견되고 있고, 미국 경제 발전에도 매우 중요한 영향을 끼쳤다는 것을 알 수 있다.

* 유치산업: 장래에는 성장이 기대되나 지금은 수준이 낮아 국가가 보호하지 아니하면 국제 경쟁에서 견딜 수 없는 산업

① [가]－[마]－[다]－[라]－[나]
② [가]－[다]－[마]－[나]－[라]
③ [라]－[나]－[가]－[마]－[다]
④ [라]－[다]－[나]－[마]－[가]
⑤ [라]－[가]－[나]－[다]－[마]

09 **핸드폰 제조사에서 이번에 신제품 핸드폰의 가격을 책정하고 있다. 핸드폰 원가에 50% 이익을 붙여서 정가를 정하였는데, 가격 경쟁력을 위해 시장에서 팔 때는 현실적으로 정가의 20%를 할인하여 팔기로 하였다. 핸드폰을 1개 팔 때 이익이 50,000원일 경우 이 핸드폰의 원가를 고르면?**

○△×
○△×
○△×

① 200,000원　② 220,000원　③ 250,000원
④ 275,000원　⑤ 300,000원

10 **김 부장과 이 대리는 각각 3일, 5일 간격으로 당직을 선다. 또한, 두 사람은 내일부터 매주 토요일에 꽃꽂이 교실을 나간다. 오늘이 금요일이고 두 사람 모두 당직을 섰을 때, 첫 수업부터 열 번째 꽃꽂이 수업을 할 때까지 두 사람이 같이 당직을 서는 횟수를 고르면?**(단, 당직과 꽃꽂이 수업이 겹치는 날은 당직을 선다.)

○△×
○△×
○△×

① 1번　② 2번　③ 3번　④ 4번　⑤ 5번

11 다음 [표]는 2021년 상품 재고량과 평균 재고량에 따른 등급에 대한 자료이다. 이에 대한 설명으로 옳지 않은 것을 고르면?

○△×
○△×
○△×

[표1] 2021년 상품별·분기별 재고량 (단위: 개)

상품 종류	1분기 재고량	2분기 재고량	3분기 재고량	4분기 재고량	분기 평균 재고량
가	384	455	415	( )	457
나	376	347	277	466	( )
다	792	893	964	688	( )
라	259	356	311	298	( )
마	794	896	710	690	( )

[표2] 평균 재고량에 따른 등급

평균 재고량	등급
350개 이하	A
351~700개	B
701~1,050개	C

※ A등급의 경우 생산량을 늘리고, B등급 이하는 생산량을 10% 감소한다.

① 생산량을 늘리는 상품은 총 1개다.
② 가 상품의 4분기 재고량은 574개이다.
③ 나 상품의 경우 생산량을 늘리게 될 것이다.
④ 다 상품의 분기 평균 재고량은 C등급이다.
⑤ 마 상품의 생산량은 10% 감소할 것이다.

12 다음 [표]는 신문산업 지역별 매출액에 대한 자료이다. 이에 대한 설명으로 옳지 않은 것을 [보기]에서 모두 고르면?

○△×
○△×
○△×

[표] 신문산업 지역별 매출액 (단위: 백만 원)

항목	2014년				2015년			
	합계	지역 종합 일간	지역 종합 주간	인터넷 신문	합계	지역 종합 일간	지역 종합 주간	인터넷 신문
서울	2,888,543	2,051	6,931	349,507	3,012,458	9,594	7,265	370,942
부산	75,206	63,837	603	4,321	78,945	69,034	1,436	3,905
대구	67,087	61,415	741	3,510	70,769	64,152	730	4,395
인천	16,527	7,921	1,471	5,199	26,845	14,678	1,493	4,823
광주	35,924	27,799	1,185	5,083	36,959	29,565	504	4,444
대전	36,598	31,539	697	3,795	42,438	34,745	545	4,638
울산	13,898	10,789	798	1,727	14,626	11,415	646	1,899
세종	2,548	0	547	2,001	2,896	50	517	2,194

보기

㉠ 2014년과 2015년을 비교했을 때, 모든 지역의 지역 종합 일간 매출액은 증가했다.
㉡ 2015년 인터넷 신문의 매출액이 2014년 대비 감소한 지역의 개수는 전체 중 절반 이상이다.
㉢ 2014년 광주, 대전, 세종시의 신문 산업 총매출액의 합은 부산 지역의 총매출액보다 높다.

① ㉠ ② ㉡ ③ ㉠, ㉡ ④ ㉡, ㉢ ⑤ ㉠, ㉡, ㉢

13 다음 [그래프]는 중소기업인 A, B 기업의 근로자 형태조사에 대한 자료이다. 이에 대한 설명으로 옳지 않은 것을 고르면?

○△×
○△×
○△×

[그래프1] A기업 근로자 형태조사

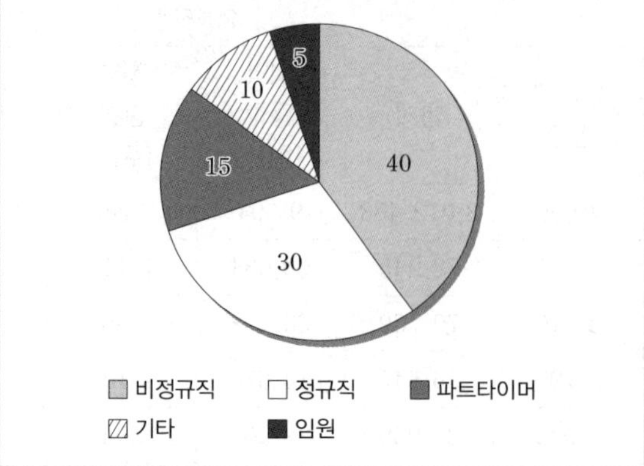

[그래프2] B기업 근로자 형태조사

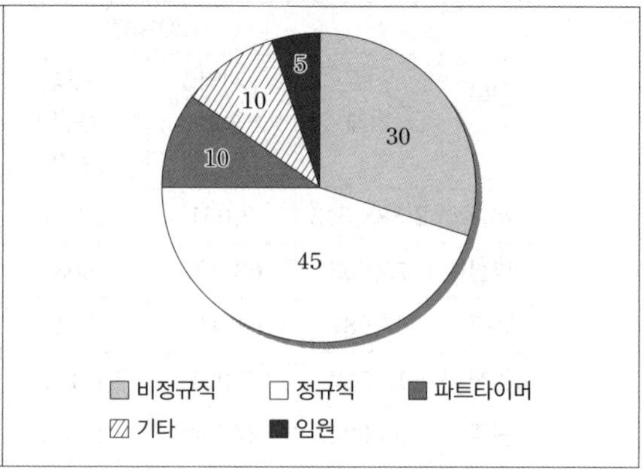

※ 그래프의 숫자는 %를 의미한다.
※ A, B 기업의 총근무자 수는 알 수 없으나 두 기업의 근무자 수는 같다.
※ A기업의 정규직은 12명이다.

① A기업의 임원은 3명이다.
② B기업의 정규직 수는 18명이다.
③ A기업의 파트타이머 수는 B기업보다 2명 많다.
④ B기업의 총근무자 수는 40명이다.
⑤ A기업의 비정규직 수가 B기업의 비정규직 수보다 4명 많다.

14 다음 [표]는 우리나라 콘텐츠 산업의 수출 현황에 대한 자료이다. 제시된 [조건]을 바탕으로 할 때, A, B, E에 해당하는 산업이 바르게 짝지어진 것을 고르면?

○△✕
○△✕
○△✕

[표] 우리나라 콘텐츠 산업의 수출 현황 (단위: 천 달러)

산업 \ 국가	중국	일본	인도	미국	합계
A	21,489	24,858	24,533	90,870	161,750
B	1,665	9,431	2,061	306	13,463
C	281,330	248,580	103,093	138,238	771,241
D	824	5,189	2,759	8,767	17,539
E	7,328	68,494	26,594	1,324	103,740

조건

- 출판산업의 수출액이 큰 순서는 미국, 일본, 인도, 중국이다.
- 영화산업의 수출액이 큰 순서는 미국, 일본, 인도, 중국이다.
- 음악산업과 방송산업 수출액의 합은 중국, 인도, 미국을 모두 합친 것보다 일본이 크다.
- 음악산업과 출판산업 수출액의 합이 가장 큰 국가는 미국이다.

	A	B	E
①	출판	방송	음악
②	영화	음악	방송
③	출판	음악	방송
④	영화	방송	음악
⑤	음악	영화	출판

15 **다음 [표]는 문화체육관광부에서 관광객의 쇼핑 만족도를 조사한 것이다. 이 자료에 대한 설명으로 옳은 것을 [보기]에서 고르면?**(단, 소수점은 둘째 자리에서 반올림한다.)

[표] 관광객 쇼핑 만족도

(단위: 건, %)

구분		사례 수	계	매우 불만족	불만족	보통	만족	매우 만족	해당 없음
전체	소계	12,003	100	0.1	0.3	6.8	44.3	43.9	4.6
거주국	일본	1,763	100	0.1	0.3	18.7	45.1	28.6	7.1
	중국	6,020	100	0.1	0.3	4.4	47.2	47.6	0.4
	홍콩	499	100	0	0.4	4.9	58.3	35.3	1.2
	싱가포르	158	100	0	0.8	4	41.5	47.2	6.6
	대만	639	100	0	0.4	4.1	47.5	47.4	0.5
	태국	324	100	0	0	4	37.9	57.7	0.4
	말레이시아	223	100	0	0	7.3	49.1	43	0.6
	미국	630	100	0	0.4	3.6	27.2	50.8	18.1
	캐나다	126	100	0	0.6	5.8	32.5	46.6	14.4
	영국	91	100	0.6	0.2	5.9	27.4	36.9	29
	러시아	138	100	0.3	0.5	5.2	26	62	6
	기타	1394	100	0	0.3	6.7	38	40.2	14.8
성별	남자	4,960	100	0.1	0.2	8.2	43.7	38.6	9.2
	여자	7,043	100	0.1	0.3	5.8	44.7	47.7	1.4
연령	15~19세	730	100	0	0.1	4.7	40.7	53.3	1.2
	20~29세	5,231	100	0.1	0.3	5	43.7	49.2	1.6
	30~39세	3,286	100	0.1	0.4	6.5	45.6	43.5	4
	40~49세	1,581	100	0.1	0.2	9.4	46.5	33.1	10.8
	50~59세	859	100	0	0.2	12.9	46.4	28.3	12.2
	60세 이상	287	100	0.5	0.5	14	32.8	34.6	17.6
	모름/무응답	29	100	0	0	15.2	25.5	45.9	13.3

보기

㉠ 쇼핑에 대해 '만족'이라고 응답한 캐나다인이 같은 항목으로 응답한 러시아인보다 많다.
㉡ '만족'과 '매우 만족'이라고 응답한 30대는 3,000명이 채 되지 않는다.
㉢ '보통'이라고 응답한 중국인의 수는 '보통'이라고 응답한 일본인 수의 80% 수준이다.

① ㉠　② ㉡　③ ㉠, ㉡　④ ㉡, ㉢　⑤ ㉠, ㉡, ㉢

16 다음 [그래프]는 2019~2021년 '갑'국의 건설, 농림수산식품, 소재 3개 산업의 기술도입액과 기술수출액 현황에 대한 자료이다. 이에 대한 설명으로 옳지 <u>않은</u> 것을 고르면?

○△× ○△× ○△×

[그래프] 3개 산업의 기술도입액과 기술수출액 현황

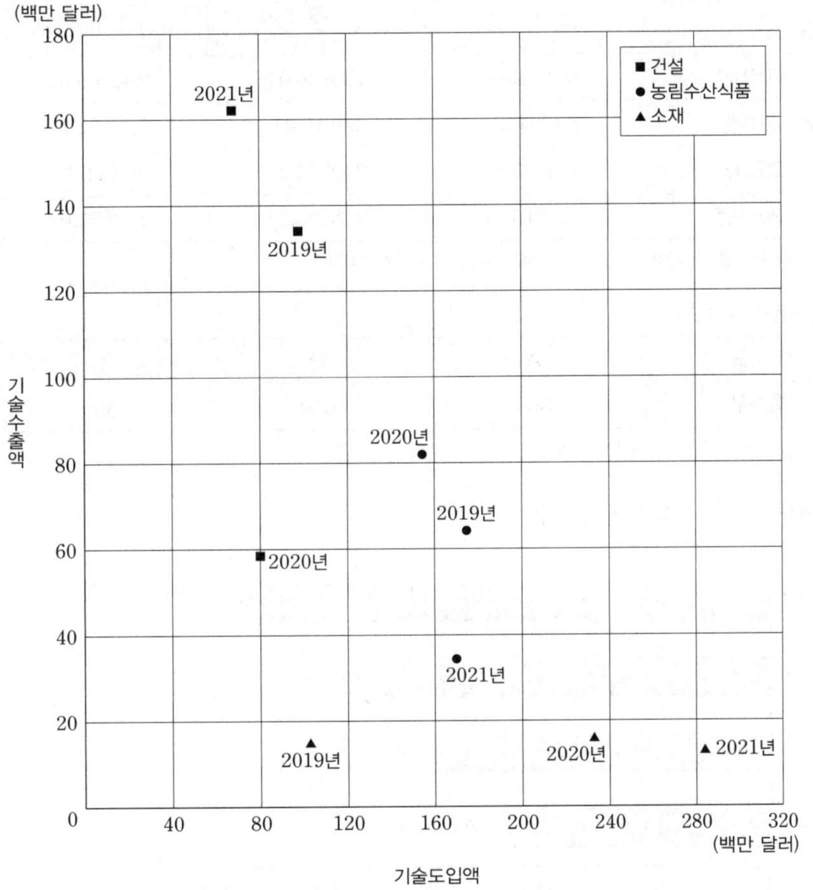

※ 기술무역규모 = 기술수출액 + 기술도입액

※ 기술무역수지 = 기술수출액 − 기술도입액

※ 기술무역수지비 = $\frac{\text{기술수출액}}{\text{기술도입액}}$

① 2020년 3개 산업 중 기술무역수지가 가장 작은 산업은 건설 산업이다.

② 2021년 3개 산업 중 기술무역규모가 가장 큰 산업은 소재 산업이다.

③ 2019년 3개 산업의 전체 기술도입액은 3억 달러 이상이다.

④ 소재 산업에서 기술무역수지는 매년 감소한다.

⑤ 농림수산식품 산업에서 기술무역수지비가 가장 큰 해는 2020년이다.

17 다음 [표]는 A~D 마을로 구성된 '갑'지역의 가구수에 대한 자료이다. 주어진 [표]를 이용하여 작성한 그래프로 옳은 것을 고르면?

○△×
○△×
○△×

[표1] 마을별 1인 가구 현황 (단위: 가구, %)

연도 \ 마을	A	B	C	D
2018년	90(18.0)	130(26.0)	200(40.0)	80(16.0)
2019년	220(36.7)	60(10.0)	130(21.7)	190(31.7)
2020년	305(43.6)	240(34.3)	80(11.4)	75(10.7)
2021년	120(15.0)	205(25.6)	160(20.0)	315(39.4)

※ (　　)는 연도별 '갑'지역 1인 가구수 중 해당 마을 1인 가구수의 비중임

[표2] 마을별 총가구수 (단위: 가구)

마을	A	B	C	D
총가구수	600	550	500	500

※ A~D 마을별 총가구수는 매년 변동 없음.

① 연도별 '갑'지역 1인 가구수

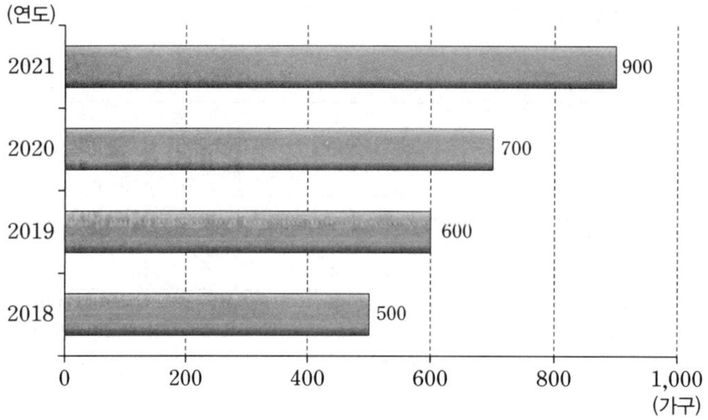

② 2021년 '갑'지역 마을별 2인 이상 가구의 구성비

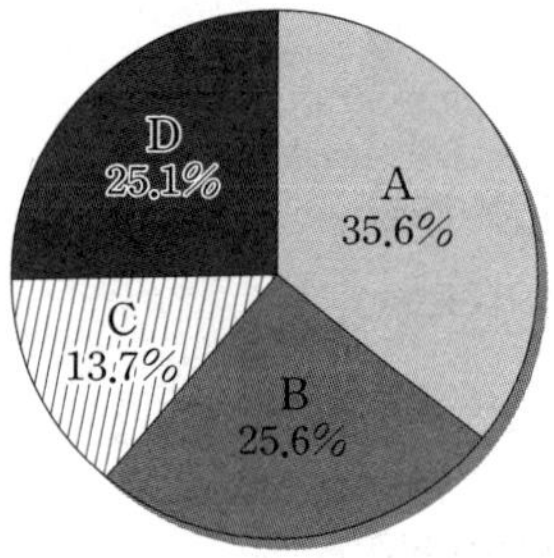

③ 연도별 A마을의 총가구수 대비 1인 가구수 비중

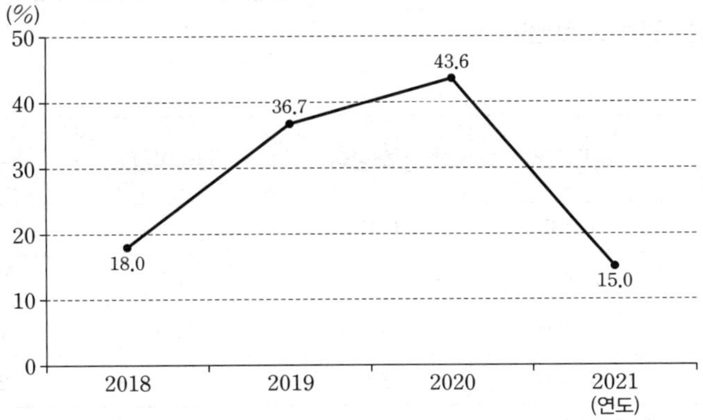

④ 연도별 B, C 마을의 2인 이상 가구수와 1인 가구수의 차이

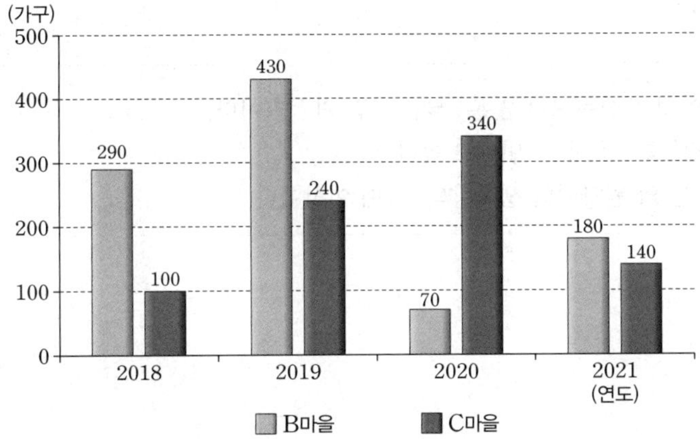

⑤ 연도별 D마을의 전년 대비 1인 가구수 증가율

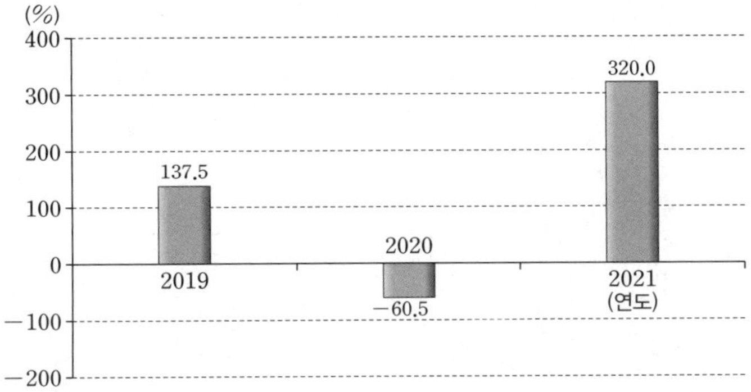

18 다음 [표]는 2020년 A~D국의 어업 생산량에 대한 자료이다. 주어진 [표]와 [조건]을 바탕으로 A~D에 해당하는 국가가 바르게 짝지어진 것을 고르면?

○△×
○△×
○△×

[표] 2020년 A~D국의 어업 생산량 (단위: 천 톤)

국가＼어업유형	전체	해면어업	천해양식	원양어업	내수면어업
A	3,255	1,235	1,477	( )	33
B	10,483	3,245	( )	1,077	3,058
C	8,020	2,850	( )	720	1,150
D	9,756	4,200	324	( )	2,287

※ 어업유형은 해면어업, 천해양식, 원양어업, 내수면어업으로만 구분됨

※ 어업유형별 의존도 $= \frac{\text{해당 어업유형의 어업 생산량}}{\text{전체 어업 생산량}}$

조건

- 내수면어업 생산량이 원양어업 생산량보다 많은 국가는 '갑'과 '병'이다.
- 해면어업 의존도는 '갑'~'정' 중 '정'이 두 번째로 높다.
- '병'의 천해양식 생산량은 '을'의 원양어업 생산량의 1.1배 이상이다.

	A	B	C	D
①	을	갑	병	정
②	을	병	갑	정
③	병	을	정	갑
④	정	갑	병	을
⑤	정	병	갑	을

19 다음 명제가 모두 참일 때, 옳지 않은 것을 고르면?

○△×
○△×
○△×

- 여름을 좋아하는 사람은 스노클링을 선호한다.
- 스노클링을 선호하는 사람은 세부로 여행을 간다.
- 다이빙을 좋아하는 사람은 등산을 싫어한다.
- 세부 여행을 가는 사람은 다이빙을 좋아한다.

① 등산을 좋아하는 사람은 스노클링을 선호하지 않는다.
② 여름을 좋아하는 사람은 다이빙을 좋아한다.
③ 세부로 여행을 가지 않는 사람은 여름을 좋아하지 않는다.
④ 스노클링을 선호하는 사람은 등산을 싫어할 것이다.
⑤ 다이빙을 좋아하는 사람은 여름을 좋아한다.

20 갑, 을, 병, 정, 무 5명은 ○× 형태의 4개 문제를 풀었다. [조건]을 참고했을 때, 옳지 않은 것을 고르면?

○△×
○△×
○△×

조건

㉠ 5명 모두가 ○로 답한 문제가 1개 있다.
㉡ 모든 문제에 ○로 답한 사람이 1명 있다.
㉢ 을과 병은 4번을 ×로 답했고, 갑과 무는 3번을 ○로 답했다.
㉣ 갑은 ○로 답한 문제가 ×로 답한 문제보다 2문제 많다.
㉤ ○×문제 1번부터 4번까지의 정답은 순서대로 ○, ×, ○, ×이다.
㉥ 1번에 ×로 답한 사람은 2번에도 ×로 답했다.
㉦ 1번을 틀린 사람은 1명이며, 4번을 틀린 사람은 3명이다.
㉧ 갑보다 을의 총점이 높으며, 무보다 정의 총점이 높다.

① 갑은 1번을 ○로 답한다.
② 을의 총점은 4점이다.
③ 병은 3번을 ×로 답한다.
④ 정의 총점은 3점이다.
⑤ 무는 모든 문제에 ○로 답한다.

21 서로 다른 크기의 케이크가 네 조각 있고, 케이크의 크기가 클수록 포장 상자의 크기도 크다. 친구 4명이 케이크를 하나씩 갖고 있고, 다음 대화에서 한 명이 반대로 말하고 있을 때, 가장 작은 케이크를 먹는 사람과 가장 큰 케이크를 먹는 사람이 순서대로 바르게 나열된 것을 고르면?

○△×
○△×
○△×

> 우진: 영민이 형이 대휘보다 포장상자가 크다.
> 영민: 대휘는 우진이 보다 크고 나보다 작은 케이크를 먹는다.
> 대휘: 동현이 형은 포장상자가 제일 작다.
> 동현: 우진이는 대휘보다 큰 케이크를 먹는다.

① 우진, 영민　② 영민, 대휘　③ 동현, 영민　④ 대휘, 동현　⑤ 우진, 대휘

22 다음 결론을 완성하기 위한 가정과 사실로 옳은 것을 [보기]에서 모두 고르면?

○△×
○△×
○△×

> 가정: ______________________
> 사실: ______________________
> 결론: 장미는 시들지 않는다.

보기

> ㉠ 모든 꽃은 시들지 않는다.
> ㉡ 시든 장미는 꽃이 아니다.
> ㉢ 어떤 꽃은 시들지 않는다.
> ㉣ 장미는 꽃이다.
> ㉤ 시들지 않는 꽃은 존재하지 않는다.

① ㉠, ㉢　② ㉠, ㉣　③ ㉡, ㉣　④ ㉢, ㉣　⑤ ㉤, ㉣

23 다음 글과 대화를 근거로 판단할 때, '병'이 받을 수 있는 최대 성과점수를 고르면?

○△×
○△×
○△×

- A과는 과장 1명과 주무관 4명(갑, 을, 병, 정)으로 구성되어 있으며, 주무관의 직급은 갑이 가장 높고, 을, 병, 정 순으로 낮아진다.
- A과는 프로젝트를 성공적으로 마친 보상으로 성과점수 30점을 부여받았다. 과장은 A과에 부여된 30점을 자신을 제외한 주무관들에게 분배할 계획을 세우고 있다.
- 과장은 주무관들의 요구를 모두 반영하여 성과점수를 분배하려 한다.
- 주무관들이 받는 성과점수는 서로 다른 자연수이다.

갑: 과장님이 주시는 대로 받아야죠. 아! 그렇지만 '정'보다는 제가 높아야 합니다.
을: 이번 프로젝트 성공에는 제가 가장 큰 기여를 했으니, 제가 가장 높은 성과점수를 받아야 합니다.
병: 기여도를 고려했을 때, 제 경우에는 상급자보다는 낮게 받고 하급자보다는 높게 받아야 합니다.
정: 저는 내년 승진에 필요한 최소 성과점수인 4점만 받겠습니다.

① 6점 ② 7점 ③ 8점 ④ 9점 ⑤ 10점

24 다음 [표]는 각 도시 간의 물류비용을 나타낸 것이다. A시에서 출발하여 F시까지 10톤의 화물을 최소 비용으로 운송할 때, 지나지 않아야 하는 도시를 모두 고르면?

○△×
○△×
○△×

[표] 각 도시 간 물류비용 행렬표 (단위: 만 원/톤)

구분	A	B	C	D	E	F
A	–	7	6	∞	∞	∞
B	7	–	∞	10	3	∞
C	6	∞	–	∞	7	∞
D	∞	10	∞	–	∞	4
E	∞	3	7	∞	–	1
F	∞	6	∞	4	1	–

※ ∞는 비용이 무한히 소요된다는 것을 의미함

① B, C ② B, D ③ C, D ④ C, E ⑤ D, E

25 다음 자료와 [상황]을 근거로 판단할 때, 옳은 것을 [보기]에서 모두 고르면?

○△×
○△×
○△×

○ 지방자치단체는 공립 박물관·미술관을 설립하려는 경우 □□부로부터 설립타당성에 관한 사전평가(이하 '사전평가')를 받아야 한다.

○ 사전평가는 연 2회(상반기, 하반기) 진행한다.
 – 신청기한: 1월 31일(상반기), 7월 31일(하반기)
 – 평가기간: 2월 1일~4월 30일(상반기)
   8월 1일~10월 31일(하반기)

○ 사전평가 결과는 '적정' 또는 '부적정'으로 판정한다.

○ 지방자치단체가 동일한 공립 박물관·미술관 설립에 대해 3회 연속으로 사전평가를 신청하여 모두 '부적정'으로 판정받았다면, 그 박물관·미술관 설립에 대해서는 향후 1년간 사전평가 신청이 불가능하다.

○ 사전평가 결과 '적정'으로 판정되는 경우, 지방자치단체는 부지매입비를 제외한 건립비의 최대 40%를 국비로 지원받을 수 있다.

상황

아래의 표는 지방자치단체 A~C가 설립하려는 공립 박물관·미술관의 건립비를 나타낸 것이다.

지방자치단체	설립 예정 공립 박물관·미술관	건립비(원)	
		부지매입비	건물건축비
A	甲미술관	30억	70억
B	乙박물관	40억	40억
C	丙박물관	10억	80억

보기

㉠ 甲미술관을 국비 지원 없이 설립하기로 했다면, A는 사전평가를 거치지 않고도 甲미술관을 설립할 수 있다.

㉡ 乙박물관이 사전평가에서 '적정'으로 판정될 경우, B는 최대 32억 원까지 국비를 지원받을 수 있다.

㉢ 丙박물관이 2019년 하반기, 2020년 상반기, 2020년 하반기 사전평가에서 모두 '부적정'으로 판정된 경우, C는 丙박물관에 대한 2021년 상반기 사전평가를 신청할 수 없다.

① ㉠ ② ㉢ ③ ㉠, ㉡ ④ ㉡, ㉢ ⑤ ㉠, ㉡, ㉢

정답과 해설 ▶ P.22

에듀윌 공기업

매일 1회씩 꺼내 푸는 NCS Ver.2

DAY 05

eduwill

매1N 3회독 루틴 프로세스

*더 자세한 내용은 매1N 3회독 학습가이드를 확인하세요!

1 3회독 기록표에 학습날짜와 문제풀이 시작시간을 적습니다.

2 시험장에서 문제를 푸는 것처럼 풀어 보세요.

3 모바일 OMR 또는 회독용 답안지에 마킹한 후, 종료시간을 적고 초과시간을 체크합니다.

▶모바일 OMR 바로가기

[DAY 05]

http://eduwill.kr/te8j

4 문항별 3회독 체크표(○△×)에 표시합니다. 문제를 풀면서 알고 풀었으면 ○, 헷갈렸으면 △, 전혀 몰라서 찍었으면 ×에 체크하세요.

3회독 TIP

- 1회독: 25문항을 빠짐없이 풀어 보세요.
- 2~3회독: 틀린 문항만 골라서 풀어 보세요.

3회독 기록표

1회독		2회독		3회독	
학습날짜	월 일	학습날짜	월 일	학습날짜	월 일
시작시간	:	시작시간	:	시작시간	:
종료시간	:	종료시간	:	종료시간	:
점 수	점	점 수	점	점 수	점

01 다음 글의 ㉠~㉤중 문맥상 어울리지 않는 문장을 고르면?

○△× ○△× ○△×

오늘날 악성 이동 코드가 중요한 보안 문제가 되고 있다. 악성 이동 코드로부터 접속자의 컴퓨터를 보호하기 위하여 다음의 두 가지 방법이 제시되고 있다.

첫 번째는 '인증에 의한 방법'이다. ㉠ 이동 코드가 전송되어 오면 브라우저는 접속자에게 이동 코드 작성자에 대한 정보를 제공하여 접속자가 해당 코드를 실행할 것인지 결정하도록 한다. ㉡ 이때 접속자는 해당 코드의 제작자가 신뢰할 만한지 판단하여 실행 여부를 결정하게 된다. ㉢ 이 방법을 위하여 프로그램이 열리지 않은 상태에서도 실제처럼 시뮬레이션을 할 수 있는 기술이 사용된다.

두 번째 방법은 프로그램의 '분석에 의한 방법'이다. ㉣ 프로그램 분석이란 프로그램을 실행하기 전에 프로그램의 안전성을 자동으로 미리 검사하는 기술을 말한다. ㉤ 즉, 이동 코드가 접속자의 컴퓨터로 전송되면 접속자의 브라우저 프로그램이 전송된 이동 코드가 안전한지를 자동으로 검사한 후에 실행하도록 하는 방법이다.

① ㉠ ② ㉡ ③ ㉢ ④ ㉣ ⑤ ㉤

02 다음 글에 이어질 내용으로 가장 적절한 것을 고르면?

○△×
○△×
○△×

1811년, 영국 노팅엄 지역에서는 네드 러드(Ned Lud)라는 사람이 주도한 비밀결사가 하나 조직되었다. 당시 노팅엄은 영국의 대표적 섬유산업 도시였는데 방적기와 직조기계들이 도입되자 이전의 숙련공들은 모조리 실직의 위협에 처했다. 네드 러드와 그의 동료들은 자신들의 불행이 악마와 같은 기계 탓이라고 믿었고 밤마다 복면을 쓰고 공장의 기계들을 때려 부수기 시작했다. 비밀결사는 대규모 실업과 함께 급속히 확산되었고 이 기계파괴운동은 네드 러드의 이름을 따서 '러다이트(Lud-diet)'로 불렸다. 이 운동은 당황한 영국 정부가 투입한 군대에 의해서 곧 유혈 진압되었지만 러다이트는 반(反)테크놀로지의 정신과 운동을 뜻하는 일반명사로 자리 잡았다.

우리는 이 사건을 역사의 뒤안길에서 만나게 되는 우발적 해프닝으로 간주하기 쉽지만 1980년대에 불어 닥친 컴퓨터 도입과 사무자동화의 흐름이 엄청난 수의 화이트컬러들을 직장에서 몰아냈다는 것을 생각해볼 때 결코 과거형 사건만은 아니라는 것을 알 수 있다. 결코 역사의 흐름을 뒤로 돌릴 수 없다는 점에서 러다이트 운동은 틀린 것이었지만 역사의 패러다임 전환이 결코 순조롭거나 모두를 행복하게 하지는 않는다는 점에서 그들의 운동은 되새겨 볼 만한 점들을 가지고 있다.

평등과 민권을 향한 역사의 흐름은 프랑스에서 엄청난 유혈혁명을 요구했으며 고급 귀족문화의 깊이를 묻어 버렸다. 프랑스 혁명의 성공과 과오는 이후 모든 민주주의 혁명에서 유사한 형태로 반복되었다. 자본주의와 기술문명의 확산도 결코 긍정적인 것만은 아니었다. 과학기술과 자본주의의 만남은 세계 어느 곳에서나 인간의 편익을 눈에 띄게 증대시켰으나 과도한 자원낭비와 환경파괴, 인간소외와 빈부격차의 그늘을 드리웠다. 이처럼 역사의 패러다임을 바꾼 다른 모든 거대한 전환의 흐름들은 빛과 그늘을, 긍정성과 부정성의 양면을 모두 가지고 있으며 지구화도 여기서 예외가 아니다.

① 러다이트(Lud-diet) 운동의 교훈
② 반(反)테크놀로지의 정신과 운동
③ 지구화의 빛과 그늘
④ 프랑스 혁명의 성공과 과오
⑤ 지구화가 가져올 긍정적 변화

03 다음 글에 대한 설명으로 옳은 것을 고르면?

○△×
○△×
○△×

'청렴(淸廉)'은 현대 사회에서 좁게는 반부패와 동의어로 사용되며 넓게는 투명성과 책임성 등을 포괄하는 통합적 개념으로 사용되고 있다. 유학자들은 청렴을 효제와 같은 인륜의 덕목보다는 하위에 두었지만 군자라면 마땅히 지켜야 할 일상의 덕목으로 중시하였다. 조선의 대표적 유학자였던 이황과 이이는 청렴을 사회 규율이자 개인 처세의 지침으로 강조하였다. 특히 공적 업무에 종사하는 사람이라면 사회 규율로서의 청렴이 개인의 처세와 직결된다는 점에 유념해야 한다고 보았다.

청렴에 대한 논의는 정약용의『목민심서』에서 본격적으로 나타난다. 정약용은 청렴이야말로 목민관이 지켜야 할 근본적인 덕목이며 목민관의 직무는 청렴 없이는 불가능하다고 강조하였다. 정약용은 청렴을 당위의 차원에서 주장하는 기존의 학자들과 달리 행위자 자신에게 실질적 이익이 된다는 점을 들어 설득하고자 한다. 그는 청렴은 큰 이득이 남는 장사라고 말하면서, 지혜롭고 욕심이 큰 사람은 청렴을 택하지만 지혜가 짧고 욕심이 작은 사람은 탐욕을 택한다고 설명한다. 정약용은 '지자(知者)는 인(仁)을 이롭게 여긴다.'라는 공자의 말을 빌려 '지혜로운 자는 청렴함을 이롭게 여긴다.'라고 하였다. 비록 재물을 얻는 데 뜻이 있더라도 청렴함을 택하는 것이 결과적으로는 지혜로운 선택이라고 정약용은 말한다. 목민관의 작은 탐욕은 단기적으로 보면 눈앞의 재물을 취하여 이익을 얻을 수 있겠지만 궁극에는 개인의 몰락과 가문의 불명예를 가져올 수 있기 때문이다.

정약용은 청렴을 지키는 것은 두 가지 효과가 있다고 보았다. 첫째, 청렴은 다른 사람에게 긍정적 효과를 미친다. 목민관이 청렴할 경우 백성을 비롯한 공동체 구성원에게 좋은 혜택이 돌아갈 것이다. 둘째, 청렴한 행위를 하는 것은 목민관 자신에게도 좋은 결과를 가져다준다. 청렴은 그 자신의 덕을 높이는 것일 뿐 아니라 자신의 가문에 빛나는 명성과 영광을 가져다줄 것이다.

① 정약용은 '지자(知者)는 인(仁)을 이롭게 여긴다'는 말을 남기며 청렴의 중요성에 대해 강조했다.
② 이황과 이이는 청렴의 실질적 이익 측면이 개인적인 처세와 이어지는 점을 주의해야 한다고 보았다.
③ 정약용은 청렴을 지키면 공동체 구성원뿐만 아니라 목민관 자신에게도 긍정적인 결과를 가져다준다고 생각했다.
④ 유학자들은 청렴을 마땅히 지켜야 할 일상의 덕목으로 여기며 인륜의 덕목보다 상위에 두고 중시했다.
⑤ 정약용은 목민관의 직무가 청렴 없이는 불가능하다며 당위성을 주장했다.

04 다음 글의 제목으로 옳은 것을 고르면?

○△×
○△×
○△×

전쟁은 사회 집단들이 지켜왔던 영토 금기라는 튼튼한 천이 폭력으로 찢겨나가는 것이라고 정의할 수 있다. 호전적인 정책의 배후에 있는 힘은 대개 친족과 동료들에 대한 개인의 비합리적으로 과장된 충성심, 즉 자민족 중심주의이다. 일반적으로 원시인들은 세계를 두 가지 가시적인 영역으로, 즉 집, 마을, 친족, 유순한 동물, 무당 등 가까운 환경과 이웃 마을, 동맹 부족, 적, 야생 동물, 유령 등 그보다 멀리 있는 세계로 나눈다. 이 초보적인 지형학은 공격하고 살해할 수 있는 적과 그럴 수 없는 동료를 더 쉽게 구별할 수 있게 해준다. 이런 대비는 적을 끔찍한 존재로, 나아가 인간 이하의 존재로 격하시킴으로써 더 선명해진다.

브라질의 문두루쿠족 인간 사냥꾼들은 이런 구별을 실천했을 뿐 아니라 자신들의 적을, 말 그대로 사냥감으로 여겼다. 인간의 머리를 전리품으로 가져온 자에게는 높은 지위가 주어졌다. 초자연적인 숲의 힘을 부여받은 특별한 사람이라고 여겨졌기 때문이다. 전쟁은 고급 예술로 승화되었고, 다른 부족들은 특히 위험한 동물 무리로 간주되어 노련한 사냥꾼의 사냥감이 되었다.

① 전쟁의 발생원인
② 전쟁의 폐해
③ 전쟁의 잔인성
④ 전쟁의 특징
⑤ 전쟁 피해의 치유방법

05 다음 [가]~[마]를 글의 흐름에 따라 순서대로 바르게 나열한 것을 고르면?

○△×
○△×
○△×

[가] 그러나 "살인은 죄악이다"와 같은 가치 판단은 규범의 경우와 마찬가지로 단지 어떤 희망을 표현하는 것에 불과하지만 문법적으로는 서술문의 형식을 가지고 있다. 일부 사람들은 이러한 형식에 속아 넘어가서 가치 판단이 실제로는 하나의 주장이며, 따라서 참이거나 거짓이 되어야만 한다고 생각한다.

[나] 윤리학은 규범에 관한 진술을 연구하는 학문이다. 우리가 하나의 규범을 진술하고 있는지 아니면 가치 판단을 진술하고 있는지에 관한 문제는 단지 설명 방식의 차이에 불과하다.

[다] 그러므로 이들은 자신의 가치 판단에 관한 근거를 제시하고 이를 반대하는 사람들의 주장을 논박하려고 노력한다.

[라] 그러나 실제로 가치 판단은 오해의 소지가 있는 문법적 형식을 가진 명령이다. 그것은 사람들의 행위에 영향을 미칠 수 있으며 이러한 영향은 우리들의 희망에 부합하거나 부합하지 않을 뿐이지 참이거나 거짓이라고 할 수 없다.

[마] 규범은 예를 들어 "살인하지 말라"와 같은 명령 형식을 가지고 있다. 이 명령에 대응하는 가치 판단은 "살인은 죄악이다"와 같은 것이다. "살인하지 말라"와 같은 규범은 문법적으로 명령 형식이며, 따라서 참이거나 거짓으로 드러날 수 있는 사실적 진술로 간주되지 않을 것이다.

① [나]－[가]－[라]－[마]－[다]
② [나]－[마]－[가]－[다]－[라]
③ [나]－[마]－[라]－[다]－[가]
④ [마]－[라]－[가]－[나]－[다]
⑤ [마]－[다]－[나]－[라]－[가]

06 다음 글의 흐름상 빈칸에 들어갈 내용으로 가장 적절한 것을 고르면?

○△✕
○△✕
○△✕

경제학적으로 보면, 오염물질을 배출한다는 것은 곧 그 오염물질을 배출하는 용도로 환경을 이용한다는 것이다. 예컨대 폐수를 강에 쏟아 붓는 기업은 생산 과정에서 나오는 폐수를 처분하기 위한 매체로 강이라는 환경의 일부를 이용하는 것이며, 매연가스를 뿜어대는 기업은 그 매연가스를 처분하기 위한 매체로 대기의 일부를 이용하는 셈이다. 이렇게 보면 환경오염이란 환경을 오염물질 배출이라는 특정 용도에 과도하게 이용한 결과 이 환경의 다른 용도에 현저한 지장을 주는 현상이라고 말할 수 있다. 예를 들면, 대기오염이라는 것은 공해업체가 우리의 대기를 각종 대기오염 물질을 배출하는 용도로 과도하게 이용한 결과, 일반 시민들이 호흡하는 용도에 이 대기를 이용하는 데 현저한 지장을 주는 현상이라고 말할 수 있다. 공해업체가 환경을 오염물질 배출 용도로 과도하게 쓰는 이유는 그 환경의 다른 용도에 미칠 지장에 상응하는 만큼의 응분의 대가를 지불하지 않아도 되기 때문이다. 따라서 경제학이 환경문제에 대하여 제시하는 대책이란 원칙적인 차원에 있어서는 간단하다. 즉, 환경오염의 원인자로 하여금 환경의 이용에 대하여 응분의 대가를 정확하게 치르게 하는 것이다. 달리 말하면, 마치 쌀이나 옷에 가격을 매겨서 유통시키듯이 환경에도 적정가격을 붙여서 환경을 이용하는 사람에게 이 가격을 치르게 하는 것이다. 환경을 오염시키는 행위에 응분의 가격을 치르게 만든다면, 반대로 환경의 개선에 기여하는 행위는 응분의 가격을 받게 만들어야 할 것이다. (   )

① 이와 같이 경제학의 입장에서 보면 환경이라는 것도 거래대상이 되는 자원처럼 취급되게 해야 한다.
② 즉 어떤 자원이든지 충분한 대가가 있어야 공급된다.
③ 말하자면 정부가 환경에 대한 시장을 조성해주어야 한다.
④ 요컨대 환경문제의 근본적인 원인은 인간의 자연에 대한 지배에 있는 것이 아니라 인간에 의한 인간의 지배에 있다.
⑤ 다시 말해서 이미 자본화된 자연자원을 어떻게 잘 이용하느냐의 문제가 대두된다.

07 다음 글의 중심 내용으로 적절한 것을 고르면?

○△×
○△×
○△×

인류는 산업혁명의 시기마다 과학기술의 확산에 의하여 사회, 경제, 환경의 전반에서 불연속적인 변화를 경험해 왔다. 하지만 미래 생산과 소비의 혁명은 지난 산업혁명과 비교하여 볼 때 더욱 큰 파고로 나타날 것이다. 지능정보기술을 비롯한 핵심 기술들은 변화의 중요한 원동력으로, 생산과 소비에서 자동화를 진전시키고, 가치 있는 데이터를 공급하며, 사람과 사물을 더욱 긴밀하게 연결해 줄 것이다. 그리고 경제·사회 영역에서 인구구조의 변화, 기후변화와 자원부족, 경제 저성장, 세계화의 가속과 신보호 무역주의의 등장은 생산과 소비에 새로운 과제를 부여하며 변화를 이끌 것이다.

앞서 일어난 산업혁명의 시기마다 새로운 범용 기술(General－Purpose Technology, GPT)이 등장하여 경제·사회를 변화시켰다. 범용 기술이란, 1차 산업혁명 시대의 증기기관, 2차 산업혁명 시대의 전기기관, 3차 산업혁명 시대의 ICT처럼, 경제·사회 전반에 영향을 미치며 극적인 변화를 가져오는 기술을 뜻한다. 다가올 미래에는 사물인터넷, 인공지능, 빅데이터, 클라우드 컴퓨팅, 로봇공학(Robotics), 3D 프린팅, 블록체인(Blockchain) 등의 기술이 지능정보기술로 진화하여 생산과 소비의 변화를 주도할 것으로 전망된다.

4차 산업혁명기에는 빅데이터, 인공지능 등 과학기술의 진보로 인해 가상공간과 실제공간을 결합시키는 새로운 플랫폼이 출현할 것이다. 이 플랫폼에서 이전에는 생각지도 못하던 사업 모델들이 생겨나며 생산과 소비가 함께 변화할 것이다. 이를 통해 소비자들은 능동적으로 생산에 관여하며 수요와 공급 간의 상호작용도 더욱 활발해질 것으로 예상된다. 그 결과 획일적인 대량생산 대신 소비자가 중심이 되는 맞춤형 생산 활동이 늘어날 것으로 기대된다. 기업들은 소비자 개개인의 다양한 요구를 만족시키고 시장과 끊임없이 소통하는 데 더 많은 노력을 기울일 것이다. 이에 따라 제품, 서비스의 혁신 활동에 일반 시민, 소비자들도 적극적인 동반자로 참여하면서 생산·소비 활동이 더욱 풍요로워질 것으로 기대된다.

또한, 과학기술의 발전과 사회·경제·환경의 변화가 맞물리면서 생산과 소비는 큰 변화를 겪을 것이다. 이러한 변화상은 생산과 소비의 '다양화'와 '융합'이라는 두 가지 키워드로 요약할 수 있다. 우선 생산과 소비의 모습이 다양해질 것이다. 미래에는 개인마다 수요가 더욱 다양화되고 시장의 소비 트렌드는 급격하게 변화할 것이다. 이에 맞추어 생산은 신속하고 유연하게 제품과 서비스를 만들어내는 방향으로 진화할 전망이다. 또한, 세계적으로 지속가능성에 대한 우려가 높아지면서 생산은 더욱 환경친화적으로 바뀔 것이다. 더불어, 생산과 소비의 영역 간 융합이 두드러질 전망이다. 특히, 제품과 서비스의 융합이 더욱 활발해지고, 인간과 기계의 협업으로 생산·소비가 스마트하게 이루어지며, 생산·소비 네트워크가 세계적 차원으로 확대되어 글로벌 융합도 이루어질 것으로 예상된다.

① 4차 산업혁명기에서 빅데이터를 비롯한 과학기술의 역할
② 새롭게 등장한 범용 기술이 사회 전반에 미치는 영향
③ 다양화와 융합으로 이어지는 소비 트렌드
④ 4차 산업혁명 시대의 생산과 소비 변화
⑤ 새로운 플랫폼에서의 생산과 소비의 상호작용

08 다음 글을 읽고 추론할 수 없는 것을 [보기]에서 모두 고르면?

○△×
○△×
○△×

감염성 질병은 단지 감염을 초래하는 미생물이 환경에 존재한다고 발생하는 것이 아니다. 질병은 미생물의 활동과 인간활동 간의 상호작용으로 초래된다. 병원균에 의한 대부분의 감염 현상은 감염되는 개체의 밀도와 수에 의존한다. 문명의 발달로 인구밀도가 높아짐에 따라 이전에는 인간에게 거의 영향을 줄 수 없었던 병원균들이 인간사회의 주변에 생존하면서 질병을 일으키게 되었다. 인간활동이 질병을 초래하는 매체들의 서식지 등에 영향을 주면서 이러한 현상이 발생하였다. 말라리아와 같은 질병은 인간이 정주생활과 농경을 위해 대규모로 토지를 개간함으로써 흐르지 않는 물이 늘어나 모기 등의 서식지를 확대시켰기 때문에 발생하였다.

인간의 정주생활은 특정 병원 매체와 인간의 계속적인 접촉을 가능하게 하였다. 회충, 촌충과 같은 기생충은 일정 기간을 인간의 신체 밖에서 성장하는데 인간이 정주생활을 함에 따라 병원체의 순환이 가능해졌다. 현대의 많은 질병은 인간이 식용목적으로 동물을 사육함에 따라 동물의 질병이 인간에게 전파된 것들이다. 예를 들어 홍역은 개와 소에서, 독감은 돼지, 닭, 오리에서, 감기는 말에서 인간에게 전염되었다. 식생활의 변화, 위생관리 상태 등도 영향을 주었는데 특히 무역과 교류의 확대는 질병을 확산시켰다. 예를 들어, 홍역, 천연두, 결핵, 페스트, 유행성 이하선염, 발진 티푸스 등은 콜럼버스나 그 이후의 탐험가들에 의해 유럽에서 신대륙으로 옮겨졌다.

보기

㉠ 문명의 발달에 따라 지구상에 존재하는 병원균의 종류는 계속 증가할 것이다.
㉡ 산업화로 인한 도시의 성장은 전염병의 창궐 가능성을 높인다.
㉢ 교통수단의 발달은 질병의 지역 간 확산을 가속시킨다.
㉣ 문명이 발달하면서 인간이 감염되는 질병의 수도 증가하였다.
㉤ 병원균들이 인간에 영향을 주게 된 질병은 도시화와 산업화가 급속히 진전된 산업사회 이후부터 시작되었다.
㉥ 인간이 식용을 위해 동물을 사육하면서 인수(人獸) 공통질병이 점점 더 증가하였다.
㉦ 회충, 촌충과 같은 기생충의 인체감염 확대는 인간이 채집과 수렵생활을 하던 원시사회부터 시작되었다.

① ㉠, ㉢, ㉤　② ㉠, ㉤, ㉦　③ ㉡, ㉣, ㉤
④ ㉡, ㉣, ㉥　⑤ ㉢, ㉥, ㉦

09 **다음 글에서 추론할 수 있는 진술로 옳은 것을 고르면?**

○△×
○△×
○△×

과학에서 혁명적 변화는 정상적 변화와 다르다. 혁명적 변화는 그것이 일어나기 전에 사용되던 개념들로는 수용할 수 없는 새로운 발견들을 동반한다. 과학자가 새로운 발견을 하고 이를 수용하기 위해서는 어떤 영역의 자연현상들에 대해 생각하는 방식과 기술하는 방식 자체를 바꾸어야 한다. 뉴턴의 운동 제2법칙의 발견이 이러한 변화에 해당한다. 이 법칙이 채택하고 있는 힘과 질량의 개념은 이 법칙이 도입되기 전까지 사용되던 개념들과는 다른 것이었고, 이 새로운 개념들의 정의를 위해서는 뉴턴의 법칙 자체가 필수적이었다. 좀 더 포괄적이면서도 비교적 단순한 또 하나의 사례는 프톨레마이오스 천문학에서 코페르니쿠스 천문학으로의 전이 과정에서 찾을 수 있다. 이 전이가 이루어지기 전까지 태양과 달은 행성이었고 지구는 행성이 아니었다. 전이 이후에 지구는 화성이나 목성과 마찬가지로 행성이 되었고, 태양은 항성이, 그리고 달은 새로운 종류의 천체인 위성이 되었다. 이와 같은 변화는 단지 프톨레마이오스 체계 내의 개별적인 오류를 교정한 것이 아니다. 이 변화는 뉴턴 운동 법칙으로서의 전이에서와 마찬가지로 자연 법칙 자체의 변화였다. 그리고 그 변화된 자연 법칙 속의 몇몇 용어들이 자연에 적용되는 방식도 변하였다.

① 과학은 혁명을 통해 진보한다.
② 과학 용어의 의미와 지시 대상은 가변적이다.
③ 과학의 목적은 영원한 진리를 발견하는 것이다.
④ 정상적 변화 과정에서 과학자들은 반대 사례를 무시한다.
⑤ 코페르니쿠스 이론은 프톨레마이오스 이론보다 우월하다.

10 순희와 지혜는 10.5km 떨어진 지점에서 동시에 마주 보고 걷기 시작하였다. 순희는 시속 4km로, 지혜는 시속 3km로 걷다가 도중에 만났다면, 순희는 지혜보다 몇 km 더 걸었는지 고르면?

○△×
○△×
○△×

① 1.5km ② 1.6km ③ 1.7km ④ 1.8km ⑤ 2km

11 다음 문자들이 일정한 규칙으로 나열되어 있다. 빈칸에 들어갈 알맞은 문자를 고르면?

○△×
○△×
○△×

A − Z − C − Y − E − X − (　　)

① F ② G ③ H ④ I ⑤ J

12 다음 [표]는 한국공항공사에서 제공하는 2019년도 공항별 수송현황에 대한 자료이다. 이에 대한 설명으로 옳지 않은 것을 고르면?

○△× ○△× ○△×

[표] 2019년 공항별 수송현황 (단위: 편, 명, 톤)

구분		6월	7월	8월	9월	10월
인천공항	운항	27,462	29,921	30,360	28,593	29,466
	여객	4,700,065	5,283,736	5,485,808	4,731,383	4,971,608
	화물	296,148	302,096	293,935	298,106	323,254
김포공항	운항	12,165	12,558	13,147	12,641	12,845
	여객	2,173,802	2,233,289	2,335,312	2,148,861	2,309,132
	화물	21,192	22,857	23,201	23,726	25,475
김해공항	운항	8,138	8,532	8,611	8,335	8,472
	여객	1,238,300	1,295,638	1,331,588	1,220,000	1,299,939
	화물	14,235	15,741	16,681	15,373	16,636
제주공항	운항	14,396	15,056	15,494	14,798	15,184
	여객	2,620,979	2,758,037	2,850,798	2,504,125	2,721,953
	화물	22,702	25,373	25,788	25,386	26,733
대구공항	운항	1,399	1,570	1,583	1,612	1,635
	여객	212,545	241,112	249,940	233,187	253,075
	화물	1,853	2,103	2,106	2,336	2,384
광주공항	운항	872	900	902	895	902
	여객	139,966	143,492	145,805	136,811	145,925
	화물	1,166	1,217	1,271	1,266	1,339
울산공항	운항	408	388	424	419	422
	여객	45,071	40,583	44,352	51,100	51,700
	화물	202	204	207	220	212

① 인천공항 7월 여객 인원은 6월에 비해 10% 이상 증가했다.
② 김포공항과 대구공항의 화물 수송량은 지속적으로 증가하고 있다.
③ 2019년 9월에 모든 공항의 여객 인원은 2019년 8월 대비 감소 추세를 보이고 있다.
④ 2019년 6월부터 10월까지의 울산공항 화물 수송량은 2019년 6월 광주공항의 화물 수송량보다 적다.
⑤ 2019년 10월에 모든 공항의 운항편수는 6월 대비 증가했다.

13 지구표면에 접하고 있는 대류권에서는 1km 높아질 때마다 기온이 대략 6.5℃씩 내려간다. 그러나 때에 따라서는 다음 그래프와 같이 높이가 높아져도 기온이 내려가지 않고 올라가는 역전현상이 나타나기도 한다. 이를 바탕으로 역전현상이 나타났을 경우에 대한 설명으로 옳은 것을 고르면?

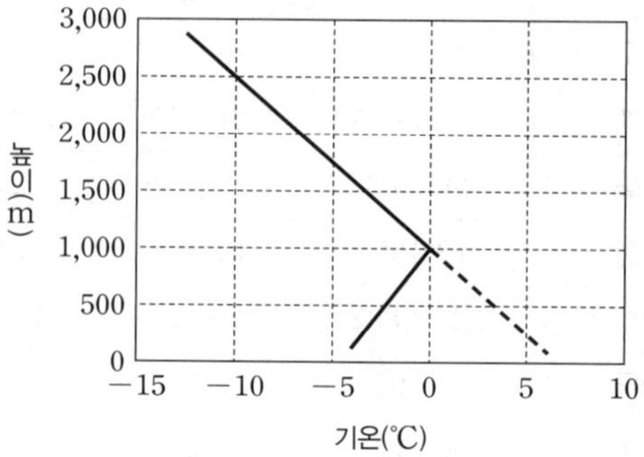

① 높이 1,500m에서는 기온 역전현상이 일어나고 있다.
② 높이 500m에서는 높아질수록 기온이 내려간다.
③ 높이 2,000m에서는 기온이 −10℃ 정도 될 것이다.
④ 높이 1,000m 근처에서 기온이 가장 높다.
⑤ 높이 3,000m 근처에서는 아예 기온 측정이 불가능하다.

14 다음 [표]는 A회사의 직원 성별·연령대별 음식 선호비율에 대한 자료이다. 이에 대한 설명으로 옳지 않은 것을 고르면?

○△× ○△× ○△×

[표] 직원 성별·연령대별 음식 선호비율

(단위: %)

성별	음식 종류	연령대		
		20대	30대	40~50대
여성	한식	20	35	45
	양식	50	35	30
	일식	30	30	25
남성	한식	15	40	60
	양식	45	25	10
	일식	40	35	30

① 남녀 모두 연령대가 높은 집단일수록 한식 선호비율도 높다.
② 40~50대에서는 일식을 선호하는 남성의 수가 여성의 수보다 많다.
③ 20대에서 음식 종류별 선호비율 순위는 여성과 남성이 같다.
④ 여성보다 남성이 연령대가 높아짐에 따라 대체로 선호비율의 변동 폭이 크다.
⑤ 남성과 여성 모두 연령대가 높아질수록 양식 선호 비율은 낮아진다.

15 다음 [표]는 국가별 이산화탄소 배출량에 대한 자료이다. 이에 대한 설명으로 옳은 것을 고르면?

○△×
○△×
○△×

[표1] 국가별 이산화탄소 배출량(총량)

국가별		총량(백만 톤)		
		2019년	2018년	2017년
아시아	한국	497.8	521.2	575.3
	인도네시아	436.5	599.6	591.5
	방글라데시	62.3	59.6	57.3
북아메리카	캐나다	554.8	549.7	537.2
	멕시코	430.9	448.1	457.6
	미국	5176.2	5103.2	5031.3
남아메리카	아르헨티나	192.4	180.8	185.6
	볼리비아	18.3	16.9	16.7
	브라질	476.0	451.3	422.2

[표2] 국가별 이산화탄소 배출량(1인당)

국가별		1인당(톤)		
		2019년	2018년	2017년
아시아	한국	11.26	11.39	11.50
	인도네시아	1.72	1.59	1.58
	방글라데시	0.39	0.38	0.37
북아메리카	캐나다	15.61	15.64	15.46
	멕시코	3.60	3.78	3.91
	미국	16.22	16.11	16.00
남아메리카	아르헨티나	4.48	4.25	4.41
	볼리비아	1.73	1.63	1.63
	브라질	2.31	2.21	2.09

① 2019년에 인도네시아는 이산화탄소 배출 총량이 세 번째로 많다.
② 2019년에 전년도에 비해 이산화탄소 배출 총량이 증가한 국가는 5개국이다.
③ 미국은 이산화탄소 배출 총량과 1인당 배출량 모두 해마다 줄어들고 있다.
④ 이산화탄소 1인당 배출량은 매해 미국이 가장 많다.
⑤ 2019년에 이산화탄소 1인당 배출량이 전년 대비 증가한 국가는 5개국이다.

16 다음 [표]는 2021년 우리나라 17개 지역의 도시재생 사업비에 대한 자료이다. 이에 대한 설명으로 옳은 것을 [보기]에서 모두 고르면?

○△× ○△× ○△×

[표] 지역별 도시재생 사업비 (단위: 억 원)

지역	사업비
서울	160
부산	240
대구	200
인천	80
광주	160
대전	160
울산	120
세종	0
경기	360
강원	420
충북	300
충남	320
전북	280
전남	320
경북	320
경남	440
제주	120
전체	(　　)

보기

㉠ 부산보다 사업비가 많은 지역은 8개이다.
㉡ 사업비 상위 2개 지역의 사업비 합은 사업비 하위 4개 지역의 사업비 합의 2배 이상이다.
㉢ 사업비가 전체 사업비의 10% 이상인 지역은 2개이다.

① ㉠　② ㉢　③ ㉠, ㉡　④ ㉡, ㉢　⑤ ㉠, ㉡, ㉢

17 **다음 구루병에 대한 글과 구루병에 대한 정황을 보고한 [보고서]를 바탕으로 할 때, 구루병의 원인에 대한 진술로 옳지 않은 것을 고르면?**

○△×
○△×
○△×

구루병은 일단 발병하면 넓은 지역으로 확산되면서 불구자를 만드는데, 특히 북유럽의 어린이들에게 유행했던 뼈에 관계되는 질병이다. 구루병은 일조량이 충분치 않으면 발병할 확률이 높으며, 역청탄의 사용이 시작되었을 무렵인 1650년대에 영국에서 처음으로 확인되었고, 그 후 산업혁명과 함께 유럽 전역으로 확산되었다.

[보고서]

- 북유럽에서 발병한 구루병 환자들의 대부분이 가난하고 영양결핍 상태였다.
- 시골 사람들보다는 도시 사람들에게 구루병이 더욱 많이 보고되었다.
- 감금생활을 당하는 사람이나 동물들이 구루병에 보다 쉽게 걸렸다.
- 가을에 태어나서 봄에 죽는 독일 태생의 갓난아기들이 봄에 태어나 가을에 죽는 갓난아기들보다 구루병에 더 잘 걸렸다.
- 구루병에 시달리던 북유럽의 아이들이 인도네시아에 오면서 구루병이 나았다.

① 가난하다는 것은 구루병의 원인이 되기에 충분하지 않다.
② 아이가 태어난 계절이 구루병과 상관이 있는 듯이 보인다.
③ 동물원의 실내에 있는 동물이 야생의 동물들보다 구루병에 걸릴 확률이 높을 것이다.
④ 아이가 태어난 장소가 구루병 발병에 영향을 끼친다.
⑤ 산업혁명은 어떤 식으로든 구루병과 관계가 있을 것이다.

18 **모두 한 자리에 모인 생일 파티에서 아래와 같은 게임을 하기로 했을 때, 옳은 것을 [보기]에서 모두 고르면?**

○△×
○△×
○△×

- 속이 보이지 않은 검은 주머니 세 개와 노란 구슬 세 개, 파란 구슬 세 개를 가지고 시작한다.
- 주머니 하나에는 2개의 노란 구슬, 다른 주머니에는 2개의 파란 구슬, 그리고 남아 있는 주머니에는 노란 구슬 1개와 파란 구슬 1개를 넣고 A와 B, C에게 각각 주머니 하나씩을 준다.
- 그리고 세 명에게 가지고 있는 것을 보게 한 후 자신이 가지고 있는 것을 말하되 거짓으로 말하게 한다.

A: 나는 노란 구슬 2개를 가지고 있다.
B: 나는 파란 구슬 2개를 가지고 있다.
C: 나는 노란 구슬 1개와 파란 구슬 1개를 가지고 있다.
이들 중 한 명에게 구슬 한 개를 보여 달라고 요청할 수 있다.

보기

㉠ C에게 구슬을 보여 달라고 요청하면, 세 명이 가지고 있는 구슬을 모두 알 수 있다.
㉡ C가 노란 구슬을 보여주는 경우, A는 파란 구슬 2개를 갖고 있다.
㉢ C가 파란 구슬을 보여주는 경우, B는 노란 구슬을 2개를 갖고 있다.
㉣ 어떤 경우에도 A는 노란 구슬 1개와 파란 구슬 1개를 갖고 있다.
㉤ 어떤 경우에도 B는 노란 구슬 1개와 파란 구슬 1개를 갖고 있다.

① ㉠, ㉡ ② ㉣, ㉤ ③ ㉠, ㉡, ㉢ ④ ㉠, ㉢, ㉤ ⑤ ㉢, ㉣, ㉤

19 다음 명제가 모두 참일 때 옳지 않은 것을 고르면?

○△×
○△×
○△×

- 비만인 사람은 운동을 싫어한다.
- 운동을 싫어하면 건강이 나빠진다.
- 비만이 아닌 사람은 좋은 피부를 갖는다.
- 운동을 싫어하는 사람은 그렇지 않은 사람보다 체지방률이 높다.

① 비만인 사람은 건강이 나쁘다.
② 좋지 않은 피부를 가진 사람은 운동을 싫어한다.
③ 비만인 사람은 운동을 좋아하는 사람보다 체지방률이 높다.
④ 좋은 피부를 가진 사람은 건강하다.
⑤ 건강하면 좋은 피부를 갖는다.

20 A, B, C, D, E는 스마트폰인 아이폰, 갤럭시, 픽셀폰, 화웨이 중에 각각 두 종류씩의 스마트폰에 관심이 있다. 다음 [조건]을 고려했을 때 만약 E가 아이폰에 관심이 없고 D가 화웨이에 관심이 있을 경우, C가 관심 있는 스마트폰을 모두 고르면?

○△×
○△×
○△×

조건

㉠ A와 D는 두 종류 모두 같은 종류의 스마트폰에 관심이 있다.
㉡ D와 B는 서로 관심 있는 스마트폰이 전혀 일치하지 않는다.
㉢ B와 C는 정확하게 한 종류의 스마트폰에만 공통적으로 관심을 가졌다.
㉣ A와 E는 정확하게 한 종류의 스마트폰에만 공통적으로 관심을 가졌다.
㉤ B와 E는 정확하게 한 종류의 스마트폰에만 공통적으로 관심을 가졌다.
㉥ B는 픽셀폰에 관심이 있고, A는 갤럭시에 관심을, E는 화웨이에 관심을 가진다.
㉦ C와 E는 서로 관심 있는 스마트폰이 전혀 일치하지 않는다.

① 픽셀폰과 갤럭시
② 갤럭시와 아이폰
③ 아이폰과 픽셀폰
④ 픽셀폰과 화웨이
⑤ 화웨이와 아이폰

21 다음 사실이 모두 참이라고 할 때, 항상 옳은 것을 고르면?

○△×
○△×
○△×

> • A, B, C, D가 화장실에서 줄을 서고 있다.
> • C보다 B가 먼저 왔지만, C에게 자리를 양보했다.
> • D는 가장 늦게 왔지만 A, B, C에게 양해를 구하고 가장 먼저 화장실에 들어갔다.

① A가 가장 마지막에 들어갔다.
② C가 두 번째로 왔다면, A는 네 번째로 화장실에 들어갔을 것이다.
③ D가 오지 않았다면 C가 가장 먼저 들어갔을 것이다.
④ B가 두 번째로 들어갈 수 있는 경우는 한 가지이다.
⑤ D, A, C, B 순서로 들어갔다.

22 다음 글을 근거로 판단할 때, 현재 시점에서 두 번째로 많은 양의 일을 한 사람을 고르면?

○△×
○△×
○△×

> A부서 주무관 5명(甲~戊)은 오늘 해야 하는 일의 양이 같다. 오늘 업무 개시 후 현재까지 한 일을 비교해보면 다음과 같다.
>
> 甲은 丙이 아직 하지 못한 일의 절반에 해당하는 양의 일을 했다. 乙은 丁이 남겨 놓고 있는 일의 2배에 해당하는 양의 일을 했다. 丙은 자신이 현재까지 한 일의 절반에 해당하는 일을 남겨 놓고 있다. 丁은 甲이 남겨 놓고 있는 일과 동일한 양의 일을 했다. 戊는 乙이 남겨 놓은 일의 절반에 해당하는 양의 일을 했다.

① 甲　　② 乙　　③ 丙　　④ 丁　　⑤ 戊

23 다음 글을 근거로 판단할 때, A서비스를 이용할 수 있는 경우를 고르면?

○△×
○△×
○△×

A서비스는 공항에서 출국하는 승객이 공항 외의 지정된 곳에서 수하물을 보내고 목적지에 도착한 후 찾아가는 신개념 수하물 위탁서비스이다.

A서비스를 이용하고자 하는 승객은 ○○호텔에 마련된 체크인 카운터에서 본인 확인과 보안 절차를 거친 후 탑승권을 발급받고 수하물을 위탁하면 된다. ○○호텔 투숙객이 아니더라도 이 서비스를 이용할 수 있다.

○○호텔에 마련된 체크인 카운터는 매일 08:00~16:00에 운영된다. 인천공항에서 13:00~24:00에 출발하는 국제선 이용 승객을 대상으로 A서비스가 제공된다. 단, 미주노선(괌/사이판 포함)은 제외된다.

	숙박 호텔	항공기 출발 시각	출발지	목적지
①	○○호텔	15:30	김포공항	제주
②	◇◇호텔	14:00	김포공항	베이징
③	○○호텔	15:30	인천공항	사이판
④	◇◇호텔	21:00	인천공항	홍콩
⑤	○○호텔	10:00	인천공항	베이징

[24~25] 5층으로 된 A은행의 본사에는 경영전략, 여신운영, 글로벌, 마케팅, 리스크관리 부서가 각 층에 하나씩 있고 각 부서의 위치는 다음과 같다. 이를 바탕으로 질문에 답하시오.

- 경영전략 부서는 제일 아래층이나 제일 위층에 위치하고 있다.
- 리스크관리 부서와 글로벌 부서는 이웃하고 있다.
- 여신운영 부서는 리스크관리 부서보다 아래층에 있다.
- 마케팅 부서는 홀수 층에 위치하고 있다.

24 부서배치가 가능한 경우는 모두 몇 가지인지 고르면?

○△× ① 2가지 ② 4가지 ③ 6가지 ④ 8가지 ⑤ 10가지
○△×
○△×

25 주어진 조건만으로 정확히 몇 층인지 알 수 있는 부서는 어느 부서인지 고르면?

○△× ① 경영전략 ② 여신운영 ③ 글로벌 ④ 마케팅 ⑤ 리스크관리
○△×
○△×

정답과 해설 ▶ P.30

eduwill

에듀윌 공기업

매일 1회씩 꺼내 푸는 NCS Ver.2

DAY 06

eduwill

매1N 3회독 루틴 프로세스

*더 자세한 내용은 매1N 3회독 학습가이드를 확인하세요!

1 3회독 기록표에 학습날짜와 문제풀이 시작시간을 적습니다.

2 시험장에서 문제를 푸는 것처럼 풀어 보세요.

3 모바일 OMR 또는 회독용 답안지에 마킹한 후, 종료시간을 적고 초과시간을 체크합니다.

▶모바일 OMR 바로가기

[DAY 06]

http://eduwill.kr/Re8j

4 문항별 3회독 체크표(○ △ ✕)에 표시합니다. 문제를 풀면서 알고 풀었으면 ○, 헷갈렸으면 △, 전혀 몰라서 찍었으면 ✕에 체크하세요.

3회독 TIP

- 1회독: 25문항을 빠짐없이 풀어 보세요.
- 2~3회독: 틀린 문항만 골라서 풀어 보세요.

3회독 기록표

1회독		2회독		3회독	
학습날짜	월 일	학습날짜	월 일	학습날짜	월 일
시작시간	:	시작시간	:	시작시간	:
종료시간	:	종료시간	:	종료시간	:
점 수	점	점 수	점	점 수	점

01 다음 글을 읽고 추론한 내용으로 옳은 것을 고르면?

○△×
○△×
○△×

미국에서 1970년에 입법된 '청정 대기 법안(The Clean Air Act)'은 촉매변환장치 설치와 하수(下水) 처리의 의무화와 같은, 기업과 개인들이 공해를 줄이기 위해 해야 할 노력들에 대한 상세한 지침을 담고 있다. 이 법안의 시행 이후 미국의 인구는 30% 정도 증가하고 경제 규모 역시 두 배 이상으로 커졌지만 같은 기간 미국 전체의 대기 오염은 $\frac{1}{3}$ 이상 감소하였다. 미국 정부는 1990년 이 법안을 수정하면서 시장 원리에 근거한 해결 방법들을 도입하였다. 이 중에서 가장 눈에 띄는 내용은 석탄을 원료로 사용하는 발전소가 배출하는, 산성비의 주요 원인인 이산화황의 배출을 감소시키는 프로그램이다.

수정 전의 제도 하에서는 모든 발전소들이 이산화황의 배출을 줄이는 집진기(集塵機) 등의 설치를 의무화하였다. 집진기의 설치비용은 상당 부분 전력 소비자들에게 전가되어 전력 소비량 자체를 줄이는 효과가 있었다. 이에 반해 새로운 프로그램은 각 발전소가 이전에 사용한 석탄의 양을 기준으로 각 발전소가 배출할 수 있는 이산화황의 배출량을 결정한 후, 특정 기간 동안 각 발전소에 주어진 허용량만큼의 이산화황을 배출할 수 있는 권리를 부여하는 것이다. 모든 발전소는 주어진 허용량을 초과하는 이산화황을 배출할 수 없지만 각 발전소는 자신의 허용량을 자유롭게 사고 팔 수 있다. 즉, 허용량보다 적은 이산화황을 배출하는 발전소는 사용하지 않는 허용량을 팔 수 있고, 더 많은 양을 배출하기 위해서는 여분의 허용량을 구입해야 하는 것이다.

이 프로그램이 1994년도에 시행된 이후로 허용량의 가격은 큰 폭으로 변해왔으며 이산화황 1톤을 배출할 수 있는 권리는 2004년에 260달러에 거래되었다. 이 프로그램을 지지하는 사람들은 이 프로그램이 이전 규제에 의한 방법에 비해 효과적이라고 평가하고 있다. 하지만 이 프로그램에 반대하는 사람들은 자신의 허용량을 파는 발전소들이 환경을 오염시킬 권리를 이용하여 돈을 벌고 있다고 주장하며 이 프로그램의 폐지를 요구하고 있다.

① 1970년대에 발표된 '청정 대기 법안'은 '환경을 오염할 권리'도 일종의 매매가 가능한 상품이라는 전제를 가지고 있다.
② 1990년대 이후 세워진 모든 발전소는 반드시 이산화황의 배출이 줄어들 만한 장치를 갖추어야 했을 것이다.
③ 집진기 등을 설치하게 되면 그 비용은 소비자가 물게 되면서 환경에 대한 비용을 소비자가 분담하는 형태가 된다.
④ '청정 대기 법안'이 1990년대 들어 수정되면서 이전보다 이산화황의 배출이 큰 폭으로 감소하게 되었다.
⑤ 1994년에 시행된 프로그램에는 이산화황 1톤을 배출할 수 있는 권리를 260달러로 명기하고 있다.

02 다음 글을 읽고 판단한 내용으로 옳지 않은 것을 고르면?

○△× ○△× ○△×

언어를 살필 때 구조라는 개념은 매우 중요하다. 구조란 대체로 언어 형식과 그것을 구성하는 요소와의 관계에서 등장한 개념이다. '체계'라는 개념이 선택 관계로 설명할 수 있는 데 반해, '구조'는 이와 달리 통합 관계라는 개념으로 설명할 수 있다.

형태소는 의미를 가진 최소의 언어 단위이지만, 그것은 음운의 연쇄로 이루어진다. 그러므로 음운은 구성 요소가 되고, 형태소는 구조가 된다. 예를 들어, 동사 '먹다'의 어간 '먹-'은 'ㅁ, ㅓ, ㄱ'의 세 음운을 구성 요소로 가진다. 거꾸로 말하면 'ㅁ, ㅓ, ㄱ' 세 구성 요소는 동사 '먹다'의 어간 '먹-'이라는 구조를 형성하는 것이다. 형태소는 이처럼 몇 개의 음운을 구성 요소로 하는 구조라고 볼 수 있는 것이다.

한편, 형태소는 다시 상위 구조의 구성 요소가 될 수 있다. '-있-'과 '-고'는 각각 하나의 형태소이지만, 이 두 구성 요소는 '-있고'라는 어미가 됨으로써 다시 하나의 구조를 이룬다. 또, '사람은', '착한가'는 '사람은 착한가?'와 같이 문장이라는 구조를 만드는 구성 요소가 된다. 문장을 언어 연구의 가장 큰 단위로 보던 때에는 문장이 가장 큰 구조이므로 더 이상 단위는 없는 것으로 보기도 하였다. 그러나 요즘에는 시야가 넓어져서 '담화'니 '이야기'니 하는 것을 언어 연구의 대상으로 삼게 되었는데, 이때에는 문장이 이들의 구성 요소가 된다.

① 언어의 구성 단계는 '음운 > 형태소 > 단어 > 문장 > 담화/이야기'로 구분할 수 있을 것이다.
② 언어 연구의 대상은 시대의 따라 다를 수 있다.
③ 음운이란 형태소보다 하위 구조에 속하는 것이다. 그렇기 때문에 음운이 형태소의 구성 요소는 될 수 있지만 형태소가 음운의 구성 요소는 될 수 없다.
④ 형태소를 더 작은 단위로 쪼갤 수는 있지만, 그렇게 하면 의미는 상실되고 만다.
⑤ 음운의 연쇄로 이루어진 형태소가 다시 상위 구조의 구성 요소가 되는 것은 선택 관계로 설명할 수 있다.

03 다음 글을 읽고 판단한 내용으로 옳은 것을 고르면?

○△×
○△×
○△×

대부분의 데스크탑 컴퓨터와 서버 컴퓨터 내부의 중앙 처리 장치는 열을 흡수하는 금속 열싱크와 공기 유동을 발생시키는 팬을 이용하여 냉각된다. 하지만 현대적인 회로들은 매우 복잡하기 때문에 이들 회로의 냉각에 소요되는 전력이 증가하고 있으며, 발생 소음도 커지고 있다.

몇몇 생산업체들은 기존의 냉각 기술 이외의 다른 기술에 관심을 가지기 시작했다. 애플의 최신 G5 파워맥의 경우 열싱크와 팬과 수냉식 냉각기를 결합하여 듀얼 마이크로프로세서에서 열을 제거한다.

텍사스의 NanoCoolers는 액체 금속 냉각 시스템을 개발하고 있다. 이 시스템은 더 효율적이고 더 조용하다. 이 시스템은 액체 갈륨 합금을 일련의 파이프들을 통해 펌핑함으로써 회로에서 열을 제거한다. 액체의 온도는 대기 공냉식 챔버에서 다시 상온으로 냉각된다.

물과 달리 액체 금속은 끓는 점이 섭씨 2,000도에 달하기 때문에 상이 변화하지 않고 더 많은 열을 흡수할 수 있다. 그러나 상이 변화하게 되면 기체가 발생하여 문제를 유발하게 된다. 또한 액체 금속은 기존의 수압식 펌프가 아닌 전자기 펌프를 이용하여 더 효과적으로 열원에서 펌핑될 수 있다.

컴퓨터 하드웨어 관련 간행물인 Microprocessor Report의 수석 편집장인 Kevin Krewell은 냉각은 매우 중요한 문제이며, 액체 금속 냉각 기술은 매우 흥미로운 아이디어로 생각된다고 말했다. Krewell은 또한 인텔의 최신 펜티엄 Extreme Edition과 같은 마이크로프로세서는 엄청난 양의 전력을 소비하며, 엄청난 양의 열을 발생시킨다고 말했다. 그리고 Krewell은 액체 금속 냉각 시스템은 100W 이상의 열을 처리할 수 있어 대부분의 컴팩트 서버 및 PC들에 적용 가능하다고 말했다. 그는 디자인은 충분히 단순해 보이지만 가격은 또 다른 문제라고 덧붙였다.

냉각 기술은 PC에서 중앙처리장치에만 적용되는 것은 아니다. 그래픽 카드 등의 다른 부품들에 대한 냉각의 필요성도 증가하고 있다. 액체 금속 냉각 기술 이외의 다른 미래형 냉각 기술도 개발 중에 있다. 퍼듀 대학 연구팀은 다수의 마이크로팬에서 공기를 이온화시키는 나노튜브 전극들로 열원에 근접한 영역에 집중된 공기 유동을 발생시키는 냉각 기술을 개발하고 있다.

① 열을 흡수하는 금속 열싱크와 공기 유동을 발생시키는 팬을 이용하여 냉각하는 방식으로는 현대적인 회로들을 제대로 냉각시킬 수 없다.
② 액체 금속 냉각 시스템에서 사용되는 액체는 순수한 갈륨으로 섭씨 2,000도에서 끓기 때문에 냉각제로서 적당하다.
③ 액체 금속은 상이 변화해서 문제를 발생시킬 소지가 상대적으로 적다.
④ 인텔의 최신 펜티엄 Extreme Edition과 같은 마이크로프로세서는 액체 금속 냉각 기술을 이용하고 있다.
⑤ 나노튜브 전극을 이용한 냉각 기술이 중앙처리장치와 그래픽 카드 등 다양한 곳에 적용되고 있다.

04 다음 글을 읽고 '소비의 기제' 작동 방식이 나머지와 다른 것을 고르면?

○△×
○△×
○△×

사실 '소비'는 우리 산업 문명의 독특한 양상으로 간주할 수 있다. '욕구를 만족시키는 과정'이라는 일반적인 의미로부터 '기호를 조작하는 활동'으로서의 소비를 분명히 구분한다면 말이다. 소비는 우리가 행동의 순수한 구조를 균형 있게 유지하기 위하여 생산의 적극적인 양식에 대립시키는, 흡수와 적응이라는 수동적인 양식이 아니다. 소비란—사물뿐만 아니라 집단과 세계와의—적극적인 관계 양식이자, 우리의 문화 체제 전체가 기반으로 하고 있는 체계적 활동과 전반적인 반응의 양식이다.

물질적인 사물과 생산물이 '소비의 대상'이 아니라 '욕구와 만족의 대상'이라는 사실은 분명하다. 언제 어느 시대나, 사람들은 구매하고 소유하고 즐기고 지출했다. 그럼에도 불구하고 사람들이 소비를 하지는 않았다. 고대인의 축제, 봉건 영주의 낭비, 19세기 부르주아의 사치는 소비에 속하지 않는다. 우리가 현대 사회에서 이 소비라는 말을 사용하는 것이 정당화되는 것은, 우리가 보다 잘 그리고 더 많이 먹고 있기 때문이 아니라 우리가 더 많은 이미지와 메시지를 흡수하고 더 많은 기구와 장치를 마음대로 사용하기 때문이다. 재산의 정도와 욕구의 충족 여부는 '소비'라는 개념을 정의하는 데 충분하지 않다. 그것들은 소비의 전제 조건에 불과하다.

소비는 물질적 사용을 의미하지도, 풍요를 가시적으로 나타내지도 않는다. 그것은 사람들이 소화하는 음식물에 의해서도, 사람들이 입는 옷에 의해서도, 사람들이 사용하는 자동차에 의해서도, 이미지와 메시지의 구술적이고 시각적인 실체에 의해서도 정의되지 않고 '의미 있는 실제를 지닌 그 모든 것의 조직'으로 정의된다. 이제 그것은 어느 정도 일관성 있는 담론 속에서 구성된 모든 사물과 메시지의 잠재적인 총체이다. 소비가 어떤 의미를 지니는 한, 그것은 기호를 체계적으로 조작하는 활동이다.

① TV 드라마에 나왔던 호텔 음식점을 찾아가 TV 주인공 같은 기분을 내며 음식을 먹었다.
② 새로 개업한 중식당에 갔다가 TV에서 본 황제의 요리가 생각이 나서 황제가 된 것 같은 기분을 맛보려고 비싼 정식 코스 요리를 시켰다.
③ 모터쇼에 갔다가 빨간 스포츠카를 보았는데 너무 비싸서 망설이다가 할부가 된다는 말에 그만 충동적으로 사 버렸다.
④ 벤츠는 성능에 비해 가격이 고평가되어 있지만 사실 본네트에 달린 벤츠 마크를 보면서 운전하는 사람들이 느끼는 성공에 대한 도취를 생각하면 그리 비싼 가격이라고만은 할 수 없다.
⑤ 말보로 담배 광고는 늘 터프한 사나이의 세계를 보여주어 남자들의 마초에 대한 향수를 자극한다.

05 다음 글의 주장과 부합하지 않는 것을 고르면?

○△×
○△×
○△×

풍년에는 게으름 피우는 청소년이 많으나, 흉년에는 폭행하는 청소년이 늘어난다. 이것은 하늘이 주신 소질에 차이가 있어서가 아니라, 그들의 마음을 타락시키는 환경의 영향에 차이가 있기 때문이다. 이를테면, 보리씨를 뿌리고 흙을 덮어 준다고 하자. 땅도 같고 심은 시기도 같다면, 무럭무럭 자라나 하지가 되면 익을 것이다. 그러나 만약 그것이 같지 않다면 땅이 비옥하고 박한 차이가 있고, 비나 이슬의 대소와 공력의 다과에 원인이 있을 것이다. 이와 같은 것들은 사실에 있어서도 비슷한 것이 원칙이다. 어찌해 인간만이 그렇지 않다고 의심할 수 있으랴. 성인이라도 우리와 동류의 인간이 아닌가. 용자도 "발 크기를 모르고 짚신을 삼아도, 결코 삼태는 되지 않으리라."하였다. 짚신의 생김새가 비슷한 것은 천하 사람들의 발이 같은 모양을 하고 있는 까닭이다. 입은 미각에 대해 같은 기호를 갖고 있다. 요리의 명인이었다는 역아는 이 기호를 남보다 한 걸음 앞서서 발견한 데 지나지 않는다. 가령 사람의 입에 따라 기호가 제가끔 달라서, 마치 개나 말과 사람 사이처럼 차이가 있는 것이라면, 천하 사람의 기호가, 역아가 만든 맛에 일치하는 일은 없었을 것이다. 일단 음식 맛에 있어서는 천하 사람이 모두 역아를 배우려 하는 것은 천하 사람의 미각이 일치한다는 증거다.

귀도 마찬가지다. 소리가 문제될 때 천하 사람들이 다 사공을 목표로 하는 것은 천하 사람의 청각이 비슷하기 때문이다. 눈도 마찬가지다. 자도에 이르러서는 천하 사람 중 그가 미남인 것을 인정하지 않는 사람이 없었다. 자도가 미남인 것을 인정하지 않는 자는 소경임에 틀림없다.

그러므로 입은 미각에 대해 같은 기호를 가지고 있고, 귀는 음성에 대해 같은 감상력을 가지고 있고, 눈은 용모에 대해 심미안을 가지고 있다고 말할 수 있다. 그렇다면 마음만이 어떻게 같지 않다고 할 수 있으랴. 마음에서 같은 것은 무엇인가. 그것은 이요, 의다. 성인은 우리들의 마음이 다 같이 가지고 있는 이와 의를 우리보다 먼저 체득한 것 뿐이다. 그러므로 이와 의가 우리들의 마음을 기쁘게 하여 주는 것은 소·양·개·돼지의 고기가 우리의 미각을 즐겁게 하여 주는 것과 같다.

① 인간의 본성으로 보자면 성인이라고 해서 우리와 다를 바가 없다.
② 짚신의 판매는 그 생김새에 좌우되는 것이 아니라 실용적인 목적으로 이루어지는 것이다.
③ 인간의 미각이 일치한다는 것은 모두 같은 맛을 좋아한다는 것이다.
④ 인간의 오감이 다양하게 지각되듯이 무언가를 판단할 때는 통합적인 고려가 필요하다.
⑤ 인간의 마음은 오감과 유사하게 하나의 목표를 향하게 된다.

06 다음 신문기사의 내용을 바르게 이해하지 못한 것을 고르면?

○△×
○△×
○△×

인간의 뇌는 언제나 이성적으로 판단하고, 합리적이다? 만약 이렇게 생각하고 있다면 틀렸다. 실제로 뇌는 종종 착각에 빠진다. 사실이 아닌 선입관을 갖고 판단하며, 보고 싶은 대로 보고, 듣고 싶은 대로 듣는다. 우리가 때때로 비이성적이고 비합리적인 잘못을 저지르는 이유도 여기에 있다. 왜 뇌는 착각하는 걸까. 우리의 마음과 행동을 지배하는 '뇌의 비밀'을 통해 착각에 빠지는 뇌의 구조를 이해하고, 그에 대한 대처도 함께 살펴본다.

뇌의 메커니즘을 제대로 아는 사람은 드물다. 하지만 몇 가지만 알아도 일상생활에 적용해 효과를 거둘 수 있다. 가령 기억력을 높이는 방법이다. 인간의 뇌는 입력된 정보 가운데, 사용 빈도가 많은 것을 '중요하다'고 판단한다. 즉 일정한 간격을 두고 반복하면 기억이 오래 유지된다. 이때 정보를 대화에 사용하면 더욱 좋다. 단순 암기보다 시험이나 실전을 거치면 기억으로 정착하기 쉽기 때문이다. 그러므로 '말 많은 사람이 기억력이 좋다'라는 속설은 어느 정도 근거가 있는 얘기다. 반면, 우리의 뇌는 쉽게 얻은 지식은 곧바로 잊어버린다. 인터넷을 통해 키워드로 습득한 정보들이 잘 외워지지 않는 것도 이러한 이유에서다.

뇌의 또 다른 특징은 완결된 행동보다 미완결된 행동을 더 잘 기억한다는 점이다. 요컨대, 어떤 행동을 끝마치지 못하고 중간에 그만두게 되면 긴장상태가 지속되어 머릿속에 오랫동안 남아 있게 된다. 이것이 바로 '자이가르닉 효과(Zeigarnik Effect)'다. 성공보다 실패를 더 오래 기억하고, 이루어지지 않은 첫사랑을 잊지 못하는 현상이 대표적인 사례다. 마케팅에서도 자이가르닉 효과는 전략적으로 활용된다. TV 드라마가 만남이나 사건을 암시하는 복선을 던져주고, 결정적인 순간 끝나는 것도 이러한 효과를 최대한 얻어내기 위함이다. 뇌는 미완성 과제를 계속 곱씹는다. 따라서 완벽하게 일을 끝마치고 퇴근하는 것보다 새로운 과업을 조금이라도 살피고 퇴근하는 편이 다음날 아침 효율적으로 일을 진행시킬 수 있다.

똑똑한 줄로만 알았던 뇌는 의외로 허점 투성이다. 잊고 싶은 기억일수록 뇌는 잊지 않는다. 대체 왜 그럴까. 앞서 설명했듯이 우리의 뇌는 지속적으로 입력되는 정보를 중요한 것으로 취급한다. 생각하지 않으려고 생각하기 때문에 도리어 잊을 수 없게 되는 것이다. 예를 들어 다이어트 중 '절대 먹어선 안 돼'라고 정한 음식일수록 더 먹고 싶어진다. 억지로 감정을 누르지 않는 것이야말로 성공하는 다이어트의 지름길이라 하겠다.

다음은 '뇌의 착각'에 관한 퀴즈이다. 이를 통해 뇌의 비밀을 좀 더 알아보자.

> Q. 아래의 수식을 보고, 직감적으로 대답하라. A와 B 중 계산값이 큰 것은 어느 쪽일까?
> ① A=1×1×2×2×3×4×5×9×8×7×6
> ② B=9×8×7×6×2×7×5×1×3×1×1

정답은 A다.(A=725,760, B=635,040) 그러나 많은 사람들이 수식만 보고, B의 계산값이 더 클 것이라고 느낀다. 뇌는 재빨리 무언가를 판단해야만 할 때, 서두 정보에 큰 영향을 받는다. 일명 '앵커링 효과(Anchoring Effect)'라고 한다. 처음 입력된 정보가 뒤의 판단에도 계속 영향을 미치는 현상으로 이것이 여러 가지 착각을 부르는 원인이 된다.

인간의 행동, 생각을 관장하는 뇌는 똑똑하지만, 이처럼 무의식 중에는 때때로 '착각'을 일으킨다. 특히 일상적으로 자주 접하는 장면에서는 비합리적인 패턴대로 해석할 때가 많다. 이와 같은 뇌의 습관을 '인지편향'이라고 한다. 시간을 절약하고 효율적으로 정보를 처리하려고 해서 생기는 일종의 버그 같은 것이다.

① 뇌는 지속적으로 입력되는 정보를 중요하게 생각하기 때문에, 다이어트에 성공하려면 먹지 않기로 결정한 음식에 대해 계속해서 상기하는 것이 좋다.
② 인간의 뇌는 가끔 착각에 빠지고 이 때문에 우리는 비이성적이고 비합리적인 판단을 내리는 경우가 있다.
③ 뇌는 중간에 그만둔 행동을 계속 기억하려고 하기 때문에, 퇴근 전 새로운 일을 조금 시작해두면 다음날 일을 수행하는 데 도움이 된다.
④ 뇌의 메커니즘을 일상생활에 적용하면 기억력을 높이는 등의 효과를 거둘 수 있다.
⑤ 뇌가 시간을 절약하고 효율적으로 정보를 처리하려고 하는 과정에서 생기는 착각을 인지편향이라고 한다.

07 다음 글을 읽고 추론한 내용으로 적절한 것을 고르면?

○△×
○△×
○△×

원소의 주기율표에는 105가지 원소가 차례로 실려 있다. 이것은 지금까지 인간이 발견한 원소가 105가지라는 것을 의미하며, 우리가 알고 있는 우주의 원소 가족이 105가지라는 것을 뜻한다.

그리스 시대부터 믿었던 4원소설과 비교하면 물질의 최소단위라 할 수 있는 원소가족이 꽤 복잡해 보이기도 하지만, 우주의 모든 물질이 겨우 105가지의 원소로 이루어졌다고 생각하면 105가지나 되는 원소들이 꽤 단순해 보이기도 한다. 그러나 이 105가지 원소도 모두 자연 상태로 존재하는 것은 아니다. 가장 가벼운 원소인 수소에서부터 원자 번호가 92번인 우라늄까지는 자연계에 존재하는 원소지만, 93번 넵투늄부터 103번 하늄까지 13가지 원소는 자연 상태에서 존재하지 않는, 인공으로 만들어 낸 원소이다.

그러나 원자 번호가 43번인 테크네튬과 원자 번호 61번인 프로메튬은 안정된 동위 원소를 지니고 있지 않아 92번보다 앞에 있는 원소이면서도 자연계에서는 발견되지 않는다. 따라서 입자 가속기를 이용해 인공적으로 만들었다. 가장 수명이 긴 테크네튬의 동위 원소인 테크네튬98마저 반감기가 4백 20만 년 밖에 안돼 기나긴 지구의 역사를 견디어 내지 못하고 모두 붕괴해 버린 것이다. 따라서 자연에 존재하는 원소 가족은 90가지인 셈이다.

우주에 존재하는 원자의 가짓수가 실제로 몇 가지나 될 것인가는 과학자들의 큰 관심을 끌고 있다. 과학자들은 자연계에 안정한 형태로 존재하는 원소가 지금까지 발견된 것 외에 더 이상 있으리라는 데 대해서는 매우 회의적이다. 그러나 가속기를 이용하면 더 많은 원소들을 만들어 낼 수 있을 것이라고 생각하고 있다.

그런데 원자 번호가 100번 이상이 되면 원소들은 매우 불안정해서 몇 분을 견디지 못하고 붕괴해 버린다. 아마 원자 번호가 더 큰 원소를 합성한다면 이 원소들은 불과 몇 초 이상을 견디기 힘들 것이다. 이렇게 짧은 수명을 가진 것도 원소라고 할 수 있을지는 원소에 대한 정의의 문제가 될 것이지만, 현실적으로 별 의미가 없는 원소인 것만은 틀림없다. 일단 과학자들은 원자 번호 114번 근처에 원소의 의미를 부여할 수 있는 수명을 가진 무거운 원소가 존재할 가능성을 제시하고 있지만, 많은 실험에도 불구하고 이러한 새로운 원소는 아직 발견되지 않고 있다.

① 근대가 도래하기 전까지는 원소들의 성질을 이용하여 연관된 원소들을 몇 개의 집단으로 분류하려는 시도는 거의 행해지지 않았다.

② 현재 알려진 주기율표에서 원자번호 92번 이내의 원소들은 모두 자연계에서 발견할 수 있는 것들이다.

③ 가속기는 원소를 분석하는 데 쓰이는 실험도구이다.

④ 원자번호가 100번 이상이 되면 수명이 너무 짧아 원소라고 하지 않는다.

⑤ 과학자들은 자연계에서 안정한 형태로 존재하는 원소들이 지금까지 발견된 것 이외에 더 발견될 것이라는 기대는 별로 하고 있지 않다.

08 다음 글로부터 알 수 있는 소행성의 특성이 아닌 것을 [보기]에서 모두 고르면?

○△×
○△×
○△×

지금도 소행성들은 계속 발견되고 있다. 현재까지 발견된 소행성 숫자는 그 궤도가 확정된 것만 8만 개가 넘는다. 소행성들 중 가장 밝은 것은 밝기가 6등급 정도나 되지만 대다수는 18등급가량으로 상당히 어둡다. 8만 개나 되다보니 그 숫자로 미뤄 짐작해 보면, 우리가 바라보는 천구상의 황도 주변 어느 하늘에서나 소행성이 무리를 지어 떠돌아다니고 있을 것이라고 생각하더라도 그리 무리가 없다.

지금으로부터 10년 전, 소행성의 발견은 아마추어 관측가들에게 하나의 도전거리를 제공해 줬다. 우주 공간에 소행성이 워낙 많았던 데다 천문학적으로도 그리 중요하지 않았으므로 소행성은 대형 천문대에서 그다지 중요한 요소로 취급되지 않았다. 오히려 천문학 연구를 방해하는 골치 아픈 존재였다.

소행성은 아마추어들 사이에서 실력을 겨뤄볼 수 있는 도전의 장으로 인식돼 미국이나 일본의 많은 아마추어들이 소행성 발견에 도전했고 그 성과 또한 컸다. 당시에는 한 해에 발견된 소행성의 절반가량을 아마추어들이 발견했을 정도였다. 이 무렵 발견된 소행성은 대부분 당시 아마추어 장비의 한계 등급인 15~16등급 정도의 밝기인 것들이었다.

1990년대 중반 들어서 '딥 임팩트'와 '아마겟돈' 같은 영화가 나오면서 상황이 달라졌다. 이 영화는 우주를 떠도는 작은 소행성이나 혜성의 지구 충돌을 다룬 것으로 사람들의 관심을 지구 근접 천체로 옮겨가게 만들었다. 그리고 우주를 감시하는 여러 시스템들이 기획됐는데 이 시스템들에서 지구 근접 천체 탐색의 일환으로 수많은 소행성들을 찾아내게 된 것이다. 즉 소행성 탐색 분야로만 따져본다면 이제는 아마추어 관측가들이 서 있을 자리가 거의 사라진 상태이며, 대형 천문대에서 대형 망원경으로 하늘을 한번 주욱 훑으며 엄청난 수의 새로운 소행성을 발견해내는 시대로 접어들었다.

발견된 소행성의 궤도가 확정되면 이름과 번호가 붙는다. 번호가 앞자리일수록 일찍 발견돼 궤도가 확정된 것이다. 그래서 앞 번호일수록 더 밝고 크기도 클 확률이 높다. 현재까지 발견된 소행성 중 우리에게 친숙한 이름이 붙어 있는 소행성으로는 관륵, 세종, 나, 보현산, 통일, 최무선, 장영실, 이천, 허준, 이순지 등이 있다.

수많은 소행성 중에서 가장 유명한 소행성은 가장 앞자리를 차지하고 있는 4개다. 소행성 1번이 세레스이며, 2번이 팔라스, 3번이 쥬노, 4번이 베스타다. 이 중 가장 크기가 큰 것은 세레스로 지름이 1,003km에 달한다.

보기

㉠ 10년 전만해도 소행성은 대형 천문대에게 성가신 존재였다.
㉡ 한때 소행성을 발견하는 것은 아마추어 관측가들의 흥미진진한 도전거리였다.
㉢ 소행성의 밝기는 천차만별이지만, 많은 수가 18등급 정도로 매우 어둡다.
㉣ 소행성들은 발견되자마자 이름이 정해지고, 일찍 발견된 순서에 따라 번호가 정해진다.
㉤ 소행성은 주로 화성과 목성 사이에 대규모로 분포해 있다.

① ㉠, ㉡ ② ㉠, ㉤ ③ ㉡, ㉣ ④ ㉢, ㉤ ⑤ ㉣, ㉤

09 다음 글에서 지적된 현대인의 스트레스를 받은 사람을 [보기]에서 모두 고르면?

○△×
○△×
○△×

최근에 은행업, 보험업, 관광업 및 레저 산업과 같은 서비스 분야의 직업이 증가함에 따라 '감정노동'에 관련된 사람들의 수도 현저히 늘고 있다. 그런데 감정노동은 특정한 범주의 직업에만 한정되지 않으며 공적·사적 생활에서 광범위하게 이루어지고 있다. 우리는 모두 가정과 직장에서 어느 정도 우리의 감정을 만들어내고 관리할 필요가 있다. 예를 들어, 어린아이를 동반한 쇼핑은 아이들 때문에 심하게 부대끼는 부모들에게 종종 감정노동을 단련할 기회가 된다. 부모들은 계산대 앞에서 차례를 기다리는 동안 아이들에게 고함을 지르기보다는 억지 미소를 지어야 하기 때문이다.

스스로 자신을 돌볼 수 없는 아동이나 노인, 장애인 및 병자를 돌보는 직종에 종사하는 사람들 역시 육체노동뿐만 아니라 감정노동을 수행하고 있다. 그들은 규범적이고 윤리적인 측면을 포함한 사회관계 속에서 노동을 한다. 그들은 사회가 일반적으로 그 직업에 기대하는 역할을 수행하기 위해 특정한 얼굴 표정과 육체적 표현을 만들 수 있도록 자신의 감정을 관리한다.

감정노동 종사자들의 임무는 고객들이 요구하는 서비스를 제공함으로써 그들이 편안함을 느끼도록 하는 것이다. 이러한 업무 속에서 그들은 고객들에게 짜증을 내지 않으면서 자신들의 역할에 충실해야 한다는 딜레마에 부딪히게 된다. 표면 연기는 이 딜레마에 대처하는 한 가지 방식이다. 그러나 표면 연기가 위선적이며 자존심을 상하게 한다고 생각하는 사람들에게 그 방법은 만족스럽지 못하다. 그래서 노련한 직업인들은 표면 연기 대신 내면 연기를 선호하는 경향이 있다. 예를 들어 간호사들은 무례하고 공격적인 환자를 다룰 때 그 환자의 행동이 정당화될 수 있는 이유를 생각해내려고 애쓰고, 화를 내기보다는 스스로 미안한 감정을 가지려 한다. 그러나 그런 대처 방식도 바람직한 것만은 아니다. 진정한 자기감정으로부터 유리되는 현상을 감수해야 하기 때문이다.

특정 직업이 몸에 가하는 스트레스는 특정한 감정과 육체적 상태를 요구하는 업무 때문에 더욱 심화된다. 자신의 행위가 자아 개념과 모순된다고 인식될 때 스트레스 수준은 높아진다. 자신의 욕구를 부정하면서 언제나 다른 사람들의 욕구에 우선적으로 부응해야 할 때, 몸은 견딜 수 있는 범위 이상으로 가해지는 긴장에 대해 무의식적인 저항을 드러낼 수 있다. 감정노동 종사자들에게 기대하는 감정노동의 양이 증가하고 있는 현대사회에서 이런 위험성은 더욱 높아지고 있다.

보기

㉠ 텔레마케팅을 하던 미정씨는 손님이 미팅 도중에 전화를 했다고 화를 내는 바람에 울컥하는 마음이 치솟았으나, 생각해보면 미팅 중에 아무렇게나 오는 전화에 화도 나겠다 싶어 참기로 했다.
㉡ 유성씨는 배달이 늦었다고 화를 내는 손님의 소리를 마치 음악소리로 듣고 있다.
㉢ 외환딜러인 승준씨는 환율이 또 떨어진다는 소식에 이제는 화가 날 지경이다.
㉣ 상진씨는 레스토랑에 갔다가 물을 엎질러 내 양복을 버리고도 오히려 싱글싱글하고 있는 종업원 때문에 화가 났지만, 바이어와 함께 있어서 화내지 못하고 참아야 했다.
㉤ 커피숍을 운영하는 화선씨는 본사에서 제때 재료를 공급해주지 않아 장사에 지장을 받게 되었다.

① ㉠, ㉡ ② ㉠, ㉣ ③ ㉡, ㉢ ④ ㉡, ㉣ ⑤ ㉢, ㉤

10 주민 대표를 뽑는 선거에 후보자가 A, B, C 3명이다. 선거 결과 총투표수는 5,000표, 무효표는 140표였고, B의 득표수는 C의 득표수보다 110표가 많다. A의 득표수의 8%가 C의 득표수로 바뀌면 B의 득표수는 C의 득표수보다 30표가 적게 된다고 할 때, B의 득표수를 고르면?

○△×
○△×
○△×

① 1,500표 ② 1,560표 ③ 1,610표
④ 1,660표 ⑤ 1,710표

11 다음 수는 일정한 규칙으로 나열되어 있다. 빈칸에 들어갈 알맞은 숫자를 고르면?

○△×
○△×
○△×

7 8 14 25 41 62 88 119 ( )

① 142 ② 147 ③ 155 ④ 159 ⑤ 162

12 **다음 [표]는 전분기 대비 2분기의 권역별 지역경제 동향을 부문별로 정리한 자료이다. 이에 대한 [보고서]의 내용이 [표]와 부합하지 않는 부문을 고르면?**

○△×
○△×
○△×

[표] 전분기 대비 2분기의 권역별 지역경제 동향

부문 \ 권역	수도권	동남권	충청권	호남권	대경권	강원권	제주권
제조업 생산	▲	−	▲	▲	▲	−	▽
서비스업 생산	−	▽	−	▽	−	−	▲
소비	▲	▽	−	−	−	−	−
설비투자	▲	−	▲	▲	▲	−	−
건설투자	−	▲	▽	▽	−	▽	▽
수출	▲	▽	▲	▲	▲	▲	−

※ 전분기 대비 경제 동향은 ▲(증가), −(보합), ▽(감소)로만 구분됨

> [보고서]
> 제조업 생산은 수도권과 충청권, 호남권, 대경권이 '증가'이고, 동남권 및 강원권이 '보합', 제주권이 '감소'였다. 서비스업 생산은 제주권이 '증가'이고, 동남권과 호남권이 '감소'인 가운데 나머지 권역이 '보합'이었다. 소비는 수도권이 '증가'이고 동남권이 '감소'였으며, 나머지 권역의 소비는 모두 '보합'이었다. 설비투자는 수도권과 충청권, 호남권, 대경권이 '증가'이고 나머지 권역이 '보합'이었다. 건설투자는 동남권만 '증가'인 반면, 수출은 동남권을 제외한 모든 권역이 '증가'였다.

① 제조업 생산　② 서비스업 생산　③ 소비
④ 건설투자　⑤ 수출

13 다음 [표]는 '갑'잡지가 발표한 세계 스포츠 구단 중 2020년 가치액 기준 상위 10개 구단에 대한 자료이다. 이에 대한 설명으로 옳은 것을 [보기]에서 모두 고르면?

○△×
○△×
○△×

[표] 2020년 가치액 상위 10개 스포츠 구단 (단위: 억 달러)

순위	구단	종목	가치액
1(1)	A	미식축구	58(58)
2(2)	B	야구	50(50)
3(5)	C	농구	45(39)
4(8)	D	농구	44(36)
5(9)	E	농구	42(33)
6(3)	F	축구	41(42)
7(7)	G	미식축구	40(37)
8(4)	H	축구	39(41)
9(11)	I	미식축구	37(31)
10(6)	J	축구	36(38)

※ ( ) 안은 2019년도 값임

보기

㉠ 2020년 상위 10개 스포츠 구단 중 전년보다 순위가 상승한 구단이 순위가 하락한 구단보다 많다.
㉡ 2020년 상위 10개 스포츠 구단 중 미식축구 구단 가치액 합은 농구 구단 가치액 합보다 크다.
㉢ 2020년 상위 10개 스포츠 구단 중 전년 대비 가치액 상승률이 가장 큰 구단의 종목은 미식축구이다.
㉣ 연도별 상위 10개 스포츠 구단의 가치액 합은 2019년이 2020년보다 크다.

① ㉠, ㉡ ② ㉠, ㉣ ③ ㉢, ㉣ ④ ㉠, ㉡, ㉢ ⑤ ㉡, ㉢, ㉣

14 다음 [표]는 A프로세서 성능 평가를 위한 8개 프로그램 수행 결과에 대한 자료이다. 이에 대한 설명으로 옳은 것을 고르면?

○△×
○△×
○△×

[표] A프로세서 성능 평가를 위한 8개 프로그램 수행 결과 (단위: 십억 개, 초)

항목 / 프로그램	명령어 수	CPI	수행시간	기준시간	성능지표
숫자 정렬	2,390	0.70	669	9,634	14.4
문서 편집	221	2.66	235	9,120	38.8
인공지능 바둑	1,274	1.10	(　　)	10,490	18.7
유전체 분석	2,616	0.60	628	9,357	14.9
인공지능 체스	1,948	0.80	623	12,100	19.4
양자 컴퓨팅	659	0.44	116	20,720	178.6
영상 압축	3,793	0.50	759	22,163	29.2
내비게이션	1,250	1.00	500	7,020	(　　)

※ CPI(Clock cycles Per Instruction) $= \frac{\text{클럭 사이클 수}}{\text{명령어 수}}$

※ 성능지표 $= \frac{\text{기준시간}}{\text{수행시간}}$

① 명령어 수가 많은 프로그램일수록 수행시간이 길다.
② CPI가 가장 낮은 프로그램은 기준시간이 가장 길다.
③ 수행시간은 인공지능 바둑이 내비게이션보다 짧다.
④ 기준시간이 짧은 프로그램일수록 클럭 사이클 수가 적다.
⑤ 성능지표가 가장 낮은 프로그램은 내비게이션이다.

15 다음 [표]는 2020년 '갑'국 A~E 지역의 월별 최대 순간 풍속과 타워크레인 작업 유형별 작업제한 기준 순간 풍속에 대한 자료이다. 주어진 [표]와 [정보]를 바탕으로 할 때, 빈칸 (가)~(다)를 큰 것부터 순서대로 바르게 나열한 것을 고르면?

○△×
○△×
○△×

[표1] A~E 지역의 월별 최대 순간 풍속 (단위: m/s)

월 \ 지역	A	B	C	D	E
1	15.7	12.8	18.4	26.9	23.4
2	14.5	13.5	19.0	25.7	(다)
3	19.5	17.5	21.5	23.5	24.5
4	18.9	16.7	19.8	24.7	26.0
5	13.7	21.0	14.1	22.8	21.5
6	16.5	18.8	17.0	29.0	24.0
7	16.8	22.0	25.0	32.3	31.5
8	15.8	29.6	25.2	33.0	31.6
9	21.5	19.9	(나)	32.7	34.2
10	18.2	16.3	19.5	21.4	28.8
11	12.0	17.3	20.1	22.2	19.2
12	19.4	(가)	20.3	26.0	23.9

[표2] 타워크레인 작업 유형별 작업제한 기준 순간 풍속 (단위: m/s)

타워크레인 작업 유형	설치	운전
작업제한 기준 순간 풍속	15	20

※ 순간 풍속이 타워크레인 작업 유형별 작업제한 기준 이상인 경우, 해당 작업 유형에 대한 작업제한 조치가 시행됨

정보

- B지역에서 타워크레인 작업제한 조치가 한 번도 시행되지 않은 '월'은 3개이다.
- 매월 C지역의 최대 순간 풍속은 A지역보다 높고 D지역보다 낮다.
- E지역에서 '설치' 작업제한 조치는 매월 시행되었고 '운전' 작업제한 조치는 2개 '월'을 제외한 모든 '월'에 시행되었다.

① (가), (나), (다) ② (가), (다), (나) ③ (나), (가), (다)
④ (나), (다), (가) ⑤ (다), (가), (나)

16 다음 [그래프]는 2014~2020년 연말 기준 '갑'국의 국가채무 및 GDP에 대한 자료이다. 이에 대한 설명으로 옳은 것을 [보기]에서 모두 고르면?

[그래프1] GDP 대비 국가채무 및 적자성채무 비율 추이

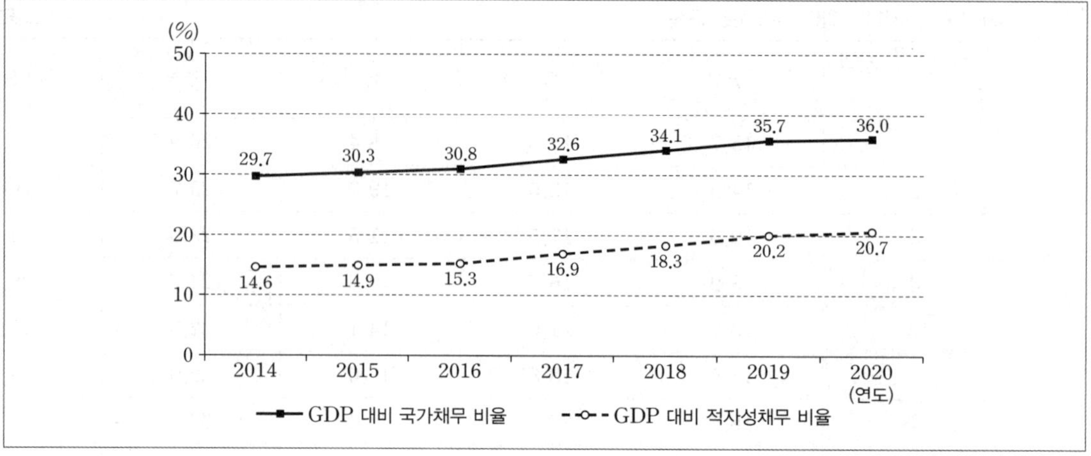

※ 국가채무 = 적자성채무 + 금융성채무

[그래프2] GDP 추이

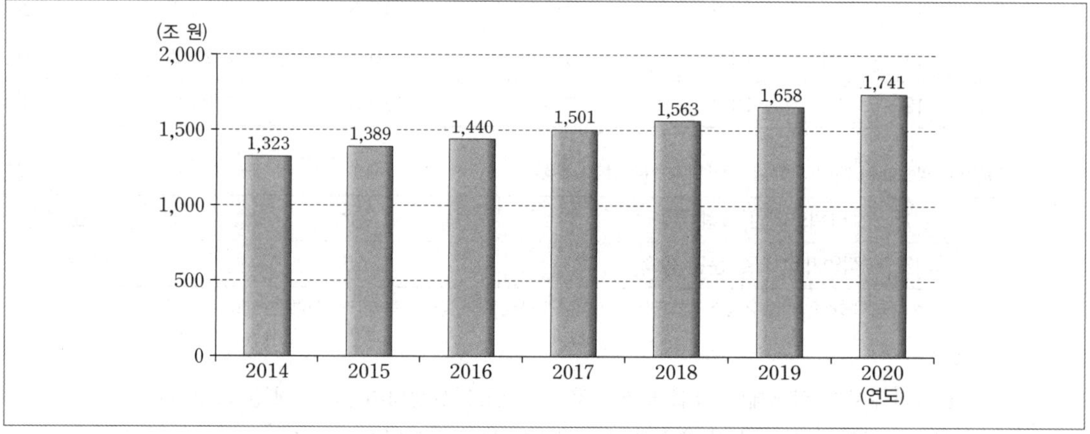

보기

㉠ 2020년 국가채무는 2014년의 1.5배 이상이다.
㉡ GDP 대비 금융성채무 비율은 매년 증가한다.
㉢ 적자성채무는 2019년부터 300조 원 이상이다.
㉣ 금융성채무는 매년 국가채무의 50% 이상이다.

① ㉠, ㉡ ② ㉠, ㉢ ③ ㉡, ㉣ ④ ㉠, ㉢, ㉣ ⑤ ㉡, ㉢, ㉣

17 다음 [표]는 2017~2019년 '갑'대학의 장학금 유형(A~E)별 지급 현황에 대한 자료이다. 이에 대한 설명으로 옳은 것을 [보기]에서 모두 고르면?

○△×
○△×
○△×

[표] 2017~2019년 '갑'대학의 장학금 유형별 지급 현황 (단위: 명, 백만 원)

구분			A	B	C	D	E
2017년	1학기	장학생 수	112	22	66	543	2,004
		장학금 총액	404	78	230	963	2,181
	2학기	장학생 수	106	26	70	542	1,963
		장학금 총액	379	91	230	969	2,118
2018년	1학기	장학생 수	108	21	79	555	1,888
		장학금 총액	391	74	273	989	2,025
	2학기	장학생 수	112	20	103	687	2,060
		장학금 총액	404	70	355	1,216	2,243
2019년	1학기	장학생 수	110	20	137	749	2,188
		장학금 총액	398	70	481	1,330	2,379
	2학기	장학생 수	104	20	122	584	1,767
		장학금 총액	372	70	419	1,039	1,904

※ '갑'대학의 학기는 매년 1학기와 2학기만 존재함

보기

㉠ 2019년에는 모든 장학금 유형에서 1학기 장학금 총액이 2학기 장학금 총액보다 많았다.
㉡ 2017~2019년 동안 갑 대학의 매 학기 장학생 수가 증가하고 있지는 않다.
㉢ 2018년 1학기 장학생 1인당 장학금이 가장 많은 장학금 유형은 B이다.
㉣ 장학금 유형 D에서 장학생 수와 장학금 총액이 가장 많은 학기는 2019년 1학기이다.

① ㉠, ㉡ ② ㉠, ㉢ ③ ㉡, ㉢ ④ ㉡, ㉣ ⑤ ㉢, ㉣

18 다음 [표]는 '갑'회사의 지점(A~E)별 매출 관련 현황에 대한 자료이다. 이에 대한 설명으로 옳은 것을 [보기]에서 모두 고르면?

○△×
○△×
○△×

[표] '갑'회사의 지점별 매출 관련 현황 (단위: 억 원, 명)

구분 \ 지점	A	B	C	D	E	전체
매출액	10	21	18	10	12	71
목표매출액	15	26	20	13	16	90
직원수	5	10	8	3	6	32

※ 목표매출액 달성률(%) $= \frac{\text{매출액}}{\text{목표매출액}} \times 100$

보기

㉠ 직원 1인당 목표매출액이 가장 많은 지점은 D이다.
㉡ 목표매출액 달성률이 가장 낮은 지점은 A이다.
㉢ 지점 매출액이 5개 지점 매출액의 평균을 초과하는 지점은 3개이다.
㉣ 5개 지점의 매출액이 각각 20%씩 증가한다면, 전체 매출액은 전체 목표매출액을 초과한다.

① ㉠, ㉡　② ㉠, ㉢　③ ㉢, ㉣　④ ㉠, ㉡, ㉣　⑤ ㉡, ㉢, ㉣

19 우주탐험가인 스미스는 탐사계획을 짜고 있다. 스미스는 이번 탐사기간 동안 3개의 항성 A, B, C 중 적어도 2개를 탐사해야 한다. 또한 수성, 금성, 화성, 목성, 토성, 천왕성 중 적어도 한 개의 행성을 탐사해야 한다. 다음 [조건]에 근거하여 스미스가 정확히 항성과 행성을 합해 4개의 탐사를 했다면, 그중 탐사한 행성을 바르게 나열한 것을 고르면?

○△×
○△×
○△×

조건

- 수성을 탐사한다면, 금성은 탐사한다.
- 화성을 탐사한다면, 수성을 탐사하지 않는다.
- 수성과 목성은 둘 중 하나는 탐사한다.
- 천왕성을 탐사한다면, 금성을 탐사하지 않는다.
- 항성 A를 탐사한다면, 금성과 화성 또한 탐사해야 한다.
- 항성 C를 탐사한다면, 천왕성도 탐사해야 한다.

① 금성, 화성　② 금성, 목성　③ 천왕성, 목성
④ 천왕성, 금성　⑤ 천왕성, 화성

20 다음 글을 근거로 판단할 때 옳은 것을 고르면?

○△×
○△×
○△×

네 사람(甲~丁)은 각각 주식, 채권, 선물, 옵션 중 서로 다른 하나의 금융상품에 투자하고 있으며, 투자액과 수익률도 각각 다르다.
- 네 사람 중 투자액이 가장 큰 50대 주부는 주식에 투자하였다.
- 30대 회사원 丙은 네 사람 중 가장 높은 수익률을 올려 아내와 여행을 다녀왔다.
- 甲은 주식과 옵션에는 투자하지 않았다.
- 40대 회사원 乙은 옵션에 투자하지 않았다.
- 60대 사업가는 채권에 투자하지 않았다.

① 채권 투자자는 甲이다.
② 선물 투자자는 사업가이다.
③ 투자액이 가장 큰 사람은 乙이다.
④ 회사원은 옵션에 투자하지 않았다.
⑤ 가장 높은 수익률을 올린 사람은 선물 투자자이다.

21 대학 축구대회에서 A, B, C 세 사람이 8강 대진표를 보고 다음과 같이 4강 진출팀을 예상했다. 8강 중에서 4강 진출팀으로 꼽히지 않은 대학은 서울대일 때, 8강 대진 팀이 바르게 연결된 것을 고르면?

○△×
○△×
○△×

A: 한국외대, 서강대, 경희대, 동국대
B: 건국대, 한국외대, 경희대, 아주대
C: 고려대, 동국대, 아주대, 한국외대

① 서강대-한국외대 ② 건국대-경희대 ③ 건국대-서강대
④ 건국대-동국대 ⑤ 고려대-한국외대

22 물리학자가 실험을 수행하던 중 강한 상호작용을 하는 입자를 발견했다. 이 입자는 세 개의, 쿼크 또는 반쿼크로 이루어진다. 쿼크 A, B, C는 전하량이 각각 $\frac{2}{3}$, $\frac{1}{3}$, $-\frac{1}{3}$이고, D, E, F는 각각 A, B, C의 반쿼크이다. 반쿼크는 쿼크와 전하량의 부호만 반대이며, 발견된 입자는 다음 [조건]을 만족한다. 이 입자가 A를 포함하고 있을 때, 참인 것을 고르면?

○△×
○△×
○△×

조건

- 전하량은 −1, 0, 1 중 하나이다.
- 적어도 하나의 쿼크를 포함하고 있다.
- B와 D는 동시에 포함될 수 없다.
- C가 포함되어 있다면 E도 포함되어야 한다.

① B를 포함한다. ② D를 포함한다. ③ E를 포함한다.
④ F를 포함한다. ⑤ 또 다른 A와 C를 포함한다.

23 [A]에서 정의한 관계에 따라 [B]의 관계를 바르게 해석한 사람을 [보기]에서 모두 고르면?

○△×
○△×
○△×

[A]

'↔' 관계: 비선형 관계로서 화살표 좌우가 서로 자리바꿈을 해도 동일한 상태

예) 물 ↔ 얼음 : 물과 얼음은 동일한 상태이므로, 물은 얼음이 되고, 얼음은 물이 될 수 있다.

'→' 관계: 선형 관계로서 화살표 좌우가 서로 자리바꿈을 하면 동일하지 않은 상태

예) 물 → 수소와 산소 : 물과 수소와 산소는 동일한 상태가 아니므로, 물은 수소와 산소가 될 수 있지만 수소와 산소는 반대로 물이 될 수 없다.

[B]

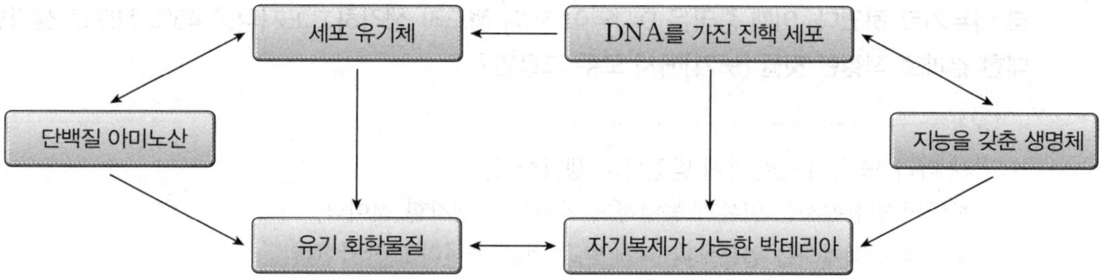

보기

시한: DNA를 가진 진핵 세포가 단백질 아미노산이 항상 된다는 보장은 없다.
승훈: 단백질 아미노산만으로도 지능을 갖춘 생명체가 될 수 있다.
우필: 지능을 갖춘 생명체는 반드시 유기 화학물질이 될 수 있다.
종후: 자기복제가 가능한 박테리아는 세포 유기체가 될 수 있다.
은숙: 세포 유기체는 항상 자기복제가 가능한 박테리아가 될 수 없다.

① 시한, 우필 ② 시한, 종후 ③ 승훈, 종후
④ 승훈, 은숙 ⑤ 우필, 은숙

24 ◯△✕ ◯△✕ ◯△✕

한, 중, 일 영해에서 직선기선으로 동일한 거리(북위 31도, 동경 126도)에 갑작스런 지각의 융기 현상이 발생했다. 그 결과 한반도 면적만한 새로운 섬이 생겼다. 국제적인 분쟁이 발생할 가능성이 높았으나, 한, 중, 일 정상은 긴급 정상회담을 통해 새로 융기한 섬을 A, B, C 세 개의 지역으로 정확히 분할하여 공평하게 나누어 가지기로 합의하였으나 다음과 같이 이견이 발생하였다.

- 일본은 A지역과 B지역, 그리고 C지역이 모두 똑같은 면적이라고 생각한다.
- 한국은 A지역이 37%, B지역이 35%라고 생각을 한다.
- 중국은 A지역을 40%까지 보고, B지역을 36% 정도로 여긴다.

중국과 한국의 생각이 같으므로 서로 A지역을 원하게 되어서 우선 일본의 몫을 C지역으로 정한 다음에 A와 B지역을 합쳐서 한 지역으로 만든 후 한국이 책임지고 그것을 D지역과 E지역으로 동일하게 반으로 나누기로 하였다. 이때 중국은 D지역이 55% 정도라 생각하고 E지역은 45% 정도로 생각한다. 이에 대한 결과로 적절한 것을 [보기]에서 모두 고르면?

보기

㉠ 세 나라 모두 다 공평하게 받았다고 생각한다.
㉡ 한국의 입장에서는 일본과 동일하게 받았다고 생각할 것이다.
㉢ 중국의 입장에서는 일본보다 적게 받은 것은 아니라고 생각한다.
㉣ 일본의 입장에서는 한국과 중국이 똑같이 받은 것이다.
㉤ 세 나라 입장 모두에서 보자면, 아무리 적어도 $\frac{1}{3}$ 정도까지는 받은 것이 된다.

① ㉠, ㉢　② ㉠, ㉤　③ ㉡, ㉢　④ ㉡, ㉣　⑤ ㉢, ㉤

25 다음 글을 근거로 판단할 때, 비밀번호의 둘째 자리 숫자와 넷째 자리 숫자의 합을 고르면?

○△✕
○△✕
○△✕

甲은 친구의 자전거를 빌려 타기로 했다. 친구의 자전거는 다이얼을 돌려 다섯 자리의 비밀번호를 맞춰야 열리는 자물쇠로 잠겨 있다. 각 다이얼은 0~9 중 하나가 표시된다. 자물쇠에 현재 표시된 숫자는 첫째 자리부터 순서대로 3－6－4－4－9이다. 친구는 비밀번호에 대해 다음과 같은 힌트를 주었다.

- 비밀번호는 모두 다른 숫자로 구성되어 있다.
- 자물쇠에 현재 표시된 모든 숫자는 비밀번호에 쓰이지 않는다.
- 현재 짝수가 표시된 자리에는 홀수가, 현재 홀수가 표시된 자리에는 짝수가 온다. 단, 0은 짝수로 간주한다.
- 비밀번호를 구성하는 숫자 중 가장 큰 숫자가 첫째 자리에 오고, 가장 작은 숫자가 다섯째 자리에 온다.
- 비밀번호 둘째 자리 숫자는 현재 둘째 자리에 표시된 숫자보다 크다.
- 서로 인접한 두 숫자의 차이는 5보다 작다.

① 7　② 8　③ 10　④ 12　⑤ 13

정답과 해설 ▶ P.37

MEMO

eduwill

에듀윌 공기업

매일 1회씩 꺼내 푸는 NCS Ver.2

DAY 07

eduwill

매1N 3회독 루틴 프로세스

*더 자세한 내용은 매1N 3회독 학습가이드를 확인하세요!

1 3회독 기록표에 학습날짜와 문제풀이 시작시간을 적습니다.

2 시험장에서 문제를 푸는 것처럼 풀어 보세요.

3 모바일 OMR 또는 회독용 답안지에 마킹한 후, 종료시간을 적고 초과시간을 체크합니다.

▶모바일 OMR 바로가기

[DAY 07]

http://eduwill.kr/Ye8j

4 문항별 3회독 체크표(◯ △ ✕)에 표시합니다. 문제를 풀면서 알고 풀었으면 ◯, 헷갈렸으면 △, 전혀 몰라서 찍었으면 ✕에 체크하세요.

3회독 TIP

- 1회독: 25문항을 빠짐없이 풀어 보세요.
- 2~3회독: 틀린 문항만 골라서 풀어 보세요.

3회독 기록표

1회독		2회독		3회독	
학습날짜	월 일	학습날짜	월 일	학습날짜	월 일
시작시간	:	시작시간	:	시작시간	:
종료시간	:	종료시간	:	종료시간	:
점 수	점	점 수	점	점 수	점

01 다음 글에서 밑줄 친 '올바른 선택'의 의미로 옳은 것을 고르면?

○△×
○△×
○△×

매력적인 밤색 눈과 우아한 자태를 지니고 있는 사슴은 가장 인기 있는 포유류 중의 하나이다. 순록 사슴이 없다면 산타가 어디를 갈 수 있겠는가? 그러나 안타깝게도 많은 종류의 사슴들이 현재 멸종 위험에 처해있다. 사슴을 보존하기 위한 가장 효과적인 전략을 찾는 것은 사슴의 기본적인 동물학, 특히 그들의 번식을 제대로 이해하는 데 달려있다. 사슴의 번식을 이해하는 것은 그리 쉬운 일이 아닌데, 특히 혼란을 일으키는 요소 중의 하나는 사슴은 서로 다른 종 간의 잡종을 야생에서 자연적으로 만들 수 있으며 그 정도가 사슴의 종에 따라 다양하다는 점이다. 경우에 따라 서로 다른 종들 사이에서 태어난 잡종사슴들은 생존 확률이 매우 높으며 또한 번식력도 가질 수 있다. 예를 들어 야생에서 흰꼬리사슴종과 검은꼬리사슴종 간의 잡종은 8마리당 한 마리 이상에 해당하는 13.8%를 차지하기도 한다. 반대로 어떤 종들은 잡종의 비율이 이보다 훨씬 낮다. 먼책사슴의 경우 중국먼책사슴종과 인도먼책사슴종 간의 잡종이 간혹 생기기도 하나 이 경우는 생식세포를 만들지 못하여 잡종이 유지되기 힘들다. 이러한 생식적인 범위의 다양성에 대한 기본원리는 명확하지 않으나 일단은 염색체의 수와 관련이 있는 것으로 보인다. 사슴과(科)에 속하는 대부분의 사슴들은 35쌍의 염색체를 지니고 있으며, 생식상으로 그들은 서로 '교환가능'하다고 한다. 이와 달리 어떤 사슴들은 종에 따라 염색체 수가 매우 다양하다. 인도먼책사슴종과 중국먼책사슴종은 이러한 다양성의 극단적인 예를 보여주는데 거의 비슷하게 생긴 두 먼책사슴종들은 각자가 가지고 있는 염색체의 수에 큰 차이를 보인다. 중국먼책사슴종은 23쌍의 염색체를 가지고 있지만 인도먼책사슴종은 단지 3쌍만을 가지고 있다. 유전학은 잡종과 순종 간의 유전적인 혼합을 확인하는 데 매우 유용하다. 사슴의 종족 보존에 관한 결정을 내리고, 두 종 간의 잡종을 대표하는 사슴 집단을 구하려고 노력을 기울이는 일에 유전학이 도움이 될 수 있다. 최근 공통된 의견은 우리가 모든 것을 다 보존할 수는 없다는 것이다. 그러므로 어려운 선택을 내려야만 한다. <u>올바른 선택</u>을 위해서는 가능한 한 많은 지식이 필요하다.

① 모든 동물종을 보호할 수 있는 선택
② 최소의 노력으로 최대의 종족보존을 이루는 선택
③ 유전학 연구를 강화하는 선택
④ 가장 비용이 적게 들어가는 선택
⑤ 각 동물 중에서 대표적인 것 하나만 가려내는 선택

02 다음 글의 제목으로 적절한 것을 고르면?

○△×
○△×
○△×

신자유주의의 정치사회적 배경에 대해 신그람시안(Neo−Gramscian) 계열의 학자들은 세계적인 자본가 계급의 새로운 헤게모니 블록 형성으로 설명한다. 고전적 막스주의자들의 '경제결정론'과 달리 신그람시안 계열의 학자들은 자본주의 체제의 변화를 설명할 때, 정치와 이념의 변화가 오히려 더 주도적 역할을 한다고 주장한다. 즉, 신자유주의 체제로의 변화는 정치와 이념의 상부구조에서 형성된 신자유주의 헤게모니 블록에 의해 주도되었다는 것이다. 신자유주의 헤게모니 블록은 대서양 양안을, 즉 미국과 서구유럽 간을 가로질러 형성되었는데, 이들 블록은 신자유주의 시장경제 질서의 세계적 확대와 안정을 도모하는 데 공통의 이해관계를 가진 집단이므로, '초국가적 역사적 블록'이라고 지칭하였다. 이들은 초국적 자본의 세계시장에서의 이익 실현을 위하여 세계정치경제 질서도 그에 부합하여 구성·유지되어야 한다는 공통의 인식을 가졌다. 이런 '초국가적 역사적 블록'의 인적·제도적 구성은 초국적 기업, 금융자본, IMF, World Bank와 같은 국제금융기구, 이들을 지지하는 전문가와 학자들, 그리고 이들을 대변하는 정치인 등으로 구성된다. 이들은 공동의 이념과 이론, 이해관계로 결속하여 신자유주의 시대를 열고 확산·유지해온 지도부라고 볼 수 있다. 이 블록은 대서양 양안을 중심으로 형성되어 세계정치 경제 질서를 신자유주의 방향으로 주도하고 시장개방과 세계화의 조류를 전 세계적으로 파급시켰고, 세계 곳곳의 정치경제 수뇌부에는 그들에 동조한 신자유주의 엘리트들이 득세하게 되었다. 이런 관점에서 보면, 레이건과 대처는 이 '초국가적 역사적 블록'을 주도한 가장 대표적인 정치인으로서 등장하였다고 볼 수 있다. 신그람시안 시각은 정치와 이념의 영역에서의 변화가 자본주의 시장경제 패러다임의 변화를 주도하는 데 주목하였다는 점에서 유의미한 시도이다. 신자유주의의 형성뿐 아니라 그의 극복을 위해서도 정치와 이념 영역에서의 변화가 핵심적으로 중요함을 주장할 것이기 때문이다.

① 신자유주의의 발전과정
② 신그람시안의 개념과 한계
③ 신그람시안의 주장과 의의
④ 신자유주의의 등장배경과 유형
⑤ 신그람시안에 대한 반론과 대안

03 다음 글의 내용과 일치하는 것을 고르면?

○△× ○△× ○△×

가난은 일정한 화폐경제 단계에서만 지극히 순수하고 특수한 형태로 나타난다. 아직 화폐경제에 의해 매개되지 않은 자연적인 조건하에서, 그리고 농업생산물이 상품으로 등장하지 않는 경우에는 개인의 절대적인 궁핍이라고 하는 것은 매우 드물다. 20세기 초까지만 해도 러시아는 화폐경제의 영향이 미약한 지역에서는 개인적인 궁핍이 존재하지 않는다고 자랑스럽게 말하였다. 가난은 하나의 일반적인 현상으로서, 사람들은 화폐에 의존하지 않고서도 최소한의 필수품을 쉽게 얻을 수 있었기 때문이다.

가난이 도덕적인 이상으로 나타나게 되면 그에 상응하여 화폐의 취득은 가장 위험한 유혹, 진정한 악(惡)으로서 혐오의 대상이 된다. 영혼의 구원이 최종 목표로 간주될 때 많은 교리에서는 가난이 긍정적이며 필수적인 수단으로 해석되고 왕왕 수단으로서의 지위를 넘어 그 자체가 중요하고 타당한 가치로서의 권위를 가지게 된다. 가난을 절대적인 가치로까지 고양시켰던 그러한 내적인 마음자세는 초기 프란시스코파 수도사들에게서 가장 열렬하고 명확하게 나타난다. 그들에게 가난은 독립적인 가치 혹은 심원한 내적 요구의 상관 개념이었다. 이 교단의 초기에 정통한 한 역사가는 이렇게 쓰고 있다. "프란시스코파 수도사들은 가난 가운데서 안전과 사랑, 자유를 발견하였다. 이 새로운 사도들이 필사의 노력을 다해 이 귀중한 보배를 보전하려고 했다는 것은 이상한 일이 아니다. 가난에 대한 그들의 숭배심은 거의 무한한 것이었다. 그들은 불타는 열정으로 그들의 애인에게 날마다 새로이 구혼했던 것이다."

이와 같이 가난은 적극적인 소유물이 되었다. 가난은 영혼의 구원이라는 신성한 재화의 획득을 매개했고 다른 한편으로 경멸적이고 세속적인 재화를 얻기 위해 돈이 수행하는 것과 똑같은 역할을 수행했다. 돈과 마찬가지로 가난은 실제적인 일련의 가치가 흘러들어가고 다시 풍성하게 되어 흘러나오는 저수지였다. 가난은 지고한 의미에서 '세계는 모든 것을 포기하는 사람에게 속한다'는 사실의 표현인 것이다. 돈을 포기하는 사람은 모든 것을 상실하는 것이 아니라 오히려 가난 속에서-마치 탐욕스러운 사람에게 돈이 그러한 것과 마찬가지로-모든 사물 중에 가장 순수하고 정묘한 것을 소유하게 되는 것이다. 프란시스코파 수도사들은 '아무 것도 갖고 있지 않으나 모든 것을 소유한 사람'이라고 불리어졌다.

① 가난은 화폐경제가 이루어지기 전까지 나타나지 않은 현상이다.
② 기독교도들은 모두 가난을 이상으로 삼아 가난해지는 길을 택했다.
③ 프란시스코파 수도사들은 가난해야 영혼 구원이 가능할 것이라고 믿었다.
④ 가난은 프란시스코파 수도사들의 수도 과정 중 하나였다.
⑤ 20세기 초의 러시아에는 가난이라는 현상이 없었다.

04 다음 [가]~[마]를 글의 흐름에 따라 순서대로 바르게 나열한 것을 고르면?

○△✕
○△✕
○△✕

[가] 유토피아는 개혁의 원리일 뿐만 아니라 진보의 원리이다. 진보는 이성에 대한 신뢰를 전제로 한다. 이성의 신뢰란, 인간은 이성을 통해 자연을 지배하고 사회를 뜻하는 방향으로 통제할 수 있다는 믿음을 가리킨다. 이러한 믿음이 인류를 원시 상태에서 문명사회로 나아가게 한 원동력이다. 자연을 정복하고 신의 경지에까지 도달하려는 인간의 줄기찬 노력은 참으로 경탄할 만한 측면이 있다. 인간은 신의 계명을 어기면서 금단의 과일을 따 먹었고 바벨탑을 쌓아 하늘에 오르고자 하였다. 사실상 현대의 인간은 그리스 신들이 갖고 있는 거의 모든 권능을 박탈하지 않은 것이 없다. 이처럼 과거에는 신화에 불과하였던 꿈과 이상은 오늘날 현실이 되었고, 현재의 꿈은 다시 미래의 현실이 될 것이다. 이러한 관점에서 본다면, 인류 역사의 진보는 결국 유토피아의 실현사라 할 수 있다.

[나] 베르자예프의 지적처럼 유토피아는 모든 인간이 본래부터 가지고 있던 꿈이며 의식이다. 유토피아는 개인과 시대에 따라 달라질 수 있고, 한 시대의 유토피아는 다른 시대의 디스토피아가 될 수도 있다. 그렇다고 유토피아적 상상마저 거부할 만큼 우리는 그것을 두려워할 필요가 없다. 오히려 미래에 대한 꿈과 소망이 봉쇄된다면 그보다 더 큰 절망과 공포는 없다. 역사적으로 유토피아는 불안과 위기의 시대, 격동하는 전환기일수록 활발히 전개되었다. 이 사실을 염두에 둔다면 흔히 '불확정의 시대', '혼돈의 시대', '통제 불능의 세계' 라고 불리는 오늘의 시대야말로 새로운 가치관과 세계관을 제시해 줄 유토피아가 절실히 필요한 시점이라 하겠다.

[다] 베르자예프는 인간이라면 누구나 완전 사회의 꿈과 신국에 대한 소망을 품고 있으며 그 같은 꿈은 현재 서서히 실현되어 가고 있다고 보았다. 그러나 그 꿈은 실현 과정에서 왜곡되고 있다. 왜냐하면, 완전과 절대를 지향하는 유토피아는 필연적으로 일원론을 표방하게 되고, 일원론은 결국 전체주의 질서를 초래하여 인간을 노예화하기 때문이다. 이에 비해 포퍼는 베르자예프와는 달리 유토피아가 전체주의적 속성을 갖는 것은 본질적으로 실현 불가능한 것을 실현 가능한 것으로 착각하여 이의 실현을 강요하는 데서 비롯된다고 진단하였다. 그러므로 유토피아는 그 실현 과정에서 이성과 진리를 억압하고 인권과 자유를 유린하는, 개방 사회의 적으로 변질되지 않을 수 없다는 것이다.

[라] 유토피아의 중요한 효용은 비판 정신과 개혁 사상이다. 유토피아가 추구하는 완전 사회는 마땅히 있어야 할 당위의 세계이며 규범의 세계이다. 이 점에서 유토피아는 현실 판단의 기준이 되며 현실 비판의 준거가 된다. 그러므로 유토피아는 비판이라는 부정의 원리와 규범의 제시라는 긍정의 원리를 아울러 내포하고 있다. 부정의 원리는 현실의 부조리를 고발하여 개혁사상을 고취시키고, 긍정의 원리는 인간의 이성과 가능성에 대한 신뢰를 바탕으로 진보를 촉진시킨다. 이와 같은 부정과 긍정의 원리야말로 유토피아주의의 특성이다.

[마] 유토피아는 현실에 대한 불만의 산물이다. 동시에 현실의 구조 조건으로부터 벗어나려는 해방 정신의 발로이기도 하다. 그것은 변화와 개혁을 촉구하고 새로운 가치와 목표를 추구한다. 이러한 면에서 만하임은 유토피아가 비록 현실 초월의식이라 하더라도 그것은 이데올로기와는 달리 현실을 개혁하려는 힘을 갖고 있다고 주장하였다. 유토피아 사상이 역사적 주요 운동에 직접 간접으로 많은 영향을 미친 것은 사실이지만, 그렇다고 모든 개혁 운동과 혁명 운동이 유토피아의 특정한 청사진에 따라 진행된 것은 아니다. 예를 들면, 초기 크리스트교인들은 예수의 재림과 세계의 종말을 확신하고 이를 기대하였다. 그러나 그 같은 상황은 아직까지 도래하지 않았으며, 지금까지 크리스트교의 많은 개혁은 이 묵시록적인 신화에 힘입어 가능하였다. 프랑스 혁명과 러시아

혁명의 결과도 초기 혁명가들의 꿈과 이상과는 거리가 멀었다고 할 수 있다. 그러나 이들의 이상과 미래상 없이도 혁명이 일어날 수 있었다고 단언하기는 어려울 것이다. 유토피아의 생명과 원천은 바로 이 같은 불만과 결핍을 채우려는 인간의 욕구와 충동에서 유래한다.

① [라]－[다]－[가]－[나]－[마]
② [라]－[마]－[다]－[가]－[나]
③ [라]－[마]－[가]－[다]－[나]
④ [마]－[라]－[다]－[가]－[나]
⑤ [마]－[라]－[다]－[나]－[가]

05 다음 글을 읽고 달이 지구 주위를 계속해서 회전하는 원리에 대한 설명으로 옳은 것을 고르면?

○△×
○△×
○△×

> 뉴턴은 아마도 사과가 떨어지는 모습을 통해서 사과를 끌어당기는 지구의 인력을 달까지 확장하는 생각을 떠올렸을 것이다. 달이 사과와는 달리 지구 표면으로 떨어지지 않고 오히려 지구 주위를 회전한다는 사실에 대하여 뉴턴은 오랫동안 곰곰이 생각하고 있었다. 뉴턴은 물체의 속력이나 운동 방향이 바뀌는 원인은 힘에 있다고 믿고 있었으므로, 사과를 끌어당기는 힘이 달에도 적용되어, 달이 지구 주위를 원 궤도로 돌 수 있도록 달을 끌어당긴다고 생각했다.
>
> 산 정상에서 수평 방향으로 발사한 포탄의 운동을 생각해 보자(단, 공기 저항은 무시한다). 만약 수평 방향으로 포탄을 발사한다면 포물선 궤도를 따라 움직이다가 곧 지구 표면으로 떨어질 것이다. 속력을 조금 증가시켜 포탄을 발사한다면 포물선 궤도는 덜 휘어지고 포탄은 더 멀리 날아가서 지구 표면에 떨어질 것이다. 속력을 더욱 더 증가시켜 포탄을 발사한다면 주어진 시간에 포탄이 지구 표면으로 떨어지는 거리와 지구 표면이 지평선 아래로 내려가는 거리가 같아지는 상황이 생길 수 있으며, 이때 지구 표면으로부터 포탄의 높이는 일정한 거리를 유지할 것이다.

① 질량을 가진 물체들 사이에 서로 끌어당기는 인력이 작용하기 때문이다.
② 달은 수평방향 속력을 가지고 있지 않아 달이 지구중심을 향해 떨어질 때 순수하게 중력만 작용하기 때문이다.
③ 충분히 큰 수평방향 속력을 달이 가지고 있기 때문이다.
④ 달의 궤도가 지구의 인력에서 살짝 벗어날 정도로만 맞춰져 있어 전체 궤도가 균형 잡힌 원을 그리게 되기 때문이다.
⑤ 지구 표면이 곡면이기 때문이다.

06 다음 글의 중심 내용으로 옳은 것을 고르면?

○△×
○△×
○△×

올바른 이는 올바르지 못한 자보다 어떤 경우에나 [덜 가진다]고 생각하셔야만 합니다. 첫째로, 상호 간에 계약 관계를 맺고 협력하다가 그 관계를 해지할 경우에, 올바른 이가 올바르지 못한 자보다 [더 많이 차지하는] 걸 선생께서 목격하실 경우는 전혀 없을 것이지만 [덜 차지하는] 걸 목격하실 경우는 있을 것입니다. 다음으로, 나라에 세금을 낼 일이 있을 때에 같은 재산을 근거로 해서도 올바른 사람은 더 많이 내지만 올바르지 못한 사람은 덜 내거니와, 나라에서 받을 것이 있을 때에는 한쪽은 아무 이득도 못 보지만 다른 쪽은 많은 이득을 봅니다. 더 나아가, 이들이 저마다 어떤 관직을 맡고 있을 때에도, 올바른 사람의 경우에는 오히려 제 집안일을 소홀히 함으로써 집안형편을 한결 더 어렵게 만들지언정 그의 올바름 때문에 국고에서 이득을 보는 것이라곤 전혀 없습니다. 게다가 친척들이나 친지들을 부당하게 도와주려고 하는 일이 전혀 없어 이들에게서 미움마저 사는 일이 있을 수도 있습니다.

하지만 올바르지 못한 사람의 경우에는 모든 것이 이와 정반대일 수가 있습니다. 제가 말하려는 사람은 방금 말한 사람, 즉 남들보다 크게 [더 많이 차지할] 수 있는 사람입니다. 그러니 만약에 선생께서 올바름보다 올바르지 못함이 개인적으로는 자신에게 얼마나 더 이로운지를 진정으로 알고 싶으시다면, 그런 사람을 생각해 보세요. 그런데 선생께서 무엇보다도 제일 쉽게 이를 이해하시게 되는 것은 가장 완벽한 상태의 올바르지 못함을 생각해 보시는 경우입니다. 그건 올바르지 못한 짓을 한 자를 가장 행복하도록 만들지만, 반면에 그걸 당한 이들이나 그런 짓이라곤 아예 하려고 하지 않는 이들을 정말 비참하게끔 만드는 경우입니다. 참주(僭主) 정치가의 경우인데, 이는 남의 것을 신성한 것이건 세속의 것이건 개인의 것이건 공공의 것이건 간에, 몰래 그리고 강제로 빼앗기를 조금씩 조금씩 하는 게 아니라 단번에 깡그리 하죠. 이런 올바르지 못한 행위들의 일부를 어떤 사람이 몰래 해내지 못할 때, 그는 처벌을 받고 큰 비난을 받습니다. 사람들이 신전(神殿) 절도범, 납치범, 가택 침입 강도, 사기꾼, 도둑이라 불리는 것은 이와 같은 못된 짓들과 관련하여 부분적으로 올바르지 못한 짓을 했기 때문입니다. 그러나 어떤 사람이 시민들의 재물뿐만 아니라 그들 자신마저 납치하여 노예로 만들게 될 땐, 그런 부끄러운 호칭 대신에 행복한 사람이라거나 축복받은 사람이라 불리지요. 비단 자기 나라의 시민들에게서만이 아니라, 이 사람이 전면적인 불의를 저질렀다는 소식을 들은 다른 모든 사람에게서도 말입니다. 올바르지 못함을 비난하는 사람들이 막상 그걸 비난하는 것은 스스로 올바르지 못한 짓을 행하는 것을 꺼려해서가 아니라 그 피해를 당하는 것이 두려워서니까요.

소크라테스 선생, 이처럼 올바르지 못한 짓이 큰 규모로 저질러지는 경우에는, 그것은 올바름보다도 더 강하고 자유로우며 전횡적인 것입니다. 그러니 제가 처음부터 말씀드렸듯이, 올바른 것은 더 강한 자의 편익이지만 올바르지 못한 것은 자신을 위한 이득이며 편익입니다.

① 올바르지 않은 것이 무조건 좋은 것이며, 올바른 것은 무조건 나쁜 것이다.
② 현실에서는 오히려 올바르지 않은 것을 행하는 자가 올바른 것을 행하는 자보다 훨씬 많은 이익을 얻는다.
③ 올바른 것이 항상 좋은 것은 아니며 오히려 올바르지 않은 것을 행하는 편이 이로울 수도 있다는 것이다.
④ 관념적일지는 모르지만 올바른 것에 대한 절대적인 기준이 없다면 사람들은 올바름과 올바르지 않음을 자의적으로 판단하게 되며, 사회는 더 큰 혼란에 빠지게 된다.
⑤ 올바른 것은 언제나 지켜야 하고 그것은 절대적인 것이다.

07 다음 글의 내용과 일치하는 것을 [보기]에서 모두 고르면?

○△×
○△×
○△×

서파삼우(西坡三友)란 나의 벗 이이립(李而立)이 스스로 지은 별호이다. 기해년 가을에 벼슬을 그만두고 남방으로 돌아와 영천의 서파리에 살면서 스스로 호하기를 서파삼우라 하니, 세 벗이란 양수(陽燧: 문질러 불을 내게 하는 도구)와 뿔술잔과 쇠칼이다. 그가 말하기를 "내가 벗과 떨어져 혼자 사니 사람들이 나와 벗하지 않고, 나도 또한 사람들과 사귀려 하지 않았다. 이에 세 물건으로 벗을 삼으니, 양수로서 끓이는 것을 맡게 하고, 뿔술잔으로 술을 숭상하고, 칼로 생선을 회하여 혼자서 술 붓고 마시니 이내 취하고 배가 불렀다. 생선 나고 쌀 나는 시골에 살면서 태평성대를 구가하는 것이다. 이것이 내가 그들을 벗으로 취한 까닭이다." 했다.

나는 벗이라는 것은 그 마음의 덕을 벗하는 것이니, 진실로 벗할 덕이 있다면 사람과 물건을 모두 벗할 수 있다고 생각했다. 그렇기 때문에 옛 사람이 허다하게 물건으로 벗을 삼았다. 그런데 물건 중에 가히 취하여 벗으로 삼을 것이 이것만이 아니거늘, 그가 하필 이로써 벗을 삼은 이유가 무엇인가?

내가 보기에 양수는 불을 취하는 기구이다. 한 번 그 불을 얻어 소멸하지 않게 하면 그 빛이 비치지 않는 곳이 없다. 마치 마음의 밝은 덕을 한 번 밝혀 그치지 않게 하면 그것이 다하지 않음이 없는 것과 같다. 이 불을 취한 자가 생각을 두면 반드시 날로 새롭고 또 새로운 공(功)이 있으리니 어찌 불을 화덕에 피울 뿐이리오. 뿔술잔은 가운데가 비고 안으로 향하여 아래로 임하는 길이 있다. 그 들어간 것이 물건을 포용하는 아량을 품고 있다. 이것을 쓰는 자가 그 덕을 생각하면 반드시 도(道)를 즐기고 선(善)을 좋아하는 마음이 생길 것이다. 칼이라는 것은 쇠이다. 가을의 기운과 부합하니 그 덕은 예리한 데에 있다. 그 예리함을 물체에 쓰매 진평(陳平)은 고기의 분할을 심히 공평히 하였고, 정치에 쓰매 여회(如晦)는 사건 처리에 결단을 잘 하였다. 이 칼을 잡고 그 쓰이는 바를 자세히 살피면 칼 쓰기를 여유있게 할 것이니 저희가 어찌 감히 옳은 말을 당하리오. 안으로 스스로 몸을 닦는 방법과 밖으로 백성에 임하는 도리가 실로 이 세 가지 가운데에 갖추어져 있다.

공자(孔子)가 일컬은 '유익한 벗(益友)'과 맹자(孟子)가 논한 바 '존경하는 벗(尙友)'이라는 말이 본래 이에 지나지 않는 것이다. 그가 이러한 벗을 얻었으니 가히 벗을 취하는 법을 안다고 이를 만하다.

보기

㉠ 서파삼우라는 말은 이이립 자신을 일컫는 말이다.
㉡ 이이립은 벼슬에 뜻을 버리고 고향으로 돌아와 살고 있다.
㉢ 이이립은 물건을 취하여 벗을 삼는 것이 가능하다고 생각한다.
㉣ 공자가 말한 유익한 벗은 양수와 뿔술잔과 칼을 지칭하는 것이다.
㉤ 좋게 해석해서 서파삼우가 벗으로 할 만한 것이지 알고보면 먹고 마시겠다는 말이다.

① ㉠, ㉡　② ㉠, ㉢　③ ㉡, ㉢　④ ㉣, ㉤　⑤ ㉠, ㉢, ㉣

08 1, 1, 1, 1, 2, 2가 적혀 있는 A주사위와 3, 3, 4, 4, 4, 5가 적혀 있는 B주사위를 던져서 나온 수의 합이 홀수일 확률을 고르면?

○△×
○△×
○△×

① $\frac{1}{2}$ ② $\frac{1}{3}$ ③ $\frac{2}{3}$ ④ $\frac{1}{4}$ ⑤ $\frac{3}{4}$

09 다음 수들이 공통된 규칙으로 나열되어 있다. 빈칸에 들어갈 알맞은 수를 고르면?

○△×
○△×
○△×

2 3 5 7 10 13 16 20 24 28 32 37 ( )

① 41 ② 42 ③ 43 ④ 44 ⑤ 45

10 다음 [표]는 '갑'도매시장에서 출하되는 4개 농산물의 수송방법별 운송량에 대한 자료이다. 이에 대한 설명으로 옳은 것을 [보기]에서 모두 고르면?

○△×
○△×
○△×

[표] 4개 농산물의 수송방법별 운송량 (단위: 톤)

수송방법 \ 농산물	쌀	밀	콩	보리	합계
도로	10,600	16,500	400	2,900	30,400
철도	5,800	7,500	600	7,100	21,000
해운	1,600	3,000	4,000	2,000	10,600

※ '갑'도매시장 농산물 수송방법은 도로, 철도, 해운으로만 구성됨

보기

㉠ 농산물별 해운 운송량이 각각 100톤씩 증가하면 4개 농산물 해운 운송량의 평균은 2,750톤이다.
㉡ 보리의 수송방법별 운송량이 각각 50%씩 감소하고 콩의 수송방법별 운송량이 각각 100%씩 증가하더라도, 4개 농산물 전체 운송량에는 변동이 없다.
㉢ 도로 운송량이 많은 농산물일수록 해당 농산물의 운송량 중 도로 운송량이 차지하는 비중이 더 크다.
㉣ 해운 운송량이 적은 농산물일수록 해당 농산물의 운송량 중 해운 운송량이 차지하는 비중이 더 작다.

① ㉠, ㉢　② ㉠, ㉣　③ ㉡, ㉢　④ ㉡, ㉣　⑤ ㉢, ㉣

11 다음 [표]는 5개국의 발전원별 발전량 및 비중에 대한 자료이다. 이에 대한 설명으로 옳지 않은 것을 고르면?

○△×
○△×
○△×

[표] 5개국의 발전원별 발전량 및 비중

(단위: TWh, %)

국가	연도 \ 발전원	원자력	화력			수력	신재생에너지	전체
			석탄	LNG	유류			
독일	2010년	140.6 (22.2)	273.5 (43.2)	90.4 (14.3)	8.7 (1.4)	27.4 (4.3)	92.5 (14.6)	633.1 (100.0)
	2015년	91.8 (14.2)	283.7 (43.9)	63.0 (9.7)	6.2 (1.0)	24.9 (3.8)	177.3 (27.4)	646.9 (100.0)
미국	2010년	838.9 (19.2)	1,994.2 (45.5)	1,017.9 (23.2)	48.1 (1.1)	286.3 (6.5)	193.0 (4.4)	4,378.4 (100.0)
	2015년	830.3 (19.2)	1,471.0 (34.1)	1,372.6 (31.8)	38.8 (0.9)	271.1 (6.3)	333.3 ( )	4,317.1 (100.0)
프랑스	2010년	428.5 (75.3)	26.3 (4.6)	23.8 (4.2)	5.5 (1.0)	67.5 (11.9)	17.5 (3.1)	569.1 (100.0)
	2015년	437.4 ( )	12.2 (2.1)	19.8 (3.5)	2.2 (0.4)	59.4 (10.4)	37.5 (6.6)	568.5 (100.0)
영국	2010년	62.1 (16.3)	108.8 (28.5)	175.3 (45.9)	5.0 (1.3)	6.7 (1.8)	23.7 (6.2)	381.6 (100.0)
	2015년	70.4 (20.8)	76.7 (22.6)	100.0 (29.5)	2.1 (0.6)	9.0 (2.7)	80.9 ( )	339.1 (100.0)
일본	2010년	288.2 (25.1)	309.5 (26.9)	318.6 (27.7)	100.2 (8.7)	90.7 (7.9)	41.3 (3.6)	1,148.5 (100.0)
	2015년	9.4 (0.9)	343.2 (33.0)	409.8 (39.4)	102.5 (9.8)	91.3 (8.8)	85.1 (8.2)	1,041.3 (100.0)

※ 발전원은 원자력, 화력, 수력, 신재생에너지로만 구성됨

① 2015년 프랑스의 전체 발전량 중 원자력 발전량의 비중은 75% 이하이다.
② 영국의 전체 발전량 중 신재생에너지 발전량의 비중은 2010년 대비 2015년에 15%p 이상 증가하였다.
③ 2010년 석탄 발전량은 미국이 일본의 6배 이상이다.
④ 2010년 대비 2015년 전체 발전량이 증가한 국가는 독일뿐이다.
⑤ 2010년 대비 2015년 각 국가에서 신재생에너지의 발전량과 비중은 모두 증가하였다.

12 다음 [표]는 최근 이사한 100가구의 이사 전후 주택규모에 대한 조사 결과를 나타낸 자료이다. 이에 대한 설명으로 옳은 것을 [보기]에서 모두 고르면?

○△×
○△×
○△×

[표] 이사 전후 주택규모 조사 결과 (단위: 가구)

이사 전 / 이사 후	소형	중형	대형	합
소형	15	10	( )	30
중형	( )	30	10	( )
대형	5	10	15	( )
계	( )	( )	( )	100

※ 주택규모는 '소형', '중형', '대형'으로만 구분하며, 동일한 주택규모는 크기도 같음

보기

㉠ 주택규모가 이사 전 '소형'에서 이사 후 '중형'으로 달라진 가구는 없다.
㉡ 이사 전후 주택규모가 달라진 가구 수는 전체 가구 수의 50% 이하이다.
㉢ 주택규모가 '대형'인 가구 수는 이사 전이 이사 후보다 적다.
㉣ 이사 후 주택규모가 커진 가구 수는 이사 후 주택규모가 작아진 가구 수보다 많다.

① ㉠, ㉡　② ㉠, ㉢　③ ㉡, ㉣　④ ㉢, ㉣　⑤ ㉠, ㉡, ㉢

13 다음 [그래프]는 12개 국가의 수자원 현황에 대한 자료이며, A~H는 각각 특정 국가를 나타낸다. 주어진 [그래프]와 [조건]을 근거로 판단할 때, 국가명을 알 수 없는 것을 고르면?

[그래프] 12개 국가의 수자원 현황

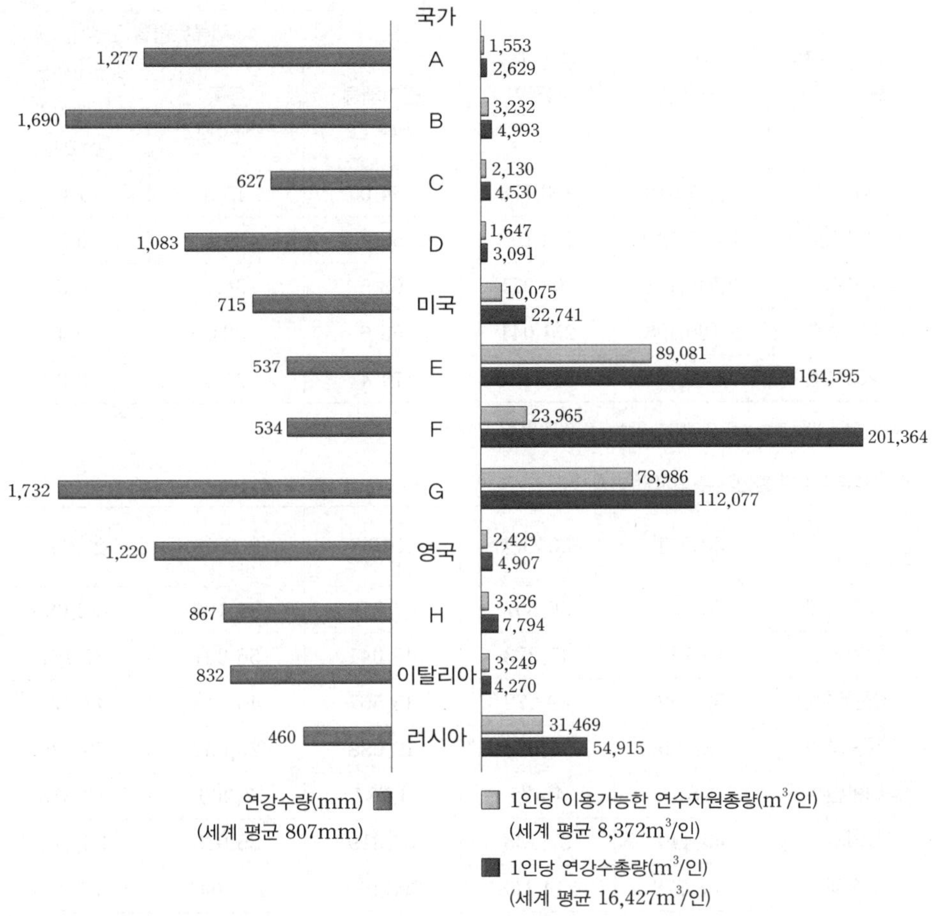

조건

- 연강수량이 세계 평균의 2배 이상인 국가는 일본과 뉴질랜드이다.
- 연강수량이 세계 평균보다 많은 국가 중 1인당 이용가능한 연수자원총량이 가장 적은 국가는 한국이다.
- 1인당 연강수총량이 세계 평균의 5배 이상인 국가를 연강수량이 많은 국가부터 나열하면 뉴질랜드, 캐나다, 호주이다.
- 1인당 이용가능한 연수자원총량이 영국보다 적은 국가 중 1인당 연강수총량이 세계 평균의 25% 이상인 국가는 중국이다.
- 1인당 이용가능한 연수자원총량이 여섯 번째로 많은 국가는 프랑스이다.

① B ② C ③ D ④ E ⑤ F

14 다음 [표]는 2017~2021년 '갑'국의 불법체류 외국인 현황에 관한 자료이다. 이에 대한 설명으로 옳은 것을 고르면?

○△✕
○△✕
○△✕

[표1] 연도별 체류 외국인 현황 (단위: 명, %)

구분 / 연도	체류 외국인	불법체류 외국인	체류유형별 구성비			
			단기체류 외국인	등록 외국인	외국국적동포 국내거소 신고자	전체
2017년	1,797,618	208,778	54.0	45.0	1.0	100.0
2018년	1,899,519	214,168	59.8	39.7	0.5	100.0
2019년	2,049,441	208,971	63.5	36.0	0.5	100.0
2020년	2,180,498	251,041	66.6	33.0	0.4	100.0
2021년	2,367,607	355,126	74.4	25.4	0.3	100.0

※ 체류 외국인은 불법체류 외국인과 합법체류 외국인으로 구분됨.

[표2] 체류자격별 불법체류 외국인 현황 (단위: 명,%)

연도 / 체류자격	2017년	2018년	2019년	2020년	2021년	
						구성비
사증면제	46,117	56,307	63,319	85,196	162,083	45.6
단기방문	45,746	47,373	46,041	56,331	67,157	18.9
비전문취업	52,760	49,272	45,567	46,618	47,373	13.3
관광통과	15,899	19,658	19,038	20,662	30,028	8.5
일반연수	4,816	4,425	4,687	7,209	12,613	3.6
기타	43,440	37,133	30,319	35,025	35,872	10.1
전체	208,778	214,168	208,971	251,041	355,126	100.0

※체류자격은 불법체류 외국인의 입국 당시 체류자격을 의미함.

[표3] 국적별 불법체류 외국인 현황 (단위: 명,%)

국적 \ 연도	2017년	2018년	2019년	2020년	2021년	
						구성비
A	53,689	61,943	65,647	81,129	153,485	43.2
B	79,717	76,757	65,379	75,507	85,964	24.2
C	36,338	35,987	37,410	44,371	56,950	16.0
D	16,814	17,698	19,694	25,399	30,813	8.7
기타	22,220	21,783	20,841	24,635	27,914	7.9
전체	208,778	214,168	208,971	251,041	355,126	100.0

① 체류 외국인 대비 불법체류 외국인 비중은 매년 증가한다.

② 체류유형이 등록외국인인 불법체류 외국인의 수는 매년 증가한다.

③ 불법체류 외국인 수가 많은 상위 3개 체류자격을 그 수가 큰 것부터 순서대로 나열하면 사증면제, 단기방문, 비전문취업 순으로 매년 동일하다.

④ 2020년 대비 2021년 불법체류 외국인 증가 인원 중에서 국적이 A인 불법체류 외국인 증가가 차지하는 비중은 65% 이상이다.

⑤ 2021년 체류 외국인은 전년 대비 10% 이상 증가하였다.

15 다음 [표]는 '갑'건축물을 건설하기 위한 공종의 공법별 공사기간 및 항목별 공사비에 대한 자료이다. 주어진 [표]와 [조건]에 근거하여 총공사비를 최소화하도록 공법을 적용할 때, 총공사기간을 고르면?

○△×
○△×
○△×

[표] 공종의 공법별 공사기간 및 항목별 공사비

(단위: 개월, 억 원)

공종	공법	공사기간	항목별 공사비		
			재료비	노무비	경비
토공사	A	4	4	6	4
	B	3	7	5	3
	C	3	5	5	3
골조공사	D	12	30	20	14
	E	14	24	20	15
	F	15	24	24	16
마감공사	G	6	50	30	10
	H	7	50	24	12

조건

- 공종, 공법, 항목별 공사비는 각각 제시된 3가지, 8종류, 3항목만 있다.
- 공사는 세 가지 공종을 모두 포함하고, 공종별로 한 종류의 공법만을 적용한다.
- 항목별 공사비는 해당 공법의 공사기간 동안 소요되는 해당 항목의 총비용이다.
- 총 공사기간은 공종별로 적용한 공법의 공사기간의 합이고, 총공사비는 공종별로 적용한 공법의 항목별 공사비의 총합이다.

① 22개월 ② 23개월 ③ 24개월 ④ 25개월 ⑤ 26개월

16 다음 [표]는 A~C가 참가한 사격게임에서 참가자의 라운드별 적중률에 관한 자료이다. 주어진 [표]와 [조건]을 근거로 할 때, 1~5 라운드 후 A의 총적중 횟수의 최솟값과 C의 총적중 횟수의 최댓값의 차이를 고르면?

○△× ○△× ○△×

[표] 참가자의 라운드별 적중률 (단위: %)

라운드 / 참가자	1	2	3	4	5
A	20.0	(　)	60.0	37.5	(　)
B	40.0	62.5	100.0	12.5	12.5
C	(　)	62.5	80.0	(　)	62.5

※ 사격게임 결과는 적중과 미적중으로만 구분함

조건

- 1, 3라운드에는 각각 5발을 발사하고, 2, 4, 5라운드에는 각각 8발을 발사한다.
- 각 참가자의 라운드별 적중 횟수는 최소 1발부터 최대 5발까지이다.
- 참가자별로 1발만 적중시킨 라운드 횟수는 2회 이하이다.

① 10 ② 11 ③ 12 ④ 13 ⑤ 14

17 다음 [표]는 2020년 11월의 도로 종류 및 기상상태별 교통사고 현황에 관한 자료이다. 이에 대한 설명으로 옳은 것을 고르면?

○△×
○△×
○△×

[표] 2020년 11월 도로 종류 및 기상상태별 교통사고 현황 (단위: 건, 명)

도로 종류	기상상태	발생 건수	사망자 수	부상자 수
일반국도	맑음	1,442	32	2,297
	흐림	55	3	115
	비	83	6	134
	안개	24	3	38
	눈	29	0	51
지방도	맑음	1,257	26	1,919
	흐림	56	5	110
	비	73	2	104
	안개	14	1	18
	눈	10	0	20
고속국도	맑음	320	10	792
	흐림	14	1	23
	비	15	1	29
	안개	4	2	12
	눈	4	0	8

※ 1) 기상상태는 교통사고 발생 시점을 기준으로 맑음, 흐림, 비, 안개, 눈 중 1가지로만 분류함.
2) 사상자 수=사망자 수+부상자 수

① 각 도로 종류에서 부상자 수 대비 사망자 수 비율은 기상상태가 안개일 때가 맑음일 때의 3배 이상이다.

② 각 도로 종류에서 교통사고 발생 건수 대비 사망자 수 비율은 기상상태가 안개일 때 가장 높다.

③ 각 도로 종류에서 기상상태가 비일 때와 눈일 때의 교통사고 발생 건수 합은 해당 도로 종류의 전체 교통사고 발생 건수의 10% 이상이다.

④ 교통사고 발생 건수당 사상자 수가 2명을 초과하는 기상상태는 지방도 1가지, 고속국도 3가지이다.

⑤ 기상상태가 흐림일 때 교통사고 발생 건수 대비 부상자 수 비율은 일반국도가 지방도보다 낮다.

18 ○△× ○△× ○△×

윤호는 A, B, C, D, E 코인 중 한 코인에 투자하려고 한다. 투자수익은 암호화폐 시세에 따라 다음과 같이 결정되지만 암호화폐 시세가 어떻게 될지는 아무도 확실히 모른다. 윤호의 목적이 투자수익을 극대화하는 것이라 할 때, 윤호가 할 수 있는 최선의 선택으로 바른 것을 고르면?(단, 표에서 양수는 이득을, 음수는 손해를 나타낸다.)

구분	암호화폐 시세가 오른다	암호화폐 시세가 현상태를 유지한다	암호화폐 시세가 내린다
A	−10	+5	+15
B	+1	+5	+10
C	−5	+10	+5
D	+1	+10	+15
E	0	+10	+15

① 암호화폐 시세가 내릴 가능성이 높다고 여겨지면, A코인에 투자한다.
② 암호화폐 시세가 오를 가능성이 높다고 여겨지면, B코인에 투자한다.
③ 암호화폐 시세가 현상태를 유지할 가능성이 높다고 여겨지면, C코인에 투자한다.
④ 암호화폐 시세가 오를 가능성이 낮다고 여겨지면, E코인에 투자한다.
⑤ 자신의 선택이 암호화폐 시세에 영향을 주지 않는다고 여겨지면, D코인에 투자한다.

19 다음은 원유로부터 석유화학공업의 주요 원료를 얻는 방법과 원유의 분별 증류에 대한 것이다. 이에 대한 설명으로 옳은 것을 [보기]에서 모두 고르면?

○△× ○△× ○△×

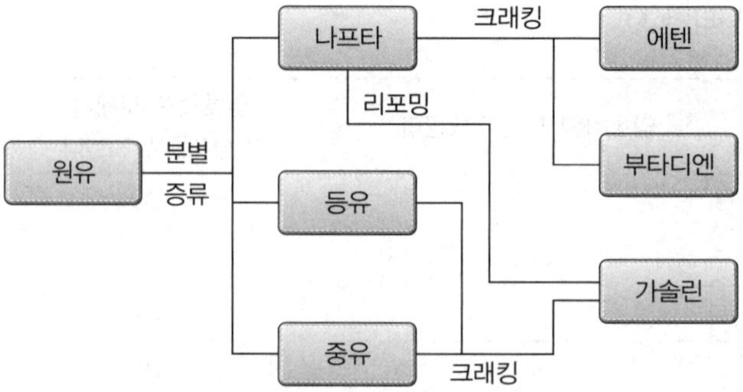

성분	끓는점	탄소 수
석유가스	25℃ 이하	C_1~C_4
나프타	40~160℃	C_5~C_{12}
등유	160~250℃	C_{12}~C_{16}
경유	250~300℃	C_{16}~C_{20}
중유	300~350℃	C_{20}~C_{25}

※ 크래킹: 촉매와 고온의 조건하에 탄소수가 많은 탄화수소를 탄소수가 적은 탄화수소로 열분해 하는 방법
※ 리포밍: 열, 압력, 촉매를 이용하여 사슬 모양의 탄화수소를 같은 수의 탄소를 가지는 고리모양의 탄화수소로 전환시키는 방법
※ 분리순서: 석유가스 → 나프타 → 등유 → 경유 → 중유

보기

㉠ 크래킹을 통해 나프타로부터 나온 것 중 일부는 부타디엔이다.
㉡ 리포밍에 의해 용도가 적은 등유나 중유로부터 용도가 많은 가솔린을 얻을 수 있다.
㉢ 원유의 성분들은 분자의 상대적 질량이 클수록 끓는점이 낮다.
㉣ 분리순서와 표를 분석하면 원유의 분별 증류와 끓는점이 밀접하게 관련되어 있음을 알 수 있다.
㉤ 원유의 각 성분들은 탄소 수와 끓는점이 반비례한다.

① ㉠, ㉡ ② ㉠, ㉣ ③ ㉡, ㉢ ④ ㉢, ㉣ ⑤ ㉣, ㉤

20

○△×
○△×
○△×

한 중소기업에서 사내체육대회를 열었다. 총무부, 영업부, 기획부, 관리부, 기술부로 팀을 나누어 다섯 개 종목을 차례로 하게 되는데, 각 종목마다 1위부터 5위까지 순위를 결정하여 1위부터 3위까지는 트로피와 부상을 수여한다. 다섯 부서는 다섯 개 종목에 모두 참여하였고 다음과 같은 결과가 나왔을 때, 옳은 것을 고르면?

- 연속해서 1등을 한 부서는 없다.
- 연속해서 부상을 받지 못한 부서도 없다.
- 영업부는 두 종목에서만 부상을 받았는데, 1등은 하지 못했다.
- 총무부는 세 종목에서 1등을 했지만, 다른 종목에서는 부상도 받지 못했다.
- 기술부는 연속해서 세 종목에서 2등을 하고, 나머지 종목에서는 부상도 받지 못했다.

① 기획부가 두 번째 종목에서 1등을 했다면, 세 번째 종목에서는 3등을 했을 것이다.
② 기획부가 두 번째 종목에서 1등을 했다면, 네 번째 종목에서는 2등을 했을 것이다
③ 관리부가 두 번째 종목에서 1등을 했다면, 기획부는 세 번째 종목에서 3등을 했을 것이다.
④ 관리부가 두 번째 종목에서 1등을 했다면, 영업부는 세 번째 종목에서 2등을 했을 것이다.
⑤ 총무부가 첫 번째 종목에서 1등을 했다면, 기술부는 마지막 종목에서 2등을 했을 것이다.

21

○△×
○△×
○△×

정부의 한 부처 직원 식당을 새로 리모델링하기로 했다. 다음은 여러 업체에서 공사 수주를 위해서 입찰조건을 내놓은 것을 정리한 표이다. 원래 예정된 입찰 금액은 4억인데, 각 업체의 입찰 금액이 이보다 낮으면 나머지는 이익으로 잡힐 수 있지만, 부실공사 발생 시 업체에게 지불한 돈을 모두 손해볼 수도 있다. 기대이익을 파악해서 기대이익이 가장 많은 업체에게 공사를 맡긴다고 할 때, 선정된 업체를 고르면?(단, 기대이익=(공사성공률×부처이익액)−(부실공사율×손해금액)이다.)

구분	업체 입찰 소요 금액	부실공사율
갑 업체	3억 원	4%
을 업체	3.2억 원	3%
병 업체	2.9억 원	5%
정 업체	3.5억 원	1%
무 업체	2.8억 원	8%

※ 부실공사율=1−공사성공률

① 갑 업체　② 을 업체　③ 병 업체　④ 정 업체　⑤ 무 업체

22 **갑, 을, 병은 서로 다른 나라에서 출장 업무를 보고 있다. 이들이 각 국가에서 업무를 본 후 모두 서울로 돌아온 시각으로부터 1시간 후에 전체 회의를 한다고 할 때, 서울 시각으로 3명이 전체 회의를 하는 시각을 고르면?**

○△×
○△×
○△×

[업무일정]

갑 (모스크바)	8월 12일 16시 거래처 미팅(2시간) → 이동(20분) → 저녁식사(45분) → 공항 이동(1시간 30분) → 출국 절차(1시간) → 서울(18시간 50분)
을 (뉴욕)	8월 12일 13시 거래처 미팅(1시간 30분) → 이동(35분) → 점심식사(1시간 40분) → 공항 이동(30분) → 출국절차(1시간) → 서울(14시간 20분)
병 (밴쿠버)	8월 12일 14시 거래처 미팅(2시간 10분) → 공항 이동(1시간 25분) → 출국절차(1시간) → 서울(10시간 30분)

※ 각 일정은 현지 시각 기준이며, 괄호 안의 시간은 소요 시간임

[각 도시의 그리니치 기준 시각]

서울	+9시간	모스크바	+3시간
뉴욕	−5시간	밴쿠버	−8시간

※ +1시간: 영국 그리니치 천문대를 기준으로 1시간 빠름을 나타냄

① 8월 13일 23시 05분
② 8월 13일 23시 15분
③ 8월 13일 23시 25분
④ 8월 13일 23시 35분
⑤ 8월 13일 23시 45분

23 다음 글과 [표]를 근거로 판단할 때, 국내이전비를 지급받는 공무원만을 모두 고르면?

○△× ○△× ○△×

청사 소재지 이전에 따라 거주지를 이전하거나, 현 근무지 외의 지역으로 부임의 명을 받아 거주지를 이전하는 공무원은 다음 요건에 모두 부합하는 경우 국내이전비를 지급받는다.

첫째, 전임지에서 신임지로 거주지를 이전하고 이사화물도 옮겨야 한다. 다만 동일한 시(특별시, 광역시 및 특별자치시 포함)·군 및 섬(제주특별자치도 제외) 안에서 거주지를 이전하는 공무원에게는 국내이전비를 지급하지 않는다. 둘째, 거주지와 이사화물은 발령을 받은 후에 이전하여야 한다.

[표] 국내이전비 신청 현황

공무원	전임지	신임지	발령 일자	이전 일자	이전 여부	
					거주지	이사화물
갑	울산광역시 중구	울산광역시 북구	'20.2.13.	'20.2.20.	○	○
을	경기도 고양시	세종특별자치시	'19.12.3.	'19.12.5.	○	×
병	광주광역시	대구광역시	'19.6.1.	'19.6.15.	×	○
정	제주특별자치도 서귀포시	제주특별자치도 제주시	'20.1.2.	'20.1.13.	○	○
무	서울특별시	충청북도 청주시	'19.9.3.	'19.9.8.	○	○
기	부산광역시	서울특별시	'20.4.25.	'20.4.1.	○	○

① 갑, 을 ② 을, 정 ③ 병, 기 ④ 정, 무 ⑤ 무, 기

24 다음 글을 근거로 판단할 때, [보기]에서 옳은 것을 모두 고르면?

○△×
○△×
○△×

키가 서로 다른 6명의 어린이를 다음 그림과 같이 한 방향을 바라보도록 일렬로 세우려고 한다. 그림은 일렬로 세운 하나의 예이다. 한 어린이(이하 甲이라 한다)의 등 뒤에 甲보다 키가 큰 어린이가 1명이라도 있으면 A방향에서 甲의 뒤통수는 보이지 않고, 1명도 없으면 A방향에서 甲의 뒤통수는 보인다. 반대로 甲의 앞에 甲보다 키가 큰 어린이가 1명이라도 있으면 B방향에서 甲의 얼굴은 보이지 않고, 1명도 없으면 B방향에서 甲의 얼굴은 보인다.

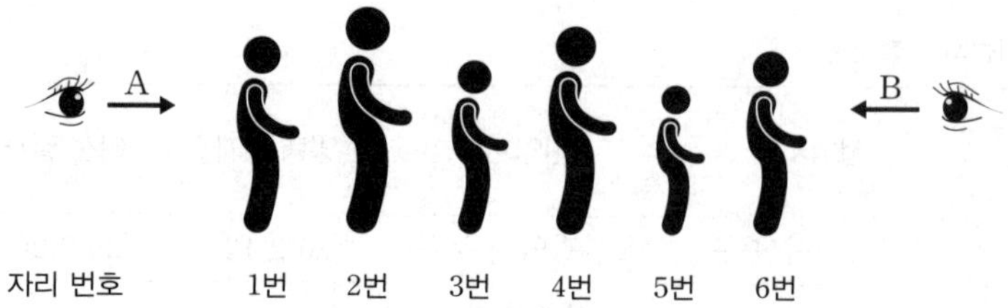

보기

㉠ A방향에서 보았을 때 모든 어린이의 뒤통수가 다 보이게 세우는 방법은 1가지뿐이다.
㉡ 키가 세 번째로 큰 어린이를 5번 자리에 세운다면, A방향에서 보았을 때 그 어린이의 뒤통수는 보이지 않는다.
㉢ B방향에서 2명의 얼굴만 보이도록 어린이들을 세웠을 때, A방향에서 6번 자리에 서 있는 어린이의 뒤통수는 보이지 않는다.
㉣ B방향에서 3명의 얼굴이 보인다면, A방향에서 4명의 뒤통수가 보일 수 없다.

① ㉠, ㉡ ② ㉢, ㉣ ③ ㉠, ㉡, ㉢ ④ ㉠, ㉢, ㉣ ⑤ ㉡, ㉢, ㉣

25 다음 글과 [상황]을 근거로 판단할 때, 공기청정기가 자동으로 꺼지는 시각을 고르면?

○△×
○△×
○△×

- A학교 학생들은 방과 후에 자기주도학습을 위해 교실을 이용한다.
- 교실 안에 있는 학생 각각은 매 순간 일정한 양의 미세먼지를 발생시켜, 10분마다 5를 증가시킨다.
- 교실에 설치된 공기청정기는 매 순간 일정한 양의 미세먼지를 제거하여, 10분마다 15를 감소시킨다.
- 미세먼지는 사람에 의해서만 발생하고, 공기청정기에 의해서만 제거된다.
- 공기청정기는 매 순간 미세먼지 양을 표시하며 교실 내 미세먼지 양이 30이 되는 순간 자동으로 꺼진다.

상황

15시 50분 현재, A학교의 교실에는 아무도 없었고 켜져 있는 공기청정기가 나타내는 교실 내 미세먼지 양은 90이었다. 16시 정각에 학생 두 명이 교실에 들어와 공부를 시작하였고, 40분 후 학생 세 명이 더 들어와 공부를 시작하였다. 학생들은 모두 18시 정각에 교실에서 나왔다.

① 18시 50분　② 19시 00분　③ 19시 10분　④ 19시 20분　⑤ 19시 30분

정답과 해설 ▶ P.45

에듀윌 공기업

매일 1회씩 꺼내 푸는 NCS Ver. 2

DAY 08

eduwill

매1N 3회독 루틴 프로세스

*더 자세한 내용은 매1N 3회독 학습가이드를 확인하세요!

1 3회독 기록표에 학습날짜와 문제풀이 시작시간을 적습니다.

2 시험장에서 문제를 푸는 것처럼 풀어 보세요.

3 모바일 OMR 또는 회독용 답안지에 마킹한 후, 종료시간을 적고 초과시간을 체크합니다.

▶모바일 OMR 바로가기

[DAY 08]

http://eduwill.kr/xe8j

4 문항별 3회독 체크표(◯ △ ✕)에 표시합니다. 문제를 풀면서 알고 풀었으면 ◯, 헷갈렸으면 △, 전혀 몰라서 찍었으면 ✕에 체크하세요.

3회독 TIP

- 1회독: 25문항을 빠짐없이 풀어 보세요.
- 2~3회독: 틀린 문항만 골라서 풀어 보세요.

3회독 기록표

1회독		2회독		3회독	
학습날짜	월 일	학습날짜	월 일	학습날짜	월 일
시작시간	:	시작시간	:	시작시간	:
종료시간	:	종료시간	:	종료시간	:
점 수	점	점 수	점	점 수	점

제한시간 | 25분

01 다음 글에서 소개된 현상에 대해 추론한 내용으로 옳지 않은 것을 고르면?

○△×
○△×
○△×

베블린(Veblen)에 따르면 특정 재화(財貨)의 수요는 소비자가 얼마를 지불했을 것이라고 다른 사람이 생각하는 가격(현시적 가격)에 비례해서 결정된다. 현대 사회에는 이러한 현시적 소비자(conspicuous consumption)들이 많다. 얼마 전만 해도 옷상표는 언제나 옷 안에 감춰져 있었다. 그러나 오늘날 디자이너의 이름은 셔츠, 넥타이, 블라우스, 바지 등의 바깥쪽에 보란 듯이 표시되어 있다. 이는 소비자들이 광고를 해주는 것은 물론 자기도 모르는 사이에 광고비까지도 지불해 주고 있는 셈이다. '랄프 로렌(Ralph Lauren)' 상표의 옷을 입은 사람은 자신이 부자라는 사실을 은연중 과시하고 있다. 영화 <백 투 더 퓨쳐(Back to the Future)>에서는 1950년대의 한 소녀가 미래에서 온 소년의 이름을 그가 입고 있는 청바지 상표 '캘빈 클라인(Calvin Klein)' 때문에 '캘빈'으로 생각하는 장면이 나온다. 자동차의 경우도 예외는 아니다. '캐딜락(Cadillac)'은 미국 전역에서 고급차로 알려져 있으나 미국의 고급 주택가 '비벌리 힐즈(Beverly Hills)'의 주민들이라면 누구나 '메르세데스 벤츠(Mercedes-Benz)'를 가지고 있다. 그들에게 캐딜락은 수치이다. 자기 집 앞 도로에 캐딜락이 세워져 있을 경우 그 집 주인의 반응을 우리는 충분히 예상할 수 있다.

"저건 내 차가 아냐…. 누구 것인지 모르겠는데 천박한 이웃집 차일지도 모르지. 누군가 간밤에 세워둔 모양이군. 당장 청소부를 불러 치우라고 해야지."

① 인간이 사회적 존재라는 정체성을 가지기 때문에 나타나는 현상이다.
② 대부분의 서민 계층은 열심히 일하고서도 불로소득에 의해 나타난 현시적 소비 행태를 보면서 상실감을 느끼게 된다.
③ 명품의 가격이 떨어져 흔하게 살 수 있는 상품이 될 경우 현시적 소비 대상으로서의 가치가 떨어진다고 볼 수 있다.
④ 현시적 소비도 소비이기 때문에 경제를 활성화시킨다는 긍정적인 면이 있다.
⑤ 똑같은 옷을 시장에서 싼 가격으로 살 수도 있는데 백화점에서 비싼 가격으로 사는 것은 현시적 소비자들의 현시적 욕구 때문으로 해석할 수 있다.

02 다음 글에서 이끌어 낸 내용으로 옳지 않은 것을 고르면?

○△×
○△×
○△×

개인의 사생활 비밀 보장은 기본적인 인권이다. 자신이 원하는 사람에게만 자신과 관련된 정보에 대해 언급할 수 있어야 한다. "모든 국민은 사생활의 비밀과 자유를 침해받지 아니한다."라고 규정하고 있는 헌법 제17조는 국민 개개인의 사생활의 비밀을 보호하도록 하고 있다. 자신과 관련된 사실과 정보를 통제할 수 있는 것은 한 인간이 안전, 자유, 존엄성을 유지하는 데에 기본적인 전제가 된다. 또한 이것은 자신을 부당한 차별과 편견으로부터 보호하게 해 준다. 한 개인으로서 환자는 자신의 사생활과 의료정보를 통제할 권리가 있으므로, 제3자가 직업상 타인의 사생활의 비밀 정보를 취득한 경우 이를 보호해야 할 책임이 발생한다. 의료정보의 경우, 의사, 한의사, 치과의사, 약제사, 약종상, 조산사 등 의료인은 업무처리 중 알게 된 타인의 비밀을 누설하는 것이 법적으로 금지되어 있으며, 이를 위반한 경우 형사처벌의 대상이 된다.

의료정보는 환자 자신이 본인의 진료를 위해, 즉 본인의 이익을 위해서 의료인에게 제공하는 것으로 진료환경 밖으로 그 정보가 누출되지 않는다는 점을 전제로 한다. 업무상 환자로부터 취득한 기밀을 누설하지 않는 의료인의 법적·윤리적 의무는 진료와 보건의료 활동을 위해 필수적인 것이다. 만약 환자가 의료인이 자신의 사적 정보를 본인의 허락이나 법이 정한 범위 밖으로 누출할 수 있다고 생각한다면, 환자–의료인 관계의 기본적인 신뢰는 무너질 것이며 정상적이고 효과적인 진료는 이루어 질 수 없을 것이다. 즉, 의료인이 환자로부터 환자진료를 위해 취득한 정보에 대한 비밀을 유지하는 것은 의사–환자 관계의 토대를 이루며, 사회가 의료계 전반에 대한 신뢰를 가능케 하는 전제를 이룬다. 따라서 환자의 사생활의 비밀을 지키는 것은 B.C. 460년경의 히포크라테스 시대의 고대로부터 지금까지 가장 중요한 의료인의 윤리이자 법적인 의무이기도 하다.

① 개인의 사생활 비밀 보장은 한 인간의 존엄성을 유지하는 기본 전제가 된다.
② 의사는 환자의 사생활과 의료정보에 관한 정보를 통제할 권리를 가지게 되므로, 이를 보호해야 할 책임까지 부여 받게 된다.
③ 약사가 환자의 사생활의 비밀을 누설할 경우 잘못하면 구속까지 될 수 있다.
④ 의사가 환자의 의료정보를 누설하지 않는 것은 '효과적인 진료'의 기본 전제가 된다.
⑤ 히포크라테스의 시대에서도 환자의 사생활의 비밀을 지켜야 한다는 것은 의무였다.

03 다음 글의 'A 가설'에 대한 추론으로 옳은 것을 고르면?

○△×
○△×
○△×

'A 가설'을 시험해보는 방법은 대중매체와의 접속 차단이 가져오는 효과를 살펴보는 것이다. 이런 실험을 시행하는 것은 어렵지만 신문사 파업 상황이 이와 상당히 유사하다고 할 수 있을 것이다. 1959년에 새뮤얼슨은 신문사들이 파업을 하고 있는 지역과 일간지가 예전 같이 계속 발간되고 있는 인근 지역에서, 현재 일어나고 있는 공공사건들에 관한 주민들의 지식습득 정도를 연구했다. 이 연구는 파업을 하고 있는 지역의 시민들이 미디어를 대체하는 행위를 본격적으로 하기 전인 파업 첫 주말에 시행되었다. 이 가설대로 하면 신문이 없다는 것은 교육을 더 받은 사람들이 당시의 뉴스를 덜 접한다는 것을 의미하기 때문에 신문사 파업으로 인해 비례적으로 더 많이 '손해'를 보게 될 것이다.

파업을 하지 않는 지역에 고등학교 미만의 학력을 가진 사람이 9명밖에 없었기 때문에 여기서 하는 분석은 각 지역의 고졸 집단과 대졸 집단만을 대상으로 했다.

① 매스미디어가 제공하는 정보가 증가할 경우 사회경제적 지위에 따라 집단 간의 지식격차가 심화된다는 가설
② 매스미디어가 사라지면 사람들은 지식적인 갈급함을 느낀다는 가설
③ 선호하는 매스미디어의 종류에 따라 사람들은 자신들의 진보나 보수 성향을 드러내게 된다는 가설
④ 매스미디어가 제공하는 정보에 따라 사람들의 일상생활이 영향을 받는다는 가설
⑤ 매스미디어가 지역의 지식지도 형성에 크게 기여한다는 가설

04 다음 글을 읽고 ㉠의 관점에서 ㉡을 해결하기 위해 세운 가설로 옳지 않은 것을 고르면?

○△× ○△× ○△×

호킹에 의해 블랙홀은 궁극적으로는 완전히 증발해 사라지는 운명을 갖고 태어남이 밝혀졌다. 이를 호킹복사라 부른다. 블랙홀이 결코 영원한 암흑의 세계는 아닌 셈이다. 그러나 새로운 발견은 새로운 문제를 만들어 낸다. 호킹복사도 예외는 아니다.

만약에 지구가 블랙홀로 빨려 들어가 문명이 파괴되었다고 가정한 경우, 이 블랙홀에서 빠져나오는 호킹복사를 관측한다면 지구의 역사를 다시 재구성할 수 있을까. 지구와 소행성의 충돌로 문명이 파괴된 경우는 최소한 원리적으로 아주 정밀한 관측을 통하여 폭발과정을 역으로 추적함으로써 폭발 당시의 지구를 재구성할 수 있다. 그러나 호킹복사는 지구의 재구성이 근본적으로 불가능함을 보여주고 있다.

호킹복사는 임의로 생성과 소멸을 반복하는 입자-반입자 쌍에 의해 이루어지므로, 호킹복사로 블랙홀에서 방출되는 빛도 특별한 정보를 지닐 수가 없게 된다. 즉 블랙홀로 빠져 들어간 지구 문명에 대한 정보는 호킹복사를 통해서는 얻어질 수 없다. 그렇다면 블랙홀이 만들어졌다가 호킹복사를 통해 증발한 경우 블랙홀로 빨려 들어간 지구에 대한 정보는 어디로 간 것일까.

만일 블랙홀로 빨려 들어간 지구의 정보가 호킹복사로 빠져 나올 수 있다고 가정하면 어떤 일이 벌어질까. 블랙홀 내부에서는 빛이 빠져 나올 수 없으므로 이 경우 정보는 빛의 속도보다 빠르게 전달되어야 한다. 즉 우리가 알고 있는, 시간의 흐름에 따른 인과관계가 파괴되는 것이다. 영화 〈백 투 더 퓨처〉에서처럼 '주인공의 어머니가 주인공과 사랑에 빠져 주인공의 아버지와 결혼을 포기할 경우 주인공의 존재는 어떻게 되는가?'와 같은 모순에 빠져들게 된다.

이 모순을 해결하기 위해 호킹은 블랙홀로 빨려 들어간 모든 물질이 블랙홀 중심에 위치한 부피가 없는 특이점으로 빨려 들어가므로, 블랙홀은 전체 질량(에너지), 전하, 회전각운동량 외에는 어떤 정보도 가질 수 없음을 주장했다. 즉 블랙홀로 빨려 들어간 물질에 대한 정보가 호킹복사로 방출될 수는 없다고 결론지었다. 정보가 블랙홀 속에서 사라진 것이다. 한편, 컴퓨터에서 정보를 저장하기 위해 전기 에너지를 필요로 하듯이, 정보의 보존은 에너지를 필요로 하므로 정보가 사라지면 에너지 또한 사라지게 된다. 그런데 ㉠현대 물리학은 에너지 보존 법칙을 기반으로 하고 있다. 이를 ㉡블랙홀 정보 패러독스라 부른다.

① 블랙홀의 중심부에 정보를 함축하고 있는 블랙홀 잔재물이 만들어진다는 가설
② 호킹복사로 블랙홀이 증발하는 과정에서 새로운 아기 우주가 탄생한다는 가설
③ 물질들이 블랙홀로 빨려 들어가면서 정보를 사건의 지평선에 남겨둔다는 가설
④ 정보가 소멸되면서 생기는 엄청난 에너지가 블랙홀의 성립조건을 구성한다는 가설
⑤ 블랙홀 사건의 지평선이 11차원의 미세한 초끈 조각으로 구성되어 있으며, 이 초끈들이 정보를 보존한다는 가설

05 다음 글의 밑줄 친 '공유 열쇠 암호체계'에 대한 추론으로 옳은 것을 고르면?

○△×
○△×
○△×

고대 그리스인들은 어떤 숫자는 그보다 작은 숫자에 의해서 나뉠 수 있는 반면에 다른 숫자들은 이런 특성이 없다는 관찰을 했다. 자연수 중에서 1과 자신을 제외한 어떤 숫자로도 나뉠 수 없는 숫자를 소수(素數)라 부른다. 또한 소수가 아닌 자연수 중에서 1이 아닌 수를 합성수라 부른다. 언뜻 생각하기에는 소수와 합성수의 구분이 아무런 의미도 없는 것처럼 보인다. 그러나 소수는 매우 중요하다는 사실이 밝혀졌고, 수학자들이 소수에 대해서 더 많은 사실을 발견할수록 그 중요성은 더 높이 평가되고 있다. 소수가 이처럼 중요한 이유 중 하나는 자연수에서 소수가 하는 역할이 화학에서 원자의 역할과 같다는 것이다.

소수에 대한 분명한 물음은 이런 것이다. 도대체 얼마나 많은 소수가 있는 것일까? 유클리드는 그의 저서 『기하학 원론』에서 소수의 개수가 무한하다는 것을 증명했다. 그의 증명을 간략히 서술하면 아래와 같다.

"유한개만의 소수가 존재한다고 가정하자. 이 유한개의 소수들을 모두 곱한 값에 1을 더하면 그것 역시 소수이며, 처음에 가정한 유한한 소수 집합에 속하지 않는다. 그러므로 소수가 유한하다는 가정은 모순이 됨을 알 수 있다."

어떤 자연수 N이 소수인지 여부를 검사하는 가장 확실한 방법은 소인수분해를 하는 것이다. 이를 위해서는 $\sqrt{N}$ 이하의 모든 소수들로 N을 나누어 보아야 한다. 이때 N이 실제로 소수일 때가 제일 큰 문제이다. 소인수분해를 사용하여 소수 여부를 검사하는 방법은 N이 아주 큰 수라면 최고 성능의 컴퓨터로 계산한다고 하더라도 매우 오랜 시간이 걸릴 수 있다. 그렇지만 수학자들은 소수의 패턴을 연구함으로써 여러 대안적 소수 검사 방법을 고안할 수 있었다. 실제로 현재의 대형 컴퓨터와 ARCLP와 같은 소수 검사 방법을 사용하면 100자리에 이르는 소수 두 개를 찾을 수 있다. 이 두 소수를 곱하면 200자리 수인 합성수 하나가 만들어진다. 다른 한편, 이 200자리 숫자가 매우 큰 두 개의 소수의 곱이라는 것을 알고 있고, 현재 가용한 가장 빠른 컴퓨터를 사용한다고 하더라도 이 정도 크기의 합성수를 소인수분해 하는 것은 실질적으로 불가능하다고 할 만큼 오랜 시간이 걸린다. 소수 검사가 가능한 수의 크기와 소인수분해가 가능한 수의 크기 사이에 있는 이 커다란 불균형을 이용하여 수학자들은 '공유 열쇠(public key)' 암호체계를 고안했다.

① 소수의 개수가 무한하다는 성질을 이용해 만들어진 암호체계다.
② 소수와 자연수의 차이점을 이용해 만들어진 복잡한 암호체계이다.
③ 컴퓨터의 발전이 없었다면 암호를 풀기는커녕 만드는 것도 어려운 암호체계라 할 수 있다.
④ 한 방향으로 변환은 쉽지만 반대방향으로는 어려운 일방함수의 개념을 이용한 암호체계이다.
⑤ 소수의 역할이 화학에서 보면 원자와 같이 가장 기본적인 요소를 이루고 있기 때문에 난해함을 가지게 된 암호체계이다.

06 다음 글을 읽고 밑줄 친 ㉠의 의미로 옳은 것을 고르면?

○△×
○△×
○△×

> ‘풍요’ 사회가 그 자신에게 있어 고유한 신화라고 말할 때, 우리는 풍요 사회란 자기의 계산 아래 전면적인 수준에서 ‘당신이 꿈꾸는 육체는 바로 당신 자신’이라는 요구를 채워줄 수 있는 경탄할 만한 광고 문안을 내거는 것과 똑같다고 생각한다. 일종의 거대한 집단적 자기도취 속에 있는 이 풍요 사회는 마치 광고가 결국에는 사람들에게 그들의 육체와 위세 – 요컨대, 위에서 언급한 것처럼 ‘자기 예언’을 확신시키도록 하는 것처럼, 스스로 자기 자신에게 부여한 이미지 속에 혼합되고 흡수되며 스스로 자신의 죄를 용서하는 사회인 것이다.
>
> 스스로의 체면을 유지하는 모든 위대한 신화와 같이, ‘소비’의 신화는 언설과 반언설을 가지고 있다. 풍요를 예찬하는 언설은 어디에서나 소비 사회의 폐해와 이 소비 사회가 문명 전체에 필연적으로 가져오는 비극적 결말을 ‘비판하는’ 음침하고 도덕적인 반언설과 섞여 있다. 이 반언설은 어디에서나 읽어낼 수 있다. ‘일차적인 가치’와 ‘물질적 만족’을 경멸하는 것으로써 타인과의 차이를 만들고자 하는 지식인의 언설에서뿐만 아니라 오늘날에는 ‘대중 문화’ 속에서도 읽어낼 수 있다. 광고는 광고의 테크닉 속에 반광고가 통합되면서 점차 패러디화되고 있다. ‘프랑스 스와르’, ‘파리마치’, 라디오, 텔레비전, 그리고 장관들의 언설도 일상생활의 향락만을 위해 가치관, 이상, 그리고 이데올로기도 상실된 이 ‘소비 사회’에 대해서 탄식하는 것이 상식이다. 우리는 샤방 델마스의 다음과 같은 유명한 말을 쉽게 잊지 못할 것이다.
>
> “㉠소비 사회에 혼을 보충하여 소비 사회를 통제해야 한다.”

① 철저하게 소비에 대한 긍정적인 개념을 주입하여 소비사회의 대중들을 통제해야 한다.
② 소비에 대한 적당한 비판은 오히려 소비 사회를 강건히 하는 데 더욱 기여를 하게 된다.
③ 소비 사회에 대한 비판을 통해 비판적 소비자를 양성해 내야 한다.
④ 소비에 대해 능동적으로 참여하는 소비자를 많이 생산해내는 것이 소비사회를 이끌어 가는 효과적인 방법이 된다.
⑤ 광고나 조작에 의해 형성된 소비 개념이 아니라 비판적으로 받아들이는 소비의 개념이 소비사회를 끌어 나가는 키워드가 될 것이다.

07 다음 글의 내용과 일치하지 않는 것을 고르면?

○△×
○△×
○△×

음과 양은 원초적이고 역동적인 두 상태를 말하며, 음양이 서로 전환되는 과정을 통해 도가 모습을 드러낸다. 주역(周易)에서 조각난 획(− −)으로 상징되는 음은 여성적이며 에너지를 수용하는 쪽을 말하며, 조각나지 않은 획(——)으로 상징되는 양은 남성적이며 에너지를 분출하는 쪽을 말한다. 이 음과 양이라는 두 세력은 서로 대립적이라기보다는 공동의 선을 위해 서로 조화를 이루며 작용한다.

송 왕조 이후 음양은 태극(太極)으로 상징되기도 했다. 태극은 우리에게 친숙한 상징이다. 주역은 일종의 대통일론(大統一論)으로 고안되었고, 또 실제 그렇게 활용된다. 주역은 6선형(六線形), 즉 6획괘로 구성되어 있다. 또한 각 6선형은 여섯 개의 획의 조합으로 이루어졌는데, 각 획은 조각난 획(음효, 陰爻)이거나 혹은 조각나지 않은 획(양효, 陽爻)이다. 각 6선형마다 그 괘의 의미와 구조를 풀이해 놓은 단사(彖辭), 상(象) 등의 글귀가 붙어 있다.

주역 혹은 주역의 도에서 '역(易)'의 일반적인 뜻은 변화, 변형이다. 고대로부터 내려오는 역의 개념은 '새로운 생명을 생겨나게 하는 것'이라고 정의한다. 공자는 주역의 방법론이나 활용법에 대해 설명하면서 "역에 태극이 있으니 태극은 두 극을 낳고 두 극은 네 개의 4분원(四分圓)을 낳으며 네 개의 4분원은 여덟 개의 8분원(八分圓)을 낳는다"고 했다. 두 극에는 음효(− −)와 양효(——)가 있고 4분원에는 음이나 양 한 쌍이 모여 이루어지는 2선형(二線形)(태음 ⚏, 태양 ⚌, 소음 ⚎, 소양 ⚍)이 있다. 두 종류의 획 두 개가 모여 만들어졌으므로 2선형은 이중의 이원성(二元性)이라는 특성을 갖는다. 즉 첫 획의 음양에 의해 기본적인 이원성(극성)이 생기며, 여기에 음양의 획이 하나 더 덧붙여지면서 태(太) 혹은 소(少)라는 또 하나의 이원적 특성이 부가된다. 2선형에 또 하나의 획을 덧붙이면 여덟 개의 8분원 즉 8괘에 해당하는 여덟 가지 조합이 나온다. 주역에 나오는 6선형(六線形)은 3선형(三線形) 두 개가 모여 이루어진 것, 혹은 2선형 세 개가 모여 이루어진 것으로 생각할 수 있다.

① 음·양의 조화라는 말 자체가 일정 부분 변화라는 개념을 내포하고 있다.
② 현재 우리에게 태극은 음양의 상징이라 할 수 있다.
③ 주역의 괘는 인간사의 길흉화복을 점치는 데 매우 유용한 도구였다.
④ 주역이 고대에서부터 있었다고 단정적으로 말하기는 어렵다.
⑤ 주역에 나오는 괘의 종류는 총 64가지일 것이다.

08 다음 글의 흐름에 따라 [가]~[마]를 순서대로 바르게 나열한 것을 고르면?

○△×
○△×
○△×

초고온성 미생물은 최소 80℃가 넘는 곳에서 사는 미생물을 말한다. 이 생물은 1980년대 해저 화산 분출구 지역에서 독일의 스테터 박사에 의해 최초로 발견된 뒤로 현재까지 수십 종이 발견됐다. 파이롤로부스 퓨마리(Pyrolobus fumarii), 써모토가 네아폴리타나(Thermotoga neapolitana), 써모토가 써마룸(Thermotoga thermarum)이 대표적인 초고온성 미생물이다. 이들은 100℃가 넘어 김이 모락모락 피어나는 온천, 400℃가 넘는 열수구 근처 등 일반 생물이라면 살아가기 힘든 극한 환경에도 꿋꿋이 살고 있다.

[가] 이러한 초고온성 미생물은 높은 온도에서도 생화학적 반응을 할 수 있기 때문에 산업적 응용가치가 아주 높다. 대표적인 것이 써머스 아쿠아티커스(Thermus aquaticus)라는 초고온성 미생물에서 뽑아낸 '내열성 DNA 중합효소'다.

[나] 써모토가(Thermotoga)라는 초고온성 미생물에서 추출한 자일라나제(xylanase)라는 효소는 90℃가 넘는 반응조건에서 자일로올리고당을 효율적으로 생산할 수 있다. 자일로올리고당은 위속의 유산균이 증식하도록 도움을 주기 때문에 기능성 음료와 식품에 많이 첨가된다. 편의점에서 흔히 살 수 있는 유산균 음료에도 초고온성 미생물의 손길이 뻗어 있는 셈이다. 이외에도 펄프를 제조하거나 폐기물을 분해하는 데도 초고온성 미생물이 사용되고 있다.

[다] 중합효소연쇄반응에 일반 DNA 중합효소를 사용하면 높은 온도 때문에 효소가 파괴되므로 새로운 효소를 계속 넣어줘야 한다. 그러나 초고온성 미생물에서 추출한 DNA 중합효소는 높은 온도에서도 잘 견디기 때문에 반응의 성공률도 높고 다시 넣어줄 필요도 없다. 자동화가 가능하다는 말이다.

[라] DNA 중합효소는 다양한 크기의 DNA를 증폭시키는 중합효소연쇄반응(PCR)에 꼭 필요하다. 중합효소연쇄반응은 머리카락이나 피에서 뽑아낸 아주 작은 양의 DNA를 순식간에 수백만 배로 증폭시켜 개인의 DNA를 판별할 수 있도록 해주는 기술이다. 중합효소연쇄반응에서 두 가닥의 DNA를 한 가닥의 DNA로 분리하는 과정이 꼭 필요한데 이 반응은 80℃ 이상의 고온에서 일어난다.

[마] 이들이 고온의 환경에서 살 수 있는 비밀은 박테리아나 진핵생물(Eukaryote)의 세포막은 2겹 인지질로 이뤄져 있는데 반해 초고온성 미생물의 세포막은 1겹 인지질 층이라는 것에 있다. 인지질은 콩나물처럼 생긴 모양으로 물과 친한 성질을 가진 머리와 물에 저항이 있는 성질을 띤 꼬리로 이뤄져 있다. 2겹 세포막 층은 콩나물이 2개가 꼬리를 안쪽으로 맞대고 머리가 바깥쪽으로 향하게 누워 있는 모양이고 1겹은 콩나물 꼬리의 양쪽에 머리가 각각 달린 구조다. 인지질 꼬리 부분은 물질이 지나다닐 수 있게끔 유동성이 있기 때문에 꼬리가 2겹인 구조보다는 1겹인 구조가 더 단단하다. 그래서 높은 온도에서도 초고온성 미생물이 견딜 수 있다.

① [가] – [라] – [다] – [마] – [나]
② [가] – [라] – [다] – [나] – [마]
③ [마] – [가] – [다] – [라] – [나]
④ [마] – [가] – [라] – [다] – [나]
⑤ [마] – [가] – [라] – [나] – [다]

09 다음 글을 읽고 이끌어 낸 추론으로 옳은 것을 고르면?

○△×
○△×
○△×

> 태풍의 중심부는 그 둘레가 아이월(eyewall)이라고 하는 두껍고 높은 구름으로 에워싸여 있다. 그곳에서는 지표 부근에서 반시계 방향으로 돌면서 중심으로 향하여 불어 들어가는 공기가 급격히 상승하여 고도 약 6km 정도에서 제1차로 불어 나오고(고층운이 생긴다), 10km 이상에서 제2차로 불어 나와서(권층운이 생긴다) 바깥쪽으로 유출한다. 이때 공기 중에 포함되어 있는 수증기가 응결하여 숨은열(잠열)을 방출하므로 중심 상공의 기온은 따뜻해져서 더욱더 상승기류를 강화하는 작용을 한다. 태풍의 중심에서는 하강기류를 볼 수 있으며, 구름이 없고 바람이나 비도 약한 구역이 거의 원형으로 형성된다. 이것을 '태풍의 눈'이라고 하는데, 지름은 약 20~60km이다. 모양은 주로 원형이나 때에 따라 타원형이나 태풍의 눈 속에 또 다른 눈이 생겨서 2중 원형이 되는 경우도 있다. 회전운동을 하면서 태풍 속으로 들어온 공기덩어리는 각운동량의 보존이 이루어지므로 중심으로 접근할수록 바람이 강해지고, 그 결과 강한 원심력을 받게 된다. 따라서 기압의 경사가 있더라도 중심부로 들어갈 수 없게 되므로 태풍의 눈이 형성된다. 일반적으로 태풍의 눈은 형성기에 커지고, 성장기에 작아진다. 또 쇠약기가 되면 동시에 넓어지는데 바람이 약한 구역은 상당히 경과된 뒤까지도 존재한다.

① 태풍의 눈을 흔히 '아이월'이라고 일컫는다.
② 수증기의 숨은 열은 상승기류를 강화하므로 태풍의 중심에는 상승기류만 존재하게 된다.
③ 태풍의 눈 안에 들어가게 되면 바람이나 비, 구름 등을 일절 찾아 볼 수 없는 고요한 상태가 지속된다.
④ 태풍의 눈은 10~30km 정도의 반지름을 가진 원형 형태인 경우가 많다.
⑤ 태풍의 눈에 공기덩어리들이 들어가지 못하는 이유는 구심력 때문이다.

10 다음 수들은 공통된 규칙으로 나열되어 있다. 빈칸에 들어갈 알맞은 숫자를 고르면?

○△×
○△×
○△×

123	312	313	331	332	233	234	423	424	442	( )

① 244 ② 245 ③ 443 ④ 444 ⑤ 445

11 6%의 소금물 200g을 햇볕이 잘 드는 옥상에 물만 증발하도록 놔두고, 10분 후 10%의 소금물 100g을 같은 공간에 같이 놔두었다. 각각 1분 동안 소금물의 물 증발량이 2g이라고 할 때, 합친 두 소금물의 농도가 10% 이상이 되려면 적어도 몇 분 후에 소금물을 섞어야 하는지 고르면?(단, 시간은 두 번째 소금물을 옥상에 같이 놔둔 후부터이다.)

○△×
○△×
○△×

① 13분 후 ② 15분 후 ③ 20분 후 ④ 28분 후 ⑤ 30분 후

12 지난달 두 형제의 핸드폰 이용요금의 합은 120,000원이었다. 이번 달 핸드폰 이용요금은 지난달에 비해 형은 10% 감소하고, 동생은 15% 증가하여 이용요금의 합이 총 5% 증가하였다고 할 때, 이번 달 동생의 핸드폰 이용요금을 고르면?

○△×
○△×
○△×

① 68,960원 ② 72,000원 ③ 78,900원
④ 82,800원 ⑤ 85,500원

13 다음 [표]는 5개 구간(A~E)의 교통수단별 소요시간 및 비용을 나타낸 자료이다. 이에 대한 설명으로 옳은 것을 고르면?

○△× ○△× ○△×

[표] 5개 구간(A~E)의 교통수단별 소요시간 및 비용 (단위: 분, 원)

구간	구분 \ 교통수단	고속열차	일반열차	고속버스	일반버스
A	소요시간	160	290	270	316
	비용	53,300	40,700	32,800	27,300
B	소요시간	181	302	245	329
	비용	48,600	39,300	29,300	26,500
C	소요시간	179	247	210	264
	비용	36,900	32,800	25,000	22,000
D	소요시간	199	287	240	300
	비용	41,600	37,800	29,200	25,400
E	소요시간	213	283	250	301
	비용	42,800	39,300	29,500	26,400

① C구간에서 비용이 35,000원 이하인 교통수단 중 소요시간당 비용이 가장 큰 교통수단은 고속버스이다.

② 고속열차와 일반버스 간 소요시간 차이가 가장 작은 구간과 고속열차와 일반버스 간 비용 차이가 가장 작은 구간은 동일하다.

③ 고속열차 이용 시 소요시간당 비용은 D구간이 E구간보다 작다.

④ 고속버스가 일반열차보다 소요시간과 비용이 모두 작은 구간은 4개이다.

⑤ A구간에서 교통수단 간 소요시간 차이가 클수록 비용 차이도 크다.

14 다음 [표]는 '갑'국을 방문한 외국인 관광객을 관광객 국적에 따라 대륙별, 국가별로 정리한 자료이다. 이에 대한 설명으로 옳은 것을 [보기]에서 모두 고르면?

○△×
○△×
○△×

[표1] '갑'국 방문 외국인 관광객의 대륙별 현황 (단위: 명)

대륙 \ 연도	2010년	2015년	2020년
아시아	6,749,222	10,799,355	1,918,037
북미	813,860	974,153	271,487
유럽	645,753	806,438	214,911
대양주	146,089	168,064	30,454
아프리카	33,756	46,525	14,374
기타	408,978	439,116	69,855
전체	8,797,658	13,233,651	2,519,118

[표2] '갑'국 방문 외국인 관광객의 주요 국가별 현황 (단위: 명)

국가 \ 연도	2010년	2015년	2020년
일본	3,023,009	1,837,782	430,742
중국	1,875,157	5,984,170	686,430
미국	652,889	767,613	220,417

보기

㉠ 2010년 대비 2015년 외국인 관광객 증가율은 아프리카가 대양주의 2배 이상이다.
㉡ 2015년 일본과 중국 관광객의 합은 같은 해 아시아 관광객의 75% 이상이다.
㉢ 2015년 대비 2020년 외국인 관광객 감소폭은 북미가 유럽보다 크다.
㉣ 2020년 전체 외국인 관광객 중 미국 관광객이 차지하는 비중은 8% 미만이다.

① ㉠, ㉡ ② ㉠, ㉢ ③ ㉠, ㉣
④ ㉡, ㉢ ⑤ ㉡, ㉣

15 다음 [표]는 2021년 12월 31일 기준 '갑'국의 응급의료기관 유형별 응급실 현황에 대한 자료이다. 이에 대한 설명으로 옳은 것을 고르면?

○△×
○△×
○△×

[표] 응급의료기관 유형별 응급실 현황

(단위: 개, 명)

구분 / 유형	응급의료기관 수	내원 환자 수	응급실 병상 수	응급실 전담 전문의 수	응급실 전담 간호사 수
전체	399	7,664,679	7,087	1,417	7,240
권역응급의료센터	35	1,540,393	1,268	318	1,695
지역응급의료센터	125	3,455,117	3,279	720	3,233
기초응급의료센터	239	2,669,169	2,540	379	2,312

※ 내원 환자 수는 2021년에 응급의료기관 응급실에 내원한 전체 환자 수임

① 응급실 전담 전문의 1인당 응급실 전담 간호사 수가 가장 많은 응급의료기관 유형은 기초응급의료센터이다.

② 전체 응급의료기관당 응급실 전담 전문의 수는 4명 이상이다.

③ 내원 환자 수가 가장 많은 응급의료기관 유형과 응급의료기관당 응급실 전담 간호사 수가 가장 많은 유형은 동일하다.

④ 응급실 전담 전문의 1인당 내원 환자 수가 가장 적은 응급의료기관 유형은 권역응급의료센터이다.

⑤ 응급실 병상당 내원 환자 수는 모든 응급의료기관 유형에서 각각 1,200명 이하이다.

16 다음 [표]는 2008~2018년 '갑'국의 황산화물 배출권 거래 현황에 대한 자료이다. 주어진 [표]를 이용하여 작성한 그래프로 옳지 않은 것을 고르면?

○△× ○△× ○△×

[표] '갑'국의 황산화물 배출권 거래 현황

(단위: 건, kg, 원/kg)

구분	전체		무상거래		유상거래				
	거래 건수	거래량	거래 건수	거래량	거래 건수	거래량	거래가격		
							최고	최저	평균
2008년	10	115,894	3	42,500	7	73,394	1,000	30	319
2009년	8	241,004	4	121,624	4	119,380	500	60	96
2010년	32	1,712,694	9	192,639	23	1,520,055	500	50	58
2011년	25	1,568,065	6	28,300	19	1,539,765	400	10	53
2012년	32	1,401,374	7	30,910	25	1,370,464	400	30	92
2013년	59	2,901,457	5	31,500	54	2,869,957	600	60	180
2014년	22	547,500	1	2,000	21	545,500	500	65	269
2015년	12	66,200	5	22,000	7	44,200	450	100	140
2016년	10	89,500	3	12,000	7	77,500	500	150	197
2017년	20	150,966	5	38,100	15	112,866	160	100	124
2018년	28	143,324	3	5,524	25	137,800	250	74	140

① 연도별 유상거래 평균 가격

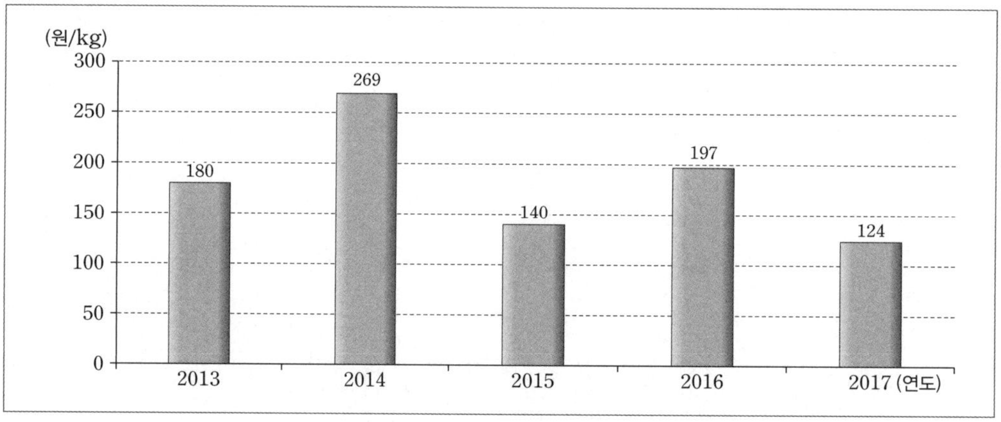

② 연도별 전체 거래의 건당 거래량

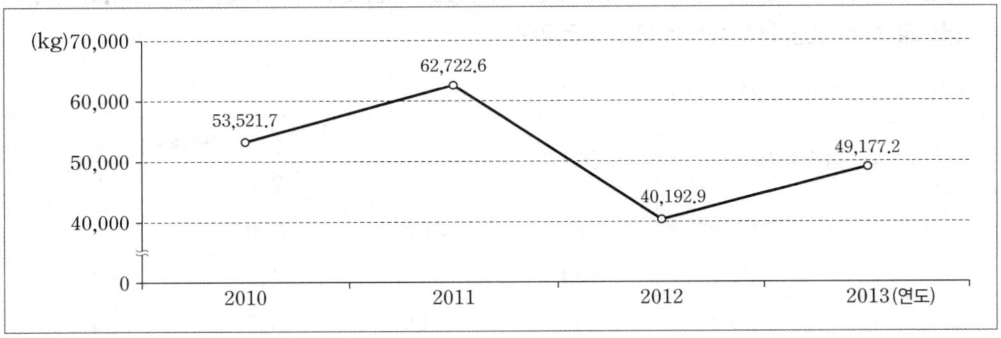

③ 연도별 유상거래 최고 가격과 최저 가격

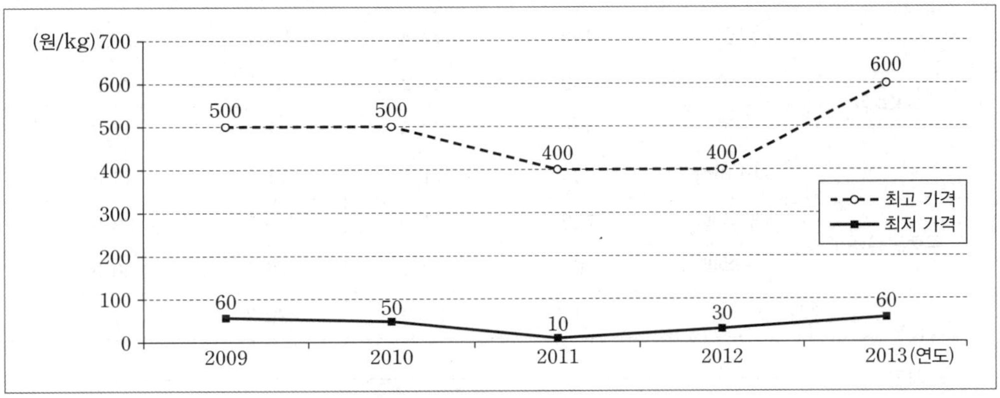

④ 2008년 전체 거래량 구성비

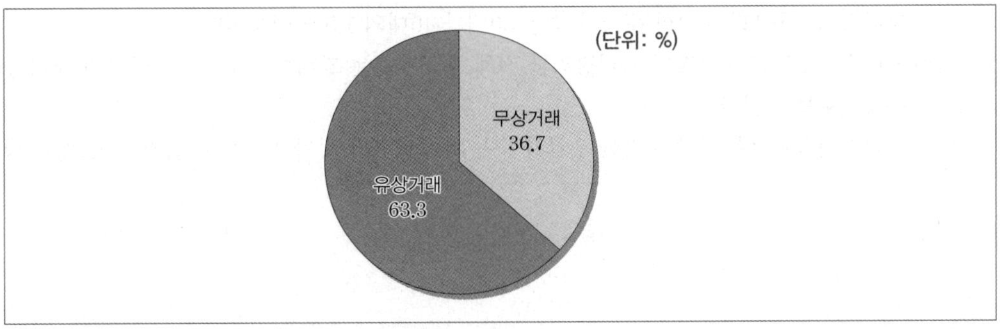

⑤ 연도별 무상거래 건수와 유상거래 건수

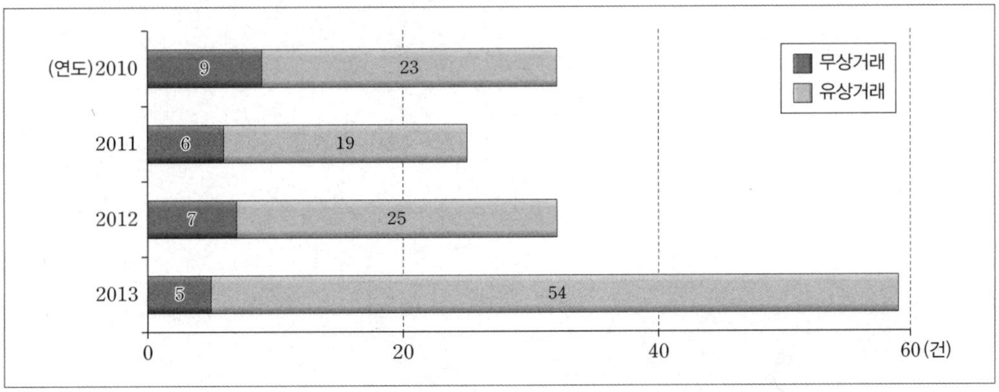

17 다음 [표]는 2021년 A시 자녀장려금 수급자 특성별 수급횟수의 비중을 조사한 자료이다. 이에 대한 설명으로 옳은 것을 [보기]에서 모두 고르면?

○△× ○△× ○△×

[표] A시 자녀장려금 수급자 특성별 수급횟수 비중

(단위: 명, %)

수급자 특성		수급자 수	수급횟수			
			1회	2회	3회	4회 이상
연령대	20대 이하	8	37.5	25.0	0.0	37.5
	30대	583	37.2	30.2	19.0	13.6
	40대	347	34.9	27.7	23.9	13.5
	50대 이상	62	29.0	30.6	35.5	4.8
자녀수	1명	466	42.3	28.1	19.7	9.9
	2명	459	31.2	31.8	22.2	14.8
	3명	66	27.3	22.7	27.3	22.7
	4명 이상	9	11.1	11.1	44.4	33.3
주택보유여부	무주택	732	35.0	29.5	22.0	13.5
	유주택	268	38.4	28.7	20.5	12.3
전체		1,000	35.9	29.3	21.6	13.2

보기

㉠ 자녀장려금 수급자의 전체 수급횟수는 2,000회 이상이다.

㉡ 자녀장려금을 1회 수령한 수급자 수는 30대가 40대의 1.5배 이상이다.

㉢ 자녀수가 2명인 수급자의 자녀장려금 전체 수급횟수는 자녀수가 1명인 수급자의 자녀장려금 전체 수급횟수보다 많다.

㉣ 자녀장려금을 2회 이상 수령한 수급자 수는 무주택 수급자가 유주택 수급자의 2.5배 이상이다.

① ㉠　② ㉢, ㉣　③ ㉠, ㉡, ㉢

④ ㉠, ㉡, ㉣　⑤ ㉡, ㉢, ㉣

18 다음 지정기준과 신청현황을 근거로 판단할 때, 신청병원(甲~戊) 중 산재보험 의료기관으로 지정되는 곳을 고르면?

○△× ○△× ○△×

[지정기준]

- 신청병원 중 인력 점수, 경력 점수, 행정처분 점수, 지역별 분포 점수의 총합이 가장 높은 병원을 산재보험 의료기관으로 지정한다.
- 전문의 수가 2명 이하이거나, 가장 가까이 있는 기존 산재보험 의료기관까지의 거리가 1km 미만인 병원은 지정 대상에서 제외한다.
- 각각의 점수는 아래의 항목별 배점 기준에 따라 부여한다.

항목	배점 기준
인력 점수	전문의 수 7명 이상은 10점
	전문의 수 4명 이상 6명 이하는 8점
	전문의 수 3명 이하는 3점
경력 점수	전문의 평균 임상경력 1년당 2점(단, 평균 임상경력이 10년 이상이면 20점)
행정처분 점수	2명 이하의 의사가 행정처분을 받은 적이 있는 경우 10점
	3명 이상의 의사가 행정처분을 받은 적이 있는 경우 2점
지역별 분포 점수	가장 가까이 있는 기존 산재보험 의료기관이 8km 이상 떨어져 있을 경우, 인력 점수와 경력 점수 합의 20%에 해당하는 점수
	가장 가까이 있는 기존 산재보험 의료기관이 3km 이상 8km 미만 떨어져 있을 경우, 인력 점수와 경력 점수 합의 10%에 해당하는 점수
	가장 가까이 있는 기존 산재보험 의료기관이 3km 미만 떨어져 있을 경우, 인력 점수와 경력 점수 합의 20%에 해당하는 점수 감점

[신청현황]

신청병원	전문의 수	전문의 평균 임상경력	행정처분을 받은 적이 있는 의사 수	가장 가까이 있는 기존 산재보험 의료기관까지의 거리
甲	6명	7년	4명	10km
乙	2명	17년	1명	8km
丙	8명	5년	0명	1km
丁	4명	11년	3명	2km
戊	3명	12년	2명	500m

① 甲 ② 乙 ③ 丙 ④ 丁 ⑤ 戊

19 다음 글과 [상황]을 근거로 판단할 때, 옳은 것을 [보기]에서 모두 고르면?

○△×
○△×
○△×

A팀과 B팀은 다음과 같이 게임을 한다. A팀과 B팀은 각각 3명으로 구성되며, 왼손잡이, 오른손잡이, 양손잡이가 각 1명씩이다. 총 5라운드에 걸쳐 가위바위보를 하며 규칙은 아래와 같다.

- 모든 선수는 1개 라운드 이상 출전하여야 한다.
- 왼손잡이는 '가위'만 내고 오른손잡이는 '보'만 내며, 양손잡이는 '바위'만 낸다.
- 각 라운드마다 가위바위보를 이긴 선수의 팀이 획득하는 점수는 다음과 같다.
  - 이긴 선수가 왼손잡이인 경우: 2점
  - 이긴 선수가 오른손잡이인 경우: 0점
  - 이긴 선수가 양손잡이인 경우: 3점
- 두 팀은 1라운드를 시작하기 전에 각 라운드에 출전할 선수를 결정하여 명단을 제출한다.
- 5라운드를 마쳤을 때 획득한 총 점수가 더 높은 팀이 게임에서 승리한다.

상황

다음은 3라운드를 마친 현재까지의 결과이다.

구분	1라운드	2라운드	3라운드	4라운드	5라운드
A팀	왼손잡이	왼손잡이	양손잡이		
B팀	오른손잡이	오른손잡이	오른손잡이		

※ 각 라운드에서 가위바위보가 비긴 경우는 없다.

보기

㉠ 3라운드까지 A팀이 획득한 점수와 B팀이 획득한 점수의 합은 4점이다.
㉡ A팀이 잔여 라운드에서 모두 오른손잡이를 출전시킨다면 B팀이 게임에서 승리한다.
㉢ B팀이 게임에서 승리하는 경우가 있다.

① ㉡ ② ㉢ ③ ㉠, ㉡ ④ ㉠, ㉢ ⑤ ㉠, ㉡, ㉢

20 다음 글을 근거로 판단할 때, 아기 돼지 삼형제와 각각의 집이 바르게 짝지어진 것을 고르면?

○△×
○△×
○△×

- 아기 돼지 삼형제는 엄마 돼지로부터 독립하여 벽돌집, 나무집, 지푸라기집 중 각각 다른 한 채씩을 선택하여 짓는다.
- 벽돌집을 지을 때에는 벽돌만 필요하지만, 나무집은 나무와 지지대가, 지푸라기집은 지푸라기와 지지대가 재료로 필요하다. 지지대에 소요되는 비용은 집의 면적과 상관없이 나무집의 경우 20만 원, 지푸라기집의 경우 5만 원이다.
- 재료의 1개당 가격 및 집의 면적 1m²당 필요 개수는 아래와 같다.

구분	벽돌	나무	지푸라기
1개당 가격(원)	6,000	3,000	1,000
1m²당 필요 개수(개)	15	20	30

- 첫째 돼지 집의 면적은 둘째 돼지 집의 2배이고, 셋째 돼지 집의 3배이다. 삼형제 집의 면적의 총합은 11m²이다.
- 모두 집을 짓고 나니, 둘째 돼지 집을 짓는 재료 비용이 가장 많이 들었다.

	첫째	둘째	셋째
①	벽돌집	나무집	지푸라기집
②	벽돌집	지푸라기집	나무집
③	나무집	벽돌집	지푸라기집
④	지푸라기집	벽돌집	나무집
⑤	지푸라기집	나무집	벽돌집

21 다음 글과 [표]를 근거로 판단할 때, 기업 F가 받는 지원금을 고르면?

○△✕
○△✕
○△✕

□□부는 2021년도 중소기업 광고비 지원사업 예산 6억 원을 기업에 지원하려 하며, 지원대상 선정 및 지원금 산정 방법은 다음과 같다.

- 2020년도 총매출이 500억 원 미만인 기업만 지원하며, 우선 지원대상 사업분야는 백신, 비대면, 인공지능이다.
- 우선 지원대상 사업분야 내 또는 우선 지원대상이 아닌 사업분야 내에서는 '소요 광고비×2020년도 총매출'이 작은 기업부터 먼저 선정한다.
- 지원금 상한액은 1억 2,000만 원이나, 해당 기업의 2020년도 총매출이 100억 원 이하인 경우 상한액의 2배까지 지원할 수 있다. 단, 지원금은 소요 광고비의 2분의 1을 초과할 수 없다.
- 이 지원금 산정 방법에 따라 예산 범위 내에서 지급 가능한 최대 금액을 예산이 소진될 때까지 지원대상 기업에 순차로 배정한다.

[표] 지원대상 후보 현황

기업	2020년도 총매출(억 원)	소요 광고비(억 원)	사업분야
A	600	1	백신
B	500	2	비대면
C	400	3	농산물
D	300	4	인공지능
E	200	5	비대면
F	100	6	의류
G	30	4	백신

① 없음 ② 8,000만 원 ③ 1억 2,000만 원
④ 1억 6,000만 원 ⑤ 2억 4,000만 원

22 다음 글을 근거로 판단할 때, '갑'이 통합력에 투입해야 하는 노력의 최솟값을 고르면?

○△×
○△×
○△×

• 업무역량은 기획력, 창의력, 추진력, 통합력의 4가지 부문으로 나뉜다.
• 부문별 업무역량 값을 수식으로 나타내면 다음과 같다.

> 부문별 업무역량 값=(해당 업무역량 재능×4)+(해당 업무역량 노력×3)
> ※ 재능과 노력의 값은 음이 아닌 정수이다.

• '갑'의 부문별 업무역량의 재능은 다음과 같다.

기획력	창의력	추진력	통합력
90	100	110	60

• '갑'은 통합력의 업무역량 값을 다른 어떤 부문의 값보다 크게 만들고자 한다. 단, '갑'이 투입 가능한 노력은 총 100이며 '갑'은 가능한 노력을 남김없이 투입한다.

① 67 ② 68 ③ 69 ④ 70 ⑤ 71

23 같이 스터디를 하는 취준생인 은희, 혜진, 수연, 희진, 경숙은 NCS 모의고사를 보기로 했다. 이들은 다음과 같이 진술했는데, 이 중 한 명은 완전히 반대되는 거짓말로만 답했고, 나머지는 모두 진실을 이야기했다. 다음 [진술]을 참고하였을 때, 혜진이의 순위를 고르면?

○△×
○△×
○△×

진술

은희: 경숙이 1위이고, 희진은 수연보다 성적이 좋다.
혜진: 나는 경숙보다 성적이 나쁘고, 수연은 은희보다는 성적이 좋다.
수연: 은희는 혜진보다 성적이 나쁘다.
희진: 혜진은 수연보다는 성적이 좋고, 나는 은희보다는 성적이 좋다.
경숙: 혜진은 희진보다 성적이 좋고, 은희는 수연보다 성적이 좋다.

① 1위 ② 2위 ③ 3위 ④ 4위 ⑤ 5위

24 다음 글을 근거로 판단할 때, 사무소 B의 전화번호를 구성하는 6개 숫자를 모두 합한 값의 최댓값을 고르면?

○△×
○△×
○△×

사무소 A와 사무소 B 각각의 전화번호는 1부터 9까지의 숫자 중 6개로 구성되어 있다.
- A와 B전화번호에서 공통된 숫자의 종류는 5를 포함하여 세 가지이다.
- A전화번호는 3을 제외한 세 가지의 홀수만으로 구성되어 있다.
- A전화번호의 첫 번째와 마지막 숫자는 서로 다르며, 합이 10이다.
- B전화번호를 구성하는 숫자 중 가장 큰 숫자는 세 번 나타난다.
- B전화번호를 구성하는 숫자 중 두 번째로 작은 숫자는 짝수다.

① 33　② 35　③ 37　④ 39　⑤ 42

25 화학약품 8가지(A~H)를 운송트럭에 싣고 운반하려고 한다. 용량으로는 한 트럭에 함께 싣고 운반해도 되지만 이들 중 어떤 물질들은 서로 결합하면 폭발과 유독가스 유출의 위험이 있다고 한다. 다음 [조건]을 통해 8가지의 화학약품을 운반하기 위해 최소로 필요한 트럭의 수를 고르면?

○△×
○△×
○△×

조건

- B는 A, C, F와 결합하면 불완전한 상태가 되어 폭발한다.
- C는 D, F, H와 결합하면 유독가스가 발생한다.
- E는 B, C, D와 결합하면 인체에 유해한 유독가스를 방출한다.
- G는 B, F, H와 결합하면 폭발위험이 있다.
- H는 A, B, D와 결합하면 폭발위험이 있다.

① 2대　② 3대　③ 4대　④ 5대　⑤ 6대

정답과 해설 ▶ P.53

에듀윌 공기업

매일 1회씩 꺼내 푸는 NCS Ver.2

DAY 09

eduwill

매1N 3회독 루틴 프로세스

*더 자세한 내용은 매1N 3회독 학습가이드를 확인하세요!

1 3회독 기록표에 학습날짜와 문제풀이 시작시간을 적습니다.

2 시험장에서 문제를 푸는 것처럼 풀어 보세요.

3 모바일 OMR 또는 회독용 답안지에 마킹한 후, 종료시간을 적고 초과시간을 체크합니다.

▶모바일 OMR 바로가기

[DAY 09]

http://eduwill.kr/8p8j

4 문항별 3회독 체크표(◯ △ ✕)에 표시합니다. 문제를 풀면서 알고 풀었으면 ◯, 헷갈렸으면 △, 전혀 몰라서 찍었으면 ✕에 체크하세요.

3회독 TIP

- 1회독: 25문항을 빠짐없이 풀어 보세요.
- 2~3회독: 틀린 문항만 골라서 풀어 보세요.

3회독 기록표

1회독		2회독		3회독	
학습날짜	월 일	학습날짜	월 일	학습날짜	월 일
시작시간	:	시작시간	:	시작시간	:
종료시간	:	종료시간	:	종료시간	:
점 수	점	점 수	점	점 수	점

01 다음 글을 읽고 [보기]의 ㉠~㉤에 들어갈 내용으로 옳지 않은 것을 고르면?

○△×
○△×
○△×

여성해방론은 여성에 대한 억압과 차별의 기원, 차별 구조의 특성, 여성 문제의 해결 방식을 모색하는 방향에 따라 다양한 갈래로 구분된다. 자유주의 여성해방론은 여성차별의 원인을 주로 법적·사회적 제도의 기회 불평등으로 인식하여 법과 제도의 정비를 통해 평등한 기회를 마련하는 것을 주요 목표로 설정하고, 그 외의 문제는 개인적인 문제로 취급하는 반면, 다른 여성해방론들은 여성차별의 원인을 보다 구조적인 문제로 인식한다. 마르크스주의 여성해방론은 계급 불평등이 구조화되어 있는 자본주의 사회의 다양한 차별 기제 중 하나가 성차별을 낳는다고 보아 자본주의 체계의 개혁을 요구하며, 급진적 여성해방론은 성차별이 계급차별보다 더 근본적인 남녀의 위계구조로서의 가부장제에 그 뿌리가 있다고 보아 '남성지배/여성종속'이라는 가부장제 체계의 근원적 개혁을 이루어야 한다고 본다. 사회주의 여성해방론은 여성 문제의 원인과 해결 방향 파악에 있어 자본주의와 가부장제의 영향력을 동시에 고려하여야 한다는 입장으로 역시 구조적인 개혁의 필요성을 역설한다.

보기

구분 \ 갈래	자유주의 여성해방론	마르크스주의 여성해방론	급진적 여성해방론	사회주의 여성해방론
여성 억압의 원인	㉠	계급 불평등	㉣	성별 분업
분석의 초점	법적·제도적 불평등	자본주의의 이윤 추구 논리와 성차별 기제의 연관	남녀의 생물학적 차이, 남성지배/여성종속의 구조	자본주의와 가부장제의 상호 결합과 성차별 구조
여성 문제의 해결 방식	사회 관습 개선과 법개정	㉢	가부장제 타파	㉤
한계점	㉡	성, 가족 등 여성 특수문제에 대한 제한된 인식	생물학적 결정론, 분리주의적 경향	목표설정 불분명-이원론적 한계

① ㉠ – 기회 불평등
② ㉡ – 개인주의적, 개량주의적 접근 방식
③ ㉢ – 계급 구조의 철폐
④ ㉣ – 남성 중심의 사회 구조
⑤ ㉤ – 자본주의와 가부장제의 동시 극복

02 다음 글을 통해 곰브리치의 관점을 이해한 사람이 그림을 보고 했을 말로 가장 적절한 것을 고르면?

○△×
○△×
○△×

예술을 자연의 모방으로 보는 전통적 재현론에서는 시각적 실재의 모든 요소들이 재현의 요소들로 복사될 수 있다고 가정한다. 그러나 곰브리치는 미술에서의 완벽한 모방이라는 목표에 제약을 가하는 두 가지 한계를 지적하면서 전통적 재현론의 입장을 거부한다. 그 두 가지 한계는 실재와 비교하면 제약을 갖고 있는 매체의 성격과, 재현 방식을 지배하는 창조자의 심적 태도(Mental set)에서 비롯된다.

화가는 자신이 본 것을 그대로 모사할 수 없다. 그는 단지 매체를 이용해서 자신이 본 것을 번역할 수 있을 뿐이다. 우리는 화가가 자신의 눈으로 본 것을 그대로 재현할 수 있다고 생각하기 쉽다. 사실 화가가 가시 세계에서 그의 흥미를 끄는 측면, 즉 빛을 희생시킬 용의가 있다면 대상의 색채를 모방하는 일 정도는 어려운 일이 아닐 것이다. 그러나 그가 자연의 빛을 물감으로 전환하려 할 경우, 실재를 재현하는 것은 매체의 한계에 의해 제약을 받는다. 화가는 빛이 난무하는 가시 세계 자체를 모사할 수 없다. 여기서 우리는 재현이란 외적 형태의 모방이 아니라 이미지의 창출이라고 하는 곰브리치의 주장을 볼 수 있다. 화가는 모호한 가시 세계 자체를 그려내는 것이 아니라 그것이 제공하는 여러 가능한 해석들 중 하나를 선택함으로써 자연을 재현하는 것이다. 이때 화가는 자신의 시각적 경험에만 전적으로 의존해서는 안 되며, 그림 속의 요소들 간의 작용방식을 알고 있어야만 한다.

한편, 화가들이 아무리 객관적으로 자연을 충실히 재현하려 해도 그들이 그린 것은 서로 다르게 나타난다. 어떤 모티브가 예술가에 따라 특이하게 변형되는 것은 예술가의 기질, 개성, 기호 때문이기도 하지만, '양식'이 그 결정적 이유가 된다고 할 수 있다. '양식'은 매체와 마찬가지로 화가로 하여금 주위 장면에서 자신이 묘사할 수 있는 특정 국면을 찾아내게 하는 심적 자세를 창조한다. 많은 경우 화가들은 그의 시대와 자신의 관심사로부터 부과된 한계에서 벗어나지 못한다. 곰브리치에 의하면, 화가 재현은 일반적으로 자신의 시각적 인상으로부터가 아니라 자신의 관념이나 개념으로부터 시작한다.

① 민수: 옛날 이집트 사람들은 실제로 저 그림을 보며 사람과 닮았다고 생각은 안 했을 거야.
② 수연: 당시 사람들로서는 저런 형식의 그림이야말로 사람을 그대로 모사하는 거라 생각해서 사람을 저렇게 그렸을 거야.
③ 유진: 이집트 사람들은 오늘날의 일러스트 기법을 알고 있어서 사람을 저런 식으로 묘사한 걸 거야.
④ 진우: 이집트 사람들에게 저 그림은 사람을 모사했다기보다는 그 사람의 성격을 나타낸 것이기 때문에 다분히 캐리커쳐적인 성격이 짙다고 할 수 있지.
⑤ 송은: 그려놓은 그림이 실제 사람과 달랐기 때문에 당시에는 그림을 보고 잘 그렸는지 못 그렸는지 판단할 수가 없었을 것 같아.

03 다음 글에서 찾아낸 쇼펜하우어의 관점으로 옳지 않은 것을 고르면?

○△×
○△×
○△×

쇼펜하우어의 철학은 칸트의 비판으로부터 시작된다. 칸트는 유물론적 부분으로 언급되는 '물자체'의 개념을 궁극적으로 알 수 없는 것이라고 단정했다. 쇼펜하우어는 이것을 비판한다. 쇼펜하우어에게 있어서 '물자체'는 '의지'로 전환된다. 물자체나 의지를 세계의 본질로 보는 견해에서는 칸트와 쇼펜하우어의 유사점이 드러난다. 쇼펜하우어는 의지가 바로 세계를 움직이는 힘이라고 전제했다. 그에 의하면 인간의 본질은 사유나 이성으로부터 뽑아낼 수 있는 개념이 아니다. 인간은 의지라는 자기내면의 본질에 의해 움직인다. 이성이나 사유는 의지의 도구일 뿐이다. 의지는 인간뿐만 아니라 자연과 천체를 움직이는 힘이며, 자연 현상 속에도 그 현상의 원인인 의지가 내재되어 있다. 의지는 인간의 육체와 밀접하게 연관이 있다. 이성이 뇌 속에 갇혀있다면, 의지는 인간의 성적인 욕구로부터 출발한다. 이성이 단순히 의지의 도구라고 규정 짓고 있기 때문에 이성은 세계의 본질로 나아갈 수 없다. 도구가 어찌 사용 주체의 본질을 파악하겠는가. 여기에서 쇼펜하우어는 어쩔 수 없이 이성적 사유와는 다른 방법을 찾게 된다. 그것이 바로 '직관'이다. 직관 밑에 이성과 오성이 있는 것이다. 쇼펜하우어는 성욕과 연결된 의지가 세계를 움직이는 원동력이라고 말하며 인간을 생물학적 측면에서 파악하고 동물적 수준으로 격하한다.

역사의 발전법칙 같은 것은 그의 관심사가 아니었다. 왜냐하면 쇼펜하우어에게 있어서 의지는 시간성을 초월한 개념이고, 역사라는 것도 개개의 시간들의 각 현상에 불과한 것이기 때문이다. 따라서 이렇게 해서 그의 철학은 염세주의로 들어선다. 쾌락의 전제조건은 '결핍'이다. 그리고 만족과 더불어 결핍이 소멸되고 또한 쾌락도 사라진다. 이어서 또 다른 고통이 인간을 기다리고 있다. 즉, 의지는 어떤 결핍의 상태에서 충족을 위해 무언가를 원하는 것이다. 만족과 더불어 의지는 일시적 소멸을 한다. 행복은 여기에서 나타나는 작은 안도감일 뿐이다. 의지는 곧 다시 나타난다. 고통에서 벗어나는 길로서 쇼펜하우어는 영원한 것의 추구, 그리고 그 방법으로서 '예술'을 권한다. 이것이 의지로부터 도피할 수 있는 유일한 길이라고 제시한다.

① 물자체는 알 수 있는 것이다.
② 인간에게 이성이나 사유는 유용하지 않고 의지가 가장 중요하다.
③ 의지의 활동은 성욕으로부터 시작한다.
④ 만족은 결핍된 것을 채우고 일시적이지만 의지를 소멸시킨다.
⑤ 예술을 통해 고통에서 벗어날 수 있다.

04 다음 글을 읽고 '통계적 법칙성'의 개념이 적용된 것이 아닌 것을 고르면?

○△×
○△×
○△×

원자 물리학은 처음부터 원래 이상과는 맞지 않는 관념에서 발달했다. 이 관념은 그 상과 근본적으로 모순되지는 않지만, 원자 학설의 사고방식은 처음부터 결정론의 사고방식과 구분되어야 했다. 데모크리토스와 레우키포스의 고대 원자 학설에서는 이미 큰 규모의 과정은 많은 작은 규모의 불규칙적인 과정들이 일어남에 의해서 이루어진다고 가정하였다.

이것이 근본적으로 그럴 수 있다는 것에 대해서는 일상생활에서 수많은 예를 통해 발견할 수 있다. 농부는 구름이 비가 되어 땅을 적시는 것을 확인하는 것으로 충분하다. 물방울 하나하나가 어떻게 떨어지는지는 알 필요가 없다. 또 다른 예로는 우리가 화강암에 대해서 그것의 각각의 작은 결정 형태와 화학 성분, 혼합비, 색 등을 정확하게 모른다고 해도, 화강암이란 단어만으로 그것이 무엇을 의미하는지를 분명하게 알고 있다. 즉 우리는 작은 개개의 과정에 흥미를 보이지 않고, 그것이 가지는 대강의 행동과 관련된 개념을 항상 되풀이해서 사용하는 것이다.

많은 작은 개별 사건의 통계적 합동 작업에 관한 생각은 이미 고대 원자론에서 세계를 설명하는 기초였으며, 물질의 모든 감각적 성질은 원자의 배치와 운동에 의해서 간접적으로 나타난다고 하는 관념으로 일반화되었다. 데모크리토스에서는 다음과 같은 문장이 나온다. "하나의 물(物)은 겉보기에만 달거나 쓰고, 겉보기에만 빛깔을 가지고 있다. 실제로는 원자들과 빈공간만이 있다." 감각적으로 인지할 수 있는 과정을 이 방식으로 작은 규모의 아주 많은 개별 과정의 합동 작용으로 설명한다면, 우리가 자연의 법칙성을 단지 통계적 법칙성으로만 생각한다는 결론이 나오는 것은 거의 불가피하다. 통계적 법칙성도 확실성과 대등한 높은 정도의 개연성을 가진 언명을 낳을 수 있다. 그러나 원리상 항상 예외가 있는 법이다. 통계적 법칙성 개념은 종종 모순에 가득 찬 것으로 받아들여지고 있다. 말하자면 사람들은 "우리는 자연의 과정이 법칙에 의해 결정된다든가 그렇지 않으면 그것이 무질서하게 진행된다든가 하는 상상을 할 수 있다. 그러나 통계적 법칙성하에서는 아무것도 상상할 수 없다."고 말한다.

① 어떤 기술자가 수력 발전소를 건설하려 한다면, 그는 비가 언제 얼마나 올 것인지 정확히 예측할 수는 없다 하더라도 연평균 강우량은 고려한다.
② 주사위의 어떤 면도 다른 면에 비해 유별나지 않고 따라서 우리가 그것이 어느 면으로 떨어질지 예측할 수 없기 때문에, 우리는 주사위를 던졌을 때 6분의 1의 확률로 5가 나올 수 있다는 가정만 할 수 있다.
③ 기체 속의 모든 분자들의 운동과 상태가 알려져 있는 것은 아니기 때문에, 원자가 차가운 물체보다 뜨거운 물체에서 더 세차게 움직인다고 가정함으로써 열역학의 많은 현상들을 설명했다.
④ 갯벌의 개발을 환경의 파괴라는 면에서만 볼 것이 아니라, 그것이 개발됨으로써 얻을 개발 이익과 환경 파괴의 편익 분석이라는 큰 틀에서 비교해야 할 것이다.
⑤ 화성은 일교차가 매우 심하여 그 차이가 120도까지 나는 곳도 있다. 그래서 매 지역의 온도를 안다는 것은 힘들고 다만 화성의 평균 온도를 −23도 정도로 표현한다.

05 다음 글의 내용과 일치하는 것을 고르면?

○△×
○△×
○△×

민주주의의 이상은 특권을 인정하지 않는다. 누구든지 평등한 대우와 더불어 사회적, 경제적 가치를 지닌 존재로 여겨져야 한다는 것이다. 자유를 쟁취하기 위하여 투쟁했던 19세기를 '민주주의의 세기'라 불러도 좋을 정도로 민주주의는 세기의 이상(理想)이 되었고, 마침내 승리를 얻었다.

그러나 사람들은 승리를 얻고부터 민주주의의 신념에 회의하기 시작했다. 사람들은 민주주의가 빈곤과 궁핍 등 자본주의 제도하에서 발생하는 많은 모순을 근본적으로 해결하지 못하고 있다는 사실을 깨달은 것이다. 주린 배를 움켜쥔 사람이 투표권을 행사해 본들 무슨 보람이 있겠는가? 그리고 그의 투표, 그의 노력이 그의 식비(食費)와 맞바뀌져 팔린다면 도대체 그는 어느 정도의 자유를 누리고 있다고 말할 수 있을까? 이 때문에 민중들은 민주주의에 대한 소망을 잃게 되었다. 더 정확히 말한다면 정치적 민주주의의 신용은 떨어진 것이다.

민주주의란 자유의 정치적 일면이다. 그것은 전제 정치로 인한 압제에 대한 반발 작용이었기 때문에 새로 제기된 산업 사회의 문제, 즉 빈곤이나 계급 투쟁의 문제에 대해서는 아무런 해결도 주지 못했다. 산업 자본주의의 가장 큰 난점은 노동을 하여 사회에 기여하는 사람에겐 작은 대가밖에 오지 않고 나머지는 모두 노동을 하지 않은 자에게 돌아간다는 것이다. 이렇게 노동과 보수의 상관관계는 멀어져서 그 결과로 한쪽에는 가난한 노동 계급이 생기고 다른 쪽에선 남이 생산해 놓은 부를 가로채는 기생 계급이 형성되었다. 그것은 마치 밭에 나가 일하는 소작인과 일하지 않고 소작인의 노동에 의하여 이익을 얻는 지주의 관계와 비슷하다. 이와 같은 노동 성과의 분배 방법이 불공정한 것은 명백했다.

굶주림을 견디다 못한 사람들은 일자리를 찾아 공장 문을 두드렸고, 목구멍에 풀칠할 정도의 보수를 위해 공장에서 피땀을 흘려야 했다. 그러나 고용주 측에서는 양보도 대우도 없었다. 그들은 자신의 사업을 확장하여 세계 시장을 확보하려고 기를 썼으며, 목적 달성을 위하여 어떤 희생이 따르더라도 상관없다고 생각했다.

① 민주주의는 특권을 인정하지 않지만 결론적으로 돈을 가진 사람이 특권을 차지하는 모순을 발생시켰다.
② 경제적인 모순을 해결하지 못한 민주주의는 이미 신용을 잃었다.
③ 산업 자본주의의 가장 큰 단점은 고용주와 노동자로 계급이 갈린다는 것이다.
④ 노동자들은 불리한 조건으로 노동을 할 수밖에 없던 처지를 벗어날 수 있게 되었다.
⑤ 고용주들은 목적을 위해서는 인간 생명도 하찮게 여기는 냉혈한 집단들이었다.

06 다음 [가]~[마]를 글의 흐름에 따라 순서대로 바르게 나열한 것을 고르면?

[가] 여기서 우리의 관심은 자연스럽게 예술의 종류에 관한 이야기로 이어진다. 예술의 종류는 나누는 기준을 무엇으로 삼는가에 따라 여러 가지 분류가 있으나, 기능상의 특징을 중심으로 보면 응용 예술(실용 예술)과 순수 예술로 구분된다. 건축, 공예, 장식, 예술, 디자인은 전자에 속하고, 음악, 무용, 문학, 그림, 연극 등 나머지는 후자에 속한다. 하지만 이러한 구분이 가능하게 된 것은 인류 문명이 상당히 발달한 시대에 와서의 일이고, 원초적인 단계의 예술은 대부분이 어떤 다른 목적에 종속된 응용 예술이었다.

[나] 그러나 이러한 극단론은 잘못된 것이다. 인류의 역사를 살펴보면, 원초적인 단계의 예술이 모두 생활상의 실제적 관심과 필요에 뿌리를 둔 것이었다. 고대인들이 그린 동굴 벽화는 사냥의 성공적인 수확을 기원하거나, 죽은 사람들의 영혼을 위로하는 등의 목적을 지니고 있었다. 집단적인 노동을 한다든가 축제를 벌일 때에는 함께 힘을 모으고 신명을 돋우는 노래를 불렀으며, 신을 예찬하기 위해서 춤을 추었다. 고대인들이 정성스럽게 만든 향로라든가 인형은 대개가 종교적인 목적을 가지고 있다. 연극은 농업 생산을 주관하는 신이나 위대한 조상의 업적을 행동으로 모방하는 데서 비롯되었다는 것이 전 세계적으로 확인된다. 예술이 실용적 가치 이상의 아름다움과 즐거움을 추구한다는 것은 실용적 가치를 감싸 안으면서 그 이상의 아름다움과 훌륭함을 이루고자 한다는 뜻으로 이해되어야 한다.

[다] 예술이 실용적 가치를 넘어선 즐거움과 미적 효과를 추구한다면, 실용적 가치와 예술적 가치 사이에는 어떤 관계가 있을까? 어떤 사람들은 예술적 가치와 실용적 가치가 아주 대립적인 것처럼 생각하다. 그런 방향의 생각을 극단적으로 밀고 나아가면 예술 지상주의자들이 주장하는 바, '예술을 위한 예술'의 이론까지도 나오게 된다. 이들에 따르면 예술은 일체의 실용적 관심을 떠나야 하며, 실용적 가치에 치우친 예술은 좋은 예술이 될 수 없다.

[라] 하지만 실용적 가치를 떠난 예술이라 해도 그것이 사람의 체험, 상상과 욕망, 감정, 느낌을 표현함으로써 삶에 이바지한다는 기본적 기치마저 버리는 것은 아니다. 오히려 특정한 목적에 매이지 않고 사람의 절실한 표현 욕구나 심원한 정신세계를 작품에 담음으로써 예술은 더욱 소중한 삶의 요소가 될 수 있는 것이다. 예술의 이러한 성질을 가리켜서 독일의 철학자 칸트는 무관심의 만족이라 했다. 이때의 무관심이란 특정한 실용적 목적에 얽매이지 않는다는 뜻이며, 만족이란 사람의 마음을 기쁘게, 넉넉하게, 새롭게 하는 심미적 효과를 이룬다는 뜻이다. 그런 뜻에서 칸트가 말한 무관심이란 인간의 삶과 이 세계를 폭넓게 바라보고 깊이 느끼는 '더 큰 관심'에 해당한다고 해석해야 마땅하다.

[마] 그러던 것이 문화가 발달하면서 실용적 가치에 부수적으로 덧붙어 있던 예술적 요소가 점점 성장하면서 예술의 독자적 영역이 커지게 되었다. 그리하여 화가들은 사냥이나 종교적 목적을 떠나 그림 자체의 아름다움을 추구하게 되었고, 신과 영웅을 예찬하기 위해 시를 읊던 시인들은 좀더 다양한 경험, 생각, 감정들을 노래하기에 이르렀다. 이런 현상이 여러 부문에서 진행된 결과 18세기 무렵의 유럽에서는 종래의 예술(art)이라는 말에서 기술이라는 뜻을 제외한 새로운 개념으로 '아름다움을 추구하는 예술(fine arts)'이라는 용어가 생겨났다. 이것이 바로 응용 예술의 상대 개념으로서의 순수 예술이다.

① [다]-[나]-[가]-[라]-[마]
② [다]-[가]-[나]-[라]-[마]
③ [다]-[나]-[가]-[마]-[라]
④ [가]-[다]-[나]-[마]-[라]
⑤ [가]-[마]-[라]-[다]-[나]

07 **다음 글을 읽고 추론한 내용으로 옳지 <u>않은</u> 것을 [보기]에서 모두 고르면?**

○△×
○△×
○△×

초기우주에 대한 연구는 "우리가 살고 있는 우주가 어떻게 시작되어 어떻게 현재와 같은 상태로 진화되어 왔는가?"라는 근원적인 질문에 대한 답을 얻기 위한 시도일 뿐만 아니라 입자물리학이나 상대론 등 여러 분야의 최첨단 이론을 현상론적으로 검증할 수 있는 창구가 되기도 한다.

초기우주에서와 같이 높은 온도와 에너지밀도하의 물질 상태를 기술하기 위해서 현재 입자물리학에서 사용하는 도구는 양자장론이다. 유한온도 양자장론을 따르면 고온의 초기우주에는 현재의 우주에 비하여 자연에 훨씬 높은 정도의 대칭성이 구현되어 있었다. 대칭성이 깨어진 상태에서 전혀 별개로 보이는 입자들이 대칭성이 실현되어 있는 상태에서는 한 가지 입자의 서로 다른 상태로 나타나고 또 전혀 별개로 보이던 상호작용들이 한 가지 상호작용의 서로 다른 측면으로 나타난다. 공간의 팽창과 함께 우주의 온도가 내려가면서 순차적인 대칭이 깨지고 그에 해당하는 상전이(Phase transition)가 일어난다. 이러한 상전이는 우주의 진화 과정에서 중간 매듭 역할을 하면서 이어지는 우주 진화 과정에 영향을 미친다. 우주론적 상전이는 우주공간의 급팽창(Inflation), 우주론적 결함(Cosmological defects)의 생성, 밀도 요동, 강입자 수 비대칭의 유발 등의 원인으로 작용하였을 것으로 보인다.

보기

㉠ 우주의 대칭이 깨지면서 균형이 무너진 결과로 온도 하락이 시작되고 이것은 곧 상전이를 발생시킨다.
㉡ 우주공간의 급팽창, 결함의 생성이나 밀도 요동 등의 상황이 겹쳐서 우주의 상전이가 일어나게 된다.
㉢ 컴퓨터를 이용한 시뮬레이션을 통해 우리가 가정한 이론의 진위를 알 수 있다.
㉣ 우주론적 상전이의 과정과 결과에 대한 연구는 결국 아인슈타인의 상대론을 현상적으로 검증할 수 있는 도구가 된다.

① ㉠, ㉢ ② ㉠, ㉣ ③ ㉡, ㉣ ④ ㉠, ㉡, ㉢ ⑤ ㉡, ㉢, ㉣

08 다음 글을 읽고 알 수 있는 로터리 엔진의 특성으로 옳지 않은 것을 [보기]에서 모두 고르면?

○△✕
○△✕
○△✕

최근 환경에 대한 관심이 높아지면서 하이브리드 엔진을 장착한 자동차가 속속 등장해 기존의 피스톤 엔진 차량을 위협하고 있다. 아직까지는 피스톤 엔진이 자동차 엔진을 꽉 잡고 있지만, 그 아성이 언제까지 이어질지는 아무도 모를 일이다. 1960년에도 피스톤 엔진의 맞수가 나타나 그 아성을 거의 무너뜨린 사건이 있었기 때문이다.

피스톤 엔진은 르느아르, 니콜라우스 오토, 고트립 다이믈러 등 여러 기술자들에 의해 개량이 거듭되면서 제2차 세계대전 이후 자동차 엔진의 표준이 되었다. 특히 미국의 헨리 포드사가 자동차 대량 생산 방식을 도입하면서 1950년대 '마이카' 시대가 열리자 피스톤 엔진은 자가용 엔진의 대명사로 불렸다.

이런 상황에서 1960년 자동차 생산에 뛰어든 독일의 NSU 모터가 새로운 자동차 엔진 개발에 성공했다고 발표했다. 로터리 엔진이 그 주인공이었다.

피스톤 엔진은 구조적으로 실린더 내에서 움직이는 피스톤과 크랭크 샤프트로 이뤄져 있다. 실린더 내에서 압축된 공기가 연료와 섞이면서 점화 플러그에 의해 폭발할 때 열에너지가 발생하는데, 이 열에너지가 공기를 팽창시켜 피스톤이 상하로 왕복하면서 크랭크축을 회전시켜 자동차를 움직인다.

반면 로터리 엔진에서는 피스톤의 왕복 운동이 사라졌다. 회전한다는 뜻의 'rotary'라는 이름에서 알 수 있듯이 로터리 엔진은 연료와 공기가 섞여 연소가 일어나는 부분에 위치한 로터면에 열에너지의 팽창력이 전달되면서 모터가 왕복하는 대신 회전하는 방식을 채택했다. 피스톤의 왕복 운동이 필요 없었기 때문에 피스톤 엔진에 비해 소음이 적고 움직임도 원활했다. 구조도 더 간단하게 만들 수 있어 복잡한 부품 생산 비용을 줄일 수도 있었다.

로터리 엔진을 선보인 NSU 모터는 처음에 재봉틀을 만들다가 자전거 제작을 거쳐 자동차 시장에 진입한 회사였다. 자동차 엔진 개발에 전혀 경험이 없었던 NSU 모터가 로터리 엔진을 개발할 수 있었던 것은 순전히 펠릭스 방켈 박사와 손잡은 덕분이었다.

방켈 박사는 한번도 체계적인 기술교육이라곤 받아본 적이 없는 사람이었다. 과학서적 영업사원을 하다가 1924년부터는 독일 하이델베르크에 수선 작업장을 차리고 수선공으로 생계를 꾸려갔다. 바로 그해부터 방켈 박사는 로터리 엔진에 심취해 독자적인 기술 개발에 나섰다. 그는 제2차 세계대전 발발 전까지 BMW, 융커, 다임러 벤츠 등 자동차 기업들의 하청으로 로터리 밸브 제작 등의 일을 하며 로터리 엔진 개발에 매달렸다.

보기

㉠ 피스톤 엔진에 비해 소음도 적고, 생산 비용도 적게 든다.
㉡ 실린더 내의 연료와 공기가 섞여 발생하는 열에너지의 팽창력으로 모터가 회전하는 방식을 채택한다.
㉢ 로터리 엔진은 독일에서 개발되었다.
㉣ 1950년대에는 이미 자동차 엔진의 대명사로 불리게 되었다.
㉤ 구조적으로 실린더 내에서 움직이는 피스톤과 크랭크 샤프트로 이뤄져 있다.

① ㉠, ㉡ ② ㉠, ㉢ ③ ㉡, ㉣ ④ ㉢, ㉣ ⑤ ㉣, ㉤

09 다음 수들은 공통된 규칙으로 나열되어 있다. 빈칸에 들어갈 알맞은 수를 고르면?

○△×
○△×
○△×

$\frac{2}{1}$ $\frac{1}{2}$ $\frac{3}{1}$ $\frac{2}{2}$ $\frac{1}{3}$ $\frac{4}{1}$ $\frac{3}{2}$ $\frac{2}{3}$ $\frac{1}{4}$ $\frac{5}{1}$ $\frac{4}{2}$ (   )

① $\frac{3}{1}$ ② $\frac{3}{2}$ ③ $\frac{3}{3}$ ④ $\frac{3}{4}$ ⑤ $\frac{3}{5}$

10 어떤 영화의 관람객 중 어른은 50%이고, 남자는 전체의 60%이다. 또 여자 관람객 중에는 어린 아이가 20%이다. 어른 관람객 중 임의로 뽑은 한 명이 여자일 확률을 고르면?

○△×
○△×
○△×

① 32% ② 60% ③ 64% ④ 72% ⑤ 80%

11 자동차를 타고 백화점에서 집까지 가는 데 시속 $v_1$km로 달리면 예정 시간보다 t분 일찍 도착하고, 시속 $v_2$km로 달리면 예정 시간보다 t분 늦게 도착한다. 이때 백화점에서 집까지 가는 데 걸리는 예정 시간을 옳게 표현한 것을 고르면?(단, 백화점부터 집까지 거리=L, $v_1 > v_2$)

○△×
○△×
○△×

① $\frac{L(v_1-v_2)}{2v_1v_2}$ ② $\frac{2v_1v_2}{L(v_1-v_2)}$ ③ $\frac{L(v_1+v_2)}{2v_1v_2}$

④ $\frac{v_1v_2}{L(v_1+v_2)}$ ⑤ $\frac{Lv_1v_2}{2(v_1+v_2)}$

12 다음 [표]는 2018~2021년 '갑'국의 여름철 물놀이 사고 사망자에 대한 자료이다. 이를 바탕으로 작성한 [보고서]의 내용으로 옳지 않은 것을 고르면?

○△✕
○△✕
○△✕

[표1] 연령대별 여름철 물놀이 사고 사망자 수 (단위: 명)

연도 \ 연령대	10세 미만	10대	20대	30대	40대	50대 이상
2018년	2	6	4	4	4	4
2019년	2	13	9	2	2	8
2020년	2	9	7	2	4	13
2021년	0	5	3	5	5	19

[표2] 4대 주요 발생 장소 및 원인별 여름철 물놀이 사고 사망자 수 (단위: 명)

연도 \ 구분	4대 주요 발생 장소				4대 주요 원인			
	하천	해수욕장	계곡	수영장	안전 부주의	수영 미숙	음주 수영	급류
2018년	16	3	2	2	6	13	3	2
2019년	23	3	5	4	9	14	5	6
2020년	19	3	1	12	8	14	3	8
2021년	23	7	2	5	9	12	6	2

※ 여름철 물놀이 사고 사망자의 발생 장소와 원인은 각각 1가지로만 정함

[보고서]

물놀이 사고는 여름철인 6~8월에 집중적으로 발생한다. 연도별 사고 현황을 살펴보면, ㉠여름철 물놀이 사고 사망자는 2019년에 전년 대비 50% 이상 증가하였고, 이후 사고 사망자는 매년 30명 이상이었다.

㉡여름철 물놀이 사고 사망자 중 4대 주요 원인에 의한 사망자가 차지하는 비율이 가장 높은 해는 2018년이다. 한편, ㉢여름철 물놀이 사고 사망자 중 수영 미숙에 의한 사망자가 매년 30% 이상을 차지해 이에 대한 예방책이 필요한 것으로 판단된다. 또 2019년과 2020년은 급류사고로 인한 사망자가 다른 해에 비해 많았다.

사고 발생 장소를 살펴보면, ㉣2018년부터 2021년까지 매년 여름철 물놀이 사고 사망자의 60% 이상이 하천에서 발생한 사고로 사망하였다. 따라서 하천에서의 사고를 예방하기 위해 물놀이 안전수칙 홍보를 강화할 필요가 있다. 여름철 물놀이 사고 사망자 수를 연령대와 발생 장소 및 주요 원인에 따라 세부적으로 살펴보면, 2020년 50대 이상 사망자 중 수영장 외의 장소에서 사망한 사망자가 1명 이상이고, ㉤2021년 안전 부주의 사망자 중 30대 이상 사망자가 1명 이상이다.

① ㉠ ② ㉡ ③ ㉢ ④ ㉣ ⑤ ㉤

13 다음 [표]는 2019~2021년 '갑'국의 항목별 조세지출 현황에 대한 자료이다. 이에 대한 설명으로 옳은 것을 [보기]에서 모두 고르면?

○△× ○△× ○△×

[표] 2019~2021년 항목별 조세지출 현황 (단위: 억 원, %)

항목 \ 연도·구분	2019년		2020년		2021년	
	금액	비중	금액	비중	금액	비중
중소기업지원	24,176	6.09	26,557	6.34	31,050	6.55
연구개발	29,514	7.44	29,095	6.95	28,360	5.98
국제자본거래	24	0.01	5	0.00	4	0.00
투자촉진	16,496	4.16	17,558	4.19	10,002	2.11
고용지원	1,742	0.44	3,315	0.79	4,202	0.89
기업구조조정	921	0.23	1,439	0.34	1,581	0.33
지역균형발전	25,225	6.36	26,199	6.26	27,810	5.87
공익사업지원	5,006	1.26	6,063	1.45	6,152	1.30
저축지원	14,319	3.61	14,420	3.44	14,696	3.10
국민생활안정	125,727	31.69	134,631	32.16	142,585	30.07
근로 · 자녀장려	17,679	4.46	18,314	4.38	57,587	12.15
간접국세	94,455	23.81	97,158	23.21	104,071	21.95
외국인투자	2,121	0.53	1,973	0.47	2,064	0.44
국제도시육성	2,316	( )	2,149	0.51	2,255	( )
기업도시	75	0.02	54	0.01	56	0.01
농협구조개편	480	0.12	515	0.12	538	0.11
수협구조개편	44	0.01	1	0.00	0	0.00
기타	36,449	9.19	39,155	9.35	41,112	8.67
전체	396,769	100.00	418,601	100.00	474,125	100.00

보기

ㄱ 기타를 제외하고, 전년 대비 조세지출 금액이 증가한 항목 수는 2020년이 2021년보다 많다.

ㄴ 기타를 제외한 항목 중 조세지출 금액 상위 3개 항목이 전체 조세지출에서 차지하는 비중의 합은 매년 60% 이상이다.

ㄷ 기타를 제외하고, 조세지출 금액이 매년 증가한 항목은 10개이다.

ㄹ 국제도시육성 항목의 비중은 매년 감소한다.

① ㄱ, ㄷ ② ㄱ, ㄹ ③ ㄴ, ㄷ ④ ㄷ, ㄹ ⑤ ㄴ, ㄷ, ㄹ

14 다음 [표]는 총 100회 개최된 사내 탁구대회에서 매회 모두 참가한 사원 A, B, C의 라운드별 승률에 대한 자료이다. 주어진 [표]와 [탁구대회 운영방식]을 바탕으로 할 때, 옳은 설명을 [보기]에서 모두 고르면?

○△×
○△×
○△×

[표] 사원 A, B, C의 사내 탁구대회 라운드별 승률

(단위: %)

사원 \ 라운드	16강	8강	4강	결승
A	80.0	100.0	(　)	(　)
B	100.0	90.0	(　)	(　)
C	96.0	87.5	(　)	(　)

[탁구대회 운영방식]

- 매회 사내 탁구대회는 16강, 8강, 4강, 결승 순으로 라운드가 진행되고, 라운드별 경기 승자만 다음 라운드에 진출하며, 결승 라운드 승자가 우승한다.
- 매회 16명이 대회에 참가하고, 각 라운드에서 참가자는 한 경기만 치른다.
- 모든 경기는 참가자 1:1 방식으로 진행되며 무승부는 없다.

보기

㉠ 사원 A, B, C 중 4강에 많이 진출한 사원부터 순서대로 나열하면 B, A, C 순이다.
㉡ A가 8번 우승했다면, A의 결승 라운드 승률 최솟값은 10%이다.
㉢ 16강에서 A와 B 간 또는 B와 C 간 경기가 있었던 대회 수는 24회 이하이다.
㉣ 사원 A, B, C가 모두 4강에 진출한 대회 수는 50회 이상이다.

① ㉠, ㉢　　② ㉡, ㉢　　③ ㉡, ㉣　　④ ㉠, ㉡, ㉢　　⑤ ㉡, ㉢, ㉣

15 다음 [표]는 2020년 4분기(10~12월) 아파트 입주 물량에 대한 자료이다. [보고서]를 작성하기 위해 주어진 [표] 이외에 추가로 필요한 자료를 [보기]에서 모두 고르면?

○△×
○△×
○△×

[표1] 2020년 4분기 아파트 입주 물량 (단위: 세대)

구분	10월	11월	12월	합계
전국	21,987	25,995	32,653	80,635
수도권	13,951	15,083	19,500	48,534
비수도권	8,036	10,912	13,153	32,101

[표2] 규모 및 공급주체별 아파트 입주 물량 (단위: 세대)

구분	규모			공급주체	
	$60m^2$ 이하	$60m^2$ 초과 $85m^2$ 이하	$85m^2$ 초과	공공	민간
전국	34,153	42,528	3,954	23,438	57,197
수도권	21,446	24,727	2,361	15,443	33,091
비수도권	12,707	17,801	1,593	7,995	24,106

[보고서]

2020년 4분기(10~12월) 전국 아파트 입주 물량은 80,635세대로 집계되었다. 이 중 수도권은 48,534세대로 전년 동기 및 2015~2019년 4분기 평균 대비 각각 37.5%, 1.7% 증가했고, 비수도권은 32,101세대로 전년 동기 및 2015~2019년 4분기 평균 대비 각각 47.6%, 46.8% 감소하였다. 시도별로 살펴보면, 서울은 12,097세대로 전년 동기 대비 7.9% 증가하였다. 그 외 인천·경기 36,437세대, 대전·세종·충남 8,015세대, 충북 3,835세대, 강원 646세대, 전북 0세대, 광주·전남·제주 5,333세대, 대구·경북 5,586세대, 부산·울산 5,345세대, 경남 3,341세대였다. 주택 규모별로는 $60m^2$ 이하 34,153세대, $60m^2$ 초과 $85m^2$ 이하 42,528세대, $85m^2$ 초과 3,954세대로, $85m^2$ 이하 중소형주택이 전체의 95.1%를 차지하여 중소형주택의 입주 물량이 많았다. 공급주체별로는 민간 57,197세대, 공공 23,438세대로, 민간 입주 물량이 공공 입주 물량의 2배 이상이었다.

보기

㉠ 2015~2019년 4분기 수도권 및 비수도권 아파트 입주 물량
㉡ 2015~2019년 공급주체별 연평균 아파트 입주 물량
㉢ 2019~2020년 4분기 시도별 아파트 입주 물량
㉣ 2019년 4분기 규모 및 공급주체별 아파트 입주 물량

① ㉠, ㉡ ② ㉠, ㉢ ③ ㉠, ㉣ ④ ㉡, ㉢ ⑤ ㉡, ㉣

16 다음 [표]는 2020년과 2021년에 A~E 5개 국가의 선행시간별 태풍예보 거리 오차에 대한 자료이고, [보고서]는 갑국의 태풍예보 거리 오차를 분석한 자료이다. 이를 근거로 판단할 때, A~E 중 갑국에 해당하는 국가를 고르면?

○△×
○△×
○△×

[표] 5개 국가의 선행시간별 태풍예보 거리 오차

(단위: km)

선행시간 / 연도 / 국가	48시간		36시간		24시간		12시간	
	2020년	2021년	2020년	2021년	2020년	2021년	2020년	2021년
A	121	119	95	90	74	66	58	51
B	151	112	122	88	82	66	77	58
C	128	132	106	103	78	78	59	60
D	122	253	134	180	113	124	74	81
E	111	170	88	100	70	89	55	53

[보고서]

태풍예보 정확도 개선을 위해 지난 2년간의 갑국 태풍예보 거리 오차를 분석하였다. 이때 선행시간 48시간부터 12시간까지 12시간 간격으로 예측한 태풍에 대해 거리 오차를 계산하였고, 그 결과 다음과 같은 사실을 확인하였다.

첫째, 2020년과 2021년 모두 선행시간이 12시간씩 감소할수록 거리 오차도 감소하였다. 둘째, 2021년의 거리 오차는 선행시간이 36시간, 24시간, 12시간일 때 각각 100km 이하였다. 셋째, 선행시간별 거리 오차는 모두 2020년보다 2021년이 작았다. 마지막으로 2020년과 2021년 모두 선행시간이 12시간씩 감소하더라도 거리 오차 감소폭은 30km 미만이었다.

① A　　② B　　③ C　　④ D　　⑤ E

17 김 대리, 이 대리, 박 대리, 정 대리는 각각 애완동물을 한 마리씩 키우고 있으며 네 마리 중 두 마리는 강아지이고 나머지 두 마리는 고양이이다. 이 중 강아지를 키우는 2명만 진실을 말하고, 이들에게 어떤 애완동물을 키우는지 물으니 다음과 같이 대답했다고 할 때, 강아지를 키우는 사람은 누구인지 고르면?

○△× ○△× ○△×

> 김 대리: 이 대리와 박 대리는 강아지를 키우지.
> 이 대리: 박 대리는 고양이를 키울거야.
> 박 대리: 정 대리도 고양이를 키운다지.
> 정 대리: 김 대리와 박 대리는 고양이만 키운대.

① 김 대리, 이 대리 ② 김 대리, 박 대리 ③ 김 대리, 정 대리
④ 이 대리, 박 대리 ⑤ 이 대리, 정 대리

18 정 사원은 A~G 7개의 구역을 청소하려고 한다. 정 사원이 "A구역을 청소하면 D구역을 청소한다."라는 명제가 거짓일 경우, 다음 [조건]에 의해 항상 참인 것을 고르면?

○△× ○△× ○△×

조건

> ㉠ C구역이나 E구역을 청소하면 F구역을 청소한다.
> ㉡ C구역이나 D구역을 청소한다.
> ㉢ E구역을 청소하지 않으면 D구역을 청소한다.
> ㉣ B구역을 청소하면 G구역을 청소하지 않는다.
> ㉤ G구역을 청소하지 않으면 A구역을 청소한다.

① B구역을 청소하지 않는다.
② C구역을 청소하지 않는다.
③ D구역을 청소한다.
④ F구역을 청소한다.
⑤ G구역을 청소한다.

19 다음 글을 근거로 판단할 때, '사무관'을 바르게 암호화한 것을 고르면?

○△×
○△×
○△×

A암호화 방식은 단어를 [자모변환표]와 [난수표]를 이용하여 암호로 변환한다.

[자모변환표]

ㄱ	ㄲ	ㄴ	ㄷ	ㄸ	ㄹ	ㅁ	ㅂ	ㅃ	ㅅ	ㅆ	ㅇ	ㅈ	ㅉ	ㅊ	ㅋ	ㅌ	ㅍ	ㅎ	ㅏ
120	342	623	711	349	035	537	385	362	479	421	374	794	734	486	325	842	248	915	775
ㅐ	ㅑ	ㅒ	ㅓ	ㅔ	ㅕ	ㅖ	ㅗ	ㅘ	ㅙ	ㅚ	ㅛ	ㅜ	ㅝ	ㅞ	ㅟ	ㅠ	ㅡ	ㅢ	ㅣ
612	118	843	451	869	917	615	846	189	137	789	714	456	198	275	548	674	716	496	788

[난수표]

48449611213534864105609513745862515386441891 3…

○ 우선 암호화하고자 하는 단어의 자모를 초성(첫 자음자)－중성(모음자)－종성(받침) 순으로 나열하되, 종성이 없는 경우 초성－중성으로만 나열한다. 예를 들어 '행복'은 'ㅎㅐㅇㅂㅗㄱ'이 된다.

○ 그 다음 각각의 자모를 [자모변환표]에 따라 대응하는 세 개의 숫자로 변환한다. 예를 들어 '행복'은 '915612374385846120'으로 변환된다.

○ 변환된 숫자와 [난수표]의 숫자를 가장 앞의 숫자부터 순서대로 하나씩 대응시켜 암호 숫자로 바꾼다. 이때 암호 숫자는 그 암호 숫자와 변환된 숫자를 더했을 때 그 결괏값의 일의 자리가 [난수표]의 대응 숫자와 일치하도록 하는 0~9까지의 숫자이다. 예를 들어, 'ㅎ'의 첫째 숫자인 9에 암호 숫자를 더하여 그 결괏값의 일의 자리가 난수표 첫째 숫자인 4가 되어야 하므로 9＋5＝14, 이에 5가 암호 숫자가 된다. 따라서 '행복'에 대한 암호문은 '579 884 848 850 502 521'이다.

① 015721685634228562433

② 015721685789228562433

③ 905721575679228452433

④ 015721685789228805381472

⑤ 905721575679228795281472

20 다음 글과 [상황]을 근거로 판단할 때, A가 새로 읽기 시작한 350쪽의 책을 다 읽은 시점을 고르면?

○△×
○△×
○△×

- A는 특별한 일이 없는 경우 월~금요일까지 매일 시외버스를 타고 30분씩 각각 출근과 퇴근을 하며 밤 9시 이전에 집에 도착한다.
- A는 시내버스를 제외한 모든 대중교통을 이용할 때 책을 읽는다. 다만, 밤 9시가 넘으면 어떤 대중교통을 이용하는 중에도 책을 읽지 않는다.
- A는 10분에 20쪽을 읽는다. 다만 책의 처음 1쪽부터 30쪽까지는 10분에 15쪽을 읽는다.

상황

A는 이번 주 월~금요일까지 출퇴근을 했는데, 화요일에는 회사 앞에서 회식이 있어 밤 8시 30분에 시외버스를 타고 30분 후에 집 근처 정류장에 내려 퇴근했다. 수요일에는 오전 근무를 마치고 회의를 위해서 지하철로 20분 이동한 후 다시 시내버스를 30분 타고 회의 장소로 갔다. 회의가 끝난 직후 밤 9시 10분에 지하철을 40분 타고 퇴근했다. A는 200쪽까지 읽은 280쪽의 책을 월요일 아침 출근부터 이어서 읽었고, 그 책을 다 읽은 직후 곧바로 350쪽의 새로운 책을 읽기 시작했다.

① 수요일 회의 장소 이동 중 ② 수요일 퇴근 중 ③ 목요일 출근 중
④ 목요일 퇴근 중 ⑤ 금요일 출근 중

21 다음 글을 근거로 판단할 때, ㉠에 해당하는 말을 고르면?

○△×
○△×
○△×

A: 혹시 담임 선생님 생신이 몇 월 며칠인지 기억나?
B: 응, 기억하지. 근데 그건 왜?
A: 내가 그날(월일)로 네 자리 일련번호를 설정했는데, 맨 앞자리가 0이 아니었다는 것 말고는 도저히 기억이 나질 않아서 말이야.
B: 그럼 내가 몇 가지 힌트를 줄게. 맞혀 볼래?
A: 좋아.
B: 선생님 생신은 31일까지 있는 달에 있어.
A: 고마워. 그다음 힌트는 뭐야?
B: 선생님 생신의 일은 8의 배수야.
A: 그래도 기억이 나질 않네. 힌트 하나만 더 줄 수 있어?
B: 알았어. (㉠)
A: 아! 이제 알았다. 고마워.

① 선생님 생신은 15일 이전이야.
② 선생님 생신의 일은 월의 배수야.
③ 선생님 생신의 일은 월보다 큰 수야.
④ 선생님 생신은 네 자리 모두 다른 수야.
⑤ 선생님 생신의 네 자리 수를 모두 더하면 9야.

22 다음 글을 근거로 판단할 때, 5세트가 시작한 시점에 경기장에 남아 있는 관람객 수의 최댓값을 고르면?

○△×
○△×
○△×

- 총 5세트의 배구경기에서 각 세트를 이길 때마다 세트 점수 1점을 획득하여 누적 세트 점수 3점을 먼저 획득하는 팀이 승리한다.
- 경기 시작 전, 경기장에는 홈팀을 응원하는 관람객 5,000명과 원정팀을 응원하는 관람객 3,000명이 있었다.
- 각 세트가 끝날 때마다 누적 세트 점수가 낮은 팀을 응원하는 관람객은 경기장을 나가는데, 홈팀 관람객의 경우 1,000명씩, 원정팀 관람객의 경우 500명씩 나간다. 누적 세트 점수가 동일할 경우 양 팀 관람객 모두 나가지 않는다.
- 경기장을 나간 관람객은 다시 들어오지 못하며, 경기 중간에 들어온 관람객은 없다.
- 경기는 원정팀이 승리했으나 홈팀이 두 세트를 이기며 분전했다.

① 6,000명 ② 6,500명 ③ 7,000명 ④ 7,500명 ⑤ 8,000명

23 다음 글과 [상황]을 근거로 판단할 때, 2022년에 가장 많은 직원이 받게 되는 검진 항목을 고르면?

○△×
○△×
○△×

A기관은 직원들을 대상으로 건강검진 프로그램을 운영하고 있다. 직원들은 각 검진 항목의 대상에 해당하는 경우 주기에 맞춰 반드시 검진을 받는다. 다만 검진 주기가 2년인 검진 항목은 최초 검진 대상이 되는 해 또는 그다음 해에 검진을 받아야 한다. 예를 들어 2021년에 45세가 된 직원은 2021년 또는 2022년 중 한 번 심장 검진을 받고, 이후 2년마다 심장 검진을 받아야 한다.

[A기관 건강검진 프로그램]

검진 항목	대상	주기
위	40세 이상	2년
대장	50세 이상	1년
심장	45세 이상	2년
자궁경부	30세 이상 45세 미만 여성	2년
간	40세 이상 간암 발생 고위험군	1년

상황

A기관 직원 갑~무의 2020년 건강검진 기록은 다음과 같다. 2020년 검진 이후 A기관 직원 현황과, 간암 발생 고위험군 직원 현황에는 변화가 없다.

[2020년 A기관 직원 건강검진 기록]

이름	나이(세)	성별	검진 항목
갑	28	여	없음
을	45	남	위
병	40	여	간
정	48	남	심장
무	54	여	대장

① 위 ② 대장 ③ 심장 ④ 자궁경부 ⑤ 간

[24~25] 다음 글과 [상황]을 근거로 판단하여 질문에 답하시오.

퍼스널 컬러(personal color)란 개인의 머리카락, 눈동자, 피부색 등을 종합하여 본인에게 가장 어울리는 색상을 말한다. 퍼스널 컬러는 크게 웜(warm)톤과 쿨(cool)톤으로 나뉘는데, 웜톤은 따스하고 부드러운 느낌의 색인 반면에 쿨톤은 차갑고 시원한 느낌의 색이다. 웜톤은 봄 타입과 가을 타입으로, 쿨톤은 여름 타입과 겨울 타입으로 세분화된다.

퍼스널 컬러는 각 타입의 색상 천을 얼굴에 대봄으로써 찾을 수 있다. 가장 잘 어울리는 타입의 천을 얼굴에 댔을 때 얼굴빛이 화사해지고 이목구비가 또렷해 보인다. 이를 '형광등이 켜졌다'라고 표현한다.

상황

네 명(갑~정)이 퍼스널 컬러를 알아보러 갔다. 각 타입(봄, 여름, 가을, 겨울)마다 밝은 색과 어두운 색의 색상 천이 있어서 총 8장의 천을 하나씩 순서대로 모두에게 댄다. 얼굴에 대보는 색상 천의 순서는 다음과 같다.

1. 첫 번째에서 네 번째까지 밝은 색 천을 대보고 다섯 번째부터 여덟 번째까지 어두운 색 천을 대본다.
2. 웜톤 천과 쿨톤 천을 교대로 대보지만, 첫 번째로 대보는 천의 톤은 알 수 없다.

진단 결과, 갑, 을, 병, 정은 서로 다른 타입의 퍼스널 컬러를 진단받았으며, 본인 타입의 천을 대보았을 때는 밝은 색과 어두운 색의 천 모두에서 형광등이 켜졌고, 그 외의 천을 대보았을 때는 형광등이 켜지지 않았다.

다음은 진단 후 네 명이 나눈 대화이다.

갑: 나는 가을 타입이었어. 마지막 색상 천에서는 형광등이 켜지지 않았어.

을: 나는 짝수 번째 천에서는 형광등이 켜진 적이 없어.

병: 나는 을이랑 타입은 다르지만 톤은 같아. 그리고 나한테 형광등이 켜진 색상 천 순서에 해당하는 숫자를 합해보니까 6이야.

정: 나는 밝은 색 천을 대보았을 때, 을보다 먼저 형광등이 켜졌어.

24 주어진 자료를 바탕으로 판단할 때, 옳은 것을 [보기]에서 모두 고르면?

○△× ○△× ○△×

보기

㉠ 네 명의 타입을 모두 정확히 알 수 있다.
㉡ 병은 첫 번째 색상 천에서 형광등이 켜졌다.
㉢ 색상 천 순서대로 형광등이 켜진 사람이 누구인지 모두 알 수 있다.

① ㉠ ② ㉡ ③ ㉠, ㉡ ④ ㉡, ㉢ ⑤ ㉠, ㉡, ㉢

25 정의 경우 형광등이 켜진 색상 천 순서에 해당하는 숫자의 합을 고르면?

○△× ○△× ○△×

① 7 ② 8 ③ 9 ④ 10 ⑤ 11

정답과 해설 ▶ P.62

에듀윌 공기업

매일 1회씩 꺼내 푸는 NCS Ver.2

DAY 10

eduwill

매1N 3회독 루틴 프로세스

*더 자세한 내용은 매1N 3회독 학습가이드를 확인하세요!

1 3회독 기록표에 학습날짜와 문제풀이 시작시간을 적습니다.

2 시험장에서 문제를 푸는 것처럼 풀어 보세요.

3 모바일 OMR 또는 회독용 답안지에 마킹한 후, 종료시간을 적고 초과시간을 체크합니다.

▶모바일 OMR 바로가기

[DAY 10]

http://eduwill.kr/Jp8j

4 문항별 3회독 체크표(◯△✕)에 표시합니다. 문제를 풀면서 알고 풀었으면 ◯, 헷갈렸으면 △, 전혀 몰라서 찍었으면 ✕에 체크하세요.

3회독 TIP

- 1회독: 25문항을 빠짐없이 풀어 보세요.
- 2~3회독: 틀린 문항만 골라서 풀어 보세요.

3회독 기록표

1회독	2회독	3회독
학습날짜 ____ 월 ____ 일	학습날짜 ____ 월 ____ 일	학습날짜 ____ 월 ____ 일
시작시간 ____ : ____	시작시간 ____ : ____	시작시간 ____ : ____
종료시간 ____ : ____	종료시간 ____ : ____	종료시간 ____ : ____
점 수 ____ 점	점 수 ____ 점	점 수 ____ 점

01 다음 글을 통해 알 수 있는 것을 고르면?

○△×
○△×
○△×

아침에 일찍 일어나는 것은 모두에게 힘든 일이므로 늦잠은 개인의 게으름일 뿐이라고 치부해버리는 사람도 많겠지만, 사실 아침에 일찍 일어나는 것이 모두에게 힘든 일은 아니다. 수면 습관이 유전되기 때문이다. 따라서 어떤 사람들은 조금만 노력해도 금세 적응할 수 있는가 하면, 어떤 사람들은 배 이상 노력해도 여전히 몸이 무겁다.

의학계에서는 누구에게나 하루에 7－8시간이 가장 적절한 수면시간이고, 이보다 길거나 짧으면 질병에 걸릴 확률이 높아지고 평균수명이 줄어든다는 입장을 견지하고 있다. 아침형 인간이란 의학의 입장에서 보면 몸을 혹사시키는 일이 되는 셈이다. 잠은 건강을 위한 필수적인 투자이며, 억지로 줄이면 병에 걸릴 확률이 높아지게 된다. 잠을 줄이면 면역력이 떨어지는 것은 간략하게나마 멜라토닌과 코티졸 호르몬의 분비 이상으로 설명할 수 있다.

인체 천연의 수면제인 멜라토닌은 뇌의 성숙이나 면역기능 항진 등 여러 기능의 조절에 관여하며, 몇몇 종류의 암을 억제하거나 우울증을 없애준다. 합성 멜라토닌을 물에 타서 마시면 수명을 연장시킨다는 연구결과도 있어 현대판 불로초로 인식되고 있기까지 하다. 멜라토닌의 분비는 빛과 밀접한 연관이 있다. 멜라토닌은 낮 동안의 빛을 통해 인체 내에서 생성되지만, 생성된 멜라토닌이 몸속에서 정상적으로 분비되려면 어두워져야 한다. 따라서 잠을 자고 있어야 할 어두운 새벽에 일어나 불을 켜고 활동하게 되면 멜라토닌의 분비는 갑자기 떨어지게 된다. 이 상태가 매일 지속되다보면 멜라토닌이 부족하게 되고, 전반적인 생활리듬과 건강에 문제가 발생하게 된다.

각성 호르몬이라고 불리기도 하는 코티졸은 혈당량을 높이고 지방산을 분해하는 등 인체에 스트레스에 대처할 수 있도록 몸을 준비시키는 역할을 하지만, 스트레스가 지나치면 분비량이 늘어나 인체 면역력을 떨어뜨리고 노화를 촉진하는 등의 부작용을 나타낸다. 또한 늦게까지 일을 하는 사람의 경우 잘 시간이 되어도 코티졸의 분비가 계속되기 때문에 잠에 들기도 어렵고, 더구나 일찍 일어나면 멜라토닌의 부족도 지속되어 질병에 감염될 확률이 높아지게 된다.

① 의학계에서는 사람마다 적절한 수면시간이 다를 수 있음을 인정한다.
② 잠을 줄이면 곧 병에 걸리게 된다.
③ 최근 멜라토닌에 관한 연구 및 소개가 증가하고 있는 추세다.
④ 멜라토닌이 신체 내에서 제대로 기능하려면 밝음과 어두움이 교차해야 한다.
⑤ 코티졸이 많을수록 면역력은 증가하지만 스트레스 때문에 분비를 억제해야 한다.

02 다음 글에 언급된 '넓은 의미의 일관성'의 개념과 가장 가까운 사례를 고르면?

○△×
○△×
○△×

'일관성'은 넓은 의미로 쓰일 때는 변함이 없는 것이면 무엇이나 일관성이 있다고 할 수 있다. 그러나 변화가 불가피할 때는 변화를 하되 그 기준이 변하지 않는다는 뜻에서 일관성 있는 변화를 말할 수도 있다. 또한 어떤 궤도나 방향을 따르는 운동 또는 발전적 변화를 말할 때는 그 궤도를 벗어나지 않는 것이 일관성 있는 운동이 된다.

'논리적 일관성'은 좁은 의미를 갖는데, 말하자면, 연역 논리적인 궤도를 벗어나지 않는다는 뜻이다. 연역 논리적 궤도란 하나의 체계를 말하며 그 논리적 체계가 일관성을 갖는다는 것은 거기에 서로 모순되는 명제들이 없다는 것을 말한다. 즉, 논리적 일관성은 논리적 무모순성을 뜻하는 것이다. 일관성을 지키는 것이 바람직하다고 생각하는 일반적 견해에는 논리적 모순을 범하지 않아야 한다는 생각이 결부되어 있다.

어떤 사람이 대학 졸업 후 10년 만에 모교를 찾아갔는데, 학교 앞에서 구두 수선을 하는 아저씨가 10년 전 그때와 꼭 같은 모습으로 열심히 일하고 있는 것을 보고 반갑게 인사를 했다. 다시 10년이 지난 후 모교를 찾아갔을 때도 여전히 그 아저씨는 비슷한 모습으로 구두 수선 일을 하고 있었다. 늙어 보이지 않은 아저씨의 모습이 놀라워서 나이를 물어 보았더니 10년 전에 말했던 나이를 그대로 대는 것이었다. 어째서 10년 전 나이와 같을 수 있느냐고 반문하는 말에 그 아저씨는 '그래야만 일관성이 있지 않느냐!' 고 대답했다.

무조건 변하지 않는 것도 넓은 의미로는 일관성이라고 할 수 있다. 그러나 나이는 한 해에 한 살씩 더해 가는 것이 일관성을 지키는 것이다. 한 해 두 살이 많아지기도 하고 세 살이 많아지기도 한다면 일관성이 없다는 말을 듣게 되는 것이다.

① 그의 말에는 일관성이 없다. 자기는 '거짓말을 할 줄 모르는 사람이다'라고 해놓고서 세상에 거짓말을 안 하는 사람은 없다고 공언하고 다니고 있으니 말이다.
② 우리 엄마는 자기 마음대로다. 어느 때는 내가 늦게까지 게임을 해도 아무 말 안하다가 내가 밥 먹고 잠시 컴퓨터 앞에 앉으니까 공부나 하라고 소리를 버럭 지른다.
③ 우리 사장은 변덕쟁이다. 어제는 어질러진 책상이 좋은 생각이 나오는 것을 막을 수 있다고 한 소리 하더니 오늘은 너무 정돈된 사무실에서는 튀는 아이디어가 나올 수 없다고 열을 올린다.
④ 그녀의 외모에는 항상 일관된 스타일이 있다. 머리에는 잔머리가 보이지 않도록 항상 정갈하게 핀이 꽂혀있고 구두는 언제나 금세 닦고 나온 듯 윤이 흐른다.
⑤ 이 회사에는 언제 봐도 변치 않는 경영철학이 숨쉬고 있다. 고객을 최우선으로 한다는 이념이 재정적 손해를 감수해가면서도 고객의 요구를 외면하지 않는, 고객감동 서비스를 가능하게 만들고 있다.

03 다음 빈칸에 들어갈 문장으로 가장 적절한 것을 고르면?

○△×
○△×
○△×

우리는 음악을 일반적으로 감정의 예술로 이해한다. 아름다운 선율과 화음은 듣는 사람들의 마음속으로 파고든다. 그래서인지 음악을 수(數) 또는 수학(數學)과 연결시키기 어렵다고 생각하는 경우가 많다. 하지만 음악 작품은 다양한 화성과 리듬으로 구성되어 있고, 이들은 3도 음정, 1도 화음, 3/4박자, 8분 음표처럼 수와 관련되어 나타난다. (   )

① 수학은 모든 분야에서 중요한 기초를 이루는 것이다.
② 음악은 감정의 예술이 아니라 감각의 예술로 이해해야 한다.
③ 음악을 구성하는 원리로 수학의 원칙과 질서 등이 활용되는 것이다.
④ 20세기에 들어와 음악과 수, 음악과 수학의 관계는 더욱 밀접해졌다.
⑤ 음정과 음계는 수학적 질서를 통해 음악의 예술적 특성과 음악의 미적가치를 효과적으로 전달했다.

[04~05] 다음 글을 바탕으로 질문에 답하시오.

서양에서는 인체에 대한 이상화된 동기를 표현하는 전통이 회화나 조각이라는 장르로서 존재해 왔으며 이는 예술가의 특별한 정신과 재능과 오랜 숙련을 필요로 했다. 그리스 로마 신화의 제우스가 최고신이자 상상을 초월하는 애정행각으로 무수한 미술 작품을 종횡무진으로 장식해 왔다면, 여신들 중에서 그림이나 조각의 주제로 가장 압도적인 사랑을 받았던 것은 사랑과 미의 여신 아프로디테였다. 서구의 유명 미술관을 잠시나마 거닐어 볼 기회가 있다면 서양 미술에서 누드에 대한 집착이 얼마나 유별났는지 쉽게 발견할 수 있다. 동양에서는 인도를 제외하고 누드를 쉽게 볼 수 없지만, 서구 미술에서는 오랫동안 인간의 몸을 미술 작품의 주요 주제로 찬미하고 숭배해 왔다.

인간을 주된 소재로 묘사해 온데다, 사실적이고 과학적인 표현 형식을 중요시해 온 전통에 따라 서양 미술은 모델(living model)이라는 존재의 역할에 크게 의지하지 않을 수 없었다. 사람이 등장하는 그림을 그릴 때는 늘 모델을 통해 구체적이고 사실적인 묘사를 추구한 것이다. 모델에 대해 벌거벗은 젊은 여자를 떠올릴 수도 있지만, 사실 옛 서양의 화가들은 다양한 종류의 사람을 모델로 그렸고 옷 벗은 모델보다는 옷 입은 모델을 그리는 경우가 더 많았다. 그럼에도 누드는 서양 미술의 핵심인 인간 표현의 가장 기본적이고 원초적인 이미지이며, 서양 미술에서만 유독 고도로 발달한 장르라는 점에서 문화사적으로도 매우 의미있는 연구 대상이 돼 왔다.

원칙적으로 벌거벗은 몸에 대해 부끄러움을 느끼는 것은 서양도 동양과 크게 다를 것이 없다. 하지만 르네상스와 그 이후의 서양 미술은 벌거벗은 몸을 연구하고 표현하는 것이 예술가들의 중요한 과제라는 사실을 사람들에게 인식시키는 데 성공했고, 결국 미술 교육 과정에서도 누드 습작을 핵심적인 과목으로 채택하게 했다. 벌거벗은 몸을 보는 것이나 보이는 것을 부끄럽게 생각한 서양 사람들이 어떻게 그림을 통해서는 벌거벗은 몸을 보이거나 보는 것을 부끄러워하지 않게 됐을까? 그 배경에는 무엇보다 '누드(nude)'와 '네이키드(naked)'는 다른 것이라는 의식이 짙게 깔려 있다. 누드와 네이키드는 둘 다 벌거벗은 몸을 뜻하지만, 서양 미술의 전통은 둘 사이에 커다란 차이를 두었다.

「네이키드와 누드(the Naked and the Nude)」를 쓴 케네스 클라크에 따르면, 네이키드는 그냥 옷을 벗은 인간의 몸뚱아리를 가리킨다. 말 그대로 벌거벗은, 아무런 보호를 받지 못하는 몸이다. 그러나 누드는 그렇게 순수하게 벌거벗은 몸이 아니다. '예술이라는 옷'을 입은, 그래서 개선되고, 균형이 잡히고, 자랑스러우며, 자신만만한, 그만큼 이상적인 나체이다. 네이키드와 달리 누드는 문화적 의미를 덧입은, 그래서 품위와 격이라는 옷을 입은 나체인 것이다.

서양 미술은 나체를 그려도 철저히 누드의 미학을 추구했다. 마네의 그림에서 보듯 나체를 네이키드로 표현하는 것은 실제 사람이 벗은 것만큼 혐오스러운 일이었다. 하지만 시간이 흐를수록 나체를 누드로 표현하지 않고 네이키드로 표현하는 예술가들은 늘어만 갔다. 이는 누드의 미학이 갖는 나름의 격조와 품위에도 불구하고 누드의 미학 안에는 가부장주의와 성차별 같은 불평등성, 세계를 이분법적으로 보는 권위주의가 내재해 있었기 때문이다. 누드 미술에 내재해 있는 성차별 의식은 누드 미술의 역사만큼 그 뿌리가 오래된 것이다. 미술사적으로 보면 이 의식은 고대 그리스 시대로까지 거슬러 올라간다. 그리스 시대의 누드 조각은 대부분 남성상이었다. 여성 누드상은 주인공이 애처로운 상황에 처했을 때 정도 외에는 거의 만들어지지 않았다. 헬레니즘 시대와 로마 시대에 가야 비로소 여성 누드 조각이 빈번히 만들어진다. 그리스인들은 왜 남성 누드를 주로 만들었을까? 그리스인들이 남성 누드상을 집중적으로 제작한 것은, 우주의 중심은 인간이고, 인간 가운데 가장 완벽한 존재가 남자 성인이라고 믿었기 때문이었다. 그러나 헬레니즘 시대와 로마 시대에는 여성 누드가 다수 제작됐다. 르네상스 이후에도 여성 누드는 많이 제작됐는데, 특히 19세기 들어 앵그르 같은 걸출한 누드 화가가 나타나면서 여성 누드에 대한 선호는 극대화된다. 그러나 이렇게 여성 누드가 늘어난 것은 누드 미술에 깔려 있는 성차별 의식이 해소된 탓은 아니다.

04 주어진 글을 읽고 알 수 있는 것을 고르면?

○△× ① 서양 미술의 누드화에는 벌거벗은 몸에 문화적 의미를 덧칠하여 인간의 몸을 이상화하여 표현하려는 의도가 전제되어 있다.
○△×
○△× ② 서양 예술 작품에는 성차별적 성향이 강하게 나타난다.
③ 여성 누드 화가의 등장은 누드에 관한 인식을 전환하는 계기가 되었다.
④ 벌거벗은 몸에 대한 동서양의 근본적인 인식 차이가 존재한다.
⑤ 네이키드로 표현하려는 예술가들로 인해 성적 차별은 심화되고 있다.

05 남녀평등을 기본 입장으로 하는 페미니스트적 관점에서 서양 미술의 누드 미학을 비판한 것으로 가장 적절한 것을 고르면?

○△×
○△× ① 여성을 고전적 미학의 대상에서 남성보다 등한시하고 있다.
○△× ② 인체에 대한 이상화된 동기를 표현하려는 욕구가 강해 여성상을 왜곡시키고 있다.
③ 여성의 몸에 대한 격조와 품위를 배제하고 여성 모델을 네이키드로만 접근하고 있다.
④ 여성을 목적론적 수단의 대상으로 접근하여 성적 차별을 하고 있다.
⑤ 여성을 주변부적 존재, 불완전한 대상으로 인식하여 여성의 정체성을 왜곡시켰다.

06 다음 글에 이어질 내용으로 가장 적절한 것을 고르면?

○△× ○△× ○△×

자유무역이 그렇게 국가 경제에 도움이 되는데 왜 자유무역에 대한 반대가 많은가? 자유무역의 이득에 대해 이해가 부족하기 때문인가? 그것은 정답이 아니다. 반대가 많은 이유는 자유무역이 매우 극심한 소득분배 효과를 가져 오기 때문이다. 국가 전체 경제에 자유무역이 이득이 되는 것은 확실하나 대부분의 무역은 이득을 보는 자와 손해를 보는 자를 반드시 동시에 발생시킨다. 단지 손해를 보는 자의 손해보다 이득을 보는 자의 이득이 더 크기 때문에 국가 경제 전체는 자유무역으로부터 이득을 보게 되는 것이다. 예를 들어 미국의 소고기를 우리가 수입하면 소비자는 저렴하고 다양한 질의 소고기를 소비할 수 있으므로 이득을 본다. 반면에 목축을 하는 우리나라 농민은 생산하는 소고기의 가격이 저렴해지기 때문에 손해를 본다. 우리나라가 자동차를 수출한다면 노동자가 소고기 수입의 시작 후 목축업에서 자동차 생산으로 이전해 오기 때문에 자동차 산업에서는 전에 비해 임금을 낮게 지불해도 되므로 이득을 보게 된다. 목축업은 위축되고 자동차 산업은 확장되기 때문에 목축에 주로 사용되는 농지의 소유자인 농부는 농지 가격이 하락하여 손해를 보나 자동차 산업에 사용되는 기계의 소유자는 전에 비해 기계에 대한 보상이 높아지므로 이득을 본다. 노동자는 장기적으로 목축업에서 자동차 산업으로 이동할 수 있으므로 노동자는 반드시 손해를 보는 것은 아니나, 단기에 있어 목축업에 종사하던 농부가 자동차 생산에 종사할 수 있는 공장 노동자로 전업을 하는 것이 쉽지 않다.

① 따라서 자유무역에 대한 반대는 수입대체산업에 주로 사용되는 생산요소의 소유자와 이 산업에 현재 종사하고 있는 노동자로부터 나온다.
② 따라서 자유무역에 대한 반대는 실제적으로 1인당 손해를 크게 보는 소수의 사람들만이 이익집단을 형성하기 때문에 조직화되기 어렵다.
③ 따라서 자유무역에 대한 반대는 농부와 같이 무역 확대 시 경쟁력이 약한 사람들과 그러한 사람들의 수요 감소로 더불어 피해를 보는 농기계 생산업자까지 확대된다.
④ 따라서 자유무역에 대한 반대는 상품경쟁력을 갖추지 못한 업자들과 국내 생산과 공급의 부족으로 물품 구매가 힘들어진 일반 소비자들의 입장이라 할 수 있다.
⑤ 따라서 자유무역에 대한 반대는 경쟁력이 떨어지는 물품들을 생산하는 공급업자들의 개인적 파산과 그로 인한 경제적 연쇄 파장으로 사회 전체 구성원들의 지지를 받게 된다.

07 다음 글에서 문맥상 ㉠의 의미로 가장 적절한 것을 고르면?

○△×
○△×
○△×

> 17세기 독일의 천문학자인 케플러는 태양 주위를 도는 행성들의 타원 궤도를 계산해냈다. 그럼에도 불구하고 케플러는 별들이 태양계의 저편 너머 3킬로미터 두께의 껍질 속에 살고 있다고 믿었다. 그는 지구를 숨쉬고, 기억하고, 여러 습관을 지니는 괴물로 여겼다. 지구가 살아 있다고 믿은 케플러의 생각이 오늘날 우스꽝스러워 보일는지 모르지만, 그는 우리에게 과학이 점근(漸近)적이라는 사실을, 다시 말해 궁극적인 지식이라는 최종 목적지에 결코 도달하는 법 없이 단지 근접해 갈 뿐임을 일깨워 준다. 역사의 흐름 속에서 점성술은 천문학에 그 자리를 내주었고, 연금술은 화학으로 발전했다. ㉠한 시대의 과학이 다음 시대에는 신화가 된다. 미래의 사상가들은 우리 시대의 생각을 어떻게 평가할 것인가? 자신과 주변 세계에 대해 의문을 품는 생물의 이러한 사고의 변동은 살아 있는 것의 의미가 무엇인가라는 오래된 질문의 핵심에 있다.

① 과학과 신화를 구분하는 절대적인 기준이란 있을 수 없다.
② 과학도 신화가 될 요소를 내포하고 있다.
③ 신화가 잘 다듬어지면 과학이 되고 과학이 쇠퇴하면 신화가 된다.
④ 한 시대의 과학이 그 시대에는 논리적이었을지라도 이후 비합리적 논리가 될 수 있다.
⑤ 이론은 평가하는 사람에 따라 신화라 불려지기도 하고 과학이라 불려지기도 한다.

08 다음 주어진 문단을 순서대로 바르게 나열한 것을 고르면?

○△× ○△× ○△×

[가] 현재 코레일은 주요 역 대회 입장권 판매, 평창올림픽 홍보존 운영, 역사 및 열차 내 영상 매체를 통한 평창올림픽 홍보영상 송출 등 올림픽대회 붐 조성을 위해 노력하고 있다.

[나] 한편, 경강선 KTX는 서울과 강릉을 2시간 이내 연결하는 고속철도로 평창동계올림픽의 핵심 교통수단이다. 대회가 열리는 2월에는 평창올림픽 선수단과 국내외 관람객의 원활한 수송을 위해 편도 총 51회 운행한다.

[다] 코레일이 '2018 평창 동계올림픽대회 및 동계패럴림픽대회' 철도서비스 부문 공식 후원사로 참여한다. 코레일과 2018 평창 동계올림픽대회 및 동계패럴림픽대회 조직위원회, 양 기관 관계자들이 참석한 가운데 평창 동계올림픽 공식 후원 협약을 체결했다.

[라] 또한, 코레일의 대표 관광전용열차인 V트레인으로 성화를 봉송하는 등 평창올림픽 성화봉송에 필요한 철도서비스도 적극 지원할 예정이다.

[마] 이 협약을 계기로 평창동계올림픽의 성공적 개최를 지원하고 공식 후원사에게 주어지는 다양한 권리를 활용해 KTX 경강선(서울~강릉)을 활성화하고 한국철도의 우수성을 국내외에 널리 알릴 예정이다.

① [다]－[나]－[가]－[라]－[마]
② [다]－[라]－[나]－[마]－[가]
③ [다]－[마]－[가]－[라]－[나]
④ [다]－[마]－[나]－[라]－[가]
⑤ [다]－[가]－[마]－[나]－[라]

09 1층부터 10층까지 있는 건물에서 A, B 두 사람이 1층에서 엘리베이터를 타고 올라갈 때, 서로 다른 층에서 내릴 확률을 고르면?

○△× ○△× ○△×

① $\frac{6}{7}$ ② $\frac{7}{8}$ ③ $\frac{8}{9}$ ④ $\frac{9}{10}$ ⑤ $\frac{10}{11}$

10

○△×
○△×
○△×

OO공사는 신입사원 400명을 상대로 교육 프로그램을 실시하려고 한다. 사전 설문조사 결과, 온라인 강의만 수강하겠다고 응답한 신입사원은 오프라인 강의만 수강하겠다고 응답한 신입사원의 3배였고, 두 강의를 모두 수강하겠다고 응답한 신입사원은 두 강의를 모두 수강하지 않겠다고 응답한 신입사원의 3배였다. 모든 신입사원이 설문조사에 응했을 때, 온라인 강의를 수강하겠다고 응답한 신입사원이 몇 명인지 고르면?

① 240명　② 260명　③ 280명　④ 300명　⑤ 320명

11

○△×
○△×
○△×

다음 [상황]에서 영지가 집에서 미팅 장소2까지 이동한 총거리를 고르면?

상황

1. 영지는 자동차를 타고 오전 8시 30분에 집에서 미팅 장소1로 이동하였다.
2. 미팅 장소1로 이동할 때는 84km/h의 속력으로 이동했으며, 9시 20분에 도착하였다.
3. 미팅 장소가 잘못되었음을 알게 된 영지는 5분 후 다시 미팅 장소2로 이동하였다.
4. 미팅 장소2로 이동할 때는 96km/h의 속력으로 이동했으며, 9시 35분에 도착하였다.

① 85.5km　② 86km　③ 86.5km
④ 87km　⑤ 87.5km

12

○△×
○△×
○△×

철수, 영수, 영희가 동시에 A지점을 출발하여 B지점까지 걸었다. 시속 3km로 걷는 영희보다 시속 4km로 걷는 철수가 10분 일찍 B지점에 도착하였고, 영수도 영희보다 5분 일찍 B지점에 도착하였다. 이때 영수의 속도를 고르면?

① 시속 $\frac{7}{2}$km　② 시속 $\frac{10}{3}$km　③ 시속 $\frac{18}{5}$km
④ 시속 $\frac{24}{7}$km　⑤ 시속 $\frac{35}{9}$km

13 다음 [표]는 성인 남녀 1,500명을 대상으로 탈모 증상에 관해 설문조사를 한 결과이다. 이를 바탕으로 옳지 <u>않은</u> 것을 고르면?

○△×
○△×
○△×

[표1] 탈모 증상 경험 여부

구분			응답자 수(명)	탈모 증상 경험 여부(%)	
				있음	없음
성별		남성	743	28.8	71.2
		여성	757	15.2	84.8
연령대		20대	259	4.6	95.4
		30대	253	12.6	87.4
		40대	295	21.4	78.6
		50대	301	25.6	74.4
		60대	392	37.0	63.0
성별·연령대	남성	20대	136	5.1	94.9
		30대	130	16.2	83.8
		40대	150	30.0	70.0
		50대	151	35.8	64.2
		60대	176	49.4	50.6
	여성	20대	123	4.1	95.9
		30대	123	8.9	91.1
		40대	145	12.4	87.6
		50대	150	15.3	84.7
		60대	216	26.9	73.1

※ 1) 무응답과 복수응답은 없음
2) 소수점 아래 둘째 자리에서 반올림한 값임

[표2] 탈모 증상 경험자의 탈모 증상 완화 시도 여부 및 방법

구분		응답자 수 (명)	탈모 증상 완화 시도 방법(%)					시도하지 않음(%)
			모발 관리 제품 사용	민간 요법	치료제 구입	병원 진료	미용실 탈모 관리	
성별	남성	214	38.8	14.0	9.8	8.9	4.2	49.1
	여성	115	45.2	7.0	2.6	4.3	11.3	44.3
연령대	20대	12	50.0	0.0	16.7	16.7	16.7	0.0
	30대	32	62.5	12.5	6.3	9.4	9.4	25.0
	40대	63	52.4	7.9	6.3	12.7	7.9	36.5
	50대	77	46.8	15.6	10.4	5.2	10.4	39.0
	60대	145	26.2	11.7	6.2	4.1	2.8	62.8
부모의 탈모경험 여부	있음	236	47.0	14.8	8.1	7.2	8.9	41.1
	없음	93	24.7	4.3	7.5	7.5	1.1	62.4
탈모 증상의 심각성	심각함	150	45.3	16.0	13.3	13.3	10.0	34.0
	심각하지 않음	179	36.9	7.8	2.8	2.2	2.8	58.1

※ 1) 무응답은 없으며, 탈모 증상 완화 시도 방법에 대한 복수응답을 허용함
2) 소수점 아래 둘째 자리에서 반올림한 값임

① 탈모 증상이 심각하다고 한 응답자 중 부모의 탈모 경험이 있다고 한 응답자는 57명 이상이다.

② 탈모 증상 경험자 중 탈모 증상 완화 시도 방법으로 치료제를 구입한 한 응답자의 수는 남성이 여성보다 20명 이상 많다.

③ 탈모 증상 경험자의 연령대가 높을수록 탈모 증상 완화를 위해 모발 관리 제품을 사용한 응답자의 수가 많다.

④ 탈모 증상 경험자 중 부모의 탈모 경험이 있다고 한 응답자의 비율은 70% 이상이다.

⑤ 남녀 각각 연령대가 높을수록 탈모 증상 경험자의 비율도 높다.

14 다음 [표]는 갑국 국세청의 행정소송 현황에 관한 자료이다. 제시된 [표] 이외에 [보고서]를 작성하기 위해 추가로 필요한 자료를 [보기]에서 모두 고르면?

○△✕
○△✕
○△✕

[표1] 2017~2020년 행정소송 현황 (단위: 건)

구분 / 연도	처리대상건수		처리완료건수				처리미완료건수		
	전년 이월	당년 제기	취하	각하	국가승소	국가패소	행정법원	고등법원	대법원
2017년	2,093	1,679	409	74	862	179	1,279	647	322
2018년	2,248	1,881	485	53	799	208	1,536	713	335
2019년	2,584	1,957	493	78	749	204	2,043	692	282
2020년	3,017	2,026	788	225	786	237	1,939	793	275

※ 미완료율(%) $= \frac{\text{처리미완료건수}}{\text{처리대상건수}} \times 100$

[표2] 2020년 세목별 행정소송 현황 (단위: 건)

구분 / 세목	처리대상건수		처리완료건수				처리미완료건수		
	전년 이월	당년 제기	취하	각하	국가승소	국가패소	행정법원	고등법원	대법원
종합소득세	305	249	85	7	103	33	227	74	25
법인세	443	347	54	6	108	44	396	123	59
부가가치세	645	405	189	13	162	42	400	183	61
양도소득세	909	447	326	170	240	39	378	167	36
상속세	84	52	14	1	28	9	50	20	14
증여세	429	282	70	12	96	49	272	157	55
기타	202	244	50	16	49	21	216	69	25

[표3] 2020년 소송가액별 행정소송 현황 (단위: 건)

구분 / 소송가액	처리대상건수		처리완료건수				처리미완료건수		
	전년 이월	당년 제기	취하	각하	국가승소	국가패소	행정법원	고등법원	대법원
3억 원 미만	1,758	1,220	599	204	540	102	1,028	414	91
3억 원 이상 10억 원 미만	542	375	129	15	133	56	374	156	54
10억 원 이상	717	431	60	6	113	79	537	223	130

[보고서]

2017~2020년 갑국 국세청의 연도별 행정소송 현황을 살펴보면 전년 이월 처리대상건수와 당년 제기 처리대상건수는 매년 증가하였다. 한편 2017~2019년 미완료율은 매년 증가하였으나, 2020년에는 미완료율이 전년 대비 감소하였다. 2017~2020년 처리대상건수 대비 국가승소 건수의 비율은 매년 감소하였는데, 특히 2017년에는 전년 대비 20%p 감소하여 가장 큰 폭으로 감소하였다. 2017~2020년 국가승소 건수 중 법인세 관련 행정소송 건수가 차지하는 비율 또한 매년 감소하였다.

2020년에 전년 이월 처리대상건수가 가장 많은 세목은 양도소득세였으며, 행정소송이 진행 중이어서 처리완료되지 못하고 2021년으로 이월된 행정소송 건수가 가장 많은 세목은 644건으로 부가가치세였다.

2020년의 경우 소송가액 3억 원 미만인 국가승소 건수가 3억 원 이상인 국가승소 건수보다 많았다. 한편 2017~2020년 행정법원 소송 처리미완료건수 중 소송가액 10억 원 이상인 건수가 차지하는 비율은 2018년이 가장 높았으며 2020년이 가장 낮았다.

보기

㉠ 2016년 행정소송 처리대상건수 및 국가승소 건수
㉡ 2021년 소송가액별 행정소송 처리대상건수
㉢ 2017~2019년 국가승소 건수 중 법인세 관련 행정소송 건수
㉣ 2017~2019년 소송가액이 10억 원 이상인 행정법원 소송 처리미완료건수

① ㉠, ㉡ ② ㉠, ㉢ ③ ㉡, ㉣ ④ ㉠, ㉢, ㉣ ⑤ ㉡, ㉢, ㉣

15 **다음 [표]는 A질환 환자의 성별 흡연 및 음주 여부에 관한 자료이다. 이에 대한 설명으로 옳은 것을 [보기]에서 모두 고르면?**

○△× ○△× ○△×

[표] A질환 환자의 성별 흡연 및 음주 여부 (단위: 명, %)

음주 여부	구분 \ 흡연 여부 \ 성별	남성		여성	
		흡연	비흡연	흡연	비흡연
음주	인원	600	( )	( )	( )
	비율	30	35	( )	20
비음주	인원	( )	( )	300	450
	비율	10	( )	( )	30

※ 비율(%)은 흡연 및 음주 여부에 따른 남(여)성 환자 수를 전체 남(여)성 환자 수로 나눈 값에 100을 곱한 것임. 예를 들어, 남성 환자 중 흡연과 음주를 모두 하는 비율은 30%임

보기

㉠ 흡연 비율은 남성 환자가 여성 환자보다 높다.
㉡ 비음주이면서 비흡연인 환자는 남성이 여성보다 많다.
㉢ 각 성별에서 음주 환자가 비음주 환자보다 많다.
㉣ 전체 환자 중 음주 환자의 비중은 흡연의 환자 비중보다 크다.

① ㉠, ㉡ ② ㉠, ㉢ ③ ㉡, ㉣ ④ ㉢, ㉣ ⑤ ㉡, ㉢, ㉣

16 다음 [표]와 [대화]는 4월 4일 기준 지자체별 자가격리자 및 모니터링 요원에 관한 자료이다. [표]와 [대화]를 근거로 C와 D에 해당하는 지자체를 바르게 나열한 것을 고르면?

○△×
○△×
○△×

[표] 지자체별 자가격리자 및 모니터링 요원 현황(4월 4일 기준)

(단위: 명)

구분 \ 지자체		A	B	C	D
내국인	자가격리자	9,778	1,287	1,147	9,263
	신규 인원	900	70	20	839
	해제 인원	560	195	7	704
외국인	자가격리자	7,796	508	141	7,626
	신규 인원	646	52	15	741
	해제 인원	600	33	5	666
모니터링 요원		10,142	710	196	8,898

※ 해당일 기준 자가격리자=전일 기준 자가격리자+신규 인원−해제 인원

대화

갑: 감염병 확산에 대응하기 위한 회의를 시작합시다. 오늘은 대전, 세종, 충북, 충남의 4월 4일 기준 자가격리자 및 모니터링 요원 현황을 보기로 했는데, 각 지자체의 상황이 어떤가요?

을: 4개 지자체 중 세종을 제외한 3개 지자체에서 4월 4일 기준 자가격리자가 전일 기준 자가격리자보다 늘어났습니다.

갑: 모니터링 요원의 업무 부담과 관련된 통계 자료도 있나요?

을: 4월 4일 기준으로 대전, 세종, 충북은 모니터링 요원 대비 자가격리자의 비율이 1.8배 이상입니다.

갑: 지자체에 모니터링 요원을 추가로 배치해야 할 것 같습니다. 자가격리자 중 외국인이 차지하는 비중이 4개 지자체 가운데 대전이 가장 높으니, 외국어 구사가 가능한 모니터링 요원을 대전에 우선 배치하는 방향으로 검토해 봅시다.

	C	D
①	충북	충남
②	충북	대전
③	충남	충북
④	세종	대전
⑤	대전	충북

17 **승률이 50%인 A, B 두 사람이 금화 33피스톨을 걸고 내기를 하고 있다. 승부에서 1번 이기면 1점을 얻고, 먼저 3점을 얻는 사람이 금화 66피스톨을 모두 갖기로 했다. 그런데 부득이한 사정으로 A가 2점, B가 1점을 딴 시점에서 시합이 중단되었고, 단 한 번의 시합 기회가 주어지게 되었다. 여기서 둘은 합의하여 시합을 하지 않고 그 시합까지 계산한 확률에 따라 금화를 나누기로 했는데, 어떤 방식으로 나누는 것이 가장 합리적인지 고르면?**(단, 마지막 시합으로 동점이 되는 경우 금화를 33피스톨씩 나눠 갖는다.)

① A는 나머지 1번만 이겨도 되지만, B는 2번 이겨야 한다. A가 이길 확률은 2/3이고 B가 이길 확률은 1/3이므로 금화는 A가 44피스톨, B가 22피스톨씩 나누어 가진다.

② A와 B가 이기고 지는 승률은 반반이므로 각각 33피스톨씩 나누어 갖는다.

③ 마지막 시합의 결과가 어떻든 A는 적어도 33피스톨을 갖게 되므로 나머지 33피스톨을 A와 B가 반반씩 나눠 갖는다.

④ 실력이 비슷한데 A가 두 번 이기고 B가 한 번 이긴 상태이기 때문에 다음에는 B가 이길 확률이 더 크다. 따라서 B에 조금 더 가중치를 부여해서 B에게 44피스톨을 주고 A에게 22피스톨을 주는 것이 좋다.

⑤ 이들 시합의 승패를 알 수 없으므로 무효로 한다.

18 **형준, 호식, 일영, 윤정 4명은 스터디를 하고 있다. 이들은 스터디 중 모의고사를 보고 1~4등을 가린 후 점심값 내기를 하는데, 1등은 공짜, 2등은 5천 원, 3등은 만 원, 4등은 2만 원을 내야 한다. 이들은 각각 안경을 끼거나, 목도리를 하거나, 빨간 볼펜으로 풀거나, 머리가 긴 특징 중 서로 다른 한 가지를 갖추고 있다. 이들에 관한 [조건]이 다음과 같을 때, 윤정이 낸 점심값을 고르면?**

조건

㉠ 일영은 안경을 끼거나 목도리를 한다.
㉡ 일영의 등수가 호식보다 좋다.
㉢ 일영의 등수는 안경을 낀 윤정 바로 다음이다.
㉣ 1등을 한 사람은 머리가 긴 사람이 아니다.
㉤ 형준은 안경을 낀 사람보다 등수가 높다.

① 공짜 ② 5천 원 ③ 1만 원 ④ 2만 원 ⑤ 알 수 없다.

19 국회의원 선거에 두 명이 입후보했다. 둘 중 한 사람은 월, 화, 수요일에 거짓말만 하고 나머지 요일에는 참말만 한다. 또 한 사람은 목, 금, 토요일에 거짓말만 하고 나머지 요일에는 참말만 한다. 이 두 사람이 동시에 유세에 나선 날 기자에게 다음과 같이 말했다고 할 때, 오늘은 무슨 요일인지 고르면?

○△✕ ○△✕ ○△✕

> A: 나는 토요일에는 거짓말을 한다. 나는 일요일에는 거짓말을 한다.
> B: 나는 내일 거짓말을 할 예정이다.

① 월요일 ② 수요일 ③ 목요일 ④ 토요일 ⑤ 일요일

20 다음 현상을 기반으로 A연구기관의 연구결과를 주장하기 위한 직접적 근거를 [보기]에서 모두 고르면?

○△✕ ○△✕ ○△✕

> [현상]
> 한 아동이 다른 사람을 위하여 행동하는 매우 극적인 장면이 담긴 'Lassie'라는 프로그램을 매일 5시간 이상 시청한 초등학교 1, 2학년 아동들은 이와는 전혀 다른 내용이 담긴 프로그램을 시청한 아동들보다 훨씬 더 협조적이고 타인을 배려하는 행동을 보여주었다. 반면에 텔레비전을 통해 매일 3시간 이상 폭력물을 시청한 아동과 청소년들은 텔레비전 속에서 보이는 성인들의 폭력 행위를 빠른 속도로 모방하였다.
>
> [연구결과]
> A연구기관은 텔레비전 속에서 등장하는 폭력이 아동과 청소년의 범죄 행위를 유발할 가능성이 크다는 결과를 제시하였다.

보기

㉠ 전국의 소년 교도소에 폭행죄로 수감되어 있는 재소자들은 5세 이후 폭력물을 매일 적어도 4시간 이상씩 시청한 사람이다.
㉡ 전국의 성인 교도소에 폭행죄로 수감되어 있는 재소자들은 6세 이후 폭력물을 매일 적어도 6시간 이상씩 시청한 사람이다.
㉢ 전국의 소년 교도소에 폭행죄로 수감되어 있는 청소년들은 매일 저녁 교도소 내에서 최소한 3시간씩 폭력물을 시청한다.
㉣ 6세에서 12세 사이에 선행을 많이 하는 아동들이 성인이 되어서도 선행을 많이 한다.
㉤ 텔레비전 발명 이후 아동과 청소년을 대상으로 한 폭력 범죄가 증가하였다.

① ㉠ ② ㉠, ㉡ ③ ㉠, ㉡, ㉤
④ ㉡, ㉢, ㉤ ⑤ ㉢, ㉣, ㉤

21 다음 글을 읽고, 주어진 글에서 범인을 찾는 수사반장이 범하고 있는 논리적 오류에 대해서 올바르게 반박한 것을 고르면?

○△×
○△×
○△×

> 어떤 사람이 죽었다는 보고를 받고 현장을 확인한 수사반장은 용의자 4명을 검거했다. 그 어떤 죽은 사람은 자살일 수도 있고, 타살일 수도 있다. 그리고 만일 타살일 경우 용의자는 A, B, C, D로 이 중 한 명이 범인이다. 처음엔 자살일 확률도 고려하지 않을 수 없었고, 수사가 거의 진척되지 않아서 A, B, C, D 네 용의자에게 똑같은 혐의를 부여하였다. 만일 자살의 가능성이 50%일 경우 A, B, C, D 각 용의자가 살인을 했을 확률은 각각 12.5%이다. 그러나 자살은 아니라는 수사결과가 나왔다. 그렇게 되면 이 혐의는 모두에게 25%로 배증된다. 그리고 C와 D의 알리바이나, 심증 등을 고려해보았을 때 C와 D는 혐의를 인정하기 어렵다면 용의자는 두 명(A와 B)으로 압축된다. 이때 A와 B가 살인을 했을 가능성은 각각 50%이다. 그런데, 수사가 진행될수록 A에 대한 혐의사실이 짙어져서 A가 살인을 했을 가능성이 80%가 되었다.

① B가 허위 자백을 했을 가능성이 있기 때문에 A가 범인이라 할 수 없다.
② 살인사건이라고 100% 가정한 상황에서 수사가 진행될수록 100%로 잡은 살인사건이 점점 국한되어져 결국 특정인이 범인일 가능성이 100%가 되어버린다.
③ 사실 살인사건이라고 판단할 수 있는 가능성은 불과 1%밖에 되지 않는다.
④ 구체적인 가능성으로부터 점점 필연적인 이유가 강해져서 결국 사건은 미궁으로 빠져들 것이다.
⑤ 살인사건이 발생했을 가능성 속에서 조건을 보다 신중히 검토하지 않고, 단순하게 확률만을 고려하고 있다.

22 ○○공기업의 지역발전위원회는 직원대표 4명, 주민대표 2명, 공무원 2명 총 8명의 위원으로 구성되어 있다. 직원대표는 A, B, C, D이고 주민대표는 E, F이며 공무원은 G, H이다. ○○공기업 대표는 지역발전을 위한 주요 전략사업 중의 하나로 지역 관광 특성화 사업을 추진하기로 하고 대상 기업 선발을 위한 심사위원회를 구성하려고 한다. 지역발전위원회 위원 8명 중에서 다음 [조건]을 만족시키는 4명을 심사위원으로 선발한다고 할 때, 옳은 것을 [보기]에서 모두 고르면?

○△×
○△×
○△×

조건

- 4명의 심사위원 중에는 반드시 직원대표 2명과 주민대표 1명, 공무원 1명이 포함되어야 한다.
- 직원 A와 B 중 1명은 반드시 심사위원으로 선발해야 하지만 그 둘을 동시에 심사위원으로 선발해서는 안 된다.
- 공무원 G가 심사위원이면 직원 C 또한 심사위원이다.
- 주민 F가 심사위원이면 직원 B는 심사위원이 될 수 없다.
- 주민 E가 심사위원이면 공무원 H는 심사위원이 될 수 없다.

보기

㉠ 공무원 G가 심사위원이면 직원 D는 심사위원이 될 수 없다.
㉡ 주민 E가 심사위원이면 직원 C는 심사위원이 된다.
㉢ 공무원 H가 심사위원이면 직원 A는 심사위원이 된다.
㉣ 직원 B가 심사위원이면 나머지 3명의 심사위원은 직원 C, 주민 E, 공무원 G이다.

① ㉠, ㉡　② ㉠, ㉡, ㉢　③ ㉠, ㉢, ㉣
④ ㉡, ㉢, ㉣　⑤ ㉠, ㉡, ㉢, ㉣

[23~24] 다음 글을 바탕으로 질문에 답하시오.

'탄소중립'이란 인간 활동을 통한 온실가스 배출을 최대한 줄이고, 남은 온실가스는 산림 흡수 및 제거 활동을 통해 실질적인 배출량을 0으로 만드는 것을 의미한다. 즉 배출되는 탄소량과 흡수·제거되는 탄소량을 동일하게 만든다는 개념으로, 이에 탄소중립을 '넷-제로(Net-Zero)'라 부르기도 한다. 탄소중립에 동참하기로 한 A은행은 업무를 수행하면서 발생하는 이산화탄소 배출량을 줄이기 위해 2가지 사항에 주목하였다. 첫 번째는 항공 출장이고, 두 번째는 컴퓨터의 전력 낭비이다.

한 사람이 비행기로 출장 시 발생하는 이산화탄소 평균 배출량은 400kg으로, 이는 네 사람이 같은 거리를 자동차 한 대로 출장갈 때 발생하는 이산화탄소 평균 배출량의 2배에 해당한다. 항공 출장으로 인하여 현재 A은행이 배출하는 연간 이산화탄소의 배출량은 A은행의 연간 전체 이산화탄소 배출량의 1/5에 달한다.

항공 출장을 줄이기 위해서 A은행은 화상회의 시스템을 도입하기로 하였다. 화상회의 시스템을 활용할 경우 한 사람의 이산화탄소 평균 배출량은 항공 출장의 1/10 수준에 불과하다. A은행에서는 매년 1,000명이 항공 출장을 가고 있는데, 항공 출장인원의 30%에게 항공 출장 대신 화상회의 시스템을 활용하도록 할 계획이다.

한편 은행과 같이 정보 처리가 업무의 핵심인 업계에서는 컴퓨터의 전력 소비가 전체 전력 소비의 큰 비중을 차지한다. A은행은 컴퓨터의 전력 낭비 요소를 파악하기 위하여 컴퓨터 전력 사용 현황을 조사하였다. 그 결과, 컴퓨터의 전력 소비량이 밤 시간대에 놀라울 정도로 많다는 것을 발견하게 되었다. 그 이유는 직원들이 자신의 컴퓨터를 끄지 않고 퇴근하여 많은 컴퓨터가 밤에 계속 켜져 있었기 때문이다.

이에 A은행은 전력차단 프로젝트를 수행하기로 하였다. 22,000대의 컴퓨터에 전력관리 소프트웨어를 설치하여, 컴퓨터가 일정시간 사용되지 않으면 언제라도 컴퓨터와 모니터의 전원이 자동으로 꺼지도록 하는 것이다. 이 프로젝트를 통하여 A은행은 연간 35만 kWh의 전력 소비를 절감할 수 있을 것으로 예상하며, 이는 이산화탄소 652톤에 해당하는 양이다.

23 주어진 글을 근거로 판단할 때, 옳은 것을 [보기]에서 모두 고르면?

○△× ○△× ○△×

보기

㉠ A은행이 전력차단 프로젝트를 시행하더라도 주간에 전력 절감은 없을 것이다.
㉡ A은행의 전력차단 프로젝트로 절감되는 컴퓨터 1대당 전력량은 연간 15kWh 이상이다.
㉢ A은행이 화상회의 시스템과 전력차단 프로젝트를 도입하면 넷-제로가 실현된다.
㉣ 네 사람이 자동차 한 대로 출장을 가는 경우에 1인당 이산화탄소 평균 배출량은 같은 거리를 1명이 비행기로 출장을 가는 경우의 1/8에 해당한다.

① ㉠, ㉡　② ㉠, ㉢　③ ㉡, ㉣　④ ㉠, ㉢, ㉣　⑤ ㉡, ㉢, ㉣

24 주어진 글을 근거로 판단할 때, ㉠에 들어갈 숫자를 고르면?

○△× ○△× ○△×

A은행은 화상회의 시스템과 전력차단 프로젝트의 도입 효과를 검토해 보았다. 검토 결과 둘을 모두 도입하면, A은행 이산화탄소 배출량은 도입 전에 비해 연간 (㉠)% 감소할 것으로 예상되었다.

① 30　② 32　③ 34　④ 36　⑤ 38

25 다음 글을 근거로 판단할 때, [보기]의 ㉠과 ㉡에 들어갈 숫자를 바르게 짝지은 것을 고르면?

○△×
○△×
○△×

수액을 주입할 때 사용하는 단위 gtt는 방울이라는 뜻의 라틴어 gutta에서 유래한 것으로, 수액 용기에서 떨어지는 수액의 방울 수를 나타낸다. 일반적으로 20gtt/ml가 '기준 규격'이며, 이는 용기에서 20방울이 떨어졌을 때 수액 1ml가 주입되는 것을 말한다.

보기

- 기준 규격에 따라 수액 360ml를 2시간 동안 모두 주입하려면, 1초당 (㉠)gtt/ml씩 주입하여야 한다.
- 기준 규격에 따라 3초당 1gtt로 수액을 주입하면, 24시간 동안 최대 (㉡)ml를 주입할 수 있다.

	㉠	㉡
①	0.5	720
②	1	720
③	1	1,440
④	2	1,440
⑤	2	2,880

정답과 해설 ▶ P.70

에듀윌 공기업

매일 1회씩 꺼내 푸는 NCS Ver.2

DAY 11

eduwill

매1N 3회독 루틴 프로세스

*더 자세한 내용은 매1N 3회독 학습가이드를 확인하세요!

1 3회독 기록표에 학습날짜와 문제풀이 시작시간을 적습니다.

2 시험장에서 문제를 푸는 것처럼 풀어 보세요.

3 모바일 OMR 또는 회독용 답안지에 마킹한 후, 종료시간을 적고 초과시간을 체크합니다.

▶모바일 OMR 바로가기

[DAY 11]

http://eduwill.kr/Fp8j

4 문항별 3회독 체크표(ⓞ △ ☒)에 표시합니다. 문제를 풀면서 알고 풀었으면 ⓞ, 헷갈렸으면 △, 전혀 몰라서 찍었으면 ☒에 체크하세요.

3회독 TIP

- 1회독: 25문항을 빠짐없이 풀어 보세요.
- 2~3회독: 틀린 문항만 골라서 풀어 보세요.

3회독 기록표

1회독		2회독		3회독	
학습날짜	월 일	학습날짜	월 일	학습날짜	월 일
시작시간	:	시작시간	:	시작시간	:
종료시간	:	종료시간	:	종료시간	:
점 수	점	점 수	점	점 수	점

01 다음 글에 어울리는 사례로 적절하지 않은 것을 고르면?

○△✕
○△✕
○△✕

선진국에서 중요한 가치는 '인본주의와 인간의 존엄성 존중'이다. 선진국은 인간 생활에서 기본적 수요 충족 단계를 훨씬 넘어섰기 때문에 그들은 생활의 질을 중시한다. 생활의 기복이 심하지 않도록 각종 제도나 정책이 마련되는 것을 최상으로 여기고 무엇보다도 치안, 국방, 안전시설, 자연 환경 보전, 사회 환경 개선을 위해 노력한다. 국민 건강 증진에 관련된 많은 노하우가 사회 곳곳에 있으며, 수도, 교통, 보건에 관련된 정책 비판을 받으면 특히 부끄럽게 생각한다. 또, 사람의 신체뿐 아니라 감정을 존중하기 때문에 모르는 사람에게도 먼저 웃음으로 인사하는 등 친절이 생활화되어 있다. 다른 사람에게 도움이 되는 것을 큰 즐거움으로 알기 때문에 봉사 활동이 왕성하다.

① 응급 환자가 병원을 이리저리 찾아다니다가 사망하는 일은 생각하기 어렵다.
② 재해 발생 지역에서 구난 활동을 펴는 사람들 중 많은 사람들이 자원 봉사자들이다.
③ 고속도로에서 작은 차 옆을 빠른 속도로 지나가는 트럭, 버스 운전기사는 찾아보기 어렵다.
④ 긴급 상황에 늦게 출동한 자치 단체의 단체장은 다음 선거에서 다시 선출되기 어렵다.
⑤ 부녀자나 고령자, 장애자를 겨냥해서 폭력을 일삼거나 무시하는 행위에 대해서는 사회가 비난을 한다.

02 다음 글의 문맥상 ㉠의 의미로 적절하지 않은 것을 고르면?

○△×
○△×
○△×

고전파 경제학은 사람이 재화를 그 유용성 때문에 수요한다고 주장하면서도, 우리 생활에 별로 유용하지 않은 다이아몬드의 가격이 유용한 물보다 더 비싼 이유에 대해서는 시원한 답변을 제시하지 못한다. 소위 '스미스의 역설'로 알려진 이 문제를 고전파 경제학자들은 유용성이 아닌 희소성의 원리로 설명하려 한다. 즉, 다이아몬드가 물보다 희소하기 때문에 그 값이 더 비싸다는 것이다. 마찬가지로 사회의 경제 주체가 이해의 갈등을 바탕으로 하는 계급으로 구성된다는 고전파 경제학에 대해, 당시에 활발하게 전개되던 노동 운동의 위세에 크게 시달려온 지배층은 좀더 ㉠얌전하고 부드러운 경제학의 출현을 갈망하고 있었다. 그러므로 경제 사회가 자본가니 노동자니 하는 계급의 대립 위에 성립되지 않고, 사실은 서로 공동이익을 도모하는 생산자와 소비자라는 개인으로 구성되었다는 신고전파의 교리는 기존 질서를 정당화하고 유지하는 데에는 아주 고마운 선물이었다.

① 정부의 입장을 그대로 대변하는 경제학
② 지배층의 구미에 맞는 이론을 제시하는 경제학
③ 지배층과 피지배층 갈등과 대립을 파고들지 않는 경제학
④ 기득권층의 이익을 유지하는 데 도움을 주는 경제학
⑤ 모순과 차이보다는 조화와 균형을 강조하는 경제학

03 **다음 글에서 '우주를 하나의 거대한 시계와 같은 존재'로 인식하는 것이 야기한 결과로 적절하지 않은 것을 고르면?**

○△×
○△×
○△×

뉴턴이 운동 법칙과 만유인력의 법칙을 종합하여 모든 종류의 운동을 설명하자, 그 시대의 과학자들은 큰 충격을 받았다. 그의 연구는 우주를 하나의 거대한 시계와 같은 존재로 인식하게 하는 결과를 낳았다. 이러한 인식에 의문을 제기하게 된 것은 비교적 최근에 와서야 가능했기 때문에, 우주를 하나의 시계로 인식하는 것이 무엇을 의미하는지, 그리고 그것이 끼친 철학적 영향은 어떠했는지 알아보는 것도 중요하다.

뉴턴의 법칙들에는 우주의 모든 물질이 확실하고 비교적 간단한 몇 가지 법칙에 따라 운동하고 상호 작용한다는 뜻이 담겨 있다. 이 법칙들에 따르면, 물체가 어떤 순간에 가진 위치, 질량, 속도 등을 안다면, 그 물체들이 어떻게 상호 작용하는지, 그리고 충돌의 결과가 어떻게 될지 알 수 있다. 예를 들어, 중력의 법칙을 이용하면 다른 모든 물체들의 존재로 인해 각각의 물체들이 얼마나 힘을 받고 있는지 알 수 있다. 운동 제2법칙을 이용하면 그에 따른 각 물체의 가속도의 크기와 방향을 알 수 있으며, 결과적으로 그 물체의 속도를 알 수 있다. 그리고 만약 충돌한다면 그 결과가 어떻게 될지에 대해서는 운동량 보존의 법칙을 이용하면 된다. 물론 복잡한 이야기처럼 들릴 것이다. 그러나 과학자들과 기술자들은 일련의 물체들에 관해 실제로 이러한 계산을 하며 성공적인 결과를 얻는다.

① 모든 인간은 태어나기 전부터 그 삶의 방향이 결정되어 있다는 운명예정설이 강화되었다.
② 시간과 공간이 절대적이지 않으며, 무엇으로부터도 시간과 공간이 변함없다는 성질이 제거되었다.
③ 인간도 물체의 운동 법칙에 종속되는 존재이기 때문에 인간의 자유 의지라는 것은 환상에 불과하다는 사고가 힘을 얻었다.
④ 모든 것을 결정하는 논리적인 요인이 존재한다는 사고는 근대 정부의 성격의 초석이 된 자연권 사상의 뿌리로 작용하였다.
⑤ 인간은 천부의 자연권을 가지고 있다는 생각을 바탕으로 하는 프랑스 혁명과 미국의 독립 전쟁의 기초가 만들어졌다.

[04~05] 다음 글을 바탕으로 질문에 답하시오.

지진파는 P파, S파, 표면파로 구분할 수 있다. P파와 S파가 지표면에 수직으로 전파하여 들어온다고 가정하면 P파에 의해서는 건물이 상하로 흔들릴 것이고, S파에 의해서는 좌우로 흔들릴 것이다. 표면파는 지표면을 따라서 전파되므로 표면파에 의해서도 건물이 좌우로 흔들릴 것이다. 일반적으로 P파의 진폭은 S파와 표면파의 진폭과 비교하여 작다. 따라서 지진 피해는 대체로 S파나 표면파에 의해서 크게 발생한다. 건물이 지탱하는 하중에는 크게 수직 하중과 수평 하중이 있다. 수직 하중은 건물을 위아래로 누르는 하중으로, 건물 자체의 무게 및 적재 하중, 눈이 내려 더해지는 하중 등이 이에 포함된다. 수평 하중은 지진파와 같이 건물의 좌우로 작용하는 하중이다. 수평 하중에는 지진파에 의한 하중, 바람에 의한 하중 등이 있다. 건물도 보통 그 높이에 따라 특정 주파수에 크게 반응하는 고유 진동수를 가지고 있다. 만약 지진파의 진동수가 건물의 진동수와 비슷하게 증폭하게 되면 건물은 지진파에 의해 더 크게 반응하게 되고 피해도 더욱 클 것이다.

지진 발생으로 인한 피해를 최소화하기 위해서는 내진(耐震) 설계를 해야 한다. 지진으로 인한 피해는 재산 피해, 인명 피해로 나눌 수 있다. 물론 가장 중요한 것은 인명 피해를 어떻게 하면 줄일 수 있느냐는 것이다. 따라서 내진 설계는 몇 가지 원칙을 세우고 이루어진다. 첫째로는 자주 발생할 수 있는 작은 지진에 대해서는 아무런 피해를 입지 않아야 하며, 둘째로는 가끔 발생하는 중간 정도 규모의 지진에 대해서는 약간의 건축적인 피해는 입더라도 구조적인 피해는 없어야 한다는 것이다. 마지막으로 아주 드물게 발생하는 큰 규모의 지진에 대해서는 구조적인 피해가 발생하여 건축물을 다시 사용할 수 없게 되더라도 붕괴는 되지 않도록 한다는 것이다. 이러한 원칙을 바탕으로 일본과 미국 등지에서부터는 내진 설계를 의무화하였다. 우리나라에서는 주로 외국의 내진 설계 기준을 사용하다가 최근 들어 지진학과 지진 공학이 발달하면서 국내 실정에 맞는 내진 설계 기준을 마련하고 있다.

내진 설계의 원리는 크게 두 가지로 구분된다. 지진파가 전달되었을 때 구조물과 기초 지반이 서로 떨어지지 않도록 견고하게 설계하는 방법이 그 중 한 가지이며, 다른 한 가지는 구조물과 기초 지반을 서로 분리하여 지진파가 구조물에 영향을 주지 않도록 하는 것이다. 지진 하중을 견뎌 낼 수 있도록 견고하게 설계하기 위해서는 구조물의 특성을 수학적으로 해석하여야 한다. 지진파는 일정한 시간 동안 구조물에 작용하기 때문에 원칙적으로는 동적 해석(Dynamic analysis)을 하여 구조물의 특성을 파악하여야 하지만 이것은 상당히 복잡한 수학적 계산을 필요로 한다. 이것을 단순화하여 보다 쉽고 간단한 설계법을 개발한 것이 정역학적 등가 설계법이다. 이 방법은 시간에 관계없이 일정한 지진 하중이 작용한다는 가정에서 출발한다. 비교적 단순하고 규칙성이 있는 구조물의 경우에는 동적 해석 없이, 이와 같은 단순화된 방법이 많이 사용된다. 모든 건축물들이 중요하지만, 지진이 발생하였을 때 적어도 특히 피해를 입지 말아야 할 구조물, 예컨대 병원이나 경찰서, 소방서 등과 같은 시설과 원자력 발전소와 같은 또 다른 위험이 도사리고 있는 시설들은 내진 설계 시 가중치를 두어서 아무리 큰 지진이라도 견뎌 낼 수 있도록 설계되어야 한다.

앞서 설명한 방법이 구조물과 기초 지반이 서로 떨어지지 않도록 견고하게 설계하는 방법이었다면 기초 분리법(Base Isolation)과 같이 구조물과 기초 지반을 서로 분리하여 지진파가 구조물에 영향을 주지 않도록 하는 방법이 있다. 사실 기초 지반과 구조물을 완전히 분리한다는 것은 불가능한 것이다. 건물이 땅 위에 떠 있을 수는 없기 때문이다. 따라서 지진파가 지반에서 구조물로 전달되는 것을 최대한 막기 위해서 이 둘 사이에 완충제를 끼워 넣는 방법을 생각할 수 있다. 보통 완충제로는 탄성이 높은 고무를 사용하며 최근 다양한 완충제가 고안되어 사용되고 있다. 하지만, 여러 장점에도 불구하고 이러한 방법을 사용한 내진 설계 방법은 아직까지 비용이 많이 든다는 이유로 실제 많이 적용되지 못하고 있다. 그러나 효율적인 방법을 개발해 내기 위해서 지진공학연구센터 등 국내외의 여러 연구소와 산업체에서 많은 노력을 하고 있다.

04 **주어진 글을 읽고 추론한 내용으로 적절한 것을 고르면?**

○△× ① P파에 의한 지진 피해는 S파나 표면파에 의한 지진 피해보다 항상 적게 발생한다.
○△× ② 우연하게 건물의 고유 진동수와 지진파의 진동수가 맞으면 건물은 무너진다.
○△× ③ 건물의 수직 하중과 지진파에 의한 건물의 수평 하중의 진동수가 만나 증폭이 되면 건물의 피해는 늘어난다.
④ 내진 설계를 하는 것은 지진은 사람을 죽이지는 못하지만, 건축물은 그렇게 할 수 있다는 전제를 바탕으로 한다.
⑤ 건물이 땅 위에서 분리되지 않는 한 지진파에 의한 피해는 언제나 일어날 수 있다.

05 **주어진 글의 밑줄 친 '내진 설계의 원칙'을 보고 판단한 것으로 적절하지 <u>않은</u> 것을 [보기]에서 모두 고르면?**

○△×
○△×
○△×

보기

㉠ 첫째 원칙을 말한다는 것은 작은 지진쯤은 견딜 수 있는 건축 기술을 가지고 있다는 전제하에서다.
㉡ 둘째 원칙은 건축물을 재산으로 파악할 때, 재산상의 피해를 최소화한다는 의미로 해석할 수 있다.
㉢ 마지막 원칙이 말하는 것은 재산을 포기하더라도 사람의 생명은 꼭 지켜야 한다는 의미로 해석할 수 있다.
㉣ 세 가지 원칙 중에 하나를 선택해서 내진 설계를 할 수도 있고, 세 원칙을 모두 적용할 수도 있다.
㉤ 건물의 내진 설계 시 가장 바람직한 설계는 최소의 비용으로 최소의 재산 손실을 감수하는 설계다.

① ㉠, ㉢　② ㉠, ㉣　③ ㉡, ㉢　④ ㉢, ㉤　⑤ ㉣, ㉤

06 다음 빈칸에 들어갈 문장으로 가장 적절한 것을 고르면?

○△×
○△×
○△×

320여 년 전 아일랜드의 윌리엄 몰리눅스가 제기했던 이른바 '몰리눅스의 물음'에 답하기 위한 실험이 최근 이루어졌다. 몰리눅스는 철학자 로크에게 보낸 편지에서 다음과 같이 물었다. "태어날 때부터 시각장애인인 사람이 둥근 공 모양과 정육면체의 형태 등을 단지 손으로 만져서 알게 된 후 어느 날 갑자기 눈으로 사물을 볼 수 있게 된다면, 그 사람은 손으로 만져보지 않고도 눈앞에 놓인 물체가 공 모양인지 주사위 모양인지 알아낼 수 있을까요?"

경험론자들은 인간이 아무것도 적혀 있지 않은 '빈 서판' 같은 마음을 가지고 태어나며 모든 관념과 지식은 경험에 의해 형성된다고 주장한 반면, 생득론자들은 인간이 태어날 때 이미 외부의 정보를 처리하는 데 필요한 관념들을 가지고 있다고 주장했다. 만일 생득론자들 말처럼 인간의 정신 속에 그런 관념들이 존재한다면, 눈으로 보든 손으로 만지든 상관없이 사람들은 해당되는 관념을 찾아낼 것이다. 따라서 (   )

① 몰리눅스의 물음에 명확히 답변한다면 생득론자들의 입장이 강화될 것이다.
② 몰리눅스의 물음에 명확히 답변하지 못한다면 경험론자들의 입장이 강화될 것이다.
③ 몰리눅스의 물음에 명확히 답변하지 못하더라도 양 편의 주장은 확실하게 판가름 날 것이다.
④ 몰리눅스의 물음에 명확히 답변할 수 있다해도 양 편의 주장에 대한 정확한 판단은 힘들 것이다.
⑤ 몰리눅스의 물음에 명확히 답변할 수 있다면 이런 양 편의 주장에 대한 적절한 판정이 내려질 것이다.

07 다음 글을 통해 알 수 있는 것을 고르면?

○△×
○△×
○△×

1883년에 조선과 일본이 맺은 조일통상장정 제41관에는 "일본인이 조선의 전라도, 경상도, 강원도, 함경도 연해에서 어업 활동을 할 수 있도록 허용한다."라는 내용이 있다. 당시 양측은 이 조항에 적시되지 않은 지방 연해에서 일본인이 어업 활동을 하는 것은 금하기로 했다. 이 장정 체결 직후에 일본은 자국의 각 부·현에 조선해통어조합을 만들고 조선 어장에 대한 정보를 제공하기 시작했다. 이러한 지원으로 조선 연해에서 조업하는 일본인이 늘었는데, 특히 제주도에는 일본인들이 많이 들어와 전복을 마구 잡는 바람에 주민들의 전복 채취량이 급감했다. 이에 제주 목사는 1886년 6월, 일본인의 제주도 연해 조업을 금했다. 일본은 이 조치가 조일통상장정 제41관을 위반한 것이라며 항의했고, 조선도 이를 받아들여 조업 금지 조치를 철회하게 했다. 이후 조선은 일본인이 아무런 제약 없이 어업 활동을 하게 해서는 안 된다고 여기게 되었으며, 일본과 여러 차례 협상을 벌여 1889년에 조일통어장정을 맺었다.

조일통어장정에는 일본인이 조일통상장정 제41관에 적시된 지방의 해안선으로부터 3해리 이내 해역에서 어업 활동을 하고자 할 때는 조업하려는 지방의 관리로부터 어업준단을 발급받아야 한다는 내용이 있다. 어업준단의 유효기간은 발급일로부터 1년이었으며, 이를 받고자 하는 자는 소정의 어업세를 먼저 내야 했다. 이 장정 체결 직후에 일본은 조선해통어조합연합회를 만들어 자국민의 어업준단 발급 신청을 지원하게 했다. 이후 일본은 1908년에 '어업에 관한 협정'을 강요하여 체결했다. 여기에는 앞으로 한반도 연해에서 어업 활동을 하려는 일본인은 대한제국 어업 법령의 적용을 받도록 한다는 조항이 있다. 대한제국은 이듬해에 한반도 해역에서 어업을 영위하고자 하는 자는 먼저 어업 면허를 취득해야 한다는 내용의 어업법을 공포했고, 일본은 자국민도 이 법의 적용을 받게 해야 한다는 입장을 관철했다. 일본은 1902년에 조선해통어조합연합회를 없애고 조선해수산조합을 만들었는데, 이 조합은 어업법 공포 후 일본인의 어업 면허 신청을 대행하는 등의 일을 했다.

① 조선해통어조합연합회는 '어업에 관한 협정'에 따라 일본인의 어업 면허 신청을 대행하는 업무를 보았다.

② 조일통어장정에는 제주도 해안선으로부터 3해리 밖에서 조선인이 어업 활동을 하는 것을 모두 금한다는 조항이 있다.

③ 조선해통어조합연합회가 만들어져 활동하던 당시에 어업준단을 발급받고자 하는 일본인은 어업세를 내도록 되어 있었다.

④ 조일통상장정에는 일본인이 조선해통어조합연합회를 조직해 한반도 연해에서 조업할 수 있도록 지원한다는 내용이 있다.

⑤ 한반도 해역에서 조업하는 일본인은 조일통상장정 제41관에 따라 조선해통어조합으로부터 어업 면허를 발급받아야 했다.

08 다음 글을 통해 알 수 <u>없는</u> 것을 고르면?

○△× ○△× ○△×

1859년에 프랑스의 수학자인 르베리에는 태양과 수성 사이에 미지의 행성이 존재한다는 가설을 세웠고, 그 미지의 행성을 '불칸'이라고 이름 붙였다. 당시의 천문학자들은 르베리에를 따라 불칸의 존재를 확신하고 그 첫 번째 관찰자가 되기 위해서 노력했다. 이렇게 확신한 이유는 르베리에가 불칸을 예측하는 데 사용한 방식이 해왕성을 성공적으로 예측하는 데 사용한 방식과 동일했기 때문이다. 해왕성 예측의 성공으로 인해 르베리에에 대한, 그리고 불칸의 예측 방법에 대한 신뢰가 높았던 것이다.

르베리에 또한 죽을 때까지 불칸의 존재를 확신했는데, 그가 그렇게 확신할 수 있었던 것 역시 해왕성 예측의 성공 덕분이었다. 1781년에 천왕성이 처음 발견된 뒤, 천문학자들은 천왕성보다 더 먼 위치에 다른 행성이 존재할 경우에만 천왕성의 궤도에 대한 관찰 결과가 뉴턴의 중력 법칙에 따라 설명될 수 있다고 생각했다. 이에 르베리에는 관찰을 통해 얻은 천왕성의 궤도와 뉴턴의 중력 법칙에 따라 산출한 궤도 사이의 차이를 수학적으로 계산하여 해왕성의 위치를 예측했다. 천문학자인 갈레는 베를린 천문대에서 르베리에의 편지를 받은 그날 밤, 르베리에가 예측한 바로 그 위치에 해왕성이 존재한다는 사실을 확인하였다.

르베리에는 수성의 운동에 대해서도 일찍부터 관심을 가지고 있었다. 르베리에는 수성의 궤도에 대한 관찰 결과 역시 뉴턴의 중력 법칙으로 예측한 궤도와 차이가 있음을 제일 먼저 밝힌 뒤, 1859년에 그 이유를 천왕성-해왕성의 경우와 마찬가지로 수성의 궤도에 미지의 행성이 영향을 끼치기 때문이라는 가설을 세운다. 르베리에는 이 미지의 행성에 '불칸'이라는 이름까지 미리 붙였으며, 마침 르베리에의 가설에 따라 이 행성을 발견했다고 주장하는 천문학자까지 나타났다. 하지만 불칸의 존재에 대해 의심하는 천문학자들 또한 있었고, 이후 아인슈타인의 상대성이론을 이용해 수성의 궤도를 정확하게 설명하는 데 성공함으로써 가상의 행성인 불칸의 존재를 상정해야 할 이유는 사라졌다.

① 르베리에에 의하면 수성의 궤도를 정확하게 설명하기 위해서는 뉴턴의 중력 법칙을 대신할 다른 법칙이 필요하지 않다.
② 르베리에에 의하면 천왕성의 궤도를 정확하게 설명하기 위해서는 뉴턴의 중력 법칙을 대신할 다른 법칙이 필요하다.
③ 수성의 궤도에 대한 르베리에의 가설에 기반하여 연구한 천문학자가 있었다.
④ 르베리에는 해왕성의 위치를 수학적으로 계산하여 추정하였다.
⑤ 르베리에는 불칸의 존재를 수학적으로 계산하여 추정하였다.

09 다음 글에 나타난 사상에 가장 근접한 것을 고르면?

○△×
○△×
○△×

> 뜰에서 춤추는 사람이 64명인데, 이 가운데서 1명을 선발하여 우보*를 잡고 맨 앞에 서서 춤추는 사람들을 지휘하게 한다. 우보를 잡고 지휘하는 자의 지휘가 절주(節奏)에 잘 맞으면 모두들 존대하여 '우리 무사(舞師)님' 하지만, 그 지휘가 절주에 맞지 않으면 모두들 그를 끌어내려 다시 이전의 반열(班列)로 복귀시키고 유능한 지휘자를 다시 뽑아 올려 '우리 무사님' 하고 존대한다. 그를 끌어내린 것도 대중(大衆)이고 올려놓고 존대한 것도 대중이다. 대저 올려놓고 존대하다가 다른 사람을 올렸다고 해서 교체한 대중을 탓한다면, 이것이 어찌 이치에 맞는 일이겠는가.
>
> * 우보: 새의 깃으로 장식한 의식용의 아름다운 일산(日傘)

① 입법권은 직접적으로 시민의 뜻에 기초하고 있으므로 다른 권력보다 우월한 최고 권력이며, 집행권은 법률을 집행하는 권력이다. 동맹권은 선전포고, 강화(講和), 조약 체결 등 외교 관계를 처리하는 권력으로서, 이 권력은 국제 정세에 좌우되므로 입법권이 정하는 일반규범에 구속되지 않는다.

② 인간은 자연 상태에서 생명, 자유, 재산에 대한 자연법상의 권리를 평등하게 가지고 태어났으며, 이 자연권을 보장받기 위해 정부에 권력을 위임하였고, 정부가 그 책무를 다하지 못할 때에는 저항하여 정부를 재구성할 권리를 갖는다.

③ 인간은 무정부 상태에서 생명과 재산에 대한 위협을 느끼며, 이러한 상태에서 벗어나기 위해 강력한 정부에 의한 질서를 필요로 한다. 그 결과 사람들은 자신의 행동의 자유를 지배자에게 맡기기 위한 일종의 계약을 맺게 된다.

④ 지도자는 사회 전체의 이익인 공익을 대표하는 반면, 국민은 개인적인 욕구를 표현하는데 이것이 공익과 항상 일치하지는 않는다.

⑤ 개인 간의 계약으로 사회가 성립된다는 발상은 무의미하다. 인간은 본성상 사회적 존재이므로, 정치적으로 사회의 성립은 인간 본성에 합치되는 자연스러운 현상이다.

10 L과 T가 가위바위보를 해서 이긴 사람은 두 계단 올라가고, 진 사람은 한 계단을 내려오기로 하였다. 처음의 위치보다 L은 21계단, T는 3계단을 올라갔을 때, L이 이긴 횟수를 고르면?(단, 무승부의 경우 L과 T 모두 움직이지 않는다.)

○△× ○△× ○△×

① 7회 ② 9회 ③ 11회 ④ 13회 ⑤ 15회

11 경수는 경진이보다 나이가 두 살 많고, 경수의 나이의 제곱은 경진이의 나이의 제곱에 세 배를 한 것보다 2가 작다. 이 때 경수의 나이를 고르면?

○△× ○△× ○△×

① 3살 ② 4살 ③ 5살 ④ 6살 ⑤ 7살

12 다음 수들이 일정한 규칙으로 나열되어 있을 때, 빈칸에 들어갈 알맞은 수를 고르면?

○△× ○△× ○△×

46	49	44	22	25	20	10	13	8	4	( )

① −1 ② 7 ③ 8 ④ 9 ⑤ 10

13 어떤 일을 갑이 혼자서 하면 4시간, 을이 혼자서 하면 6시간이 걸린다. 갑과 을이 함께 하면 혼자서 할 때보다 각자 능력이 20% 향상된다. 갑과 을이 함께 그 일을 하는 데 소요되는 시간을 고르면?

○△× ○△× ○△×

① $\frac{9}{5}$시간 ② 2시간 ③ $\frac{11}{5}$시간 ④ $\frac{12}{5}$시간 ⑤ 3시간

14 다음 [표]는 2021~2027년 시스템 반도체 중 인공지능 반도체의 세계 시장규모 전망에 관한 자료이다. 이에 대한 설명 중 옳은 것을 [보기]에서 모두 고르면?

○△×
○△×
○△×

[표] 시스템 반도체 중 인공지능 반도체의 세계 시장규모 전망 (단위: 억 달러, %)

구분＼연도	2021년	2022년	2023년	2024년	2025년	2026년	2027년
시스템 반도체	2,500	2,310	2,686	2,832	(　　)	3,525	(　　)
인공지능 반도체	70	185	325	439	657	927	1,179
비중	2.8	8.0	(　　)	15.5	19.9	26.3	31.3

보기

㉠ 인공지능 반도체 비중은 매년 증가한다.
㉡ 2027년 시스템 반도체 시장규모는 2021년보다 1,000억 달러 이상 증가한다.
㉢ 2022년 대비 2025년의 시장규모 증가율은 인공지능 반도체가 시스템 반도체의 5배 이상이다.

① ㉢　② ㉠, ㉡　③ ㉠, ㉢　④ ㉡, ㉢　⑤ ㉠, ㉡, ㉢

15 다음 [표]는 A~H지역의 화물 이동 현황에 관한 자료이다. 이에 대한 설명 중 옳은 것을 [보기]에서 모두 고르면?

○△× ○△× ○△×

[표] 화물의 지역 내, 지역 간 이동 현황 (단위: 개)

출발 지역 \ 도착 지역	A	B	C	D	E	F	G	H	합계
A	65	121	54	52	172	198	226	89	977
B	56	152	61	55	172	164	214	70	944
C	29	47	30	22	62	61	85	30	366
D	24	61	30	37	82	80	113	45	472
E	61	112	54	47	187	150	202	72	885
F	50	87	38	41	120	188	150	55	729
G	78	151	83	73	227	208	359	115	1,294
H	27	66	31	28	94	81	116	46	489
합계	390	797	381	355	1,116	1,130	1,465	522	6,156

※ 출발 지역과 도착 지역이 동일한 경우는 해당 지역 내에서 화물이 이동한 것임.

보기

㉠ 도착 화물보다 출발 화물이 많은 지역은 3개이다.
㉡ 지역 내 이동 화물이 가장 적은 지역은 도착 화물도 가장 적다.
㉢ 전체 화물 이동량이 가장 적은 지역은 C이다.
㉣ 도착 화물이 가장 많은 지역은 출발 화물 중 지역 내 이동 화물의 비중도 가장 크다.

① ㉠, ㉡ ② ㉠, ㉢ ③ ㉡, ㉢ ④ ㉡, ㉣ ⑤ ㉠, ㉢, ㉣

[16~17] 다음 [표]는 지역별 건축 및 대체에너지 설비 투자 현황에 관한 자료이다. 이를 바탕으로 질문에 답하시오.

[표] 지역별 건축 및 대체에너지 설비 투자 현황 (단위: 건, 억 원, %)

지역	건축 건수	건축 공사비 (A)	대체에너지 설비 투자액				대체에너지 설비 투자 비율 (B/A)×100
			태양열	태양광	지열	합(B)	
가	12	8,409	27	140	336	503	5.98
나	14	12,851	23	265	390	678	( )
다	15	10,127	15	300	210	525	( )
라	17	11,000	20	300	280	600	5.45
마	21	20,100	30	600	450	1,080	( )

※ 건축공사비 내에 대체에너지 설비 투자액은 포함되지 않음.

16 건축 건수 1건당 건축공사비가 두 번째로 많은 지역을 고르면?

① 가 ② 나 ③ 다 ④ 라 ⑤ 마

17 주어진 자료에 대한 설명으로 옳은 것을 [보기]에서 모두 고르면?

보기

㉠ 가~마 지역의 대체에너지 설비 투자 비율은 각각 5% 이상이다.

㉡ 라지역에서 태양광 설비 투자액이 210억 원으로 줄어도 대체에너지 설비 투자 비율은 5% 이상이다.

㉢ 대체에너지 설비 투자액 중 태양광 설비 투자액 비율이 가장 높은 지역은 대체에너지 설비 투자 비율이 다섯 지역 중 가장 낮다.

① ㉠ ② ㉡ ③ ㉠, ㉡ ④ ㉠, ㉢ ⑤ ㉠, ㉡, ㉢

18 **갑작스런 폭우로 철수, 영희, 병진, 지현, 수정 5명은 강의에 지각을 했다. 다음 대화가 모두 참이라고 할 때, [보기]의 A, B, C가 말한 내용 중 옳은 것을 모두 고르면?**

○△✕
○△✕
○△✕

[대화]
- 철수는 영희보다 먼저 강의실에 들어왔으나 병진보다는 늦게 들어왔다.
- 지현은 영희보다 먼저 강의실에 들어왔으나 수정보다는 늦게 들어왔다.
- 수정은 철수보다 늦게 강의실에 들어왔다.

보기

A: 다섯 명 중에서 두 번째로 강의실에 들어온 사람은 철수이다.
B: 영희가 가장 늦게 강의실에 도착했다.
C: 수정은 병진보다 일찍 강의실에 도착했다.

① A ② B ③ A, B ④ B, C ⑤ A, B, C

[19~20] 다음 대화를 바탕으로 질문에 답하시오.

갑: A와 B 모두 회의에 참석한다면, C도 참석해.
을: C는 회의 기간 중 해외 출장이라 참석하지 못해.
갑: 그럼 A와 B 중 적어도 한 사람은 참석하지 못하겠네.
을: 그래도 A와 D 중 적어도 한 사람은 참석해.
갑: 그럼 A는 회의에 반드시 참석하겠군.
을: 너는 (　　㉠　　)고 생각하고 있구나.
갑: 맞아, 그리고 우리 생각이 모두 참이면, E와 F 모두 참석해.
을: 그래, 그 까닭은 (　　㉡　　) 때문이지.

19 주어진 대화에서 ㉠에 들어갈 말로 가장 적절한 것을 고르면?

○△× ① B가 회의에 불참한다
○△× ② D가 회의에 불참한다
○△× ③ D가 회의에 참석한다
④ B가 불참하거나 D가 불참한다
⑤ B가 참석하거나 D가 참석한다

20 주어진 대화에서 ㉡에 들어갈 말로 가장 적절한 것을 고르면?

○△× ① E와 F 모두 회의에 참석하면 B는 불참하기
○△× ② E와 F 모두 회의에 참석하면 B도 참석하기
○△× ③ B가 회의에 참석하면 E와 F 모두 참석하기
④ B가 회의에 불참하면 E와 F 모두 참석하기
⑤ E와 F 모두 회의에 참석하지 않으면 B도 불참하기

21 **다음은 태양광 발전소 후보지 선정 조건에 관한 자료이다. 후보지 중에서 가장 많은 조건을 만족하는 곳을 선정한다고 할 때, 최종적으로 선정되는 곳을 고르면?**(단, 언급되지 않은 사항은 만족하지 않는다고 가정한다.)

○△×
○△×
○△×

[태양광 발전소 후보지 선정 조건]

- 태양광 100KW 이상일 것
- 면적이 24만 평 이상일 것
- 주변 밀집 인구가 70% 미만일 것
- 전력이 320W 이상일 것
- 일조량이 1일 5시간 이상일 것

[후보지]

(가) 지역 – 임야 20만 평이고 인구 밀도가 70%이다. 북향 지역이기 때문에 일조량은 1일 3시간 미만이다.

(나) 지역 – 남향이기 때문에 일조량이 1일 5시간 이상이고, 태양광이 120KW 이상이다. 주변 밀집 인구는 50% 정도이다.

(다) 지역 – 한전 선로가 있으며, 면적이 25만 평이고, 전력이 300KW로 높은 편이다.

(라) 지역 – 일조량이 낮아 추운 지역이다. 면적은 27만 평이고, 전력은 270KW이다.

(마) 지역 – 태양광이 120KW로 높은 편이며, 면적이 240만 평이고, 한전 선로는 작업 중에 있다.

① (가) 지역　② (나) 지역　③ (다) 지역
④ (라) 지역　⑤ (마) 지역

[22~24] 다음 글을 바탕으로 질문에 답하시오.

ㅇ 갑과 을은 스포츠 데이트를 위해 등산, 스키, 암벽등반, 수영, 볼링 중 하나를 선택하고자 한다.
ㅇ 갑과 을이 점수를 부여하는 방식은 다음과 같다.
  – 갑과 을은 비용이 적게 드는 종목부터, 만족도가 높은 종목부터 순서대로 5점에서 1점까지 1점씩 차이를 두고 점수를 부여한다.
  – 갑은 위험도가 높은 종목부터, 활동량이 많은 종목부터 순서대로 5점에서 1점까지 1점씩 차이를 두고 점수를 부여하며, 을은 그 반대로 점수를 부여한다.

구분	등산	스키	암벽등반	수영	볼링
비용(원)	8,000	60,000	32,000	20,000	18,000
만족도	30	80	100	20	70
위험도	40	100	80	50	60
활동량	50	100	70	90	30

22 총점을 기준으로 했을 때, 갑이 선택할 운동으로 적절한 것을 고르면?

ㅇ△× ① 등산 ② 스키 ③ 암벽등반 ④ 수영 ⑤ 볼링
ㅇ△×
ㅇ△×

23 총점을 기준으로 했을 때, 을이 선택할 운동으로 적절한 것을 고르면?

ㅇ△× ① 등산 ② 스키 ③ 암벽등반 ④ 수영 ⑤ 볼링
ㅇ△×
ㅇ△×

24 갑과 을이 다음과 같은 기준으로 같이 할 운동 하나를 정하려고 한다. 기준에 따라 갑과 을이 선택할 운동을 고르면?

ㅇ△×
ㅇ△×
ㅇ△×

> [기준]
> 갑과 을은 각 종목에 대해 각자가 부여한 점수를 모두 합하여 그 합이 가장 높은 종목을 선택한다. 단, 동점인 종목이 있을 경우, 을이 부여한 점수가 높은 종목을 선택하되, 을과 갑의 점수 격차가 적은 종목을 선택한다.

① 등산 ② 스키 ③ 암벽등반 ④ 수영 ⑤ 볼링

25 다음은 '월듀' 화장품사의 SWOT 분석 자료이다. 이에 대한 설명 중 옳지 않은 것을 고르면?

○△×
○△×
○△×

['월듀' 화장품사의 SWOT 분석]

강점(Strength)	약점(Weakness)
• 호감도 높은 브랜드 이미지 • 가격 대비 뛰어난 성능 • 브랜드 모델의 높은 인지도	• 경쟁사 대비 상품 라인 단순 • 브랜드 자체 낮은 인지도
기회(Opportunity)	**위협(Threat)**
• 자연주의에 대한 관심 증가 • 판매 경로 다각화 • PPL 확산	• 경쟁 업체 대거 증가 • 경쟁사의 다양한 프로모션

① SO전략: 가격 대비 뛰어난 성능을 내세워 온라인 시장에 진입한다.
② SW전략: 호감도 높은 브랜드 이미지를 활용하여 브랜드 자체 인지도를 높인다.
③ SW전략: 제품 라인이 단순하므로 브랜드 이미지를 상향시키는 데 집중한다.
④ ST전략: 높은 가성비를 활용하여 가격 할인 프로모션을 진행한다.
⑤ ST전략: 인지도 높은 브랜드 모델을 활용해 경쟁사와의 차별성을 강조한다.

정답과 해설 ▶ P.77

에듀윌 공기업

매일 1회씩 꺼내 푸는 NCS Ver.2

DAY 12

eduwill

매1N 3회독 루틴 프로세스

*더 자세한 내용은 매1N 3회독 학습가이드를 확인하세요!

1 3회독 기록표에 학습날짜와 문제풀이 시작시간을 적습니다.

2 시험장에서 문제를 푸는 것처럼 풀어 보세요.

3 모바일 OMR 또는 회독용 답안지에 마킹한 후, 종료시간을 적고 초과시간을 체크합니다.

▶모바일 OMR 바로가기

[DAY 12]

http://eduwill.kr/Vp8j

4 문항별 3회독 체크표(○ △ ×)에 표시합니다. 문제를 풀면서 알고 풀었으면 ○, 헷갈렸으면 △, 전혀 몰라서 찍었으면 ×에 체크하세요.

3회독 TIP

- 1회독: 25문항을 빠짐없이 풀어 보세요.
- 2~3회독: 틀린 문항만 골라서 풀어 보세요.

3회독 기록표

1회독		2회독		3회독	
학습날짜	월 일	학습날짜	월 일	학습날짜	월 일
시작시간	:	시작시간	:	시작시간	:
종료시간	:	종료시간	:	종료시간	:
점 수	점	점 수	점	점 수	점

01 다음 글의 주제로 가장 적절한 것을 고르면?

○△× ○△× ○△×

인간 세계에서는 한정되고 편협한 자신의 가치관만으로 좋고 나쁨을 구별하기 일쑤이다. 그 편협한 가치관을 식물에 강요한 것이 바로 작물이다. 사람들은 보다 수확이 잘 되고 맛있어야 한다는 등의 기준 아래 월등한 것만을 선별하여, 그 월등한 형질이 가능한 한 균일하게 되도록 인위적인 조작을 계속해 왔다. 그 결과물인 작물은 생산 관리의 효율성과 높은 수확량을 자랑하게 되었지만, 그럼에도 제한된 기준에 의해 선발된 이 개성 약한 붕어빵 집단은 예상치 못한 환경 변화에 극단적으로 취약하게 되었다. 예를 들어, 어떤 병에 대해 약점이 있으면 눈 깜짝할 사이에 모든 작물이 전멸하는 일이 벌어지는 것이다.

1840년 아일랜드에서는 갑자기 감자에 돌림병이 퍼져 기록적인 기근이 발생했다. 2백만 명 이상이 굶어 죽었고, 국외로 탈출하는 사람이 끊이지 않았다. 이때 신대륙인 아메리카로 이주하는 사람도 급증했는데, 나중에 이들이 미국 번영에 한 몫을 했다는 이야기도 있다. 감자 하나가 역사를 바꾼 사건이 아닐 수 없다. 이 기근의 원인은 자명하다. 아일랜드에서는 한 가지 품종의 감자만을 전국적으로 재배하고 있었다. 때문에 한 가지 병에 대해 모든 감자가 한꺼번에 해를 입는 사태가 일어난 것이다.

하지만 다양성이 존재하는 잡초의 집단에서는 앞서 본 감자의 경우와 같은 일은 일어나지 않는다. 잡초는 같은 종자라 해도 크기, 무게, 형질이 획일적이지 않고 천차만별이어서 어떤 환경 변화에도 대응할 수 있는 준비가 되어있다.

① 다양성을 상실한 생명체는 언젠가는 멸종의 위기에 직면하게 된다.
② 겉으로 보이는 측면으로만 사물을 파악하면 그릇된 결론에 도달하게 된다.
③ 인간의 치우친 가치관으로 사물의 본질을 재단하는 것은 위험할 수 있다.
④ 자연이 가진 신비를 인간의 짧은 지식으로 모두 밝힐 수 있다고 여기는 것은 독선이다.
⑤ 자연의 다양성을 규명하려면 아직도 많은 시간이 필요하다.

02 다음 글의 내용과 일치하는 것을 고르면?

○△×
○△×
○△×

배가 심하게 흔들리면 많은 어려움이 발생한다. 따라서 배의 흔들림을 억제하기 위한 장치들이 마련되었는데, 현재 배의 흔들림을 줄이기 위해 많이 쓰이고 있는 장치는 '빌지킬', '안티롤링 탱크', '핀 안정기' 등 세 가지이다.

'빌지킬'은 흔들림을 줄이기 위해 가장 많이 쓰이는 장치로 군함뿐만 아니라 많은 배들에 사용되고 있다. 빌지킬은 물에 잠기는 배의 측면에 붙이는 얇은 판을 가리킨다. 빌지킬을 갖춘 배는 얇은 판이 배 양쪽에 하나씩 두 개가 설치되어 있다. 빌지킬이 있으면 배가 왼쪽으로 기울기 시작할 때 왼쪽에 있는 빌지킬로 인해 물과 접촉해서 생기는 마찰 저항이 증가하게 되고, 그로 인해 배는 원 위치로 되돌아가게 되므로 배의 흔들림은 줄어들게 된다.

빌지킬이 배의 크기와 관계없이 두루 사용되는 장치라면 '안티롤링 탱크'는 큰 배들에 주로 사용되는 장치이다. 안티롤링 탱크는 커다란 U자형 관을 배 안쪽에 설치하고 그 안에 물을 채워둠으로써 흔들림을 줄여주는 장치이다. 일반적으로 배가 왼쪽으로 기울면 U자형 관 안에 있는 물도 왼쪽으로 이동하기 시작한다. 하지만 U자형 관을 통해 물이 이동하는 데는 시간이 걸리기 때문에 배의 기울어진 방향과 U자형 관 안의 물의 위치가 항상 일치하진 않는다. 배가 왼쪽으로 기울면 물은 오른쪽에 있고, 배가 오른쪽으로 기울면 물이 왼쪽에 있게 된다. 이렇게 되면 배가 기울어지는 방향과 반대쪽에 있는 물의 무게가 배를 눌러줌으로써 원 위치로 돌리는 역할을 수행한다. 하지만 물이 이동하는 시간 차이를 이용하는 것은 한계가 있다. 배가 기울어지는 방향과 U자형 관 안에 있는 물이 같은 방향에 있게 되면 오히려 배가 뒤집어질 수도 있다. 이런 문제를 없애기 위해서 최근에 설치되는 안티롤링 탱크는 펌프를 이용하여 U자형 관 안에 있는 물의 양과 움직임을 인위적으로 맞추어 배가 흔들리는 것을 줄일 수 있다.

빌지킬과 안티롤링 탱크가 오랫동안 사용되어 온 장치라면 최근에 개발된 장치는 '핀 안정기'이다. 배 양쪽에 비행기 날개 모양으로 달려있는 장치가 핀 안정기이다. 물체가 움직일 때 압력이 높은 곳에서 낮은 곳으로 수직으로 작용하는 힘을 양력이라 부르는데 핀 안정기는 날개의 움직임에 의해 발생하는 양력을 이용한다. 핀 안정기의 앞쪽은 배에 고정되어 있지만 뒤쪽은 위아래로 움직일 수 있다. 배의 앞쪽에서 바라볼 때 배가 왼쪽으로 기울면 왼쪽 핀 안정기의 뒤쪽은 아래로 움직이고, 오른쪽 핀 안정기의 뒤쪽은 위로 움직인다. 그러면 왼쪽 핀 안정기 아래쪽의 물의 흐름은 느려지고 위쪽은 빨라지면서 핀 안정기 아래쪽의 압력이 위쪽보다 높아진다. 이 압력차로 인해 왼쪽 핀 안정기에서는 위로 양력이 작용하고, 반대로 오른쪽 핀 안정기에서는 양력이 아래쪽으로 작용하여 배의 흔들림을 줄일 수 있다.

① 핀 안정기 장치를 사용한 배가 앞쪽에서 바라볼 때 왼쪽으로 기울면 왼쪽 핀 안정기의 양력이 위쪽으로 작용한다.
② 빌지킬을 갖춘 배는 얇은 판이 배 양쪽에 2개씩 설치되어 있다
③ 안티롤링 탱크의 원리인 U자형 관은 시간 차이를 이용하는 원리로, 한계를 보완할 방법을 아직 찾지 못했다.
④ 핀 안정기는 가장 처음 개발된 장치로 양력을 이용하는 장치이다.
⑤ 큰 배들이 주로 사용하는 장치는 빌지킬이다.

03 다음 글은 고려 시대의 노비제도에 대한 설명이다. 이를 잘못 이해한 것을 고르면?

○△×
○△×
○△×

부모 가운데 하나가 노비이면 그 아이도 노비가 되었으며, 소유권은 종모법(從母法)에 따라 모(母)의 주인에게 있었으나 모가 양인(良人)일 경우에는 부(父)의 주인이 소유하였다. 주인은 사노비를 죽이는 경우 외에는 법의 제재를 받지 않았고, 노비도 주인이 반역하지 않는 이상 배반할 수 없었다. 사노비는 솔거노비와 외거노비로 구분되는데, 솔거노비는 주인에게 의식주를 제공받으면서 무제한·무기한적 노동을 제공하였고, 온전하게 가정을 이루거나 재산을 소유하는 것이 불가능하였다. 이에 반해 외거노비는 주인의 호적에 기재되는 외에 현 거주지에서 별도의 호적을 가지고 있었다. 또한 전호(佃戶)로서 주인의 토지를 경작하여 수확의 일부를 주인에게 조로 바치고 나머지로 생활하였으며, 할 수만 있다면 다른 사람의 토지를 경작하여 경제력을 향상시킬 수도 있었다. 국가에서는 외거노비에 대해 수취하지 않았으나 우왕 때 일정액을 수취하였으며, 이성계(李成桂) 세력이 정권을 장악한 뒤에는 귀족을 억압하기 위한 방편으로 외거노비에 대한 국가의 지배를 강화하였다. 그래서 1391년(공양왕 3) 노비문제를 해결하기 위해 인물추변도감(人物推辨都監)을 설치하였다.

① 노비가 아닌 아버지를 둔 사람도 노비가 될 수 있다.
② 모든 노비는 가정생활을 할 수 없었기 때문에 주인에 기생하는 삶을 살았다.
③ 평생에 걸쳐 주인에게 노동력을 제공해야 하는 노비의 경우 재산을 가질 수 없었다.
④ 다른 사람의 토지를 경작할 수 있는 노비는 별도의 호적을 가지고 있었다.
⑤ 노비에 대한 국가의 지배력은 귀족과의 역학관계에 따라 달라졌다.

04 다음 글을 통해 이끌어낼 수 있는 진술로 적절하지 않은 것을 고르면?

○△×
○△×
○△×

마르틴 부버(Martin Buber)에 따르면, 세계는 중층(重層)으로 이루어져 있다고 한다. 중층의 아래층은 '나와 그것'의 세계로서 인간이 경험을 매개로 하여 알 수 있는 세계라면, 위층은 '나와 너'의 세계로서 인간이 만남을 통하여 비로소 알 수 있는 세계이다. 그러나 오늘날 우리 인간은 자신이 몸담고 있는 이 세계가 중층으로 이루어져 있다는 것을 망각한 채 '나와 그것'의 세계에 집착하며 살아가고 있는 것이 아닌가 생각된다.

나무를 예로 들어 두 세계를 구분하여 설명하면 다음과 같다. 여기 자연 상태의 한 그루 나무가 있다고 상상해 보자. 우리는 이 나무를 하나의 풍경으로서 미적 대상으로 볼 수도 있고, 하나의 운동으로서 물리학적 대상으로 볼 수도 있을 것이며, 구조와 원소를 지닌 하나의 생명체로서 생물학이나 화학적 대상으로 볼 수도 있을 것이다.

그러나 나무의 외형, 구조, 화학적 성분, 움직임 등은 '그것'에 불과할 뿐, 그 어느 것으로도 환원될 수 없는 나무 자체의 고유한 본질과는 애당초 거리가 멀다. 나무만의 고유한 본질은 그러한 경험적 인식의 한계를 뛰어 넘는 직접적 만남 속에서 비로소 나의 '너'로 그 모습을 드러낸다.

① 인간은 외형적인 것에 현혹되어 정작 본질적인 것은 보지 못하고 살아간다.
② 세계를 물질들의 집합으로 파악하는 견해로는 사물의 고유성을 파악하지 못한다.
③ 인간의 경험적 인식이 가지고 있는 한계를 깨달을 수 있는 사람은 없다.
④ '나와 너'의 만남은 '나와 그것'의 피상성을 극복할 수 있는 계기가 된다.
⑤ 나무의 구성 요소에 대한 과학적 분석은 나무의 본질을 해명하는 작업이 될 수 없다.

05 다음 글의 내용을 통해 알 수 있는 것을 고르면?

○△×
○△×
○△×

인터넷 등장 이후 우리가 미디어를 고려함에 있어 새롭게 제기된 문제는 '공간'에 대한 문제일 것이다. 쉽게 말해 우리는 지금까지 미디어를, 사회 내에 존재하면서 사회 내에 존재하는 대상에 질서를 부여하고 이를 체계화함과 동시에 사회 내에 존재하는 사람들의 의식을 표준화하고 규범화하는 구조화의 장치로 간주하였지만, 인터넷이 등장한 이후 우리는 '가상공간'(Cyberspace)이라 불리는 새로운 공간에 대해 고민하지 않으면 안 되었고, 더불어 사람들의 의식 또한, 사회라는 공간을 넘어 파편화되고 개별화되는 현상에 주목하지 않으면 안 되었다. 한마디로 말해 지금까지 우리는 사회 속의 미디어를 고려하였다면, 앞으로는 사회에 앞서 –사회(구조)가 선험적인 것이라는 사실에 반대하여– 사회 밖에서 사회를 만드는 미디어에 대해, 그리고 그 미디어가 만드는 공간적 상황에 대해 고민하지 않으면 안 되게 되었다는 것이다. 적어도 우리가 말하는 정체성(Identity)의 혼란이나 혹은 정체성 공간(Identity space)이라고 문제를 설정하는 것은 이와 같은 변화된 상황을 반영하는 것이다.

그러나 실상 이러한 공간에 대해 고민하였던 것은 그리 오래 되지 않았다. 그것은 한편으로 그러한 공간을 만들어 낼 수 있는 미디어가 존재하지 않았다는 사실에서, 또 다른 한편에선 오랜 구조주의적 전통에서 구조를 떠난 사고를 만들어 낼 수 없었다는 사실에서 비롯된다.

① 인터넷의 발달은 인간 존재의 근원적인 이유를 바꿔버렸다.
② 공간 개념의 전환은 시간 개념의 전환을 동반하고 있다.
③ 가상공간은 인터넷이 만들어낸 개념이라고 할 수 있다.
④ 미디어는 TV에서 인터넷을 가르키는 것으로 의미가 전이되었다.
⑤ 구조주의적 전통하에서 공간은 항상 경험적인 것이었다.

06 다음 글의 중심 내용으로 가장 적절한 것을 고르면?

○△×
○△×
○△×

1980년대에 들어와 서구의 정치조직 형태를 정당화하는 지배적 정치 원리로서 군림해 온 자유주의에 대해 공동체주의의 기치 아래 거센 도전이 전개되어 왔다. 그 과정에서 나타난 공동체주의자들의 입장은 단일화된 정치사상의 한 분파로 범주화될 수 없을 만큼 다양한 모습을 보여준다. 그러나 여기서 특히 주목해야 할 점은 공동체주의자들의 설명 속에 정작 공동체에 대한 개념적 합의가 없다는 사실이다. 물론 개념을 명확히 정의하기란 현실적으로 불가능하다. 그것은 공동체를 어떤 정치적 입장과 시각에서 바라보느냐에 따라 다르게 정의될 수 있기 때문이다. 그럼에도 불구하고 공동체 개념을 정의하는 것은 공동체에 대한 논의를 분명히 하기 위해 불가피한 전제 조건이었고, 그 과정에서 다음과 같은 몇 가지 모형이 등장했다.

첫 번째 모형은 역사적 기반 위에 공동체를 지역과 연결하는 것이다. 그러나 이는 특정 지역에서의 인간 관계의 성격을 충분히 설명할 수 없다는 점에서 공동체를 출생과 성장 배경에 기초한 유기적인 실체로 보는 퇴니스의 설명으로 대체된다. 그는 공동체의 핵심적 가치를 상호부조에서 찾고 있다.

두 번째 모형은 매키버의 설명으로 이익의 공동성에 초점을 맞춘다. 그는 퇴니스와 달리 공동선을 위한 의지에 의해 공동체가 창조될 수 있다는 관념을 수용하고 있다. 이처럼 그는 의지에 기초한 관계를 중시함으로써 공동 생활의 장으로서의 공동체를 의식적 결속 아래 동고동락하는 특성을 지닌 사회로 파악한다.

세 번째 모형은 퇴니스와 반대로 특정한 사적 이익에 기초하여 규합한 부분 공동체를 고려한 것으로서 공동체의 범위를 훨씬 더 제한하고 있다. 또한 공동체를 공익에 기초해야 한다고 보는 매키버의 견해와 달리 이 모형은 이익을 사적인 것으로 간주하는 경향을 나타내고 있다. 이는 결국 공동체를 특정 이익의 확대를 위한 도구적 차원에서 이해하는 것이라고 볼 수 있다.

① 지역적 요소가 공동체의 존립을 위한 충분조건은 아니다.
② 공동체 개념은 그 다의성으로 인해 항상 분쟁중이며, 또한 개념의 표현 방식도 변화될 수 있다.
③ 공동체 개념은 공동체에 대한 논의를 하는 데 전제 조건이지만 그 뜻을 확정할 수 없을 만큼 많은 의미를 가진다.
④ 우리가 공동체에 관여할 수밖에 없고, 또 그로 인해 수반될 공동 생활이 우리에게 요구된다.
⑤ 공동체 개념을 정의함에 있어서 결정적 요소는 전통과 사회적 맥락과의 연결 여부라고 할 수 있다.

07 **다음 글의 ㉠~㉤ 중 글의 흐름에 맞지 않는 내용을 적절하게 수정한 것을 고르면?**

○△×
○△×
○△×

에르고딕 이론에 따르면 그룹의 평균을 활용해 개인에 대한 예측치를 이끌어낼 수 있는데, 이를 위해서는 다음의 두 가지 조건을 먼저 충족해야 한다. 첫째는 그룹의 모든 구성원이 ㉠질적으로 동일해야 하며, 둘째는 그 그룹의 모든 구성원이 미래에도 여전히 동일해야 한다는 것이다. 특정 그룹이 이 두 가지 조건을 충족하면 해당 그룹은 '에르고딕'으로 인정되면서, ㉡그룹의 평균적 행동을 통해 해당 그룹에 속해 있는 개인에 대한 예측을 이끌어낼 수 있다.

그런데 이 이론에 대해 심리학자 몰레나는 다음과 같은 설명을 덧붙였다. "그룹 평균을 활용해 개인을 평가하는 것은 인간이 모두 동일하고 변하지 않는 냉동 클론이어야만 가능하겠지요? 그런데 인간은 냉동 클론이 아닙니다." 그런데도 등급화와 유형화 같은 평균주의의 결과물들은 정책 결정의 과정에서 중요한 근거로 쓰였다. 몰레나는 이와 같은 위험한 가정을 '에르고딕 스위치'라고 명명했다. 이는 평균주의의 유혹에 속아 집단의 평균에 의해 개인을 파악함으로써 ㉢실재하는 개인적 특성을 모조리 무시하게 되는 것을 의미한다.

지금 타이핑 실력이 뛰어나지 않은 당신이 타이핑 속도의 변화를 통해 오타를 줄이고 싶어 한다고 가정해 보자. 평균주의로 접근할 경우 여러 사람의 타이핑 실력을 측정한 뒤에 평균 타이핑 속도와 평균 오타 수를 비교하게 된다. 그 결과 평균적으로 타이핑 속도가 더 빠를수록 오타 수가 더 적은 것으로 나타났다고 하자. 이때 평균주의자는 당신이 타이핑의 오타 수를 줄이고 싶다면 ㉣타이핑을 더 빠른 속도로 해야 한다고 말할 것이다. 바로 여기가 '에르고딕 스위치'에 해당하는 지점인데, 사실 타이핑 속도가 빠른 사람들은 대체로 타이핑 실력이 뛰어난 편이며 그만큼 오타 수는 적을 수밖에 없다. 더구나 ㉤타이핑 실력이라는 요인이 통제된 상태에서 도출된 평균치를 근거로 당신에게 내린 처방은 적절하지 않을 가능성이 높다.

① ㉠을 '질적으로 다양해야 하며'로 고친다.
② ㉡을 '개인의 특성을 종합하여 집단의 특성에 대한 예측'으로 고친다.
③ ㉢을 '실재하는 그룹 간 편차를 모조리 무시'로 고친다.
④ ㉣을 '타이핑을 더 느린 속도로 해야 한다'로 고친다.
⑤ ㉤을 '타이핑 실력이라는 요인이 통제되지 않은 상태'로 고친다.

08 다음 글의 빈칸에 들어갈 말로 가장 적절한 것을 고르면?

○△×
○△×
○△×

서구 사회의 기독교적 전통하에서 이 전통에 속하는 이들은 자신들을 정상적인 존재로, 이러한 전통에 속하지 않는 이들을 비정상적인 존재로 구별하려 했다. 후자에 해당하는 대표적인 것이 적그리스도, 이교도들, 그리고 나병과 흑사병에 걸린 환자들이었는데, 그들에게 부여한 비정상성을 구체적인 형상을 통해 재현함으로써 그들이 전통 바깥의 존재라는 사실을 명확히 했다.

당연하게도 기독교에서 가장 큰 적으로 꼽는 것은 사탄의 대리자인 적그리스도였다. 기독교 초기, 힐데가르트 등이 쓴 유명한 저서들뿐만 아니라 적그리스도의 얼굴이 묘사된 모든 종류의 텍스트들에서 그의 모습은 충격적일 정도로 외설스러울 뿐만 아니라 받아들이기 힘들 정도로 추악하게 나타난다.

두 번째는 이교도들이었는데, 서유럽과 동유럽의 기독교인들이 이교도들에 대해 사용했던 무기 중 하나가 그들을 추악한 얼굴의 악마로 묘사하는 것이었다. 또한 이교도들이 즐겨 입는 의복이나 진미로 여기는 음식을 끔찍하게 묘사하여 이교도들을 자신들과는 분명히 구분되는 존재로 만들었다.

마지막으로, 나병과 흑사병에 걸린 환자들을 꼽을 수 있다. 당시의 의학 수준으로 그런 병들은 치료가 불가능했으며, 전염성이 있다고 믿어졌다. 때문에 자신을 정상적 존재라고 생각하는 사람들은 해당 병에 걸린 불행한 사람들을 신에게서 버림받은 죄인이자 공동체에서 추방해야 할 공공의 적으로 여겼다. 그들의 외모나 신체 또한 실제 여부와 무관하게 항상 뒤틀어지고 지극히 흉측한 모습으로 형상화되었다.

정리하자면, (   )

① 서구의 종교인과 예술가들은 이방인을 추악한 이미지로 각인시키는 데 있어 중심적인 역할을 하였다.

② 서구의 기독교인들은 자신들보다 강한 존재를 추악한 존재로 묘사함으로써 심리적인 우월감을 확보하였다.

③ 정상적 존재와 비정상적 존재의 명확한 구별을 위해 추악한 형상을 활용하는 것은 동서고금을 막론하고 지속되어 왔다.

④ 서구의 기독교적 전통하에서 추악한 형상은 그 전통에 속하지 않는 이들을 전통에 속한 이들과 구분짓기 위해 활용되었다.

⑤ 서구의 기독교인들이 자신들과는 다른 타자들을 추악하게 묘사했던 것은 다른 종교에 의해 자신들의 종교가 침해되는 것을 두려워했기 때문이다.

09 **자동차의 정지거리는 공주거리와 제동거리의 합이다. 공주거리는 공주시간 동안 진행한 거리이며, 공주시간은 주행 중 운전자가 전방의 위험 상황을 발견하고 브레이크를 밟아서 실제 제동이 시작이 될 때까지 걸리는 시간이다. 자동차의 제동거리가 다음 표와 같을 때, 72km/h로 달리는 자동차의 정지거리가 몇 m인지 고르면?**(단, 공주시간은 1초로 가정한다.)

○△×
○△×
○△×

속도(km/h)	12	24	36	48	60	72
제동거리(m)	1	4	9	16	25	36

① 52m ② 54m ③ 56m ④ 58m ⑤ 60m

10 **아들의 나이는 A, 딸의 나이는 B, 아버지의 나이는 C, 어머니의 나이는 D이다. 이때, 부모의 나이합이 자녀의 나이합의 4배가 되는 것이 몇 년 후인지 구하는 식으로 적절한 것을 고르면?**

○△×
○△×
○△×

① $\frac{A+B-4C-4D}{6}$

② $\frac{-A-B+4C+4D}{6}$

③ $\frac{-4A-4B+C+D}{6}$

④ $\frac{4A+4B-C-D}{6}$

⑤ $\frac{2A+2B-C-D}{3}$

11 **어떤 가게에서 연필 한 자루는 800원, 볼펜 한 자루는 1,000원에 판매한다. 철수가 이 가게에서 연필과 볼펜을 구매하고, 36,000원을 지불했다고 할 때, 구입한 물건 개수의 총합으로 불가능한 것을 고르면?**(단, 연필과 볼펜을 적어도 1개씩 구매하였다.)

○△×
○△×
○△×

① 41 ② 42 ③ 43 ④ 44 ⑤ 45

12 12% 소금물 100g에 3% 소금물을 부어 7% 소금물을 만들려고 한다. 이때 필요한 3% 소금물의 양은 얼마인지 고르면?

○△×
○△×
○△×

① 105 ② 115 ③ 125 ④ 135 ⑤ 145

13 다음 [표]는 학생 갑~무의 중간고사 3개 과목 점수에 관한 자료이다. 이에 대한 설명 중 옳은 것을 [보기]에서 모두 고르면?

○△×
○△×
○△×

[표] 갑~무의 중간고사 3개 과목 점수 (단위: 점)

과목 \ 학생	갑	을	병	정	무
성별	남	여	( )	여	남
국어	90	85	60	95	75
영어	90	85	100	65	100
수학	75	70	85	100	100

보기

㉠ 5명의 국어 평균 점수는 80점 이상이다.
㉡ 3개 과목 평균 점수가 가장 높은 학생과 가장 낮은 학생의 평균 점수 차이는 10점 이하이다.
㉢ 국어, 영어, 수학 점수에 각각 0.4, 0.2, 0.4의 가중치를 곱한 점수의 합이 가장 큰 학생은 '정'이다.
㉣ 갑~무의 성별 수학 평균 점수는 남학생이 여학생보다 높다.

① ㉠, ㉢ ② ㉠, ㉣ ③ ㉡, ㉢ ④ ㉠, ㉢, ㉣ ⑤ ㉡, ㉢, ㉣

14 다음 [그래프]는 개발원조위원회 29개 회원국 중 공적개발원조액 상위 15개국과 국민총소득 대비 공적개발원조액 비율 상위 15개국에 관한 자료이다. 이에 대한 설명 중 옳은 것을 [보기]에서 모두 고르면?

○△×
○△×
○△×

[그래프1] 공적개발원조액 상위 15개 회원국

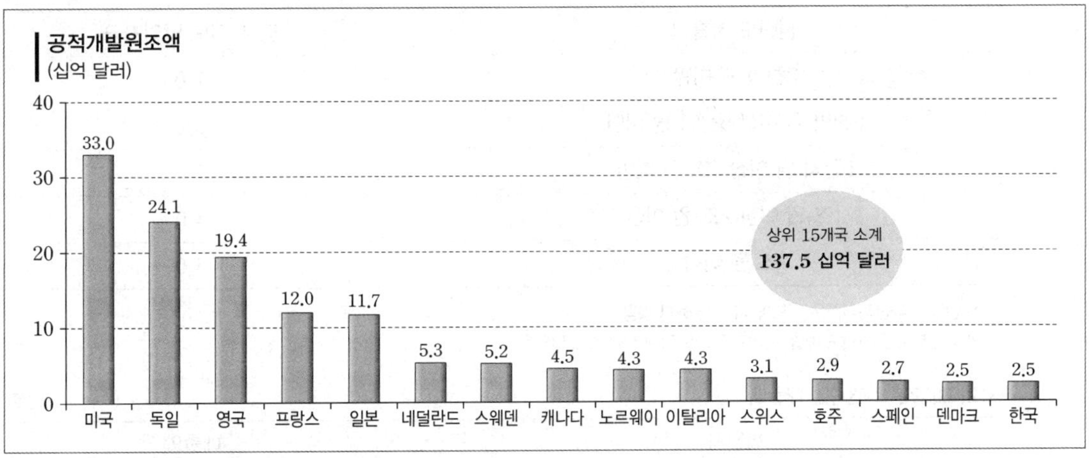

[그래프2] 국민총소득 대비 공적개발원조액 비율 상위 15개 회원국

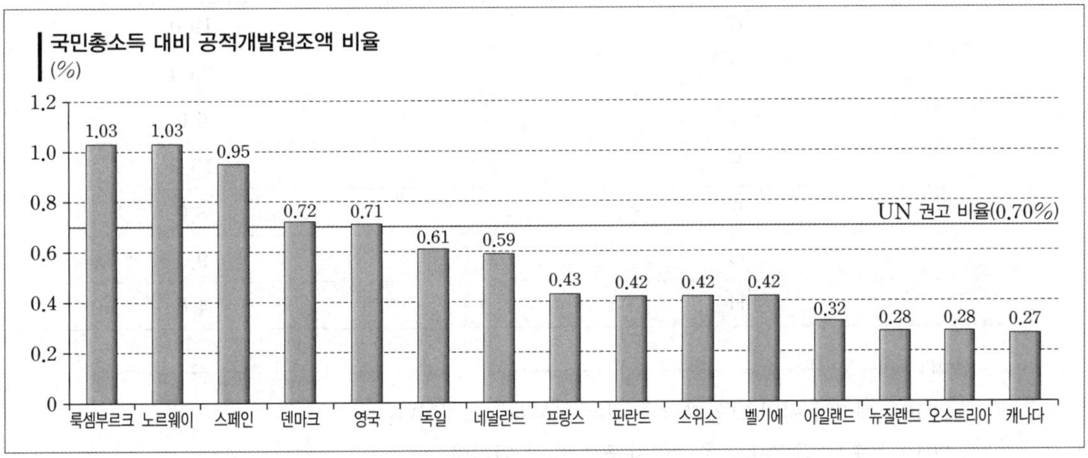

보기

㉠ 국민총소득 대비 공적개발원조액 비율이 UN권고 비율보다 큰 국가의 공적개발원조액 합은 250억 달러 이상이다.

㉡ 공적개발원조액 상위 5개국의 공적개발원조액 합은 개발원조위원회 29개 회원국 공적개발원조액 합의 50% 이상이다.

㉢ 독일이 공적개발원조액만 30억 달러 증액하면 독일의 국민총소득 대비 공적개발원조액 비율은 UN권고 비율보다 높아진다.

① ㉠　② ㉢　③ ㉠, ㉡　④ ㉡, ㉢　⑤ ㉠, ㉡, ㉢

15 다음 [표]는 8개 회원사로 이루어진 어떤 단체에서 각 회원사가 내야 할 납입자금에 관한 자료이다. 이에 대한 설명 중 옳은 것을 [보기]에서 모두 고르면?

○△×
○△×
○△×

[표1] 회원사 납입자금 산정기준

(단위: 억 원)

전년도 매출액	당해 연도 납입자금
2천억 원 미만	1.0
2천억 원 이상 5천억 원 미만	2.0
5천억 원 이상 1조 원 미만	3.0
1조 원 이상 2조 원 미만	4.0
2조 원 이상	5.0

※ 1) 납입자금 산정기준은 연도에 따라 변하지 않음.
 2) 납입자금은 전년도 매출액을 기준으로 당해연도 초에 납입함.

[표2] 2009년 회원사별 매출액

(단위: 천억 원)

회원사	매출액
A	3.5
B	19.0
C	30.0
D	6.0
E	15.5
F	8.0
G	9.5
H	4.6

보기

㉠ 2010년에 3억 원의 납입자금을 내는 회원사는 3개이다.
㉡ 2010년 모든 회원사의 총납입자금은 26억 원이다.
㉢ 2010년에 3억 원의 납입자금을 내는 회원사들의 전년도 매출액 합은 4억 원의 납입자금을 내는 회원사들의 전년도 매출액 합보다 크다.

① ㉠ ② ㉡ ③ ㉠, ㉡ ④ ㉡, ㉢ ⑤ ㉠, ㉡, ㉢

16 다음 [표]는 성씨의 이동을 통해 여말선초(麗末鮮初)의 사회 변화를 파악하고자 작성한 자료이다. 이에 대한 설명 중 옳은 것을 [보기]에서 모두 고르면?

○△× ○△× ○△×

[표] 세종실록지리지의 성씨(姓氏) 현황 (단위: 개)

구분	토성	망성	내성
경기도	199	141	46
충청도	282	103	87
경상도	529	15	250
전라도	572	26	115
강원도	100	70	98
황해도	88	70	92

※ 고적(古籍): 고려 말 어느 시점에서 호적을 정리한 자료
토성(土姓): 고적에도 있고, 세종실록지리지 편찬 당시에도 존재한 토착 성씨
망성(亡姓): 고적에는 있으나 이후 다른 도(道)로 이주하여 세종실록지리지 편찬 당시에는 해당 도(道)에 없는 성씨
내성(來姓): 고적 편찬 이후 새로 이주해 온 것으로 파악된 성씨

※ 성씨의 이출 비율 $= \frac{\text{망성}}{\text{토성+망성}}$

※ 성씨의 이입 비율 $= \frac{\text{내성}}{\text{토성+내성}}$

※ 성씨 수의 변화에서 이주 외 다른 요인은 없다고 가정함

보기

㉠ 경상도는 성씨의 이출 비율이 가장 낮고 이입 비율은 가장 높다.
㉡ 충청도에 있는 성씨는 고려 말 고적 편찬 시에 총 385개이고 조선 초 세종실록지리지 편찬 시에는 총 369개이다.
㉢ 고려 말 고적 편찬 시 성씨가 가장 많은 도의 성씨 수는 가장 적은 도의 성씨 수의 3배 이상이다.

① ㉠ ② ㉡ ③ ㉠, ㉢ ④ ㉡, ㉢ ⑤ ㉠, ㉡, ㉢

[17~18] 다음은 2022년 한 해 동안 종합민원실에 20세 이상의 민원인이 제출한 민원 현황을 설명한 자료이다. 이를 바탕으로 질문에 답하시오.

> ○ 종합민원실에 민원을 제출한 20세 이상의 민원인은 모두 150명이었다.
> ○ 연령별로 보면 40~59세가 60명으로 가장 많았으며 그 다음으로는 20~39세가 50명이었다.
> ○ 민원을 제출한 민원인 중 100명은 남성이었고 그 중 20~39세가 30명, 60세 이상이 30명이었다.
> ○ 민원을 제출한 민원인 중 종합민원실의 행정처리 결과에 만족한 사람은 60명이었으며 행정처리 결과에 만족한 사람의 50%가 남성이었다.
>
> ※ 행정처리 결과에 대한 민원인의 응답은 '만족'과 '불만족'으로만 나뉨.

17 민원을 제출한 60세 이상의 민원인 수를 고르면?

○△×
○△×
○△×

① 35명 ② 40명 ③ 45명 ④ 50명 ⑤ 55명

18 민원을 제출한 여성 민원인 중 종합민원실의 행정처리 결과에 만족하지 <u>못한</u> 사람의 비율을 고르면?

○△×
○△×
○△×

① 30% ② 35% ③ 40% ④ 45% ⑤ 50%

[19~20] 다음 [대화]가 모두 참이라고 할 때, 이어지는 질문에 답하시오.(단, 토끼는 옹달샘이 아닌 다른 곳에서도 물을 마실 수 있다)

[대화]
토끼 A: 우리 중 나를 포함해서 셋만 옹달샘에 다녀왔어.
토끼 B: D가 물을 마셨다면 나도 물을 마셨어.
토끼 C: 나는 계속 D만 졸졸 따라다녔어.
토끼 D: B가 옹달샘에 가지 않았다면, 나도 옹달샘에 가지 않았어.
토끼 E: 너희 중 둘은 물을 마셨지. 나를 포함해서 셋은 물을 한 모금도 마시지 않아서 목이 타.

19 옹달샘에 간 토끼를 모두 고르면?

○△× ① A, B, E ② A, B, D ③ A, C, D
○△× ④ A, D, E ⑤ B, D, E
○△×

20 주어진 대화를 근거로 판단할 때 항상 옳은 것을 고르면?

○△× ① A와 D는 둘 다 물을 마셨다.
○△× ② C와 D는 둘 다 물을 마셨다.
○△× ③ E는 옹달샘에 다녀가지 않았다.
④ A가 물을 마시지 않았으면 B가 물을 마셨다.
⑤ 물을 마시지 않은 토끼는 모두 옹달샘에 다녀갔다.

21 다음 글을 근거로 판단할 때, 옳은 것을 [보기]에서 모두 고르면?

○△×
○△×
○△×

A마을에서는 다음과 같이 양의 이름을 짓는다.

○ '물', '불', '돌', '눈' 중 한 개 이상의 글자를 사용하여 이름을 짓는다.
○ 봄에 태어난 양의 이름에는 '물', 여름에 태어난 양의 이름에는 '불', 가을에 태어난 양의 이름에는 '돌', 겨울에 태어난 양의 이름에는 '눈'이 반드시 포함되어야 한다.
○ 수컷 양의 이름에는 '물', 암컷 양의 이름에는 '불'이 반드시 포함되어야 한다.
○ 같은 글자가 두 번 이상 사용되어서는 안 된다.
○ 양의 정보를 감추기 위해 '눈물돌' 등으로 이름을 짓는 것도 가능하다.

보기

㉠ 겨울에 태어난 A마을 양이 암컷이라면, 그 양에게 붙일 수 있는 두 글자 이름은 두 가지이다.
㉡ A마을 양 '물불'은 여름에 태어났다면 수컷이고 봄에 태어났다면 암컷이다.
㉢ A마을 양의 이름은 모두 적어도 두 글자 이상이어야 한다.

① ㉠　② ㉡　③ ㉢　④ ㉠, ㉡　⑤ ㉡, ㉢

22 다음 문장이 모두 참일 때, [보기]의 A, B에 대한 설명으로 옳은 것을 고르면?

○△×
○△×
○△×

○ 김 대리는 월요일에 출장을 떠났다가 목요일 오전에 돌아올 예정이다.
○ 이 사원은 이번 주에 2번 야근을 할 예정이다.
○ 회의가 있는 전날은 모두 야근을 하고, 당일은 모두 야근을 하지 않는다.
○ 회의와 회의 전날 야근에는 김 대리와 이 사원 모두 참석해야만 한다.
○ 근무 요일은 월요일부터 금요일까지이다.

보기

A: 김 대리는 출장에서 돌아온 날 야근을 했다.
B: 이 사원은 화요일에 야근을 했다.

① A만 옳다.
② B만 옳다.
③ A, B 모두 옳다.
④ A, B 모두 틀리다.
⑤ A, B 모두 옳은지 틀린지 알 수 없다.

23 다음 자료를 근거로 판단할 때, 갑의 진로 순위를 바르게 짝지은 것을 고르면?

○△×
○△×
○△×

○ 갑은 A, B, C 3가지 진로에 대해 비용편익분석(편익−비용)을 통하여 최종 결괏값이 큰 순서대로 순위를 정하려고 한다.

○ 각 진로별 예상 편익은 다음과 같다.
- 편익=근속연수×평균 연봉
- 연금이 있는 경우 편익에 1.2를 곱한다.

구분	A	B	C
근속연수	25년	35년	30년
평균 연봉	1억 원	7천만 원	5천만 원
연금 여부	없음	없음	있음

○ 각 진로별 예상 비용은 다음과 같다.
- 비용=준비 연수×연간 비용×난이도 계수
- 난이도 계수는 상 2.0, 중 1.5, 하 1.0으로 한다.
- 연고지가 아닌 경우 비용에 2억 원을 더한다.

구분	A	B	C
준비 연수	3년	1년	4년
연간 비용	6천만 원	1천만 원	3천만 원
난이도	중	하	상
연고지 여부	연고지	비연고지	비연고지

○ 평판도가 1위인 경우, 비용편익분석 결괏값에 1.8을 곱한다.

구분	A	B	C
평판도	2위	3위	1위

	1순위	2순위	3순위
①	A	B	C
②	B	A	C
③	B	C	A
④	C	A	B
⑤	C	B	A

[24~25] 다음은 주택용 전력(저압) 전기요금 계산법에 관한 자료이다. 이어지는 질문에 답하시오.

주택용 전력(저압)

ㅇ 주거용 고객(아파트 고객 포함), 계약전력 3kW 이하의 고객

기본 요금(원/호)		전력량 요금(원/kWh)	
200kWh 이하 사용	910	처음 200kWh 까지	93.3
201~400kWh 사용	1,600	다음 200kWh 까지	187.9
400kWh 초과 사용	7,300	400kWh 초과	280.6

※ 필수사용량 보장공제: 200kWh 이하 사용 시 전기요금계 월 4,000원 감액(감액 후 최저 요금 1,000원)

※ 슈퍼유저요금: 동·하계(7~8월, 12~2월) 1,000kWh 초과 전력량 요금은 709.5원/kWh 적용

전기요금 청구액 계산방법(TV수신료 별도)

① 기본 요금(원 단위 미만 절사)

② 전력량 요금(원 단위 미만 절사)

③ 전기요금계＝기본 요금＋전력량 요금−복지 할인

④ 부가가치세(원 단위 미만 반올림)＝전기요금계×10%

⑤ 전력산업기반기금(10원 미만 절사)＝전기요금계×3.7%

⑥ 청구 요금 합계(10원 미만 절사)＝전기요금계＋부가가치세＋전력산업기반기금

24

주택용 전력(저압)을 적용받는 지훈이네의 이번 달 전기사용량이 410kWh일 때, 청구 요금 합계가 얼마인지 고르면?

○△× ○△× ○△×

① 75,390원 ② 75,400원 ③ 75,410원 ④ 75,420원 ⑤ 75,430원

25

박 대리가 2개월간 사용한 전기요금계(기본 요금＋전력량 요금)가 총 얼마인지 고르면?

○△× ○△× ○△×

[박 대리의 전기 사용량]

사용기간	전기 사용량
2021. 09. 01. ~ 2021. 09. 30.	50kWh
2021. 10. 01. ~ 2021. 10. 31.	40kWh

① 2,217원 ② 2,352원 ③ 2,575원 ④ 2,613원 ⑤ 2,863원

정답과 해설 ▶ P.83

에듀윌 공기업

매일 1회씩 꺼내 푸는 NCS Ver. 2

DAY 13

eduwill

매1N 3회독 루틴 프로세스

*더 자세한 내용은 매1N 3회독 학습가이드를 확인하세요!

1 3회독 기록표에 학습날짜와 문제풀이 시작시간을 적습니다.

2 시험장에서 문제를 푸는 것처럼 풀어 보세요.

3 모바일 OMR 또는 회독용 답안지에 마킹한 후, 종료시간을 적고 초과시간을 체크합니다.

▶모바일 OMR 바로가기

[DAY 13]

http://eduwill.kr/jp8j

4 문항별 3회독 체크표(◎ △ ☒)에 표시합니다. 문제를 풀면서 알고 풀었으면 ◎, 헷갈렸으면 △, 전혀 몰라서 찍었으면 ☒에 체크하세요.

3회독 TIP

- 1회독: 25문항을 빠짐없이 풀어 보세요.
- 2~3회독: 틀린 문항만 골라서 풀어 보세요.

3회독 기록표

1회독		2회독		3회독	
학습날짜	월 일	학습날짜	월 일	학습날짜	월 일
시작시간	:	시작시간	:	시작시간	:
종료시간	:	종료시간	:	종료시간	:
점 수	점	점 수	점	점 수	점

제한시간 | 25분

01 다음 글의 내용과 부합하는 것을 고르면?

○△×
○△×
○△×

오늘날 일상생활에서 컴퓨터처럼 중요한 것은 없다. 슈퍼마켓에서 모든 물품은 계산기를 통해 계산되고, 은행의 예금은 모두 컴퓨터에 의해 처리된다. 기차표나 비행기 탑승권은 대형 컴퓨터의 단말기로 판매되고, 회사에서는 워드프로세서를 사용하여 문서를 작성하며, 전자메일을 통해 국내는 물론 외국과도 통신한다. 인공위성이나 행성 탐사기의 궤도 계산과 점보제트기의 조정도 컴퓨터가 주된 역할을 한다. 인체의 내부 구조를 여러 단면으로 파악하여 관찰할 수 있도록 해 준 CT스캐너는 두개골 내 질환이나 흉부 질환의 진단에 혁명을 가져왔다. 이 CT스캐너는 X선 장치에 컴퓨터가 내장되어 있는 의료기기이다. 이처럼 온갖 분야에서 활약하고 있는 컴퓨터는 수학의 법칙에 따라 작동하며 그 핵심은 이진법이다. 우리는 평소 0에서 9까지의 숫자를 쓰고, 9 다음은 자릿수를 올리는 십진법을 쓰고 있는 데 반해, 컴퓨터의 내부에서는 이진법을 사용한다.

이진법은 모든 정보를 0과 1, 두 숫자의 조합으로 나타낸다. 이진법을 쓰는 이유는 0과 1을 전기스위치의 OFF와 ON에 대응시키면 아주 단순하고 명확하게 사물과 사물을 구분할 수 있어 기계화하기 쉬워지기 때문이다. 1만 9천 개의 진공관으로 무장한 최초의 컴퓨터 에니악(ENIAC)이 1945년 처음 등장했을 때만 해도 컴퓨터는 엄청난 크기의 기계 덩어리에 불과했다. 그런데 불과 50여 년이 지난 현재 이 기계 덩어리는 인류의 문명을 변모시키며 사회의 필수품으로 자리 잡았다. 과학기술 분야에서 컴퓨터의 중요성은 말할 필요조차 없다. 컴퓨터가 이처럼 성공을 거둔 이유는 복잡한 문제를 0과 1이라는 디지털 데이터로 바꾼 후 알고리즘을 이용한 체계적인 접근을 통해 빠른 속도로 해답을 구할 수 있기 때문이다.

① 오늘날 인간은 컴퓨터가 없으면 생존이 불가능하다.
② 오늘날 복잡한 사회상을 0과 1이라는 단순한 조합으로 표현하기는 힘들다.
③ 속도 향상에 유리하기 때문에 컴퓨터는 이진법을 쓴다.
④ 최초의 컴퓨터 에니악은 크기만 컸지 기본적인 사칙연산밖에 하지 못하는 기계덩어리였다.
⑤ 컴퓨터의 효용성이 좋은 이유는 해답을 찾아내는 속도가 빠르다는 데에 있다.

02 **다음 글을 통해 서양의 정의에 대해 추론한 내용으로 적절하지 않은 것을 고르면?**

○△×
○△×
○△×

> 서양의 정의 개념이 지니는 한 가지 중요한 특징은 절차를 중요시한다는 점이다. 이 절차는 분배가 공정할 수 있도록 유도해 주는 장치이다. 왜냐하면 정의는 공정한 절차를 통해서만 확보될 수 있다고 믿기 때문이다. 이처럼 서양의 정의론에서 절차를 중요시하는 이유 중의 하나는 분배나 계약 상황에 개인들이 자발적으로 참여하도록 유도해서 마땅히 각 개인이 받아야 할 몫이나 소유 자격을 공정하게 분배받도록 하기 위함이다. 이는 곧 사회가 이해 상충으로 발생하는 갈등을 피하면서 협동 상태에 도달하기 위해 사회 구성원인 개인들의 자발적인 참여가 우선 전제되어야 한다는 것을 의미한다. 물론 이때 참여하는 개인들은 가능한 한 최대한의 광범위하고 평등한 자유를 부여받아야 한다. 다만, 그 자유가 개인 간의 차이를 심화시켜 해당 사회를 위협하게 될 때는 가장 열악한 위치에 있는 사람에게 최대한의 배려가 돌아가도록 하는 형태가 되어야 한다. 이런 경우에 정의는 가장 적은 혜택을 받는 사람에게 가장 많은 혜택이 돌아가도록 배려해야 한다. 그러므로 정의는 타인들이 갖게 될 보다 더 큰 선을 위하여 소수의 자유를 빼앗는 행위를 허용하지 않는다.

① 서양의 정의는 이로움보다는 옳음에 근거를 두고 있다.
② 서양의 정의는 절차의 합리성을 바탕으로 공정성을 추구한다.
③ 서양의 정의는 목적보다는 의무에 우선적으로 근거하고 있다.
④ 서양의 정의는 개인보다는 사회에 우선권을 두고 있다.
⑤ 서양의 정의는 사회 구성원들의 자발적인 참여를 중시하고 있다.

03 다음 글을 통해 추론한 내용으로 적절한 것을 고르면?

○△✕
○△✕
○△✕

우라늄이나 화석연료의 사용이 가져오는 기술적 위험 중에서 가장 큰 위험 중 하나는 사용 중에 생기는 폐기물이다. 우라늄 이용은 핵폐기물을 낳는다. 핵폐기물 속에는 짧게는 몇 분에서, 길게는 몇 백만 년 동안 방사능을 내뿜는 다종다양한 핵분열 생성물이 들어 있다. 이것들이 집중적으로 몰려 있는 고준위 핵폐기물의 경우에는 방사능과 함께 열을 내뿜기 때문에, 50년 정도 물이나 기체를 이용하여 냉각해야 한다.

그리고 어느 정도 열이 식으면 버려야 한다. 원자력발전의 마지막 단계이자 가장 위험한 단계가 바로 핵폐기물의 처분인데, 인류가 원자력발전을 시작한 지 50여 년이 지난 지금까지 고준위 핵폐기물을 성공적으로 처분한 나라는 없다. 방사능 정도가 가장 약하고 생태계로부터 500년 정도 안전하게 차폐하면 되는 저준위 폐기물 처분장만 상당수의 나라에서 운영되고 있을 뿐, 저준위 폐기물보다 방사능 정도가 훨씬 강하고 오랫동안 지속되는 고준위 핵폐기물 처분장은 수십 년간 조사·연구 단계에 머물러 있다.

고준위 핵폐기물에 포함되어 있는 물질 중에는 독성이 대단히 강한 핵종이 들어 있다. 예를 들어, 방사능이 절반으로 줄어드는 기간인 반감기가 30년가량 되는 세슘-137은 관객이 가득 차 있는 극장에 한방울만 떨어져서 퍼져도 15분 안에 관객 절반이 사망할 수 있다. 반감기가 이것과 비슷한 스트론튬-90도 강한 독성 물질이다. 그렇지만 이것들은 반감기가 아주 길지는 않기 때문에, 수백년 지나면 독성이 어느 정도 사라진다. 그런데 고준위 핵폐기물 속에는 반감기가 아주 긴 핵종도 상당수 포함되어 있다. 이것들 중에 독성이 아주 강하고 백만 분의 1그램으로도 폐암을 일으킬 수 있다고 알려진 플루토늄은 반감기가 24400년인데, 이것보다 반감기가 훨씬 긴 것들도 있다. 테크네슘-99는 반감기가 21만 년, 요오드-12는 반감기가 1570만 년이다.

그렇기 때문에 고준위 핵폐기물 처분장은 최소한 1만 년 동안 생태계와 완전히 격리될 수 있도록 건설되어야 한다는 기준을 충족해야 하고, 원자력발전을 오래 한 나라들은 이러한 기준을 만족하는 장소를 찾기 위해 갖은 노력을 기울이고 있는 것이다.

① 고준위 핵폐기물을 성공적으로 냉각한 나라는 아직까지 없다.
② 저준위 폐기물은 방사능이 약해 자연에 노출되었을 때도 안전하다.
③ 세슘-137은 반감기가 30년이기 때문에 강한 독성을 지닌다.
④ 고준위 핵폐기물에는 여러 가지 핵분열 생성물이 들어 있다.
⑤ 플루토늄은 25000년이 지나면 독성이 모두 사라진다.

04 다음 글의 순서를 문맥에 맞게 배열한 것을 고르면?

○△×
○△×
○△×

[가] 이와 같이 월드컵에서 승부를 좌우하는 프리킥 외에도 코너킥, 스로잉 등의 세트 플레이가 있지만 그 중에서 단연 으뜸은 프리킥이다. 수비수 여럿이 쌓은 벽을 앞에 두고 2~30m 떨어진 골대를 향해 둘레가 68~70cm인 작지 않은 공을 힘껏 차면 교묘히 골 네트로 빨려 들어가는 마술 같은 기술이 바로 프리킥이다. 유명 선수의 프리킥을 연속으로 촬영해 분석한 결과, 좋은 프리킥은 진행 방향의 왼쪽으로 휘어지는 각이 야구의 커브를 연상시키고, 직선경로와 비교한 공의 비행경로는 무려 2.2~3.1m나 차이가 났다. 일급 축구 선수의 공은 처음에는 상대 골키퍼에게 골대를 벗어나는 것처럼 보이지만 결국 골 네트를 흔드는 마구처럼 보이는 것이다.

[나] 마그누스 효과는 비행기 날개에도 적용돼 무거운 비행기도 떠오르게 하는 양력을 일으킨다. 우선 비행기에 작용하는 힘에 대해 생각해보자. 지구에 있는 모든 물체에는 기본적으로 작용하는 힘인 중력이 있다. 그런데 무거운 비행기가 중력을 이기면서 공중에 떠있으려면 어떤 다른 힘이 필요한데 그것이 바로 양력이다. 날개의 윗부분을 둥글게 만들어 공기의 이동거리가 길고, 아래 부분은 평면으로 짧다. 따라서 아래보다 윗부분에 흐르는 공기의 속도가 빠르고, 압력은 낮아진다. 이 압력차를 이용해 비행기가 공중에 뜨게 되는 것이다.

[다] 월드컵은 축구의 천재들이 모두 모이는 만큼 절묘한 프리킥 등 세트 플레이에 의한 득점이 승부를 좌우한다. 다시 말해 얼마나 프리킥을 잘 차느냐, 세트 플레이를 잘 하느냐가 승부를 좌우한다. 성적이 좋은 팀을 보면 반드시 프리킥을 잘 하는 선수가 한 명 정도는 있고 세트 플레이에 능숙한 팀은 상대팀에게 큰 위협이 된다.

[라] 공의 회전수가 증가할수록 마그누스 효과가 커져 양력이 커지는 반면, 일정한 회전수에서는 공의 속도가 증가할수록 양력이 줄어든다. 회전이 많이 걸린 느린 축구공은 동일한 회전이 걸린 빠른 공보다 더 많은 양력을 받는다. 즉 더 많이 휘어진다는 얘기다. 따라서 프리킥한 축구공이 궤적 끝에서는 속도가 느려짐에 따라 휘어지는 효과가 좀더 커진다. 물론 처음부터 회전을 많이 걸어 느리게 찬 공이라면 속도가 빠른 공에 비해 더 많이 휘어질 것이다. 하지만 느린 공은 아무리 많이 휘어도 골키퍼가 대처할 만한 시간적 여유를 주게 된다. 따라서 회전이 많이 걸린 공은 처음에 속도가 빨라야 좋다. 빨리 날아갈 뿐만 아니라 특정 위치에서 휘어지는 효과가 극대화되기 때문이다.

[마] 축구 선수가 프리킥으로 찬 공에는 회전이 걸려 있다. 회전하는 물체가 한쪽으로 꺾이기 때문이다. 이 사실을 설명하는 데는 1852년 독일의 물리학자 구스타프 마그누스가 기여한 바가 크다. 회전하는 축구공이 선수의 발을 떠난 후를 생각해보자. 회전하는 공은 공기를 가르며 날아간다. 이때 회전하는 축에서 보면 공을 따라 흐르는 공기의 흐름은 좌우가 다르다. 공기의 흐름이 회전 방향과 같은 쪽에서는 공기의 속도가 빨라지고 압력이 감소하는 반면, 반대쪽에서는 압력이 증가한다. 즉 회전하는 공이 휘는 것은 공기의 흐름이 회전 방향과 같은 쪽에서는 공기의 속도가 빨라져 압력이 감소하는 반면 반대쪽에서는 압력이 증가하기 때문이다. 따라서 압력이 감소하는 쪽으로 힘이 작용해 축구공이 휘게 된다. 이 효과를 '마그누스 효과'라고 부른다. 마그누스 효과는 공이 위로 떠오르거나 옆으로 휘는 힘인 양력을 일으킨다. 바로 프리킥에서 회전하는 공이 휘도록 양력을 일으키는 것이다.

① [가]－[다]－[라]－[나]－[마]
② [가]－[마]－[다]－[나]－[라]
③ [다]－[가]－[마]－[라]－[나]
④ [다]－[마]－[라]－[나]－[가]
⑤ [다]－[가]－[나]－[라]－[마]

[05~06] 다음 글을 읽고 질문에 답하시오.

지금까지 알려진 가장 작은 생명체라면 바이러스를 들 수 있다. 바이러스는 상당히 좋은 현미경을 통하지 않고는 보이지 않는데, 그 크기는 약 1.2×10^{-8}m이다. 바이러스 약 1억 개가 쌓여야 사람 키 정도가 된다. 또 모든 물질은 분자로 구성되어 있고, 분자는 다시 몇 개의 원자들로 구성되어 있다. 원자는 다시 원자핵과 전자들로 구성되어 있다.

원자의 크기는 그 반지름이 약 10^{-10}m정도인데 그것이 얼마나 작은지 짐작이 가는가? 원자의 크기를 다음과 같은 유추할 수 있다. 길이 1cm로 원자를 배열했다고 가정하면, 몇 개의 원자가 필요할까? 10^8개가 필요하다. 10^8개는 얼마나 많은 숫자인가? 1초에 숫자를 하나씩 헤아린다고 했을 때 10^8개를 모두 헤아리는 데는 3년이 더 걸린다. 이것은 3년 동안 식사도 하지 않고, 잠도 자지 않고, 쉬지도 않고 헤아려야 할 정도이다. 은행에 10^8장의 돈이 있다면 그것을 헤아리는 것이 큰일일 것이며, 1cm 두께의 책 10^8권이 도서관에 있다면 서가의 길이만으로도 1,000km가 되는 세계 최대의 도서관이 될 것이다.

물 한 컵, 아니 물 한 방울에도 엄청나게 많은 수의 원자들이 존재한다. 이와 같이 작은 세계에서 입자들이 행동하는 모습을 우리가 흔히 보는 물체, 탁구공, 연필, 지우개 등의 모습과 같이 생각해도 될 것인가? 내가 사용하던 지우개를 책상 위에 두면 언제나 책상 위에 있다. 내가 연필을 오른쪽으로 밀면 오른쪽으로 가고 왼쪽으로 밀면 왼쪽으로 간다. 이와 같은 현상이 원자 세계에 들어가도 똑같이 적용된다고 생각해도 무방할까?

우리의 일상 경험에서 물체가 가장 자유롭고 안정된 상태는 정지 상태이다. 나무, 집, 돌멩이 모두 정지해 있는 상태가 기본 상태라고 볼 수 있다. 원자 세계도 그럴까? 우리가 일상에서 경험하는 물체는 확실한 모양을 가지고 있다. 원자 세계의 입자도 이와 같은 각자 나름대로의 모양이 있을까? 모양이란 무엇인가? 우리가 말하는 모양이란 빛을 비추었을 때 반사된 빛으로 판별하거나 감각을 통해서 감지된 기하학적 형태이다. 미시 세계인 원자 세계에도 이와 같은 의미의 모양이라는 말이 의미가 있을까? 우리가 상용하는 언어는 우리의 일상 경험 세계를 표현하는 데 적합하도록 되어 있다. ㉠<u>이러한 언어가 미시 세계를 표현하는 데에 적합한 것인가? 아니 적합한 것은 고사하고 도대체 가능이라도 할 것인가?</u> 미시 세계, 거시 세계를 막론하고 규모에 엄청난 차이가 있을 때는 그것을 다루는 물리학에도 상당한 차이가 있을 것이 예상된다.

우리는 미시 세계와 거시 세계에 관해서 논의했으나 또 다른 방법으로 세계를 나눌 수도 있다. 아주 빠른 세계와 아주 느린 세계, 아주 무거운 세계와 아주 가벼운 세계, 아주 뜨거운 세계와 아주 차가운 세계 등에서도 우리의 일상 경험 세계와는 엄청난 차이가 있을 것이 예상된다. 따라서 일상 경험을 토대로 얻어진 우리의 상식, 지식, 또 이들을 표현하는 도구인 언어는 이와 같은 차이를 깨닫거나 표현하는 데 한계성을 드러내거나 부적절할지도 모른다. 우리의 일상 경험 세계를 잘 설명해 주는 이론이 고전 역학이다. 그러나 이 이론은 거시 세계나 미시 세계, 아주 빠른 세계, 아주 차가운 세계 등에서는 잘 성립되지 않는다. 이러한 세계를 설명하기 위해서 상대성 이론과 양자론이 탄생하게 되었다.

05 주어진 글의 내용과 일치하지 않는 것을 고르면?

○△× ① 작은 생명체로서 바이러스는 현미경을 통하지 않고는 볼 수 없다.
○△× ② 우리의 일상적인 세계를 설명해 주는 데는 고전 역학이 큰 역할을 했다.
○△× ③ 원자들이 행동하는 모습은 가시적 세계에서의 물질의 모습과 상당히 유사하다.
④ 우리의 언어는 미시적 세계를 지시하는 데에는 부적합한 도구라 할 수 있다.
⑤ 미시 세계를 다루는 학문과 거시 세계를 다루는 학문은 서로 다른 방법을 사용할 수밖에 없다.

06 주어진 글의 ㉠의 이유를 가장 적절하게 추론한 것을 고르면?

○△× ① 언어는 인간 간의 의사소통의 도구이기 때문에 인간이 포함되지 않는 물질 세계의 표현에는 부적절
○△× 하다.
○△× ② 인간의 언어는 동물의 언어에서 진화해 나온 것으로 아직까지 그 표현 영역이 제한되어 있다.
③ 자연 세계에 대한 탐구의 속도가 너무 빨라 언어가 미처 그것을 따라가고 있지 못하기 때문이다.
④ 언어는 지시대상이 명확해야 성립하는데 미시 세계에는 분명한 모양이 없는 대상이 많아 언어로 지시하기 힘들다.
⑤ 인간의 감정을 나타내는 말은 잘 발달되어 있지만 물질에는 감정을 담을 수 없기 때문에 물질의 감정을 지칭하는 언어는 잘 발달되지 않았다.

07 다음 글의 내용과 부합하는 것을 고르면?

○△×
○△×
○△×

천지는 사사로움이 없고, 귀신은 은밀히 움직이므로 복(福)·선(善)·화(禍)·음(淫)은 오로지 공정할 뿐이다. 사람 중에 악한 자가 있어 거짓으로 섬겨서 복을 구한다면, 그것으로 복되다고 할 수 있겠는가? 사람 중에 선한 자가 있어서 사설(邪說)에 미혹되지 않고 거짓으로 제사를 지내는 것이 아니라면, 그것이 화가 될 수 있겠는가? 일찍이 말하기를 천지 귀신에게 음식으로써 아첨한다고 사람에게 화복을 내리겠는가? 만세에 이런 이치는 없다. 사(士)와 서인(庶人)이 산천에 제사를 지내는 것은 곧 음사(淫祀)이며, 예가 아니다. 음사로써 복을 얻은 자를 나는 아직 보지 못하였다. 너희 사람들은 귀신을 아주 좋아하여 산택천수(山澤川藪)에 모두 신사(神社)를 만들었다. 광양당(廣陽堂)에서는 아침, 저녁으로 공경히 제사를 지내어 지극하지 않은 바가 없으며, 그것으로 바다를 건널 때에도 마땅히 표류하여 침몰하는 우환이 없도록 한다. 그러나 오늘 어떤 배가 표류하고 내일 어떤 배가 침몰하여, 표류하고 침몰하는 배가 서로 끊이지 않으니, 이것으로 과연 신(神)에게 영험함이 있다고 하겠는가? 제사로 복을 받을 수 있다고 하겠는가? 이 배의 표류는 오로지 행장(行裝)이 뒤바뀐 것과 바람을 기다리지 않았기 때문이다. 하늘에 제사하는 것은 제후(諸侯)의 일이고 사(士), 서인(庶人)은 다만 조상에게만 제사할 뿐이다. 조금이라도 그 분수를 넘으면 예가 아니다. 예가 아닌 제사는 사람이 아첨하는 것이므로 신(神)도 이를 받아들이지 않는다.

① 제후와 사(士)는 제사를 지내는 대상이 다르다.
② 사(士)는 천지 귀신에게 제사를 지내 복을 받을 수 있다.
③ 하늘과 산천에 제사를 지낼 수 있는 자격이 있는 자는 제후와 사(士)이다.
④ 사(士)와 서인이 산천에 예를 갖추어 제사를 지내는 것은 음사(淫祀)에 해당하지 않는다.
⑤ 영험 있는 신사에서 제사를 지내면 배가 표류하거나 침몰하는 것을 막을 수 있다.

08 다음 글을 참고하여 스키너 박사가 정신분열증 환자로 하여금 제 손으로 음식을 먹을 수 있게 한 방법을 고르면?

○△×
○△×
○△×

> 스키너의 실험이 비록 다른 학자들의 연구에서 파생된 것이라 하더라도, 더 나은 세상을 건설하는 데 도움이 되었고, 오늘날까지도 영향력을 행사한다. 1950년대와 1960년대에는 스키너의 행동 기법이 주립 요양시설에 활용되었고, 정신병 중증 환자에게도 유용하게 쓰였다. 치유 불가능한 정신분열증 환자들까지 스키너의 조작적 조건화 원리 덕분에 자신의 손으로 옷을 입고 음식을 먹을 수 있게 되었다.
>
> 스키너의 행동주의를 활용하여 교통안전 문제를 해결한 실험 심리학자 브라이언 포터는 이렇게 말한다. "행동주의는 결코 악한 것이 아닙니다. 아직 죽지도 않았고요. 스키너 박사의 행동주의는 사회적으로 너무나 유익한 역할을 담당했습니다. 우리는 스키너 박사 덕분에 사람들이 처벌보다 보상에 더 많이 반응한다는 사실도 알게 되었습니다. 스키너 박사의 행동 테크닉은 퇴행성 자폐증 환자들이 자신의 손으로 깨끗한 셔츠를 입고 음식을 먹는 방법을 배울 수 있도록 도움을 주었습니다. 아이들에게 긍정적 강화를 주는 방법을 알게 된 것도 마찬가지입니다. 그가 긍정적 강화의 힘을 강조했기 때문에 행동의 형성에 있어 처벌보다 보상이 더 많은 작용을 한다는 것을 알게 된 것입니다. 그것은 정치적으로도 엄청난 함축성을 지닐 수 있습니다. 정부가 그것을 받아들이기만 한다면요. 참으로 희한하고 우회적인 방식이지만, B학점을 받아야 할 학생에게 A학점을 주고, 일을 열심히 하지 않는 자에게 일을 잘하고 있다고 계속 이야기해주는 것이 효과가 뛰어나다는, 오늘날 흔히 알고 있는 지식도 다 박사에 의해 만들어진 겁니다. 우리는 그에게 감사해야 합니다. 박사가 원하든 원하지 않든 간에 실제로 그는 새로운 시대를 살고 있습니다."

① 스스로에게 아직 정당한 사회의 구성원이라는 자긍심을 계속 일러준다.
② 수저를 한 번 들 때마다 담배나 사탕 등 보상을 준다.
③ 정신분열증을 극복할 수 있다는 용기를 계속 반복 주입한다.
④ 맛있는 음식을 대접함으로써 저절로 음식에 손이 가게 만든다.
⑤ 스스로 음식을 먹지 않으면 다음 식사를 주지 않는다.

09 다음 글에 담겨 있는 주장과 가장 거리가 먼 것을 고르면?

○△×
○△×
○△×

천하의 일은 십중팔구가 행운으로 이루어진다. 사서(史書)에 나타난 바에 따르면, 고금의 성패나 이불리(利不利)는 때에 따라 우연으로 이뤄지는 경우가 많다. 심지어는 선악이나 현불초(賢不肖)의 분별까지도 반드시 그 진실을 얻었다고 할 수는 없다. 옛날 사서를 두루 상고하고 여러 서적에서 널리 증거를 수집하여, 그것을 참고로 징험하고 견주어 살필 일이다. 하나의 책만을 믿어 미리 단정해서는 안 된다.

옛날에 정자(程子)가 역사를 읽다가 절반쯤에 이르러 문득 책을 덮고 생각에 잠겨 책 속의 일의 성패를 헤아려 보았다. 그런 후에 다시 책을 보니 그럴 듯이 생각했던 것과 합치하지 않는 내용이 있었다. 다시 더욱 마음을 기울여 생각하니, 그 사이에는 행운이 있어 일을 이루거나 그것이 없어 이루지 못한 경우가 많았다고 한다. 대개의 경우, 그럴듯하지 않은 부분이 더 많으며, 그럴듯한 부분이라도 또한 그대로 믿기 어렵다.

역사란 성패가 이미 결정된 후에 쓰이기 때문에, 그 성패에 따라 아름답게 꾸미기도 하고 나쁘게 깎아 내리기도 하여 마치 당연한 것처럼 만든다. 또한 선한 쪽에 대해서 그 좋은 부분을 반드시 없애 버린다. 따라서 어리석음과 슬기로움에 대한 판별이나 선악에 따르는 응보(應報)가 마치 징험할 수 있는 것처럼 보이기도 한다. 그러나 당시에 훌륭한 계책이었는데도 이뤄지지 못했고, 졸렬한 계획이었는데도 우연히 화를 피했으며, 선함 가운데 악이 있었고, 악함 가운데 선이 있었다는 것을 모른다. 천 년이 지난 뒤에 어떻게 참으로 옳고 그름을 알 수 있겠는가.

이 때문에 사서에 의거하여 그 성패를 헤아리면 그럴듯한 부분이 많다. 그러나 오늘날 목격되거나 드러난 바에 따라 헤아려 살피면 십중팔구는 합치하지 않는다. 이는 단지 우리의 지혜가 밝지 아니한 탓만은 아니고 행운의 여부가 많은 부분을 차지하기 때문이다. 또한 단지 오늘날의 일만이 어긋나는 부분이 많은 것도 아니니, 사서 역시 진실을 드러내기 어렵기 때문이다.

때문에 나는 "천하의 일에는 처한 바의 형세가 제일 중요한 역할을 하고, 행운의 여부가 그 다음이며, 옳고 그름은 제일 아래다."라고 말한다.

① 일의 성공을 전적으로 인간의 의지와 힘으로만 이루려고 하는 것은 분수에 넘는 일일 수 있다.
② 현재의 흐름에 비추어 역사서에 나타난 성패에 대한 평가를 살펴보면 역사서를 믿지 못할 확률이 높아지게 된다.
③ 역사 서술에 있어 사실의 왜곡과 미화는 사라져야 할 악덕 중의 하나이다.
④ 인간의 지혜의 부족이 일의 성패를 판단하는 데 있어 큰 영향을 미치는 주된 요인인 것은 아니다.
⑤ 역사서에 나타난 일의 성패에 관한 서술을 오늘의 일에 비추어 생각해 보면 역사는 필연으로만 이루어지지 않는다는 사실을 알 수 있다.

10 다음 수들이 일정한 규칙으로 나열되어 있을 때, 빈칸에 들어갈 알맞은 수를 고르면?

1	1	2	3	5	8	13	21	34	55	89	144	( )

① 232 ② 233 ③ 234 ④ 235 ⑤ 236

11 20개의 노트북 중에 불량품이 4개 있다. 20개 중에서 3개를 선택할 때, 적어도 1개가 불량품일 확률이 얼마인지 고르면?

① $\frac{26}{57}$ ② $\frac{27}{57}$ ③ $\frac{28}{57}$ ④ $\frac{29}{57}$ ⑤ $\frac{30}{57}$

12 둘레의 길이가 2.6km인 원형 경기장이 있다. 지수와 나리가 같은 지점에서 출발하여 이 경기장의 둘레를 도는데, 동시에 같은 방향으로 출발하면 20분 후에 만나고, 반대 방향으로 출발하면 5분 후에 만난다고 한다. 이때 지수의 속도를 고르면?(단, 지수는 나리보다 느리고, 두 사람의 속도는 모두 일정하다.)

① 150m/min ② 195m/min ③ 250m/min ④ 300m/min ⑤ 325m/min

13 한 변의 길이가 x인 정삼각형 4개를 이어 만든 평행사변형을 동일한 넓이의 원으로 바꿀 때, 원의 반지름을 적절하게 표현한 것을 고르면?

① $\frac{\sqrt[4]{3}}{\sqrt{\pi}}x$ ② $\frac{\sqrt[3]{4}}{\sqrt{\pi}}x$ ③ $\frac{\sqrt{\pi}}{\sqrt[4]{3}}x$ ④ $\frac{\sqrt{\pi}}{\sqrt[3]{4}}$ ⑤ $\frac{\pi}{3}$

[14~15] 다음 [표]는 어느 해의 산림 조사자료이다. 이어지는 물음에 답하시오.

[표] 산림 종류별 산림 축적량과 산림 면적

구분	침엽수림	활엽수림	혼합림	합계
산림 축적량(m^3)	2,000	1,200	1,300	4,500
산림 면적(ha)	250	150	200	600

※ 1) 산림 축적량: 산림에 식재되어 있는 나무가 갖는 목재의 부피
2) 평균 축적량: 침엽수림, 활엽수림, 혼합림 축적량의 평균

※ 산림은 침엽수림, 활엽수림, 혼합림 세 종류로만 구분

14 산림 축적량이 종류별로 10%씩 증가한다면 전체 산림의 평균 축적량을 고르면?

○△× ① 1,450m^3 ② 1,500m^3 ③ 1,650m^3 ④ 1,800m^3 ⑤ 2,000m^3
○△×
○△×

15 주어진 자료에 대한 설명으로 옳은 것을 [보기]에서 모두 고르면?

○△×
○△×
○△×

보기

㉠ 산림 면적당 산림 축적량은 침엽수림이 혼합림보다 작다.

㉡ 활엽수림과 혼합림의 산림 면적이 각각 150ha, 125ha씩 증가한다면 두 종류의 산림 면적당 산림 축적량은 동일해진다.

㉢ 산림 축적량의 총량이 5% 증가하고, 종류별로 증가한 축적량이 동일하다고 할 때, 산림 면적당 산림 축적량이 큰 순서대로 나열하면, 활엽수림, 침엽수림, 혼합림이다.

① ㉠ ② ㉡ ③ ㉠, ㉡ ④ ㉠, ㉢ ⑤ ㉡, ㉢

16 다음 [그림]은 2020년 기준 A공제회 현황에 관한 자료이다. 이에 대한 설명으로 옳지 않은 것을 고르면?

[그림] 2020년 기준 A공제회 현황

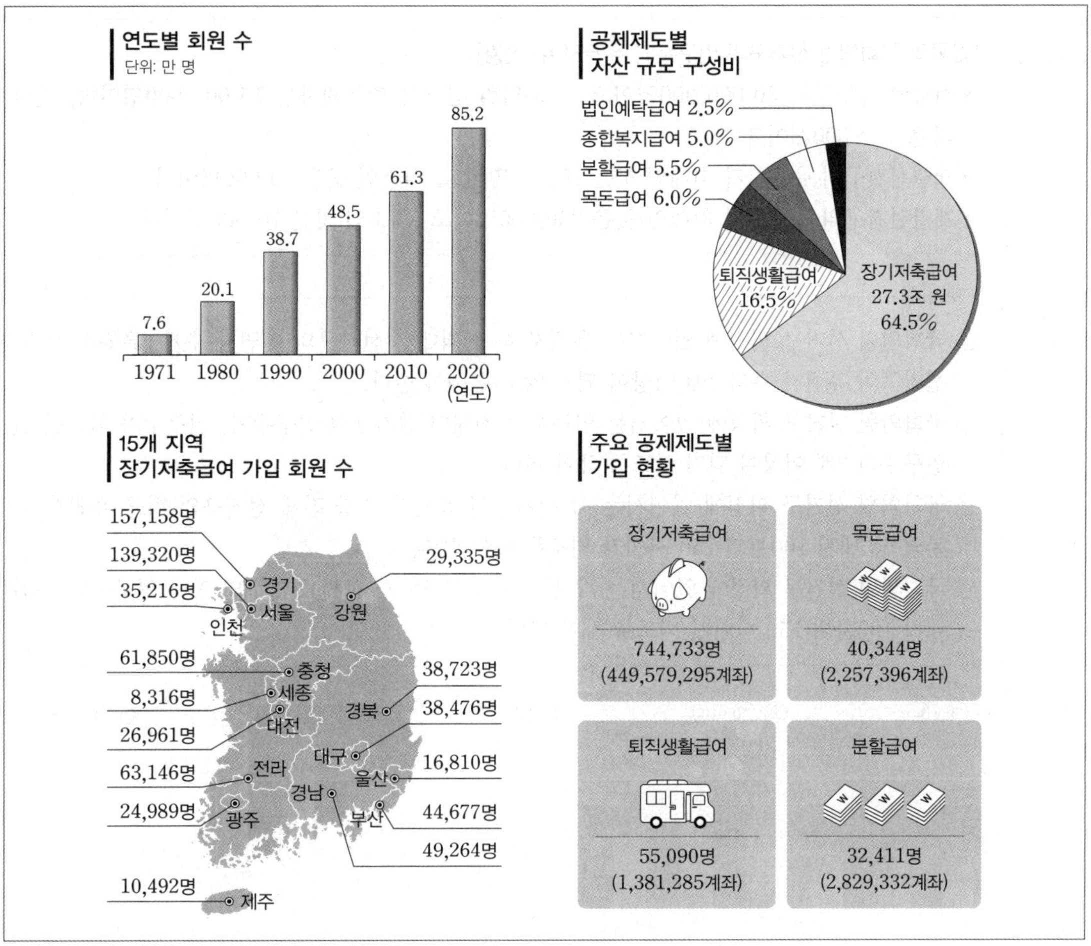

※1) 공제제도는 장기저축급여, 퇴직생활급여, 목돈급여, 분할급여, 종합복지급여, 법인예탁급여로만 구성됨
2) 모든 회원은 1개 또는 2개의 공제제도에 가입함

① 2020년의 장기저축급여 가입 회원 수는 전체 회원의 85% 이하이다.
② 공제제도의 총자산 규모는 40조 원 이상이다.
③ 2개의 공제제도에 가입한 회원은 1만 명 이상이다.
④ 부산의 장기저축급여 가입 회원 수는 15개 지역 평균 장기저축급여 가입 회원 수보다 적다.
⑤ 공제제도별 1인당 계좌 수는 목돈급여가 퇴직생활급여의 2배보다 많다.

17 다음은 갑국의 국회의원 선거구의 인구수와 유권자 수의 현황이다. 이를 토대로 [보기]의 각 기준 중 충족하는 것을 모두 고르면?

○△×
○△×
○△×

[갑국의 국회의원 선거구의 인구수와 유권자 수 현황]

- 전국의 총인구는 30,000,000명이고, 국회의원 선거의 총유권자는 15,000,000명이며, 지역선거구의 총수는 300개이다.
- 개별선거구의 유권자가 최대인 곳은 70,000명이고, 최소인 곳은 30,000명이다.
- 개별선거구의 인구수가 최대인 곳은 200,000명이고, 최소인 곳은 70,000명이다.

보기

㉠ 국회의원 선거구 획정에 있어서는 유권자 수가 최대인 선거구의 유권자 수가, 유권자 수가 최소인 선거구의 유권자 수의 3배 이상이 되지 않도록 해야 한다.
㉡ 국회의원 선거구 획정에 있어서는 인구수가 최대인 선거구의 인구수가, 인구수가 최소인 선거구의 인구수의 2배 이상이 되지 않도록 해야 한다.
㉢ 국회의원 선거구 획정에 있어서는 각 선거구의 유권자 수가 전체 선거구의 평균 유권자 수의 100분의 50 내지 100분의 150 사이가 되도록 해야 한다.
㉣ 국회의원 선거구 획정에 있어서는 각 선거구의 인구수가 전체 선거구의 평균 인구수의 100분의 50 내지 100분의 150 사이가 되도록 해야 한다.

① ㉠, ㉡　② ㉠, ㉢　③ ㉡, ㉢　④ ㉡, ㉣　⑤ ㉢, ㉣

18 다음 글의 ㉠과 ㉡에 해당하는 수를 바르게 짝지은 것을 고르면?

○△×
○△×
○△×

> 갑: 우리 부서 전 직원 57명으로 구성하는 혁신조직을 출범시켰으면 합니다.
> 을: 조직은 어떻게 구성할까요?
> 병: 5~7명으로 구성된 10개의 소조직을 만들되, 5명, 6명, 7명 소조직이 각각 하나 이상 있었으면 합니다. 단, 각 직원은 하나의 소조직에만 소속되어야 합니다.
> 정: 그렇게 할 경우 5명으로 구성되는 소조직은 최소 (㉠)개, 최대 (㉡)개가 가능합니다.

	㉠	㉡
①	1	5
②	3	5
③	3	6
④	4	6
⑤	4	7

19 다음 글을 근거로 판단할 때, [보기]에서 옳은 것을 모두 고르면?

○△×
○△×
○△×

모든 국민은 A, B 두 집단으로 구분되며, 현행 정책과 개편안에 따라 각 집단에 속한 1인이 얻는 혜택은 다음과 같다.

집단	현행 정책	개편안
A	100	90
B	50	80

정부는 다음 (가), (나), (다) 중 하나를 판단기준으로 하여 정책을 채택하려고 한다.
(가) 국민 전체 혜택의 합이 더 큰 정책을 채택한다.
(나) 개인이 얻는 혜택이 적은 집단에 더 유리한 정책을 채택한다.
(다) A, B 두 집단 간 개인 혜택의 차이가 더 적은 정책을 채택한다.

보기

㉠ (가)를 판단기준으로 할 경우, A인구가 B인구의 4배라면 현행 정책을 유지한다.
㉡ (가)를 판단기준으로 할 경우, B인구가 전체 인구의 30%라면 개편안을 채택한다.
㉢ (나)를 판단기준으로 할 경우, A와 B의 인구와 관계없이 개편안을 채택한다.
㉣ (다)를 판단기준으로 할 경우, A인구가 B인구의 5배라면 현행 정책을 유지한다.

① ㉠, ㉡　② ㉠, ㉣　③ ㉡, ㉢　④ ㉢, ㉣　⑤ ㉠, ㉡, ㉢

20 다음 글을 근거로 판단할 때, 을이 계산할 금액을 고르면?

○△✕
○△✕
○△✕

갑, 을, 병, 정 4명은 회전 초밥을 먹으러 갔다. 식사를 마친 후, 각자 먹은 접시는 각자 계산하기로 했다. 초밥의 가격은 다음과 같다.

[접시별 초밥 가격] (단위: 원)

빨간색 접시	1,500
파란색 접시	1,200
노란색 접시	2,000
검은색 접시	4,000

이들은 각각 3가지 색의 접시만 먹었으며, 각자 먹지 않은 접시의 색은 서로 달랐다. 이들이 먹은 접시 개수를 모두 세어 보니 빨간색 접시 7개, 파란색 접시 4개, 노란색 접시 8개, 검은색 접시 3개였다. 이들이 먹은 접시에 대한 정보는 다음과 같다.

○ 갑은 빨간색 접시 4개, 파란색 접시 1개, 노란색 접시 2개를 먹었다.
○ 병은 을보다 파란색 접시를 1개 더 먹었으며, 노란색 접시는 먹지 않았다.
○ 정은 모두 6개의 접시를 먹었으며, 이 중 빨간색 접시는 2개였고 파란색 접시는 먹지 않았다.

① 7,200원 ② 7,900원 ③ 9,400원 ④ 11,200원 ⑤ 13,000원

21 **다음 글과 [상황]을 근거로 판단할 때, 수질검사 빈도와 수질 기준을 둘 다 충족한 검사 지점을 모두 고르면?**

○△×
○△×
○△×

제00조(수질검사 빈도와 수질 기준) ①기초자치단체의 장인 시장·군수·구청장은 다음 각 호의 구분에 따라 지방 상수도의 수질검사를 실시하여야 한다.

1. 정수장에서의 검사
   가. 냄새, 맛, 색도, 탁도(濁度), 잔류염소에 관한 검사: 매일 1회 이상
   나. 일반세균, 대장균, 암모니아성 질소, 질산성 질소, 과망간산칼륨 소비량 및 증발잔류물에 관한 검사: 매주 1회 이상
   단, 일반세균, 대장균을 제외한 항목 중 지난 1년간 검사를 실시한 결과, 수질 기준의 10퍼센트를 초과한 적이 없는 항목: 매월 1회 이상
2. 수도꼭지에서의 검사
   가. 일반세균, 대장균, 잔류염소에 관한 검사: 매월 1회 이상
   나. 정수장별 수도관 노후 지역에 대한 일반세균, 대장균, 암모니아성 질소, 동, 아연, 철, 망간, 잔류염소에 관한 검사: 매월 1회 이상
3. 수돗물 급수과정별 시설(배수지 등)에서의 검사
   일반세균, 대장균, 암모니아성 질소, 동, 수소이온 농도, 아연, 철, 잔류염소에 관한 검사: 매 분기 1회 이상

② 수질 기준은 아래와 같다.

항목	기준	항목	기준
대장균	불검출/100mL	일반세균	100CFU/mL 이하
잔류염소	4mg/L 이하	질산성 질소	10mg/L 이하

[상황]

T시장은 제00조에 따라 수질검사를 실시하고 있다. T시 관할의 검사 지점(A~E)은 이전 검사에서 매번 수질 기준을 충족하였고, 이번 수질검사에서 아래와 같은 결과를 보였다.

검사 지점	검사 대상	검사 결과	검사 빈도
정수장 A	잔류염소	2mg/L	매일 1회
정수장 B	질산성 질소	11mg/L	매일 1회
정수장 C	일반세균	70CFU/mL	매월 1회
수도꼭지 D	대장균	불검출/100mL	매주 1회
배수지 E	잔류염소	2mg/L	매주 1회

※ 제시된 검사 대상 외의 수질검사 빈도와 수질 기준은 모두 충족한 것으로 본다.

① A, D ② B, D ③ A, D, E
④ A, B, C, E ⑤ A, C, D, E

22 다음 글과 상황을 근거로 판단할 때, 일반 하역사업 등록이 가능한 사업자를 모두 고르면?

○△×
○△×
○△×

[일반 하역사업의 최소 등록기준]

구분	1급지 (부산항, 인천항, 포항항, 광양항)	2급지 (여수항, 마산항, 묵호항)	3급지 (1급지와 2급지를 제외한 항)
총시설평가액	10억 원	5억 원	1억 원
자본금	3억 원	1억 원	5천만 원

※ 총시설평가액 기준과 자본금 기준 중 하나 이상 만족할 것

[일반 하역사업 선정 기준]

○ 사업자의 시설 중 본인 소유 시설평가액 총액이 등록기준에서 정한 급지별 총시설평가액의 3분의 2 이상이어야 한다.
○ 사업자의 하역시설 평가액 총액은 해당 사업자의 모든 시설평가액 합의 3분의 2 이상이어야 한다.

[상황]

○ 시설 A~F 중 하역시설은 A, B, C이다.
○ 사업자 갑~정 현황은 다음과 같다.

사업자	항만	자본금	시설	시설평가액	본인 소유 여부
갑	부산항	2억 원	B	4억 원	○
			C	2억 원	○
			D	1억 원	×
			E	3억 원	×
을	광양항	3억 원	C	8억 원	○
			E	1억 원	×
			F	2억 원	×
병	묵호항	4억 원	A	1억 원	○
			C	4억 원	○
			D	3억 원	×
정	대산항	9천만 원	A	6천만 원	○
			B	1천만 원	×
			C	1천만 원	×
			D	1천만 원	○

① 갑, 을 ② 갑, 병 ③ 을, 병 ④ 을, 정 ⑤ 병, 정

23 **○○공사의 구매팀 사원 A, B, C, D, E 중 입찰 비리에 연관된 사람이 한 명 있다. 감사팀에서는 이들에게 다음과 같은 진술을 들었다. 그런데 이 중에 참을 말한 사람은 단 한 명이라고 한다. 이때 비리에 연관된 사람을 고르면?**

A: B가 비리에 연관된 사람이다. B: 나는 비리와 연관이 없다. C: B는 아닌 것으로 알고 있다. D: C가 비리와 연관된 것으로 알고 있다. E: 나는 A가 비리와 연관된 사람이라고 알고 있다.

① A ② B ③ C ④ D ⑤ E

[24~25] 갑은 부산, 광주, 대전, 전주에 있는 고객 1명씩을 월요일부터 금요일 안에 다 만나려고 한다. 갑은 하루에 한 명의 고객만 만나며, 고객을 만나지 않는 하루는 서울에 있을 예정이다. 그의 일정에 관한 정보가 다음 [조건]과 같을 때, 이어지는 질문에 답하시오.

조건

- 그는 광주와 대전을 모두 방문한 이후에야 부산을 방문할 수 있다.
- 그는 대전을 방문하고 서울에 있는 사무실로 돌아온 이후에야 전주를 방문할 수 있다.

24

다음 중 갑의 출장 일정으로 가능한 것을 고르면?(단, 왼쪽에서 오른쪽까지 월요일부터 금요일 순서로 나열되어 있다.)

○△×
○△×
○△×

① 부산, 전주, 서울, 대전, 광주
② 광주, 대전, 서울, 전주, 부산
③ 전주, 광주, 대전, 서울, 부산
④ 서울, 전주, 대전, 광주, 부산
⑤ 대전, 서울, 부산, 광주, 전주

25

갑의 출장 일정이 확정되기 위해 필요한 추가 조건을 고르면?

○△×
○△×
○△×

① 서울을 수요일에 방문한다.
② 광주 전에 전주를 방문한다.
③ 대전 전에 광주를 방문한다.
④ 부산을 목요일에 방문한다.
⑤ 전주를 금요일에 방문한다.

정답과 해설 ▶ P.90

에듀윌 공기업

매일 1회씩 꺼내 푸는 NCS Ver.2

DAY 14

eduwill

매1N 3회독 루틴 프로세스

*더 자세한 내용은 매1N 3회독 학습가이드를 확인하세요!

1 3회독 기록표에 학습날짜와 문제풀이 시작시간을 적습니다.

2 시험장에서 문제를 푸는 것처럼 풀어 보세요.

3 모바일 OMR 또는 회독용 답안지에 마킹한 후, 종료시간을 적고 초과시간을 체크합니다.

▶모바일 OMR 바로가기

[DAY 14]

http://eduwill.kr/ep8j

4 문항별 3회독 체크표(ⓞ △ ☒)에 표시합니다. 문제를 풀면서 알고 풀었으면 ⓞ, 헷갈렸으면 △, 전혀 몰라서 찍었으면 ☒에 체크하세요.

3회독 TIP

- 1회독: 25문항을 빠짐없이 풀어 보세요.
- 2~3회독: 틀린 문항만 골라서 풀어 보세요.

3회독 기록표

1회독		2회독		3회독	
학습날짜	월 일	학습날짜	월 일	학습날짜	월 일
시작시간	:	시작시간	:	시작시간	:
종료시간	:	종료시간	:	종료시간	:
점 수	점	점 수	점	점 수	점

01 다음 글을 통해 이끌어 낸 논리로 적절하지 <u>않은</u> 것을 고르면?

○△×
○△×
○△×

논리(論理)라는 말은 '말의 이치'를 의미하는 한자어로 되어 있다. 예컨대 물리(物理)는 물질들이 변화하고 작용하는 이치를 다루는 것이요, 논리는 말로써 따질 때 따라야 할 이치를 다루는 것이다. 또 논리에 해당되는 영어 'logic'도 역시 '말'을 뜻하는 희랍어 'logos'에서 유래한 것으로 알려지고 있다. 어원적으로 보면 논리란 '말'에 관한 것이며 말의 이치를 따지는 것이다. 논리적이라는 것은 생각하고 말하고 따져보고 탐구하고 논쟁하는 등의 다양한 상황에서 요구되는 어떤 이치 내지 규칙을 지킨다는 뜻이다. 여기서 논리가 요구하는 이러한 이치 내지 규칙이란 무엇인가? 만일 누군가 '철수는 총각이다.'는 말에 동의했다면 그는 '철수는 남자다.'는 말에 대해서도 동의해야 한다. '철수는 총각이다.'는 명제는 참일 수도 있고 거짓일 수도 있다. 그 명제가 참이 되기 위해서 지켜져야 하는 이치도 있을 것이다. 또 우리들이 우루과이 라운드에 대해서 얘기하고 있는 중에 철수가 총각이라는 명제는 상황에 매우 적합하지 않은 진술이 될 것이다. 그러므로 각각의 상황에서 적합한 진술이 되기 위해서 지켜져야만 하는 이치라는 것도 생각할 수 있다. 논리가 요구하는 이치는 그러한 많은 이치들 중의 한 가지이다. 또 '모리스 그린이 빨리 달리고 있다.'고 인정한 사람은 '모리스 그린이 달리고 있다.'는 것도 인정해야 하고 '지구는 둥글다.'고 믿는 사람은 '지구는 네모지다.'를 인정해서는 안 된다. 이것이 바로 논리가 요구하는 말의 이치이다. 너무 뻔한 얘기 아닌가? 아닌 게 아니라 논리란 아무리 높은 수준의 논리학에서도 이러한 시시한 얘기에서 드러나는 뻔한 이치를 다룬다. 이것이 바로 논리적 사고의 요점인 것이다.

① 어원적으로 볼 때 한자의 '논리(論理)'나 영어의 'logic'이란 단어는 '말'과 밀접한 관련이 있다.
② '영희는 미혼이다.'라는 명제만 놓고 보면 그것이 참인지 거짓인지 알 수 없다.
③ '2022년 5월 17일에 비가 온다.'는 명제가 거짓일 경우 '2022년 5월에 비가 오지 않는다.'는 명제는 참이 된다.
④ '이정재는 여자다.'라는 명제가 거짓일 경우 '이정재는 처녀다.'라는 명제의 진·위가 증명된다.
⑤ '김희선은 총각이다.'라는 명제에 동의하는 사람은 '김희선은 남자다.'라는 명제에 동의해야 논리적인 것이다.

02 다음 글을 통해 알 수 있는 단백질에 대한 특성이 아닌 것을 [보기]에서 모두 고르면?

○△×
○△×
○△×

단백질은 모든 생물의 몸을 구성하는 고분자 유기물이자 수많은 아미노산의 연결체이다. 천연 아미노산에는 20종류가 있는데, 이 아미노산들이 펩티드 결합이라고 하는 화학 결합으로 서로 연결되어 길게 측쇄형으로 된 것을 폴리펩티드(Polypeptide)라고 한다. 단백질과 폴리펩티드는 같은 말이지만, 보통 분자량이 비교적 작으면 폴리펩티드라 하고, 분자량이 매우 크면 단백질이라고 한다. 그러나 이러한 구별은 엄격한 것이 아니어서 두 가지를 혼용하여 쓴다. 다만, 폴리펩티드가 둘 또는 그 이상 모여서 하나의 집합체를 형성하고 있을 때는 반드시 단백질(Protein)이라고 부른다. Protein은 그리스어의 proteios(중요한 것)에서 유래한 것이다. 단백질은 생물체의 몸의 구성 성분으로서, 또 세포 내의 각종 화학 반응의 촉매 역할을 담당하는 물질로서, 그리고 항체를 형성하여 면역을 담당하는 물질로서 대단히 중요한 유기물이다.

체내의 모든 단백질은 그 생물의 유전자에 의하여 합성된다. 모든 생물의 특이성 또는 개체성은 종(種) 간이든 개체 간이든 모두 그 개체의 유전자에 의하여 결정되므로, 이 유전자에 의해서 만들어지는 수많은 종류의 단백질은 그 개체의 개체성을 반영한다. 따라서 어떤 두 개체의 형태적·기능적 차이는 그들의 체내에 있는 단백질의 종류의 차이라고 할 수 있다. 이와 같이, 단백질은 생물체의 몸의 구성 성분으로서 또 효소로서 필수불가결한 물질이므로 생물은 항상 단백질을 섭취하여야 한다. 식물이나 미생물은 그들이 필요로 하는 모든 단백질을 스스로 합성할 수 있으나, 동물은 그러한 능력이 없으므로 음식물의 형태로 단백질 또는 아미노산을 섭취하여야 한다. 일반적으로 동물성 단백질은 식물성 단백질보다 영양가가 높다. 또, 생체 단위중량당 단백질의 함유량도 동물이 식물보다 많다.

보기

㉠ 분자의 결합 방식에 따라서 단백질과 폴리펩티드를 구별한다.
㉡ 둘 또는 그 이상의 측쇄형 폴리펩티드의 결합은 '단백질'로 엄격히 구별한다.
㉢ 개체성을 반영하는 소수의 단백질이 정해져 있다.
㉣ 동물들은 체내에서의 단백질 합성을 위해서 다른 생물들을 반드시 섭취해야 한다.
㉤ 콩류 음식보다는 쇠고기를 섭취할 때, 더 많은 단백질을 섭취할 수 있다.

① ㉠, ㉡ ② ㉠, ㉢ ③ ㉣, ㉤ ④ ㉠, ㉢, ㉣ ⑤ ㉡, ㉣, ㉤

03 다음 글의 내용과 가장 잘 부합하는 것을 고르면?

○△×
○△×
○△×

과학의 법칙은 두 가지로 나눌 수 있는데, 가장 중요한 구분 가운데 하나는 경험적 법칙과 이론적 법칙 사이의 구분이다. 경험적 법칙이란 경험적 관찰에 의해서 직접 확증될 수 있는 법칙을 말한다. '관찰될 수 있는' 이라는 용어는 흔히 직접적으로 관찰될 수 있는 현상들에 대해서 쓰이며, 따라서 경험적 법칙은 관찰할 수 있는 것에 관한 법칙들이다.

여기서 주의해야 될 것이 있다. 철학자들과 과학자들은 '관찰할 수 있는'이라는 용어와 '관찰할 수 없는'이라는 용어를 서로 매우 다른 방식으로 사용한다. 철학자들에게 있어서 '관찰할 수 있는'이라는 말을 매우 좁은 의미를 가진다. 그들은 그 말을 '파란', '단단한', '뜨거운'과 같은 속성들을 나타내는 데 사용한다. 그러한 것들은 감각에 의해서 직접 지각될 수 있는 속성들이다. 반면, 과학자들에게 그 말은 좀더 넓은 의미를 지닌다. 그것은 비교적 간단하고 직접적인 방식으로 측정될 수 있는 물리량까지 포함한다. 어떤 철학자는 80℃의 온도, 또는 42.5kg의 무게 등을 관찰할 수 있는 것으로 보지 않는다. 왜냐하면 그러한 물리량들은 감각을 통해서 직접 지각할 수 없기 때문이다. 과학자들에게 있어서는, 그러한 물리량들은 매우 간단한 방식으로 측정될 수 있기 때문에 관찰할 수 있는 것이 된다. 무게는 저울에 올려놓으면 잴 수 있고, 온도는 온도계로 측정하면 된다.

① 철학자는 쇠막대기를 가열하면 팽창하는 것은 관찰된다고 한다. 쇠막대기를 구성하고 있는 분자들이 열을 받으면 팽창한다는 이론을 알고 있기 때문이다.
② 과학자는 태양계 소행성들의 움직임을 관찰하는 것은 불가능하다고 한다. 소행성의 움직임은 불규칙적이어서 과학적 측정이 불가능하기 때문이다.
③ 철학자는 소립자의 질량을 관찰하는 것은 불가능하다고 한다. 소립자의 질량을 측정하기 위해서는 훨씬 더 복잡한 측정 기구가 필요하기 때문이다.
④ 과학자는 전자나 분자의 질량도 관찰할 수 있다고 말한다. 왜냐하면 그것들은 이론적 가설을 통해서 충분히 입증할 수 있기 때문이다.
⑤ 철학자는 10A의 전류 세기가 실제로 관찰되는 것은 아니라고 반대한다. 단지 전류계 바늘의 위치만이 관찰될 뿐이기 때문이다.

04 다음 글의 [가]와 [나]의 관계를 가장 적절하게 설명한 것을 고르면?

○△×
○△×
○△×

[가] 근대 이전의 문학은 대체로 윤리적 이념을 추구해 왔다. 이것은 고소설(古小說)에서 뚜렷이 나타나고 있다. 그렇다고 고소설이 도덕적, 윤리적 교화 수단으로서만 존재해 왔다고 말할 수는 없을 것이다. 그것이 도덕적, 윤리적 의미를 강하게 지녔던 것은 도덕적, 윤리적인 문제의 제시와 해결이 문학이 지닌 본래의 기능 가운데 하나였기 때문이다. 생성기(生成期)의 고대 예술, 가령 무용이나 음악 같은 것이 노동의 장려를 위하여 많이 이용되었다고 해서 그러한 고대 예술이 노동을 위한 수단이나 방법으로만 이용되었다고 말할 수 없는 것과 마찬가지다.

[나] 이러한 여러 가지 기능은 물론 예술 자체의 본원적(本源的) 기능인 미적 기능과 결부되어 있었기 때문에 그러한 여러 종류의 사회적 기능, 그 자체가 예술의 전적인 기능이거나 또는 그것이 예술의 목적이었다고는 말할 수 없을 것이다. 만일 그러한 여러 종류의 사회적 기능을 예술의 전적인 기능이라고 본다면, 예술은 정치나 도덕 또는 그 밖의 여러 가지 문화적 사상(事象)과 구별되지 못할 것이다. 여러 가지 형태의 사회적 기능에도 불구하고 예술을 정치나 도덕과 같은 다른 문화적 사상과 구별하는 것은 예술의 사회적 기능이 그것의 미적 기능과 항상 결부되어 있는 까닭이다.

① [가]에서 주장하고 있는 것을 [나]에서 예를 들어 구체적으로 설명하고 있다.
② [가]에서 예시로 들고 있는 것들을 [나]에서 통합하여 하나의 가설을 도출하고 있다.
③ [가]에서 예를 통해 주장하고 있는 것을 [나]에서 부연·심화하고 있다.
④ [가]에서 예를 통해 논증하고 있는 것을 [나]에서 반론을 펼쳐 전적으로 부정하고 있다.
⑤ [가]에서 주장하고 있는 것을 [나]에서 다른 국면에 적용하여 설명하고 있다.

05 다음 글에서 이끌어 낼 수 있는 내용이 아닌 것을 고르면?

○△×
○△×
○△×

임달의 방법에서 '본다는 것(Sehen)', 즉 시각(視覺)은 중요한 의미를 지닌다. 바로 미술작품이 현존한다는 것은 곧 현상(Phanomen)으로써 시각에 의해 경험되고 있다는 것을 의미하기 때문이다. 따라서 미술작품에 대한 연구는 해당 작품에 대한 시각적 경험을 정식화하는 것이기도 하다. 시각에 대한 생각은 임달의 방법을 이해하는 중심 고리이다.

미술사학자 얀젠-포키세비치(A. Janhsen－Vokicevic)는 임달이 시각을 인지된 시각과 순수 시각으로 구분하여 이해하였다고 했다. 인지된 시각은 대상에 대한 판별이 수반되는 시각이다. 이에 반해 순수 시각은 지적 인지 과정이 없는 무목적적인 시각이다.

이들 시각은 동일 작품에서도 혼재되어 나타나는데 대표적으로는 입체파의 회화에서 찾아볼 수 있다. 입체파의 회화에서는 사물이 추상적인 형태로 분해되고 구상적인 형태를 유지하기도 한다. 이를테면 반추상회화라 할 수 있는데, 이 가운데 인지된 시각은 구상적인 대상과 관계하며, 순수 시각은 추상적인 형태와 관계한다.

미술작품의 연구에서 이 두 가지 종류의 시각은 상호 종합되어 전체적으로 미술작품의 의미를 개념적으로 구성한다. 물론 작품에 따라 한 가지 종류의 시각적 경험만이 작용할 수 있다. 순수 시각만이 관계하는 순수 비구상미술이 그것이다.

순수 시각은 지적 요소가 개입된 인지적 시각과 달리 무개념적이고, 무목적적이다. 따라서 현상으로서의 미술작품과 직접 관련되기 때문에 임달의 방법에서 특별히 중시된다.

① 미술작품의 존재는 보는 것에 의해 드러난다.
② 임달은 시각을 인지된 시각과 순수 시각이라는 두 가지 체계로 나누어 이해했다.
③ 입체파의 그림에서는, 그리는 사람 입장에서는 순수 시각이, 그림을 바라보는 사람 입장에서는 인지된 시각이 쓰여 반추상회화가 나타난다.
④ 모든 작품이 여러 종류의 시각적 경험을 발생시키는 것은 아니다.
⑤ 인지된 시각에는 개념과 목적이 뚜렷이 드러나 있다.

[06~07] 다음 글을 읽고 이어지는 질문에 답하시오.

맬서스 시대 이래 사람들은 재앙이 일어날 것이라고 예견해 왔다. 그러나 재앙은 결코 일어나지 않았다. 인간과 동물들 간의 중요한 차이가 기술이고, 기술은 항상 지구의 포화 수준을 확장시켜 왔다. 만약 하나의 자원이 고갈된다면 더 좋은 자원을 발견할 수 있다. 석탄이 부족하면 석유로 대체할 것이다. 석유가 고갈되면 핵분열 원자로에 의해 에너지가 공급될 것이다. 만약 핵분열 원자로가 너무 위험하면, 그때 인간은 안전한 핵분열을 개발할 것이다.

「신과학주의자」의 편집자였던 해밀턴은 합리성이 자연환경을 인조적인 것으로 만들어왔으며, 인간이 더 이상 자연의 제약에 종속되지 않는다고 주장한다. "기술에 충분히 투자한다면, 우리는 실제로 오늘날 무엇이든 성취할 수 있다. 기술은 인간에게 환경에 대한 전례 없는 힘을 부여한다. 그 힘에는 기술의 장벽이 거의 없다. 돈과 의지를 가진 사람들에겐 사실상 모든 것이 가능하다. 장벽은 정치적이고 경제적이고 사회적인 것이다."

1967년 미래학자 칸과 비너는 경제개발을 위한 능력, 환경에 대한 통제, 이에 수반되는 기술적 혁신 역량은 그 한계를 알 수 없을 정도로 증가하고 있다고 기술했다. 1972년 매독스는 "지구에서 자원의 절대적인 고갈 가능성은 분명 매우 작다."고 주장했다. 이런 주장의 근거는 막대한 자원의 발견에 있지 않고, 인간의 필요를 충족시키기 위해 자연을 고쳐 만들 수 있는 능력에 대한 확신에 있다. 베커만은 자연이 소유하고 있는 특성을 자연에게 제공하는 것은 인간 이성이며, 인간 이성이 성장함에 따라 자연은 고갈되지 않고 확장한다고 지적했다.

인간은 합리적 기업 활동을 통해 이전에는 자원이 아니었던 것을 자원으로 바꾼다. 석유는 인간이 그것을 추출하고 에너지 자원으로 변화시킬 때까지 땅 속의 끈적거리는 액체에 지나지 않았다. 베커만은 구리가 3% 이상 함유되지 않아 비경제적이라고 포기한 1880년의 원광에 관한 사례를 제시한다. 지금은 0.3%의 구리 함량을 가진 원광도 경제적으로 정련될 수 있다. 필요할 때면 새로운 자원이 발견되어 왔을 뿐 아니라 이전 자원의 대체물도 개발되어 왔다. 자원이 고갈되면 인간은 합리적으로 대체물을 발견할 것이다.

사이먼은 "천연자원은 정말 무한할 수 있을까?"라는 자신의 질문에 "그렇다"고 크게 대답한다. 풍요를 일구기 위해 지구를 고쳐 만들 수 있다. 클라크는 다음과 같이 말한다. "최근 카리브해의 심해를 가열하기 위해 핵에너지를 사용하자는 제안이 있었다. 핵에너지에 의한 심해수의 가열은 인 성분을 증가시키고, 이에 따라 플랑크톤 양도 증가한다. 그 결과 카리브해에서 더 많은 물고기를 잡을 수 있을 것이다." 인간이 자연을 정복하기 위해 계속 노력한다면 결핍은 문제가 되지 않는다. 부족한 것은 천연자원이 아니다. 문제가 되는 것은 기술 부족과 ㉠ 퇴행적이고 반합리적인 이데올로기 때문에 수세에 처한 합리성이다.

06 주어진 글의 관점으로 적절하지 않은 것을 [보기]에서 모두 고르면?

보기

㉠ 발전된 기술이 계속적으로 공급될 것이기 때문에, 개발되는 모든 기술은 안전할 것이다.
㉡ 기술에 충분히 투자한다면, 우리는 실제로 오늘날 무엇이든 성취할 수 있다.
㉢ 하나의 자원을 인간이 어떻게 쓰느냐에 따라 무한히 사용할 수 있다.
㉣ 질소도 언젠가는 석유 대신에 이용될 에너지원이 될 수 있다.
㉤ 기술 발전에 따라 천연자원의 결핍에 대비할 수 있으므로, 에너지 때문에 인류가 곤경에 처할 일은 없을 것이다.

① ㉠, ㉡ ② ㉠, ㉡, ㉣ ③ ㉠, ㉢, ㉤ ④ ㉡, ㉣ ⑤ ㉡, ㉢, ㉤

07 다음 중 ㉠의 입장을 잘 보여주고 있는 진술을 고르면?

① 화학살충제의 유용성을 강조하는 사고와 실행 방식은 마치 우리가 과학의 석기시대로 거슬러 올라간 듯한 느낌을 준다. 그렇게 원시적인 수준의 과학이 현대적이고 가공할만한 무기로 무장되어 있다는 사실, 그리고 곤충을 향해 겨누었다고 생각하는 그 무기가 사실은 이 지구 전체를 향하고 있다는 사실은 인류에게 크나큰 불행이 아닐 수 없다.

② 생태계는 한편으로 너무나 연약해 쉽게 파괴되고, 다른 한편으로는 믿을 수 없을 정도로 튼튼하고 회복력이 강해서 예상치 못한 방식으로 역습해 온다. 생태계를 보호하기 위한 접근법은 생물들이 지닌 힘을 고려하고 그 생명력을 호의적인 방향으로 인도해 갈 때, 곤충과 인간 사이에 서로 납득할 만한 화해가 이루어질 수 있다는 것이다.

③ 온실가스는 지구 표면의 복사에너지가 대기의 바깥으로 방출되는 것을 차단 혹은 억제하여 기온을 상승시키고 있다. 온실가스 중에서도 특히 석탄, 석유 및 천연가스를 연소시킬 때 방출되는 이산화탄소가 가장 큰 문제로 지목되고 있다. 산업혁명 이후 이산화탄소의 대기 중 농도는 연평균 0.5%씩 증가함에 따라 지구의 평균온도는 연평균 0.3~0.6도씩 상승하였다.

④ 생태계 자산이 점차 귀하게 되면서 경제적 측면의 잠재적 가치가 늘어나기 시작한다. 따라서 이제는 생태계가 구체적으로 금전적인 가치를 갖는 자산이라는 가정에서 세계 경제를 바라보는 관점이 필요하고, 이를 위해서는 경제와 사회제도의 대대적인 혁신이 필요하다.

⑤ 핵폐기물 처리는 원자력 발전소의 또 다른 문제를 낳는다. 핵 시대의 초창기에는 핵폐기물의 안전한 처리에 대해 사람들은 별로 걱정하지 않았지만, 이제 우리는 핵폐기물을 적절한 장소에 완벽하게 관리하고 격리하는 방안을 걱정해야 한다. 전문가들은 100년까지 안전을 보장할 수 있다고 대답했지만 핵폐기물의 위험성은 십만 년 이상 지속될 것이다.

08 다음 글의 내용과 일치하는 것을 [보기]에서 모두 고르면?

○△×
○△×
○△×

유물(遺物)을 등록하기 위해서는 명칭을 붙여야 한다. 이 때 유물의 전반적인 내용을 알 수 있도록 하는 것이 바람직하다. 따라서 명칭에는 그 유물의 재료나 물질, 제작 기법, 문양, 형태가 나타난다. 예를 들어 도자기에 청자상감운학문매병(青瓷象嵌雲鶴文梅瓶)이라는 명칭이 붙여졌다면, '청자'는 재료를, '상감'은 제작 기법을, '운학문'은 문양을, '매병'은 그 형태를 각각 나타낸 것이다. 이러한 방식으로 다른 유물에 대해서도 명칭을 붙이게 된다.

유물의 수량은 점(點)으로 계산한다. 작은 화살촉도 한 점이고 커다란 철불(鐵佛)도 한 점으로 처리한다. 유물의 파편이 여럿인 경우에는 일괄(一括)이라 이름 붙여 한 점으로 계산한다. 귀걸이와 같이 쌍(雙)으로 된 것은 한 쌍으로 하고, 하나인 경우에는 한 짝으로 하여 한 점으로 계산한다. 귀걸이 한 쌍은, 먼저 그 유물 번호를 적고 그 뒤에 각각 (2−1), (2−2)로 적는다. 뚜껑이 있는 도자기나 토기도 한 점으로 계산하되, 번호를 매길 때는 귀걸이의 예와 같이 하면 된다.

유물을 등록할 때는 그 상태를 잘 기록해 둔다. 보존 상태가 완전한 경우도 많지만, 일부가 손상된 유물도 많다. 예를 들어 유물의 어느 부분이 부서지거나 깨졌지만 그 파편이 남아 있는 상태를 파손이라 하고, 파편이 없는 경우를 결손이라고 표기한다. 그리고 파손된 것을 붙이거나 해서 손질했을 때 이를 수리라 하고, 결손된 부분을 모조해 원상태로 재현했을 때는 복원이라는 용어를 사용한다.

보기

㉠ 도자기 뚜껑의 일부가 손상되어 파편이 떨어진 유물의 경우, 뚜껑은 파편과 일괄하여 한 점이지만 도자기 몸체와는 별개이므로 전체가 두 점으로 계산된다.
㉡ 조선시대 방패의 한 귀퉁이가 부서져나가 그 파편을 찾을 수 없다면, 수리가 아닌 복원의 대상이 된다.
㉢ 청자화당초문접시(青瓷花卉唐草文)는 그 명칭에 비추어 청자상감운학문매병과 동일한 재료 및 문양을 사용하였으나, 그 제작 기법과 형태에 있어서 서로 다른 것으로 추정된다.
㉣ 박물관이 소장하고 있던 한 쌍의 귀걸이 중 한 짝이 소실된 경우에도 그 박물관 전체 유물의 수량이 줄어 들지는 않을 것이다.
㉤ 일부가 결손된 철불의 파편이 어느 지방에서 발견되어 그 철불을 소장하던 박물관에서 함께 소장하게 된 경우, 그 박물관이 소장하는 전체 유물의 수량은 늘어난다.

① ㉠　② ㉡, ㉢　③ ㉡, ㉣　④ ㉠, ㉢, ㉤　⑤ ㉡, ㉣, ㉤

09 다음 글의 빈칸에 들어갈 말로 가장 적절한 것을 고르면?

○△×
○△×
○△×

나는 어제 하룻밤 사이에 한 강을 아홉 번이나 건넜다. 강은 새외(塞外)로부터 나와서 장성을 뚫고 유하, 조하, 황화, 진천 등의 여러 줄기와 어울려 밀운성 밑을 지나 백하가 되었다. 내가 어제 두 번째 배로 백하를 건넜는데, 이것은 바로 이 강의 하류였다. 내가 아직 요동 땅에 들어오지 못했을 무렵, 바야흐로 한여름의 뙤약볕 밑을 지척지척 걸었는데, 홀연히 큰 강이 앞을 가로막아 붉은 물결이 산같이 일어나서 끝을 볼 수 없었다. 아마 천리 밖에서 폭우로 홍수가 났었기 때문일 것이다. 물을 건널 때에는 사람들이 모두들 고개를 쳐들고 하늘을 우러러보고 있기에, 나는 그들이 모두 하늘을 향하여 묵도를 올리고 있으려니 생각했었다. 그러나 오랜 뒤에야 비로소 알았지만, 그때 내 생각은 틀린 생각이었다. 물을 건너는 사람들이 힘차게 돌아 흐르는 물을 보면, 굼실거리고 으르렁거리는 물결에 몸이 거슬러 올라가는 것 같아서 갑자기 현기증이 일면서 물에 빠지기 쉽기 때문에, 그 얼굴을 젖힌 것은 하늘에 기도하는 것이 아니라 숫제 물을 피하여 보지 않기 위함이었다. 사실, 어느 겨를에 그 잠깐 동안의 목숨을 위하여 기도할 수 있었으랴!

그건 그렇고, 그 위험이 이와 같은데도, 이상스럽게 물이 성내어 울어 대진 않았다. 배에 탄 모든 사람들은 요동의 들이 넓고 평평해서 물이 크게 성내어 울어 대지 않는다고 말했다. 그러나 이것은 물을 잘 알지 못하는 까닭에서 나온 오해인 것이다. 요하가 어찌하여 울지 않았을 것인가? 그건 밤에 건너지 않았기 때문이다. 낮에는 눈으로 물을 볼 수 있으므로 그 위험한 곳을 보고 있는 눈에만 온 정신이 팔려 오히려 눈이 있는 것을 걱정해야만 할 판에, 무슨 소리가 귀에 들어온다는 말인가? 그런데, 이젠 전과는 반대로 밤중에 물을 건너니, 눈엔 위험한 광경이 보이지 않고, 오직 귀로만 위험한 느낌이 쏠려, 귀로 듣는 것이 무서워서 견딜 수 없는 것이다.

아, 나는 이제야 도(道)를 알았도다. (   )

① 강을 건너는 것은 무척 위험한 일이기 때문에, 눈과 귀를 밝게 하고 주의에 또 주의를 거듭하는 신중함이 요구된다.
② 마음을 잠잠하게 하는 자는 귀와 눈이 누(累)가 되지 않는데, 귀와 눈만을 믿는 자는 보고 듣는 것이 더욱 밝아져서 큰 병이 된다는 것을 깨달았다.
③ 모든 것은 마음속에 있는 것이니, 어려운 일이 있더라도 포기하지 말고 마음속에 굳게 믿으며 끝까지 매진해야 할 것이다.
④ 눈과 귀는 사물을 감각하는 가장 좋은 수단이니, 눈은 항상 맑게 하고 귀는 항상 민감하게 하여 천리를 읽도록 노력해야 한다.
⑤ 목숨은 가장 중요한 것이니, 어떠한 경우에라도 그 목숨을 보존하는 것이 처신의 제일 목적이 되어야 할 것이다.

10 **다음 수들이 일정한 규칙으로 나열되어 있을 때, 빈칸에 들어갈 알맞은 수를 고르면?**

○△×
○△×
○△×

2	4	8	14	22	32	44	58	74	92	112	( )

① 131 ② 132 ③ 133 ④ 134 ⑤ 135

11 **3m/s로 일정하게 흐르는 강물을 배를 타고 거슬러 오르고 있다. 30초 동안 120m를 거슬러 오르려면 배가 몇 m/s의 속도로 이동해야 하는지 고르면?**

○△×
○△×
○△×

① 7 ② 8 ③ 9 ④ 10 ⑤ 11

12 **연속하는 세 짝수가 있다. 제일 큰 짝수의 제곱은 다른 두 짝수의 제곱의 합과 같을 때, 세 짝수의 합은 얼마인지 고르면?**(단, 세 수의 곱은 자연수이다.)

○△×
○△×
○△×

① 12 ② 24 ③ 36 ④ 48 ⑤ 60

13 **진이는 집에서 터미널 앞에 자전거를 가지러 가는데, 갈 때는 시속 $v_1$km로 걸어가고 올 때는 자전거를 타고 시속 $v_2$km로 온다. 자전거를 찾아오는 데 1시간이 걸렸을 때, 집에서 터미널 앞까지의 거리를 잘 표현한 것을 고르면?**(단, $v_2 > v_1$)

○△×
○△×
○△×

① $\frac{v_1v_2}{v_1+v_2}$ ② $\frac{v_1+v_2}{v_1v_2}$ ③ $\frac{v_1v_2}{v_1-v_2}$ ④ $\frac{v_1v_2}{v_2-v_1}$ ⑤ $\frac{v_2-v_1}{v_1v_2}$

14 다음 [표]는 흡연 여부에 따른 폐암 발생 현황에 관한 자료이다. 이에 대한 설명으로 옳은 것을 [보기]에서 모두 고르면?

○△✕
○△✕
○△✕

[표] 흡연 여부에 따른 폐암 발생 현황 (단위: 명)

구분		폐암 발생 여부		계
		발생	비발생	
흡연 여부	흡연	300	700	1,000
	비흡연	300	9,700	10,000
계		600	10,400	11,000

※ 기여율$=\frac{A-B}{A}\times 100$

A: 위험 요인(흡연)에 노출된 사람 중에서 질병 발생률(%)

B: 위험 요인(흡연)에 노출되지 않은 사람 중에서 질병 발생률(%)

보기

㉠ 흡연자의 폐암 발생률은 비흡연자 폐암 발생률의 10배이다.

㉡ 흡연의 폐암 발생 기여율은 90%이다.

㉢ 조사 대상의 전체 인구 중 폐암 발생자 비율이 조사 대상의 전체 인구 중 흡연자 비율보다 높게 나타난다.

① ㉠ ② ㉡ ③ ㉠, ㉡

④ ㉡, ㉢ ⑤ ㉠, ㉡, ㉢

[15~16] 다음 [표]는 노인 인구와 부양에 관한 자료이다. 이어지는 질문에 답하시오.

[표1] 성별 노인 인구 추이 (단위: 천 명)

구분	1990년	1995년	2000년	2005년	2010년	2020년	2030년
전체	2,195	2,657	3,395	4,383	5,354	7,821	11,899
남자	822	987	1,300	1,760	2,213	3,403	5,333
여자	1,373	1,670	2,095	2,623	3,141	4,418	6,566

※ 노인 인구: 65세 이상 인구

※ 성비: 여자 100명당 남자의 수

[표2] 노년부양비와 노령화지수 (단위: %)

구분	1990년	1995년	2000년	2005년	2010년	2020년	2030년
노년부양비	7.4	8.3	10.1	12.6	14.9	21.8	37.3
노령화지수	20.0	25.2	34.3	47.4	66.8	124.2	214.8

※ 노년부양비 $= \frac{\text{65세 이상 인구}}{\text{15~64세 인구}} \times 100$

※ 노령화지수 $= \frac{\text{65세 이상 인구}}{\text{0~14세 인구}}$

15 주어진 자료를 통해 다음 x에 들어갈 숫자로 알맞은 것을 고르면?

2020년에는 15~64세 인구 x명이 노인 1명을 부양하게 될 것이다.

① 4.6 ② 7.9 ③ 12.6 ④ 21.8 ⑤ 24.5

16 주어진 자료에 관한 설명으로 옳은 것을 [보기]에서 모두 고르면?

보기

㉠ 2005년 노인 인구의 성비는 10년 전보다 낮아졌다.

㉡ 2020년의 0~14세 인구 100명당 노인 인구는 1990년의 0~14세 인구 100명당 노인 인구의 6배보다 많다.

㉢ 2020년 대비 2030년의 노년부양비 증가율과 동일하게 2030년 대비 2040년에 노년부양비가 증가한다면, 2040년의 노년부양비는 60% 이상이다.

① ㉠ ② ㉡ ③ ㉠, ㉡

④ ㉡, ㉢ ⑤ ㉠, ㉡, ㉢

17 **다음 [그래프]는 연도별 합계출산율에 관한 자료이다. 연도별 추세에 관한 설명으로 옳은 것을 고르면?**

○△× ○△× ○△×

[그래프] 연도별 합계출산율 (단위: 명)

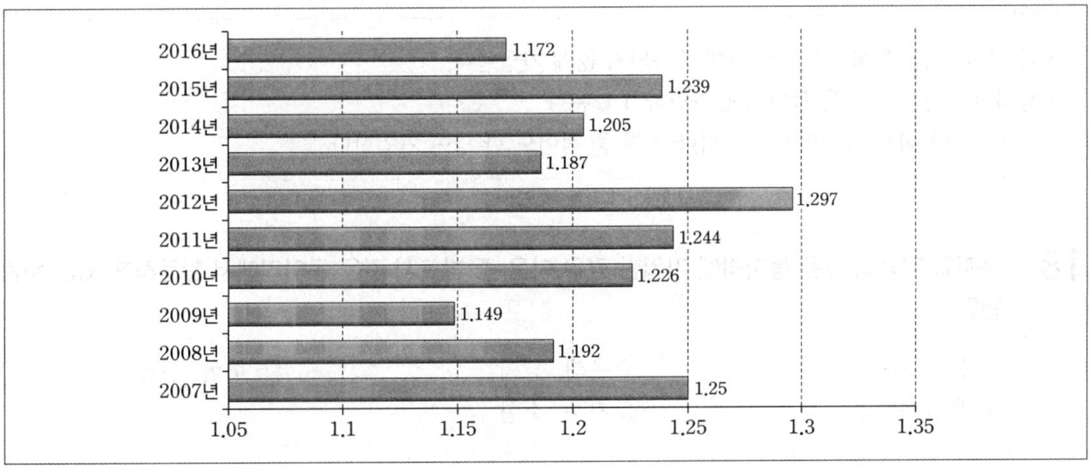

① 합계출산율이 가장 높은 연도와 2번째로 높은 연도의 합계출산율 차이는 합계출산율이 가장 낮은 연도와 2번째로 낮은 연도의 차이보다 크다.

② 2008년 합계출산율은 2013년~2016년까지의 합계출산율 평균보다 높다.

③ 2007~2009년 합계출산율은 증가하는 추세이다.

④ 2014~2016년의 합계출산율 평균보다 2007~2009년의 합계출산율 평균이 더 높다.

⑤ 2012년에 비해서 2016년에는 인구가 감소하였다.

[18~19] 은희, 소현, 은철, 수지, 광희, 지용 6명은 2개의 동아리에 각각 3명씩 가입하려고 한다. 이들이 다음 [조건]과 같이 배정된다고 할 때, 질문에 답하시오.

조건

- 각 사람은 둘 중 하나의 동아리에 중복되지 않게 가입한다.
- 광희와 지용이는 같은 동아리에 가입하지 않는다.
- 은철이 가입하는 동아리에는 은희나 소현 중 적어도 한 명이 가입한다.

18

수지와 지용이 같은 동아리에 가입할 경우 다음 중 반드시 같은 동아리에서 활동하게 되는 사람을 고르면?

○△×
○△×
○△×

① 은희, 은철　② 은희, 광희　③ 소현, 은철
④ 은철, 광희　⑤ 지용, 소현

19

은희와 수지가 서로 다른 동아리에 가입할 경우, 반드시 참인 것을 [보기]에서 모두 고르면?

○△×
○△×
○△×

보기

㉠ 수지와 소현은 같은 동아리에 가입한다.
㉡ 광희와 은철은 같은 동아리에 가입한다.
㉢ 은희와 광희는 같은 동아리에 가입한다.

① ㉠　② ㉡　③ ㉠, ㉡　④ ㉠, ㉢　⑤ ㉡, ㉢

20 **갑 기업은 신입사원을 선발하려고 한다. 지원자는 A~E 5명이며, 이들은 1차와 2차 시험을 순서대로 통과하면 최종 선발된다. 5명 중 2명이 최종 선발되었으며, 이들 중 3명의 진술은 참이고, 나머지 2명의 진술은 거짓이라고 할 때, 항상 옳은 것을 고르면?**(단, 1차 시험에서는 3명만 통과되며, 1차 시험에서 떨어지면 2차 시험을 치르지 않는다.)

○△× ○△× ○△×

- A: 나는 1차 시험을 통과하지 못했고 C는 2차 시험을 치렀으나 통과하지 못했어.
- B: A와 D는 모두 1차 시험을 통과했어.
- C: 나와 E는 1차 시험을 통과했고, D는 1차 시험을 통과하지 못했어.
- D: 나는 A와 E와 함께 2차 시험을 치렀어.
- E: B는 2차 시험을 통과했고, C는 2차 시험을 치렀으나 통과하지 못했어.

① A는 1차 시험을 통과했다.
② B는 최종 선발되었다.
③ C는 1차 시험을 통과하지 못했다.
④ D는 최종 선발되었다.
⑤ E는 2차 시험을 통과하지 못했다.

21 다음 빈칸에 들어갈 말로 가장 적절한 것을 고르면?

○△×
○△×
○△×

○○공단은 초고층빌딩관리 업무에 적합한 경력직을 한 명 이상 채용하려고 한다. 그런데 지원자들 중 A가 부적격 판정을 받는다면, 그는 경력직으로 채용되지 못할 것이다. 한편, ○○공단은 채용 심사에서 지역과 성별을 고려한 기준도 적용한다. 동일 지역 출신은 두 사람 이상을 채용하지 않는다. 그리고 적어도 여성 한 명을 채용해야 한다. 이번 경력직 채용 시험에 응시한 여성은 A와 B 둘밖에 없다. 또한 지원자들 중에서 C와 B가 동일 지역 출신이므로, 만약 C가 채용된다면 B는 채용될 수 없다. 그런데 (   ) 따라서 C는 경력직으로 채용되지 못할 것이다.

① A가 경력직으로 채용될 것이다.
② B가 경력직으로 채용되지 못할 것이다.
③ A는 조사 결과 부적격 판정을 받을 것이다.
④ C가 경력직으로 채용된다면, A도 경력직으로 채용될 것이다.
⑤ A가 조사 결과 적격 판정을 받는다면, A가 경력직으로 채용될 것이다.

22 근로자의 월평균임금은 100만 원이고, 노인 인구는 총 500만 명이며, 그 중 50%가 월 기준 최저생계비(빈곤선) 50만 원 미만의 소득에 해당하여 빈곤에 처해 있다고 할 때, 이러한 노인 빈곤을 해결하기 위하여 A, B, C 세 가지 대안이 검토되고 있다. 세 가지 대안을 비교·분석했을 때 나타날 수 있는 결과로 옳은 것을 [보기]에서 모두 고르면?

○△×
○△×
○△×

- A안: 모든 노인들에게 일률적으로 근로자 월평균임금의 10%에 해당하는 사회적 급여를 매월 제공한다.
- B안: 노인들 중 고소득 계층 20%를 제외한 80%에게 일률적으로 근로자 월평균임금의 15%에 해당하는 사회적 급여를 매월 제공한다.
- C안: 최저생계비 미만의 빈곤 노인들 중 신청한 자만을 대상으로 하여 최저생계비와 빈곤 노인들이 가진 월평균 소득 간의 차액을 보충해주는 수준의 사회적 급여를 매월 제공한다. 빈곤 노인의 80%만이 사회적 급여를 신청하여 받으며, 사회적 급여 제공 이전 이들의 월평균 소득은 25만 원이다.

※ 노인빈곤율 $=\dfrac{\text{빈곤선 미만의 소득에 해당하는 노인 인구수}}{\text{총노인 인구수}}$

보기

㉠ A안은 총소요 예산의 규모 면에서 C안보다 크다.
㉡ B안은 총소요 예산의 규모 면에서 A안보다 크다.
㉢ B안은 총소요 예산의 규모 면에서 C안보다 크다.
㉣ B안을 실시할 경우 노인빈곤율은 20%로 줄어든다.
㉤ C안을 실시할 경우 노인빈곤율은 50%에서 10%로 하락한다.

① ㉠, ㉡, ㉤　　② ㉠, ㉢, ㉣　　③ ㉠, ㉢, ㉤
④ ㉡, ㉢, ㉤　　⑤ ㉡, ㉣, ㉤

23 다음 자료와 [조건]에 따를 때, 채택하지 않는 대안을 고르면?

○△× ○△× ○△×

○ 올해의 전력수급 현황은 다음과 같다.
  - 총공급전력량: 7,200만 kW
  - 최대 전력수요: 6,000만 kW

  이에 따라 내년도 전력수급기본계획을 마련하고, 정책목표를 다음과 같이 설정하였다.
  - 정책목표: 내년도 전력예비율을 30% 이상으로 유지한다.

※ 전력예비율(%) = $\frac{\text{총공급전력량}-\text{최대 전력수요}}{\text{최대 전력수요}} \times 100$

조건

- 발전소를 하나 더 건설하면 총공급전력량이 100만 kW 증가한다.
- 전기요금을 a% 인상하면 최대 전력수요는 a% 감소한다.

※ 발전소는 즉시 건설·운영되는 것으로 가정하고 이 외의 다른 변수는 고려하지 않는다.

① 발전소를 1개 더 건설하고, 전기요금을 10% 인상한다.
② 발전소를 3개 더 건설하고, 전기요금을 3% 인상한다.
③ 발전소를 6개 더 건설하고, 전기요금을 1% 인상한다.
④ 발전소를 8개 더 건설하고, 전기요금을 동결한다.
⑤ 발전소를 더 이상 건설하지 않고, 전기요금을 12% 인상한다.

24 다음 글에 제시된 원리와 [보기]의 주장을 가장 적절하게 연결한 것을 고르면?

○△×
○△×
○△×

[가] 죄를 범한 자를 처벌하면 그 범죄자는 처벌의 고통과 두려움 때문에 다시 범행을 저지르지 않을 것이다. 또한 다른 사람들이 그 범죄자가 처벌받는 것을 목격하거나 그 사실을 알게 되면 다른 사람들도 역시 범죄를 저지르지 않을 것이다.

[나] 잘못된 행동을 한 사람은 벌을 받아 마땅하다. 어떤 면에서 악에 대해 악을 되돌려 주는 것은 도덕적으로 옳은 것이다. 만약 범죄자들이 처벌받아 마땅하기 때문에 처벌받는다면 그들은 받아야 마땅할 만큼 정확히 상응하는 정도의 처벌을 받아야 한다.

[다] 범죄자에게 형벌을 부과하는 것은 그것으로 인해서 재차 범행을 할 수 없기 때문에 의미가 있는 것이다. 즉 범죄자가 교정시설에 수용되어 있는 동안은 물리적으로 범죄를 행할 수 없도록 만드는 것이라고 할 수 있다. 따라서 범죄자가 어떤 사람인지에 관계없이 그가 범한 죄가 중하다면 오랜 기간 동안 교정시설에 가두는 것이 필요하다.

[라] 우리 사회 범죄의 대부분은 극히 소수의 사람들이 저지르는 것이다. 또한 이러한 사람들은 일생을 통해 반복적으로 죄를 범하는 경향이 있다. 따라서 상습적으로 죄를 범하는 사람들을 가려내어 이들을 사회로부터 철저히 격리하는 것은 우리 사회에서 일어나고 있는 상당수의 범죄를 줄일 수 있는 효율적인 대책이 된다.

보기

㉠ 여성 시민단체는 법원이 그 동안 여성에 대해 차별적으로 높은 형량을 선고해 왔다며 이를 시정해야 한다고 주장한다.

㉡ 시민단체는 아동을 성추행하고 살인한 범죄자에 대해 법원이 사형을 선고하지 않자, 그 잔인한 행위에 상응하는 형벌로서 당연히 사형을 선고해야 한다고 주장한다.

㉢ 법무부 장관이 구금시설의 과밀화가 심각하다고 언급하자, 시민단체는 이러한 시설의 증축이 반드시 필요하다고 주장한다.

㉣ 시민단체는 인권유린이 다소 발생한다고 하더라도 상습적인 범죄자를 장기간 구금함으로써 시민의 안전을 위해 보호감호제도를 존속시켜야 한다고 주장한다.

㉤ 시민단체는 재소자들이 교도소를 너무 편하게 생각하고 있으므로 교도소가 훨씬 더 엄하게 재소자들을 다루어야 한다고 주장한다.

	[가]	[나]	[다]	[라]
①	㉡	㉠	㉢	㉤
②	㉡	㉢	㉣	㉤
③	㉢	㉡	㉤	㉣
④	㉤	㉠	㉡	㉢
⑤	㉤	㉡	㉢	㉣

25 **사회 제반 인프라를 건설하고 운영하기 위한 민간자본 유치 방안에 대해 옳은 것을 [보기]에서 모두 고르면?**

○△×
○△×
○△×

[민간자본 유치 방안]

- A안: 민간사업자가 시설을 건설한 후 소유권을 정부에게 이전하는 대신에 민간사업자가 특정한 기간 동안 시설에 대한 무상 사용권을 취득하여 이를 운영하면서 사용료를 징수하여 투자금을 회수한다.
- B안: 민간사업자가 시설을 건설하여 소유권을 정부에게 이전하고, 정부가 시설을 운영하면서 민간사업자에게 투자에 대한 원리금과 사용료를 분할 지급한다.
- C안: 민간사업자가 시설을 건설한 후 다른 민간 운영기업에게 임대하여 투자금을 회수한 뒤에는 그 시설의 소유권을 정부에게 이전한다.

보기

㉠ 참여하는 민간사업자의 입장에서 보면 B안의 투자위험이 A안과 C안보다 높다.
㉡ B안의 시설운영자는 정부이고 A안과 C안의 시설운영자는 민간사업자이다.
㉢ B안은 A안이나 C안보다 정부예산 부담이 클 가능성이 높다.
㉣ 참여하는 민간사업자의 기준에서 보면 A안은 최종 수요자가 적거나 사용료 부과가 힘들어 투자비 회수가 어려운 시설에 적합한 방식인데 반하여, B안은 최종 수요자에게 사용료를 부과하여 투자비 회수가 비교적 용이한 시설에 적합한 방식이다.

① ㉠, ㉡　　② ㉡, ㉢　　③ ㉢, ㉣
④ ㉠, ㉡, ㉢　　⑤ ㉡, ㉢, ㉣

정답과 해설 ▶ P.97

에듀윌 공기업

매일 1회씩 꺼내 푸는 NCS Ver.2

DAY 15

eduwill

매1N 3회독 루틴 프로세스

*더 자세한 내용은 매1N 3회독 학습가이드를 확인하세요!

1 3회독 기록표에 학습날짜와 문제풀이 시작시간을 적습니다.

2 시험장에서 문제를 푸는 것처럼 풀어 보세요.

3 모바일 OMR 또는 회독용 답안지에 마킹한 후, 종료시간을 적고 초과시간을 체크합니다.

▶모바일 OMR 바로가기

[DAY 15]

http://eduwill.kr/9p8j

4 문항별 3회독 체크표(○ △ ×)에 표시합니다. 문제를 풀면서 알고 풀었으면 ○, 헷갈렸으면 △, 전혀 몰라서 찍었으면 ×에 체크하세요.

3회독 TIP

- 1회독: 25문항을 빠짐없이 풀어 보세요.
- 2~3회독: 틀린 문항만 골라서 풀어 보세요.

3회독 기록표

1회독		2회독		3회독	
학습날짜	월 일	학습날짜	월 일	학습날짜	월 일
시작시간	:	시작시간	:	시작시간	:
종료시간	:	종료시간	:	종료시간	:
점 수	점	점 수	점	점 수	점

DAY **15**

제한시간 | 25분

01 다음 글에 나타난 문화재 복원 지침과 부합하지 않는 것을 고르면?

○△× ○△× ○△×

> • 복원 과정 중 첨가되는 물질은 원재료에 영향을 주지 않고 향후 쉽게 제거될 수 있는 것이어야 한다.
> • 복원된 부분이 원형과 구별될 수 있도록 형태나 색에 약간의 차이를 두어 흔적을 남겨야 한다.
> • 원형을 존중하여 최소한의 복원 작업만을 시행해야 한다.
> • 처리 대상물의 미술사적·고고학적 내용 조사, 사전 처리 여부 및 분석, 재료의 구성, 손상 상태와 원인, 처리에 사용된 재료와 방법 및 이유, 처리 시 이상 현상이나 특성 등 복원의 모든 과정에 대한 기록을 남겨야 한다.

① 대상물의 미술사적 가치를 고려하여 복원 여부를 결정한다.
② 복원 담당자는 원형 존중의 취지를 항상 염두에 두어야 한다.
③ 손상되지 않은 부분과 복원된 부분을 구별할 수 있도록 유의한다.
④ 향후 재복원에 대비하여 원형과 복원 과정에 대한 모든 정보를 정리한다.
⑤ 향후 잘못된 복원을 바로잡거나 재복원이 필요할 때, 언제라도 최초의 상태로 되돌릴 수 있어야 한다.

02 다음 글을 통해 알 수 있는 내용이 아닌 것을 고르면?

○△✕
○△✕
○△✕

기생은 고대의 유녀(遊女)에서 유래되었다고도 하고, 제사장의 역할에서 밀려난 무녀가 기생화된 결과라고도 하며, 신라의 원화제도가 폐지된 뒤 갈 곳 없어진 원화에서 비롯되었다고도 한다. 이러한 연원 찾기는 모두 기생의 성매매적 측면을 주목한 것이다. 기생이 확실한 신분 계층을 이루는 것은 고려 시대부터였다. 고려는 초기에 교방(敎坊)을 설치하고 관비를 뽑아 가무를 익히게 하여 여악(女樂)으로 삼았는데, 이로써 기생 제도가 시작된 것이다. 그 뒤로 기생 제도는 1909년에 관기(官妓)가 폐지될 때까지 천여 년 동안 지속된다.

기생은 천민으로 기안(妓案)에 올라 관리되었으며, 관의 재산으로 취급되었다. 궁이나 관청의 잔치에 노래와 춤을 제공하여 흥을 돋우는 역할을 맡았고, 이 때문에 엄격한 기예 훈련을 받아야 했다. 그리고 즉흥으로 시를 지어 양반과 주고받을 만큼 박식한 학문을 익히기도 하였다. 지식을 독점했던 양반층 남성들은 그들의 지적 유희에 성적인 자극을 보태기 위해 기생에게 그들의 특권을 나누는 것을 허용했던 것이다. 양반이 기생을 끼고 놀면서 그들만의 고급 문화를 향유하는 것은 풍류(風流)라는 이름으로 '속된' 저자의 놀이와 구분되었다. 유교 사회에 걸맞은 품위 있고 멋스러운 여흥 문화로 여겨지면서 전통문화의 일부로 안착하게 되었다. 이때 풍류를 누리는 것은 양반층 남성이요, 기생은 풍류의 대상이었다.

풍류의 끝에는 양반층 남성에게 제공되는 기생의 성이 있었다. 성(性)은 즐기되 성(性)스러운 것은 성(聖)스럽지 못하게 여겼던 양반층 남성들은 원칙적으로 기생과 동침을 하는 것이 금지되었다. 하지만 기생이 동침을 거부하였을 때 정작 기생에게 돌아오는 것은 매타작이었다. 「용재총화」에 나오기를, 수원의 관기가 수청을 거절하여 매를 맞았다고 한다. 이 관기는 "어우동은 음탕한 짓을 하였다고 벌을 받았고, 나는 음탕하지 않았다고 벌을 받았으니 어찌 조정의 법이 이처럼 고르지 못한가"라고 하였다. 조선 세종조에 관기의 존폐 여부가 논의되었을 때, 지방관들이 동침을 거절한 관기를 다스리느라 정사를 돌볼 틈이 없다는 것이 관기 혁파를 주장하는 이유 중의 하나였다는 것을 보면 꽤 많은 기생들이 원치 않은 남성과의 동침을 피하기 위해 원칙을 내세웠음을 알 수 있다.

관청에서는 아예 방기(房妓) 혹은 수청기(守廳妓)라 불리는 기생을 두어 이들로 하여금 사신이나 관리의 잠자리 시중을 들게 하였다. 또한 군대가 주둔하는 병영에 가장 많은 기생을 두었다고 하니, 이쯤 되면 기생과 성매매 여성을 애써 가르려는 노력이 무색할 정도이다. 생존의 대가로 성을 제공해야 한다는 면에서 이 둘은 크게 다르지 않은 것이다.

① 기생의 연원은 오래되었지만 정식으로 기생이 신분 계층을 이루게 된 것은 고려 시대부터이다.
② 양반이 기생을 끼고 놀면서 그들만의 고급 문화를 향유하는 것은 풍류(風流)라는 이름의 전통문화가 되었다.
③ 양반층 남성과 기생과의 동침은 원칙적으로 금지되었지만 실제적으로 잘 지켜지는 규칙은 아니었다.
④ 기생들은 관리의 동침 요구를 거절했을 때 매타작을 당했기 때문에, 그 요구를 거절하지 못했다.
⑤ 기생은 그 역할에 따라 다른 이름으로 불리기도 하였다.

03 다음 글을 통해 추론할 수 있는 내용으로 적절한 것을 고르면?

○△×
○△×
○△×

포비돈 요오드는 빨간약으로 불리는 소독약이다. 얼마 전 소소하게 상처 소독에만 쓰는 줄 알았던 이 약이 2014년 전 지구를 강타한 에볼라 바이러스를 잡는다는 사실이 알려졌다. 뜻밖의 발견처럼 보이지만, 사실 빨간약의 에볼라 바이러스 살균 효과는 예상된 결과다. 에볼라처럼 외피막을 가진 인플루엔자, 사스, 코로나 바이러스를 빨간약으로 죽일 수 있다는 사실은 이미 예전부터 증명돼 있었다. 다만, 인체에 깊숙이 퍼진 상태가 아닌 외부에 노출된 상태에 한정적이긴 하지만, 손세정제에 빨간약을 섞으면 이런 외피막 보유 바이러스들을 일거에 소탕할 수 있다. 빨간약은 거의 모든 병원체를 죽일 수 있다. 효모, 곰팡이, 균류, 바이러스, 원생동물 가릴 것 없이 강한 살균력을 가지고 있다. 그래서 베인 상처, 긁힌 상처, 찢어진 상처, 화상, 수포에 응급 처치용 소독제로 광범위하게 쓰인다.

빨간약의 무시무시한 살균력은 요오드의 산화력에서 나온다. 요오드는 전기음성도가 가장 높은 17족 할로겐 원소다. 전기음성도가 높다는 건 다른 원소로부터 전자를 잘 뺏어온다는 뜻이다. 달리 말하면, 산화력이 세다고 할 수 있다. 요오드가 미생물을 죽이는 원리는 대략 세 가지다. 첫째로 시스테인, 메티오닌 같은 아미노산에서 황의 전자를 빼앗아 결합을 깬다. 둘째로는 아르기닌, 히스티딘, 라이신, 티로신 같은 아미노산에서 질소-수소 결합을 깬다. 이렇게 아미노산 내부의 결합을 깨면 생명 유지에 필수적인 효소나 구조단백질이 파괴돼 미생물이 버티지 못하고 죽는다. 마지막으로 지방산에서 탄소의 이중결합을 깨고 핵산 사이에 끼어 들어가 세포벽, 세포막, 세포질을 박살낸다.

요오드의 강한 살균력을 소독에 이용할 수 있다는 사실은 1829년 프랑스 파리의 내과의사 장 루골이 처음 발견했다. 그는 요오드화칼륨을 물에 녹여 병원의 의료기기를 살균하는 데 썼다. 루골의 요오드 용액은 1839년 미국으로 건너가, 남북전쟁으로 생긴 부상자의 상처를 소독하는 용도로도 쓰였다. 그런데 여기엔 단점이 하나 있었다. 환자는 병원균을 피하는 대신 끔찍한 고통을 맛봐야 했다. 요오드가 병원균과 피부세포를 가리지 않고 파괴하며 상처부위를 자극해 극심한 통증을 일으켰기 때문이다. 자극성 탓에 요오드 용액은 소독제로 널리 쓰이지 못했다.

요오드가 지금처럼 소독제의 대명사로 알려지게 된 건 '포비돈'을 만나면서부터다. 합성 고분자화합물인 포비돈은 원래 혈장 대용액으로 개발됐다. 독일의 어느 기업에서 제2차 세계대전 직전, 출혈이 심한 환자에게 투여하는 인공혈장 용도로 만든 것이다. 1949년, 미국 산업독극물연구소 허만 셸란스키 박사는 포비돈을 요오드에 섞어 자극성을 획기적으로 낮추는 데 성공한다. 포비돈은 수소결합으로 요오드를 단단히 붙잡고 있다. 포비돈이 요오드를 천천히 방출하는 덕택에 자극성이 훨씬 덜하다. 지금으로부터 60년 전인 1955년, 셸란스키 박사는 포비돈 요오드를 상품화시킨다. 이것이 지금의 빨간약이다.

① 포비돈을 요오드에 섞음으로써 인공혈장 용도인 혈장 대용액 개발이 가능해졌다.
② 포비돈을 요오드 용액에 섞음으로써 아미노산에 황의 전자를 빼앗기게 된다.
③ 상처 부위에 자극성을 줄이기 위해 요오드와 포비돈의 수소결합이 활용된다.
④ 빨간약을 손세정제에 섞으면 인체에 깊숙이 퍼진 외피막 바이러스를 제거할 수 있다.
⑤ 요오드가 다른 원소로부터 전자를 잘 빼앗아옴으로써 탄소의 이중결합을 깰 수 있다.

04 다음 글의 내용과 부합하는 것을 고르면?

○△×
○△×
○△×

언어들은 개별 음성 체계에 따라 소리와 분절을 분류하는 기준(자음, 모음)이 달라지고, 어휘 체계에 따라 개념 세계를 분류하는 방식이 달라지며, 다양한 문법 체계를 토대로 서로 다른 구문 분류 방식을 가지고 있다. 이와 관련해서는 수많은 예를 들 수 있다. 가령, 프랑스어로 'bois'라고 하면 이것은 '나무'라는 뜻도 있고 '숲'이라는 뜻도 있다. 어떤 언어에서는 이 두 가지 개념이 분리되어 서로 다른 의미 체계로 분류되기도 한다. 문법적인 예를 들면, 어떤 언어에서는 시제에 따라 동사를 변화시키는 대신, 어제, 내일 등 시간을 나타내는 부사를 사용하기도 한다. 또한 언어마다 의미가 형성되는 장(場)이 서로 다를 뿐 아니라 통사 구조도 서로 다르며 문장의 어감에 따라 전달되는 문화적 유산도 달라진다. 바로 이러한 복잡한 성격을 띤 이질성으로 인하여 외국어를 옮기는 데 어려움이 발생하는 것이다.

대개 각 언어들 안에는 세 개의 단위 즉 단어, 문장, 텍스트가 있다. 그 중 단어에 대해 간략하게 언급해 보자. 우리가 쓰는 단어들은 사전에서 확인할 수 있듯이 하나 이상의 의미를 담고 있다. 결국 단어의 의미는 사용에 의해 규정되는데, 이때 사용이란 해당 단어가 가지고 있는 의미들 중 문장 전체에 가장 적합한 의미를 골라내는 것을 말한다. 또한 표현하고 전달하고자 하는 바의 전체적 일관성에 가장 부합하는 의미를 찾아내는 것이다. 나아가 문장이 발화(發話)되는 특정 상황에서 해당 단어의 의미를 결정하는 것은 맥락(脈絡)이다. 바로 여기에서 단어에 대한 끝없는 논란이 야기된다. 그 이유는 맥락이라는 것이 늘 명료한 것은 아니고, 숨겨진 맥락도 있으며, 때로는 특정 분야, 특정 계급, 특정 그룹 혹은 극히 제한된 집단 고유의 맥락도 상존하기 때문이다.

결국 번역이 제대로 되었는지를 판단하려면 원문 텍스트와 번역문 텍스트를 대조하여야 하고 이를 위해서는 기준이 되는 제3의 텍스트가 필요한데 이러한 텍스트는 존재하지 않는다. 즉, 원문과 번역문의 '같음'을 측정해 줄 제3의 텍스트는 어디에도 없다. 의미론적으로 동일한 것을 담고 있는 제3의 텍스트가 부재하는 상황에서 우리는 적어도 두 개 혹은 그 이상의 언어에 능통한 전문가들의 비판적 읽기에 의존할 수밖에 없는 형편이다.

① 외국어를 자국어로 옮기는 것이 어려운 이유는 언어가 본질적으로 음성으로 표현된다는 특징을 가지고 있어서이다.
② 언어는 단어, 문장, 텍스트로 이루어지는데 그중 단어가 가장 많은 혼란을 야기한다.
③ 단어는 사용자가 어떤 의도로 사용했는가가 중요한 것이 아니라 수용자가 어떤 의미로 받아들이는가가 더 중요하다.
④ 수용자는 발화자가 사용한 단어의 맥락을 정확히 파악하여 그 의미를 완벽히 이해하는 것이 어렵다.
⑤ 원본과 똑같은 의미를 가진 번역본이라 해도 새로운 언어로 쓰여 졌다는 점에서 나름 가치가 있다.

05 다음 글의 내용과 부합하는 것을 고르면?

○△×
○△×
○△×

방해석이나 운모같은 천연에 존재하는 특이한 성질을 가진 광물의 연구를 통하여 결정이 고유한 특정 방향을 갖고, 공간적으로는 특정한 배열을 갖는다는 것을 알게 되었다. 결정은 반복되는 최소 단위의 규칙적인 공간 배열이라는 것이 19세기 초에 밝혀졌으며, 19세기 후반에는 결정축과 결정면의 개념이 도입되었다. 이러한 결정에 관한 이론은 X선의 회절 실험을 통해서 현대 결정학으로 전환하게 된다. 영국의 브래그 부자는 원자가 규칙적으로 배열해 있을 경우 결정 내부에 원자가 배열하고 있는 평면이 무수하게 있으며, 아래 그림과 같이 그 간격 d는 일정할 거라고 생각하였다. 결정에 각도를 바꿔가며 X선을 입사하는 실험을 통하여 그들은 X선이 결정에 의해 회절하여 보강 간섭하는 관계식인 유명한 브래그 식(Bragg equation)을 유도해 냈다. 여기서 θ는 입사광 또는 반사광과 반사평면이 이루는 각도이다. 이 식에 의하면 외부에서 X선의 파장과 보강 간섭을 일으키게 입사각을 조절할 수 있으므로 격자 간격 d를 구할 수 있게 된다. 그리고 X선이 보강 간섭하는 각도 θ를 특별히 브래그 각(Bragg angle)이라고 부른다. 결정 내부의 밀도나 원자량을 추정하면 격자 간격은 대략 수 Å 단위이므로 X선의 파장도 이 정도는 되어야 한다. 만약 더 작은 간격을 가진 결정을 조사하고 싶으면 X선의 파장을 더 작게 하면 된다. 물론 이를 달성하기 위해선 X선의 에너지를 높여야 한다. 이러한 연구로 1915년 브래그 부자는 노벨 물리학상을 공동 수상하였고 당시 아들 브래그의 나이는 25세였다.

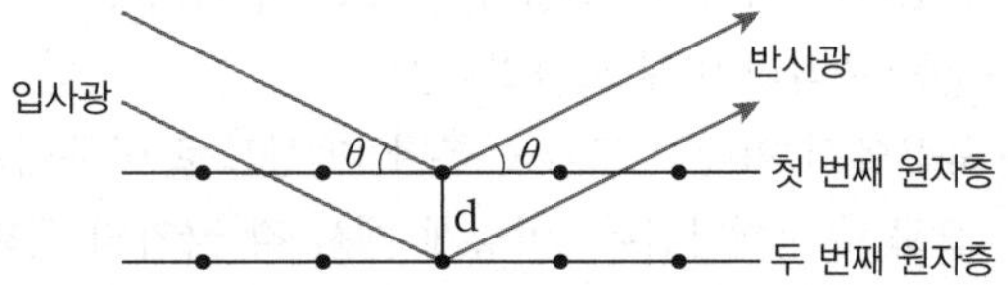

① 결정이 고유한 특정 방향을 갖고, 공간적으로는 특정한 배열을 갖는 것은 방해석과 운모처럼 특이한 성질을 가진 광물에게만 나타나는 특징이다.
② 19세기 초에는 이미 오늘날 결정 이론의 대부분이 알려져 있었다.
③ 브래그 부자는 X선을 입사하는 실험 중, 나오는 반사광을 보고 결정 내부에 원자가 배열하고 있는 평면이 무수히 있을지 모른다는 가설을 세우게 되었다.
④ 브래그 각을 바꾸어 원자층 사이의 거리를 알아낼 수 있다.
⑤ 수 Å에 지나지 않는 격자간격 때문에 더 이상의 정밀한 실험은 불가능하다.

[06~07] 다음 글을 읽고 질문에 답하시오.

지구는 하나의 마을이 되었다. 그러나 그것은 잠재적으로 그러하다. 왜냐하면 인류 역사상 지구 전체가 국경으로 분할된 수많은 나라들로 이처럼 잘게 쪼개진 적이 없기 때문이다. 여기에서 이러한 모순에 대해 논하고자 한다.

어떻게 세계화의 경향과 민족주의의 부활이 공존할 수 있는가? 왜 새로운 국가의 출현은 멈추지 않는가? 우리의 세계에는 약 3,000개의 민족적·문학적·언어적 단위가 살고 있다고 말하는데, 과연 어떤 원리로 민족국가를 지향하고자 하는 의지에 맞설 수 있을까? 아니면 우리가 몇몇 제국주의를 중심으로 한 세계의 재구성을 향해 나아갈 것인가? 세계화 또는 민족주의화, 민주적 자본주의를 중심으로 한 이념적 통일 또는 새로운 이념을 중심으로 한 소국분열주의로 나아갈 것인가? 우리는 이러한 변화들을 동시에 겪고 있다.

베를린 장벽의 붕괴는 유럽에 새로운 질서를 만들었다. 자유 보편주의는 집단적 행복이라는 경쟁 이데올로기를 쓰러뜨렸다. 그러나 역사는 거기에서 끝나지 않았다. 베를린 장벽이 붕괴되자, 많은 정치 해설가들은 모든 이데올로기적인 장벽이 사라지고 맥몽드(미국 중심의 세계화를 가리키는 말)로의 전 세계적인 통합이 진행될 것으로 예상했다. 그러나 예측과는 달리 하나의 세계로의 통합보다는 민족국가 중심의 세계 질서가 형성되고 있다.

뉴욕은 세계의 다양한 인종들을 거의 동시에 볼 수 있는 곳으로서, 세계화의 단면을 관찰할 수 있는 곳이다. 이곳에서는 미국인들과 함께 있다가 이탈리아인들을 만나고, 푸에르토리코인들과 헤어져 한국 사람들을 만나러 갈 수 있다. 맥몽드의 수도는 우리의 미래 모습일까?

서구의 모든 대도시들은 뉴욕에서 미래의 모습을 본다. 맥몽드로 이주해온 이민자들은 자신의 문화를 타문화와 융합하는 대신 개별적으로 유지해나간다. 이렇게 해서 각 국가의 문화, 맥몽드의 코스모폴리탄적인 문화, 그리고 수입된 민족문화들이 공존한다. 이러한 공존은 평화롭게 이루어질 수도 있고 그렇지 않을 수도 있다. 뉴욕의 경우 유대인과 흑인들 간의 갈등은 평화롭지 못한 공존의 예다.

우리에게는 미국화에 대한 두려움이 존재한다. 이탈리아인 또는 독일인이 미국적 민주주의를 대신하거나 보완할 모델을 만들 거라고 기대하는 사람은 없다. 러시아나 중국에게 그러한 것을 기대하는 사람도 없다. '아시아적 가치'라고 말해지는 이념은 실속이 없을 뿐 아니라 그것은 단지 중국화된 엘리트에게만 호소력이 있다. 한편 이슬람교주의자들의 이념은 이슬람교주의자들 이외의 사람들이 포괄되는 것을 원하지 않는다. 그리하여 이제는 언어와 경제적 힘이라는 커다란 이점을 가지고 세계화를 열망하는 프랑스인들과 미국인들만이 남게 되었다.

드골주의의 탄생 이래, 미국이라는 거대한 골리앗에 대적할 수 있는 프랑스의 전략은 반론의 원칙이다. 미국 혼자만이 옳을 수는 없다. 우리에게 필요한 것은 미국에 대한 거부를 정당화할 프로젝트다. 그러나 그것은 종래의 프랑스식 모델이 아니다. 그러기에는 프랑스 모델도 너무 진부하다. 우리에게 필요한 것은 새로운 자유주의적 민주주의 안에서 각자의 개성을 포기하지 않고 세계에 뒤떨어지지 않는 새로운 삶의 방식이다. 오늘날 세계는 서구에서 비롯된 시장경제, 민주주의, 인권에 대한 수호원리 등을 기본 원리로 받아들이고 있다. 그리고 미국은 자신의 이데올로기를 다른 민족들에게 끊임없이 정당화하고자 하였으며, 다른 민족의 다양성을 무시함으로써, 다른 민족 및 국가의 신뢰를 잃게 되었다. 그러나 프랑스는 타문화들의 다양성을 중요시함으로써, 문화적 차이에 보다 주의를 기울이는 듯이 보인다.

06 주어진 글의 견해와 가장 부합하는 것을 고르면?

○△× ① 세계는 지금 미국 중심으로 세계화되고 있지만 미국 중심의 세계화에는 많은 문제가 내포되어 있다.
○△× ② 세계는 점점 민족주의적 경향에서 세계화의 경향으로 바뀌고 있다.
○△× ③ 각 민족들이 섞여 살게 되면 반드시 갈등의 씨앗이 생긴다.
④ 중국이나 이슬람권 국가들은 세계화를 주도할 수 없다.
⑤ 미국 중심의 세계화보다는 새로운 프랑스 중심의 세계화가 바람직하다.

07 주어진 글의 핵심 주장을 비판한 것으로 가장 적절한 것을 고르면?

○△× ○△× ○△×

① 지구가 하나의 나라가 되었다고 하지만 그것은 기술의 발달로 인한 시간적 거리가 가까워졌다는 말이고, 구성원들의 정신이나 생각까지 하나가 되는 것은 아니다.
② 이데올로기의 대립이 사라진 것 같지만, 사실은 미시적인 차원에서의 이데올로기적인 대립은 아직도 계속되고 있다.
③ 뉴욕같이 다민족을 만날 수 있는 도시도 있지만, 세계의 많은 부분은 아직도 자기 나라, 혹은 자기 민족들 위주로 구성된 도시나 지역이 많다.
④ 세계가 자본주의 위주로 재편되는 가운데 자본주의의 상징과 같은 미국화를 부정적이기보다는 긍정적으로 보는 사람도 많아졌다.
⑤ 다양한 민족들의 서로 다른 요구는 상충되고 대립되기도 쉬우므로 이들이 서로 공존하기를 바라는 것은 지극히 어려운 일이다.

08 다음 글을 통해 알 수 있는 것을 [보기]에서 모두 고르면?

○△×
○△×
○△×

자연 상태에서 인간은 평등한 상태이다. 그곳에서는 일체의 권력과 지배권이 상호적이며, 어느 누구도 다른 사람들보다 더 많은 것을 가질 수 없다. 즉, 조금도 다름없이 똑같은 종류와 등급의 피조물은 이 세상에 태어나면서부터 아무런 차별도 없이 모두 자연의 혜택을 똑같이 누리며, 똑같은 능력을 행사할 수 있다. 적어도 일체의 피조물의 주(主)이며 지배자인 신께서 어떤 한 사람을 지명하여 그에게 조금도 의심의 여지가 없는 명확한 지배권과 주권을 부여하지 않는 한, 사람들은 누구나 남에게 종속되거나 또는 복종하는 일이 없이 모두 평등해야 한다.

후커(Hooker)는 이와 같은 인간의 자연적인 평등은 조금도 의심의 여지가 없이 너무도 자명한 것으로 생각했다. 그러므로 그는 이러한 인간의 평등을, 사람들이 서로 남을 사랑해야 하는 도덕상의 구속력의 기초가 되는 것으로 보았으며, 그 위에다 사람들 서로가 짊어져야 하는 여러 가지 의무를 설정하고, 그곳으로부터 정의와 사랑이라는 위대한 원리를 이끌어냈던 것이다. 그는 다음과 같이 말하고 있다.

원래 사람들은 모두 똑같은 자연적인 욕망을 갖도록 되어 있는데, 이로 말미암아 사람들은 남을 사랑하는 일은, 곧 그들 자신을 사랑하는 일과 마찬가지로 자신의 의무라는 것을 알게 되었다. 서로 평등한 것들은 모두 똑같은 척도를 갖게 될 것이기 때문이다. 사람이라면 누구나 마음속에서 바라게 되는 선(善)한 것을, 나도 반드시 다른 사람들로부터 받아들이기를 원하게 마련이다.

만일 내가 남에게 어떤 해를 끼친다면, 나도 남으로부터 어떤 해를 입게 되리라는 것을 예기하지 않으면 안 된다. 왜냐하면 다른 사람들이 내가 그들에게 표시한 것 이상의 사랑을 나에게 표시해야 할 이유는 없기 때문이다. 따라서 원래 자기와 평등한 사람들로부터 되도록 많은 사랑을 받고 싶으면, 당연히 그들에 대해서도 전적으로 똑같은 사랑을 베풀어야 할 의무가 따르게 되는 것이다. 우리들 자신과, 우리와 똑같은 성질을 가진 사람들은 이와 같이 서로 평등한 관계에 놓여 있다.

보기

㉠ 자연 상태의 인간은 어떠한 불평등도 발견되지 않는 상태이다.
㉡ 자연 상태에서의 인간의 평등은 도덕적 구속력의 뿌리가 된다.
㉢ 남을 사랑하는 것은 인간의 자연스런 감정의 표출이다.
㉣ 내가 베푸는 것 이상의 것을 받는 사회가 유토피아이다.
㉤ 자연 상태에서 인간은 똑같은 혜택을 누리게 된다.

① ㉠, ㉢ ② ㉡, ㉢ ③ ㉡, ㉤
④ ㉠, ㉡, ㉤ ⑤ ㉢, ㉣, ㉤

09 다음 글의 필자가 주장할 것으로 적합하지 않는 것을 고르면?

○△×
○△×
○△×

우리나라 학문은 정주학설(程朱學說)을 조종(祖宗)으로 하였고, 불교는 있어도 도교는 없다. 따라서 바른 학문이 성하고 이단(異端)은 거의 없다. 오직 풍수설(風水說)이 불교나 노장학(老莊學)보다 더욱 심하여, 사대부들도 쏠리면서 하나의 풍습으로 되었다. 그래서 장사(葬事)를 고쳐하는 것을 효도라 하며, 산소 꾸미는 것을 일삼으니 서민도 본받는다.

대저 이미 뼈가 된 어버이를 두고, 자기 운수의 좋고 나쁨을 점치고자 하니 그 심보가 벌써 어질지 못하다. 더구나 남의 산을 빼앗고, 남의 상여(喪輿)를 쳐부수는 것은 옳은 일이 아니다. 또 묘사(墓祀)를 시제(時祭)보다 성대하게 지내는 것도 예(禮)가 아니다.

대저 땅 위에 있는 사람으로서 땅속 일을 다 의심한다면 천하에 어찌 안전한 무덤이 있겠는가? 대체로 수장(水葬)·화장(火葬)·조장(鳥葬)·현장(懸葬)을 하는 나라에도 또한 인류가 있고 임금과 신하도 있다.

그러므로 오래 살고 일찍 죽음과 팔자가 궁하고 좋음과 집안이 흥하고 망함과 살림이 가난하고 부함은 천도(天道)의 자연이고 사람의 행동에 관계되는 것이다. 장사지낸 터의 좋고 나쁨에 관련시켜 논할 것은 아니다.

지금 사주(四柱)를 말하는 자는 천하 일을 모두 사주에 돌리고, 관상법(觀相法)을 말하는 자는 천하의 일을 관상법에다 돌리며, 무당은 무술(巫術)에다 돌리고, 지관(地官)은 장사하는 데에 돌리는 바, 무슨 방술(方術)이든지 그렇지 않은 것이 없으니 한 사람의 일로써 과연 누구에게 맡겨야 할 것인가? 학식 있는 사람이 중요한 지위를 맡으면, 마땅히 풍수들의 문서를 불사르고, 풍수를 따지는 그런 사람을 금하여, 백성들에게 길흉(吉凶)과 화복(禍福)이 장사와는 관계없음을 알게 해야 할 것이다.

그런 뒤에, 각 고을마다 산지(山地) 한 곳씩 잡아 두고, 백성에게 그 씨족의 내력을 밝혀, 씨족끼리 장사하게 하기를 중국의 북망산(北邙山) 제도와 같게 한다. 만약 본 고을에 적당한 곳이 없으면 이웃 고을 지역이라도 백 리 안쪽에다 정하도록 한다. 또 장삿날은 가리지 않으며, 하관(下官)할 땅속에는 회(灰)를 굳게 쌓고, 비석(碑石)과 지석(誌石)을 삼가서 세운다.

이와 같이 할 뿐이면 사대부들이 산지 때문에 서로 다투든가 빼앗는 일은 저절로 그칠 것이고, 부자들이 묘터를 넓게 차지하는 것도 쉽게 금해질 것이다.

① 인간의 길흉화복은 풍수지리와 관계가 없다.
② 사회지도층이 장묘 문화를 바르게 세워야 한다.
③ 장묘 방식은 시대와 상황에 따라 변화할 수 있다.
④ 호사스러운 장묘 풍습은 타파되어야 할 악습이다.
⑤ 공동묘지는 풍수설의 폐단을 극복할 대안이 될 수 없다.

10

어떤 정수에서 2를 뺀 다음 3으로 나눈 수는 1보다 크고, 같은 정수를 1/2배 하고 1을 더한 수는 이 정수의 2/3보다 작지 않다고 할 때, 가능한 정수의 개수를 고르면?

○△× ○△× ○△×

① 1개 ② 2개 ③ 3개 ④ 4개 ⑤ 0개

11

A상품과 B상품에 관한 정보가 다음 [조건]과 같다고 할 때, 두 상품의 원가 합을 고르면?

○△× ○△× ○△×

조건

A: 원래 20% 할인하고 있던 제품에 시즌오프 행사로 40% 추가 할인을 받아 48만 원에 구입하였다.
B: 세일 제외 상품이었으나 재고가 남아 20% 할인을 받아 32만 원에 구입하였다.

① 125만 원 ② 130만 원 ③ 135만 원
④ 140만 원 ⑤ 145만 원

12

실내 수영장에 물을 가득 채우는 데 A수도꼭지만 사용하면 3시간이 걸리고 B수도꼭지만 사용하면 7시간이 걸린다. 매일 아침 물을 채워야 하는데, 관리인의 실수로 처음 1시간은 B수도꼭지만 틀어져 있었고 그 이후부터 A, B수도꼭지를 동시에 사용하여 오전 10시에 실내 수영장에 물이 가득 찼다고 한다. 이때 물을 채우기 시작한 시각은 언제인지 고르면?

○△× ○△× ○△×

① 6시 18분 ② 7시 12분 ③ 7시 16분
④ 7시 42분 ⑤ 8시 12분

13 1에서 10까지의 자연수 중에서 서로 다른 두 수를 임의로 선택할 때, 선택된 두 수의 곱이 짝수가 되는 경우의 수를 고르면?

○△×
○△×
○△×

① 25 ② 30 ③ 35 ④ 40 ⑤ 45

14 계약성사율이 $\frac{1}{3}$인 사람이 서로 다른 계약을 위해 같은 고객을 세 번 만난다고 할 때, 2개 이상 계약에 성공할 확률을 고르면?

○△×
○△×
○△×

① $\frac{1}{9}$ ② $\frac{4}{27}$ ③ $\frac{7}{27}$ ④ $\frac{1}{3}$ ⑤ $\frac{11}{27}$

15 인형을 만드는 데, 1일차에는 A 혼자서 작업하였고, 2일차와 3일차에는 A와 B가 함께, 4일차에는 B가 혼자서 작업하였더니 인형이 완성되었다. 만약 처음부터 A와 B가 함께 작업하였다면, 인형을 완성하는 데 소요되는 기간을 바르게 표현한 것을 고르면?(단, A가 혼자 인형을 만들 때에는 t_1의 시간이 걸리고, B가 혼자 인형을 만들 때에는 t_2의 시간이 걸리며, 이들은 하루에 일정 시간만 작업한다.)

○△×
○△×
○△×

① $\frac{3t_1t_2}{t_1+t_2}$ ② $\frac{3(t_1+t_2)}{t_1t_2}$ ③ $\frac{t_1t_2}{3(t_1+t_2)}$ ④ $\frac{t_1+t_2}{t_1t_2}$ ⑤ $\frac{t_1t_2}{t_1+t_2}$

[16~17] 다음 [표]는 3개 지역의 총인구수와 부양비를 조사한 자료이다. 이어지는 질문에 답하시오.

[표] 지역별 인구수와 부양비 (단위: 명, %)

지역	총인구수	총부양비	유년부양비
A	4,000	60	30
B	6,000	20	15
C	3,500	40	20

※ 1) 총부양비 = $\frac{\text{0~14세인구} + \text{65세 이상인구}}{\text{15~64세인구}} \times 100$

2) 유년부양비 = $\frac{\text{0~14세인구}}{\text{15~64세인구}} \times 100$

3) 노년부양비 = $\frac{\text{65세 이상인구}}{\text{15~64세인구}} \times 100$

4) 노령화지수 = $\frac{\text{65세 이상인구}}{\text{0~14세인구}} \times 100$

16 A지역의 15~64세 인구를 고르면?

○△× ① 2,000명 ② 2,500명 ③ 2,800명 ④ 3,000명 ⑤ 3,500명
○△×
○△×

17 주어진 표에 대한 설명으로 옳은 것을 [보기]에서 모두 고르면?

○△×
○△×
○△×

보기
㉠ 노년부양비가 큰 지역부터 순서대로 나열하면 A지역, B지역, C지역이다.
㉡ 총인구수가 작은 지역일수록 총부양비가 크다.
㉢ A지역과 C지역의 노령화지수는 같다.
㉣ A지역 노년부양비는 B지역 노년부양비의 6배이다.

① ㉠, ㉡ ② ㉠, ㉢ ③ ㉡, ㉢ ④ ㉡, ㉣ ⑤ ㉢, ㉣

18 **다음 [조건]을 모두 참이라고 할 때, 회의를 반드시 개최해야 하는 날의 수를 고르면?**

○△× ○△× ○△×

조건

○ 회의는 다음 주 월~금 중에 개최한다.
○ 월요일에는 회의를 개최하지 않는다.
○ 화요일과 목요일에 모두 회의를 개최하거나 월요일에 회의를 개최한다.
○ 금요일에 회의를 개최하지 않으면, 화요일에도 회의를 개최하지 않고 수요일에도 개최하지 않는다.

① 0 ② 1 ③ 2 ④ 3 ⑤ 4

19 **세영, 재원, 정완, 기중, 주은 5명은 자동차로 출근을 한다. 이들의 차는 컨버터블, 왜건, 트럭, 스포츠카, 밴 중 서로 다르고 직장까지 걸리는 출근 시간도 5분, 10분, 25분, 40분, 50분으로 서로 다르다. 다음 [조건]을 참고했을 때, 이들의 정보가 바르게 연결된 것을 고르면?**

○△× ○△× ○△×

조건

㉠ 주은의 출근 시간은 왜건을 운전하는 사람의 2배이며, 트럭을 운전하는 사람의 1/4이다.
㉡ 정완과 주은의 출근 시간을 합치면 60분이다.
㉢ 컨버터블을 운전하는 사람의 출근 시간은 정완의 출근 시간의 1/2이고, 세영의 출근 시간은 재원의 5배이다.
㉣ 스포츠 카로 운전할 경우에 운전 시간이 가장 길고, 밴의 출근 시간은 트럭 운전 시간의 1/4이다.

① 재원-밴-5분
② 재원-왜건-5분
③ 세영-컨버터블-50분
④ 세영-왜건-25분
⑤ 기중-스포츠카-10분

[20~21] 식품사업을 하는 L사는 1층부터 6층까지의 건물 각 층 1호실에 롯데리아, 앤제리너스, 빌라드샬롯, 나뚜루팝, 크리스피도넛, TGI프라이데이 매장을 배치하려고 한다. 다음 [조건]에 따라 매장을 배치한다고 할 때, 이어지는 질문에 답하시오.

조건

- ㅇ 롯데리아, 앤제리너스, 빌라드샬롯은 서로 층이 떨어져 있으며 떨어진 간격이 같다.
- ㅇ 롯데리아는 5층이다.
- ㅇ TGI프라이데이는 나뚜루팝보다 층수가 높다.

20 다음 중 반드시 거짓인 것을 고르면?

○△× ① 빌라드샬롯은 1층에 있다.
○△× ② 나뚜루팝은 2층이다.
○△× ③ TGI프라이데이는 6층이다.
④ 4층에는 나뚜루팝이나 TGI프라이데이만이 올 수 있다.
⑤ 나뚜루팝은 2층 또는 4층이다.

21 다음 중 하나의 조건을 추가하면 이들의 배치를 정확하게 알 수 있다고 한다. 추가해야 할 조건으로 적절한 것을 고르면?

○△×
○△× ① 앤제리너스 매장을 1층에 배치한다.
○△× ② 앤제리너스 매장을 크리스피 매장보다 윗층에 배치한다.
③ 앤제리너스 매장을 크리스피 매장보다 아랫층에 배치한다.
④ 크리스피 매장을 2층에 배치한다.
⑤ 크리스피 매장을 빌라드 샬롯보다 윗층에 배치한다.

22 갑의 견해에 근거할 때 정치적으로 가장 불안정할 것으로 예상되는 정치체제의 유형을 고르면?

○△×
○△×
○△×

> 민주주의 정치체제는 선거제도와 정부의 권력구조(의원내각제 혹은 대통령제)를 결합하는 방식에 따라 크게 A, B, C, D, E 다섯 가지 유형으로 나눌 수 있다.
>
> A형은 의원들을 비례대표제에 의해 선출하는 의원내각제의 형태다. 비례대표제는 총득표수에 비례해서 의석수를 배분하는 방식이다. B형은 단순다수대표제 방식으로 의원들을 선출하는 의원내각제의 형태다. 단순다수대표제는 지역구에서 1인의 의원을 선출하는 방식이다. C형은 의원들을 단순다수대표 선거제도에 의해 선출하는 대통령제 형태다. D형의 경우 의원들은 비례대표제 방식을 통해 선출하며, 권력구조는 대통령제를 선택하는 형태다. 마지막으로 E형은 일종의 혼합형으로 권력구조에서는 상당한 권한을 가진 선출직 대통령과 의회에 기반을 갖는 수상이 동시에 존재하는 형태다. 의원은 단순다수대표제에 의해 선출된다.
>
> 한편 갑은 “한 국가의 정당체제는 선거제도에 의해 영향을 받는다. 민주주의 국가들에 대한 비교연구 결과에 의하면 비례대표제를 의회 선거제도로 운용하고 있는 국가들의 정당체제는 대정당과 더불어 군소정당이 존립하는 다당제 형태가 일반적이다. 전국을 다수의 지역구로 나누고 그 지역구별로 1인을 선출하는 단순다수대표제의 경우 군소정당 후보자들에게 불리하며, 따라서 두 개의 지배적인 정당이 출현하는 양당제의 형태가 자리 잡게 된다. 또한 정치적 안정 여부는 정당체제가 어떤 권력구조와 결합하는가에 따라 결정된다. 의원내각제는 양당제와 다당제 모두와 조화되어 정치적 안정을 도모할 수 있는 반면 혼합형과 대통령제의 경우 정당체제가 양당제일 경우에만 정치적으로 안정되는 현상을 보인다.”고 주장하였다.

① A　　② B　　③ C　　④ D　　⑤ E

[23~24] A국은 자동차 수출을 확대하기 위해 새로운 해외시장을 개척하려 하고 있다. [조건]을 참고하여 이어지는 물음에 답하시오.

조건

- 현재 A국은 해외시장 개척 대상으로 B국과 C국을 고려하고 있다.
- B국과 C국은 자동차의 환경 친화도를 나타내는 환경 점수와 성능 우수성을 나타내는 성능 점수를 기준으로 자동차 수입을 규제하고 있다.
- A국의 현재 기술력은 환경 점수 65점, 성능 점수 64점이고, 환경 친화도를 높이는 연구와 성능 향상을 위한 연구가 동시에 추진될 수 없는 상황이며, 두 연구는 연구기간에 상관없이 각각 한 번만 추진된다.

[B국과 C국의 자동차 수입 허용 기준]

구분	환경 점수	성능 점수
B국	69	78
C국	73	69

[연구기간에 따른 예상 도달점수]

구분	3개월	6개월	9개월
환경 점수	70	74	78
성능 점수	69	74	79

23 A국이 B, C 두 국가에 모두 진출하는 것을 목표로 연구를 진행하는 경우, 최소 몇 개월의 연구기간이 소요되는지 고르면?

○△×
○△×
○△×

① 6개월 ② 9개월 ③ 12개월 ④ 15개월 ⑤ 18개월

24 주어진 자료에 대한 설명으로 옳은 것을 [보기]에서 모두 고르면?

○△×
○△×
○△×

보기

㉠ 두 국가 중 한 국가에 진출하는 것을 목표로 하는 경우 B국보다는 C국에 진출하는 것을 목표로 연구를 진행하는 것이, 새로운 해외시장 개척에 소요되는 총연구기간을 단축시키는 데 유리하다.

㉡ 두 국가에 모두 진출하는 것을 목표로 연구를 진행하는 경우 환경 친화도 연구보다는 성능 우수성 연구를 선행하는 것이 한 국가 진출 후 나머지 국가에 진출하기 위해 필요한 연구기간을 짧게 하는 데 유리하다.

㉢ 두 국가에 모두 진출하는 것을 목표로 연구를 진행하는 경우 C국 진출을 위한 준비가 먼저 완료되도록 연구를 진행하면 C국 진출 후 3개월의 연구기간이 더 필요하다.

① ㉡
② ㉠, ㉡
③ ㉠, ㉢
④ ㉡, ㉢
⑤ ㉠, ㉡, ㉢

25 다음 [규칙]에 근거할 때, 각 가족들이 국가로부터 받은 토지를 잘못 계산한 것을 고르면?

○△×
○△×
○△×

규칙
○ 모든 호주(戶主)는 국가로부터 영업전(營業田) 20무(畝)를 지급받는다. 이 영업전은 상속이 가능하다. 단, 상속의 결과 영업전이 20무를 초과하는 경우 초과분은 국가가 환수한다. ○ 신체 건강한 남자는 18세가 되면 구분전(口分田) 80무를 지급받는다. 상속이 가능했던 영업전과 달리 구분전은 노동력의 감퇴 또는 상실에 따라 국가의 환수 대상이 된다. 즉 60세가 되면 국가가 구분전의 절반을 환수하고, 사망하면 나머지 절반도 환수한다. ○ 18세 이상의 성인 남자일지라도 심각한 신체장애로 노동력의 일부를 상실한 경우에는 구분전 40무만 지급받는다. ○ 17세 미만의 남자이지만 호주인 경우에는 구분전 40무를 지급받는다. ○ 여자는 원칙적으로 구분전의 수전(授田) 대상이 아니었지만, 남편이 사망한 과부에게는 구분전 30무를 지급한다.

① 전쟁으로 부모를 잃어 호주가 된 12세 A는 심각한 신체장애가 있으며, 5살 많은 누나와 함께 살고 있다. → 60무

② 60세 되던 해에 전염병으로 아내와 아들 부부를 잃은 올해 70세의 호주 B는 17세 된 손자와 15세 된 손녀를 데리고 산다. → 60무

③ 작년에 남편을 잃어 호주가 된 40세 C는 21세의 딸과 함께 사는데, 딸은 선천적인 신체장애로 남들만큼 일하지 못한다. → 70무

④ 올해 30세인 호주 D는 신체 건강한 남자로서 10년 전에 결혼하였으며 그의 부모는 모두 오래 전에 사망하였다. 그의 슬하에는 17세 미만인 아들 둘과 딸 둘이 있다. → 100무

⑤ 올해 55세인 호주 E는 아내와 장성한 아들 둘을 데리고 사는데 큰 아들은 24세, 작은 아들은 20세이다. 두 아들은 모두 신체 건강하지만 아직 결혼을 못했다. → 260무

정답과 해설 ▶ P.104

에듀윌 공기업

매일 1회씩 꺼내 푸는 NCS Ver.2

DAY 16

eduwill

매1N 3회독 루틴 프로세스

*더 자세한 내용은 매1N 3회독 학습가이드를 확인하세요!

1 3회독 기록표에 학습날짜와 문제풀이 시작시간을 적습니다.

2 시험장에서 문제를 푸는 것처럼 풀어 보세요.

3 모바일 OMR 또는 회독용 답안지에 마킹한 후, 종료시간을 적고 초과시간을 체크합니다.

▶ **모바일 OMR 바로가기**

[DAY 16]

http://eduwill.kr/wp8j

4 문항별 3회독 체크표(◯ △ ✕)에 표시합니다. 문제를 풀면서 알고 풀었으면 ◯, 헷갈렸으면 △, 전혀 몰라서 찍었으면 ✕에 체크하세요.

3회독 TIP

- 1회독: 25문항을 빠짐없이 풀어 보세요.
- 2~3회독: 틀린 문항만 골라서 풀어 보세요.

3회독 기록표

1회독		2회독		3회독	
학습날짜	월 일	학습날짜	월 일	학습날짜	월 일
시작시간	:	시작시간	:	시작시간	:
종료시간	:	종료시간	:	종료시간	:
점 수	점	점 수	점	점 수	점

01 다음 글의 주장으로 적절하지 않은 것을 고르면?

○△×
○△×
○△×

사상 체계의 제일 덕목이 진리라고 한다면, 정의(正義)는 사회제도의 제일 덕목이다. 이론이 아무리 정교하고 간명하다고 할지라도 그것이 진리가 아니라면 배척되거나 수정되어야 하듯이, 법이나 제도가 아무리 효율적이고 정연한 것이라 할지라도 그것이 정당하지 못하면 개혁되거나 폐기되어야 한다. 모든 사람은 전체 사회의 복지라는 명목으로도 유린할 수 없는 정의에 입각한 불가침성을 갖는다. 그러므로 정의는 타인들이 갖게 될 보다 큰 선(善)을 위해서 소수의 자유를 뺏는 것이 정당화됨을 거부한다. 다수가 누릴 보다 큰 이득을 위해서 소수에게 희생을 강요해도 좋다는 것을 정의는 용납할 수 없다.

사회의 기본 구조에 대한 정의의 원칙들은 평등한 원초적 입장(Original position)하에서 시민들에 의해서 채택된 것이어야 한다. 이때 평등한 원초적 입장이란 전통적 사회계약론이 가정한 자연 상태에 해당되는 것이다. 이 원초적 입장은 역사상에 실재했던 어떤 상태가 아니라 순수한 가상적 상황으로 이해된다. 이 원초적 상황이 갖는 본질적 특성은 무지의 장막(Veil of Ignorance)이라 불리는 것인데, 말하자면 계약 당사자 중 아무도 자신의 사회적 지위나 계층상의 위치를 모르며, 누구도 자기가 어떤 소질이나 능력, 지능, 체력 등을 천부적으로 타고났는지 모른다는 것이다. 정의의 원칙들은 이런 무지의 장막 속에서 선택된다. 무지의 장막이 필요한 것은 공정성을 확보하기 위해서이다. 무지의 장막에 의해 아무도 타고난 운수의 결과나 사회적 여건의 우연성으로 인해 유리해지거나 불리해지지 않는다.

사회적 여건의 우연성 때문에 비롯되는 불평등도 정의롭지 못하지만 자연적 우연성 때문에 귀결되는 불평등도 정의롭지 못하다. 따라서 천부적 재능을 한 사회의 공동 자산으로 생각하고 이 재능이 산출하는 이익을 구성원들이 함께 나누어야 한다. 누구든 간에 천부적으로 보다 유리한 위치에 있는 자들이 그 이유만으로 이득을 볼 수 없으며, 아주 불리한 위치에 있는 자의 여건을 향상시켜준다는 조건하에서만 그들은 그들의 행운에 의해 이익을 볼 수 있어야 한다.

① 최대 다수의 최대 행복의 원리는 정의에 어긋날 수 있다.
② 우연에 의해 지배되는 사회는 정의롭지 못한 사회이다.
③ 모든 사회적, 자연적 우연성은 정의롭지 못하다.
④ 천재의 재능은 개인의 것이 아니라 사회의 공동 자산이다.
⑤ 특정한 조건 아래서는 타고난 행운에 의한 이익도 정당화 된다.

02 **다음 글을 읽고 추론할 수 있는 내용으로 적절한 것을 고르면?**

○△×
○△×
○△×

전통적인 주자학자들의 일차적인 학문적 관심사는 물리적 대상 세계가 아니라 인간 내면의 세계, 즉 심성의 세계였다. 이것은 덕성에 의한 지성을 우위에 두는 심학적 학문관의 산물이다. 심학적 학문관이란 물리적 대상 세계보다는 인간의 마음을 위주로 한 학문을 통칭하는데, 주자 계열의 이학도 여기서 벗어나지 않는다. 왕수인의 선험주의적 인식 이론에 의하면 인식 능력인 양지나 인식 내용인 이치가 마음속에 선험적으로 구비되어 있기 때문에, 마음 바깥에 있는 대상 세계를 소홀히 한다는 것은 매우 자연스러운 일이다. 주자의 격물설은 객관 사물에 대한 탐구의 길을 마련해 놓았다는 점에서 의미가 있지만, 이것 역시 마음속에 내재한 도덕성의 자각이라는 궁극적인 목적의 수단이라는 점에서 보자면 본질적으로 다른 것은 아니었다. 그래서 주자학에서도 근본적인 학문적 관심사는 바로 마음 내지는 마음속에 있는 이치였다.

실용적이고 실증적인 학문을 추구했던 최한기로서는 물리적 대상 세계를 대상으로 하는 새로운 인식 방법론 내지는 학문 방법론을 모색할 필요가 있었다. 그래서 그는 양지설과 궁리설로 대표되는 심학적 방법론을 모두 비판한다. 이를 위한 최한기의 전략은 이들의 인식론적 전제를 공격하는 것이었다. 최한기에 의하면 인간의 마음은 아무런 색이 없는 우물물과 같아서 본래 그 어떤 관념이나 선험적인 이치가 내재해 있지 않다. 색을 첨가함에 따라 그 물이 물들여지는 것처럼 인간의 마음은 경험이 쌓여감에 따라 지식을 축적하는 것이다. 따라서 양지 및 이치는 선험적인 것이 아니라 경험적으로 배워서 얻은 것일 뿐이다. 온갖 이치가 마음속에 갖추어져 있다는 맹자나 주희의 언급 역시 사유의 작용을 찬미한 것이지 이치의 선험성을 의미하는 것이 아니다. 따라서 인간의 지식은 감각기관과 외부 대상과의 만남, 즉 감각 경험을 통해서 얻을 수밖에 없다.

최한기에 있어서 참다운 지식은 경험으로부터 출발한다. 보고 듣고 냄새를 맡고 하는 감각 경험이 없다면 인식은 성립할 수 없다. 경험을 떠나서 얻어지는 지식은 공허할 뿐이다. 그래서 그는 사물에 대한 객관적인 탐구 없이 마음속의 이치를 드러내기 위해 마음의 공부에만 매달리는 전통 성리학자들의 학문에 대해 불교의 돈오설에 가깝다고 비판한다.

① 최한기는 마음속에 내재한 도덕성의 자각을 궁극적인 목적으로 생각하였다.
② 왕수인의 심학적 학문관은 바깥 세계에 대한 객관적인 탐구에 초점을 두고 있다.
③ 최한기는 감각 경험을 통해 얻는 인식으로부터 참다운 지식을 얻을 수 있다고 보았다.
④ 맹자는 객관 사물에 대한 탐구의 길을 마련함으로써 덕성에 의한 지성을 추구하였다.
⑤ 주자는 인간의 마음을 인식과 경험이 쌓여감에 따라 지식이 축적되는 것으로 보았다.

03 다음 글의 내용과 가장 부합하는 것을 고르면?

○△×
○△×
○△×

스티븐 핀커(Steven Pinker)는 인간 본성에 대한 과학적 사실과 사회적 가치가 그릇된 논리로 연결되어 있음을 지적하고 있다. 그릇된 논리에 의하면, 갓난아이의 초기 두뇌 상태가 백지 상태로 비어 있지 않고 저마다 다른 특성의 자질들이 새겨져 있어서 성별에 따라, 인종에 따라, 개인에 따라 선천적으로 각기 다른 다양한 재능, 관심, 성향을 보인다는 것이고, 이는 정치적 차별의 근거가 될 수 있다. 핀커는 이러한 생각이 다음과 같은 잘못된 생각을 전제하여 인간 본성에 대한 과학적 사실을 외면하고 있다고 말한다.

잘못된 생각이란, 우선 인간 집단 간에 서로 생물학적 차이가 있다면, 한 집단의 구성원들이 다른 집단의 구성원들을 차별하는 것이 용인될 수 있다는 선입견이다. 그리고 집단 간 생활수준의 차이가 선천적 특성에 의한 것이라면, 그것은 인위적인 차별에 의한 것이 아니므로 불평등이 용인될 수 있는 생각이다. 또한 사람들이 가치를 평가하거나 미추(美醜)를 느끼는 방식이 생물학적으로 다르다면, 생물학적 특성에 따라서 사회를 개선하고자 하는 우생학적 시도가 정당화될 수 있다는 생각이다.

여기도 발생하는 두려움이 지식인들로 하여금 그러한 선천적인 차이가 존재하지 않는다고 주장하게끔 만들었고 본성이라는 것 자체를 아예 존재하지 않는다고 주장하게끔 한다. 핀커는 이런 종류의 논법은 즉시 철회되어야 한다고 말한다. 인간에 관한 어떠한 발견도 그렇게 끔찍한 의미로 연역될 수 있다는 것을 우리는 인정하지 않아야 한다는 것이다. 문제는 사람들이 서로 다를 수 있다는 가능성에 있는 것이 아니라, 사람들이 서로 다르다면 결국 차별, 억압, 대량학살이 용인될 것이라고 말하는 사고방식에 있다.

핀커의 말대로 갓난아이의 초기 상태가 백지라는 가설은 인간에 대한 연구를 왜곡시켜왔고 이에 따라서 다른 제도적, 개인적 선택 사항들을 왜곡시켜 왔다. 인간이 가지고 있는 천차만별의 본성적 개성들이 평등을 비롯한 우리의 근본적 가치들과 충돌하는 것은 아님을 알아야 한다.

① 우리 사회에서 남성과 여성에 대한 차별이 존재하는 이유는, 성에 따른 능력의 차이가 선천적 요인에 의한 것이기 때문이다.
② 인간 개개인 또는 집단간의 선천적인 차이는 나치가 평등에 대한 인간적 권리를 부정하고, 유태인을 학살한 것을 정당화시켜 준다.
③ 갓난아이의 두뇌는 백지 상태가 아니라 저마다 차이를 지닌 본성을 가지기 때문에, 그로부터 형성된 성품과 능력에 따라서 차별화하여 대우해야 한다.
④ 한 국가의 경제력이나 군사력, 과학기술력 등에는 국민들의 유전적 자질이 결정적 요인으로 작용하므로, 국민성 계발을 국가발전 전략의 핵심으로 삼아야 한다.
⑤ 일부 학자들은 사회적 가치와 생물학적 사실을 혼동하였다.

04 다음 글의 내용과 가장 부합하지 않는 것을 고르면?

○△×
○△×
○△×

최근까지만 해도 동물학자들 사이에는 동물 왕국에서는 협조라는 현상이 불가능하다는 견해가 팽배했다. 동물 학계를 지배했던 다윈주의는 생존을 위한 투쟁을 요구했고 힘, 권력, 극단적인 이기주의만이 강자가 약자를 이기게 만들며 생존의 기회를 제공하는 것으로 이해되었다.

그런데 윌리엄 해밀턴이 다윈의 이론을 몰아적 행동과 결합하는 작업에 성공했다. 이것은 그의 동료 리처드 도킨스가 1978년에 출판한 「이기적 유전자」로 알려져 있다. 그들 이론의 핵심은 다음과 같다. 개별 동물들은 타고난 유전자가 이기적인 이익을 볼 때만 몰아적으로 행동한다. 낯선 개미들의 침입에 대항하여 무리를 지키기 위해 목숨을 바치는 흰개미 병사는 아무런 이익을 얻지 못하는 것 같지만 유전자의 관점에서 볼 때 이기적인 이익을 얻는 것이다. 수백만 마리의 흰개미는 모두가 가까운 친척들이기 때문에 그가 목숨을 바쳐 구한 왕과 왕비 그리고 수많은 일개미들을 통해 그의 유전자는 살아남는다.

이 이론은 일반적으로 받아들여졌고, 마침내 협조, 협동, 우정 등의 테마를 공공연히 논할 수 있는 바탕을 마련하였다. 수많은 학자들이 전 세계적으로 이 '신대륙'을 찾아 나섰고 사회생물학이라는 새로운 학문 영역이 탄생했다.

메이너드 스미스는 1979년 사회 그룹의 존속에 유용하기 때문에 자연적 진화의 선택 과정에서 사라지지 않는 이타적 행동방식을 '진화 안정성' 혹은 '진화 안정적 전략'이라고 불렀다. 가장 강한 자만 살아남는다는 견해와는 정반대의 의견이다.

사회가 어떻게 형성되었는가 하는 오랜 의문에 대한 해답은 최근의 진화생물학적 발견 속에서 찾을 수 있다. 사회는 이성에 의해 고안된 것이 아니다. 그것은 인간 본성의 일부로서 진화되어 왔다. 사회는 인체와 마찬가지로 인간 유전자의 진화적 산물이다. 그것을 이해하기 위해서는 우리의 뇌 속에 자리잡고 있는 사회적 유대 관계를 창출하고 활용하는 본능에 주목해야 한다. 또 인간과 다른 동물들을 비교·관찰해서 본질적으로 경쟁적인 진화라는 사건이 때로는 어떻게 협동적 본능을 발양하는지를 알아내야 한다.

매트 미들리에 따르면 유전자는 이기적이지만 때로는 목적을 달성하기 위해 개체의 이타성을 활용한다고 한다. 애초에 그들이 의도한 바는 아니었지만, 결과적으로 '이기적 유전자' 이론 덕분에 개체의 이타주의를 설명할 수 있게 되었다.

① 전체를 위한 미생물, 개미, 꿀벌, 원숭이와 유인원, 돌고래, 조류, 식물 등과 같은 개체의 희생적인 죽음은 이기적 이타주의에 해당한다.
② 흰개미는 여왕개미, 왕개미의 번식을 도움으로서 자신이 스스로 번식하는 것보다 동일한 유전자를 가진 더 많은 개체를 다음 세대에 전할 수 있다.
③ 어떤 개체의 이타적 행동을 결정하는 기준은 개체 자신의 이익이 아니라 유전자의 이익이다.
④ 동물 세계의 이타주의는 진화사적으로 볼 때, 자신을 희생하여 다른 개체에 봉사하는 혈연도태를 통해 생겨났다.
⑤ 인간을 포함한 생명체는 경쟁과 자연선택만에 의해 적자생존을 하므로 자신의 생존을 위해 이타적인 행동을 한다.

05 다음 글의 중심 생각으로 가장 적절한 것을 고르면?

○△×
○△×
○△×

아인슈타인 이전 시대의 물리학자는 뉴턴 역학 및 그의 중력 법칙과 초기 조건을 수용하고, 그것들의 도움으로 새롭게 발견된 작은 행성P의 진로를 계산했다. 그러나 만일 이 행성이 계산된 진로에서 벗어났다면, 뉴턴 물리학을 신봉하는 물리학자가 이 사건을 뉴턴 역학 법칙과 그의 중력 법칙에 대한 반론으로 여길 것인가? 그렇지 않다. 그는 지금까지 알려지지 않은 행성이 존재하며, 그 행성이 행성P의 궤도를 교란시켰다는 주장을 내세울 것이다. 가정한 행성의 질량, 궤도 등을 계산하여 가설을 세우고 관측 천문학자들에게 그 가설의 테스트를 의뢰할 것이다.

다만, 행성이 너무 작기 때문에 현재 사용하는 망원경 가운데 가장 큰 망원경을 통해서도 이 행성을 발견할 수 없었다. 관측 천문학자들은 더 큰 망원경을 만들기 위해 연구비를 신청하고, 3년 후에 새로운 망원경이 완성되었다. 이 망원경을 통해 행성이 발견된다면, 이것은 뉴턴 과학의 새로운 승리로 간주될 것이다. 그러나 실제로 행성은 발견되지 않았다. 이 과학자는 뉴턴의 이론과 교란의 원인으로 여겨진 행성에 대한 그의 생각을 포기할 것인가? 그는 결코 포기하지 않을 것이다.

그는 우주진(宇宙塵)의 구름 때문에 그 행성을 발견하지 못한다는 주장을 내세울 것이다. 그는 이 우주진의 위치와 성질을 추정하여 이를 테스트할 수 있는 인공 위성을 발사하기 위한 연구비를 요구할 것이다. 만일 인공 위성의 측정 기구들이 추정된 우주진의 구름이 존재한다는 것을 알려 준다면, 이 결과는 뉴턴 과학의 놀라운 승리로 환호 받을 것이다. 그러나 그 구름은 발견되지 않았다. 이 과학자는 뉴턴의 이론, 교란의 원인으로 여겨진 행성, 그 행성을 가리고 있는 우주진에 대한 생각을 포기할 것인가? 포기하지 않을 것이다. 그는 다시 우주의 어디엔가 존재하는 자력장 때문에 인공 위성의 측정 장치들이 방해받는다는 주장을 제시할 것이다.

① 과학적 방법론을 통해 알게된 이론은 불변의 진리이다.
② 과학자는 사회적 요구와 관계없이 진실만을 말해야 한다.
③ 새로운 이론을 지지하는 사례가 많으면 그 이론을 받아들여야 한다.
④ 이론과 관찰 사실이 일치하지 않아도 그 이론은 살아남을 수 있다.
⑤ 뉴턴 역학은 어떤 관찰 가능한 사태가 발생할 것이라는 것을 금지할 수 있다.

[06~07] 다음 글을 읽고 이어지는 물음에 답하시오.

이탈리아 작가 콜로디(Carlo Collodi)의 「피노키오의 모험」은 대중에게는 흔히, 피노키오(Pinocchio)가 나무로 만들어진 인형이지만 사람처럼 행동하고, 그가 거짓말을 하면 코가 늘어나며, 착한 일을 하게 되어서 나중에 진짜 사람의 모습을 갖추게 된다는, 환상적이면서도 도덕적 교훈을 많이 담고 있는 작품으로 알려져 있다. 그러나 콜로디의 동화를 창조성의 관점에서 다시 읽어보면, 이 작품이 창조자와 피조물의 관계, 인간이라는 창조자의 한계, 피조물의 불완전성, 피조물이 발휘하는 힘과 능력의 아이러니 등 다양한 메시지를 전하고 있다는 것을 알게 된다. 다시 말해, 피노키오의 이야기는 '창조자와 피조물의 변증법'에 대한 알레고리(Allegory)라는 관점에서 작품 해석을 해볼 수 있다.

피노키오의 에피소드들은, 관점에 따라서, ㉠ 신(神)의 창조와 같이 '순수 창조'를 은유한다고 볼 수도 있고, 인간의 창조 행위와 같이 '이차적 창조'의 상징적 메시지를 포함하고 있다고 볼 수도 있다. 인간학 및 문화의 개념과 연관해 보면 당연히 후자의 관점이 더 흥미롭다.

우선 인간이라는 창조자는 이차적 창조라는 성격 때문에 근본적 한계를 갖고 있다는 것이다. 이미 살펴 본 바와 같이, 인간의 창조 행위는 절대 창조가 아니므로 사실 무(無)에서 창조가 아니라 항상 '기존의 것', 따라서 존재론적으로 이미 결정되어 있고 결정된 것을 사용하여 변화를 주고 구성의 작업을 하는 것이다. '기존의 것'을 사용해야만 한다는 이차적 창조자로서 인간의 한계는, 그가 기존 것의 원초적 창조에 전혀 참여하지 않았으므로 그 기존의 것에 대한 완전한 지식과 완벽한 통제력을 갖지 못하다는 것을 의미한다. 야스퍼스(K. Jaspers)의 표현을 빌리면 인간은 이미 존재하는 것들에 대한 완전한 암호(Chiffre) 독해의 능력이 없다.

따라서 기존의 것들을 이용해 무엇인가 창조할 경우 자신의 피조물이 어떠한 작용과 행동을 할지 완전한 예측도, 그에 대한 완벽한 통제도 불가능하다. 제페토가 인형을 만들기 위해 가져온 나무토막이 처음부터 멋대로 움직이고, 이상한 말소리를 내는 것은 창조의 재료 자체가 사람의 통제 밖에 있다는 것을 잘 상징하고 있다. 인간의 창조 행위는 창조의 위험 부담을 원천적으로 지니고 있는 것이다.

또한 제페토가 피노키오를 거의 완성하여 다리를 달아 주자마자, 피노키오는 문 밖으로 달아나 버리고 거리를 제멋대로 활보하고 사고를 친다. 창조의 작업이 대충 끝나자마자, 피조물은 독립성을 갖게 된다는 것을 한마디로 보여주는 대목이다. 이는 "객체성을 획득한 문화적 성과물은 사람에 대해 무관심하다."라는 루카치(G. Lukacs)의 말에도 잘 나타나 있다. 피조물이 자신의 창조자에게서 독립성을 가진다는 것은 그와의 관계를 단절한다는 뜻이 아니다. 피노키오가 자신을 창조한 제페토에게 기쁨과 즐거움을 주는 행동을 하는 것과 함께 또한 그를 골탕 먹이기도 하며 그에게 고통을 주는 일을 저지르기도 한다는 것은, 창조의 작업이 끝난 후에는 피조물을 창조자의 마음대로 어떻게 하지 못한다는 것뿐만 아니라 피조물이 창조자와의 관계에서 주도권을 행사할 수도 있다는 것을 의미한다.

문화 활동의 구체적 관점에서 보면, 에코(U. Eco)가 "작가는 작품의 여로를 방해하지 않기 위해 작품 완성 후 죽어야 한다."라고 말했지만, 사실 작품에 대한 작가의 배려가 굳이 필요하지도 않다. 창작 행위가 끝나자마자 작품은 작가의 손을 떠나는 것이다. 그뿐 아니라, 인간의 피조물은 언제 어디서 자신의 창조자를 골탕 먹일지도 모를 일이다.

더욱이 제한된 이차적 창조자로서 인간이 염두에 두어야 할 것은 피조물 자신이 획득한 힘으로 창조자를 자신에게 예속시킬지도 모른다는 것이다. 콜로디의 동화에서는 피조물 피노키오가 능력을 발휘하여, 자신의 창조자 제페토를 위험에서 구하고, 그를 위해 봉사함으로써 보답을 받는 해피엔딩을 하지만, 실제에서는 전혀 예기치 못한 결과를 가져올 가능성이 늘 존재하는 것이다. 인간이라는 제한된 능력의 창조자에게는 피조물의 변덕조차도 큰 위험 부담인 것이다.

절대 창조주는 피조물의 도전과 반란 앞에서 그것의 존재를 말살하는 벌을 내릴 수 있다. 곧 무(無)에서 창조한 피조물을 무로 돌려보낼 수 있다. 하지만 제한된 창조자인 인간은 전혀 그러하지 못하다. 세상을 창조한 자는 세상을 없앨 수 있지만, 세상 안에서 창조를 행하는 자는 세상의 일부조차도 없앨 수 없기 때문이다. 인간이 어떠한 것을 파괴해도 그것은 가루나 미립자로 남는다. 무엇인가를 태워도 그것은 연기나 재로 남는다. 이 세상에 어떠한 방식으로든 남아있는 것이다. 인간이 없앨 수 있는 것은 형상의 파괴와 의미의 삭제일 뿐이다.

06

주어진 글은 피노키오의 에피소드들을 이차적 창조라는 관점에서 해석한다. 하지만 ㉠처럼 일차적 관점에서 해석할 수도 있다고 하는데, 다음 중 피노키오의 에피소드들을 일차적 관점에서 해석한 것으로 볼 수 <u>없는</u> 것을 고르면?

○△×
○△×
○△×

① 피노키오는 사람처럼 많은 경험을 하면서 성장하고, 언젠가는 사람이 될 거라는 열망을 버리지 않는다.

② 피노키오는 자신이 나무로 되어 있다는 피조물로서의 조건에 제약을 받으며 세상을 살아간다.

③ 피노키오는 피조물이지만 창조주(또는 조물주)의 모습으로 만들어졌으며 창조주의 삶과 행동을 따라 하고자 한다.

④ '말하는 귀뚜라미'와 '푸른빛 머리의 요정'을 통해 이 세상에는 피조물을 항상 창조주의 세계와 그 진리의 기준으로 인도하기 위한 장치들이 있다는 것을 보여준다.

⑤ 피노키오가 제페토 할아버지에게 늘 고민거리를 안겨주는 것처럼 피조물의 불완전성은 곧바로 창조주의 고민거리지만, 그로 인해 문제가 생길 때마다, 창조주는 자신의 피조물에 연민(憐憫)의 정을 갖게 된다.

07

주어진 글을 통해 추론한 내용으로 적절하지 <u>않은</u> 것을 고르면?

○△×
○△×
○△×

① 인간이 아무리 신의 흉내를 내며 창조를 해봤자, 어쩔 수 없이 불완전한 창조자이다.

② 루카치의 관점에 의하면 어떤 시가 시인의 원래 의도와는 다른 뜻으로 사람들에게 받아들여졌다 하더라도, 그에 대해 시인이 문제를 제기하는 것은 불필요한 일이다.

③ 노벨이 효과적인 공사를 위해 다이너마이트를 발명했지만 다이너마이트가 전쟁에서 사람을 살상하는 데 많이 쓰이게 되었다는 이야기는 글쓴이의 창조주와 창조물의 관계에 대한 관점을 잘 보여준다.

④ 제페토가 피노키오의 다리를 달아주는 것을 세상에 비유하면, 인간이 자신의 창조물인 자동차를 만들고 거기에 차바퀴를 달아주는 행위와 유사하다 할 수 있다.

⑤ 에코의 관점을 수용하면 영화를 만든 감독은 자신의 영화를 해설하거나 설명해 주기보다는 그 영화 자체로 볼 수 있게 영화에 대한 해석을 제공하지 않는 것이 나을 수도 있다.

08 다음 수들이 일정한 규칙으로 나열되어 있을 때, 빈칸에 들어갈 알맞은 수를 고르면?

○△× ○△× ○△×

64　125　216　343　(　　)

① 480　② 496　③ 508　④ 512　⑤ 600

09 김 대리는 문구점에서 A4 용지를 주문하려고 한다. A4 용지 1박스는 a원이고, 10박스를 주문할 경우 1박스를 덤으로 준다. 김 대리는 문구점 단골 고객이라 주문 시 총구매 금액의 15%를 할인받는다. 김 대리가 이번에 주문하여 A4 용지가 55박스를 받았고, 지불한 총금액이 637,500원이라고 할 때, A4용지 1박스의 가격은 얼마인지 고르면?

○△× ○△× ○△×

① 13,500원　② 14,000원　③ 14,500원
④ 15,000원　⑤ 15,500원

10 다음 [표]는 건강보험공단의 최종 면접에 응시한 6명의 지원자 A~F의 면접 점수에 관한 자료이다. [표]와 [조건]을 이용하여 면접응시자 A, B, C의 시험점수를 바르게 나열한 것을 고르면?

○△×
○△×
○△×

[표] 면접응시자 A~F의 시험점수 (단위: 점)

응시자	A	B	C	D	E	F
점수	(　)	(　)	(　)	(　)	9	9

조건

- ○ 면접 점수는 자연수이다.
- ○ 면접 점수가 같은 응시자는 A, E, F뿐이다.
- ○ 산술 평균은 8.5점이다.
- ○ 최댓값은 10점이다.
- ○ 지원자 D의 면접 점수는 지원자 C보다 4점 높다.

	A	B	C
①	8	9	5
②	8	10	4
③	9	8	6
④	9	10	5
⑤	9	9	6

11 연우는 매일 자전거를 타고 등교한다. 아침에 등교할 때에는 시속 $v_1$km로 가고, 저녁에 하교할 때에는 시속 $v_2$km로 온다. 등교하는 시간과 하교하는 시간을 합하면 t분이 걸린다고 할 때, 집에서 학교까지의 거리를 적절하게 표현한 것을 고르면?

○△×
○△×
○△×

① $\frac{tv_1v_2}{60(v_1+v_2)}$　② $\frac{t(v_1+v_2)}{60v_1v_2}$　③ $\frac{v_1v_2}{t(v_1+v_2)}$　④ $\frac{60(v_1+v_2)}{tv_1v_2}$　⑤ $\frac{t(v_1+v_2)}{v_1v_2}$

[12~13] 다음 [그래프]는 대학생 20명의 용돈과 소비액의 상관도이다. 이를 통해 질문에 답하시오.

[그래프] 대학생의 용돈과 소비액 상관도

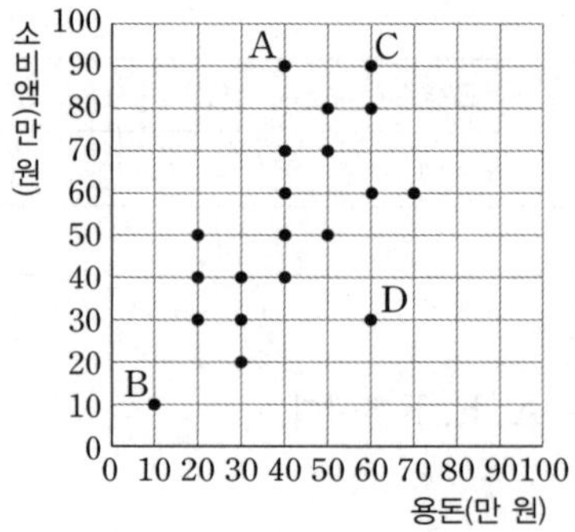

12 주어진 자료에 관한 설명 중 옳은 것을 [보기]에서 모두 고르면?

ⓞⓧ ⓞⓧ ⓞⓧ

보기

㉠ A학생의 소비액은 용돈의 2배다.
㉡ B학생의 용돈과 소비액이 같다.
㉢ C학생의 소비액은 용돈의 1.5배이다.
㉣ D학생의 용돈은 소비액의 2배이다.

① ㉠, ㉡　② ㉡, ㉢　③ ㉢, ㉣
④ ㉠, ㉡, ㉣　⑤ ㉡, ㉢, ㉣

13 용돈보다 소비액이 많은 사람은 과소비를 하고 있다고 했을 때, 전체 인원 중에 과소비를 하는 대학생의 비율을 고르면?

① 15%　② 25%　③ 40%　④ 60%　⑤ 85%

14 다음 [표]는 2016~2020년 장기 기증 및 이식 현황에 관한 자료이다. 이에 대한 설명으로 옳은 것을 [보기]에서 모두 고르면?

○△× ○△× ○△×

[표] 연도별 장기 기증 및 이식 현황 (단위: 명, 건)

구분 \ 연도		2016년	2017년	2018년	2019년	2020년
기증 희망자		926,009	1,036,916	1,140,808	1,315,132	1,438,665
뇌사 기증자		268	368	409	416	446
이식 대기자		18,189	21,861	22,695	26,036	24,607
이식 건수		3,133	3,797	3,990	3,814	3,901
	뇌사자장기이식	1,108	1,548	1,751	1,741	1,818
	생체이식	1,780	1,997	2,045	1,921	1,952
	사후각막이식	245	252	194	152	131

보기

㉠ 뇌사 기증자 1인당 뇌사자장기이식 건수는 매년 4건 이상이다.
㉡ 2018~2020년의 이식 건수 중 생체이식 건수가 차지하는 비중은 매년 감소한다.
㉢ 2017년 이후 뇌사 기증자 수의 전년 대비 증가율은 기증 희망자 수의 전년 대비 증가율보다 매년 높다.
㉣ 이식 대기자 수와 이식 건수는 연도별 증감 추이가 같다.

① ㉠　② ㉠, ㉡　③ ㉡, ㉣
④ ㉢, ㉣　⑤ ㉡, ㉢, ㉣

15 다음 [표]는 A~D지역의 면적, 동 수 및 인구 현황에 관한 자료이다. [표]와 [조건]을 근거로 A~D에 해당하는 지역을 바르게 나열한 것을 고르면?

○△× ○△× ○△×

[표] A~D지역의 면적, 동 수 및 인구 현황 (단위: km^2, %, 개, 명)

구분 지역	면적	구성비				동수		행정동 평균 인구
		주거	상업	공업	녹지	행정동	법정동	
A	24.5	35.0	20.0	10.0	35.0	16	30	9,175
B	15.0	65.0	35.0	0.0	0.0	19	19	7,550
C	27.0	40.0	2.0	3.0	55.0	14	13	16,302
D	21.5	30.0	3.0	45.0	22.0	11	12	14,230

※ 1) 각 지역은 용도에 따라 주거, 상업, 공업, 녹지로만 구성됨.
2) 지역을 동으로 구분하는 방법에는 행정동 기준과 법정동 기준이 있음. 예를 들어, A지역의 동 수는 행정동 기준으로 16개이지만 법정동 기준으로 30개임.

조건

- 인구가 15만 명 미만인 지역은 '행복'과 '건강'이다.
- 주거 면적당 인구가 가장 많은 지역은 '사랑'이다.
- 행정동 평균 인구보다 법정동 평균 인구가 많은 지역은 '우정'이다.
- 법정동 평균 인구는 '우정' 지역이 '행복' 지역의 3배 이상이다.

	A	B	C	D
①	건강	행복	사랑	우정
②	건강	행복	우정	사랑
③	사랑	행복	건강	우정
④	행복	건강	우정	사랑
⑤	행복	건강	사랑	우정

[16~17] A, B, C, D, E, F 6명이 시계 방향으로 1~6까지 번호가 쓰인 원탁에 둘러 앉아 있다. 1과 4, 2와 5, 3과 6은 서로 마주 보는 자리이고, 알려진 정보가 다음 [조건]과 같을 때, 이어지는 질문에 답하시오.

조건

- B는 1번 또는 4번 자리에 앉아 있다.
- D와 E는 바로 옆자리에 앉아 있다.
- C는 F의 바로 옆자리에 앉아 있지 않다.

16 F가 4번에 앉는다고 할 때, 다음 중 항상 거짓인 것을 고르면?

○△× ① A와 C가 마주보고 앉는다.
○△× ② C가 6번 자리에 앉는다.
○△× ③ D가 3번 자리에 앉는다.
④ C와 E가 마주보고 앉는다.
⑤ B와 D가 바로 옆자리에 앉는다.

17 F가 4번 의자에 앉아 있는 상태에서, 하나의 조건을 덧붙이면 이들의 자리가 확정된다고 할 때, 필요한 조건을 고르면?(단, 다음 자리는 번호를 기준으로 다음 번호의 자리임을 의미한다.)

○△×
○△× ① A와 C는 옆자리다.
○△× ② A는 5번 자리다.
③ A의 바로 다음 자리가 F다.
④ F의 바로 다음 자리가 E다.
⑤ B는 C의 옆자리다.

18 다음 글에서 언급하고 있는 오류와 동일한 유형의 오류를 범하고 있지 않은 것을 고르면?

○△×
○△×
○△×

> 논쟁을 하는 데 있어서 흔히 발생하는 잘못 중 한 가지는 독립적인 근거를 제시하지 않고 단순히 어떤 진술이 거짓이라는 점이 증명되지 않았다는 것을 근거로 그것이 참이라고 주장하거나 혹은 어떤 진술이 참이라는 것이 증명되지 않았다는 것을 근거로 그것이 거짓이라고 주장하는 것이다.
>
> 일상적으로나 학문적으로나 명백한 거짓으로 보이지만 아직까지 거짓임이 증명되지 않은 이론들이 있다. 또한 어떤 진술이나 이론들은 아직까지 참이라는 것이 증명되지 않았지만 확실히 참인 경우도 있다. 따라서 어떤 진술이 참이라는 것이 증명되지 않았거나 혹은 거짓이라는 것이 증명되지 않았다고 해서 그러한 사실로부터 그것이 거짓 혹은 참이라고 단정할 수는 없다.

① 많은 사람이 유전자조작 기술이 인간복제에 사용되는 경우 예상하지 못한 재앙이 발생할 것이라고 우려한다. 그러나 이러한 태도는 잘못이다. 과학적으로 유전자조작 기술이 위험하다는 것을 보여주는 어떠한 증거도 없다.

② 많은 사람과 심지어는 과학자들도 담배가 폐암의 원인이라고 믿고 있다. 그러나 담배가 폐암을 유발한다는 것을 보여주는 어떠한 결정적 증거도 없으므로 담배는 폐암을 유발하지 않는다.

③ 많은 사람이 외계생명체의 존재를 의심한다. 그러나 외계 생명 탐사계획에 참여하고 있는 많은 과학자는 외계생명체의 존재를 강하게 믿고 있다. 따라서 외계생명체는 존재한다.

④ 진화론자들은 현재의 인간이 원시 생명체로부터 긴 진화 과정을 거쳐서 나타났다고 주장한다. 그러나 그러한 대규모의 진화 과정을 관찰할 수는 없다. 따라서 진화론은 잘못된 이론이다.

⑤ 프로이트의 정신분석학이 잘못된 이론이라는 것을 증명하려는 수많은 시도가 있었지만 그 중 어떤 것도 성공하지 못했다. 따라서 프로이트의 이론은 훌륭한 과학 이론에 해당한다.

19 다음 자료는 조선 말기 1862년 농민봉기를 수습하기 위해서 설치한 삼정이정청의 개혁안인 '삼정이정 절목'의 구체적인 내용이다. 이를 통해 개혁안을 평가한 것으로 적절한 것을 고르면?

○△×
○△×
○△×

> ㉠ 전정(田政): 별도의 수렴을 엄격히 금지한다.
> 도결(都結)과 방결(防結) 등을 금지한다.
> 토지를 다시 파악하는 양전 사업은 추후로 미룬다.
> ㉡ 군정(軍政): 어린이나 노인에 대한 군포 부과를 엄격하게 금지한다.
> 각 군현의 군액(軍額)을 현실에 맞게 재조정한다.
> 특히 불법으로 빠지는 자를 방지한다.
> ㉢ 환곡(還穀): 환곡 제도는 폐지하고 전세로 현실화한다.
> 전결을 적게 소유한 자에게 병폐가 되지 않게 한다.
> 전결을 소유하지 않은 자는 부담을 없앤다.

① 법(제도)은 우수하지만, 운영이 문제라는 국가 부세 제도의 운영개선론 수준이다.
② 법(제도) 자체에 문제점이 있음을 인정하지만, 부분 개혁(변통책)을 긍정하는 국가 부세 제도의 부분개혁론이다.
③ 법(제도) 자체에 문제점이 있음을 인정하고, 전면적으로 개혁하자는 국가 부세 제도의 전면 개혁론이다.
④ 법(제도)을 넘어서는 문제로서, 지주전호제 자체가 근본 문제임을 인정하고, 토지 재분배를 통한 평등화를 주장하는 토지제도 개혁론이다.
⑤ 사실상 토지제도 개혁도, 국가 부세 제도 개혁도 하지 말자는 현상유지론이다.

20 다음 실험을 보고 판단한 것으로 적절하지 않은 것을 고르면?

○△×
○△×
○△×

> 연구자 갑은 외부와 접촉이 차단되고 고립된 상태에서 인간이 어떤 행동을 보이는지를 관찰하기 위하여 실험을 고안하였다. 건강하고 평범한 대학생들을 연구 대상자로 선정하였다. 선정된 연구 대상자 중 일부는 교도관 역할을, 나머지는 죄수 역할을 맡았으며, 교도관의 행태를 감시하는 기구나 규율은 없었다. 갑은 제복을 입은 교도관 역할자와 죄수복을 입고 죄수 역할을 하는 자의 심리를 분석하였다. 특별한 의미가 담긴 복장이 사람에게 미치는 영향은 컸다. 죄수복은 그 자체로 사람을 위축시켰으며, 교도관들의 제복과 선글라스 그리고 곤봉은 권위 의식을 갖게 했다. 흥미롭게도 교도관 역할자는 둘째 날부터 진짜 교도관이 된 것처럼 행동하기 시작했다. 죄수 역할자는 실험이 아닌 실제 상황에 처한 것이 아니냐는 의심을 품기 시작했고, 난동을 부리다 교도관 역할자에게 제압당하는 사건도 발생했다. 실험 셋째 날부터 교도관 역할자는 무력으로 죄수 역할자를 완벽하게 통제하였다. 그들은 죄수 역할자를 독방에 가두거나, 스스로 체벌을 고안하여 강제했으며 구타도 하였다. 다섯째 날에 이르자 정신적인 충격으로 발작을 일으키는 사람도 목격되었다. 이들이 집단 광기를 보이자 결국, 모든 실험은 중단되었다.

① 인간의 행동은 지위에 따라 달라질 수 있다.
② 견제 장치가 없는 권력은 남용될 가능성이 크다.
③ 인간의 의지력은 극한 상황을 극복할 수 있는 중요한 원동력이다.
④ 상징(물)에 대한 의미 부여가 구성원의 행동 양식에 영향을 미친다.
⑤ 외부와 접촉이 차단되고 고립된 상태에서는 행동에 대한 자기 통제력이 약화될 수 있다.

[21~22] 가영, 나리, 다솜, 라임, 마야, 바울, 사랑 7명은 구슬치기를 하기 위해 모였다. 다음 [조건]에 따라 각각의 사람이 구슬을 가지고 있을 때, 이어지는 질문에 답하시오.

조건

- ○ 다솜이 가지고 있는 구슬의 수는 마야, 바울, 사랑이 가지고 있는 구슬의 합보다 많다.
- ○ 마야와 바울이 가지고 있는 구슬의 합은 사랑이 가지고 있는 구슬의 수와 같다.
- ○ 바울이 가지고 있는 구슬의 수는 가영과 라임이 가지고 있는 구슬의 합보다 많다.
- ○ 나리는 가영보다 구슬을 적게 가지고 있다.
- ○ 가영과 라임이 가지고 있는 구슬의 수는 같다.

21 **주어진 [조건]하에서 라임이 나리로부터 구슬 한 개를 얻었고, 바울이 가지고 있는 구슬의 수는 가영, 라임, 마야 3명이 가지고 있는 구슬의 합보다 더 많다고 한다. 만일 7명이 가지고 있는 구슬의 수가 모두 다르다고 할 때, 다음 중 구슬을 많이 가지고 있는 사람부터 순서대로 나열했을 때, 가능한 순서로 적절한 것을 고르면?**

○△× ○△× ○△×

① 다솜, 사랑, 바울, 마야, 가영, 라임, 나리
② 사랑, 다솜, 바울, 라임, 마야, 가영, 나리
③ 다솜, 사랑, 마야, 바울, 라임, 가영, 나리
④ 다솜, 사랑, 바울, 라임, 가영, 나리, 마야
⑤ 사랑, 다솜, 바울, 마야, 나리, 라임, 가영

22 **마야와 바울이 같은 수의 구슬을 가지고 있다고 가정할 때, 다음 중 반드시 거짓인 것을 고르면?**(단, 21번의 조건을 고려하지 않는다.)

○△× ○△× ○△×

① 사랑이 가지고 있는 구슬의 수는 바울이 가지고 있는 구슬의 수보다 더 많다.
② 가영이 가지고 있는 구슬의 수는 나리와 라임이 가지고 있는 구슬의 합보다 더 적다.
③ 사랑이 가지고 있는 구슬의 수는 가영, 라임, 마야가 가지고 있는 구슬의 합보다 더 적다.
④ 바울이 가지고 있는 구슬의 수는 가영, 나리, 라임이 가지고 있는 구슬의 합보다 더 많다.
⑤ 다솜이 가지고 있는 구슬의 수는 가영, 나리, 라임, 마야가 가지고 있는 구슬의 합보다 더 많다.

[23~25] 다음은 ○○교통공사 인재개발원 대관 안내에 관한 자료이다. 이를 바탕으로 질문에 답하시오.

인재개발원 대관 안내

1. 교육 시설

구분	면적	대관료(원), VAT 포함		비고
		기본사용료(2시간)	추가 1시간당	
강의실(대)	$177.81m^2$	129,000	64,500	토요일, 일요일 대관료 10% 할증
강의실(중)	$89.27m^2$	65,000	32,500	
강의실(소)	$59.48m^2$	44,000	22,000	
세미나실	$132.51m^2$	110,000	55,000	

2. 다목적홀

구분	면적	대관료(원), VAT 포함		비고
		기본사용료(3시간)	추가 1시간당	
다목적홀	$492.25m^2$	585,000	195,000	토요일, 일요일 대관료 10% 할증

3. 체육관

구분	면적	대관료(원), VAT 포함		비고
		기본사용료(2시간)	추가 1시간당	
체육관	$479.95m^2$	122,000	61,000	–

4. 주차장 이용

구분	운영시간	주차요금	
인재개발원 이용고객	연중무휴 (24시간)	– 최초 30분 무료 – 5분 초과 시마다 150원 – 1일 주차 8,000원	미세먼지 저감대책 발령 시 차량2부제 실시

※ 모든 대관 요금은 선납하되, 주차요금은 시설 이용 후 실제 이용시간을 계산하여 후납함.

5. 사용계약의 취소 및 변경요청
   ① 사용자가 대관료를 납부하고 사용일 전 취소한 경우 다음 각 호에 따라 위약금을 공제하고 반환한다.
      1. 사용자가 사용예정일 3일 전 취소한 경우 대관료 전액 환불
      2. 사용자가 사용예정일 2~1일 전 취소한 경우 위약금 10% 공제한 대관료 환불
      3. 사용자가 사용예정 당일 취소한 경우 위약금 50% 공제한 대관료 환불
   ② 사용자가 대관 승인의 내용을 변경하고자 할 때에는 사용예정일 1일 전까지 공사와 사용자 간 합의에 의해 변경 가능하다.
6. 사용자의 책임 및 손해보상
   ① 사용자는 사용기간 중 시설물이나 부대시설을 안전하고 청결하게 사용하도록 최선을 다하여야 하며 사용 허가받은 시설의 보존에 책임을 진다.
   ② 사용자의 귀책사유로 인하여 공사 또는 제3자가 재산상 손해를 입었거나 민원이 발생한 때에는 사용자는 이를 변상 또는 처리하여야 한다.

23 주어진 자료에 대한 설명으로 적절한 것을 고르면?

○△× ① 교육시설의 면적을 모두 합하면 체육관 면적보다 넓다.
○△× ② 시설을 사용하는 기간 중 공사에 발생한 손해는 반드시 사용자가 변상하여야 한다.
○△× ③ 3시간 이용 시 교육시설을 모두 대관하는 것보다 다목적홀을 대관하는 것이 더 저렴하다.
④ 사용예정일 1일 전까지는 처음 대관을 예약한 조건을 수정할 수 있다.
⑤ 1일 주차이용권은 해당일 오전 9시부터 오후 9시까지 이용할 수 있다.

24 다음 [보기]의 대화를 통해 김 대리가 인재개발원 시설을 대관한다고 할 때, 시설을 대관하기 위해 바로 납부해야 하는 전체 대관료로 옳은 것을 고르면?

○△×
○△×
○△×

보기

김 대리: ○○공사 인재교육팀입니다. 15일 수요일에 저희 공사 신규입사자를 대상으로 교육을 진행할 예정이어서 교육 시설과 체육관을 대관하려고 합니다. 총 55명이 이용할 예정이고, 교육은 오전 10시부터 정오까지 진행될 것 같습니다.
직　원: 교육 시설 중 가장 큰 강의실이 있는데, 55명은 충분히 수용 가능합니다.
김 대리: 아, 그런데 신입과 경력직이 따로 있어서 강의실을 둘로 나뉘어야 할 것 같습니다.
직　원: 그러면 강의실(중)과 강의실(소)를 하나씩 대관하시면 되겠네요. 체육관도 대관하신다고 하셨나요?
김 대리: 네, 맞습니다.
직　원: 지금 체육관이 공사 중이라 체육관 대신 다목적홀을 이용하셔야 합니다.
김 대리: 그렇게 하겠습니다. 주차도 가능한가요? 승용차 5대를 주차하게 될 것 같습니다.
직　원: 네, 가능합니다.
김 대리: 알겠습니다. 대관비 납부 방법을 알려주시면 지금 바로 대관비를 납부하겠습니다.

① 231,000원　② 499,000원　③ 694,000원
④ 707,500원　⑤ 756,400원

25 **앞 문항의 김 대리는 대관비를 납부한 후 이틀 뒤인 10일 금요일에 아래와 같이 교육 진행사항이 변경된 것을 확인하고 추가로 시설을 대관한 후 그 비용을 납부하였다. 그런데 주말간 교육 진행자 중 한 명이 코로나19에 걸리는 바람에 전체 교육 일정이 취소되어 13일에 대관을 취소하고자 한다. 이때 김 대리가 환불받는 대관료로 옳은 것을 고르면?**

○△×
○△×
○△×

[교육 일정 변동사항]
- 다른 지사의 신규입사자 참여
- 총 120명이 교육을 받을 예정이므로 세미나실을 추가로 대관
- 교육은 두 차례로 나뉘어 진행되므로 모든 교육 시설은 4시간씩 대관하고, 교육 이후 다목적홀을 2시간 이용할 예정

① 906,500원 ② 920,700원 ③ 954,700원
④ 1,023,000원 ⑤ 1,233,600원

정답과 해설 ▶ P.111

에듀윌 공기업

매일 1회씩 꺼내 푸는 NCS Ver.2

DAY 17

eduwill

매1N 3회독 루틴 프로세스

*더 자세한 내용은 매1N 3회독 학습가이드를 확인하세요!

1 3회독 기록표에 학습날짜와 문제풀이 시작시간을 적습니다.

2 시험장에서 문제를 푸는 것처럼 풀어 보세요.

3 모바일 OMR 또는 회독용 답안지에 마킹한 후, 종료시간을 적고 초과시간을 체크합니다.

▶모바일 OMR 바로가기

[DAY 17]

http://eduwill.kr/Ap8j

4 문항별 3회독 체크표(◎△⊠)에 표시합니다. 문제를 풀면서 알고 풀었으면 ◎, 헷갈렸으면 △, 전혀 몰라서 찍었으면 ⊠에 체크하세요.

3회독 TIP

- 1회독: 25문항을 빠짐없이 풀어 보세요.
- 2~3회독: 틀린 문항만 골라서 풀어 보세요.

3회독 기록표

1회독		2회독		3회독	
학습날짜	월 일	학습날짜	월 일	학습날짜	월 일
시작시간	:	시작시간	:	시작시간	:
종료시간	:	종료시간	:	종료시간	:
점 수	점	점 수	점	점 수	점

01 다음 글의 맥락에 맞게 [가]~[바] 문단을 바르게 배열한 것을 고르면?

○△×
○△×
○△×

[가] 일반적으로 기업이 임금 체계를 성과 지향적으로 전환하기 위해서는 제일 먼저 제도의 틀과 운용 기준을 설계하여야 한다. 성과 지향적 임금 체계의 틀은 기업의 도입목적, 성과에 대한 조직구성원의 철학, 적용대상의 지위, 임금 구조에 따라 달라진다.

[나] 기업에서 연봉제와 같은 성과 지향적 임금 체계를 도입하는 경우 엄정한 운용 관리를 위해 대상층에 대해 업적에 대한 인센티브가 유효하게 기능하도록 시스템화하여야 한다. 또한 성과 지향적 임금 체계를 통해 관리직과 전문직 종사자에 대해 의식개혁과 도전의식을 함양하고 이들의 능력개발 및 핵심 역량 강화를 추진해야 하는 것이 중요한 과제다.

[다] 따라서 새로운 발상과 합리성을 중시하는 성과 지향적 임금 체계의 틀을 구축할 때는 제도 운영의 엔진이 되는 공정한 평가 제도에 기초하여 보상이 인상 또는 삭감되는 틀을 설계하고 엄정하게 운용하는 것이 성과 지향적 임금 체계를 도입하는 목적을 달성하는 지름길이 된다.

[라] 근로시간 단축의 핵심은 기존의 임금 수준은 보전하면서 근로량을 줄이는 것이기 때문에 기업의 입장에서는 결과적으로 임금 수준의 상승과 동일한 효과를 가져오게 된다. 따라서 기업의 성과에 대한 관심을 이제는 근로시간의 양에서 질로 옮겨야 한다.

[마] 다만, 종래의 연공형 임금 체계의 연장선을 그대로 유지한 상태에서 무늬만 생색내기식의 임금 체계 변동은 필요 이상의 재원만 추가로 소요된다는 점에서 오히려 무익하다 할 것이다.

[바] 기업이 근로시간 단축 과정에서 경쟁력을 유지하기 위해서는 높아진 임금 수준에 상응하는 생산성 향상을 유도해야 한다. 생산성 향상의 한 방안으로 임금 체계를 성과 지향형으로 바꾸는 것은 이미 다양한 방법으로 시도된 사항이고 이는 많은 기업에서 소기의 성과를 얻은 검증된 방법이다.

① [가]－[라]－[바]－[나]－[마]－[다]
② [라]－[바]－[가]－[다]－[마]－[나]
③ [라]－[바]－[가]－[마]－[다]－[나]
④ [바]－[가]－[라]－[마]－[다]－[나]
⑤ [바]－[라]－[가]－[마]－[나]－[다]

[02~03] 다음 글을 읽고 질문에 답하시오.

의사소통에 대한 접근 방법은 다양한데, 그 중 베르거(Berger)의 기준이 유용하다. 첫째, 선형적인 수도관 모델(Linear, Conduit model)이다. 이것은 의사소통의 가장 기본적인 모델로, 화자가 청자에게 메시지를 전달하기 위해서는 언어가 일종의 통로 또는 도구의 역할을 한다고 가정하기 때문에 수도관 모델로 불린다. 이러한 생각은 정보이론에 뿌리를 두고 있는데, 수도를 따라서 물이 흘러가듯이 화자의 메시지에 담겨 있는 의도가 청자에게 전달되는 것을 의사소통이라고 보는 관점이다. 이 모델을 비판하는 관점에서 ㉠그라이스(Grice)와 같은 언어철학자는 정보와 의사소통을 구별해야 한다는 관점을 취한다. 즉, 메시지에는 '화자가 전달하고자 하는 의도적인 소통 내용이나 의미'가 있어야 하는데, 전달되는 것이 정보만이라고 보는 것은 이 견해의 한계라는 것이다.

둘째는 순환, 대화 모델(Circular, Dialogic model)이다. 이 모델은 앞의 수도관 모델이 화자 중심의 정보전달을 강조한 반면, 화자와 청자의 역할 모두를 중시한다는 점에서 수도관 모델과 구별된다. 이 모델의 기본적인 아이디어는 화자가 의도하는 메시지가 청자에게 영향을 미치는데, 의도를 명시하기가 쉽지 않으며, 청자가 더 적극적인 역할을 해야 한다는 점을 강조한다. 화자는 청자에게서 받은 반응이나 대답 또는 행위에 대해 일정 부분 명시적인 표현을 해야 한다. 반응이 없다면 화자는 기껏해야 자신에게만 말하는 상황에 처할 수도 있기 때문이다. 화자가 의도하는 메시지의 내용을 이해하기 위해서는 청자도 의식적인 해석 과정을 취해야 한다. 화자와 청자 모두가 적절한 해석을 위해 협동을 해야 한다는 점에서 볼 때, 의사소통은 '화자와 청자가 적극적으로 메시지를 구성하는 조직적인 응답체계 또는 협동'이라 할 수 있다.

셋째, 송환, 상호작용 모델(Feedback, Interactional model)이다. 이 모델은 의도의 개념을 포기함으로써 앞의 대화 모델과 구별된다. 이 모델에서 의사소통은 앞의 두 모델보다 훨씬 더 일반적인 방식으로 이해된다. 즉, 의사소통은 인간이 서로 영향을 끼치거나 끼치기 시작하는 모든 과정을 포함한다. 극단적으로, 이 모델은 모든 행위 자체를 의사소통으로 본다. 인간들의 상호작용은 소통의 필요성에 의해 특성이 밝혀지며, 이와 같은 필요성은 소통할 의지에 근거할 뿐만 아니라 해석하기 위한 의지에 근거를 둔 '의도'의 개념보다도 선행한다.

넷째, 자기 규제 모델(Self－Regulatory model)이다. 이것은 상호작용 모델을 급진적으로 변형한 모델이다. 왜냐하면 이 모델은 상호 관계와 상호 의존의 원리를 포기해버렸기 때문이다. 이 모델은 의사소통에 대한 유아독존적 모델만큼이나 역설적이다. 이 모델에서 화자와 청자는 수도관 모델과 대화 모델처럼 메시지를 전하거나 창조하기 위해서(새로운 의미를 부여하기 위해서) 일정량의 정보를 창조하고, 전달된 메시지를 새롭게 해석하고 이해하기 위해 의사소통을 하는 것이 아니라, 소통자들의 자기 규제와 자기 창조에 기여할 수 있는 소통 상황(환경)으로부터 도출되는 요소들을 단순히 통합하기 위해서 의사소통을 한다. 이러한 자기 규제와 자기 창조는 개인적이며, 상호작용적 투입을 특이하게 변형한 것이다. 자기 규제의 기본적인 목표는 모든 다른 소통자들에 대해 차이를 창조하는 것이다. 이런 의미에서 의사소통은 개인이 개인으로 구성되기 위해 필요한 것이다. 소통자는 결코 체계 자체의 구조에서 일반화되어 통합되지 않는 한, 닫힌 체계로 보인다. 체계란 정적 구조가 아니라 하나의 과정이라는 것을 주목하는 것이 중요하다. 의사소통은 자기 반영이며, 기능적 대치를 위한 끊임없는 추구를 특징으로 한다.

02 **주어진 글을 통해 각 모델의 입장에서 다음 [보기]를 해석한 것으로 적절한 것을 고르면?**

○△×
○△×
○△×

보기

[대화1]
A: 우리는 친구들에 관해 뒷담화를 해서는 안 된다.
B: 그럼 선생님에 관해서는 괜찮은 거죠?
[대화2]
A: 실증주의적 입장으로 그 현상에 접근해 보는 것은 어떨까요?
B: 아니, 여러 가지 가능성을 고려하지 않고 실증주의만을 적용하자는 게 말이 됩니까?

① 수도관 모델에 의하면 [보기]의 의사소통이 실패한 것은 화자가 정보를 왜곡해서 전달했기 때문이다.
② 그라이스에 의하면 [보기] 의사소통이 실패한 것은 화자의 함축과 청자의 추론이 핵심에 다다르지 않고 겉돌고 있기 때문이다.
③ 순환, 대화 모델에 의하면 [보기]에서 청자가 화자와 함께 적절한 해석 과정에 참여하지 않고 자신의 관점 안에서 멋대로 해석했기 때문에 엉뚱한 결론에 도달하게 되었다.
④ 송환, 상호작용 모델에 의하면 화자의 의사전달 노력이 부족했기 때문이라 말할 수 있다.
⑤ 자기 규제 모델에 의하면 화자의 창조적인 의사전달과 청자의 창조적인 해석 과정이 합쳐져서 적절하지 않은 결론에 이르렀다고 할 수 있다.

03 **다음 [보기]에서 ㉠그라이스(Grice)의 대화의 원리 중 협동 원칙의 일부를 참고하여 상사와 부하의 대화에 적용했을 때, 이 대화가 위반하고 있는 원칙을 고르면?**

○△✕
○△✕
○△✕

보기

[그라이스의 대화 원리]

• 질의 규칙: 거짓된 것, 증거가 부족한 것은 피하고 사실적인 것만 말한다.
• 관련의 규칙: 현재 이야기하는 대화의 내용과 연관된 것만 언급한다.
• 방식의 규칙: 난해하거나 모호한 말을 피하고 간결하고 명료하게 말한다.

[상사와 부하의 대화]

상사: 자네, 문 앞에 쌓여 있는 물건들을 창고에 들여놓게.
부하: 저는 언제나 이런 일만 하는 사람인가요? 이젠 신물이 납니다.
상사: 왜 내가 자네한테만 힘든 일을 시킨다고 생각하나?
부하: 그걸 제가 압니까? 하지만 이제는 정말 싫습니다. 어떤 때는 다리가 후들거려요.
상사: 자넨 내가 마치 자네를 기다리고 있었다는 듯이 얘기하는군.
부하: 꼭 그렇다는 건 아닙니다. 하지만 이런 일을 제가 제일 많이 하는 건 사실이잖아요?
상사: 자네가 그런 생각을 하는 줄은 미처 몰랐네.
부하: 저도 뭐 일에 대한 불평을 늘어놓고 싶지는 않아요. 그러나 가끔 짜증이 나는 것은 어쩔 수 없잖아요. 아무리 생각해도 다른 일은 공평하게 시키시는데, 이 일은 그렇지가 않습니다.
상사: 그동안 힘든 일은 모두 자네에게 시킨다고 생각해 왔으니 화를 내는 건 당연해. 그러나 내 기억으론 그런 것 같지 않아. 하지만 오늘은 어쩔 수 없이 자네가 그 일을 할 수밖에 없잖아. 이전의 일도 다시 한번 잘 생각해 보라구, 응?

① 질의 규칙　② 관련의 규칙　③ 방식의 규칙
④ 질의 규칙과 관련의 규칙　⑤ 관련의 규칙과 방식의 규칙

04 다음 글을 통해 추론한 내용으로 적절하지 않은 것을 고르면?

○△✕
○△✕
○△✕

칸트는 『순수이성비판』에서 자기 이전의 형이상학이 잘못된 것임을 보여주면서 새로운 형이상학의 기초를 닦고자 했다. 그의 주된 공격 대상은 라이프니츠의 형이상학이었다. 라이프니츠의 형이상학은 신, 인간의 자유, 영혼불멸 등 본성상 경험의 대상이 될 수 없는 것들에 대해서도 인간 정신이 순수사유를 통해 참된 인식에 도달할 수 있다는 점을 전제하고 있다고 비판했다. 인간 정신은 결코 그런 능력을 갖고 있지 않기 때문에 라이프니츠의 형이상학은 다 속임수라는 것이다. 칸트에 따르면 진정한 학으로서 형이상학이 당면한 문제는 어떻게 학의 원리들이 한편으로는 필연적이고 보편적이면서도 다른 한편으로는 실재에 대한 인식을 포함해 탐구자에게 그가 이미 알고 있는 것 속에 분석적으로 포함되어 있는 것, 즉 그 의미 속에 함축되어 있는 것 이상을 알 수 있게 하는가를 설명하는 것이었다. 이 두 조건을 만족시키려면 인식이 선험적이면서 동시에 종합적인 판단에 의존해야 한다는 것이 칸트의 주장이다. 왜냐하면 우연적인 경험들로부터 분리되어 선험적일 때에만 필연적일 수 있고, 그러면서 동시에 주어에 분석적으로 포함되지 않은 것을 술어가 포함하고 있으면서 종합적이어야 하기 때문이다. 예를 들어 '모든 물체는 연장적이다'라는 명제는 종합적이지 않고 분석적이다. 왜냐하면 연장 개념이 물체 개념에 이미 포함되어 있기 때문이다. 반면에 '모든 물체는 무게를 가진다'라는 명제는 종합적이다. 왜냐하면 무게는 물체 개념에 덧붙여서 물체들이 서로 관계되어 있다는 개념을 전제하기 때문이다. 그래서 칸트는 이 문제를 "선험적 종합판단이 어떻게 가능한가?"라는 물음으로 정식화했고, 이 문제를 밝히는 것이 『순수이성비판』의 근본 문제가 된다.

① 칸트의 철학은 기존 형이상학의 오류에 대해 비판하였다.
② 칸트가 라이프니츠를 비판한 이유는 경험의 대상이 될 수 없는 것들에 대해서도 사유를 통해 올바른 인식에 도달할 수 있다는 라이프니츠의 주장 때문이다.
③ 칸트가 보기에 형이상학이 당면한 문제는 어떻게 하면 선천적이면서도 종합적인 판단을 할 수 있느냐의 문제이다.
④ 칸트에 의하면 모든 물체는 길이를 가진다는 판단은 종합적이라고 할 수 있다.
⑤ 칸트는 인간의 정신에 관계된 것은 분석판단, 그리고 물질적인 것에 관계된 것은 종합판단이 이루어져야 한다고 생각했다.

05 다음 글에 나타난 글쓴이의 주장에 대한 비판으로 적절하지 않은 것을 고르면?

○△×
○△×
○△×

> 우리 사회가 만성적인 부패와 불신의 구조를 껴안고 신음하는 사회임을 모르는 사람은 없으나, 누구도 자기 자신이 그 부패와 불신의 한 부분임을 인정하지 않는다는 지적도 많다. 가톨릭에서 '내 탓이오' 운동을 전개한 것도 그 때문일 것이다. 그러나 현재 우리 사회의 병리 구조는 그보다 한 단계 더 나아가 있는 것이 아닌가 생각되기도 한다. 이제는 '그래서 어쩌란 말인가'라는 식의 도덕적 자포자기의 상황에까지 다다르고 있는 것이 아닌가 여겨지는 것이다. 우리 국민이 도덕적으로나 개인 윤리적으로 아직 덜 성숙해서 그렇다고 볼 것인가? 그렇지는 않을 것이다. 오히려 우리 사회는 그나마 개인적·공동체적 도덕과 윤리에 의해 이 정도라도 지탱되는 사회라고 보는 것이 옳을 것이다.
>
> 문제는 다른 곳에 있다. 오늘날 우리가 겪고 있는 문제는 개인적 도덕이나 윤리의 문제로 더 이상 환원할 수 없는 집단적·사회적 도덕과 윤리의 파괴에서 기인한다. 일찍이 니버는 '도덕적 인간과 비도덕적 사회'의 역리를 지적한 바 있지만, 이 역리를 교정하는 데에 별다른 방법이 있을 수 없다. 그것은 철저하게 '불신에 기초한 제도'를 만들어 나가는 것이다.
>
> 최고 권력자의 선의를 믿을 수 없기 때문에 그것을 통제할 여러 장치를 제도화하는 것, 정치인들을 신뢰할 수 없기 때문에 단 한 푼의 검은돈으로도 감옥에 갈 수 있음을 경고하는 정치 자금 규제법을 만드는 것, 정부와 공직자들을 믿을 수 없기 때문에 그들에게 위임된 권한에 상응하는 감독과 책임 규명, 처벌의 장치를 만들어 나가는 것, 기업의 도덕성을 신뢰할 수 없기 때문에 그들이 거두어 가는 이윤에 상응하는 규제와 감시의 틀을 강화하는 것, 군대와 경찰, 정보 기구의 공복 의식을 믿을 수 없기 때문에 그들이 장악하는 '폭력'의 행사 범위와 한계를 철저하게 규율하는 것, 학교와 교사를 신뢰할 수 없기 때문에 그들이 스승의 권위의 이면에서 벌일 수 있는 비리를 봉쇄할 제도를 만들어 나가는 것, 이런 것들이 곧 불신에 기초한 제도화의 내용이다.

① 집단적·사회적 도덕과 윤리의 파괴라는 문제를 불신이란 비도덕적 원리로 극복하려는 것은 모순적이다.

② 부패와 불신 같은 우리 사회의 고질적 문제의 원인을 윤리의 파괴라는 단일 기준으로만 단정하는 것은 문제를 너무 일면적으로 파악하는 것이다.

③ 불신의 제도화는 곧 자기 행동에 책임을 지는 사회 분위기를 낳을 수 있다.

④ 불신으로 인해 발생할 수 있는 사회 전반의 불신 풍조와 감시의 분위기로 인해 문제가 더 심각해질 수 있다.

⑤ 규제와 감시는 일시적인 효과만을 가져올 뿐 우리 사회의 뿌리 깊은 문제를 해결할 근본적인 치유책이 될 수 없다.

06 다음 글의 결론이 도출되는 방식으로 적절한 것을 고르면?

○△✕
○△✕
○△✕

역사 서술에 관한 역사가의 역할을 강조할 경우 그것을 논리적 귀결까지 끌고 가면, 결국 객관적 역사를 배제하게 되고, 역사는 역사가가 만들어내는 것이 된다. 확실히 한때 콜링우드는 이런 귀결에 도달한 적이 있는 것 같다.

성 아우구스티누스는 그리스도교도의 관점에서, 티유몽은 17세기 프랑스인의 관점에서, 기번은 18세기 영국인의 관점에서, 몸젠은 19세기 독일인의 관점에서 역사를 바라보았다. 문제는 어느 것이 올바른 관점이냐 하는 것이 아니다. 어느 관점이나 그것을 선택한 사람에게는 유일 가능한 관점이다. 이렇게 되면 결과적으로 완전한 회의주의에 빠지게 되어, 프루드의 말처럼 '역사란 어린아이의 글자 맞추기와 같아서 무엇이나 좋아하는 말을 이어가면 된다.'는 식으로 되어버릴 것이다.

콜링우드는 역사가 단순한 사실의 편찬이란 역사관에 반대하는 나머지, 이번에는 역사를 인간이 머릿속에서 엮어낸 것이라고 생각하는 위험성에 다가가서, '객관적인 역사적 진리는 존재하지 않는다.'는 결론으로 되돌아가는 것이다. 역사에는 의미가 없다는 이론 대신 무한의 의미가 있다는 이론이 주어지고, 어느 쪽 의미가 더 정당하다는 것도 없이 결국 어느 것이나 마찬가지라는 식으로 되어버렸다.

하지만 아무리 생각해 보아도 제1의 이론과 마찬가지로 제2의 이론도 지지하기 어렵다. 보는 각도에 따라 산의 모양이 달라 보인다고 해서 산은 원래 객관적으로 형태가 없다든가, 무한한 형태가 있다든가 할 수는 없다. 역사상의 사실을 설정할 때에 필연적으로 해석이 작용한다고 해서, 또 현존하는 해석이 어느 것이고 완전히 객관적이 아니라고 해서 어느 해석이든 차이가 없다든가, 역사상의 사실은 원래 객관적 해석에 의해서 다루어질 수 없다든가 할 수는 없는 것이다.

① 반박하려는 주장의 오류를 구체적인 사례를 들어 지적함으로써
② 해명하려는 대상에 대한 기존의 견해들이 지닌 난점을 지적함으로써
③ 설명하기 어려운 현상에 대한 다양한 의견들을 제시함으로써
④ 어려운 개념에 대한 자세한 분석을 제공함으로써
⑤ 반박하려는 주장을 지지할 수 있는 가능성을 무시함으로써

07 다음 수들이 일정한 규칙으로 나열되어 있을 때, 빈칸에 들어갈 알맞은 수를 고르면?

○△×
○△×
○△×

0	2	4	2	4	8	6	8	16	14	16	(　)

① 14　② 16　③ 18　④ 32　⑤ 34

08 갑회사에서 세트 상품을 파는데 세트는 A와 B로 구성되어 있다. 세트 상품의 가격은 951,000원이며, A는 원가의 20%를 더해서 팔고, B는 원가의 10%를 손해 보고 판다. B의 원가가 150,000원일 때, A의 원가는 얼마인지 고르면?

○△×
○△×
○△×

① 620,000원　② 640,000원　③ 650,000원
④ 660,000원　⑤ 680,000원

09 둘레가 330m인 원형 공원이 있다. A는 걸어서, B는 자전거로 공원을 돌 때, 같은 방향으로 돌면 1분 40초마다 B가 A를 추월하고, 반대 방향으로 돌면 두 사람이 1분마다 만난다고 한다. 이때 A의 속력을 고르면?

○△×
○△×
○△×

① 60m/min　② 63m/min　③ 66m/min
④ 72m/min　⑤ 75m/min

10 다음은 어느 나라의 일부 지역에 대한 체육시설 현황이다. [보기]의 설명을 통해 A, B, C, D, E에 해당하는 지역으로 옳은 것을 고르면?

○△× ○△× ○△×

[표] 체육시설 현황 (단위: 개소)

지역명	총계	실외 시설	실내 체육관	다목적 체육관	수영장	테니스장	아이스링크	사격 경기장
A	22,027	10,719	4,765	138	1,514	2,609	62	2,220
B	741	317	289	7	33	69	3	23
C	14,723	6,289	3,587	9	901	1,800	11	2,126
D	1,667	614	519	20	114	288	2	110
E	4,036	2,186	1,156	32	251	140	2	269
전국합계	126,962	60,161	35,409	408	7,792	14,192	186	8,814
전국평균	7,936	3,760	2,213	26	487	887	12	551

보기

㉠ 체육시설 총계의 상위 2개 지역은 (가)지역과 (나)지역이다.
㉡ (라)지역의 다목적 체육관 수는 아이스링크 수의 10배이다.
㉢ (다)지역의 체육시설 총계는 실내체육관 전국 평균보다 작다.
㉣ (나)지역의 테니스장 수는 (가)지역의 테니스장 수보다 많다.

	A	B	C	D	E
①	(가)	(다)	(나)	(라)	(마)
②	(가)	(마)	(나)	(라)	(다)
③	(나)	(다)	(가)	(라)	(마)
④	(나)	(라)	(가)	(마)	(다)
⑤	(나)	(다)	(라)	(가)	(마)

[11~12] 다음 [표]는 6주간 코로나 확진자 발생 지표에 관한 자료이다. 이를 토대로 질문에 답하시오.

[표] 6주간 코로나 확진자 발생 지표

구분	5월 1주	5월 2주	5월 3주	5월 4주	6월 1주	6월 2주
확진자 수(명)	266,580	252,372	181,857	129,320	86,217	64,285
이전 주 대비 신규 확진자 발생 증가비	0.65	0.95	0.75	0.71	0.67	0.75
감염재생산지수(Rt)	0.72	0.90	0.83	0.81	0.76	0.79

※ 감염재생산지수(Rt) = 감염될 확률(p) × 접촉률(c) × 전파 기간(d)

11

5월 1주에 발생한 신규 확진자 수가 86,000명이라고 할 때, 5월 3주 확진자 중 5월 3주에 발생한 신규 확진자 수의 비율을 고르면?

○△× ○△× ○△×

① 30.5% ② 31.6% ③ 32.8% ④ 33.7% ⑤ 35.2%

12

주어진 자료에 관한 설명으로 옳은 것을 [보기]에서 모두 고르면?

○△× ○△× ○△×

보기

㉠ 일 평균 확진자 수는 매주 감소하고 있다.

㉡ 6월 1주에 감염될 확률이 0.8, 전파 기간이 2일 때, 5월 4주의 접촉률이 0.9였다면, 6월 1주의 접촉률은 5월 4주에 비해 50% 이상 감소한 것이다.

㉢ 매주 신규 확진자 수는 감소하고 있다.

① ㉠ ② ㉡ ③ ㉠, ㉡
④ ㉠, ㉢ ⑤ ㉠, ㉡, ㉢

[13~14] 다음은 NCS를 공부하는 A대학교 특강반 학생들 38명이 본격적으로 강의를 시작하기 전 기본 실력을 테스트하기 위하여 치른 테스트의 의사소통 점수와 수리 점수 상관표이다. 이를 바탕으로 질문에 답하시오.

[표] 의사소통 점수와 수리 점수 상관표 (단위: 명)

수리 \ 의사소통	50점	60점	70점	80점	90점	100점	총합
100점						1	1
90점			1		1	2	4
80점		2	3	3	2		10
70점			5	4	2		11
60점		2	2	3			7
50점	3	2					5
총합	3	6	11	10	5	3	38

13 두 과목의 점수 차가 20점인 학생은 전체 학생의 몇 %인지 고르면?

○△×
○△×
○△×

① 약 17% ② 약 19% ③ 약 21% ④ 약 23% ⑤ 약 35%

14 두 과목의 평균 점수가 80점 이상인 학생은 모두 몇 명인지 고르면?

○△×
○△×
○△×

① 4명 ② 9명 ③ 12명 ④ 13명 ⑤ 15명

15 다음은 국내 광고산업에 관한 문화체육관광부의 보도자료이다. 보도자료의 내용과 맞지 <u>않는</u> 자료를 고르면?

문화체육관광부	보도자료		사람이 있는 문화
보도일시	배포 즉시 보도해 주시기 바랍니다.		
배포일시	2020.2.××.	담당부서	□□□□국
담당과장	○○○(044-203-○○○○)	담당자	사무 △△△(044-203-○○○○)

2018년 국내 광고산업 성장세 지속

○ 문화체육관광부는 국내 광고사업체의 현황과 동향을 조사한 '2019년 광고산업조사(2018년 기준)' 결과를 발표했다.

○ 이번 조사 결과에 따르면 2018년 기준 광고산업 규모는 17조 2,119억 원(광고사업체 취급액* 기준)으로, 전년 대비 4.5% 이상 증가했고, 광고사업체당 취급액 역시 증가했다.

* 광고사업체 취급액은 광고주가 매체(방송국, 신문사 등)와 매체 외 서비스에 지불하는 비용 전체(수수료 포함)임.

– 업종별로 살펴보면 광고대행업이 6조 6,239억 원으로 전체 취급액의 38% 이상을 차지했으나, 취급액의 전년 대비 증가액은 온라인광고대행업이 가장 높다.

○ 2018년 기준 광고사업체의 매체 광고비* 규모는 11조 362억 원(64.1%), 매체 외 서비스 취급액은 6조 1,757억 원(35.9%)으로 조사됐다.

* 매체 광고비는 방송 매체, 인터넷 매체, 옥외광고 매체, 인쇄 매체 취급액의 합임.

– 매체 광고비 중 방송 매체 취급액은 4조 266억 원으로 가장 큰 비중을 차지하고 있으며, 그다음으로 인터넷 매체, 옥외광고 매체, 인쇄 매체 순으로 나타났다.

– 인터넷 매체 취급액은 3조 8,804억 원으로 전년 대비 6% 이상 증가했다. 특히 모바일 취급액은 전년 대비 15% 이상 증가하여 인터넷 광고시장의 성장세를 이끌었다.

– 한편, 간접광고(PPL) 취급액은 전년 대비 14% 이상 증가하여 1,270억 원으로 나타났으며, 그중 지상파TV와 케이블TV 간 비중의 격차는 5%p 이하로 조사됐다.

① 광고사업체 취급액 현황(2018년 기준)

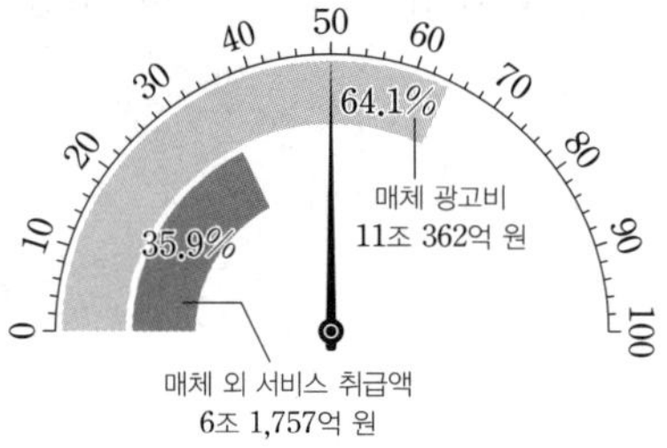

② 인터넷 매체(PC, 모바일) 취급액 현황

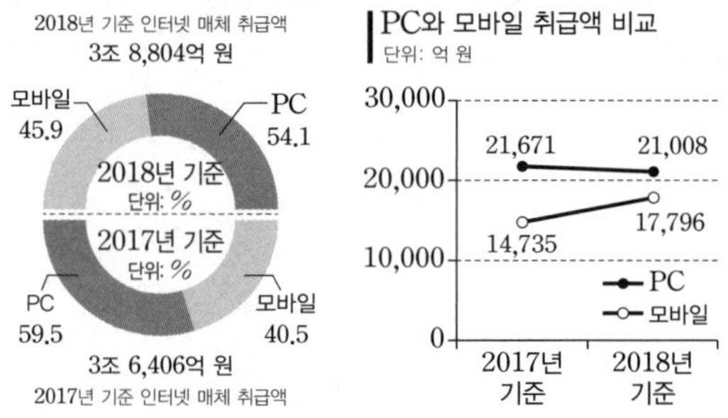

③ 간접광고(PPL) 취급액 현황

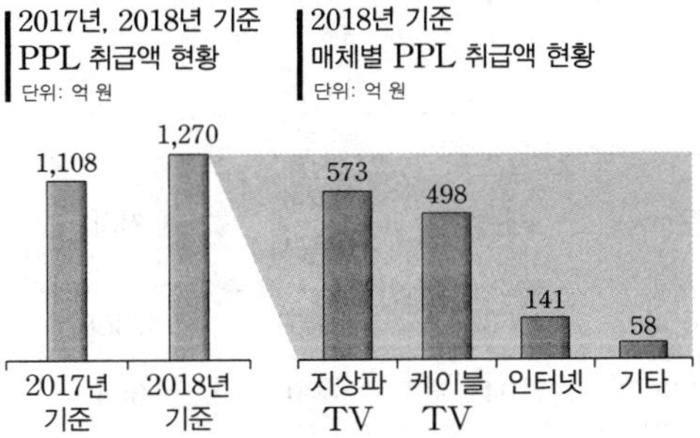

④ 업종별 광고사업체 취급액 현황

(단위: 개소, 억 원)

구분 / 업종	2018년 조사 (2017년 기준)		2019년 조사 (2018년 기준)	
	사업체 수	취급액	사업체 수	취급액
전체	7,234	164,133	7,256	172,119
광고대행업	1,910	64,050	1,887	66,239
광고제작업	1,374	20,102	1,388	20,434
광고전문 서비스업	1,558	31,535	1,553	33,267
인쇄업	921	7,374	921	8,057
온라인광고 대행업	780	27,335	900	31,953
옥외광고업	691	13,737	607	12,169

⑤ 매체별 광고사업체 취급액 현황(2018년 기준)

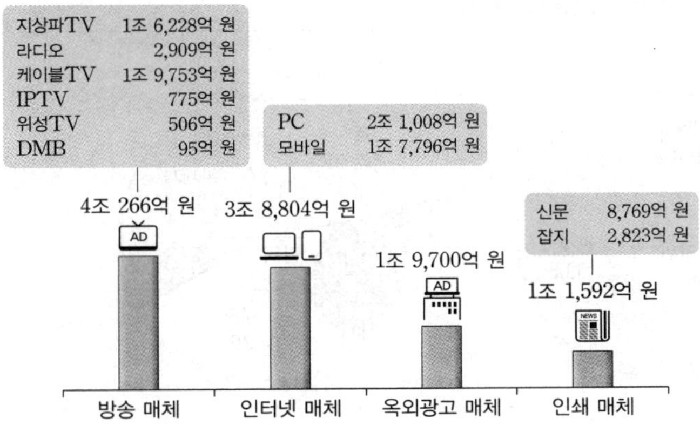

16 다음 [표]와 [그래프]는 2020년 갑국 관세청의 민원 상담 현황과 상담 내용에 관한 자료이다. 이를 바탕으로 A와 B를 바르게 나열한 것을 고르면?

○△×
○△×
○△×

[표] 2020년 민원 상담 현황

(단위: 건)

상담 내용 \ 민원인	관세사	무역업체	개인	세관	선사/항공사	기타	합계
전산처리	24,496	63,475	48,658	1,603	4,851	4,308	147,391
수입	24,857	5,361	4,290	7,941	400	664	43,513
사전검증	22,228	5,179	1,692	241	2,247	3,586	35,173
징수	9,948	5,482	3,963	3,753	182	476	23,804
요건신청	4,944	12,072	380	37	131	251	17,815
수출	6,678	4,196	3,053	1,605	424	337	16,293
화물	3,846	896	36	3,835	2,619	3,107	14,339
환급	3,809	1,040	79	1,815	13	101	6,857

[그래프] 상담 내용 A와 B의 민원인별 상담 건수 구성비(2020년)

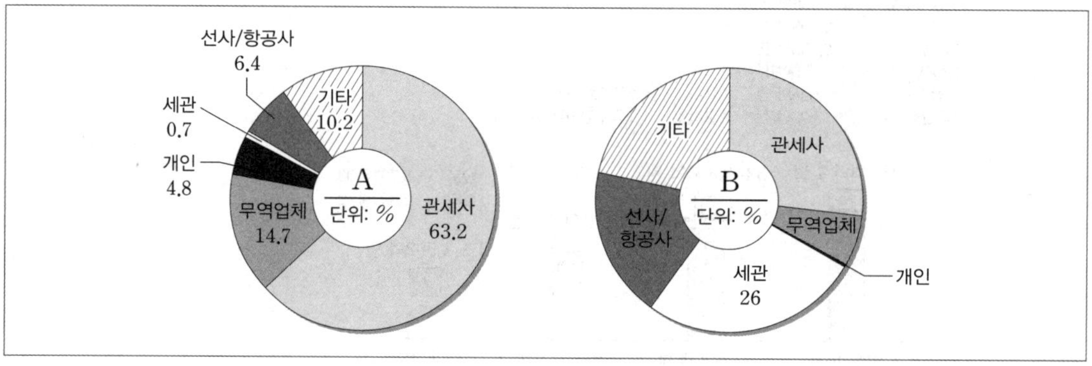

A	B
① 수입	요건신청
② 사전검증	화물
③ 사전검증	환급
④ 환급	요건신청
⑤ 환급	화물

17 다음 자료는 1차 학습과 2차 학습의 내용 및 시간차에 따른 기억검사의 내용을 요약한 것이다. 자료를 통해 추론한 내용으로 옳은 것을 고르면?

○△×
○△×
○△×

1차 학습	1차 학습과 2차 학습 간의 시간차	2차 학습	2차 학습과 기억검사 간의 시간차	기억검사에서 주로 회상되는 내용
내용 A	즉시	내용 B	즉시	혼합
내용 B	즉시	내용 A	즉시	혼합
내용 A	즉시	내용 B	지연	내용 A
내용 B	즉시	내용 A	지연	내용 B
내용 A	지연	내용 B	즉시	내용 B
내용 B	지연	내용 A	즉시	내용 A
내용 A	지연	내용 B	지연	혼합
내용 B	지연	내용 A	지연	혼합

※ 혼합은 내용 A와 B가 50:50으로 혼합되어 회상되는 것을 의미한다.

① 기억 검사에서 회상되는 내용은 2차 학습 내용보다는 1차 학습 내용에 더 영향을 받는다.

② 지연이 있을 경우에는 그 지연이 2차 학습과 기억검사 사이에 있을 때가 더욱 내용 B의 회상에 유리하다.

③ 1차 학습에서 학습한 내용이 기억검사 시 주로 회상되게 하려면 1차 학습과 2차 학습 간의 시간차를 줄이고 2차 학습과 기억검사 간의 시간차를 늘려야 한다.

④ 1차 학습에서 내용 A를 학습하고 2차 학습 시에 내용 B를 학습하면 기억검사 시 내용 B의 회상에 유리하다.

⑤ 2차 학습에서 학습한 내용이 기억검사 시 주로 회상되게 하려면 1차 학습과 2차 학습 간의 시간차를 늘리고 2차 학습과 기억검사 간의 시간차도 늘려야 한다.

18 **다음은 A지역에서 배추 농사를 짓고 있는 농부에 대한 설명이다. 농부가 이윤극대화를 추구한다고 할 때, 농부가 취할 행동으로 옳지 않은 것을 고르면?**

○△×
○△×
○△×

> A지역은 토지가 비옥하여 배추 농사로 유명하다. A지역 인근에는 B, C 2개의 도시가 있으며 이곳에는 각각 배추를 판매하는 시장이 있다. A지역에서 배추 1포기의 생산비용은 100원이다. A지역에서 B도시에 있는 시장까지의 거리는 5km이다. 운송수단은 우마차이며, 배추 1포기의 운송비는 10원/km이다. A지역에서 C도시에 있는 시장까지의 거리는 8km이다. 운송수단은 트럭이며, 배추 1포기의 운송비는 8원/km이다. 운송수단의 차이에 따른 추가비용은 발생하지 않고, 이미 생산된 배추는 없으며, 다른 모든 조건은 동일하다고 가정한다.

① 배추 1포기의 가격이 200원일 경우 배추를 생산하여 B의 시장에 팔 것이다.
② 트럭의 운송비는 불변이고, 우마차의 운송비가 5원/km으로 감소하면 배추 1포기의 가격이 140원일 경우라도 배추를 생산하여 B의 시장에 팔 것이다.
③ 배추 1포기의 가격이 120원일 경우 배추 생산을 포기할 것이다.
④ 우마차 운송비는 불변이고, 트럭 운송비가 4원/km으로 감소하면 배추 1포기의 가격이 140원일 경우라도 배추를 생산하여 C의 시장에 팔 것이다.
⑤ 배추 1포기의 가격이 140원이고, 생산비가 20원 감소할 경우 배추를 생산하여 C의 시장에 팔아도 이익이 남는다.

19 다음 글에서 설명하고 있는 시설의 효과로 적절한 것을 고르면?

○△×
○△×
○△×

원리는 잘 알려져 있듯이 주위에는 원형의 건물, 중심에는 탑을 배치하고 탑 원주에 탑을 둘러싼 건물의 내부를 바라보는 커다란 창을 몇 개 붙이는 것이다. 주위의 건물은 독방으로 구분되어 그 하나하나가 건물의 폭을 완전히 차지한다. 독방에는 두 개의 창이 있는데, 탑의 창에 대응하는 위치에 내부를 향하여 하나, 외부를 향한 위치에 하나를 두고, 외부에 면하는 창으로부터 빛이 독방을 통하도록 하는 것이다. 각 독방 내에는 광인, 병자, 수형자, 노동자, 생도 등을 한 사람씩 유폐한다. 이렇게 하면 중앙의 탑 속에 감시인을 1명 배치하는 것으로도 이들을 통제하기에 충분하다. 주위 건물의 독방 내에 있는 인간의 작은 그림자가 분명히 빛 속에 떠오르는 자세를, 역광선의 효과로 탑에서 파악할 수 있기 때문이다. 이렇게 하여 감금된 자는 보이기는 하여도 볼 수는 없고, 어떤 정보를 위한 객체이긴 하여도 어떤 정보를 전달할 수 있는 주체는 될 수 없다.

① 권력을 중앙집권화하기 위해서는 다수의 감시자가 필요하다.
② 권력의 감시가 끊임없이 진행되고 있음을 독방의 사람들이 인지하여 스스로 복종하게 한다.
③ 유폐된 자들끼리의 비밀스런 의사소통을 유도한다.
④ 개별화된 주체들은 투명성을 통해 스스로 변화할 계기를 확보한다.
⑤ 사회에서 배제당한 존재들이 상호 통제할 수 있는 시스템으로 작동한다.

20 어느 기업에 산업스파이가 있다는 제보가 들어왔다. 제보에는 스파이가 누구인지에 대한 정보가 있었다. 그런데 들어온 제보 중에 하나는 거짓이고, 나머지 두 개의 제보는 참이라는 것이 나중에 밝혀졌다. 산업스파이는 1명일 때, 다음 중 반드시 거짓인 것을 고르면?

○△×
○△×
○△×

> 제보1: A가 스파이거나 B가 스파이입니다.
> 제보2: B가 스파이거나 C가 스파이입니다.
> 제보3: A는 스파이가 아니거나 또는 C가 스파이가 아닙니다.

① A가 스파이다.
② B가 스파이다.
③ C가 스파이다.
④ C는 스파이가 아니다.
⑤ A가 스파이가 아니면 B도 스파이가 아니다.

21 A무역회사는 P, Q, R, S의 4개국과 거래를 하고 있다. 지난 1월부터 5월까지 A무역회사는 P, Q, R, S 국가와 총 30건의 무역 거래를 성사시켰다. 그중 5건이 1월에, 그 두 배 건수가 3월에 성사되었다. A무역회사는 P국과는 2월에 2번, 3월에 4번의 거래를 성사시켰고, Q국과는 1월에 3번, 4월에 5번, R국과는 2월에 5번, 5월에 3번 거래를 성사시켰다면 A무역회사의 무역 거래 건수가 두 번째로 많았던 때를 고르면?(단, 각국마다 무역 거래는 두 개 달에서만 이뤄졌다.)

○△×
○△×
○△×

① 1월 ② 2월 ③ 3월 ④ 4월 ⑤ 5월

22 **팔씨름 대회에 16명이 출전하였다. 예선전에서는 8명씩 조를 나누어 조 내의 모든 사람과 1번씩 리그전 경기를 하고, 조별 상위 4명이 결승전에 진출한다. 결승전에 진출한 8명은 토너먼트 방식으로 경기를 진행할 때, 이 대회에서 치러진 경기는 총 몇 번인지 고르면?**

○△×
○△×
○△×

① 59번 ② 61번 ③ 63번 ④ 65번 ⑤ 67번

23 **서울 시내에 있는 어느 대학의 구내식당에서 식중독 환자가 발생했다. 식품의약품안전처에서 같은 날 구내식당에서 식사한 학생들을 대상으로 역학조사를 실시하였는데, 다음과 같은 조사 결과를 얻었다. 조사 결과가 모두 사실이라고 할 경우, 다음 중 반드시 참인 것을 고르면?**

○△×
○△×
○△×

[조사 결과]
1) 철수는 떡볶이와 김밥, 그리고 육회를 먹었고, 식중독에 걸렸다.
2) 영호는 떡볶이와 육회는 먹지 않았고, 김밥만 먹었으며, 식중독에 걸리지 않았다.
3) 영희는 떡볶이와 육회를 먹었고, 김밥은 먹지 않았는데 식중독에 걸렸다.
4) 미선은 떡볶이와 김밥을 먹었고, 육회는 먹지 않았는데 식중독에 걸리지 않았다.

① 조사 결과 2)와 4)만 고려한다면, 김밥이 식중독의 원인이다.
② 조사 결과 1)과 3)만 고려한다면, 떡볶이와 육회 모두가 식중독의 원인이다.
③ 조사 결과 1)과 2)와 3)만 고려한다면, 식중독의 원인은 육회이다.
④ 조사 결과 2)와 3)과 4)만 고려한다면, 식중독의 원인은 육회이다.
⑤ 조사 결과 2)와 3)만 고려한다면, 식중독의 원인은 김밥이다.

24 다음 글의 (가)와 (나)는 '업적제 임금제도'에 관하여 설명하고 있다. 두 문단에 대해 설명한 내용으로 옳은 것을 고르면?

○△×
○△×
○△×

(가) 20세기 초, 미국의 테일러는 일의 조직관리를 강화함으로써 최대한으로 일의 능률을 올리려 시도했던 경영학자였다. 또한 그는 노동자들이 원한다면 업적제 임금제도를 택해도 좋다고 보았다. 이것은 시간제 임금제도에 대립되는 것으로 임금을 노동시간당 얼마씩 받는 것이 아닌, 일한 양과 업적에 따라 받는 것을 말한다. 이런 제도는 물론 단위시간 안에 노동을 집약적으로 강화하여 생산량을 늘리는 데에는 크게 기여했다. 노동자들은 수입을 높이기 위해 그것도 보통의 임금으로는 먹고살기가 힘들었던 때, 보다 잘 살려는 의욕에 노동량을 높이는 일을 서슴지 않았다.

(나) 그러나 이러한 업적제 임금제도는 노동자들의 수입을 일시적으로만 증대시켰을 뿐 장기적으로는 노동자들이 고된 노동을 견디지 못해 건강을 해치거나 일을 혐오하게 만들어 오히려 일의 능률이 저하되는 결과를 가져오기도 했다. 그래서 요즘은 대체로 업적제 임금제도는 비인간적이라 해서 특수한 경우를 제외하고는 거의 채택되지 않는다.

① (가)에는 긍정적 태도가, (나)에는 부정적 태도가 깔려 있다.
② (가)에는 실시 원인에 대해, (나)는 그 결과에 대해 서술하였다.
③ (가)에는 대조, (나)에는 비교에 의한 진술 방식이 사용되었다.
④ (가)는 실시 효과에 대해, (나)는 그 부작용에 대해 서술하였다.
⑤ (가)는 노동자의 입장에서, (나)는 사용자의 입장에서 서술하였다.

25 **어느 대학에서 같은 강의를 듣는 8명의 학생들이 두 팀을 구성하여 주어진 과제를 수행하기로 하였다. 8명 구성원의 학과와 학년이 [보기]와 같을 경우, 규칙에 따라 팀을 편성할 때, 항상 옳은 것을 고르면?**

○△×
○△×
○△×

[보기]
화학과: A(2학년), B(2학년), C(1학년)
생물학과: 갑(1학년), 을(2학년)
물리학과: 가(2학년), 나(1학년), 다(1학년)

[규칙]
- 동일 학과의 학생들이 어느 한 팀에만 속하지는 않도록 한다.
- 1학년과 2학년의 비율은 한 팀 안에서 50:50이 되도록 한다.
- 동일 학과이면서 동일 학년의 사람끼리 같은 팀에 속하지 않도록 한다.

① B와 을은 서로 다른 팀에 속해 있다.
② 가와 B는 서로 다른 팀에 속해 있다.
③ A와 을은 서로 같은 팀에 속해 있다.
④ 가와 갑은 서로 같은 팀에 속해 있다.
⑤ B와 갑은 서로 다른 팀에 속해 있다.

정답과 해설 ▶ P.118

에듀윌 공기업

매일 1회씩 꺼내 푸는 NCS Ver.2

DAY 18

eduwill

매1N 3회독 루틴 프로세스

*더 자세한 내용은 매1N 3회독 학습가이드를 확인하세요!

1 3회독 기록표에 학습날짜와 문제풀이 시작시간을 적습니다.

2 시험장에서 문제를 푸는 것처럼 풀어 보세요.

3 모바일 OMR 또는 회독용 답안지에 마킹한 후, 종료시간을 적고 초과시간을 체크합니다.

▶모바일 OMR 바로가기

[DAY 18]

http://eduwill.kr/Kp8j

4 문항별 3회독 체크표(○ △ ×)에 표시합니다. 문제를 풀면서 알고 풀었으면 ○, 헷갈렸으면 △, 전혀 몰라서 찍었으면 ×에 체크하세요.

3회독 TIP

- 1회독: 25문항을 빠짐없이 풀어 보세요.
- 2~3회독: 틀린 문항만 골라서 풀어 보세요.

3회독 기록표

1회독		2회독		3회독	
학습날짜	월 일	학습날짜	월 일	학습날짜	월 일
시작시간	:	시작시간	:	시작시간	:
종료시간	:	종료시간	:	종료시간	:
점 수	점	점 수	점	점 수	점

01 다음 글을 읽고 ㉠의 문맥적 의미로 가장 적절한 것을 고르면?

○△×
○△×
○△×

농민과 농민에게 농업생산의 투입물을 제공하고 생산물의 시장을 제공하는 기업 사이의 관계는 50년 전과 다르다. 그때는 농민들에게 필요한 투입물의 생산자와 농민들이 이용 가능한 시장이 경쟁적으로 존재했으며, 따라서 어떤 기업도 농업 투입물이나 농업 생산물의 가격 또는 판매 조건을 마음대로 정할 수 없었다. 하지만 오늘날에는 주요 의사결정자로서의 농민의 지위는 지구화된 식량 체계 속에서 점차 소수의 거대 초국적 식품기업(군)에 의해 급속하게 대체되고 있다. 게다가 주요 농업 생산물을 가공하는 기업들의 소유와 통제는 점차 집중화되고 있다. 수많은 농민이 생산한 농업 생산물이 소수의 가공 기업들을 거쳐 전 세계 소비자들에게 전달되는 전 지구적 식량 체계는, 이런 측면에서 ㉠모래시계와 닮았다. 육류 부문에서 상위 4개 기업이 도살하여 가공하는 몫은 쇠고기의 80%와 돼지고기의 57%, 닭고기의 50%에 이른다. 경종(耕種) 부문에서는 상위 4개 기업이 옥수수, 밀, 대두의 57~76%를 가공한다. 농업 생산물을 가공한 상품과 관련하여 카길, ADM, 콘아그라, 분게, IBP 같은 기업 이름들이 등장한다. 시장의 독점에 관한 문헌들은 해당 부문에서 상위 네 개 기업이 시장의 40% 이상을 점유하면 이들 기업들이 시장에서 지배력을 행사할 수 있다고 지적하는데, 가공 기업들은 전체 식량 체계에서 생산물의 가격뿐 아니라 생산물의 양, 종류, 질, 생산지 등의 결정에 영향력을 행사한다. 식량 체계 속에서 기업들 사이에 경쟁이 존재하는 유일한 단계는 가공과 소매 단계 사이의 단계이다. 물론 이 단계에서도 상위 10개 기업들이 전체 소매 거래의 절반을 통제할 정도로 점점 더 집중화되고 있다.

① 식량 분배 문제 악화에 따라 인류의 파멸이 다가오고 있음
② 식량의 생산과 소비의 흐름을 소수의 식품 기업들이 통제하고 있음
③ 식품 기업들이 분야와 특성에 따라 통합되어 대규모화하고 있음
④ 거대 식품 기업들이 경쟁함으로써 시장에 병목 현상이 발생하고 있음
⑤ 수많은 농민들이 소수의 다국적 식품 기업 체계 속으로 편입되고 있음

[02~03] 다음 글을 읽고 질문에 답하시오.

M&A(Mergers and Acquisitions)는 기업 간 인수·합병을 의미한다. M(Merger)은 회사를 사들여 그 회사를 매수한 회사의 일부로 흡수하는 것을 말하며, A(Acquisition)는 회사를 사들여 그 회사를 매수한 회사의 자회사 등으로 삼는 것을 말한다.

M&A의 목적은 크게 기존 사업 역량의 강화 또는 신성장 동력 확보로 볼 수 있다. M&A는 필요한 역량을 기업 외부에서 단기간에 조달하기 위해 사용하는 경영수단이다. 또 수익 창출의 기회가 많은 성장기 경제보다 경쟁이 치열한 성숙한 경제에서 기업들이 애용하는 방식이기도 하다. M&A는 시장 점유율이나 매출 증가 등으로 업계의 판도를 단번에 바꿀 수 있을 만큼 효과가 크다. 반면 조직 간 불화 등의 부작용도 만만치 않다. 국내 M&A 시장이 활성화되기 시작한 계기로는 외환위기에 따른 법정관리 기업의 양산을 들 수 있다. 덕분에 최근까지 국내 M&A 시장에서는 기업들이 M&A 대상 기업의 탐색에 대해 크게 노력하지 않았다. 그러나 이러한 시장 여건이 영원히 지속될 수는 없을 것으로 보인다. 활성화 요인이었던 부실기업 매각이 완료되면 M&A 시장에서 지금까지와는 전혀 다른 양상이 전개될 것이기 때문이다.

M&A 시장은 국내 경제 환경의 변화에 따라 시기별로 다른 특징을 보이면서 발달하고 있다. 외환위기 이전의 한국 경제는 자원 부족으로 인해 경제 발전을 정부가 주도하고 자원 배분의 역할도 하는 개발도상국형이었다. 이 같은 경제 환경에서는 민간 기업들의 성장 속도가 빨랐으므로 기업 간의 자발적인 M&A 필요성이 비교적 적었다. 외환위기 이후에는 과거 경제구조의 비효율성을 제거하면서 경제 체질의 구조조정을 진행해 왔다. 시장 기능이 강조되면서 민간 기업이 앞장서고 정부가 지원하는 선진국형 경제로 변모하고 있다. 책임경영을 강화하기 위해 경영권 시장이 활성화되고 안정성을 중시하는 경영이 확산되면서 기업의 성장 활력을 높이기 위한 경영 수단 중 하나로 M&A의 중요성이 과거에 비해 더 커지고 있다. 새로운 기업을 설립하기보다는 사업을 영위하고 있는 기업에 대한 M&A를 통해 커다란 위험부담 없이 새로운 시장에 손쉽게 진출할 수 있기 때문이다. 이와 같은 환경 변화에 따라 외환위기 이전과 이후, 또 2006년 들어 국내 M&A 시장은 규모나 방식 등에서 차이를 보인다. 외환위기로 인해 나타난 경제 환경의 특징이 각 기간별로 M&A 시장의 차이점을 더 뚜렷하게 만든 것이다. 단, 외환위기로 촉발된 M&A 시장 활성화의 요인이었던 법정관리 기업들도 이제는 거의 소진되고 있어 향후에는 구조조정 방식, 인수 후 재매각 등 다양한 유형으로 M&A가 정상적인 기업들 간에도 일상적으로 시도되는 선진국형 M&A 시장으로 발달할 것으로 예상된다.

국내 기업들은 사전에 적합한 능력과 자원을 확보해서 과거와 달리 다양화되고 유연해질 M&A 시장의 변화에 선제적으로 대응해야 할 것이다. 즉 경영 수단으로서 M&A의 활용도를 높이고 그 성과를 극대화할 수 있도록 해야 한다. M&A에 참여한 기업들은 모두 M&A 본연의 목적에 충실한 거래를 수행해 왔다. 그러나 그간 나타났던 대상 선정 능력 부족, 인수 과정에서의 업무적 미숙, 특정 대상에 대한 지나친 과열 경쟁 등은 M&A 시장의 미성숙에 따른 각종 부작용이었으므로 앞으로 해결해야 할 과제이다. 향후 주요 법정관리 기업들이 매각되고 나면 M&A 시장은 그간의 경험을 밑거름으로 한층 성숙된 시장으로 성장할 것으로 기대된다. 즉 M&A는 일상적인 경영 수단으로서 상호 합의에 의한 경우나 적대적인 시도가 상존하고 거래 방식도 다양하게 발전할 것으로 예상된다. 물론 실제 M&A 작업을 수행할 수 있는 내부자원 보유와 정보 창구로 활용할 수 있는 외부 네트워크 확보도 필수적이다. 적대적 M&A에 대한 노출도가 높아짐에 따라 경영권 방어에 대한 대비도 동시에 세워두어야 한다. 다양화될 국내 M&A 시장에서는 국내외 동종기업 간 경영의 공유를 통해 불필요한 경쟁을 자제하고 세계 경제 시장에서의 경쟁력 확보를 추구함으로써 사업 역량을 강화하는 경우도 있을 것이다. 급변하는 경제에서 자력성장만으로 만족할 만큼의 기대수익을 충족할 수 있는 시대는 지났다. 외부역량의 보완을 끊임없이 추구해야 한다. 또 탐색 노력 없이 우량 매물 기업이 제공되는 시장도 저물어 가고 있다. M&A 시장도 결국 노력하고 도전하는 기업의 무대가 될 것이다.

02 주어진 글을 읽고 추론한 내용으로 적절한 것을 [보기]에서 모두 고르면?

○△×
○△×
○△×

보기

㉠ M&A가 통합이라면 Acquisition보다 Merger가 더 완전한 통합이라 할 수 있다.
㉡ 회사를 사들였지만 그로 인해 사업 역량의 강화가 없었고, 신성장 동력 확보에도 실패했다면 그것은 M&A라고 할 수 없다.
㉢ M&A는 시장에서 정부의 역할이 줄어들수록 더 활발해 질 수 있다.
㉣ 보수적이고 안정적인 경영을 좋아하는 경영자라면 M&A에 대해 긍정적이지 않을 것이다.
㉤ 외환위기 이후에 국내 경영시장에 등장한 것이 바로 M&A다.

① ㉠, ㉢　② ㉠, ㉣　③ ㉡, ㉢
④ ㉠, ㉣, ㉤　⑤ ㉡, ㉢, ㉤

03 주어진 글을 참고했을 때, M&A의 형태가 다른 것을 고르면?

○△×
○△×
○△×

① 발전설비 업체인 '두산중공업'은 보일러 원천기술 확보를 위해 일본의 '미쓰이밥콕'을 인수했다.
② 가전기술 수준이 '대우일렉'보다 떨어지는 인도의 '비디오콘'은 '대우일렉'의 기술력과 브랜드를 얻고자 인수를 시도하고 있다.
③ 중공업 그룹으로 가고자 하는 '두산'은 '종가집김치'를 팔고 얻은 현금으로 '현대건설' 인수를 추진 중이다.
④ 휴대폰의 R&D 강화가 필요했던 '팬택'은 '큐리텔'을 전격 인수했었고, 브랜드를 키우기 위해 '스카이'까지 인수했다.
⑤ 옷가게로 시작한 'E－랜드'는 의류에서 큰 회사가 된 뒤 사업 다각화를 위해 최근 유통 사업에 진출하고 대형 할인점인 '까르푸'를 인수해 '홈에버'를 만들었다.

04 **다음 5명의 사람은 한국 기업의 실상에 관하여 대화를 나누고 있다. 5명 중 나머지 네 사람과 대화 주제가 <u>다른</u> 사람을 고르면?**

○△× ○△× ○△×

동훈: 아직 대부분의 우리 기업은 신기술 개발보다 '베껴서 만들자'는 식입니다. 고급 인력에 목말라 한다지만 정작 기업 내에 고급 인력을 활용해서 높은 부가가치를 창출하겠다는 도전 의지는 없습니다.

유리: A사에 다니고 있지만 10년 뒤에 A사가 살아남아 있을지 솔직히 의문입니다. 보유한 핵심 기술이 너무 없기 때문이지요. CEO들은 이런 사실을 잘 알고 있을 겁니다. 세계 유수의 S사보다 수익을 많이 올린다고 좋아하지만 보유한 기술을 비교하면 초라한 실정입니다. 이런 상황에서 위기가 닥치면 강력한 기술을 가진 기업들은 살아남겠지만 그렇지 못한 기업이 과연 버틸 수 있을까요.

범준: 우리가 원천기술을 확보하지 못한 이유는 싼 인건비로 위험부담 없는 단순한 기술만 연구해 왔기 때문입니다. 외국에서 사온 기술을 이용하여 빠르게 시장에 제품을 내놓으려면 구태여 경험 많고 비싼 인력을 쓸 이유가 없었던 것이지요.

윤선: 한국 기업이 살아남느냐 하는 것은 이런 제품들을 어떻게 판매하느냐에 달려 있습니다. 디자인과 홍보 전략을 체계적으로 수립하고 선진국과 경쟁할 수 있도록 과감하게 투자해야 합니다.

슬비: 원천기술에 도전하는 기업이 없기 때문에 연구원들의 수명도 짧습니다. 원천기술을 연구하려면 뛰어난 실력과 경험이 오래된 진정한 마스터(Master)가 필요합니다.

① 동훈 ② 유리 ③ 범준 ④ 윤선 ⑤ 슬비

05 다음 글의 내용과 부합하지 않는 것을 고르면?

○△×
○△×
○△×

모든 문화가 동일한 가치를 추구하는 것은 아니며, 물질적·기술적 측면에서 뒤처져 있는 것처럼 보이는 문화일지라도, 예컨대 자연환경이나 다른 생물에 대한 존중과 같은 측면은 존경받아 마땅하다.

인류학 연구가 많이 이루어지면서 우리는 이 세상에 놀랄 만큼 다양한 생활양식이 존재한다는 사실을 알게 되었다. 그 때문에 모든 문화권의 행동 양식을 존중해야 한다는 점도 배우게 되었다. 결국 우리는 일종의 판단 정지를 하게 된 셈이다. 그렇다고 해서 문화 상대주의를 극단적으로 밀어붙이는 것은 곤란하다. 다른 문화권 내에 존재하는 명백한 폭력적 행동 양식마저 그들 나름의 정당성을 가지고 있다고 인정할 수는 없는 노릇이다.

예컨대 우리가 비폭력적 문화 속에서 살고 있는데, 폭력적 문화를 가진 다른 나라 사람이 우리를 공격할 경우 그것을 비난해서도 안 되고 그들이 우리를 죽이려 해도 저항하지 않고 받아들여야 한다는 말인가? 큰 틀에서는 문화 상대주의를 따르더라도, 모든 인간을 상대로 일반화할 수 없는 가치들은 결코 받아들일 수 없다는 것을 인정해야 한다. 그러므로 인간 전체를 존중하지 않는 모든 행위는 비인간적이며, 보편화될 수 없는 모든 행위 또한 비인간적이다.

① 문화 상대주의로 폭력성을 정당화할 수 없다.
② 비인간적 행위를 문화적 맥락으로 정당화할 수는 없다.
③ 타인 역시 존중받을 인간이라는 사실은 문화 상대주의의 입장과는 상치된다.
④ 문화적인 특수성은 인간에 대한 보편적 가치와 충돌되지 않는 한 존중되어야 한다.
⑤ 인간의 존엄성을 상대로 일반화하기 어려운 가치들은 문화 상대주의를 따르더라도 용인되기 어렵다.

06 다음 글을 통해 추론한 내용으로 적절하지 않은 것을 고르면?

○△× ○△× ○△×

오늘날 '김치'라고 부르는 음식을 지칭하던 원래의 말은 '디히'였다. 이 말은 『두시언해(杜詩諺解, 1481)』에 '겨숤디히' 의 형태로 처음 보이는데 '겨슬'이 '겨울'이고 'ㅅ'은 사이시옷이니 오늘날 말로는 '겨울의 김치' 또는 '겨울에 먹는 김치'이다. 같은 책에서 이에 대응하는 한자어가 '冬'(겨울 동, 채소 절임 저)인 것을 보면 이런 해석은 거의 틀림이 없는 듯하다.

'디히'가 김치를 나타내는 것은 16세기 초반의 『번역박통사(飜譯朴通事)』에 보이는 '쟝앳디히'를 통해서도 알 수 있다. '쟝'은 간장, 된장, 고추장 등에 쓰이는 장(醬)의 옛말이고 '앳'은 '~에의', 즉 '~에 있는' 또는 '~에 넣은'의 의미이고 나머지 '디히'는 이런 장에 넣어 절인 채소를 의미한다. '쟝앳디히'는 이후 '쟝앗디히'로, 그리고 다시 '쟝앗지히'로 바뀌면서 오늘날 '장아찌'로 바뀐 것이다.

그러나 '디히'는 '김치'라는 말과 직접적인 관련은 없다. 오히려 '짠지, 오이지, 섞박지' 등에 보이는 '지'라는 말과 상관된다. 우리말에서는 말의 첫머리가 아니면 'ㅎ'이 제대로 소리 나지 못하는 특성이 있는데 이 때문에 '디히'는 '디이'가 되었고 여기에 17~18세기 무렵 국어에 나타나기 시작한 구개음화 현상으로 'ㅣ' 모음 앞의 'ㄷ'이 'ㅈ'으로 바뀌어 '지이'가 된 후 음절의 축약을 거쳐 '지'가 된 것이다. 구개음화가 적용되지 않은 평안도 방언에서 여전히 '짠디'가 사용되고 전라도 방언이나 경상도 방언에서 '묵은지' 등이 쓰이는 것도 이런 사실을 뒷받침한다.

'김치'라는 말의 기원과 관련하여 주목되는 것은 '딤치'이다. 16세기 초엽의 『훈몽자회(訓蒙字會, 1527)』에는 '葅 딤치조 爲亦作菹 亦作菹' 즉 '저(葅)는 딤치 조인데 절인 채소를 저(葅)라 하며 또한 저(菹)로도 쓴다.'라고 되어있다. 이것은 한자어 '침채(沈菜)'와 관련된 것으로 생각된다. 같은 16세기 후반의 『내훈(內訓, 1573)』에 '저(菹)'를 한자 '沈菜'와 대응시키고 있는 것도 이러한 사실을 보여준다. '沈菜'는 '절인 채소'를 말하므로 김치의 원래 의미와도 동일하다.

'딤치'의 변천 과정에는 우리말의 여러 변화 현상이 관여한다. 먼저, 17~18세기경에 나타난 구개음화 현상에 대해 '딤'의 경우에도 예외가 아니었다. 그 결과 '딤치'는 '짐치'가 되었다. 또한 모음 'ㆍ'의 소멸 현상이 적용되었다. 현재는 사용되지 않지만 'ㆍ'는 옛말에서 활발하게 사용되던 것이었다. 그러나 이 모음은 18세기경에 이르러서 우리 국어에서 그 소리값이 소멸된 것으로 보인다. 이에 따라 '짐치'의 경우도 '짐칙'로 바뀌었다. 그리고 이것이 '김치'로 바뀐 것이다. 이러한 '김치'로의 어형 변화는 대략 19세기에 들어서서 완성된 것으로 생각된다.

① '딤치'라는 말은 '沈菜'의 당시 한자음이었을 것이다.
② 한국인들은 적어도 15세기 말엽에는 김치를 만들어 먹었다.
③ '김치'라는 말이 완성된 시기는 'ㆍ'가 소멸된 이후이다.
④ '김치'의 '치'와 '장아찌'의 '지'는 동일한 어원을 가진다.
⑤ '디히'와 '딤치'의 어형 변천 과정에는 모두 구개음화 현상이 관여했다.

07 다음 글의 내용과 부합하지 않는 것을 [보기]에서 모두 고르면?

○△×
○△×
○△×

국민주권이론에 대해서 가장 강력한 반론은 아마도, 그 이론이 비합리적인 이데올로기이며 미신을 조장한다는 논박일 것이다. 왜냐면 국민 또는 국민의 다수는 틀리거나 부당하게 행동할 수 없다는 생각은 권위주의적이고 상대주의적인 미신이기 때문이다. 이러한 이데올로기는 비도덕적이며 우리는 그것을 거부해야 한다.

아테네의 민주주의(여러 측면에서 그것을 칭찬한 바 있다) 역시 약간의 범죄적 결정을 하기도 했음을 우리는 투키디데스를 통해서 알고 있다. 아테네의 민주주의는 도시 국가인 멜로스 섬을 사전 경고도 없이 공격했으며 그 섬의 모든 남자를 죽이고 여자와 아이들을 대규모 노예 시장에 팔아 버렸다. 민주주의 국가인 아테네에서 자행되었던 일이다.

그리고 자유롭게 선출된 독일 바이마르 공화국의 의원들은 권능법(Enabling Law)이라는 헌법적 수단을 통해서 히틀러를 독재자로 만들 수 있었다. 비록 히틀러는 독일에서 실시된 자유 선거에서는 승리를 거두지 못했지만, 강제 합병 이후 오스트리아에서 실시된 선거에서는 크게 승리했다.

우리는 모두 오류를 범하는 경향이 있으며, 국민뿐만 아니라 인간이라는 존재로 구성된 어떤 집단이든 이 점에서는 마찬가지이다. 국민이 그 정부를 제거할 수 있어야 한다는 이념을 지지하는 이유는 단 한 가지다. 독재정권을 피하는 데 이보다 더 좋은 길을 알지 못하기 때문이다. 국민 법정(Popular tribunal)으로서 이해되는 민주주의 조차도 결코 오류가 없을 수는 없다. 윈스턴 처칠이 반어적으로 표현한 익살은 이런 사태에 꼭 들어맞는다.

'민주주의는 최악의 정부 형태이다. 물론 다른 모든 정부의 형태를 제외하고.'

여기서 잠깐 정리를 하면, 국민주권으로서의 민주주의의 이념과 국민의 심판대로서의 민주주의 또는 제거할 수 없는 정부(독재정권 등)를 피하는 수단으로서의 민주주의의 이념 사이에는 단순히 언어적인 차이만이 있는 것이 아니다. 그 차이는 실제적으로 커다란 함의를 갖는다.

이를테면, 스위스에서도 그것은 매우 중요하다. 교육체계에서 초등학교와 중고등학교에서는 독재정권을 피할 필요성을 주장하는 좀 더 신중하고 현실적인 이론 대신에 해롭고 이데올로기적인 국민주권이론을 찬양하고 있는 것으로 안다. 독재정권은 참을 수 없고 도덕적으로 옹호될 수 없는 것으로 여긴다.

보기

㉠ 국민주권이론은 비합리적인 이데올로기이므로 거부해야 한다.
㉡ 민주주의는 독재정권을 방지하는 데 가장 큰 의미가 있다.
㉢ 민주주의 이념 아래에서 국민은 가장 도덕적인 선택을 한다.
㉣ 국민주권으로서의 민주주의의 이념과 국민의 심판대로서의 민주주의의 이념의 차이는 현실적으로 매우 구분하기가 어렵다.
㉤ 민주주의는 이념이 아닌 현실의 시각에서 볼 때, 모든 정부 형태 중 최악의 정부 형태이다.

① ㉠, ㉡
② ㉡, ㉢
③ ㉠, ㉢, ㉤
④ ㉢, ㉣, ㉤
⑤ ㉡, ㉢, ㉣, ㉤

08 다음 수들이 일정한 규칙으로 나열되어 있을 때, 빈칸에 들어갈 알맞은 수를 고르면?

○△×
○△×
○△×

26	425	28	422	32	413	40	386	56	305	88	( )

① 62 ② 120 ③ 124 ④ 242 ⑤ 285

09 단행본 만화를 웹툰화하여 e북 형식으로 대여해주는 사이트가 있다. 대여료가 다음과 같을 때, 회원으로 가입하여 이용할 경우 책을 몇 권 이상 대여하면 비회원으로 대여할 때보다 비용 면에서 경제적인지 고르면?

○△×
○△×
○△×

구분	회원가입비	한 권당 대여료
회원	7,000원	700원
비회원	없음	1,300원

① 10권 ② 11권 ③ 12권 ④ 13권 ⑤ 14권

10 커다란 물탱크에 물을 가득 채우는 데 A관 한 개로는 9시간, B관 한 개로는 6시간 걸린다고 한다. 처음 1시간은 A관만 틀다가 나머지 시간 동안 B관을 함께 틀었을 때, 빈 물탱크에 물이 가득 차는 데 걸리는 총시간을 고르면?

○△×
○△×
○△×

① 3시간 12분 ② 3시간 15분 ③ 4시간 12분
④ 4시간 15분 ⑤ 4시간 20분

11 다음 [표]와 [그래프]는 휴가 현황에 관한 자료이다. 이에 대한 설명으로 옳지 않은 것을 고르면?

○△× ○△× ○△×

[표] 연간 휴가 현황 (단위: 일, 만 원)

구분	평균
부여받은 휴가 일수	14.6
사용한 휴가 일수	12.2
여행 목적 휴가 일수	4.9
지출한 휴가 경비	101.7

[그래프] 휴가를 사용하지 못한 이유 (단위: %)

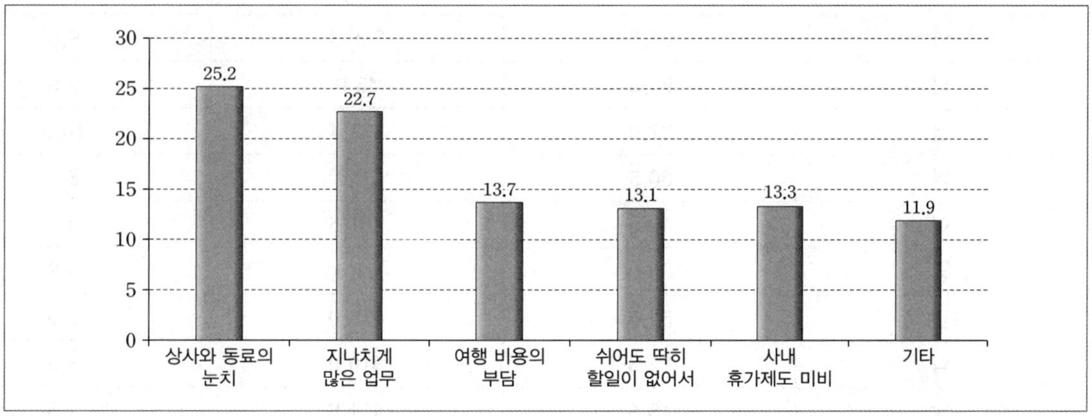

① 지나치게 업무가 많아서 휴가를 못 가는 사람보다 동료의 눈치를 보느라 휴가를 못 가는 사람이 더 많다.

② 1년 동안 15일의 휴가도 못 받는 사람들이 있다.

③ 휴가 사용률은 80% 이상이다.

④ 여행 목적으로 휴가를 가는 비율은 40% 미만이다.

⑤ 휴가 1일당 지출하는 경비는 8만 원이 넘는다.

[12~13] 다음 [표]는 어떤 금융회사 고객들의 항목별 자산평가액 및 성별에 관한 자료이다. 이를 바탕으로 질문에 답하시오.

[표] 고객별 자산평가액 (단위: 억 원)

성별	저축	부동산	주식
여	35.0	27.0	5.1
남	15.5	8.8	0.8
남	37.5	27.0	5.1
남	47.0	68.7	6.6
여	92.0	148.5	8.5
남	67.5	216.3	9.0
남	84.5	45.0	9.5
남	37.0	321.4	10.9
남	66.5	72.1	8.2
여	40.0	251.5	3.3
남	30.0	21.4	3.8
남	57.5	116.0	7.9
남	72.5	310.0	6.5
남	45.5	411.8	4.5
여	57.0	216.0	7.6

12 저축액이 가장 높은 세 명의 총자산액 평균이 얼마인지 고르면?

○△× ① 258억 원 ② 258.5억 원 ③ 259억 원
○△× ④ 259.5억 원 ⑤ 261억 원
○△×

13 여성 고객의 부동산평가액 평균이 얼마인지 고르면?

○△× ① 153.7억 원 ② 155.7억 원 ③ 158.4억 원
○△× ④ 160.75억 원 ⑤ 162.1억 원
○△×

[14~15] 다음 [표]와 [그래프]는 2020년 성별·장애등급별 등록 장애인 현황을 나타낸 것이다. 이를 바탕으로 질문에 답하시오.

[표] 2020년 성별 등록 장애인 수 (단위: 명, %)

구분	여성	남성	전체
등록 장애인 수	1,048,979	1,468,333	2,713,127
전년 대비 증가율	0.5	5.5	( )

[그래프] 2020년 성별·장애등급별 등록 장애인 수

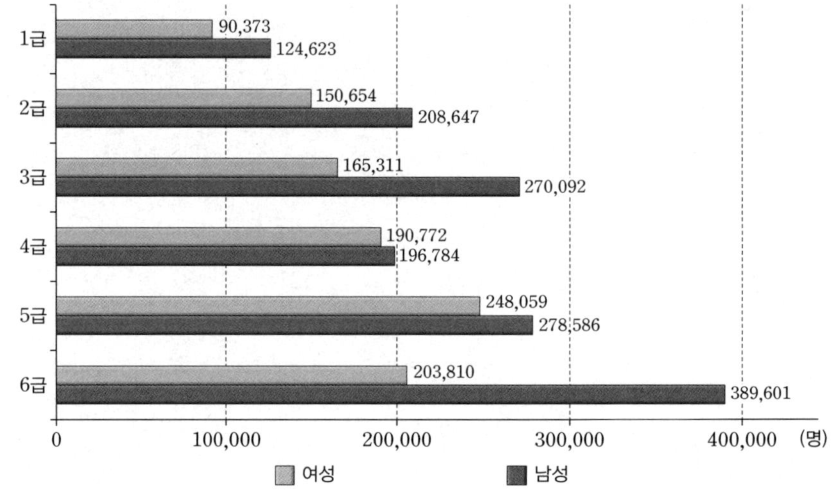

※ 장애등급은 1~6급으로만 구분되며, 미등록 장애인은 없음.

14 **2019년의 남성 장애인 수와 여성 장애인 수의 차이를 고르면?**(단, 소수점 첫째 자리에서 반올림하여 계산한다.)

① 348,025명 ② 349,027명 ③ 351,125명 ④ 352,305명 ⑤ 353,850명

15 **주어진 자료에 관한 설명 중 옳은 것을 [보기]에서 모두 고르면?**

보기

㉠ 전년 대비 2020년 등록 장애인 수가 가장 많이 증가한 장애등급은 6급이다.
㉡ 장애등급 5급과 6급의 등록 장애인 수의 합은 전체 등록 장애인 수의 50% 이상이다.
㉢ 등록 장애인 수가 가장 많은 장애등급의 남성 장애인 수는 등록 장애인 수가 가장 적은 장애등급의 남성 장애인 수의 3배 이상이다.

① ㉠ ② ㉢ ③ ㉠, ㉡ ④ ㉠, ㉢ ⑤ ㉡, ㉢

16 다음 [표]는 A~E 5개 구의 2022년 돼지고기 소비량에 관한 자료이다. [조건]을 참고했을 때, 변동계수가 3번째로 큰 구와 4번째로 큰 구를 고르면?

○△× ○△× ○△×

[표] A~E구의 돼지고기 소비량 통계 (단위: kg)

구분	평균(1인당 소비량)	표준편차
A	(　　)	5.0
B	(　　)	4.0
C	30.0	6.0
D	12.0	4.0
E	(　　)	8.0

※ 변동계수(%)=$\frac{\text{표준편차}}{\text{평균}}\times 100$

조건

- A구의 1인당 소비량과 B구의 1인당 소비량을 합하면 C구의 1인당 소비량과 같다.
- A구의 1인당 소비량과 D구의 1인당 소비량을 합하면 E구 1인당 소비량의 2배와 같다.
- E구의 1인당 소비량은 B구의 1인당 소비량보다 6.0kg 더 많다.

	3번째	4번째
①	B	A
②	B	C
③	B	E
④	D	A
⑤	D	C

17 다음 [보기]의 사례 중 밑줄 친 부분의 기능이 유사한 것끼리 묶인 것을 고르면?

○△×
○△×
○△×

보기

㉠ 우편 설문조사를 하면서 조그마한 선물을 동봉했을 때 설문지 회수율이 늘어난다.

㉡ 스탠드 바의 바텐더들이 영업 시작 전에 팁을 담는 유리병에 미리 1달러짜리 지폐 몇 장을 넣어두면 팁이 늘어난다.

㉢ 불우이웃돕기 등 자선 기부금을 모집하는 텔레비전 프로그램의 제작자가 장시간을 할애하여 이미 기부금을 약속한 사람들의 명단을 끊임없이 제공하면 기부금이 늘어난다.

㉣ 음식점 종업원들이 손님들에게 사탕이나 껌을 한 개씩 얹어 계산서를 내밀면 팁이 늘어난다.

① ㉠ / ㉡ – ㉢ – ㉣ ② ㉠ – ㉡ / ㉢ – ㉣ ③ ㉠ – ㉢ / ㉡ – ㉣
④ ㉠ – ㉣ / ㉡ – ㉢ ⑤ ㉠ – ㉡ – ㉢ / ㉣

18 다음 실험 결과로부터 도출될 수 있는 범죄통제전략상의 시사점으로 적절하지 않은 것을 고르면?

○△×
○△×
○△×

> 심리학자 짐바르도(Zimbardo)는 차량번호판이 없는 한 대의 자동차를 준비하였으며, 그 자동차의 본네트를 열어 놓은 채 A시의 어느 가로변에 주차하였다. 그리고 이와 동일한 종류의 자동차이되, 본네트를 열지 않은 채로 B시의 어느 가로변에 주차하였다. A시에 세워둔 자동차는 방치한 지 10분 이내에 곧바로 파괴자들(Vandals)에 의하여 공격을 받게 되었다. 자동차 주변에 처음 도착한 무리 중의 첫 번째는 한 가족이었는데, 아버지, 어머니 그리고 어린 아들이었다. 그들은 차량의 라디에이터와 배터리를 제거하였다. 그리고 24시간 이내에 값어치가 나가는 모든 차량 부품은 완전히 제거되어 버렸다. 자동차는 마구 파괴되기 시작했다. 자동차의 창문은 모두 깨졌고 다른 부품들도 파괴되었으며, 실내장식들도 찢어 없어졌다. 아이들은 마치 자동차가 운동장인 것처럼 그 위에 올라가서 뛰어놀기 시작했다. 대다수의 성인 파괴자들은 말쑥하게 차려입은 아주 깔끔한 백인들이었다.
>
> 그런데 B시에 세워 둔 자동차는 1주일이 넘게 아무도 손을 대지 않은 채로 그대로 있었다. 짐바르도는 큰 쇠망치로 자동차의 일부를 부숴 버렸다. 그러자 곧, 지나가는 행인들이 가담하기 시작했다. 몇 시간 안에 그 자동차는 완전히 파괴되었다. 이번에도 첫 번째 실험에서 목격된 것처럼 상당히 품행이 방정한 백인이 파괴자로 나타났다. 파괴된 자동차는 일종의 약탈품이나 재미거리로 외부에 있는 사람들에게, 심지어는 그러한 짓을 할 것이라고 꿈에도 생각지 않았던 평범한 사람들에게조차 게임거리로 전락하게 되었다.

① 지역 사회 내 기초질서 위반행위들을 계속 방치하면 비공식적 통제능력이 약화된다.
② 지역 사회 내 어떤 질서 위반행위의 발생은 추가적인 범죄 행위를 유발할 수 있다.
③ 경찰은 마약, 강도, 살인 등 중범죄 통제에 더 많은 투자를 해야 한다.
④ 기초질서 유지나 지역주민들의 삶의 질 향상을 위한 경찰 활동이 중요시되고 있다.
⑤ 기초질서 위반행위에 대한 단호하고 적극적인 법 집행 활동을 정당화한다.

19 갑 공단에서는 과장급 7명 중 4명을 이번에 개편되는 팀의 팀장으로 발령하려고 한다. 7명 중 A, B, C는 모두 7년 차이고, D, E, F, G는 모두 6년 차이다. 다음 [조건]에 따라 발령한다고 할 때, 팀장으로 반드시 발령되는 사람을 고르면?

○△×
○△×
○△×

조건

- 조건1: D와 E는 동시에 팀장이 될 수 없다.
- 조건2: A와 F는 동시에 팀장이 될 수 없다.
- 조건3: A와 C는 동시에 팀장이 되거나 둘 다 팀장이 되지 않는다.
- 조건4: 7년 차 과장급과 6년 차 과장급을 각각 두 명씩 팀장으로 발령한다.

① B ② D ③ E ④ F ⑤ G

[20~21] 다음은 어느 포럼의 일정에 관한 자료이다. 이를 바탕으로 질문에 답하시오.

ㅇ 포럼은 개회사, 발표, 토론, 휴식으로 구성하며, 휴식은 생략할 수 있다.
ㅇ 포럼은 오전 9시부터 시작한다.
ㅇ 개회사는 포럼 맨 처음에 10분 또는 20분 동안 진행한다.
ㅇ 발표는 최대 3회까지 계획할 수 있으며, 각 발표의 시간은 모두 40분이거나 모두 50분으로 할 수 있다.
ㅇ 각 발표 후마다 10분간 토론을 진행한다.
ㅇ 휴식은 최대 2회까지 할 수 있으며, 1회 휴식은 20분으로 한다.

20 발표를 2회만 계획한다고 할 때, 포럼을 최대한 빨리 끝낼 수 있는 시간을 고르면?

① 10시 40분 ② 10시 50분 ③ 11시
④ 11시 10분 ⑤ 11시 20분

21 다음과 같이 추가된 [조건]에 따라 포럼을 진행한다고 할 때, 포럼을 최대한 빨리 끝낼 수 있는 시간을 고르면?

조건

• 포럼 중 진행 과정마다 참여자들의 피로도가 쌓인다.
• 쌓이는 피로도는 개회사가 10, 발표가 15, 토론이 20이다.
• 발표 또는 토론 이후에 휴식을 할 수 있으며, 휴식 시 피로도가 감소한다.
• 휴식 시 감소하는 피로도는 발표 후 −10, 토론 후 −20이다.
• 발표는 총 3회가 예정되어 있으며, 마지막 토론 이후에는 휴식할 수 없다.
• 포럼이 끝났을 때, 참여자의 최종 피로도는 60 미만이어야 한다.

① 12시 50분 ② 13시 ③ 13시 10분
④ 13시 20분 ⑤ 13시 30분

22 다음 [상황]을 판단한 내용으로 옳은 것을 고르면?

○△× ○△× ○△×

상황

- 어떤 복권은 매주 천 개가 발행되고, 그중 열 개가 당첨된다.
- 갑수, 을수, 병수는 이번 주에 복권을 하나씩 구입하였다.
- 갑수는 지난주까지 매주 복권을 구입했으나 한 번도 당첨되지 않았다.
- 을수는 지난주까지 매주 복권을 구입했고, 매번 당첨되었다.
- 병수는 이번 주에 처음으로 복권을 구입하였다.

① 갑수가 복권에 당첨될 확률은, 을수가 복권에 당첨될 확률보다 더 크다.
② 을수가 복권에 당첨될 확률은, 갑수가 복권에 당첨될 확률보다 더 크다.
③ 갑수와 을수 모두가 복권에 당첨될 확률은, 병수가 복권에 당첨될 확률보다 더 크다.
④ 갑수 또는 병수가 복권에 당첨될 확률은, 을수가 복권에 당첨될 확률보다 더 크다.
⑤ 갑수와 병수 모두가 복권에 당첨되지 않을 확률은, 을수가 복권에 당첨되지 않을 확률보다 더 크다.

23 **다음 [그림]과 [자료]는 직장인 갑~병이 마일리지 혜택이 있는 알뜰교통카드를 사용하여 출근하는 방법 및 교통비에 관한 자료이다. 이에 근거하여 월간 출근 교통비를 많이 지출하는 직장인부터 순서대로 나열한 것을 고르면?**(단, 출근 시만 고려한다.)

○△×
○△×
○△×

[그림] 직장인 갑~병의 출근 방법 및 교통비 관련 정보

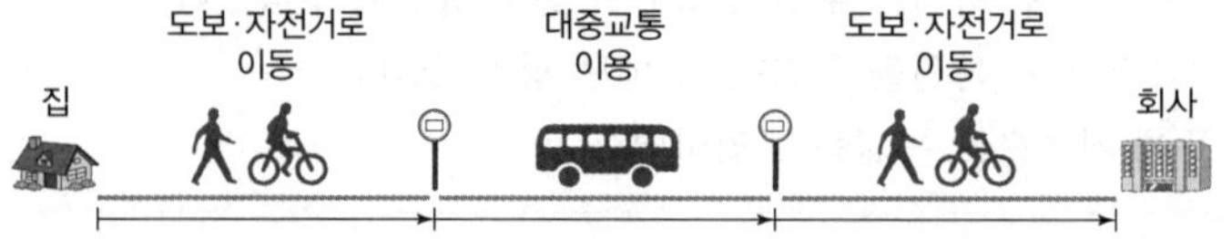

직장인	이동 거리 A [m]	출근 1회당 대중교통요금[원]	이동 거리 B [m]	월간 출근 횟수[회]	저소득층 여부
갑	600	3,200	200	15	O
을	500	2,300	500	22	X
병	400	1,800	200	22	O

[자료]

○ 월간 출근 교통비＝$\{A-(B+C)\times D\}\times E$

– A: 출근 1회당 대중교통 요금

– B: 기본 마일리지

– C: 추가 마일리지

– D: $\frac{\text{마일리지 적용 거리}}{800}$

– E: 월간 출근 횟수

○ 기본 마일리지는 출근 1회당 대중교통요금에 따라 다음과 같이 지급함.

출근 1회당 대중교통요금	2천 원 이하	2천 원 초과 3천 원 이하	3천 원 초과
기본 마일리지(원)	250	350	450

○ 추가 마일리지는 저소득층에만 다음과 같이 지급함.

출근 1회당 대중교통요금	2천 원 이하	2천 원 초과 3천 원 이하	3천 원 초과
추가 마일리지(원)	100	150	200

○ 마일리지 적용 거리(m)는 출근 1회당 도보 및 자전거로 이동한 거리의 합이며 최대 800m까지만 인정함.

① 갑, 을, 병
② 갑, 병, 을
③ 을, 갑, 병
④ 을, 병, 갑
⑤ 병, 을, 갑

24 **A, B 두 후보만 출마한 선거에서 B가 당선되었다. 이 선거 직전 실시된 여론조사 결과는 다음과 같다. 이를 통해 추론한 내용으로 적절하지 <u>않은</u> 것을 고르면?**

○△×
○△×
○△×

> (1) 여론조사 결과, A의 지지율이 B의 지지율보다 높은 것으로 나타났다.
> (2) 여론조사 결과를 응답자의 연령대별로 분석하면, A는 20대와 30대에서, 그리고 B는 40대와 50대에서 각각 상대 후보보다 높은 지지율을 보이는 것으로 나타났다. 60대 이상의 경우 두 후보의 지지율 차이는 없는 것으로 나타났다.
> (3) 여론조사 결과를 응답자의 성별로 분석하면, 두 후보에 대한 남성의 지지율의 차이는 크지 않은 반면, 여성의 경우 B의 지지율이 크게 높은 것으로 나타났다.
> (4) 여론조사 결과를 응답자의 연령과 성별에 따라 분석하면, 30대 이하와 60대 이상에서는 A와 B의 여성 지지율의 차이가 크지 않았다. 그러나 40대와 50대 여성의 경우 B의 지지율이 A의 지지율보다 현저하게 높은 것으로 나타났다.
>
> ※ 여론조사 시 유권자의 지지성향이 선거에 그대로 반영된다.
> ※ 연령대별 유권자 수는 동일하다.
> ※ 유권자의 나이대는 20대부터 60대까지이다.

① 여성의 투표율이 남성의 투표율보다 상대적으로 높았을 것이다.
② 20대와 30대의 남성 투표율이 다른 연령층에 비해 상대적으로 낮았을 것이다.
③ 40대와 50대의 투표율이 다른 연령층에 비해 상대적으로 높았을 것이다.
④ 4~50대 남성의 투표율이 2~30대 남성 투표율에 비해 상대적으로 낮았을 것이다.
⑤ 60대 남성의 투표율은 B가 당선되는 데 크게 영향을 미치지 않았을 것이다.

25 다음 글을 바르게 이해한 내용을 [보기]에서 모두 고르면?

○△×
○△×
○△×

A공기업에서는 1,500명의 소속 직원들이 마실 생수를 구입하기로 하였다. 모든 조건이 동일한 두 개의 생수 회사가 최종 경쟁을 하게 되었다. 구입 담당자는 직원들에게 시음하게 하여 직원들이 가장 좋아하는 생수를 선정하고자 하였다. 다음과 같은 절차를 통하여 구입 담당자가 시음회를 직접 주관하였다.

ㅇ 생수 시음회 참여를 원하는 직원을 대상으로 신청자를 접수하고 그중 남자 15명과 여자 15명을 무작위로 선정하였다.
ㅇ 두 개의 컵에 생수를 담고, 하나는 '1', 다른 하나는 '2'로 표기하여 회사 이름을 감추었다.
ㅇ 참가한 직원들은 1번 컵의 생수를 마신 후 2번 컵의 생수를 마시고 둘 중 어느 쪽을 선호하는지 표시하였다.
ㅇ 직원들로부터 더 많은 선택을 받은 생수 회사를 최종적으로 선정하였다.

보기

㉠ 참가자가 무작위로 선정되었으므로 전체 직원에 대한 대표성이 확보되었다.
㉡ 참가자들이 특정 번호를 선호할 가능성을 고려하지 못하였다.
㉢ 우리나라의 남녀 비율이 50대 50이므로 남자직원과 여자직원을 동수로 뽑은 것은 적절하다.
㉣ 참가자의 절반은 2번 컵을 먼저 마시고 1번 컵을 나중에 마시도록 진행했어야 한다.

① ㉠, ㉡　② ㉠, ㉣　③ ㉡, ㉢　④ ㉡, ㉣　⑤ ㉢, ㉣

정답과 해설 ▶ P.124

에듀윌 공기업

매일 1회씩 꺼내 푸는 NCS Ver.2

DAY 19

eduwill

매1N 3회독 루틴 프로세스

*더 자세한 내용은 매1N 3회독 학습가이드를 확인하세요!

1 3회독 기록표에 학습날짜와 문제풀이 시작시간을 적습니다.

2 시험장에서 문제를 푸는 것처럼 풀어 보세요.

3 모바일 OMR 또는 회독용 답안지에 마킹한 후, 종료시간을 적고 초과시간을 체크합니다.

▶모바일 OMR 바로가기

[DAY 19]

http://eduwill.kr/lp8j

4 문항별 3회독 체크표(◯ △ ✕)에 표시합니다. 문제를 풀면서 알고 풀었으면 ◯, 헷갈렸으면 △, 전혀 몰라서 찍었으면 ✕에 체크하세요.

3회독 TIP

- 1회독: 25문항을 빠짐없이 풀어 보세요.
- 2~3회독: 틀린 문항만 골라서 풀어 보세요.

3회독 기록표

1회독		2회독		3회독	
학습날짜	월 일	학습날짜	월 일	학습날짜	월 일
시작시간	:	시작시간	:	시작시간	:
종료시간	:	종료시간	:	종료시간	:
점 수	점	점 수	점	점 수	점

01 다음 글에서 설명한 각 개념의 예로서 적절한 것을 고르면?

○△✕
○△✕
○△✕

강화란 행동의 발생 빈도를 증가시키는 것으로, 정적(Positive) 강화와 부적(Negative) 강화로 구분된다. 정적 강화란 어떤 행동 후에 긍정적이고 유쾌한 자극이 제공되어 그 행동이 다시 일어날 확률이 증가하는 것을 말한다. 수업시간에 학습 태도가 좋은 학생을 칭찬함으로써 계속 좋은 수업 태도를 유지하게 하거나, 성적이 좋은 자녀에게 용돈을 주어 계속 공부하게 만드는 것 등이 그 예이다.

부적 강화란 어떤 행동을 하고 나면 싫은 대상이나 자극이 제거되므로 그 행동을 다시 할 확률이 증가하는 것을 의미한다. 숙제를 해오면 청소를 면제해준다거나, 매달 마감일 전에 공과금을 납부함으로써 연체료 내는 상황을 피할 수 있게 되는 경우 등이 여기에 속한다.

처벌은 바람직하지 않은 행동을 감소시키고자 할 때 주어지는 것으로, 부정적인 자극을 제공하는 수여성 벌과 긍정적인 자극을 제거하는 박탈성 벌, 두 가지가 있다. 수여성 벌은 부정적인 자극을 주는 것이다. 수업시간에 떠들면 주의를 준다거나, 동생하고 싸운 아이를 꾸중하는 것 등이 여기에 속한다. 수여성 벌은 적절하게만 사용되면 목적 행동이 즉시, 지속적으로 억제되는 효과를 갖는다.

박탈성 벌은 부정적인 자극을 제시하지 않고 단지 긍정적인 자극을 제거하는 것으로, 말 안 듣는 자녀의 용돈을 몰수하는 것 등이 그 예라고 할 수 있다. 박탈성 벌은 교육현장에서 수여성 벌에 비하여 좀 더 긍정적이고 효과적인 것으로 받아들여지고 있다.

① 아이가 시험시간 때마다 양호실을 가는 것은 정적 강화이다.
② 학생들이 떠들 때마다 청소를 시키는 것은 박탈성 벌이다.
③ 수업시간에 출석을 부르고 출석점수를 부여하는 것은 수여성 벌이다.
④ 엄마의 잔소리가 듣기 싫어 엄마가 가까이 올 때마다 자기 방으로 피하는 것은 부적 강화이다.
⑤ 복권 당첨은 계속해서 복권을 사게 만드는 부적 강화이다.

02 다음 문서는 ○○구청에서 제시한 입찰공고문의 일부이다. 문서의 내용과 일치하지 않는 것을 고르면?

○△×
○△×
○△×

1. 입찰에 부치는 사항

건명	2022년도 불연성 종량제 봉투(P.P마대) 제작구매(연간 단가)
기초 금액	금 23,380,000원(부가가치세 10% 포함)
규격 및 수량	20리터(단가: 330원) – 36,000매, 50리터(단가: 460원) – 25,000매
계약 기간	계약일로부터 2022.12.31.까지
납품 조건 및 기한	– 납품 조건: 분기별 현장 납품 – 납품 기한: 납품요구일로부터 45일
입찰서 제출 기간	2021.11.23.(목) 18:00 ~ 2021.12.01.(금) 10:00 ※ 본 입찰은 전자입찰로만 집행되며, 제출 기간 중에는 24시간 입찰서의 제출이 가능합니다.
개찰 일시 및 장소	2021.12.01.(월) 11:00 / 전자입찰

2. 입찰참가자격

가. 「지방자치단체를 당사자로 하는 계약에 관한 법률 시행령」 제13조 및 동법 시행규칙 제14조의 자격을 갖추고, 국가종합전자조달시스템 입찰참가 자격등록 규정에 의하여 물품 분류번호 2411150301(폴리프로필렌포대)로 입찰참가 등록한 제조업체로서 산업표준화법 제15조에 의한 KS인증 업체

나. 「중소기업기본법」 제2조에 따른 중소기업자로서 「중소기업 범위 및 확인에 관한 규정」에 따른 '중기업·소기업·소상공인 확인서'를 소지하고, 「중소기업제품 구매촉진 및 판로지원에 관한 법률」 및 '중소기업자간 경쟁제품 직접생산 확인기준'에 의거 물품 분류번호 2411150301(폴리프로필렌포대)로 직접생산 공장을 보유하고 직접생산 증명서를 소지한 업체

* 직접생산 확인 증명서는 입찰참가 등록 마감일 이전 발행된 것으로서 유효기간 내에 있어야 하고, 중소기업 공공구매 종합정보망 사이트에서 확인 가능하여야 함.

다. 본 입찰은 「지문인식 신원확인 입찰」이 적용되므로 개인인증서를 보유한 대표자 또는 입찰대리인은 국가종합전자조달시스템 전자입찰 특별유의서 제7조 제1항 제5호에 따라 미리 지문정보를 등록하여야 전자입찰서 제출이 가능

3. 입찰참가 수수료: 없음

4. 예정가격 및 낙찰자 결정방법

가. 본 입찰은 기초금액에 대하여 실시하며, 입찰서에 산출내역서를 첨부하지 않은 총액 입찰입니다.

나. 예정가격은 국가종합전자조달시스템(G2B)으로 작성되며, 전자입찰자가 선택한 예비가격번호 중 가장 많이 추첨된 번호순으로 4개를 선정하여 당해 각 번호에 해당하는 예비가격을 산술평균한 가격으로 결정합니다.

다. 낙찰자 결정은 「지방자치단체를 당사자로 하는 계약에 관한 법률 시행령」 제42조 및 「지방자치단체 입찰 및 계약집행기준」(행정안전부예규) '제5장 수의계약 운영요령'에 의거, 예정가격 이하로써 낙찰 하한율 직상 최저가로 입찰한 자의 순으로 관련법에 따른 결격사유가 없는 자를 낙찰자로 결정합니다.(낙찰 하한율: 88%)

라. 동일가격으로 전자입찰서를 제출한 자가 2인 이상일 경우 전자입찰특별유의서 제15조에 따라 국가종합전자조달시스템을 통해 자동으로 추첨하는 방식을 적용하여 계약상대자를 결정합니다.

① 종량제 봉투 단가에는 부가가치세가 포함되어 있다.
② 본 입찰에는 지문인식 신원확인 입찰이 적용되므로 반드시 개인인증서를 보유한 대표자가 지문 정보를 등록하여야 한다.
③ 낙찰자 결정 과정에서 입찰자의 결격 사유보다 낙찰 하한율을 우선 기준으로 한다.
④ 국가종합전자조달시스템을 통한 자동추첨 방식은 동일한 가격으로 입찰서를 제출한 자가 2인 이상일 경우 적용된다.
⑤ 본 입찰은 전자입찰로 진행되므로 입찰 기간 중 24시간 제출이 가능하다.

03 다음 글의 내용을 토대로 표와 같이 정리하려고 한다. 표의 내용이 잘못된 항목을 고르면?

○△×
○△×
○△×

기업의 사회적 책임은 경제적 책임, 법률적 책임, 윤리적 책임, 자선적 책임 등과 같이 네 가지로 분류된다. 먼저 경제적 책임이란, 기업이 사회의 기본적인 경제단위로서, 재화와 서비스를 생산할 책임을 지고 있다는 의미이다. 둘째, 법률적 책임이란 사회는 기업이 법적 요구사항의 구조 내에서 경제적 임무를 수행할 것을 요구한다는 것이다. 셋째, 윤리적 책임이란 법으로 규정화하지는 못하지만 기업에게 사회의 일원으로서 기대하는 행동과 활동들을 의미한다. 마지막으로 자선적 책임이란 기업에 대해서 명백한 메시지를 갖고 있지 않지만, 기업의 개별적 판단이나 선택에 맡겨져 있는 책임으로서 자발적 영역에 속하는 것이다.

한편, 윤리경영이란 경영활동의 옳고 그름을 구분해주는 규범적 기준을 사회의 윤리적 가치체계에 두는 경영방식을 의미한다. 기업윤리를 바라보는 입장에 따라 경영행태를 구분하면 다음과 같은 세 가지의 범주로 나누어 볼 수 있다. 첫째 '비윤리경영(Immoral management)'은 기업윤리는 물론 기업의 이윤추구를 위해 법과 제도마저도 장애물로 간주하는 전근대적인 경영행태로 최근에는 거의 존재하지 않는다. 둘째는 '초윤리경영(Amoral management)'으로 이러한 기업들은 경영과 윤리는 전혀 별개의 영역에서 인식하는 개념이므로 합법의 테두리 내에서는 어떠한 행동을 해도 좋다는 입장을 취한다. 마지막으로 '윤리경영(Moral management)'은 기업이 적법의 테두리를 넘어 입법의 취지와 사회통념까지도 고려하여 기업윤리를 준수하는 경영방식이다.

기준	비윤리경영	초윤리경영	윤리경영
(가) 윤리규범	경영의사결정과 행동은 윤리와 대립	경영의사결정과 행동은 윤리와 독립	경영활동은 윤리적 행동기준과 일치
(나) 기업의 목표	수단과 관계없이 이익과 조직의 성공추구	법 기준 내의 이윤추구	법과 윤리 기준 내의 이윤추구
(다) 기업의 책임	경제적 책임	경제적 책임+법적 책임	경제적 책임+법적 책임+윤리적 책임
(라) 법률에 대한 태도	법은 경영목표 달성에 장애물	법은 기업 활동의 제약조건	법은 최저한의 기준
(마) 전략	경영상 필요 범위 내에서만 개인적인 윤리를 적용	이익과 합치하면 무조건 추진	건전한 윤리 기준과 공생

① (가) ② (나) ③ (다) ④ (라) ⑤ (마)

04 다음 글의 내용과 일치하는 것을 고르면?

○△×
○△×
○△×

홀로그래피(Holography)는 그리스어로 '완전하다'는 의미의 'Holo'와 '그림'이라는 뜻을 가진 'Graphy'의 합성어로, 완벽한 그림인 3차원 입체 영상을 찍고 재현하는 기술을 의미한다. 필름 카메라나 디지털 카메라로 촬영한 일반 사진은 대상 물체에 대한 2차원 정보인 빛의 명암과 색상을 기록한 것이다. 반면에 홀로그래피는 빛의 파동 원리에 입각하여 3차원 정보인 위상 정보를 기록, 입체 영상으로 재현하는 것이다.

홀로그래피의 원리는 헝가리 태생의 영국 물리학자 게이버에 의해 1948년에 처음으로 발견되었다. 그러나 당시에는 그것을 제대로 구현할 광원이 없어 제대로 발전하지 못하였다. 그런데 1960년대에 들어와서 레이저가 발명된 뒤로 홀로그래피 기술이 급속히 발전하게 되었다. 레이저는 여러 파장이 섞여 있는 보통의 빛과 달리 단색성을 지니고, 휘도가 매우 강하며 빔(beam)이 퍼지지 않고 직진하는 성질이 있어 간섭성이 매우 좋기 때문이다.

홀로그래피의 단계별 원리는 다음과 같다. 동일한 광선이 간섭성을 좋게 하므로, 일단 레이저를 둘로 나눈다. 이때 레이저는 직진하는 성질이 있으므로 그 빛을 둘로 나누기 위해서는 빛을 반사하는 거울 등이 필요하다. 둘로 나눈 빛 중 하나는 물체를 거치지 않고 필름에 닿게 하고(기준광), 다른 하나의 빛은 우리가 보려고 하는 물체에 비춰 반사된 광선(물체광)을 필름에 닿게 한다. 물체광은 물체의 각 표면에서 반사되어 나오는 빛이므로 물체 표면에 따라 위상차(물체 표면에서부터 필름까지의 거리)가 각각 다르게 나타난다. 기준광과 물체광이 다시 필름에서 합쳐지면, 변형되지 않은 기준광이 물체광과 간섭을 일으켜 무늬를 만들게 된다. 그 간섭 무늬에 물체의 3차원 정보가 들어있는데, 이것이 필름에 저장되는 것이다. 이 필름이 지폐나 신용카드에서 볼 수 있는 홀로그램이다. 저장된 영상을 재현하려면 레이저 광선을 다시 홀로그램에 쏘아야 한다. 기록할 때와 같은 파장을 가진 파동만이 3차원으로 재현된다. 파장과 위상이 다른 빛은 아무런 효과가 없이 저장된 홀로그램을 통과해 버린다.

① 디지털 카메라와 홀로그래피는 같은 원리로 영상을 재현한다.
② 게이버는 홀로그래피를 발견하고 그 기술을 획기적으로 발전시켰다.
③ 홀로그램은 물체광의 서로 다른 위상차와 기준광의 간섭을 이용하여 무늬를 만드는 것이다.
④ 홀로그램을 만들기 위해서는 둘로 나눈 레이저의 빛을 모두 먼저 필름에 닿게 하고 다음에 물체에 닿게 해야 한다.
⑤ 홀로그램에 저장된 영상을 다시 볼 때는 기록할 때와 같은 파장을 가진 파동은 홀로그램을 통과하고, 파장과 위상이 다른 빛은 3차원으로 재현된다.

[05~06] 다음 글을 보고, 질문에 답하시오.

[가] 영화의 역사는 신기한 눈요깃거리라는 출발점을 지나 예술적 가능성을 실험하여 고유한 수단을 발굴해 온 과정이었다. 그 과정에서 미학적 차원의 논쟁과 실천이 거듭되었다. 그 중 리얼리즘 미학의 확립에 큰 역할을 한 인물로 프랑스 영화 비평가 바쟁(Bazin)이 있다.

[나] 여기서 영화의 등장은 대상의 재현에 또 다른 획을 그었다. 바쟁은 영화를, 사진의 기술적 객관성을 시간 속에서 완성함으로써 대상의 살아 숨 쉬는 재현을 가능케 한 진일보한 예술로 본다. 시간의 흐름에 따른 재현이 가능해진 결과, 더욱 닮은 지문(指紋) 같은 현실을 제공하게 되었다. 바쟁에 의하면 영화와 현실은 본질적으로 친화력을 지닌다. 영화는 현실을 시간적으로 구현한다는 점에서 현실의 연장이며, 현실의 숨은 의미를 드러내고 현실에 밀도를 제공한다는 점에서 현실의 정수이다. 영화의 이러한 리얼리즘적 본질은 그 자체로 심리적, 기술적, 미학적으로 완전하다는 것이 그의 시각이다.

[다] 바쟁은 먼저 '미라 콤플렉스'와 관련하여 조형 예술의 역사를 설명한다. 고대 이집트인이 만든 미라에는 죽음을 넘어서 생명을 길이 보존하고자 하는 욕망이 깃들어 있거니와, 그러한 '복제의 욕망'은 회화를 비롯한 조형 예술에도 강력한 힘으로 작용해 왔다고 한다. 그 욕망은 르네상스 시대 이전까지 작가의 자기 표현 의지와 일정한 균형을 이루어 왔다. 하지만 원근법이 등장하여 대상의 사실적 재현에 성큼 다가서면서 회화의 관심은 복제의 욕망 쪽으로 기울게 되었다. 그 상황은 사진이 발명되면서 다시 한번 크게 바뀌었다. 인간의 주관성을 배제한 채 대상을 기계적으로 재현하는 사진이 발휘하는 모사의 신뢰도는 회화에 비할 바가 아니었다. 사진으로 인해 조형 예술은 비로소 복제의 욕망으로부터 자유롭게 되었다.

[라] 영화는 현실을 겸손한 자세로 따라가면서 해석의 개방성을 담보해야 한다는 믿음, 이것이 바쟁의 영화관의 핵심이다. 그 관점은 수많은 형식적 기교가 발달한 오늘날에도 많은 지지를 얻으며 영화적 실천의 한 축을 이루고 있다.

[마] 바쟁은 형식주의적 기교와 현실의 복잡성과 모호성을 침해하여 현실을 왜곡할 수 있다고 본다. 따라서 그는 현실의 참모습을 변조하는 과도한 편집 기법보다는 단일한 숏을 길게 촬영하는 롱테이크 기법을 지지한다. 그것이 사건의 공간적 단일성을 존중하고 현실적 사건으로서의 가치를 보장하기 때문이다. 그는 또한 전경에서 배경에 이르기까지 공간적 깊이를 제공하는 촬영을 지지한다. 화면 속에 여러 층을 형성하여 모든 요소를 균등하게 드러냄으로써 현실을 진실하게 반영할 수 있으며 관객의 시선에도 자유를 부여할 수 있다는 것이다.

05 주어진 글의 문단을 논리적 순서에 맞게 배열한 것을 고르면?

① [가]－[다]－[나]－[마]－[라]
② [가]－[라]－[마]－[나]－[다]
③ [가]－[마]－[다]－[나]－[라]
④ [나]－[가]－[라]－[다]－[마]
⑤ [라]－[나]－[다]－[가]－[마]

06 주어진 글에 동조하는 감독이 영화를 제작한다고 할 때, 이 감독이 만든 영화의 특징으로 적절하지 않은 것을 고르면?

① 불가피한 경우를 제외하고는 편집을 자제한다.
② 현실을 대하는 것 같은 공간적 깊이를 보여 준다.
③ 숏의 길이를 길게 하여 현실의 시간과 유사한 느낌을 준다.
④ 화면 속의 중심 요소에 주목하게 하여 관객의 시선을 고정한다.
⑤ 열린 결말로 구성하여 관객에 따라 영화의 결말을 다르게 받아들이게 한다.

07 다음 글의 내용과 일치하지 않는 것을 고르면?

O△X
O△X
O△X

호흡은 외호흡과 내호흡으로 이루어진다. 외호흡은 폐의 폐포와 모세혈관 사이에서 일어나는 산소와 이산화탄소의 기체 교환을 말한다. 모세혈관과 조직 세포 사이에서도 산소와 이산화탄소의 기체 교환이 이루어지는데, 이에 의해 모세혈관을 통해 조직 세포에 들어온 산소가 영양소와 결합하여 영양소가 산화되면서 에너지가 발생하는 과정을 내호흡이라고 한다. 그렇다면 영양소가 산화되어 에너지가 발생하기까지의 과정은 어떻게 이루어질까? 이 과정은 세 가지의 주요 단계를 거쳐 일어난다.

먼저 소장에서 흡수된 포도당은 모세혈관을 타고 조직 세포로 운반된다. 이때 포도당 한 분자는 세포의 세포질에서 2개의 피루브산으로 분해되면서, 2개의 ATP와 2개의 $NADH_2$라는 물질도 만들어 낸다. 다음으로 이때 생성된 피루브산은 미토콘드리아의 기질에 있는 TCA회로에 투입된다. 피루브산 한 분자가 TCA회로에 투입되면 이산화탄소가 세 분자가 생성되고, 4개의 $NADH_2$와 1개의 $FADH_2$, 1개의 ATP가 함께 만들어진다. 포도당 한 분자로부터 피루브산이 두 분자 만들어지므로, TCA회로에서는 포도당 한 분자로부터 6개의 이산화탄소와 8개의 $NADH_2$, 2개의 $FADH_2$, 2개의 ATP가 만들어진다고 볼 수 있다. 지금까지의 과정을 통해 만들어진 물질 중 에너지원으로 사용되는 것이 바로 ATP이다. 그렇지만 이때까지 만들어진 ATP만을 사용하면 에너지의 양이 너무 적다.

호흡의 마지막 단계인 전자전달계에서 이를 보완해 준다. 이전 단계들에서 만들어진 $NADH_2$와 $FADH_2$는 직접 에너지원으로 사용할 수는 없지만, 이들을 이용해 미토콘드리아의 내막에 있는 전자전달계에서 ATP를 추가적으로 만들 수가 있는 것이다. $NADH_2$와 $FADH_2$는 전자전달계로 건너와 각각 3개, 2개씩의 ATP를 만든다. 이때 전자 수용체 역할을 하는 산소가 필요하다. 포도당 한 분자에 대해 ATP는 포도당이 피루브산으로 분해되는 과정에서 2개, TCA회로를 통해 2개, 전자전달계를 통해 34개가 만들어져 총 38개를 얻을 수 있다.

① 모세혈관에서는 영양소와 산소가 조직 세포로 운반된다.
② 포도당 한 분자로부터 $NADH_2$는 모두 10개가 만들어진다.
③ 포도당을 통해 만들어진 물질 중 에너지원으로 사용되는 것은 ATP이다.
④ 미토콘드리아 기질에서 피루브산 한 분자는 $FADH_2$는 1개, ATP는 1개를 생성한다.
⑤ 미토콘드리아 내막에서는 ATP로부터 $NADH_2$와 $FADH_2$가 추가적으로 생산된다.

08 생산 원가가 1,000원인 상품이 있다. 이 상품을 정가의 20%를 할인해서 팔아도 8% 이상의 이익이 남도록 하기 위해서는 원가에 최소한 얼마의 이익을 붙여 정가를 결정해야 하는지 고르면?

○△×
○△×
○△×

① 300원 ② 330원 ③ 350원 ④ 400원 ⑤ 420원

09 20장의 복권 중 당첨 복권이 4장 있다. 이 중에 2장의 복권을 살 때, 두 번째 복권이 당첨 복권일 확률을 고르면?

○△×
○△×
○△×

① $\frac{3}{95}$ ② $\frac{12}{95}$ ③ $\frac{16}{95}$ ④ $\frac{19}{95}$ ⑤ $\frac{4}{19}$

10 다음 수들이 일정한 규칙으로 나열되어 있을 때, 빈칸에 들어갈 알맞은 수를 고르면?

○△×
○△×
○△×

256 384 576 864 1,296 1,944 2,916 ( )

① 3,876 ② 3,964 ③ 4,026 ④ 4,256 ⑤ 4,374

[11~12] 다음 [표]는 선거운동 기간 중 전국 성인남녀 1,200명을 조사하여 신문과 TV에서 동일한 정치광고를 모두 본 후 응답자들이 지지 정당을 바꾼 경우를 나타낸 것이다. 이를 바탕으로 질문에 답하시오.

[표] 정치광고에 따른 지지 정당 변화 양상 (단위: 명)

광고 전 지지 정당 / 광고 매체 / 광고 후 지지 정당	A당		B당		C당		전체
	신문	TV	신문	TV	신문	TV	
A당	–	–	6	16	12	52	86
B당	11	29	–	–	9	28	77
C당	9	25	5	8	–	–	47
전체	20	54	11	24	21	80	210

※ '이득'은 지지자 수가 늘어난 것을 의미하며, '손해'는 지지자 수가 줄어든 것을 의미함.

11 신문과 TV 광고 효과를 모두 고려할 때, 이득을 본 정당을 모두 고르면?

○△✕ ○△✕ ○△✕

① A당 ② B당 ③ A당, B당
④ B당, C당 ⑤ A당, B당, C당

12 주어진 자료에 대한 설명으로 옳은 것은 [보기]에서 모두 고르면?

○△✕ ○△✕ ○△✕

보기

㉠ 모든 광고를 본 사람 중 신문 광고를 보고 지지 정당을 바꾼 사람의 비율과 TV 광고를 보고 지지 정당을 바꾼 사람의 비율은 10%p 이상 차이가 난다.
㉡ A당은 TV 광고를 통해서는 이득을 보았지만 신문 광고를 통해서는 손해를 보았다.
㉢ 신문 광고를 통해 가장 큰 이득을 본 정당은 B당이다.

① ㉠ ② ㉡ ③ ㉠, ㉡
④ ㉡, ㉢ ⑤ ㉠, ㉡, ㉢

13 다음 [표]는 A국에 출원된 의약품 특허출원에 관한 자료이다. 이를 바탕으로 작성된 [보고서]의 내용 중 옳은 것을 모두 고르면?

○△✕
○△✕
○△✕

[표1] 의약품별 특허출원 현황 (단위: 건)

구분 \ 연도	2008년	2009년	2010년
완제의약품	7,137	4,394	2,999
원료의약품	1,757	797	500
기타 의약품	2,236	1,517	1,220
계	11,130	6,708	4,719

[표2] 의약품별 특허출원 중 다국적기업 출원 현황 (단위: 건)

구분 \ 연도	2008년	2009년	2010년
완제의약품	404	284	200
원료의약품	274	149	103
기타 의약품	215	170	141
계	893	603	444

[표3] 다국적기업 완제의약품 특허출원 중 다이어트제 출원 현황 (단위: 건)

구분 \ 연도	2008년	2009년	2010년
출원 건수	53	32	22

[보고서]

㉠2008년부터 2010년까지 의약품의 특허출원은 매년 감소하였다. 그러나 기타 의약품이 전체 의약품 특허출원에서 차지하는 비중은 매년 증가하여 ㉡2010년 전체 의약품 특허출원의 27% 이상이 기타 의약품 특허출원이었다. 다국적기업의 의약품 특허출원 현황을 보면, ㉢2010년 다국적기업의 의약품 특허출원 중 원료의약품이 차지하는 비율이 2008년 대비 7%p 이상 감소하였다. 그리고 ㉣2009년 다국적기업에서 출원한 완제의약품 특허출원 중 다이어트제 특허출원 비율은 9%였다.

① ㉠, ㉡ ② ㉠, ㉢ ③ ㉡, ㉣
④ ㉠, ㉢, ㉣ ⑤ ㉡, ㉢, ㉣

14 다음 [그래프]와 [표]는 F국제기구가 발표한 2014년 3월~2015년 3월 동안의 식량 가격지수와 품목별 가격지수에 대한 자료이다. 이를 바탕으로 옳지 않은 것을 고르면?

○△×
○△×
○△×

[그래프] 식량 가격지수

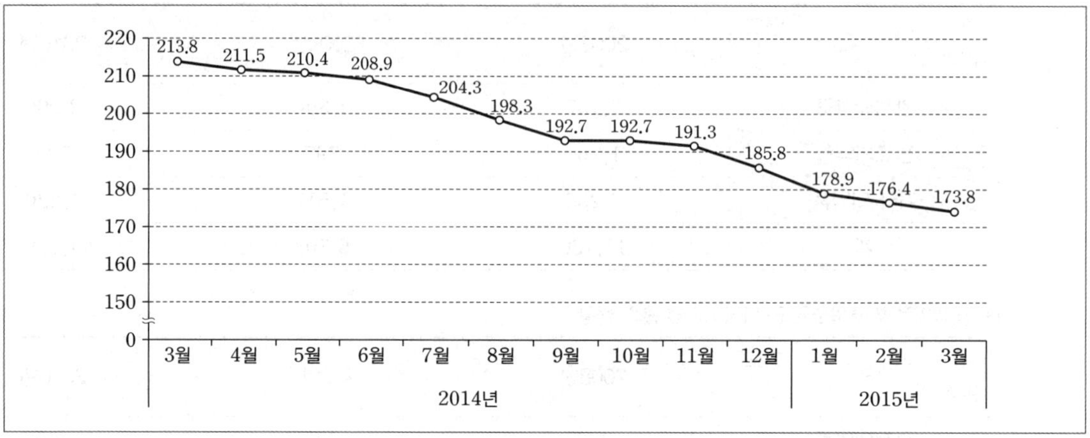

[표] 품목별 가격지수

시기 \ 품목		육류	낙농품	곡물	유지류	설탕
2014년	3월	185.5	268.5	208.9	204.8	254.0
	4월	190.4	251.5	209.2	199.0	249.9
	5월	194.6	238.9	207.0	195.3	259.3
	6월	202.8	236.5	196.1	188.8	258.0
	7월	205.9	226.1	185.2	181.1	259.1
	8월	212.0	200.8	182.5	166.6	244.3
	9월	211.2	187.8	178.2	162.0	228.1
	10월	210.2	184.3	178.3	163.7	237.6
	11월	206.4	178.1	183.2	164.9	229.7
	12월	196.4	174.0	183.9	160.7	217.5
2015년	1월	183.5	173.8	177.4	156.0	217.7
	2월	178.8	181.8	171.7	156.6	207.1
	3월	177.0	184.9	169.8	151.7	187.9

※ 기준연도인 2002년의 가격지수는 100임.

① 2015년 3월의 식량 가격지수는 2014년 3월에 비해 15% 이상 하락했다.
② 2014년 4월부터 2014년 9월까지 식량 가격지수는 매월 하락했다.
③ 2014년 3월에 비해 2015년 3월 가격지수가 가장 큰 폭으로 하락한 품목은 낙농품이다.
④ 육류 가격지수는 2014년 8월까지 매월 상승하다가 그 이후에는 매월 하락했다.
⑤ 2002년 가격지수 대비 2015년 3월 가격지수의 상승률이 가장 낮은 품목은 육류이다.

15 다음 [표]는 2020년과 2021년 한국, 중국, 일본의 재화 수출액 및 수입액 자료이다. 무역수지와 무역특화지수에 대한 설명을 참고하여 [보기] 중 옳은 것을 모두 고르면?

○△×
○△×
○△×

[표] 한국, 중국, 일본의 재화 수출액 및 수입액

(단위: 억 달러)

구분		한국		중국		일본	
		수출액	수입액	수출액	수입액	수출액	수입액
2020년	원자재	578	832	741	1,122	905	1,707
	소비재	117	104	796	138	305	847
	자본재	1,028	668	955	991	3,583	1,243
2021년	원자재	2,015	3,232	5,954	9,172	2,089	4,760
	소비재	138	375	4,083	2,119	521	1,362
	자본재	3,444	1,549	12,054	8,209	4,541	2,209

※ 무역수지=수출액−수입액 / 무역수지 값이 양(+)이면 흑자, 음(−)이면 적자이다.

※ 무역특화지수$=\frac{\text{수출액}-\text{수입액}}{\text{수출액}+\text{수입액}}$ / 무역특화지수의 값이 클수록 수출경쟁력이 높다.

보기

㉠ 자본재를 제외하고 원자재와 소비재 합만 고려했을 때, 2020~2021년 중 무역수지가 흑자였던 국가가 있다.

㉡ 2021년의 한국의 원자재, 자본재 수출액은 2020년에 비해 각각 250% 이상 증가하였다.

㉢ 2021년 자본재 수출경쟁력은 일본이 한국보다 높다.

① ㉠ ② ㉡ ③ ㉠, ㉡ ④ ㉠, ㉢ ⑤ ㉡, ㉢

16 **다음 글을 근거로 판단할 때, A괘종시계가 11시 정각을 알리기 위해 마지막 종을 치는 시각을 고르면?**

○△×
○△×
○△×

A괘종시계는 매시 정각을 알리기 위해 매시 정각부터 일정한 시간 간격으로 해당 시의 수만큼 종을 친다. 예를 들어 7시 정각을 알리기 위해서는 7시 정각에 첫 종을 치기 시작하여 일정한 시간 간격으로 총 7번의 종을 치는 것이다. 이 괘종시계가 정각을 알리기 위해 2번 이상 종을 칠 때, 종을 치는 시간 간격은 몇 시 정각을 알리기 위한 것이든 일정하다. A괘종시계가 6시 정각을 알리기 위한 마지막 6번째 종을 치는 시각은 6시 6초였다.

① 11시 11초 ② 11시 12초 ③ 11시 13초
④ 11시 14초 ⑤ 11시 15초

17 **A공사에서는 신입사원들을 대상으로 음악 장르에 대한 상관관계를 조사하였다. 다음 [조건]이 모두 참이라고 할 때, 항상 참인 것을 고르면?**

○△×
○△×
○△×

조건

㉠ 록 음악을 좋아하는 사원들은 모두 포크 음악을 좋아한다.
㉡ 록 음악을 좋아하는 사원은 힙합 음악을 좋아하지 않는다.
㉢ 힙합 음악 또는 포크 음악을 좋아한다면 재즈 음악을 좋아한다.

① 힙합 음악을 좋아하는 사원은 포크 음악을 좋아하지 않는다.
② 힙합 음악을 좋아하지 않는 사원은 재즈 음악을 좋아하지 않는다.
③ 재즈 음악을 좋아하는 사원 중에는 힙합 음악을 좋아하지 않는 사원은 없다.
④ 재즈 음악을 좋아하는 사원만이 힙합 음악과 포크 음악을 모두 좋아하지 않는다.
⑤ 재즈를 좋아하지 않는 사원은 록 음악을 좋아하지 않는다.

18 다음 [A기관 특허대리인 보수 지급 기준]과 [상황]을 근거로 판단할 때, 갑과 을이 지급받는 보수의 차이를 고르면?

[A기관 특허대리인 보수 지급 기준]

○ A기관은 특허출원을 특허대리인(이하 '대리인')에게 의뢰하고, 이에 따라 특허출원 건을 수임한 대리인에게 보수를 지급한다.

○ 보수는 착수금과 사례금의 합이다.

○ 착수금은 대리인이 작성한 출원서의 내용에 따라 착수금 산정 기준의 세부 항목을 합산하여 산정한다. 단, 세부 항목을 합산한 금액이 140만 원을 초과할 경우 착수금은 140만 원으로 한다.

○ 착수금 산정 기준

세부항목	금액(원)
기본료	1,200,000
독립항 1개 초과분(1개당)	100,000
종속항(1개당)	35,000
명세서 20면 초과분(1면당)	9,000
도면(1도당)	15,000

※독립항 1개 또는 명세서 20면 이하는 해당 항목에 대한 착수금을 산정하지 않는다.

○ 사례금은 출원한 특허가 '등록결정'된 경우 착수금과 동일한 금액으로 지급하고, '거절결정'된 경우 지급하지 않는다.

[상황]

○ 특허대리인 갑과 을은 A기관이 의뢰한 특허출원을 각각 1건씩 수임하였다.

○ 갑은 독립항 1개, 종속항 2개, 명세서 14면, 도면 3도로 출원서를 작성하여 특허를 출원하였고, '등록결정'되었다.

○ 을은 독립항 5개, 종속항 16개, 명세서 50면, 도면 12도로 출원서를 작성하여 특허를 출원하였고, '거절결정'되었다.

① 2만 원 ② 8만 6천 원 ③ 123만 원
④ 129만 5천 원 ⑤ 259만 원

[19~20] 다음은 차량별 고속도로 통행료에 관한 자료이다. 이를 토대로 질문에 답하시오.

구분	1종통행료(원)	2종통행료(원)	3종통행료(원)	4종통행료(원)	5종통행료(원)
경부선	7,390	8,100	8,950	9,800	10,800
남해선	8,110	8,900	9,820	10,700	16,000
서해안선	4,390	4,800	5,310	5,800	13,900
중부선(통영대전선)	5,590	6,100	6,760	7,400	33,300
중앙선(대구부산선)	6,440	7,100	7,800	8,500	76,500
서울춘천선	3,080	3,400	3,720	4,100	13,100
서울외곽선	4,090	4,500	4,900	5,450	13,000
제2경인선	2,960	3,200	3,500	3,950	4,300
경인선	6,840	7,500	8,200	9,100	54,600

19

두 명의 친구가 주말에 서울외곽선을 이용해 함께 여행을 가려고 한다. 3종 차량은 주말에 통행료를 15% 할인하고, 1종 차량은 주말 할인 없이 2인 이상 탑승 시에 통행료를 7% 할인한다고 할 때, 1종 차량으로 통행하면 3종 차량으로 통행할 때보다 얼마나 저렴한지 고르면?

O△X
O△X
O△X

① 319.7원 ② 357원 ③ 361.3원 ④ 429원 ⑤ 445.3원

20

박 과장은 서해안에 있는 공장에서 서울에 있는 본사에 가려고 한다. 1종 차량을 가지고 서해안 고속도로를 탄 뒤 2명을 더 태우고, 서울외곽선을 이용하려 한다. 박 과장이 낼 운임이 총 얼마인지 고르면? (단, 1종 차량은 2인 이상 탑승 시 통행료를 7% 할인하고, 소수점 첫째 자리에서 반올림한다.)

O△X
O△X
O△X

① 7,727원 ② 7,985원 ③ 8,088원 ④ 8,194원 ⑤ 8,242원

21 다음 중 결론이 항상 참이 되기 위해 빈칸에 들어갈 전제로 적절한 것을 고르면?

○△×
○△×
○△×

전제1 : 사이클 타기를 하면 마라톤도 한다.
전제2 : 등산을 하면 트레일 러닝도 한다.
전제3 : (   )
전제4 : 수영을 한다면 마라톤을 하지 않는다.
결론: 사이클 타기를 하면 트레일 러닝도 한다.

① 수영을 한다면 등산을 한다.
② 수영을 하지 않는다면 등산을 하지 않는다.
③ 수영을 한다면 등산을 하지 않는다.
④ 수영을 하거나 등산을 한다.
⑤ 수영을 하지 않거나 등산을 하지 않는다.

22 다음 글을 읽고 옳은 것을 [보기]에서 모두 고르면?

○△✕
○△✕
○△✕

친족은 혈연과 인척 관계에 의하여 무한히 확대될 수 있는 사람들을 포함하고 있어서, 각 개인은 많은 사람과 친족 관계를 맺을 수 있다. 그러나 실제로 각 개인이 이 많은 사람과 함께 하나의 집단을 형성하는 것은 아니며, 같은 조상의 자손이라고 인정하는 친족원만으로 친족집단을 구성한다. 개인을 그 혈통에 따라 형성된 친족집단의 일원으로 귀속시키는 것을 출계라고 부르며, 여기에 적용되는 원칙을 출계율(出系律)이라고 한다. 바꾸어 말한다면 출계율이란 혈통을 따지는 규칙 또는 원칙이다.

출계를 따지는 원칙 중 여자 계통을 따라 출계를 따지는 것을 모계율이라고 부른다. 모계율에 따르면, 각 세대의 형제·자매들은 그들의 어머니의 모계 친족 집단에 소속된다. 그러나 다음 세대에서 여자 형제의 자녀들은 이 모계 집단에 그대로 남지만, 남자 형제의 자녀들은 그들의 어머니들의 모계 집단에 소속되므로 여기에서 제외된다. 이것을 우리나라의 친족 호칭으로 표현한다면, 제1세대에 속하는 어머니의 모계 집단은 제2세대의 딸에서 제3세대의 외손녀로, 그리고 제4세대에서는 외손녀의 딸로 이어져 나가고, 각 세대의 남자 형제들은 이 모계 집단에 소속되지만 그들의 자식들은 제외된다.

보기

㉠ 나와 외할머니는 동일한 모계를 따르나 외할머니의 남자 형제의 딸은 그렇지 않다.
㉡ 나와 어머니의 여자 형제의 아들은 소속된 모계 집단이 다르다.
㉢ 나와 외할머니의 여자 형제의 딸은 소속된 모계 집단이 다르다.
㉣ 어머니의 남자 형제의 아들은 그의 어머니와 동일한 모계 집단에 소속된다.

① ㉠, ㉣ ② ㉡, ㉢ ③ ㉡, ㉣
④ ㉠, ㉡, ㉢ ⑤ ㉠, ㉢, ㉣

23 **다음 [표]는 체계적인 교육 훈련을 위해 필요한 교육 훈련 수요에 관한 내용이다. 발생 원인에 해당하는 내용으로 미루어 볼 때, 빈칸에 들어갈 내용을 순서대로 배열한 것을 고르면?**

○△×
○△×
○△×

[표] 잠재적 수요와 실질적 수요의 비교

구분	잠재적 수요	실질적 수요
초점	(1)	(2)
발생 원인	• 직무와 관련된 기술의 도입 • 전보나 승진에 따라 새로운 직무를 수행하게 되는 경우	• 지속적 업무 수행 과정에서 능력 부족으로 인해 목적 달성이 어려운 경우
대상	(3)	(4)
교육 훈련 성격	(5)	(6)
수요조사 곤란도	(7)	(8)
교육 훈련	(9)	(10)

보기

가. 자격 기준
나. 직무 능력 미달자
다. 예방적 성격
라. 수요 조사가 매우 어려움
마. 공급자 중심으로 운영
바. 직무와 개인의 자격 차
사. 새로운 직급이나 직위를 담당할 사람이나 새로운 기술을 사용할 사람
아. 처방적 성격
자. 수요 조사 용이
차. 수요자 중심으로 운영

(1) (2) (3) (4) (5) (6) (7) (8) (9) (10)
① 바 – 가 – 나 – 사 – 아 – 다 – 라 – 자 – 마 – 차
② 가 – 바 – 사 – 나 – 다 – 아 – 자 – 라 – 마 – 차
③ 바 – 가 – 사 – 나 – 아 – 다 – 자 – 라 – 차 – 마
④ 가 – 바 – 나 – 사 – 아 – 다 – 자 – 라 – 마 – 차
⑤ 가 – 바 – 나 – 사 – 다 – 아 – 라 – 자 – 마 – 차

[24~25] 다음 글은 음양도에 사는 주민들에 관한 글이다. 이어지는 질문에 답하시오.

전설의 섬 음양도에는 태양인과 소음인이라는 두 부류의 주민들만 산다. 외지인들은 이 섬의 태양인과 소음인을 외모로는 구분할 수 없다. 또 외지인들은 이 섬의 주민들을 겉보기만으로는 남성인지 여성인지 분간할 수 없다. 이들을 분간할 수 있는 단서는 다음과 같다.

소음인 중 여성은 언제나 참말만 하고, 남성은 항상 거짓말만 한다. 반대로 태양인 중 남성은 항상 참말만 하고, 여성은 언제나 거짓말만 한다. 한 외지인이 이 섬을 방문해서 섬 주민 A, B, C, D, E 다섯 명과 다음 대화를 주고받았다.

외지인: "당신은 태양인입니까?"
A: "아니요."
외지인: "당신은 남성입니까?"
B: "예."
C: "저는 소음인 남성입니다."
외지인: "아, 예!"
D: "저는 태양인 남성이 절대 아니올시다."
외지인: "알겠습니다."
E: "저는 태양인 남성이거나 소음인 여성입니다."
외지인: "아, 그러신가요!"

24 주어진 글에 따라 5명 중에 확실하게 여성인 사람을 모두 고르면?

① A, B ② B, D ③ A, C, D
④ A, C, E ⑤ B, D, E

25 주어진 대화에 등장하는 섬 주민들에 관해 항상 참인 것을 [보기]에서 모두 고르면?

보기
㉠ 소음인이 두 명 이상이다.
㉡ 태양인이 두 명 이상이다.
㉢ 소음인 남성은 없다.

① ㉠ ② ㉡ ③ ㉠, ㉢ ④ ㉡, ㉢ ⑤ 없다

정답과 해설 ▶ P.131

eduwill

에듀윌 공기업

매일 1회씩 꺼내 푸는 NCS Ver.2

DAY 20

eduwill

매1N 3회독 루틴 프로세스

*더 자세한 내용은 매1N 3회독 학습가이드를 확인하세요!

1 3회독 기록표에 학습날짜와 문제풀이 시작시간을 적습니다.

2 시험장에서 문제를 푸는 것처럼 풀어 보세요.

3 모바일 OMR 또는 회독용 답안지에 마킹한 후, 종료시간을 적고 초과시간을 체크합니다.

▶모바일 OMR 바로가기

[DAY 20]

http://eduwill.kr/gp8j

4 문항별 3회독 체크표(◯ △ ✕)에 표시합니다. 문제를 풀면서 알고 풀었으면 ◯, 헷갈렸으면 △, 전혀 몰라서 찍었으면 ✕에 체크하세요.

3회독 TIP

- 1회독: 25문항을 빠짐없이 풀어 보세요.
- 2~3회독: 틀린 문항만 골라서 풀어 보세요.

3회독 기록표

1회독	2회독	3회독
학습날짜 ___월 ___일	학습날짜 ___월 ___일	학습날짜 ___월 ___일
시작시간 ___:___	시작시간 ___:___	시작시간 ___:___
종료시간 ___:___	종료시간 ___:___	종료시간 ___:___
점 수 ___점	점 수 ___점	점 수 ___점

01 다음 글을 통해 추론한 것으로 적절하지 않은 것을 고르면?

○△× ○△× ○△×

다신교는 일신교에서 주장하는 우주 전체를 관장하는 단일한 힘이나 법칙의 존재를 무조건 반박하지는 않는다. 오히려 대부분의 다신교는 모든 다른 신들이나 악마, 자연 등의 배후에 있는 최고 권력의 존재를 인정한다. 고대 그리스 신화에서는 제우스, 헤라, 아폴론 등의 배후에 이들을 다스리는 운명의 여신이 있었으며, 요루바족의 다신교에서의 모든 신은 최고신 올로두마레에게서 태어났으며 힌두 다신교에서는 아트만이라는 단 하나의 원리가 무수한 신들과 정령, 인간, 생물학적 세상과 물리적 세상 모두를 통제한다.

일신교와 구별되는 다신교의 근본에 따르면 세상을 지배하는 최고 권력은 누구에게나 객관적 존재이다. 이들은 인간의 평범한 욕망이나 근심, 걱정에 개의치 않는다. 따라서 이와 같은 최고 권력에 전쟁의 승리나 건강, 풍요 등을 요청하는 것은 무의미했다. 최고 권력 입장에서는 특정인이 승리하고, 풍요롭게 사는 문제는 아무 의미 없었기 때문이다. 그러므로 고대 그리스인은 운명의 여신에게 제물을 바치지 않았고, 힌두교인들은 아트만을 위한 사원을 짓지 않았다.

그럼에도 다신교인들에게 우주 최고 권력의 존재를 인정하는 이유는 모든 욕망을 버리고 전쟁의 승리나 패배, 풍요와 가난, 건강과 죽음 등 모든 것을 끌어안기 위해서이다. 힌두교인 중 고행자나 성자들은 고행과 명상 등을 통해 아트만과 합일을 이루어 깨달음을 얻으려고 한다. 아트만과 합일을 이루면 최고 권력의 관점으로 세상을 볼 수 있게 되며, 그 관점에서 모든 욕망이나 두려움은 무의미하고 헛된 것이 된다.

그러나 대부분의 힌두교 신자는 고행자나 성자가 아니다. 그들은 세속적인 삶을 산다. 그들에게는 누가 승리하는가가 중요하며, 또 누가 풍요롭게 사는가가 중요하다. 이런 문제에 아트만은 아무런 도움이 되지 않는다. 그래서 힌두교 신자들은 최고 권력으로부터 뻗어나온 부분적 권력을 가진 신들에게 제물을 바친다. 지혜와 학문의 신인 가네샤, 행운의 여신인 락슈미, 지식과 예술의 신 사라스바티 등은 부분적으로 신적인 권력을 가지고 있으며 자신만의 관점과 편견, 관심을 가지고 있다.

다신교는 일신교와 다르게 최고 권력이 누구에게나 객관적 태도를 취하기 때문에 다신교도는 최고 권력에게 인간의 행위나 윤리 도덕을 바로잡는 역할을 요구하지 않는다. 부분적 권력을 가진 신들은 자신들의 관심사 외에는 냉담하다. 다신교도들은 신에게 윤리적인 행동을 요구하지 않으므로 신들이 도덕적인 결함을 가지고 있어도 그것이 종교를 믿는 데 전혀 지장이 없다.

① 대부분의 다신교는 우주 전체를 관장하는 단일한 힘이나 존재를 인정하지만 이를 숭배하지 않는다.
② 힌두교도가 아트만에 제물을 바치지 않은 이유는 아트만이 편견을 가지고 있지 않기 때문이다.
③ 일신교도들은 자신들의 신이 도덕적·윤리적으로 결함이 없어야 한다고 믿을 것이다.
④ 자신에게 행운이 생기기를 기원하는 힌두교인은 아트만보다는 락슈미를 숭배할 것이다.
⑤ 힌두교 신자는 아트만과의 합일을 통해 욕망과 두려움의 진정한 의미를 파악하려고 노력하였다.

02 다음 글을 이해한 것으로 적절한 것을 고르면?

○△×
○△×
○△×

메타는 '존재하지 않는' 또는 '가상의', '초월한'이란 의미를 지닌 그리스어에서 기원한 용어이다. 메타물질이란 자연계에는 존재하지 않는 물질이며, 인간이 만들어낸 새로운 물질 일반을 말한다. 인간이 자연계에 존재하는 재료를 섞거나 분리하여 합금, 고분자 물질을 얻어낸 것을 뛰어넘어 전혀 새로운 물질을 창조하기 시작한 것이다. 학술적으로 자연에서 얻은 물질에서 관찰 불가한 성질을 가지도록 인공적으로 배열 및 설계한 물질을 말하며, 주로 빛이나 에너지의 파장보다 작은 인공원자들로 이루어진 구조들의 집합체를 말한다.

메타물질은 빛과 국소적인 상호작용을 일으키며, 빛의 세기, 위상, 진행 방향 등 다양한 특성을 변화시킨다. 대표적인 메타물질의 사용 예는 빛의 굴절률을 변화시켜 사람이나 물건의 모습을 숨기는 투명망토이다. 투명망토의 기본적인 원리는 신기루 현상과 유사한데, 굴절률 차이에 의한 빛의 꺾임을 이용한다. 수백 nm의 크기로 정밀하게 설계된 메타물질로 이루어진 망토가 빛의 굴절률을 자유자재로 조절하고, 이를 통해 사람이나 물건에 빛이 도달하지 않도록 하여 마치 시공간에서 사라진 것처럼 보이게 만드는 것이다.

과학자들은 메타물질을 이용하여 빛뿐만 아니라 전자기파, 지진파, 음파 등 모든 에너지의 파동을 조절할 수 있을 것으로 전망하고 있다. 심지어 메타물질은 빛의 속도를 늦추거나 빠르게 만들 수도 있으며, 이를 통해 타임머신 기술을 개발할 수 있을 것이라 주장하는 학자도 있다. 실제로 메타물질은 다양한 용도로 사용할 수 있다. 항공우주산업, 사회 기반 시설 모니터링을 위한 초정밀 센서 개발, 자율주행차를 위한 라이다(LiDar) 등에 활용할 수 있다. 또 지진파를 막아줄 수 있는 지진피해 방지 건물, 비행기·탱크·함정의 스텔스 기능, 초박막 렌즈, 음파 센서의 개선 등 다양한 분야에 적용할 수 있다.

특히 초박막 렌즈 기술은 2019년 세계경제포럼에서 세계를 바꿀 10대 차세대 기술로 선정됐을 만큼 유망하다. 메타물질이 가장 먼저 상용화될 분야로 이미징 및 디스플레이 분야를 꼽는 것이 그 이유이다. 실제 국내 ○○기업이 개발하는 스마트폰 카메라의 '카툭튀' 현상을 해결하기 위해 □□공대 교수팀이 개발한 메타물질이 도포된 '메타렌즈' 기술을 활용하는 방안을 검토 중이다. 1cm의 렌즈를 최대 1μm 수준으로 줄여 초고성능의 초박막 렌즈로 만드는 것이다. 그뿐만 아니라 초박막 렌즈 기술은 가상현실(VR), 증강현실(AR), 웨어러블 컴퓨팅에도 적극 활용돼 '구글 글래스' 같은 얇은 안경 하나만으로도 현재의 초고성능 컴퓨터를 능가하는 '메타버스'를 현실에서 구현할 수 있는 수단으로 주목받고 있다.

이처럼 메타물질에 대한 연구는 활발히 진행되고 있지만 아직까지는 실험 단계인 것이 사실이다. 메타물질을 만들 수 있는 소재가 희소하고 가공도 어려우며 무엇보다 대량 생산할 수 있는 나노기술이 아직까지는 부족하기 때문이다. 또한 메타물질을 활용하기 위해서는 실시간으로 메타물질의 성질을 바꿀 수 있는 능동 구동 기술도 필요한데, 이 또한 아직은 테스트 수준에 불과하다.

① 메타물질의 기원은 그리스 시대 때부터 찾아볼 수 있다.
② 메타물질은 자연계에 존재하는 재료를 섞거나 분리하여 만들어 낸다.
③ 빛의 굴절률을 조절하여 타임머신 기술을 개발할 수 있다.
④ 메타물질은 스스로 자신의 성질을 바꿀 수 없다.
⑤ 초박막 렌즈 기술로 인해 가상현실 기술이 상용화될 수 있다.

03 다음 글의 서술 방식으로 적절하지 않은 것을 고르면?

○△×
○△×
○△×

이민 문제에 관해서 대중은 주로 긍정적인 측면보다 부정적인 측면에 초점을 맞춘다. 이와 같은 현상에 대해 심리학자 에이머스 트버스키는 우리의 사고가 '손실 회피 편향'의 영향을 받기 때문이라고 주장했다. 손실 회피 편향은 이익을 보는 것보다 손실을 피하는 쪽을 선호한다는 것인데, 쉽게 말해 10달러를 얻기보다는 10달러를 잃지 않는 쪽을 선택하는 것이다.

노르웨이의 행동경제학자 테아 비그는 한 가지 실험을 했다. 한쪽 사람들에게는 이민자들의 사회 공헌도를 보여주는 통계 자료를 제시하고 다른 쪽 사람들에게는 이민자들이 일으키는 잠재적인 사회적 손실을 보여주는 자료를 제시했다. 이 실험에서 비그는 사람들이 이득보다 손실을 더 크게 느낀다는 것을 발견했다. 비그는 "사람들은 이민자 때문에 발생하는 비용이 강조되는 부정적인 설득 작전에 취약하다."며 결론을 내렸다.

사람들은 이민자들에 대한 정책을 평가할 때 좀 더 엄격한 잣대를 들이대며, 사람들의 이민자들에 대한 선호도는 인지적 편향 속에 만들어진다. 그러므로 이들의 심리를 조종하거나 조작하는 것도 가능하다. 한 언론인은 "조국을 빼앗기고 있다."라는 선동적인 표현이 사람들에게 잘 먹히는 이유가 손실 회피 편향을 자극하기 때문이라고 말했다. 이 외에도 우리는 능수능란하게 사회가 사람들의 이런 인지적 편향을 이용하여 이민자들에 대한 부정적인 여론을 형성하는 사례를 많이 볼 수 있다. 동시에 이런 여론 형성이 이민자들의 공헌을 얼마나 효과적으로 감추는지도 확인할 수 있다.

손실 회피 편향을 다루는 연구자 중 이민자들의 행동에 주목하는 연구자도 있다. 잠재적 이민자들 역시 미래의 경제 전망에 대해 좋은 소식보다는 나쁜 소식에 더 민감하게 반응한다. 이민자들이 고국을 떠나는 이유는 가고자 하는 나라에서 더 나은 삶을 살 수 있다는 기대보다는 고국에서의 삶이 고되고 경제적 어려움이 있기 때문이다. 이들은 더 나은 삶을 위해 이민을 하는 것이 아니라 절망적일 수도 있을 경제적 환경에서 탈출하는 것을 우선으로 한다.

① 권위자의 말을 직접 인용하고 있다.
② 설명하는 이론에 대해 사례를 들어 설명하고 있다.
③ 이론이 다양한 측면에서 적용되고 있음을 보여주고 있다.
④ 이론의 효과를 증명하기 위한 연구를 소개하고 결과를 제시한다.
⑤ 정량화된 통계자료를 제시하여 주장의 객관성을 높이고 있다.

[04~05] 다음 글을 읽고 질문에 답하시오.

공정거래위원회는 지난 2020년 12월, 자료의 열람·복사 업무지침(이하 열람복사지침)을 제정 및 시행하였다. 열람복사지침은 공정거래법 제52조의2에 따른 자료의 열람 또는 복사의 방법과 절차를 구체적으로 정하고 있으며 이를 통해 (㉠) 그 목적이 있다.

현재 시행되고 있는 공정거래법 제52조의2는 심의를 받는 자에게 증거자료에 대한 열람·복사 요구권을 부여하면서 자료 제출자의 동의가 있거나 공익상 필요가 있는 경우에는 열람·복사를 허용한다. 종전 법에는 해당 규정 외에 열람·복사의 절차나 심의를 받는 자의 요구에 대한 공정위의 판단 기준 등 구체적인 규정이 없어 심의를 받는 자의 방어권 보장이 제대로 이뤄지지 못하는 게 아니냐는 우려가 제기되어 왔었다. 이에 공정위는 열람복사지침 제정과 함께 심의를 받는 자의 방어권 보장과 더불어 자료 제출자의 영업비밀도 보호할 수 있는 방안을 담았다고 밝히고 있다.

열람복사지침에 따르면 심의를 받는 자는 심사관이 심사보고서에서 공개하지 않은 자료에 대해 별도의 서식을 갖추어 공정위에 열람·복사를 요구할 수 있게 된다. 주심위원 등은 해당 열람·복사 요구를 받은 날로부터 30일 이내에 자료의 내용 및 성격에 따라 열람·복사의 허용 여부를 결정해야 하는데, 이때 열람·복사의 대상이 되는 자료가 영업비밀 자료, 자진신고 자료, 다른 법률에 따른 비공개 자료 중 어느 하나에 해당하지 않는 한, 원칙적으로 열람·복사를 허용해야 한다. 공개 결정에 따라 공정위는 자료를 제출하는 사람에게 자료 공개를 동의하는지, 동의하지 않는다면 사유가 무엇인지 의견을 제출할 기회를 부여하고 동의가 있다면 심의를 받는 자에게 자료를 공개한다.

만약 피심인이 요구한 자료가 영업비밀에 해당하는 경우 공정위가 열람의 주체, 일시, 방법 등을 별도로 정하여 영업비밀 자료를 열람하게 하는 '제한적 자료열람' 제도도 신설된다. 제한적 자료열람 제도의 시행으로 자료 제출자의 영업비밀 공개로 인한 피해를 방지하고 동시에 심의를 받는 자의 방어권도 보장하고자 한다. 제한적 자료열람은 심의를 받는 자에 소속되지 않은 대리인이 최대 2주 이내 범위에서 주심위원이 정한 일시에 제한적 자료 열람실에 입실하는 방식으로 자료를 열람할 수 있다. 대리인은 제한적 자료를 열람하는 기회에 증거의 존재와 내용을 확인하고 증거와 사실과의 정확성 등을 검토하여 그 결과를 열람보고서 형태로 작성할 수 있다. 다만, 해당 열람보고서에는 영업비밀이 포함되어서는 안 되고 주심위원 등이 열람보고서를 최종적으로 승인을 해야 한다.

한편 대리인이 상세한 변론을 위해 영업비밀을 직접 언급할 필요가 있는 경우 등에는 영업비밀을 직접 기재한 비공개 열람보고서를 작성하여 공정위에 제출할 수 있는데, 이 비공개 열람보고서는 공정위 위원 및 소속 공무원에게만 공개되고 피심인 등 제3자에게는 공개가 금지된다. 주심위원 등은 비공개 열람보고서의 내용을 검토한 결과 필요하다고 판단하는 경우에는 자료를 열람한 대리인과 자료 제출자, 심사관을 출석하게 하여 의견을 들을 수 있다.

04 주어진 글을 이해한 내용으로 가장 적절한 것을 고르면?

○△× ① 제한적 자료열람 제도를 통해 심의를 받는 자가 직접 자료를 열람할 수 있다.
○△× ② 비공개 열람보고서는 공정위 위원 및 제3자에게는 공개가 금지된다.
○△× ③ 심의를 받는 자는 심사관이 심사보고서에서 공개하지 않은 자료도 열람·복사를 요구할 수 있다.
④ 열람·복사의 대상이 되는 자료가 자진신고 자료인 경우 원칙적으로 열람·복사를 허용해야 한다.
⑤ 열람복사지침의 제정 전에는 심의를 받는 자에게 증거자료에 대한 열람·복사 요구권이 없었다.

05 주어진 글의 빈칸(㉠)에 들어갈 내용으로 가장 적절한 것을 고르면?

○△× ① 공정위의 심의가 효율적으로 이루어지도록 열람·복사 등 자료 공개 절차를 간소화하는 데에
○△× ② 공정위의 심의를 받는 자의 영업비밀을 보호하고 공익상 필요한 경우, 제한적으로 열람할 수 있도
○△× 록 하는 데에
③ 공정위의 심의를 받는 자와 자료 제출자가 요구할 수 있는 자료를 명확하게 규정하는 데에
④ 공정위의 심의를 받는 자와 자료 제출자 간의 의견 수렴을 원활하게 하는 데에
⑤ 공정위의 심의를 받는 자의 방어권을 보장하고 자료 제출자의 영업비밀을 보호하는 데에

[06~07] 다음 자료를 읽고 질문에 답하시오.

< 전국 6개 도시철도운영기관 노사 대표, 공익비용 국비 보전 추진 위한 공동건의문 채택 >

□ 서울, 부산, 대구, 인천, 광주, 대전의 6개 도시철도운영기관 노사 대표자들은 코로나19 등에 따라 심화되는 경영난 타개를 위한 대안모색의 자리를 가졌다. 이 자리에서 법정 무임승차 등과 관련된 공익비용의 국비 보전을 촉구하는 노사대표자 공동건의문을 채택하였다.

○ 공동건의문에는 제20대 국회 심의 중 임기만료로 폐기된 도시철도 법정 무임승차 국비 지원 법제화의 조속한 재추진을 비롯하여 노후시설에 대한 국비 지원 사업범위 확대 등이 포함됐다.

□ 1984년부터 36년간 법률에 따라 시행해 온 '도시철도 법정 무임승차'는 국가적 교통복지 제도지만 운영기관에 대한 정부지원은 전무한 실정이다.

○ 노사대표자들은 "정부가 법정무임승차의 원인 제공자이자 수혜자로서, 전 국민을 대상으로 하는 국가적 복지제도 유지를 위해 발생하는 공익비용을 부담하여야 한다"라고 말했다.

○ 또한 "노인·장애인·유공자들의 이동권을 보장하고 무임승차 제도의 지속 제공을 위해서는 도시철도 운영기관이 부담하고 있는 공익비용에 대한 국비 지원이 절실하다"라고 입을 모았다.

[표] 최근 4년간 지방 도시철도운영기관 무임승차 손실비용 규모 (단위: 억 원)

구분	합계	'16년	'17년	'18년	'19년
서울교통공사	14,197	3,442	3,506	3,540	3,709
부산교통공사	5,061	1,111	1,248	1,306	1,396
인천교통공사	990	172	250	271	297
대구도시철도공사	2,178	448	547	569	614
광주도시철도공사	344	76	87	89	92
대전도시철도공사	468	113	116	117	122

□ 초고령화 사회 진입을 앞두고 6개 도시철도 운영기관은 재정적 어려움이 가중되고 있는 상황이다. 노인 무임승차 증가 등으로 최근 4년간 연평균 약 5,814억 원의 무임승차 비용이 발생했다.

○ 노사대표자들은 "국영철도(코레일)는 『철도산업발전기본법』에 따라 정부로부터 무임손실 비용을 보전받고 있으나, 동일한 서비스를 제공하는 지방 도시철도운영기관은 차별을 받고 있다"라고 주장하고 있다.

□ 특히 올해는 코로나19 대유행의 여파로 도시철도 이용객이 급감함에 따라 운수수입 손실이 증가해 도시철도운영기관의 경영여건은 더욱 악화될 전망이다. 올해 말까지 약 5,400억 원의 손실이 발생할 것으로 추정하고 있다.

○ 한 도시철도 관계자는 "도시철도운영기관의 영업 손실은 정부에서 감염병 확산 방지를 위해 추진한 '사회적 거리두기 운동'에 적극 동참한 결과다"라며 "감염병 확산 기간 동안 승객이 줄었지만 전동차 운행간격을 평소와 같이 유지함으로써 혼잡도를 완화하고, 정상적인 경제활동이 이뤄지도록 지원했다"라고 말했다.

□ 이에 전국 6개 도시철도기관운영 기관장 및 노동조합 위원장들이 한자리에 모여 공익비용 정부보전 법제화 촉구를 위한 노사 공동건의문을 채택하고 공동 노력하기로 한 것이다.

○ 최우선 과제로 제21대 국회 개원 후 의원입법 발의된 「도시철도법」 개정안을 통해 법정 무임승차에 대한 정부 지원금을 법제화하여 노후시설 재투자와 더불어 정부 교통복지정책을 충실히 수행할 계획이다.

○ 이후 재난대응 손실 보전, 노후전동차 및 시설 재투자비용 국고보조금 지원사업 확대를 순차적으로 추진하여 시민에게 안전하고 편리한 교통서비스를 제공하는 데 온 힘을 다할 예정이다.

06 주어진 자료를 이해한 내용으로 적절하지 않은 것을 고르면?

○△✕ ○△✕ ○△✕

① 모든 지방 도시철도운영기관의 무임승차 손실비용 규모는 매년 증가하는 추세이다.
② 도시철도운영기관은 사회적 거리두기 운동의 일환으로 전동차 운행 간격을 일시적으로 늘렸다.
③ 지방 도시철도운영기관이 부담하고 있는 공익비용에 대한 국비 지원이 이뤄지지 않고 있다.
④ 도시철도 법정 무임승차 국비 지원에 관한 법률안 제정이 예전에도 추진된 적이 있었다.
⑤ 우리나라는 현재 무임승차 제도가 교통복지로서 시행되고 있다.

07 보도자료를 편집하고 있는 곽 대리는 보도자료의 부제로서 자료의 요약문을 삽입하려고 한다. 곽 대리가 삽입할 내용으로 적절하지 않은 것을 고르면?

○△✕ ○△✕ ○△✕

① 경영난 심화되고 있는 6개 도시철도운영기관 노사 모여 해결책 논의
② 노인 무임승차 등 공익비용의 국비 보전을 위한 법 개정 추진
③ 노후시설 및 전동차 재투자 위한 국고보조금 지원 대상 범위 확대 요청
④ 무임승차 제도 개선을 통하여 초고령화 사회 진입으로 인한 재정적 어려움 해소
⑤ 감염병 유행 지속을 대비하여 도시철도기관 운영손실 보전방안 마련 건의

08 다음 글을 이해한 내용으로 적절한 것을 고르면?

○△× ○△× ○△×

우리가 흔히 소득세라고 말하는 것은 종합소득세이다. 소득세법상 종합소득의 유형으로는 이자소득, 배당소득, 사업소득, 근로소득 등이 열거되어 있으며, 여기서 개인이 1년 동안 벌어들인 소득을 합하여 종합소득세를 매긴다. 소득세법에는 종합소득세 외에 퇴직소득세와 양도소득세를 별도로 정하고 있다. 결국 소득세는 종합소득세, 퇴직소득세, 양도소득세 3개로 구분되어 있는 셈이다.

이 중 양도소득세는 자산의 가치상승으로 얻은 소득에 매기는 세금이다. 예컨대 1억 원에 산 부동산을 6억 원에 팔았다면 5억 원의 양도 차익이 생긴다. 양도소득세는 5억 원의 양도 차익에 세금을 매긴다. 양도소득세를 종합소득세로 운용하는 방식이 고려될 수 있다. 개인이 소유한 자산에 대해서 1년 동안 생긴 자산가치 상승분을 소득으로 보아 종합소득에 합산하고 세금을 매기는 것이다. 그러나 보유하고 있는 집값이 1년 동안 5억 원만큼 올랐다고 해도, 아직 팔지 않은 상황에서 5억 원이 추가된 자산에 대해 소득세를 내라고 하면 납세자들은 이를 받아들이기 어려울 것이다. 그래서 소득세법은 자산가치 상승분 자체를 소득으로 보지 않는다. 자산을 팔아서 실현된 양도 차익을 소득으로 본다. 즉, 양도소득은 특정 해의 소득이 아니라 보유기간 전체에 걸쳐 누적된 소득이다.

그렇다면 양도소득세는 어떤 자산에 대해서 소득세를 부담시키는가? 당연히 개인의 모든 자산에 대해서 소득세를 부담하진 않는다. 그렇게 하려면 국세청이 개인의 자산을 모두 들여야 보아야 하는데, 이는 현실적으로 집행이 어려울 뿐만 아니라 개인의 사생활에 대한 침해가 된다. 그래서 소득세법에는 과세 대상이 되는 자산을 일일이 모두 나열하고 있으며, 나열되지 않은 자산에 대해서는 과세하지 않는다. 구체적으로 소득세법은 부동산등(1그룹), 유가증권(2그룹), 파생상품(3그룹)으로 자산을 구분하고 있으며 그룹별로 양도 차익을 계산하여 양도소득세를 매긴다.

양도소득세를 매기려면 '양도'라는 행위가 있어야 한다. 일반적으로 양도 차익이 실현되는 시점을 과세 계기로 삼는다. 여기서 양도란 '유상' 양도를 의미하고 증여에 대해서는 양도소득세를 부과하지 않는다. 이 때문에 양도 대신 증여를 하기도 한다. 예컨대 남편이 1억 원에 산 부동산의 가치가 6억 원이 된 상황에서 아내에게 증여했다면, 먼저 유상 양도가 아니기 때문에 양도소득세를 부담하지 않는다. 또한 아내가 6억 원 가치의 부동산을 증여받았지만 부부 사이에는 6억 원이 공제되므로 증여세도 부담하지 않는다. 이후 아내가 해당 부동산을 6억 원에 매각한다고 하더라도 양도 차익이 없어 양도소득세를 부담하지 않는다. 물론 실제 법률로는 증여받은 후 5년 내에 부동산을 매각할 경우에 양도소득세를 내도록 하는 특례가 있지만 자산 유형에 따라 이 같은 방식으로 세금을 피할 빈틈이 생기는 것을 막을 순 없다.

양도소득세는 자산의 '양도' 행위를 과세 계기로 삼기 때문에 양도 시기를 언제로 보아야 하는지는 중요한 쟁점이다. 원칙적으로 양도 시기는 해당 자산의 대금을 모두 청산한 날이다. 그런데 이러한 기준을 형식적으로 적용한다면 당사자들은 대금의 일부를 계속 남기는 방식으로 양도 시기를 마음대로 늦출 수 있게 된다. 그래서 대법원은 대금이 모두 지급되지 않은 경우에도 사회통념상 대부분 지급되었다고 볼 수 있는 경우에는 양도가 되었다고 판단한다.

① 소득세법에는 과세 대상에서 제외되는 자산의 목록을 제공하고 있다.
② 양도소득세는 정해진 기간 중 증가된 자산 가치만큼에 세금을 부과한다.
③ 증여받은 부동산이라고 하더라도 경우에 따라 양도소득세가 부과될 수 있다.
④ 양도 시 양도 대금이 모두 지급된 시기를 항상 양도 시기로 본다
⑤ 아직 팔지 않은 자산에 대해서도 자산가치 증가분에 대해 양도소득세를 부과할 수 있다.

09 총원이 40명인 학급에서, 영어 성적과 중국어 성적이 둘 다 90점 이상인 사람은 7명, 둘 다 90점 미만 사람은 14명, 영어 성적만 90점 이상인 학생이 중국어 성적만 90점 이상인 학생보다 5명 많을 때, 중국어 성적만 90점 이상인 학생 수를 고르면?

○△×
○△×
○△×

① 5명 ② 7명 ③ 9명 ④ 11명 ⑤ 12명

10 다음 [표]는 A도시 사람들의 일주일 동안의 시간 활용을 조사한 결과이다. 이를 통해 항상 참이 되는 추론을 [보기]에서 모두 고르면?(단, 각 항목은 서로 배타적이며 중복이 일어나지 않는다.)

○△×
○△×
○△×

[표] A도시 사람들의 일주일간 시간 활용 (단위: 시간)

생산활동	근무 또는 공부	20~45
	회의 또는 기획	4~15
유지활동	가사(요리, 장보기 등)	8~22
	식사	3~5
	몸단장(씻기, 옷 입기 등)	3~6
	출·퇴근 및 운전	6~9
여가활동	TV 시청 또는 독서	9~13
	취미, 운동, 영화, 외식	4~13
	사교활동	4~12
	휴식	3~5

보기

㉠ A도시 사람들은 여가활동보다 유지활동에 더 많은 시간을 할애한다.
㉡ A도시 사람들은 TV 시청이나 독서보다 근무 또는 공부에 더 많은 시간을 할애한다.
㉢ A도시 사람들은 휴식보다 출·퇴근 및 운전에 더 많은 시간을 할애한다.
㉣ A도시 사람들은 여가활동보다 생산활동에 더 많은 시간을 할애한다.
㉤ A도시 사람들은 몸단장보다 가사에 더 많은 시간을 할애한다.

① ㉠, ㉢, ㉣ ② ㉠, ㉣, ㉤ ③ ㉡, ㉢, ㉤
④ ㉡, ㉣, ㉤ ⑤ ㉢, ㉣, ㉤

[11~12] 다음 글은 현가와 연금현가에 대한 설명이다. 이어지는 질문에 답하시오.

2022년 1월 현재 1만 원의 원금을 이자율 5%로 10년간 복리로 운용하면 10년 후 원리금 합계는 1.6289만 원이 된다. 반대로 이자율 5% 가정하에서 10년 후 원리금 1만 원을 만들기 위해서는 2022년 1월 현재 0.6139만 원(1/1.6289)의 원금을 가지고 있으면 된다. 여기서 0.6139만 원이라는 수치를 10년 후 1만 원의 현가(現價)라고 한다. [표1]은 장래의 각 시점에서 단위 1의 값이 현재 시점에서 얼마나 되는지(즉, 현가율)를 나타내고 있는데, 이자율이 5%일 때 20년 후 1만 원의 현가는 0.3768만 원이고, 30년 후는 0.2313만 원이다.

[표1] 현가율표

경과기간＼이자율	4%	5%	경과기간＼이자율	4%	5%
0	1.0000	1.0000	10	0.6755	0.6139
1	0.9615	0.9523	15	0.5552	0.4810
2	0.9245	0.9070	20	0.4563	0.3768
3	0.8890	0.8638	25	0.3751	0.2953
4	0.8548	0.8227	30	0.3083	0.2313
5	0.8219	0.7835	35	0.2534	0.1812

위의 현가 개념을 연금에 응용한 것이 연금현가이다. 2022년부터 5년에 걸쳐 매년 1월에 1만 원의 연금을 지급한다고 가정하자. 단순 계산하면 5년간 매년 1월에 1만 원의 연금을 지급하기 위해서는 2022년 1월 현재 5만 원이 필요할 것 같지만 실제로는 5만 원이 전부 필요하지는 않다. 왜냐하면 연금의 지급 기간 중 이자 수입이 발생하기 때문이다. 이자율 5%를 가정할 때 2022년부터 5년에 걸쳐 매년 초 1만 원의 연금을 지급한다고 한다면, 2022년 1만 원의 연금을 지급하기 위해서는 1만 원이, 2023년 1만 원의 연금지급을 위해서는 9,523원, 2024년 1만 원의 연금지급을 위해서는 9,070원, 2025년 1만 원의 연금지급을 위해서는 8,638원, 2026년 1만 원의 연금지급을 위해서는 8,227원 등 2022년 1월 현재 총 45,458원만 준비하면 된다. 이 45,458원이 5년에 걸쳐 매년 초 1만 원씩 지급하는 연금의 현가이다. [표2]는 단위 1의 연금을 매년 초에 지급하는 것으로 가정할 때의 연금현가율을 나타내고 있다. 예컨대, 연이자율을 5%로 가정하고 2022년부터 10년에 걸쳐 매년 초 1단위의 연금을 지급할 경우, 연금현가율은 8.1078이다.

[표2] 연금 현가율표(기시지급, 확정연금)

지급기간＼이자율	4%	5%	지급기간＼이자율	4%	5%
1	1.0000	1.0000	10	8.4353	8.1078
2	1.9615	1.9523	15	11.5631	10.8986
3	2.8860	2.8593	20	14.1339	13.0853
4	3.7750	3.7231	25	16.2469	14.7986
5	4.6299	4.5458	30	17.9837	16.1410

11 **연이자율 5% 복리로 자금을 운영하여 2027년 1월에 100만 원을 마련하기 위해서는 2022년 1월 현재 필요한 투자재원이 얼마인지 고르면?**

○△× ○△× ○△×

① 74.16만 원　② 76.29만 원　③ 78.35만 원
④ 80.34만 원　⑤ 82.27만 원

12 **주어진 글을 토대로 옳은 것을 [보기]에서 모두 고르면?**

○△× ○△× ○△×

보기
㉠ 이자율 5% 복리로 10년 후 원리금 10억 원을 만들기 위해서는 현재 약 6억 1,400만 원 정도가 필요하다.
㉡ 2022년 1월 현재 10년 후 100만 원의 현가는 이자율 4%일 때가 5%일 때보다 크다.
㉢ 연이자율이 5%이고, 매년 초 100만 원의 자금을 10년 동안 연금 형태로 지급한다면 2022년 1월 현재, 연금지급을 위해 필요한 금액은 820만 원을 넘지 않는다.

① ㉠　② ㉡　③ ㉠, ㉢
④ ㉡, ㉢　⑤ ㉠, ㉡, ㉢

13 다음 자료는 2022년 A~E기업의 기본생산능력과 초과생산량 및 1~3월 생산 이력에 관한 자료이다. 이에 근거하여 기본생산능력이 가장 큰 기업과 세 번째로 큰 기업을 바르게 나열한 것을 고르면?

○△× ○△× ○△×

○ 각 기업의 기본생산능력(개/월)은 변하지 않는다.

○ A기업의 기본생산능력은 15,000개/월이고 C기업과 E기업의 기본생산능력은 동일하다.

○ B, C, D기업의 경우 2022년 1~3월 동안 초과생산량이 발생하지 않았다.

○ E기업의 경우 2022년 3월에 기본생산능력에 해당하는 생산량 이외에 기본생산능력의 20%에 해당하는 초과생산량이 발생하였다.

○ 생산 참여기업의 월 생산량=기본생산능력에 해당하는 월 생산량+월 초과생산량

[표] 2022년 1~3월 생산 이력

구분	1월	2월	3월
생산 참여기업	B, C	B, D	C, E
손실비	0.0	0.5	0.0
총생산량(개)	23,000	17,000	22,000

※ 해당 월 총생산량=해당 월 '생산 참여기업의 월 생산량'의 합×(1－손실비)

가장 큰 기업	세 번째로 큰 기업
① A	B
② A	D
③ B	D
④ D	A
⑤ D	B

14 다음 [그래프]는 2015년 1~3분기 지식재산 활용 현황과 전년 대비 증감에 관한 자료이다. 이를 바탕으로 옳은 것을 고르면?

○△× ○△× ○△×

[그래프] 1~3분기 지식재산 활용 현황

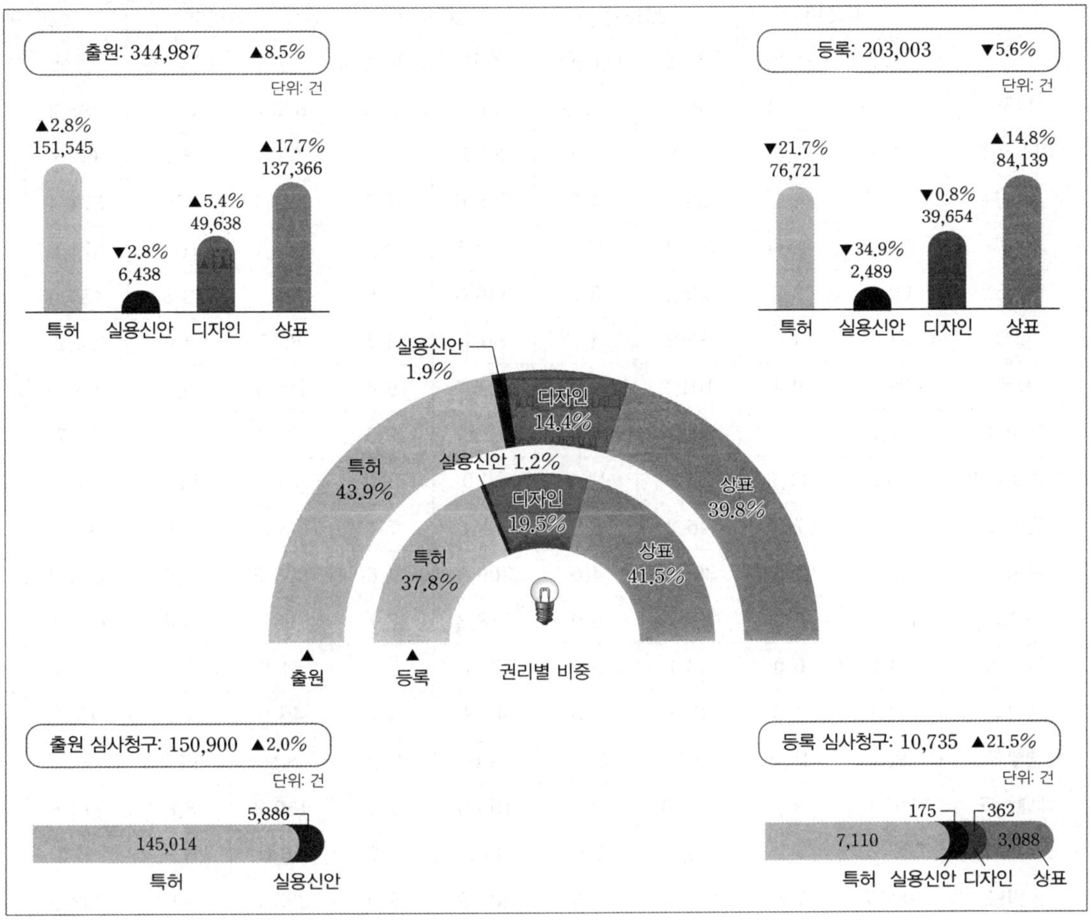

① 2015년에 출원과 등록이 차지하는 권리별 비중 크기의 순서는 일치한다.

② 2015년에 등록된 상표 중 심사청구된 것의 비중은 4% 이상이다.

③ 2014년의 디자인 출원 건수는 46,000건 이상이다.

④ 2015년에 전년 대비 증가한 출원 권리 항목은 등록에서 모두 감소하였다.

⑤ 2015년에 출원된 디자인 건수는 등록된 디자인 건수보다 9,854건 더 많다.

[15~17] 다음 [표]는 여러 국가의 연도별 CO_2 전체 및 개인 배출량과 유럽 국가의 연도별 온실가스 배출량 현황에 관한 자료이다. 이를 바탕으로 질문에 답하시오.

[표1] 여러 국가의 연도별 CO_2 배출량 현황

(단위: 백만 톤)

구분	2015년		2016년		2017년		2018년		2019년	
	전체	1인당(톤)	전체	1인당(톤)	전체	1인당(톤)	전체	1인당(톤)	전체	1인당(톤)
한국	582.0	11.4	589.2	11.5	600.0	11.7	605.8	11.7	586.2	11.3
이스라엘	63.8	7.6	62.9	7.4	63.7	7.3	59.6	6.7	63.5	7.0
터키	319.0	4.1	338.9	4.3	378.6	4.7	374.1	4.6	371.4	4.5
캐나다	549.3	15.4	541.9	15.0	553.1	15.1	565.2	15.3	571.8	15.2
멕시코	442.4	3.7	446.2	3.7	446.0	3.6	448.5	3.6	455.0	3.6
칠레	81.1	4.5	85.2	4.7	86.1	4.7	85.7	4.6	94.2	4.9
체코	99.4	9.4	101.2	9.6	101.7	9.6	100.7	9.5	95.7	9.0
덴마크	32.5	5.7	34.1	6.0	32.0	5.5	32.0	5.5	28.7	4.9
에스토니아	15.2	11.5	15.5	11.8	16.0	12.1	15.7	11.9	11.6	8.8
핀란드	42.4	7.7	45.2	8.2	42.4	7.7	43.8	7.9	41.5	7.5
프랑스	303.9	4.6	306.1	4.6	309.9	4.6	303.5	4.5	293.2	4.3
독일	729.7	8.9	734.5	8.9	718.8	8.7	696.1	8.4	659.1	7.9
그리스	64.5	6.0	63.1	5.9	63.1	5.9	61.6	5.7	56.8	5.3
헝가리	42.7	4.3	43.8	4.5	45.8	4.7	45.6	4.7	45.7	4.7
룩셈부르크	8.8	15.5	8.5	14.6	8.6	14.5	8.9	14.7	9.2	14.8
네덜란드	157.9	9.3	158.0	9.3	155.6	9.1	150.9	8.8	142.8	8.2
노르웨이	37.2	7.2	36.5	7.0	35.6	6.7	36.0	6.8	26.0	4.9
폴란드	282.7	7.4	293.2	7.6	305.8	8.0	305.7	8.0	292.9	7.6
포르투갈	46.9	4.5	46.5	4.5	50.8	4.9	47.2	4.6	43.8	4.3
스페인	247.1	5.3	237.6	5.1	254.0	5.5	248.9	5.3	229.9	4.9

[표2] 유럽 국가의 연도별 온실가스 배출량 (단위: 천 톤)

구분	2014년	2015년	2016년	2017년	2018년
체코	126,857	128,304	130,134	129,059	127,450
덴마크	52,361	49,742	51,798	49,678	49,694
에스토니아	21,057	18,110	19,640	20,923	19,974
핀란드	58,700	55,086	58,040	55,337	56,359
프랑스	460,181	464,049	465,668	470,593	452,210
독일	902,389	906,320	909,052	894,296	858,369
그리스	99,277	95,482	91,840	95,586	92,222
헝가리	57,391	60,797	61,257	63,781	63,220
아이슬란드	4,722	4,800	4,755	4,836	4,857
룩셈부르크	10,777	10,290	10,051	10,236	10,547
네덜란드	187,185	195,422	194,992	192,876	187,756
노르웨이	53,930	54,354	53,472	52,387	52,022
폴란드	388,470	391,674	400,268	414,679	412,856
포르투갈	63,520	67,698	65,866	70,447	67,280
스페인	326,816	338,254	326,890	340,298	334,255

15 **주어진 자료에 대한 설명으로 가장 적절한 것을 고르면?**(단, 계산 시 소수점 이하 둘째 자리에서 반올림한다.)

○△× ○△× ○△×

① 2016년부터 2018년까지 유럽 국가의 온실가스 배출량이 가장 많은 나라 1~5위까지의 순위는 같지 않다.

② 2014년 유럽 국가 중 온실가스 배출량이 두 번째로 가장 적은 국가의 2015년부터 2019년까지의 전체 CO_2 배출량 연평균은 2018년 전체 CO_2 배출량과 같다.

③ 2017년부터 2019년까지 전년 대비 전체 CO_2 배출량이 계속 증가한 국가들의 2019년 1인당 CO_2 배출량의 합은 32톤 이상이다.

④ 2016년 1인당 CO_2 배출량이 11톤을 초과하는 국가 중 전체 CO_2배출량이 가장 많은 국가의 2015년 대비 2017년의 전체 CO_2 배출량 증가율은 4% 이하이다.

⑤ 2015년부터 2018년까지 핀란드와 그리스의 온실가스 배출량의 전년 대비 증감 추이는 같다.

16 **다음 [그래프]는 CO_2 배출량 현황에 나온 여러 국가 중 여섯 국가의 연도별 전체 인구수를 나타낸 자료이다. ㉠, ㉡에 해당하는 수치가 바르게 짝지어진 것을 고르면?**(단, 인구수는 천 명 이하에서 버림을 한다.)

[그래프] 주요 국가의 연도별 전체 인구수 (단위: 만 명)

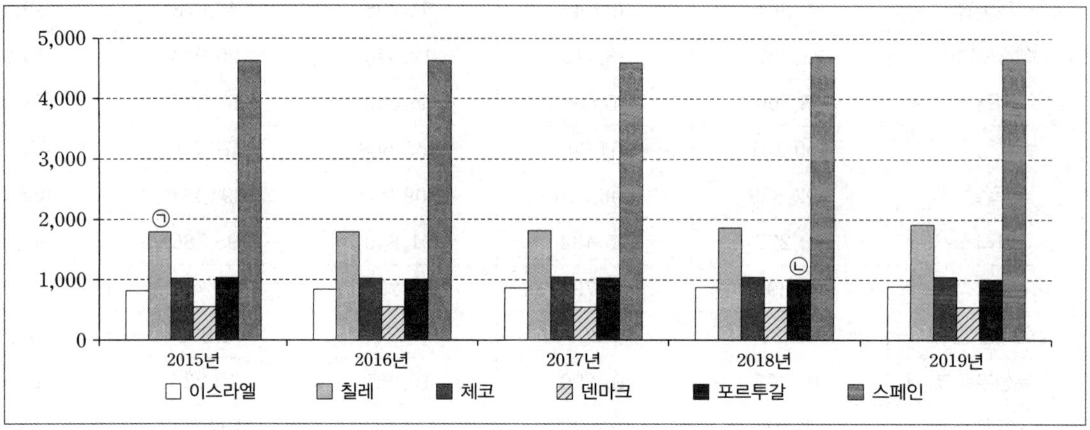

	㉠	㉡
①	1,804	1,028
②	1,802	1,026
③	1,800	1,024
④	1,798	1,022
⑤	1,796	1,020

17 다음 [정보]는 여러 국가의 CO_2 및 온실가스 배출량에 대한 설명이다. [가]~[라]에 해당하는 국가로 옳은 것을 고르면?

○△×
○△×
○△×

> [정보]
>
> [가] 2015년부터 2017년까지 온실가스 배출량이 계속 증가하였으며, 2017년부터 1인당 CO_2 배출량이 일정하다.
>
> [나] 2015년부터 2019년 동안 2017년에 가장 많은 전체 CO_2 배출량을 보이는 국가 중 같은 해에 전체 CO_2 배출량 수치가 가장 높다.
>
> [다] 조사 기간 동안 매년 온실가스 배출량이 유럽 국가 중에서 두 번째로 높다.
>
> [라] 조사 기간 동안 온실가스 배출량의 연평균이 5백만 톤 이하이다.

	[가]	[나]	[다]	[라]
①	헝가리	프랑스	폴란드	덴마크
②	그리스	프랑스	프랑스	아이슬란드
③	프랑스	터키	폴란드	포르투갈
④	헝가리	터키	프랑스	아이슬란드
⑤	프랑스	폴란드	덴마크	포르투갈

18 다음 [조건]들이 모두 참일 때, 반드시 거짓인 것을 고르면?

○△×
○△×
○△×

조건

㉠ A햄버거를 먹어본 어떤 사람은 모두 B햄버거를 먹어보았다.
㉡ C햄버거를 먹어보지 않은 사람은 모두 B햄버거도 먹어보지 않았다.
㉢ C햄버거를 먹어 본 사람은 D햄버거도 먹어보았다.

① B햄버거를 먹어 본 모든 사람은 A햄버거를 먹어보았다.
② C햄버거를 먹어본 사람 중에는 A햄버거를 먹어본 사람이 있다.
③ D햄버거를 먹어본 사람 중에는 A햄버거를 먹어본 사람이 없다.
④ D햄버거를 먹어본 사람 중에는 A햄버거를 먹어본 사람이 있다.
⑤ C햄버거를 먹어 본 모든 사람은 A햄버거를 먹어보았다.

19 다음 결론이 항상 참이 되기 위해 전제3에 들어갈 문장으로 가장 적절한 것을 고르면?

○△×
○△×
○△×

전제1: 문어꼬치를 먹는다면 칼국수를 먹지 않는다.
전제2: 진수는 전주에 가서 비빔밥을 먹기로 했다.
전제3: (   )
전제4: 문어꼬치를 먹을 경우에만 비빔밥을 먹는다.
전제5: 떡갈비를 먹으면 아이스크림 튀김을 먹는다.
결론: 진수는 아이스크림 튀김을 먹는다.

① 떡갈비를 먹는다면 칼국수를 먹는다.
② 떡갈비를 먹지 않는다면 칼국수를 먹는다.
③ 칼국수를 먹지 않거나 떡갈비를 먹는다.
④ 칼국수를 먹는 경우에만 떡갈비를 먹는다.
⑤ 떡갈비를 먹지 않거나 칼국수를 먹지 않는다.

[20~21] 선택적 재택근무제 덕분에 재선이는 일주일 중 회사로 출근하는 날을 유연하게 정할 수 있게 되었다. 출근하지 않는 날에는 재택으로 집에서 일을 처리한다. 재선이는 다음 [조건]에 따라 재택근무를 정한다.

조건

㉠ 월요일에 출근을 하면 수요일에는 출근을 하지 않는다.
㉡ 월요일에 출근을 하지 않으면 화요일이나 목요일에 출근을 한다.
㉢ 화요일에 출근을 하면 금요일에는 출근을 하지 않는다.
㉣ 수요일에 출근을 하지 않으면 목요일 또는 금요일에 출근을 한다.

20 재선이가 목요일과 월요일에 출근을 하지 않는다고 할 때, 출근하는 요일을 모두 고르면?

○△× ① 화　② 화, 수　③ 화, 금
○△× ④ 수, 금　⑤ 화, 수, 금
○△×

21 재선이가 목요일에는 여전히 출근을 하지 않지만, 월요일에는 출근을 하는 것으로 계획을 바꾸었다고 할 때, 출근을 하지 않는 날을 모두 고르면?

○△×
○△× ① 화, 수　② 화, 금　③ 수, 목
○△× ④ 화, 수, 목　⑤ 목, 금

22 **다음 중 밑줄 친 부분이 범하고 있는 오류와 유사한 오류를 범하고 있는 것을 고르면?**

○△×
○△×
○△×

> 당쟁이 격화되면서 군자, 소인론은 잘못된 방향으로 변질되었다. 자기가 속한 당은 군자 당이고 그렇지 않은 상대 당은 무조건 소인 당으로 규정한 것이다. 아무리 능력이 뛰어난 사람이라도, 그 사람이 속한 당이 자신의 이해관계와 맞지 않으면 '소인'으로 규정하였다. 또한, 특정한 당에 속한 개인의 흠집이 밝혀질 경우, 당 전체가 '소인배 무리'로 규정됨은 물론, 때로는 정치판에서 대대적인 숙청이 이루어지기도 했다. 개인에 대해 군자와 소인을 판정하는 일도 어려운 일인데, 여러 사람이 모인 붕당을 군자 당인지 아닌지 가려내기는 더욱 어려운 일이 아닐 수 없었다. 그들은 각기 자기의 붕당이 군자 당이라고 주장함은 물론 최고 통치자인 왕에게도 군자가 되기를 요망하였다.

① 기아의 내년도 우승은 떼어 놓은 당상이야. 우승 팀 출신의 선수로 구성되었거든.
② 유교 사상은 우리나라를 500년 이상 지탱해 온 이데올로기야. 만약 이 사상을 버리면 우리 사회는 무질서와 가치관 혼란에 빠질 거야.
③ 성형수술 부작용 때문에 피가 멈추지 않아 죽을 뻔한 연예인이 있어. 비록 그녀가 성형수술을 부인하고 거짓말을 했지만, 죗값을 받은 것 같으니 용서해 주어야 하지 않을까?
④ 동남아 관광을 하는 사람들은 문제가 많아. 도박 관광, 보신 관광, 쇼핑관광 등 윤리적이지 못한 관광이야. 모두 국위를 실추시키고 있어.
⑤ 우리 사회의 유명 인사들은 모두 이 화장품을 쓰고 있어요. 그러니까 품질은 이미 보증된 겁니다. 조금 비싸더라도 이 화장품이 당신의 피부를 일류로 가꾸어 줄 거예요.

23 **다음 그림의 숫자는 일정한 규칙을 따르고 있다. 규칙을 파악하여 적용했을 때, ?에 들어갈 숫자를 고르면?**

○△×
○△×
○△×

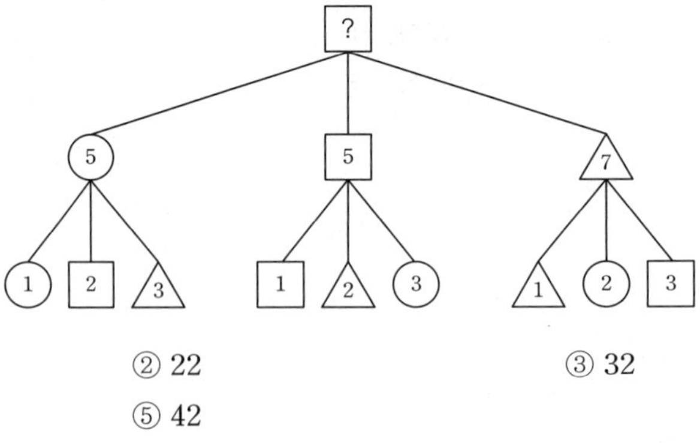

① 12　　② 22　　③ 32
④ 35　　⑤ 42

24 다음은 조선 시대 홍문관 · 예문관 · 춘추관의 [조직표]와 [인사규정]이다. 이에 따라 인사를 했을 때 나타날 수 있는 상황이 아닌 것을 고르면?

[조직표]

품계	홍문관(弘文館)	예문관(藝文館)	춘추관(春秋館)
정1품	영사(領事) 1명	영사(領事) 1명	영사(領事) 1명
			감사(監事) 2명
정2품	대제학(大提學) 1명	대제학(大提學) 1명	지사(知事) 2명
종2품	제학(提學) 1명	제학(提學) 1명	동지사(同知事) 2명
정3품	부제학(副提學) 1명		수찬관(修撰官) 1명
	직제학(直提學) 1명	직제학(直提學) 1명	편수관(編修官) 1명
종3품	전한(典翰) 1명		편수관(編修官) 1명
정4품	응교(應敎) 1명	응교(應敎) 1명	편수관(編修官) 1명
종4품	부응교(副應敎) 1명		편수관(編修官) 1명
정5품	교리(校理) 2명		기주관(記注官) 1명
종5품	부교리(副校理) 2명		기주관(記注官) 1명
정6품	수찬(修撰) 2명		기사관(記事官) 1명
종6품	부수찬(副修撰) 2명		기사관(記事官) 1명
정7품	박사(博士) 1명	봉교(奉敎) 2명	기사관(記事官) 1명
종7품			기사관(記事官) 1명
정8품	저작(著作) 1명	대교(待敎) 2명	기사관(記事官) 1명
정9품	정자(正字) 2명	검열(檢閱) 4명	기사관(記事官) 1명
정원	20명	13명	20명

[인사규정]

- **홍문관**: 제학 이상은 다른 관청의 관원이 겸임케 한다.
- **예문관**: 제학 이상은 다른 관청의 관원이 겸임케 하고, 응교는 홍문관의 직제학으로부터 교리에 이르는 관원 중에서 택하여 겸임케 한다.
- **춘추관**: 동지사 이상은 다른 관청의 관원이 겸임케 한다. 수찬관 이하는 홍문관 부제학 이하 중 1명, 승정원 승지 중 1명, 의정부의 당하관 2명, 시강원의 당하관 2명, 사헌부 · 사간원 · 승문원 · 종부시 육조의 당하관 각 1명 중에서 택하여 겸임케 하되, 그중 기사관은 모두 예문관의 봉교 이하가 겸임케 한다.

① 홍문관과 예문관의 관원들이 모두 모였는데, 총 31명이었다.
② 홍문관과 춘추관의 관원들이 모두 모였는데, 총 36명이었다.
③ 홍문관과 춘추관의 정3품 이하 관원들이 모두 모였는데 총 29명이었다.
④ 예문관과 춘추관의 정3품 이하 관원들이 모두 모였는데 총 17명이었다.
⑤ 홍문관과 예문관, 춘추관의 정3품 이하 관원들이 모두 모였는데, 총 34명이었다.

25 **A와 B는 공동 사업을 하기 위해 각각 1억 원씩 투자하여 갑회사를 설립하였다. A와 B는 갑회사의 사원으로 갑회사의 모든 업무 집행을 담당하였는데, 갑회사는 주거래은행인 을은행에 3억 원의 채무를 부담하게 되었다. 현재 갑회사에는 을은행에 예금되어 있는 1억 원 이외에는 어떠한 재산도 없다. 다음 제시문을 근거로 옳게 추론한 것을 고르면?**(단, 갑회사의 사원은 A와 B로 한정한다.)

O△X
O△X
O△X

> 제○○조 (사원의 책임)
> 회사의 재산으로 회사의 채무를 완전히 변제할 수 없는 때에는 그 부족액에 대하여 각 사원은 연대하여 변제할 책임이 있다.
> 제○○조 (사원의 항변)
> ① 사원이 회사채무에 관하여 변제의 청구를 받은 때에는 회사가 주장할 수 있는 항변으로 그 채권자에게 대항할 수 있다.
> ② 회사가 그 채권자에 대하여 상계, 취소 또는 해제할 권리가 있는 경우에는 사원은 전항의 청구에 대하여 변제를 거부할 수 있다.
> 제○○조 (재산을 출연한 채무자의 구상권)
> 어느 연대채무자가 변제 기타 자기의 재산의 출연으로 공동면책이 된 때에는 다른 연대채무자의 부담부분에 대하여 구상권을 행사할 수 있다.
>
> ※ 연대채무: 연대하여 변제할 책임으로서 동일 내용의 급부에 관하여 여러 명의 채무자가 각자 채무 전부를 변제할 의무를 지고, 채무자 중의 한 사람이 전부 변제하면 다른 채무자의 채무도 모두 소멸되는 채무
> ※ 항변: 상대방의 청구권 행사나 주장을 막는 사유
> ※ 상계: 채권자와 채무자가 동종의 채권·채무를 가지는 경우, 대등액의 채권·채무를 서로 소멸(상쇄)시키는 행위
> ※ 구상권: 남의 채무를 갚아준 사람이 그 사람에게 자신이 갚은 채무액의 반환을 청구할 수 있는 권리

① A와 B는 을은행에 대하여 각각 1억 원에 한하여 변제 책임이 있다.
② 갑회사와 A, B는 을은행에 대하여 공동으로 연대하여 변제할 책임을 부담한다.
③ 을은행이 B에게 2억 원의 변제청구를 한 경우, B는 2억 원에 대한 변제를 거부할 수 있다.
④ B가 을은행에 대하여 1억 원을 변제하였다면, A에 대하여 5천만 원을 청구할 수 있다.
⑤ 을은행이 A에게 3억 원을 청구하는 경우, 상계할 수 있는 1억 원에 대하여는 변제를 거부할 수 있다.

정답과 해설 ▶ P.138

에듀윌 공기업
매일 1회씩 꺼내 푸는 NCS Ver.2

정답과 해설

eduwill

DAY

01

정답 확인

문항	영역	정답	문항	영역	정답	문항	영역	정답	문항	영역	정답	문항	영역	정답
01	의사소통	④	02	의사소통	③	03	의사소통	②	04	의사소통	①	05	의사소통	④
06	의사소통	①	07	의사소통	③	08	의사소통	③	09	수리	⑤	10	수리	①
11	수리	④	12	수리	②	13	수리	③	14	수리	①	15	수리	②
16	수리	①	17	수리	③	18	문제해결	①	19	문제해결	④	20	문제해결	②
21	문제해결	⑤	22	문제해결	①	23	문제해결	⑤	24	문제해결	⑤	25	문제해결	①

영역별 실력 점검표

영역	맞은 개수	정답률	취약 영역
의사소통능력	/8	%	
수리능력	/9	%	
문제해결능력	/8	%	
합계	/25	%	

01 의사소통능력 정답 ④

유형	맞춤법/어법	난이도	★☆☆

㉢ 막대, 막대기 모두 인정되는 복수 표준어이다.
㉣ '떼어 놓은 당상'의 줄임말로, 맡아 놓은 일이라는 뜻이다. 따논당상은 틀린 표현이다.

| 오답풀이 |

㉠ '배겨'로 쓰는 것이 맞춤법에 맞는 표현이다.
※ 배기다: 1) 참기 어려운 일을 잘 참고 견디다
2) {주로 '-지 않고는' 뒤에서 부정어와 함께 쓰여} 어떤 동작을 꼭 하고야 맒을 이르는 말
㉡ '희한하다'로 쓰는 것이 맞춤법에 맞는 표현이다.
㉤ '할게'로 쓰는 것이 맞춤법에 맞는 표현이다.

02 의사소통능력 정답 ③

유형	일반형 정보 Text 읽기 〉 창의적 이해 〉 적용	난이도	★☆☆

1문단의 '군자는 비속한 사람들과 더불어 군주를 섬기는 것을 꺼려하였으니, 그들이 군주의 말이라면 무조건 따르면서 어떤 일도 못하는 바가 없는 것을 걱정하였던 것입니다.'와 2문단의 '지금 당신은 바르고 의로운 말을 받아들여 경(卿)·상(相)을 보좌해야 함에도 불구하고, 그들의 뜻에 무조건 순종하여 당장의 유리한 말만을 좋아하며 훗날의 일을 생각하지 않습니다. 당신 같은 식으로 관리 노릇을 하면 마땅히 중벌을 받게 될 것입니다.'를 통해 주어진 글의 필자가 말하는 가장 경계해야 하는 인물은 윗사람의 말에 대해 무조건적인 승복을 하는 사람임을 알 수 있다.

| 오답풀이 |

⑤ 윗사람의 말에 대해 어떠한 비판도 없이 무조건 받아들이는 사람의 궁극적인 의도가 출세라고 확대해석할 수도 있지만, 주어진 글의 필자가 경계한 것은 직접적으로 ③과 같은 사람이다.

03 의사소통능력 정답 ②

유형	일반형 정보 Text 읽기 〉 미시적 이해 〉 일치	난이도	★☆☆

압축 전후의 화소들의 개수에는 변화가 없다. 화질의 차이가 별로 없이 데이터의 양을 크게 줄일 수 있는 이유는 변환된 성분들을 저장하는 개수가 줄어들기 때문이다.

04 의사소통능력 정답 ①

유형	일반형 정보 Text 읽기 〉 거시적 이해 〉 주제	난이도	★☆☆

주어진 글에서 '돌은 사람을 끄는 신비한 생명을 지닌 것 같다.'가 가장 중요한 문장이고, 이 증거로 묘비나 기념비 등을 예로 들고 있다. 따라서 이러한 조건들을 충족시키는 주제로 적절한 것은 ①이다.

05 의사소통능력 정답 ④

유형	일반형 정보 Text 읽기 〉 창의적 이해 〉 적용	난이도	★☆☆

㉠, ㉡, ㉢ 서브스크립션 커머스란 구매자가 서비스업체에게 미리 구독료나 가입비를 지급하고 상품을 정기적으로 배달받는 서비스이다.

| 오답풀이 |

㉣ 월말에 한 달 동안 배송한 상품에 대해 결제 받는 D사는 주어진 글에 해당하는 사례로 적절하지 않다.

06 의사소통능력 정답 ①

유형	일반형 정보 Text 읽기 〉 미시적 이해 〉 추론	난이도	★★☆

㉠ 1문단을 통해 조기진단은 경제적 측면뿐만 아니라 치료에서도 효과가 좋은 것을 알 수 있다.
㉢ 3문단을 통해 한국의 MRI기기 보급률은 대부분의 OECD 국가들과 견줄 수 있는 정도임을 알 수 있다.

| 오답풀이 |

㉡ 2문단에 따르면 다른 기기에 비해 연골과 근육, 척수, 혈관 속 물질, 뇌조직 등 체내 부드러운 조직의 미세한 차이를 구분하고 신체의 이상 유무를 밝히는 데 탁

월한 것은 CT가 아니라 MRI이다.

㉣ 3문단에 따르면 전 세계적으로 MRI 관련 산업의 시장규모는 매년 약 42~45억 달러씩, 한국의 시장규모는 연간 8,000만~1억 달러씩 증가하고 있으므로 주어진 글에서 알 수 있는 것은 MRI 관련 산업의 늘어나고 있는 시장규모이지, 전체적인 규모는 알 수 없다.

07 의사소통능력 정답 ③

유형	일반형 정보 Text 읽기 〉 거시적 이해 〉 맥락	난이도	★★☆

언어는 그 언어를 사용하는 사람들의 합의에 의해 이루어진 것이므로, 한 개인이 마음대로 바꾸게 되면 의사소통이 제대로 이루어질 수 없다는 점을 염두에 둔 말이다. 이를 주어진 글의 '권위주의'에 적용한다면, 권위는 사회 구성원들에게 어떤 힘으로 작용하여 수동적으로 따르게 하는 측면으로 이해할 수 있다. 따라서 권위는 사회적으로 획득한 것이기 때문에 경직되어 있어서 고치기 어렵고, 그러한 권위에 도전하는 사람은 사회적으로 비난을 받게 된다고 할 수 있으므로 ③이 가장 관련이 깊다.

08 의사소통능력 정답 ③

유형	일반형 정보 Text 읽기 〉 창의적 이해 〉 적용	난이도	★☆☆

주어진 글의 필자의 관점에서 생산의 가장 중요한 기준은 바로 부가가치이다. 따라서 부가가치가 발생하지 않는 것은 ③이다.

09 수리능력 정답 ⑤

유형	기타 〉 수추리	난이도	★★☆

주어진 수들은 ×3, −4, +5, ×6, −7, +8 … 의 규칙을 갖고 있다. 따라서 빈칸에 들어갈 숫자는 61에 9를 곱한 549이다.

10 수리능력 정답 ①

유형	응용계산 〉 기타	난이도	★☆☆

지급될 보너스를 계산해보면 300만 원 초과 500만 원 이하의 금액은 200만 원이므로 $200\times0.2=40$(만 원)이고, 500만 원을 초과한 금액은 260만 원이므로 $260\times0.3=78$(만 원)이다. 따라서 이번 달에 진영이가 받게 되는 돈은 $170+40+78=288$(만 원)이다.

11 수리능력 정답 ④

유형	응용계산 〉 일률	난이도	★☆☆

총 해야 할 일의 양을 1이라 하면, 형이 한 시간당 하는 일의 양은 $\frac{1}{10}$, 동생이 한 시간당 하는 일의 양은 $\frac{1}{40}$이 된다. 이때 형과 동생이 같이 일한 시간을 x라고 하면 다음과 같은 식이 성립한다.

$$(\frac{1}{10}+\frac{1}{40})x+\frac{5}{10}=1 \qquad \therefore x=4$$

따라서 함께 일한 시간은 4시간이다.

12 수리능력 정답 ②

유형	자료해석 〉 자료계산	난이도	★☆☆

2019년 영화산업 종사자 중 35~39세는 3,346명이므로, 5.5% 증가한 인원은 $3{,}346\times0.055=184.03\fallingdotseq184$(명)이다. 따라서 2020년도 35~39세 종사자는 $3{,}346+184=3{,}530$(명)이다.

13 수리능력 정답 ③

유형	자료해석 〉 자료계산	난이도	★☆☆

전년도 대비 소비자물가지수 상승률의 평균을 계산하면 다음과 같다.

$$\frac{2.8+2.2+2.5+4.7+2.8+3.0+4.0}{7}=3.1428\cdots$$

따라서 소수점 셋째 자리에서 반올림하면 3.14%이다.

14 수리능력 정답 ①

유형	자료해석 〉 수치 읽기	난이도	★☆☆

ⓒ 태국인의 매출 실적은 2월 이후 3월, 4월까지 증가하다가 5월에 하락했다.

| 오답풀이 |

㉠ 전체 매출 합계가 1월은 35,895,331,640원이고, 2월은 35,228,244,920원으로 하락하였다.

㉢ 필리핀인은 4월에 전월보다 매출이 4,327,020원 증가하였다.

㉣ 3월 매출에서 가장 큰 비중을 차지하는 국적은 내국인이다.

㉤ 5월의 경우 일본인의 매출 실적이 대만인의 매출 실적보다 높다.

15 수리능력 정답 ②

유형	자료해석 〉 수치 읽기	난이도	★☆☆

$\frac{24,995-17,211}{17,211}\times 100 \fallingdotseq 45.23(\%)$이므로 어업관련사업경영어가는 2020년에 전년 대비 약 45% 증가했다.

| 오답풀이 |

① 어가는 2019년 58,791가구, 2020년 54,793가구, 2021년 53,221가구로 꾸준히 하락하고 있다.

③ 수산물직거래와 식당경영은 하락 후 상승하는 추이로 동일하다.

④ 매년 식당경영은 낚시안내업보다 많다.

⑤ 수산물직판장은 2020년 3,611가구에서 2021년 722가구로 감소하였으므로 $\frac{3611-722}{3,611}\times 100 \fallingdotseq 80(\%)$ 감소하였다.

16 수리능력 정답 ①

유형	자료해석 〉 수치 읽기	난이도	★☆☆

ⓒ E마트는 캔맥주가 1,277원이고 라면은 634원으로, 다른 마트들에 비해서 두 품목 다 가장 싸다. 따라서 E마트에서 사는 것이 가장 저렴하다.

| 오답풀이 |

㉠ 사이다는 E마트보다 W마트에서 사는 것이 270원 비싸다.

ⓛ A마트가 파는 품목을 다른 마트와 비교했을 때, 가장 비싼 품목은 사이다, 캔맥주, 케찹이다.

㉣ W마트에서 품목별로 한 개씩 산다면, 총합이 14,620원으로 15,000원을 넘지 않는다.

17 수리능력 정답 ③

유형	자료해석 〉 자료계산	난이도	★☆☆

국가별 외국인 근로자 수를 구하면 다음과 같다.

- A: 21,000,000×0.09=1,890,000(명)
- B: 71,000,000×0.02=1,420,000(명)
- C: 43,000,000×0.05=2,150,000(명)
- D: 82,000,000×0.018=1,476,000(명)
- E: 63,000,000×0.03=1,890,000(명)

따라서 외국인 근로자 수가 가장 많은 나라는 C이다.

18 문제해결능력 정답 ①

유형	퀴즈 문제 〉 참 · 거짓	난이도	★☆☆

A가 투표한 사람을 기준으로 하여 4명 진술의 참·거짓 여부를 정리하면 다음과 같다.

시청자 \ A가 투표한 사람	가	나	다	라	마
A	T	F	T	T	T
B	T	T	F	T	T
C	T	F	F	F	F
D	F	F	T	F	F

A가 가에 투표한 경우에만 거짓말을 한 사람이 한 명이 된다. 따라서 A는 가에 투표를 했다는 것을 알 수 있다.

19 문제해결능력 정답 ④

유형	퀴즈 문제 〉 매칭하기	난이도	★☆☆

첫 번째 조건과 마지막 조건을 정리하면 다음과 같다.

서				동
			가톨릭교	
			C×	

가톨릭교를 국교로 하는 나라가 적어도 C는 아니므로 C는 가운데나 서쪽에 들어간다. 그런데 두 번째 조건에 의하면 A−B가 붙어서 존재하므로 C가 가운데 들어갈 수는 없다. 이에 따라 C는 맨 서쪽에 존재하는 나라가 되므로 이를 정리하면 다음과 같다.

서				동
	불교	이슬람교	가톨릭교	
	C	B	A	

따라서 C 나라는 가장 서쪽에 위치하고 있다는 것만 항상 참이다.

20 문제해결능력 정답 ②

유형	퀴즈 문제 〉 순서 정하기	난이도	★☆☆

주어진 [조건]을 정리하면 다음과 같다.

C------(5m)------B

E−(3m)−C−(2m)−D

E------------(11m)------------A

따라서 앞에서부터 순서대로 바르게 나열하면 E−C−D−B−A이므로 네 번째에 있는 학생은 B이다.

21 문제해결능력 정답 ⑤

유형	퀴즈 문제 〉 배치하기	난이도	★★☆

주어진 [조건]을 먼저 정리하면 다음과 같다.

구분	김 팀장(2인)	이 팀장(4인)	박 팀장(2인)
팀원		A	
		D	

이때 나머지 팀원 3명이 구성될 수 있는 경우의 수는 총 4가지이다.

구분	김 팀장	이 팀장	박 팀장
i)	E	B	C
ii)		C	B
iii)	B	C	E
iv)	C	B	

따라서 절대 같은 팀이 될 수 없는 사람으로 묶인 것은 C 사원과 E 사원이다.

22 문제해결능력 정답 ①

유형	수리, 기호 정보에서 원리 파악하기 〉 수리적 원리 파악하고 적용하기	난이도	★★☆

A의 3,500만 원에 대한 B~F의 상속액을 정리하면 다음과 같다.

<table>
<tr><td>1.5</td><td>아내 B</td><td colspan="4">1,500만 원</td></tr>
<tr><td rowspan="2">1</td><td rowspan="2">장남 C
(사망)</td><td rowspan="2">1,000만 원</td><td>아내 E</td><td>1.5</td><td>600만 원</td></tr>
<tr><td>장남 F</td><td>1</td><td>400만 원</td></tr>
<tr><td>1</td><td>장녀 D</td><td colspan="4">1,000만 원</td></tr>
</table>

따라서 E는 600만 원, F는 400만 원을 상속받는다.

23 문제해결능력 정답 ⑤

유형	수리, 기호 정보에서 원리 파악하기 〉 수리적 원리 파악하고 적용하기	난이도	★★☆

3단계로 올라가려면 C에서 S로 가는 방법 외에는 없으므로 乙이 C에서 S로 변했음을 알 수 있다. 또한 작년과 똑같은 성과등급을 받은 사람 역시 1명이므로 20명 중에 2명을 제외하고 나머지 18명은 1단계 변하거나 2단계 변한 사람이다. 1단계 변한 사람은 2단계 변한 사람의 2배라고 했으므로, 2단계 변한 사람의 수를 x라고 하면 1단계 변한 사람의 수는 $2x$가 된다. 이를 합한 $3x=18$이므로 $x=6$이다. 따라서 1단계 변한 사람은 $2x=12$(명)이다.

24 문제해결능력

정답 ⑤

유형	수리, 기호 정보에서 원리 파악하기 〉 수리적 원리 파악하고 적용하기	난이도	★☆☆

- A쇼핑몰에서 구매할 경우 129,000×0.05=6,450(원)을 할인받든, 7,000원을 할인받든 하나를 선택해야 하며 7,000원 할인을 선택한다.
  A: 129,000−7,000+2,000=124,000(원)
- B쇼핑몰에서 구매할 경우 중복할인이 가능하므로 131,000×0.03=3,930원에 3,500원 할인을 더한다.
  B: 131,000−3,500−3,930=123,570(원)
- C쇼핑몰에서 구매할 경우 130,000×0.07=9,100원 할인과 5,000원 할인 중에 9,100원 할인을 택한다.
  C: 130,000−9,100+2,500=123,400(원)

따라서 배송비를 포함한 실제 구매가격을 비교하면 C < B < A이다.

25 문제해결능력

정답 ①

유형	Text로 된 정보에서 원리 파악하기 〉 미시적 원리 파악하고 적용하기	난이도	★★☆

200분 이내로 갈 수 있는 곳은 정동진, 38 해수욕장, 장안 해수욕장, 원산도 해수욕장이고, 이 중에 주차시설이 있는 곳은 정동진, 38 해수욕장이다. 또한 K감독 말대로 촬영 후 맥주를 마시려면 정동진, 38 해수욕장 중 매점이 있는 정동진이 촬영지로 가장 적절하다.

DAY

02

정답 확인

문항	영역	정답	문항	영역	정답	문항	영역	정답	문항	영역	정답	문항	영역	정답
01	의사소통	③	02	의사소통	⑤	03	의사소통	①	04	의사소통	⑤	05	의사소통	①
06	의사소통	④	07	의사소통	⑤	08	수리	④	09	수리	⑤	10	수리	③
11	수리	④	12	수리	⑤	13	수리	⑤	14	수리	④	15	수리	⑤
16	수리	⑤	17	문제해결	①	18	문제해결	⑤	19	문제해결	④	20	문제해결	④
21	문제해결	①	22	문제해결	④	23	문제해결	②	24	문제해결	①	25	문제해결	③

영역별 실력 점검표

영역	맞은 개수	정답률	취약 영역
의사소통능력	/7	%	
수리능력	/9	%	
문제해결능력	/9	%	
합계	/25	%	

01 의사소통능력 정답 ③

유형	어휘 〉 단어관계	난이도	★☆☆

유의관계인 단어를 고르는 문제이다. '장난스럽게 남을 괴롭고 귀찮게 하여 달갑지 아니하다'는 뜻의 '짓궂다'와 유의관계인 단어는 '얄궂다'이고, '꺼리거나 어려워하는 마음이 조금도 없이 올차고 다부지다'는 뜻의 '당돌하다'와 유의관계인 단어는 '겁이 없고 야무지다'는 뜻의 '안차다'이다.

02 의사소통능력 정답 ⑤

유형	일반형 정보 Text 읽기 〉 창의적 이해 〉 적용	난이도	★★☆

주어진 글은 어떤 이론에 대해 새로운 가설이 등장할 경우, 그것이 폐기되거나 아니면 새로운 가설이 폐기되어 이론이 대체된다는 것을 설명하고 있다. ⑤의 예시는 이론이 공존함으로써 상보적인 관계가 됨을 나타내고 있으므로 적절하지 않다.

03 의사소통능력 정답 ①

유형	일반형 정보 Text 읽기 〉 거시적 이해 〉 주제	난이도	★★☆

주어진 글은 자산운영 전문가의 차익거래에 대한 일반투자자의 평가능력 부족으로 인한 차익거래 실패, 자산운영 전문가의 과잉확신 경향과 단기 투자, 그리고 월가의 복잡하게 얽혀 있는 이해관계 등을 이유로 신경제 거품이 장기간 지속되는 시장실패가 반복적으로 발생할 수 있음을 지적하고 있다. 따라서 주어진 글의 주제로 가장 적절한 것은 ①이다.

04 의사소통능력 정답 ⑤

유형	일반형 정보 Text 읽기 〉 미시적 이해 〉 일치	난이도	★★☆

㉠ 주어진 글에서 노르만족이 해적집단이라는 말을 이끌어낼 수는 없다.
㉡ 노르만족은 보물을 찾아 헤맨 것이 아니라 땅을 찾아 헤맸다.
㉢ 영주들은 금이 아닌 토지를 매개로 기사들과 주종관계를 맺었다.
㉣ 바이킹족의 침략은 봉건화의 원인이지 증거는 아니다.

05 의사소통능력 정답 ①

유형	일반형 정보 Text 읽기 〉 미시적 이해 〉 추론	난이도	★★☆

[가]는 나관중의 삼국지 역사 서술의 관점을 짤막하게 서술하고 있다. 나관중의 관점이란 한 마디로 업적이나 결과를 중시하는 것이라기보다는 정통성과 같은 명분이나 도리를 중시하는 것이라고 볼 수 있다. 이에 반해 [나]는 서구 사회에서 주로 특징적으로 나타나고 있는 바, 경제 발전이나 자본 성장의 결과나 업적을 중시하는 결과주의적 관점에 대하여 말하고 있다. 따라서 ㉠, ㉢은 명분이나 도리를 중시하는 입장을 나타내고 있다는 점에서 [가]의 관점에서는 정당화되지만 [나]의 관점에서는 정당화되기 어려운 진술이다.

06 의사소통능력 정답 ④

유형	일반형 정보 Text 읽기 〉 미시적 이해 〉 추론	난이도	★★☆

4문단에 따르면 인문과 기술을 융합한 기업이 앞서가므로 인공지능(AI)이 중심인 4차 산업혁명이 도래하더라도 기술만을 추구한 기업이 선도하는 시대가 될 수 있음을 확신할 수 없다.

| 오답풀이 |

① 창의적 인재 양성이 필수가 된다는 것은 앞으로 인공지능(AI)과 함께 창의적 인재가 협업하여 4차 산업혁명을 이끌어 나갈 수 있음을 알 수 있다.
② 인재가 기업의 경쟁력, 국가의 경쟁력이기에 인재 양성은 국가, 더 나아가 세계에서도 필수조건이 될 수 있다.
③ 인재는 기업, 국가의 경쟁력이므로 인재 양성을 위한 교육은 더욱 발전시키고 지속되어져야 한다.
⑤ 인재는 국가의 경쟁력, 인재는 미래라는 키워드로 보았을 때 미래에 국가의 발전된 모습을 원한다면 인재 양성은 반드시 필요하다.

07 의사소통능력 정답 ⑤

유형	일반형 정보 Text 읽기 〉 거시적 이해 〉 주제	난이도	★★☆

E의 내용에 따르면 사회의 지속적 성장, 국민들의 평균적인 고소득, 건전한 국가재정 등은 균형적 복지에 따른 결과이지 목표가 아니다. 균형적 복지의 목표는 경제성장과 분배의 균형을 유지하여 성장 동력을 유지시키고 개인의 행복을 지원하는 정서적 복지를 제공하는 것이다.

08 수리능력 정답 ④

유형	기타 〉 수추리	난이도	★☆☆

주어진 수들을 보면 홀수항은 6씩 줄어들고, 짝수항은 4씩 증가하는 규칙을 갖고 있다. 따라서 빈칸에 들어갈 숫자는 72－6＝66이다.

09 수리능력 정답 ⑤

유형	응용계산 〉 확률	난이도	★☆☆

A가 세 군데의 오디션에서 전부 다 불합격할 확률을 1에서 빼면 구하고자 하는 값이 된다.

모두 불합격할 확률: $\frac{1}{5}\times\frac{1}{5}\times\frac{1}{5}=\frac{1}{125}$

따라서 한 군데 이상 합격할 확률은 $1-\frac{1}{125}=\frac{124}{125}$이다.

10 수리능력 정답 ③

유형	자료해석 〉 자료계산	난이도	★☆☆

ⓐ: 집세가 두 번째로 낮았던 해의 집세 상승률(2.3)과 생활물가가 세 번째로 높았던 해의 생활물가 상승률(0.8)의 합은 3.1이다.

ⓑ: 근원물가가 가장 높았던 해의 근원물가 상승률(3.2)과 공공서비스가 가장 낮았던 해의 공공서비스 상승률(－0.4)의 합은 2.8이다.

따라서 ⓐ와 ⓑ의 차이는 3.1－2.8＝0.3이다.

11 수리능력 정답 ④

유형	자료해석 〉 수치 읽기	난이도	★★☆

㉠ 2, 3, 4, 8, 11명으로 매년 증가했다.

㉢ 2015년에 남성 애국장은 130명, 남성 애족장은 194명에서 여성 3명을 뺀 191명으로, 191－130＝61(명) 차이가 난다. 2017년에는 남성 애국장 43명, 남성 애족장은 100명으로 100－43＝57(명) 차이가 난다.

㉣ 2017년에 건국포장 포상 인원 중 여성 비율이 $\frac{1}{43}$로 가장 낮다. 이 해에는 대통령표창 포상 인원 중 여성 비율도 $\frac{2}{74}$로 가장 낮다.

| 오답풀이 |

㉡ 대부분은 절반을 넘었지만 2018년에는 42% 정도로 절반이 되지 않는다.

12 수리능력 정답 ⑤

유형	자료해석 〉 수치 읽기	난이도	★★☆

2021년 2월~11월까지의 애완용품 총거래액은 10,320－820－990＝8,510(억 원)이며, 월평균 거래액은 $\frac{8,510}{10}$＝851(억 원)이므로 860억 원 미만이다.

| 오답풀이 |

① 2021년 1월 대비 2021년 12월에는 모든 생활 물품의 모바일 쇼핑 거래액이 증가했다.

② 전월 대비 2022년 1월에 모바일 쇼핑 거래액 감소액은 다음과 같다.
- 생활용품: 11,270－10,490＝780(억 원)
- 자동차용품: 1,960－1,660＝300(억 원)
- 가구: 3,510－3,250＝260(억 원)
- 애완용품: 990－950＝40(억 원)

따라서 자동차용품의 거래액이 두 번째로 많이 감소하였다.

③ 전년 동월 대비 2022년 1월에 자동차용품의 모바일 쇼핑 거래액 증가율은 $\frac{1,660-1,070}{1,070}\times100\fallingdotseq55(\%)$이다.

④ 전년 동월 대비 2022년 1월에 모바일 쇼핑 거래액이 감소한 물품은 가구뿐이다.

13 수리능력 정답 ⑤

유형	자료해석 〉 수치 읽기	난이도	★★☆

2016년 봄과 가을 온도의 평균은 12.95℃이고, 2017년 봄과 가을 온도의 평균은 13.1℃이므로, 2017년의 평균 온도가 2016년의 평균 온도보다 높다.

| 오답풀이 |

① 2016년 12.3℃를 시작으로 2020년 13.6℃까지 계속 상승하고 있다.

② 여름의 온도는 2017년에 25.4℃로 가장 높고 2014년이 두 번째다.

③ 매년 봄이 가을보다 2~4℃도 가량 낮다.

④ 겨울의 온도가 가장 낮았던 해는 −1℃인 2016년이고, 그 해 가을 역시 13.7℃로 다른 해보다 온도가 낮다.

14 수리능력 정답 ④

유형	자료해석 〉 추세 읽기	난이도	★★★

④의 그래프를 확인했을 때, 2016년에 해당하는 부산항의 수치가 잘못되었음을 알 수 있다.

15 수리능력 정답 ⑤

유형	자료해석 〉 수치 읽기	난이도	★★☆

㉢ 중학교 3학년 학생 중 과학·기술을 좋아하는 학생은 336×0.069≒23.2(명)으로 22명 이상이다.

㉣ 장르소설을 좋아하는 고등학생은 1,027×0.282≒289.6(명)으로, 같은 분야인 장르소설을 좋아하는 중학생 1,001×0.33≒330.3(명)보다 적다.

| 오답풀이 |

㉠ 역사·지리 분야 책을 좋아하는 고등학생은 1,027×0.043≒44.2(명)이고, 중학생은 1,001×0.059≒59.1(명)이므로 중학생이 고등학생보다 역사·지리 분야 책을 더 좋아한다고 볼 수 있다.

㉡ 문학을 좋아한다고 응답한 학생은 고등학교 3학년 학생이 439×0.172≒75.5(명)으로 가장 많다. 중학교 2학년 학생 중 문학을 좋아한다고 응답한 학생은 352×0.151≒53.2(명)이다.

16 수리능력 정답 ⑤

유형	자료해석 〉 수치 읽기	난이도	★☆☆

슈팅게임의 구성비는 한 해도 수치가 떨어지지 않고 계속적으로 올라가고 있으므로 꾸준히 인기가 올라가고 있다고 판단할 수 있다.

| 오답풀이 |

① 2019년에는 액션·대전·어드벤처가 22.6%를 차지해서 20%인 롤플레잉보다 높은 인기를 보였다.

② 2020년에는 10.1%였다가 2021년에 다시 11%로 올랐으므로 계속 떨어진 것은 아니다.

③ 주어진 자료는 구성비이기 때문에 게임을 하는 사람 수는 알 수 없다.

④ 존재하지 않아서 비중이 없는 것인지, 사람들이 하지 않아서 없는 것인지 주어진 [표]로는 알 수 없다.

17 문제해결능력 정답 ①

유형	퀴즈 문제 〉 순서 정하기	난이도	★★☆

주어진 [조건]을 모두 정리하면 다음과 같이 2가지 경우가 가능하다.

구분	월요일	화요일	수요일	목요일	금요일
i)	카라멜 마키아토	아메리카노	바닐라 라테	에스프레소	헤이즐넛 라테
ii)	카라멜 마키아토	헤이즐넛 라테	바닐라 라테	에스프레소	아메리카노

따라서 수요일에 할인 판매될 커피는 바닐라 라테이고, 헤이즐넛 라테는 에스프레소보다 먼저 할인 판매되는 경우도 있으므로 A만 옳다.

18 문제해결능력 정답 ⑤

유형	퀴즈 문제 〉 연쇄추리	난이도	★★☆

㉠ '적어도 두 곳'이라는 말은 단 두 곳이라는 의미가 아니므로, 두 군데가 확정된다 해서 마지막 한 곳을 안 간다는 의미는 아니다. 따라서 부산은 갈 수도 있고

안 갈 수도 있으므로 알 수 없다.

㉡ '부산 → 대구'까지는 맞는데, 반드시 '대구 → 울산'이라고 할 수는 없다. 'or 진술'이므로 울산은 가지 않고, 포항만 가는 경우도 있으므로 알 수 없다.

19 문제해결능력

정답 ④

유형	퀴즈 문제 〉 매칭하기	난이도	★★☆

주어진 [조건]에서 고정된 조건을 정리하면 다음과 같다.

구분	311호	312호	313호	314호	315호
연구원	E	D			C
책 제목	전환이론	공공정책		사회혁신	복지실천

네 번째 조건에 따르면 B에게는 「연구개발」을 전해야 하는데, 다른 책들은 다 연구실이 정해져 있으므로 B가 313호에 있다는 것을 알 수 있다.

구분	311호	312호	313호	314호	315호
연구원	E	D	B	A	C
책 제목	전환이론	공공정책	연구개발	사회혁신	복지실천

따라서 A는 314호에 있고 전달할 책은 「사회혁신」이다.

20 문제해결능력

정답 ④

유형	퀴즈 문제 〉 순서 정하기	난이도	★★☆

첫 번째 조건과 세 번째 조건에 따르면 C는 D보다 4번째로 앞서 햄버거를 다 먹었고, 2위가 아니므로 C는 1등, D는 5등으로 햄버거를 다 먹었음을 알 수 있다. 나머지 조건을 따졌을 때 나올 수 있는 경우의 수는 3가지이다.

i) C－F－A－B－D－E

ii) C－F－B－A－D－E

iii) C－B－F－A－D－E

따라서 B는 항상 A보다 먼저 햄버거를 다 먹었다는 것은 항상 옳지 않은 설명이다.

21 문제해결능력

정답 ①

유형	적용 퀴즈 〉 배치하기	난이도	★★☆

주어진 [조건]에 따르면 A(강사)와 D는 서로 반대쪽에 앉아 있고, 강사와 학생은 서로 연이어 앉을 수 없으므로 학생은 D와 A의 양 옆자리임을 알 수 있다. 또한 D와 F 사이에 꼭 한 사람이 있어야 하므로 F는 A의 옆에 위치함을 알 수 있다. F의 자리에 따라 B의 자리도 결정되므로 다음 두 가지 경우가 있다.

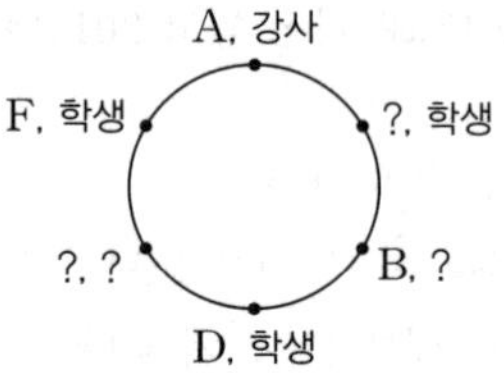

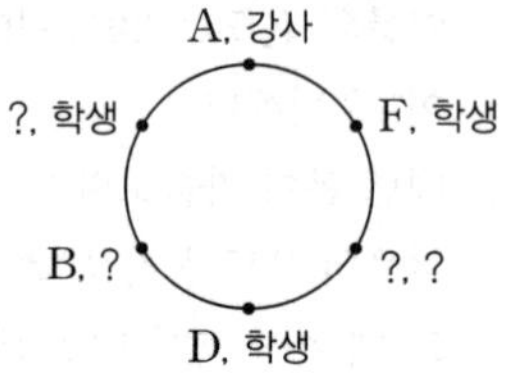

㉠ 교수와 강사 옆에는 항상 학생이 배치되어 서로 연이어 앉을 수 없으므로 항상 참이 된다.

㉡ 교수가 될 수 있는 사람은 B, C, E 세 사람이므로 항상 참이 된다.

| 오답풀이 |

㉢ F는 학생이므로 항상 거짓이 된다.

㉣ B와 C는 연이어 앉을 수도 그렇지 않을 수도 있기 때문에 항상 참인 것은 아니다.

22 문제해결능력

정답 ④

유형	Text로 된 정보에서 원리 파악하기 〉 거시적 원리 파악하고 적용하기	난이도	★★☆

㉠ 전문성 면을 보면 유급의료제도만이 ＋값을 가지므로 적절한 설명이다.

㉡, ㉣ A안과 B안 중 어떤 것을 적용하더라도 유급의료제도가 선택되는 대안 비교의 결과는 달라지지 않는다.

| 오답풀이 |

㉢ B안의 가중치를 적용해도 유급의료제도만이 ＋수치를 가진다.

23 문제해결능력

정답 ②

유형	Text로 된 정보에서 원리 파악하기 〉 미시적 원리 파악하고 적용하기	난이도	★★☆

이 회사는 우수한 디지털 MKT 역량을 가지고 있다. 하지만 아무리 막대한 예산을 가지고 있다고 하더라도 다각화로 신규 사업에 진출하는 것이기 때문에 기존 SPA 브랜드의 이미지를 벗어내는 것에는 시간이 걸린다. 또한 기존 SPA 브랜드의 이미지 역시 고착되어 있기 때문에 어려움은 가중되어 시간이 오래 걸릴 것이다.

| 오답풀이 |

① 기본적으로 SPA 시장은 포화 상태이고 새로운 시장이 열리고 있기 때문에 사업 다각화가 필요한 시점이다. 이 회사는 SPA 브랜드로 정교한 유통망과 생산 노하우를 쌓아왔다. 이를 바탕으로 유통경로를 최소화하면 가격경쟁력을 확보할 수 있으므로 신규 사업을 추진하는 것이 바람직하다.

③ 경쟁사는 고급스러운 이미지를 통한 프리미엄 전략을 택했기 때문에 이 회사도 마찬가지로 프리미엄 전략을 택한다면 경쟁력을 잃게 된다. 또한 경쟁사 대비 브랜드 인지도도 낮기 때문에 저원가 전략으로 승부하는 것이 바람직하다.

④ 자사 분석 내용에서 신시장 개척이기 때문에 비용이 많이 들 것이라고 하였다.

⑤ SPA 브랜드로 쌓은 유통망, 생산 노하우가 있고 디지털 MKT 역량이 우수하다고 서술하고 있으므로 새로운 브랜드를 만들 때 장점이 될 수 있다.

24 문제해결능력

정답 ①

유형	수리, 기호 정보에서 원리 파악하기 〉 수리적 원리 파악하고 적용하기	난이도	★★☆

국민연금 부담액＝월급여×국민연금 요율(9%)이므로 $2,500,000 \times \frac{9}{100} = 225,000$(원)이다. 이때 근로자가 절반, 회사가 절반 부담하므로 국민연금 총액 225,000원 중 김 주임이 납부해야 할 금액은 112,500원이다.

25 문제해결능력

정답 ③

유형	수리, 기호 정보에서 원리 파악하기 〉 수리적 원리 파악하고 적용하기	난이도	★★☆

건강보험 부담액＝(건강보험료)＋(장기요양보험료)이다. 건강보험료는 월급여×6.24%이므로 $2,500,000 \times \frac{6.24}{100} = 156,000$(원), 장기요양보험료는 $2,500,000 \times \frac{0.46}{100} \fallingdotseq 11,500$(원)이다. 따라서 건강보험 총금액 $156,000 + 11,500 = 167,500$(원)이다. 이때 회사가 절반, 근로자가 절반 부담하므로 건강보험 총액 167,500원 중 김 주임이 납부해야 할 금액은 83,750원이다.

DAY

03

정답 확인

문항	영역	정답	문항	영역	정답	문항	영역	정답	문항	영역	정답	문항	영역	정답
01	의사소통	②	02	의사소통	②	03	의사소통	⑤	04	의사소통	①	05	의사소통	③
06	의사소통	⑤	07	의사소통	③	08	의사소통	⑤	09	수리	④	10	수리	③
11	수리	④	12	수리	①	13	수리	③	14	수리	④	15	수리	⑤
16	수리	①	17	수리	④	18	문제해결	②	19	문제해결	④	20	문제해결	④
21	문제해결	④	22	문제해결	①	23	문제해결	⑤	24	문제해결	③	25	문제해결	④

영역별 실력 점검표

영역	맞은 개수	정답률	취약 영역
의사소통능력	/8	%	
수리능력	/9	%	
문제해결능력	/8	%	
합계	/25	%	

01 의사소통능력 정답 ②

유형	맞춤법/어법	난이도	★★☆

②는 어법에 맞게 쓰였고, 문장 호응이 자연스러운 문장이다.

| 오답풀이 |

① '미래의 인류 문화는 물질문명과 정신문화가 조화를 이루는 방향으로 발전할 것이다.'로 쓰는 것이 어법에 맞고 자연스러운 문장이다.

③ '우리 민족은 과거의 역사를 통하여 저항적인 민족주의 경향을 지니게 되었으나 이제는 외국 사람들과 이웃으로서 교류를 해나갈 수 있도록 이런 사고방식에서 탈피해야 한다.'로 쓰는 것이 어법에 맞고 자연스러운 문장이다.

④ '교통 및 정보통신 수단의 가속적인 발달로 인해 세계는 점차 좁아지고 있으며, 기업이 다국적화되고 국가 간의 상호 의존성이 심화됨으로써 (세계는) 국경 없는 지구촌과 한 지붕 경제권 시대를 맞게 되었다.'로 쓰는 것이 어법에 맞고 자연스러운 문장이다.

⑤ '암에는 발암성 바이러스에 의해 발생하는 것 말고도, 세포가 유전적으로 비정상이어서 특수한 염색체의 일부분이 위치를 옮겨감으로써 일어나거나 돌연변이를 일으키는 발암 유전자로 인해 발생하는 것도 있다.'로 쓰는 것이 어법에 맞고 자연스러운 문장이다.

02 의사소통능력 정답 ②

유형	일반형 정보 Text 읽기 〉 거시적 이해 〉 맥락	난이도	★★☆

주어진 글에서 시간 여행을 할 때 문제가 되는 것은 우리가 과거로 돌아가 어떠한 행동을 했을 때 후대의 역사가 바뀔 수도 있다는 것이다. 따라서 시간 여행을 옹호하는 사람은 우리가 과거로 돌아가 어떠한 행동을 하더라도 역사가 바뀌지 않을 것이라는 반론을 해야 한다.

03 의사소통능력 정답 ⑤

유형	실용형 정보 Text 읽기 〉 미디어형 정보 읽기	난이도	★★☆

주어진 글은 현재 횡행하고 있는 재건축 시공사 선정과정의 불법적 대가 지급을 바로 잡기 위해 시공사 선정 제도를 개선하겠다는 의지를 표명하는 국토교통부의 보도자료이다. 따라서 주어진 글의 목적은 재건축 시공사 선정 제도를 개선할 것을 알리며 그 세부 계획을 밝히는 것이다.

| 오답풀이 |

① 시공사 선정 과정 중 빈번히 발생하는 비리를 막고자 제도 개선을 할 것이다.

②, ③ 주어진 글의 핵심목적은 개선계획을 알리는 것이다.

④ 주어진 글에서 협업에 대한 내용은 알 수 없다.

04 의사소통능력 정답 ①

유형	일반형 정보 Text 읽기 〉 거시적 이해 〉 주제	난이도	★★☆

주어진 글은 X－선 사진을 통해 폐질환 진단법을 배우는 학생에 대해 그 과정을 서술하고 있다. 먼저 이론을 배우고 이를 실습해 봄으로써 관찰과 명확한 의미를 해석할 수 있게 되었다고 말하고 있으므로 주어진 글이 뒷받침하는 주장은 ①이다.

05 의사소통능력 정답 ③

유형	일반형 정보 Text 읽기 〉 미시적 이해 〉 추론	난이도	★★☆

ⓛ 1문단에서 검은 왕쥐가 나타나기 전에도 간혹 사냥꾼들이 흑사병에 걸린 설치류를 산발적으로 만났다고 하였으므로, 인간이 검은 왕쥐 등장 이전에 흑사병에 노출된 적이 없었던 것은 아님을 알 수 있다.

ⓜ 주어진 글에서 유스티니아누스의 역병이 왜 사그라들었는지는 알 수 없다.

| 오답풀이 |

㉠ 4문단에서 학자들 사이에서 페스트가 아프리카 또는 아시아와 아프리카 양쪽에서 기원했는지, 아시아에서

발생하여 실크로드를 따라 이집트로 들어왔는지 그 기원에 대해 논의 중이라고 하였으므로, 역병의 기원이 정확하게 밝혀지지 않았음을 알 수 있다.

㉢ 3문단에서 흑사병에 감염된 쥐들을 실은 선박이 인도에서부터 동지중해와 동아프리카, 이집트로부터 콘스탄티노플, 그리고 유럽의 항구, 중국과 일본에 이르렀다고 하였으므로, 당시 흑사병이 범세계적으로 뻗어나갔음을 알 수 있다.

㉣ 2문단과 3문단에서 검은 왕쥐가 감염된 야생 설치류와 사람 사이를 매개하면서부터 인간을 감염시키고, 추운 기후와 선박으로 인해 사람 간 전염으로 이어졌다고 하였으므로, 조류 사이에서만 감염되는 조류 독감 또한 언젠가 인간에게 해가 될 수도 있음을 알 수 있다.

06 의사소통능력 정답 ⑤

유형	일반형 정보 Text 읽기 〉 창의적 이해 〉 적용	난이도	★★☆

마지막 문단에 따르면 테크노크라트라 칭하는 개혁자 집단은 인간에 의한 통치보다 과학에 의한 통치를 선호하여 과학이 낭비와 실업, 배고픔과 빈곤을 영원히 추방하고 궁핍의 시대를 풍요의 시대로 바꾼다고 주장하였다. 따라서 테크노크라트가 동의하기 위해서는 기술의 개발로 환경오염이나 기아문제 등을 해결해야 하지만, ⑤는 화석연료의 사용을 줄여 환경오염을 막자는 주장이므로 테크노크라트가 동의할 수 있는 주장과 거리가 멀다.

07 의사소통능력 정답 ③

유형	일반형 정보 Text 읽기 〉 미시적 이해 〉 일치	난이도	★★☆

4문단에 따르면 간접 광고 제도를 비판하는 사람들은 간접 광고로 인해 광고 노출 시간이 길어지고 프로그램의 맥락과 동떨어진 억지스러운 상품 배치가 빈번해 프로그램의 질이 떨어지고 있다고 주장한다. 그러나 최근 비판하는 사람들이 늘어난다는 내용은 주어진 글에서 찾을 수 없으므로 ③은 적절하지 않은 반응이다.

| 오답풀이 |

①은 4문단, ②는 2문단, ④는 1문단, ⑤는 2문단을 통해 알 수 있다.

08 의사소통능력 정답 ⑤

유형	일반형 정보 Text 읽기 〉 창의적 이해 〉 적용	난이도	★★★

주어진 글의 ㉠은 원칙에 따라 할당된 부분에만 충실한 나머지, 다른 사람들과 유기적으로 협력하여 업무를 원활하게 처리하지 못하거나 다른 부서와 연결되어 조직 전체가 하나로서 유연하게 움직이지 못하는 관료제의 폐해를 지적한 것이다. 이러한 경우에 해당하는 구체적 사례로 가장 적절한 것은 ⑤이다.

09 수리능력 정답 ④

유형	기타 〉 수추리	난이도	★☆☆

주어진 수들은 다음과 같은 규칙을 갖고 있다.

2 3 6 9 36 41 ( )

+1 ×2 +3 ×4 +5 ×6

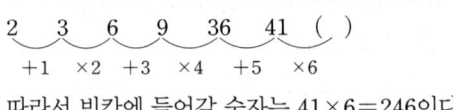

따라서 빈칸에 들어갈 숫자는 $41\times6=246$이다.

10 수리능력 정답 ③

유형	응용계산 〉 일률	난이도	★☆☆

한 프로젝트를 끝내는데 A는 10일, B는 6일이 걸리므로 A와 B가 하루 동안 일하는 양은 $A=\frac{1}{10}$, $B=\frac{1}{6}$이다.

A와 B가 함께 일하는 날을 x일이라고 하면, A가 먼저 프로젝트를 진행하다가 4일 뒤에 B가 합류했으므로 다음과 같은 식이 성립한다.

$4A+x(A+B)=1$

$\frac{2}{5}+x(\frac{1}{10}+\frac{1}{6})=1$

$\frac{2}{5}+\frac{4}{15}x=1$

$x=\frac{9}{4}$

A가 혼자서 일한 날은 4일이고, A와 B가 같이 일한 날은 2일에 $\frac{1}{4}$일이므로 총 3일이 더해진다. 따라서 프로젝트를 끝내는 데 최소 걸린 기간은 $4+3=7$(일)이다.

11 수리능력 정답 ④

유형	자료해석 〉 수치 읽기	난이도	★★☆

제시된 기간에 휴일 여가시간의 합이 가장 높은 연령집단은 6.5+6.5+5.7=18.7(시간)인 70대 이상이고, 두 번째로 높은 연령집단은 5.6+6.1+5.3=17(시간)인 20대이고, 세 번째로 높은 연령집단은 5.2+5.9+5.1=16.2(시간)인 60대이다.

| 오답풀이 |

① 여가시간은 2018년에 2년 전 대비 증가하였으나 2020년에는 2년 전 대비 감소하였다.

② 제시된 기간에 평일에는 여자의 여가시간이 남자보다 많고, 휴일에는 남자의 여가시간이 여자보다 많다.

③ 제시된 기간에 평일 여가시간이 가장 낮은 연령집단은 2.6+3.1+2.7=8.4(시간)인 10대이고, 두 번째로 낮은 연령집단은 2.8+3.1+2.8=8.7(시간)인 30대이다.

⑤ 2018년 휴일 여가시간은 30대가 5.5시간으로 가장 적었고, 2020년 휴일 여가시간은 40대가 4.7시간으로 가장 적었다.

12 수리능력 정답 ①

유형	자료해석 〉 수치 읽기	난이도	★★☆

㉠ 2018~2020년에 총인구의 실업률을 차례대로 구하면 2018년에 $\frac{807}{25,873}\times 100≒3.1(\%)$, 2019년에 $\frac{937}{26,536}\times 100≒3.5(\%)$, 2020년에 $\frac{976}{26,913}\times 100≒3.6(\%)$이다. 따라서 2019~2020년에 총인구의 실업률은 전년 대비 꾸준히 증가하고 있다.

| 오답풀이 |

㉡ 2018~2021년에 대졸 이상 인구의 취업자 대비 실업자의 비율을 차례대로 구하면 2018년에 $\frac{223}{7,140}\times 100≒3.1(\%)$, 2019년에 $\frac{259}{7,605}\times 100≒3.4(\%)$, 2020년에 $\frac{278}{7,976}\times 100≒3.5(\%)$, 2021년에 $\frac{316}{8,310}\times 100≒3.8(\%)$로 2021년에 가장 높다.

㉢ 2020년 전문대졸 인구의 취업자 수는 11,351−7,976=3,375(천 명)이다. 따라서 전문대졸 인구의 취업자 수는 2020년에 가장 적다.

13 수리능력 정답 ③

유형	자료해석 〉 자료계산	난이도	★☆☆

의사소통능력의 영역별 총점이 365점이므로

$(20\times 6)+(10\times 6.5)+(15\times A)+(15\times 6)=365 \rightarrow A=6$

수리능력의 영역별 총점이 320점이므로

$(20\times B)+(10\times 5.5)+(15\times 5)+(15\times 6)=320 \rightarrow B=5$

따라서 빈칸 A, B에는 각각 6과 5가 들어가야 한다.

14 수리능력 정답 ④

유형	자료해석 〉 수치 읽기	난이도	★★☆

㉡ '가' 대학교 여학생의 세 영역 평균 점수는 $\frac{(10\times 6.5)+(10\times 5.5)+(10\times 5)}{10+10+10}≒5.7$(점)이고

'가' 대학교 남학생의 세 영역 평균 점수는 $\frac{(20\times 6)+(20\times 5)+(20\times 5)}{20+20+20}≒5.3$(점)이다.

따라서 '가' 대학교 여학생의 평균 점수가 남학생보다 높다.

㉢ 전체 남학생의 문제해결능력 영역의 평균 점수는 $\frac{(20\times 5)+(15\times 6)}{20+15}≒5.4$(점)이고,

전체 여학생의 문제해결능력 영역의 평균 점수는 $\frac{(10\times 5)+(15\times 5)}{10+15}=5$(점)이다.

따라서 전체 남학생의 평균 점수가 전체 여학생보다 높다.

| 오답풀이 |

㉠ '나' 대학교 학생들의 의사소통능력 과목의 평균 점수는 $\frac{(15\times 6)+(15\times 6)}{15+15}=6$(점)이고, '가' 대학교 학생들의 의사소통능력 과목의 평균 점수는 $\frac{(20\times 6)+(10\times 6.5)}{20+10}≒6.17$(점)이다. 따라서 의사소통능력의 평균 점수는 '가' 대학교가 '나' 대학교보다 높다.

15 수리능력

정답 ⑤

유형	자료해석 〉 수치 읽기	난이도	★★☆

2016년 전체 가구 중 남자 가구 수는 19,018−5,516=13,502(천 가구)이다. 따라서 2014~2016년 남자 전체 가구 수를 합하면 13,334+13,423+13,502=40,259(천 가구)로 40,000천 가구보다 많다.

| 오답풀이 |

① 2016년 전체 남자 가구 수를 먼저 구하면 19,018−5,516=13,502(천 가구)이다. 따라서 전체 남자 가구 수 중 1인 가구 수가 차지하는 비중은 2014년에 $\frac{2,133}{13,334}\times 100 ≒ 16.0(\%)$이고, 2016년에 $\frac{2,294}{13,502}\times 100 ≒ 17.0(\%)$이므로 2016년이 2014년보다 높다.

② 전체 가구 중 1인 가구가 차지하는 비중은 2014년에 $\frac{4,939}{18,530}\times 100 ≒ 26.7(\%)$, 2015년에 $\frac{5,110}{18,776}\times 100 ≒ 27.2(\%)$, 2016년에 $\frac{5,279}{19,018}\times 100 ≒ 27.8(\%)$로 매년 증가하고 있다.

③ 2014년 전체 가구 중 여자의 수는 18,530−13,334=5,196(천 가구), 2015년 전체 가구 중 여자의 수는 18,776−13,423=5,353(천 가구)으로 매년 증가하고 있다.

④ 2014년에 여자 전체 가구 중 여자 1인 가구 수의 구성비는 $\frac{2,806}{5,196}\times 100 ≒ 54.0(\%)$로 60% 미만이다.

16 수리능력

정답 ①

유형	자료해석 〉 수치 읽기	난이도	★★☆

30대 중 중국·일본 지역을 가고 싶어 하는 사람은 7,250명이고, 전체 응답자 수는 20,795+20,629+15,635+19,514=76,573(명)이다. 따라서 그 비중은 $\frac{7,250}{76,573}\times 100 ≒ 9.5(\%)$이다.

| 오답풀이 |

- B: 아시아는 중국·일본과 동남아시아를 포함한다. 따라서 아시아로 여행가고 싶은 20대는 6,783+6,050=12,833(명)이고, 30대는 7,250+5,677=12,927(명)이므로 30대가 20대보다 더 많다.
- C: 20대 중 미주지역을 여행가고 싶은 사람들의 비율은 $\frac{4,557}{20,795}\times 100 ≒ 22(\%)$이고, 50대 중 동남아시아를 가고 싶은 사람들의 비율은 $\frac{4,497}{19,514}\times 100 ≒ 23(\%)$로 20대 중 미주지역을 가고 싶은 사람들의 비율이 더 낮다.
- D: 전체 응답자 중 3040세대의 비율은 $\frac{20,629+15,635}{76,573}\times 100 ≒ 47(\%)$이다.

17 수리능력

정답 ④

유형	자료해석 〉 수치 읽기	난이도	★☆☆

㉡ 이산화탄소 농도는 봄(4월)에 제일 높고, 메탄 농도는 여름(7월)에 제일 높다.

㉢ 주어진 [표]에서 메탄의 농도가 높다고 해서 무조건 가장 유해한 가스라고 할 수 없다.

| 오답풀이 |

㉠ 주어진 [표]에서 봄에 속하는 4월과 여름에 속하는 7월의 이산화탄소와 메탄을 비교하면 다음과 같다.

온실가스 유형	2020년 04월	2020년 07월
이산화탄소 (ppm)	397.3	386.5
메탄 (ppb)	1,897	1,908

따라서 여름에는 봄에 비해 이산화탄소가 줄어드는 반면 메탄의 농도는 늘어난다.

18 문제해결능력

정답 ②

유형	퀴즈 문제 〉 연쇄추리	난이도	★★☆

주어진 조건을 모두 충족시켜야 하므로 세 번째 조건과 네 번째 조건이 충족되기 위해서는 C가 참석할 경우 D는 참석하거나 참석하지 않을 수 있지만, D가 참석하게 된다면 C는 반드시 참석해야 하고, B가 참석할 경우 F는 참석하거나 참석하지 않을 수 있지만, F가 참석하게 된다면 B도 반드시 참석해야 함을 알 수 있다. E가 회의에 참석할 수 없게 된 상황에서 두 번째 조건에 따라 D 또는 E는 반드시 참석해야 하므로 D가 회의에 참석해야

하고, 앞에서 판단한 바와 같이 세 번째 조건에 따라 C도 참석해야 한다. 이에 따라 부처회의에 참석하는 4명 중 C, D가 참석하고 나머지 A, B, F 중 2명이 참석한다. 이때 첫 번째 조건에 따라 A 또는 B는 반드시 참석해야 하지만 A, B가 함께 참석할 수 없으므로 A 또는 B가 참석하는 경우로 나누어 생각한다.

i) A가 참석하는 경우
A가 참석하는 경우 B는 부처회의에 참석할 수 없다. 마지막 조건에 따라 B가 참석하지 않으면 F도 참석할 수 없으므로 부처회의에 참석할 수 있는 사람은 A, C, D 3명으로 조건에 모순된다.

ii) B가 참석하는 경우
마지막 조건에 따라 B가 참석하는 경우 F도 참석할 수 있게 된다. 이에 따라 부처회의에 참석할 수 있는 사람은 B, C, D, F가 된다.

따라서 B, C, D, F로 1개의 팀이 구성될 수 있다.

19 문제해결능력 정답 ④

유형	퀴즈 문제 〉 명제	난이도	★★☆

A: 첫 번째 명제의 역으로, 명제의 역은 항상 참인 것은 아니다.

B: 두 번째 명제에 따라 기현이가 세차를 한 날에 비가 오고, 네 번째 명제에 따라 비가 온 다음 날에는 기온이 매우 높으므로 항상 참인 것은 아니다.

D: 네 번째 명제의 역과 첫 번째 명제, 두 번째 명제의 역을 연결한 것으로, 명제의 역은 항상 참인 것은 아니다.

| 오답풀이 |

C: 선호가 빨래를 한 날에는 꼭 비가 오고, 기현이가 세차를 한 날엔 꼭 비가 온다. 또한, 빨래나 세차를 하고 그 날 비가 온 사람은 기분이 좋지 않다. 따라서 선호나 기현이는 빨래나 세차를 하고 항상 기분이 좋지 않으므로 항상 참이다.

20 문제해결능력 정답 ④

유형	수리, 기호 정보에서 원리 파악하기 〉 수리적 원리 파악하고 적용하기	난이도	★★☆

우선 안전성은 절대고려요소이므로 이것을 만족시키지 못한 민간항공2와 선박은 제외된다. 나머지 중에서 가중치를 고려한 상대고려요소의 결괏값은 다음과 같다.

구분		가중치(%)	각 수단별 평점(점)		
			국적항공	민간항공1	전세항공
절대고려요소	안전성	–	10	10	10
상대고려요소	경제성	80	7×0.8=5.6	8×0.8=6.4	7×0.8=5.6
	편의성	100	9×1=9	9×1=9	10×1=10
	관광성	70	8×0.7=5.6	7×0.7=4.9	8×0.7=5.6
	홍보성	90	8×0.9=7.2	9×0.9=8.1	9×0.9=8.1
합계			37.4	38.4	39.3

따라서 B 담당자가 택할 이동 수단은 전세항공이다.

21 문제해결능력 정답 ④

유형	적용 퀴즈 〉 순서정하기	난이도	★★☆

마지막 조건에 따라 목요일에 컨설턴트, 금요일에 변호사와 만나고, 두 번째 조건에 따라 변호사는 3일의 차이를 두고 만나므로 두 명의 변호사는 각각 화요일과 금요일에 만난다. 또한, 세 번째 조건에 따라 월요일에는 오전/오후 모두 기업인을 만나고 첫 번째 조건에 따라 기업인을 만난 다음 날엔 늘 회사임원을 적어도 한 명 만나므로 화요일에는 변호사와 회사임원을 만나게 된다. 이를 정리하면 다음과 같다.

구분	월요일	화요일	수요일	목요일	금요일
오전	기업인	변호사, 회사임원		컨설턴트	변호사
오후	기업인				

이때 세 명의 기업인 중 나머지 한 명의 기업인을 만난 다음 날엔 회사임원을 만나야 하므로 기업인을 만날 수 있는 날은 수요일 또는 목요일이 된다.

i) 기업인을 수요일에 만나는 경우

수요일에 기업인을 만나면 그 다음 날에 회사임원을 만나므로 목요일에는 컨설턴트와 회사임원과 미팅하게 된다. 이에 따라 수요일에는 기업인과 주주 또는 기업인과 컨설턴트, 금요일에는 변호사와 컨설턴트 또는 변호사와 주주를 만나게 된다.

구분	월요일	화요일	수요일	목요일	금요일
오전	기업인	변호사, 회사임원	기업인, 주주 or 기업인, 컨설턴트	컨설턴트, 회사임원	변호사, 컨설턴트 or 변호사, 주주
오후	기업인				

ii) 기업인을 목요일에 만나는 경우

목요일에 기업인을 만나면 그 다음 날에 회사임원을 만나므로 목요일에는 컨설턴트와 기업인, 금요일에는 변호사와 회사임원과 미팅하게 된다. 이에 따라 수요일에는 컨설턴트와 주주를 만나게 된다.

구분	월요일	화요일	수요일	목요일	금요일
오전	기업인	변호사, 회사임원	컨설턴트, 주주	컨설턴트, 기업인	변호사, 회사임원
오후	기업인				

따라서 주주와 미팅할 수 있는 날은 수요일 또는 금요일이다.

22 문제해결능력

정답 ①

유형	적용 퀴즈 〉 배치하기	난이도	★★★

표를 이용하여 조건에 맞게 아래와 같이 자리를 채워나간다. 첫 번째 조건에서 C가 앉은 자리에서 두 자리 건너 B가 앉아 있다고 하였고, 두 번째 조건에서 B가 앉은 자리에서 두 자리 건너 H가 앉아있다고 했으므로, C를 임의의 자리에 놓고 조건에 맞게 배치하면 다음과 같다.

	C	
H		
		B

세 번째 조건에서 E와 H가 서로 마주보고 있다고 했으므로 H와 마주보는 자리에 E를 배치한다.

	C	
H		E
		B

네 번째 조건을 따라 G는 C의 오른쪽에, D는 G와 두 사람을 사이에 둔 자리에 배치한다.

G	C	
H		E
	D	B

이때 빈 자리 2개는 A와 F의 자리이므로 F와 마주보고 있는 사람은 A이다. 만약 C를 기준으로 할 때 B를 반시계 방향으로 배치하면, 다음과 같이 F와 G, F와 B가 마주보는 경우가 나온다.

G	C	A
E		H
B	D	F

G	C	F
E		H
B	D	A

그러나 선택지에 B와 G가 없으므로 A만 정답이 된다.

23 문제해결능력

정답 ⑤

유형	수리, 기호 정보에서 원리 파악하기 〉 수리적 원리 파악하고 적용하기	난이도	★★☆

5개의 업체가 제출한 시안(A~E)의 평가 결과에 따라 시안별 총합 점수를 구하면 다음과 같다.

평가 항목(만점) \ 시안	A	B	C	D	E
학습내용(30)	25	30	20	25	20
학습체계(30)	25	(ⓐ)	30	25	20
교수법(20)	20	17	(ⓑ)	20	15
학습평가(10)	10	10	10	5	10
학습매체(10)	10	10	10	10	10
총합	90	67+ⓐ	70+ⓑ	85	75

㉠ 위의 표 내용으로 파악했을 때, B와 C 시안의 총합 점수는 알 수 없지만 A시안이 90점으로 D와 E 시안

보다 총합 점수가 높기 때문에, D와 E시안은 채택될 수 없다.

㉡ ⓑ의 점수가 최대 20점이라 하더라도 C시안의 총합 점수는 90점으로 A시안과 동점이 되는데, 동점인 경우 학습내용 점수에서 A시안이 25점이고 C시안이 20점이므로 A시안이 채택된다.

㉢ ⓐ이 23점이면 B시안의 총합 점수가 90점이 되는데, 이 경우 학습내용 점수가 B시안이 30점이므로 25점인 A시안보다 더 높다. 따라서 동점인 경우의 규칙에 의해 B시안이 채택된다.

24 문제해결능력 정답 ③

유형	수리, 기호 정보에서 원리 파악하기 〉 수리적 원리 파악하고 적용하기	난이도	★★☆

- 1일차: 수박 80개를 팔아 800,000원을 벌게 된다.
- 2일차: 1일차에 판매되지 않은 수박 20개와 당일 공급된 수박 100개 중 80개가 팔렸으므로 8,000×20+10,000×80=960,000(원)이 된다.
- 3일차: 전날 이월된 수박 20개에 당일 공급된 수박 100개 중 90개가 팔렸으므로 8,000×20+10,000×90=1,060,000(원)이 된다.
- 4일차: 전날 이월된 10개에 당일 공급된 수박 100개 중 90개가 팔렸으므로 8,000×10+10,000×90=980,000(원)이 된다.
- 5일차: 역시 4일차와 같으므로 8,000×10+10,000×90=980,000(원)이 된다.
- 6일차: 전날 이월된 수박 10개를 8,000×10=80,000(원)에 팔게 된다.

따라서 수박 총판매액은 80+96+106+98+98+8=486(만 원)이 된다.

25 문제해결능력 정답 ④

유형	Text로 된 정보에서 원리 파악하기 〉 미시적 원리 파악하고 적용하기	난이도	★★☆

사업자별 기본심사 점수 총합을 계산하면 다음과 같다.

A=60+㉣

B=57+㉣

C=78

또한 사업자별 감점 점수를 계산하면 다음과 같다.

A=3×2+6×0.5=9

B=5×2+3×1.5+2×0.5=15.5

C=4×2+1×3+2×1.5=14

㉡ 현재 B의 총점은 41.5점이므로 허가 취소를 면하는 60점 이상이 되려면 적어도 19점이 더 필요하다.

㉢ 현재 C는 64점으로 허가 정지인데, 만약 과태료를 부과 받은 적이 없다면 감점에서 8점이 빠지면서 최종심사 점수가 72점이 되어 재허가로 판정이 바뀐다.

| 오답풀이 |

㉠ A의 ㉣ 항목 점수가 15점이라면 A는 기본심사 점수 총합 75점에 감점이 9점으로 최종심사 점수는 66점이 된다. 이 점수는 재허가가 아닌 허가정지에 해당한다.

㉣ 감점 점수가 가장 큰 사업자를 의미하는 것으로, B가 15.5점으로 가장 크다.

DAY

04

정답 확인

문항	영역	정답	문항	영역	정답	문항	영역	정답	문항	영역	정답	문항	영역	정답
01	의사소통	①	02	의사소통	⑤	03	의사소통	④	04	의사소통	④	05	의사소통	②
06	의사소통	③	07	의사소통	②	08	의사소통	④	09	수리	③	10	수리	④
11	수리	③	12	수리	④	13	수리	①	14	수리	③	15	수리	⑤
16	수리	①	17	수리	⑤	18	수리	④	19	문제해결	⑤	20	문제해결	③
21	문제해결	③	22	문제해결	②	23	문제해결	②	24	문제해결	③	25	문제해결	②

영역별 실력 점검표

영역	맞은 개수	정답률	취약 영역
의사소통능력	/8	%	
수리능력	/10	%	
문제해결능력	/7	%	
합계	/25	%	

01 의사소통능력 정답 ①

유형	일반형 정보 Text 읽기 〉 거시적 이해 〉 맥락	난이도	★★☆

주어진 글에서 나오는 작은 샘에 대한 이야기는 겉모습만으로 판단하는 사람들의 어리석음을 지적하는 내용이다. 이러한 맥락에서 주어진 글 뒷부분의 임금과 선비의 관계에 대한 주장은 결국 외모(겉모습)만으로 사람을 판단해서는 안 되며, 그 사람들의 마음 속 됨됨이에 관심을 가져야 한다는 점이 강조되어야 하므로 주어진 글에 이어질 내용으로 가장 적절한 것은 ①이다.

02 의사소통능력 정답 ⑤

유형	일반형 정보 Text 읽기 〉 미시적 이해 〉 추론	난이도	★★☆

포드에 의해 도입된 '하루 5달러, 8시간 노동'이라는 조치는 노동자들을 생산성 높은 조립라인 체제에 적응시키기 위한 조치였지만 그것은 동시에 노동자들에게 기업의 대량 생산 제품인 막대한 양의 재화들을 소비할 수 있는 충분한 수입과 여가 시간을 제공함을 뜻한다고 하였으므로, 포디즘이 가져온 '많은 변화'는 쏟아져 나오는 상품을 소비할 수 있는 여가시간과 수입을 가진 개인의 등장임을 알 수 있다.

| 오답풀이 |

① 포드의 시도는 기존에 있던 낡은 기술과 세분화된 분업 체계를 합리화한 것에 불과하다고 하였으므로 분업이라는 개념이 처음으로 등장한 것이 아님을 알 수 있다.
② 주어진 글에서 알 수 없는 내용이다.
③ 노동 과정 전체에 대한 관리와 구상, 그리고 통제와 실행의 분리는 이미 많은 산업에 도입되어 있었다고 하였으므로, 노동 과정을 통제하고 관리하는 방식이 처음 도입된 것은 아님을 알 수 있다.
④ 포드가 '새로운 유형의 합리적이고 현대적이며 대중적인 민주 사회'를 뜻한다는 것을 분명하게 인지한 점은 경제적인 면에서 대중적인 민주사회가 되었다는 것이지 포드주의가 정치적인 민주사회를 추동했다는 뜻은 아님을 알 수 있다.

03 의사소통능력 정답 ④

유형	일반형 정보 Text 읽기 〉 미시적 이해 〉 추론	난이도	★★☆

주어진 글은 소득이 많은 부유층들이 자신의 소득을 국내에서 소비하지 않고 해외 투자를 하기 때문에 국내의 일반 소비경제가 위축되고 있다는 점을 지적하고 있다. 이러한 상황을 통해 수출 호황을 겪고 있는 대기업들이 수출을 통해 벌어들인 수익을 국내 소비 시장에 환원하지 않기 때문에 수출 호황이 내수시장의 호황으로 이어지고 있지 않다는 점을 유추할 수 있다. 따라서 빈칸에 들어갈 내용으로 가장 적절한 것은 ④이다.

04 의사소통능력 정답 ④

유형	일반형 정보 Text 읽기 〉 거시적 이해 〉 주제	난이도	★☆☆

트랜스휴머니즘도 결국 휴머니즘이다. 1문단의 '인간과 이성을 중시하는 휴머니즘을 추구하지만, 과학 기술이라는 새로운 방법을 통해 인간의 무한한 가능성을 계발한다는 점이 다르다.'에서 알 수 있듯이, 과학 기술의 사용은 결국 인간의 가능성을 촉발시키는 쪽으로 방향 지어져야 한다는 것으로 주장해야 한다. 따라서 인간 자체의 감각이나 이성적 능력을 강화하는 방식이 아닌 ④는 트랜스휴머니스트의 관점에 어울리지 않는다.

05 의사소통능력 정답 ②

유형	일반형 정보 Text 읽기 〉 거시적 이해 〉 주제	난이도	★★☆

주어진 글은 빨간 신호등이 켜졌을 때 차를 멈추거나 전화벨이 울렸을 때 전화를 받는 행위 자체가 단지 외부의 자극이나 영향 때문만이 아니라 내적인 이유와 원인 때문이라는 점을 주장하고 있다. 그러한 선택지 가운데 내적 원인(혹은 이유)으로부터 어떠한 행동이나 현상이 발생하는 것과 거리가 먼 것은 ②이다. ②는 인생 실패의 원인을 자기 자신(내적 원인)이 아닌 배우자와 부모와 같은 외부로부터 인한 것이라고 보고 있으므로 주어진 글의 주장과 다르다.

06 의사소통능력

정답 ③

유형	일반형 정보 Text 읽기 〉 미시적 이해 〉 일치	난이도	★★☆

2문단의 '이런 향도들은 마을 사람들이 관혼상제를 치를 때 그것을 지원했으며 자기 마을 사람들을 위해 하천을 정비하거나 다리를 놓는 등의 일까지 했다.'를 통해 고려 후기에 가면 향도가 관혼상제를 치를 때 지원했음을 알 수 있다.

| 오답풀이 |

① 1문단의 '고려 초기에는 향도가 주도하는 매향과 석탑 조성 공사가 많았으며, 지방 향리들이 향도를 만들어 운영하는 것이 일반적이었다.'를 통해 고려 왕조가 불교 진흥을 위해 지방 각 군현에 향도를 조직한 것은 아님을 알 수 있다.

② 1문단의 '오랫동안 묻어둔 향나무를 침향이라고 하는데, 그 향이 특히 좋았다. 불교 신자들은 매향한 자리에서 나는 침향의 향기를 미륵불에게 바치는 제물이라고 여겼다.'를 통해 향도가 매향으로 얻은 침향을 이용해 향을 만들어 판매하는 일을 한 것은 아님을 알 수 있다.

④ 1문단의 '고려 초기에는 향도가 주도하는 매향과 석탑 조성 공사가 많았으며, 지방 향리들이 향도를 만들어 운영하는 것이 일반적이었다.'를 통해 고려 초기에 지방 향리들이 자신이 관할하는 군현의 하천 정비를 위해 향도를 조직한 것이 아님을 알 수 있다. 지방 향리들이 군현의 하천 정비를 위해 향도를 조직한 것은 고려 초기가 아니라 고려 후기이다.

⑤ 2문단의 '그런데 12세기에 접어들어 향도가 주도하는 공사의 규모가 이전에 비해 작아지고 매향과 석탑 조성 공사의 횟수도 줄었다. 이러한 분위기 속에서도 하나의 군현 안에 여러 개의 향도가 만들어져 그 숫자가 늘었는데, 그중에는 같은 마을 주민들만을 구성원으로 한 것도 있었다.'를 통해 고려 후기로 갈수록 석탑 조성 공사의 횟수가 늘어나 마을 주민을 구성원으로 하는 향도가 나타난 것이 아니라, 석탑 조성 공사의 횟수가 줄었음에도 여러 개의 향도가 만들어졌고 그중에는 같은 마을 주민들만을 구성원으로 한 것도 있었음을 알 수 있다.

07 의사소통능력

정답 ②

유형	일반형 정보 Text 읽기 〉 미시적 이해 〉 일치	난이도	★★☆

3문단에서 전문가시스템은 논리적 추론과 유사하지만 논리적 추론과 같이 엄격하게 논리적으로 정확할 필요가 없다고 하였으므로 ②는 옳지 않은 설명이다.

08 의사소통능력

정답 ④

유형	일반형 정보 Text 읽기 〉 거시적 이해 〉 맥락	난이도	★★★

주어진 글에서 '유치산업'에 대해 처음으로 언급된 문단은 [라]이고 [마]에서는 자연스럽게 쓰고 있기 때문에 [라]는 [마] 이전에 나와야 한다. 이에 따라 가장 처음으로 오는 문단은 [라]이다. [다]에서 '하지만'과 '이 사실을'을 고려했을 때, [다]가 [라] 이후에 오는 순서가 적절하며, 일반 지식인도 이 사실을 인식하지 못하고 있다고 하였으므로 이에 대한 예가 등장하는 [나]와 연결된다. [마]는 이런 기조와 달리 실제로 미국은 보호무역에 기초해 있다는 것을 말하고 있는데, 그것과 연결되어 [가]로 써 증명하게 된다. 따라서 [라]－[다]－[나]－[마]－[가]이다.

09 수리능력

정답 ③

유형	응용계산 〉 방정식	난이도	★☆☆

핸드폰의 원가를 x원이라고 하면 정가는 50%의 이익을 붙였으므로 $1.5x$가 된다. 이때 정가의 20%를 할인하였으므로 할인된 값은 $1.5x\times0.8=1.2x$가 된다. 이 가격으로 판매하였을 때, 한 대당 이익이 50,000원이라고 하였으므로 다음의 식이 성립한다.

$1.2x-x=50,000$

$0.2x=50,000$

$x=250,000$

따라서 핸드폰의 원가는 250,000(원)이다.

10 수리능력 정답 ④

유형	응용계산 〉 주기 문제	난이도	★★☆

10번째 꽂꽂이 수업까지 총 10주이므로 70일이 걸린다. 두 사람이 같이 당직을 서는 날은 15일 간격으로 반복되므로, 토요일인 내일부터 70일이 되기 전까지 15일째, 30일째, 45일째, 60일째 되는 날이 두 사람 모두 당직을 서는 날이다. 15일째 되는 날은 당직과 꽂꽂이 수업이 겹치지만, 2개가 겹치는 날에도 당직을 서기 때문에 두 사람이 같이 당직을 서는 횟수는 총 4번이다.

11 수리능력 정답 ③

유형	자료해석 〉 수치 읽기	난이도	★★☆

분기 평균 재고량을 구해보면 나는 366.5개, 다는 834.25개, 라는 306개, 마는 772.5개이다. 나 상품의 경우 분기 평균 재고량이 366.5개로 B등급이므로 생산량을 10% 감소할 것이다.

| 오답풀이 |

① 생산량을 늘리는 상품은 분기 평균 재고량이 306(개)인 라 상품만 해당된다.

② 가 상품의 4분기 재고량은 $(384+455+415+x)\div 4=457$(개)이므로 $x=1,828-1,254=574$(개)이다.

④ 다 상품의 분기 평균 재고량은 834.25개로 C등급에 해당된다.

⑤ 마 상품의 분기 평균 재고량은 772.5개로 C등급에 해당하기 때문에 생산량은 10% 감소할 것이다.

12 수리능력 정답 ④

유형	자료해석 〉 수치 읽기	난이도	★★☆

㉡ 2015년 인터넷 신문의 매출액이 2014년 대비 감소한 지역은 부산, 인천, 광주 총 3개 지역으로 절반 이하이다.

㉢ 2014년 광주, 대전, 세종시의 신문 산업의 총 매출액은 35,924+36,598+2,548=75,070(백만 원)으로 부산 지역의 총매출액인 75,206(백만 원)보다 낮다.

| 오답풀이 |

㉠ 2015년에 모든 지역의 지역 종합 일간 매출액이 전년 대비 증가했다.

13 수리능력 정답 ①

유형	자료해석 〉 추세 읽기	난이도	★☆☆

A기업의 정규직 수는 12명인데, 근로자의 30%가 정규직 수이므로 총근로자 수는 $\frac{12}{0.3}=40$(명)이다. 따라서 A기업의 임원은 $\frac{5}{100}\times 40=2$(명)이다.

| 오답풀이 |

②, ④ A, B 두 기업의 총근무자 수는 같으므로 B기업의 인원수 역시 40명이다. 이 중 45%가 정규직이므로 B기업의 정규직 수는 $\frac{45}{100}\times 40=18$(명)이다.

③ A기업의 파트타이머는 $\frac{15}{100}\times 40=6$(명), B기업의 파트타이머는 $\frac{10}{100}\times 40=4$(명)이므로 A기업의 파트타이머 수가 B기업보다 2명 더 많다.

⑤ A기업의 비정규직은 $\frac{40}{100}\times 40=16$(명), B기업의 비정규직은 $\frac{30}{100}\times 40=12$(명)이므로 A기업의 비정규직 수가 B기업보다 4명 많다.

14 수리능력 정답 ③

유형	자료해석 〉 복합 자료해석	난이도	★★★

첫 번째 조건과 두 번째 조건을 바탕으로 판단하면 출판과 영화는 각각 A 또는 D임을 알 수 있다. 이때 선택지를 참고하면 B와 E가 각각 방송 또는 음악이라는 사실을 알 수 있다. 네 번째 조건에 따르면 음악과 출판 수출액의 합이 가장 큰 국가가 미국이므로 A는 출판이어야 하고, B가 음악이라면 A와 B의 수출액의 합은 미국이 가장 크지만 E가 음악이라면 A와 E의 수출액의 합은 일본이 가장 크므로 B가 음악임을 알 수 있다. 마지막 세 번째 조건에 의해 방송은 나머지 C와 E 중에 E가 된다. 따라서 A는 출판, B는 음악, E는 방송이 된다.

15 수리능력

정답 ⑤

유형	자료해석 〉 수치 읽기	난이도	★☆☆

㉠ 쇼핑에 대해 '만족'이라고 응답한 캐나다인은 126×0.325≒41(명), '만족'이라고 응답한 러시아인은 138×0.26≒36(명)으로 캐나다인이 더 많다.

㉡ '만족'과 '매우 만족'이라고 응답한 30대는 45.6+43.5=89.1(%)이다. 따라서 3,286×0.891≒2,927.8(명)으로 3,000명 미만이다.

㉢ '보통'이라고 응답한 중국인의 수는 6,020×0.044≒264.9(명)이고, '보통'이라고 응답한 일본인의 수는 1,763×0.187≒329.7(명)이다. 따라서 264.9÷329.7×100≒80.3(%)이다.

16 수리능력

정답 ①

유형	자료해석 〉 추세 읽기	난이도	★★☆

정확한 수치가 없으므로 어림값으로 푼다. 2020년 기술무역수지의 경우 건설이 60−80=−20, 농림수산식품은 82−155=−73, 그리고 소재는 18−235=−217 정도이므로 가장 작은 것은 소재다.

| 오답풀이 |

② 2021년 기술무역규모의 경우 소재는 15+285=300, 건설은 162+70=232, 그리고 농림수산식품은 35+170을 잡아도 205 정도로 소재가 가장 크다.

③ 2019년 소재의 기술도입액은 1억 달러 정도, 건설은 9천만 달러 정도로 잡더라도, 농림수산식품이 1억 7천은 되므로 3억 2천만 달러를 넘는다.

④ 기술무역수지는 소재가 2019년 15−100=−85, 2020년에 18−235=−217, 2021년에는 15−285=−270 정도이므로 기술무역수지는 매년 감소하고 있다.

⑤ 농림수산식품 산업의 기술무역수지비는 2019년과 2021년의 경우 분모가 비슷한데, 분자가 2019년이 눈에 띄게 크므로 2021년보다는 2019년이 크다는 것을 알 수 있다. 이에 따라 2019년과 2020년을 비교해서 더 큰 게 가장 큰 것이 된다. 2019년에 비해 2020년은 분모는 작고, 분자는 더 크다. 따라서 2020년이 가장 크다는 것을 알 수 있다.

17 수리능력

정답 ⑤

유형	자료해석 〉 복합 자료해석	난이도	★★★

D마을의 전년 대비 1인 가구수 증가율의 경우 2019년은 $\frac{190-80}{80}\times100=137.5(\%)$, 2020년은 $\frac{75-190}{190}\times100$ $≒-60.5(\%)$, 2021년은 $\frac{315-75}{75}\times100=320(\%)$로 그래프와 일치한다.

| 오답풀이 |

① 2021년 갑지역 1인 가구수는 900가구가 아니라 800가구이다.

② A는 1인 가구를 제외하면 2021년에는 600−120=480(가구)가 2인 이상 가구다. B는 550−205=345(가구), C는 500−160=340(가구), D는 500−315=185(가구)이므로, 이를 합하면 480+345+340+185=1,350(가구)가 된다. 이에 따라 마을별 2인 이상 가구의 비중은 A가 $\frac{480}{1,350}\times100≒35.6(\%)$, B는 $\frac{345}{1,350}\times100≒25.6(\%)$, C는 $\frac{340}{1,350}\times100≒25.2(\%)$, D는 $\frac{185}{1,350}\times100≒13.7(\%)$로 그래프에서는 C와 D가 바뀌어 있음을 알 수 있다.

③ 주어진 [표1]의 (　　)안 수치는 연도별 '갑'지역 1인 가구수 중 해당 마을 1인 가구수의 비중이다. 그런데 그래프에서 원하는 것은 총가구수 대비 1인 가구이므로 이 비중을 그대로 작성한 ③은 적절하지 않다.

④ B마을은 2021년을 기준으로 1인 가구수는 205가구, 총가구는 550가구이므로 2인 이상 가구수는 345가구가 된다. 그러면 그 차이는 345−205=140이다. C마을은 2021년을 기준으로 1인 가구수는 160, 총 가구는 500가구이므로 2인 이상 가구수는 340이 되고 그 차이는 340−160=180이다. 따라서 그래프에서는 B와 C가 바뀌어 있음을 알 수 있다.

18 수리능력

정답 ④

유형	자료해석 〉 자료계산	난이도	★★☆

첫 번째 조건을 보면 내수면어업 생산량이 원양어업 생산량보다 많은 국가는 '갑'과 '병'인데, 현재 B와 C가 이

에 해당하므로 선택지 ③은 제외된다. 두 번째 조건을 보면 해면어업 의존도는 A가 $\frac{1,235}{3,255}\times 100 ≒ 38(\%)$, B가 $\frac{3,245}{10,483}\times 100 ≒ 31(\%)$, C가 $\frac{2,850}{8,020}\times 100 ≒ 36(\%)$, D가 $\frac{4,200}{9,756}\times 100 ≒ 43(\%)$가 된다. 두 번째로 높은 것은 A이므로 A가 '정'이 되어 나머지 D는 '을'이 된다. 세 번째 조건을 보면 '병'의 천해양식 생산량은 '을'의 원양어업 생산량의 1.1배 이상이 되기 때문에 아래와 같이 빈칸의 숫자를 구해 계산한다.

어업유형 / 국가	전체	해면 어업	천해 양식	원양 어업	내수면 어업
A	3,255	1,235	1,477	(　　)	33
B	10,483	3,245	(3,103)	1,077	3,058
C	8,020	2,850	(3,300)	720	1,150
D	9,756	4,200	324	(2,945)	2,287

이때 2,945×1.1=3,239.5이므로 C가 '병'이 된다.

19 문제해결능력

정답 ⑤

유형	퀴즈 문제 〉 연쇄추리	난이도	★★☆

주어진 명제를 정리하면 다음과 같다.

'여름을 좋아하는 사람 → 스노클링 선호 → 세부로 여행 → 다이빙 좋아함 → 등산 싫어함'

명제에서 $p \rightarrow q$가 참이라고 할 때, 대우인 $\sim q \rightarrow \sim p$는 항상 참이지만 역인 $q \rightarrow p$가 참인 것은 아니다. 따라서 다이빙을 좋아하는 사람이 여름을 좋아한다는 것은 옳지 않은 설명이다.

| 오답풀이 |

① 세 번째 명제의 대우, 네 번째 명제의 대우, 두 번째 명제의 대우를 차례대로 결합하면 '등산을 좋아하는 사람은 스노클링을 선호하지 않는다.'가 된다.

② 첫 번째 명제, 두 번째 명제, 네 번째 명제를 차례대로 결합하면 '여름을 좋아하는 사람은 다이빙을 좋아한다.'가 된다.

③ 첫 번째 명제의 대우, 두 번째 명제의 대우를 결합하면 '세부로 여행을 가지 않는 사람은 여름을 좋아하지 않는다.'가 된다.

④ 두 번째 명제, 네 번째 명제, 세 번째 명제를 차례대로 결합하면 '스노클링을 선호하는 사람은 등산을 싫어할 것이다.'가 된다.

20 문제해결능력

정답 ③

유형	적용 퀴즈 〉 매칭하기	난이도	★★☆

㉢을 정리하면 다음과 같다.

구분	1번	2번	3번	4번
갑			○	
을				×
병				×
정				
무			○	

㉤에 의해 4번의 정답은 ×이고, ㉦에 의해 4번을 틀린 사람이 3명이므로 갑, 정, 무는 4번에 ○로 답했다. 갑이 1번을 ×로 답한 경우 ㉥에 의해 2번에도 ×로 답해야 하는데, ㉣에 위배된다. 그러므로 갑은 1번에 ○로 답하고 2번에 ×로 답한다. 갑의 총점이 3점이므로 ㉧에 의해 을의 총점은 4점이어야 한다. 정과 무 둘 중 한 명이 ㉡에 의해 모든 문제에 ○로 답한 사람인데, 만일 정이 모든 문제에 ○로 답한 사람이라면 정의 총점은 2점이다. ㉧에 의해 무의 총점은 1점이어야 하는데, 그러려면 무는 1번에 ×로 답하고 2번에 ○로 답해야 한다. 이 경우 ㉥에 위배된다. 따라서 모든 문제에 ○로 답한 사람은 무이며, 이때 무의 총점이 2점이므로 정은 4번을 제외한 모든 문제를 맞힌다. ㉦에 의해 병은 1번을 ×로 답하고, ㉥에 의해 2번도 ×로 답하며 ㉠에 의해 3번을 ○로 답한다. 이를 정리하면 다음과 같다.

구분	1번	2번	3번	4번	총점
갑	○	×	○	○	3점
을	○	×	○	×	4점
병	×	×	○	×	3점
정	○	×	○	○	3점
무	○	○	○	○	2점
정답	○	×	○	×	

병은 3번에 ○로 답한다.

21 문제해결능력 정답 ③

유형	퀴즈 문제 〉 참 · 거짓	난이도	★★☆

4명의 발언을 정리하면 다음과 같다.
- 우진: 영민 > 대휘
- 영민: 영민 > 대휘 > 우진
- 대휘: ○○ > ○○ > ○○ > 동현
- 동현: 우진 > 대휘

이때 영민이와 동현이의 말이 상충된다. 따라서 영민이와 동현이 중 한 명이 반대로 말하고 있으므로 ⅰ) 영민이가 거짓말을 하는 경우, ⅱ) 동현이가 거짓말을 하는 경우로 나누어 생각해야 한다.

ⅰ) 영민이가 거짓말을 하는 경우: 우진이도 거짓말을 하게 되므로 성립하지 않는다.

ⅱ) 동현이가 거짓말을 하는 경우: 동현이의 발언은 대휘 > 우진이 되며, 다른 사람들의 발언과 일치한다.

따라서 케이크의 크기는 영민>대휘>우진>동현 순서이고, 가장 작은 케이크를 먹는 사람은 동현, 가장 큰 케이크를 먹는 사람은 영민이다.

22 문제해결능력 정답 ②

유형	퀴즈 문제 〉 명제	난이도	★☆☆

'p이면 q이고, q이면 r이다. 그러면 p이면 r이다.'와 같이 삼단논법을 적용한다. 'p=모든 꽃, q= 시들지 않음, r=장미'라고 했을 때,

㉠ 모든 꽃은 시들지 않는다($p \rightarrow q$).

㉣ 장미는 꽃이다($r \rightarrow p$).

$r \rightarrow p \rightarrow q$의 관계가 적용되므로 ㉠의 가정과 ㉣의 사실을 통해 장미는 시들지 않는다는 결론을 도출할 수 있다.

23 문제해결능력 정답 ②

유형	퀴즈 문제 〉 연쇄추리	난이도	★★☆

각각의 요구 조건을 간단하게 정리하면 다음과 같다.
- 갑>정
- 을 최고점
- 갑, 을>병>정
- 정=4

이때 첫 번째~세 번째 요구 조건을 조합하면 성과점수는 '을>갑>병>정' 순이 된다. 정이 4점이라는 기준으로 병이 최대 점수가 되려면 30점에서 정의 점수 4점을 뺀 갑+을+병=26(점) 중에 을 >갑>병을 만족시키는 최대의 숫자를 찾아야 한다. 을의 점수를 x라고 하고, 을, 갑, 병의 점수 차를 각각 1로 두면, $x+(x-1)+(x-2)=3x-3=26$, $x=9.66\cdots$이 된다. 주무관들이 받는 성과점수는 모두 다른 자연수이므로 을의 점수를 10점이라고 가정하면 갑의 점수는 9점, 병의 점수는 8점이 된다. 이 경우 갑+을+병=27(점)이 되어 1점이 초과된다. 만약 을의 점수에서 1점을 빼는 경우 갑과 을의 점수가 동일해지고, 갑의 점수에서 1점을 빼는 경우 갑과 병의 점수가 동일해지므로 조건에 모순된다. 이에 따라 병의 점수에서 1점을 빼면 을은 10점, 갑은 9점, 병은 7점, 정은 4점이 되어 조건을 모두 만족하므로 병이 받을 수 있는 최고점은 7점이 된다.

24 문제해결능력 정답 ③

유형	수리, 기호 정보에서 원리 파악하기 〉 수리적 원리 파악하고 적용하기	난이도	★★☆

A시에서 F시까지 최소비용으로 운송해야 하므로 비용이 무한히 소요되는 도시는 지나지 않아야 한다. A시에서 바로 D, E, F시로 가는 경우 비용이 무한히 소요되므로 A시에서는 B시 또는 C시로 가는 방법으로 나누어 생각할 수 있다.

ⅰ) A시 → B시

A시에서 B시로 가는 경우 7만 원/톤이 소요되고, B시에서 C시로 가는 경우 비용이 무한히 소요되므로 C시를 지나지 않고 E시로 가면 3만 원/톤이 소요된다. 또한, E시에서 F시로 가면 1만 원/톤이 소요된다. 따라서 A시 → B시 → E시 → F시로 가는 경우 총 7+3+1=11(만 원/톤)이 소요된다.

ⅱ) A시 → C시

A시에서 C시로 가는 경우 6만 원/톤이 소요되고, C시에서 D시로 가는 경우 비용이 무한히 소요되므로 D시를 지나지 않고 E시로 가면 7만 원/톤이 소요된다. 또한, E시에서 F시로 가면 1만 원/톤이 소요된

다. 따라서 A시 → C시 → E시 → F시로 가는 경우 총 6+7+1=14(만 원/톤)이 소요된다.

이에 따라 최소비용으로 가기 위해서는 A시 → B시 → E시 → F시로 운송하고, C, D시를 지나지 않아야 한다.

25 문제해결능력 정답 ②

유형	Text로 된 정보에서 원리 파악하기 〉 미시적 원리 파악하고 적용하기	난이도	★★☆

㉢ 지방자치단체가 동일한 공립 박물관·미술관 설립에 대해 3회 연속으로 사전평가를 신청하여 모두 '부적정'으로 판정받았다면, 그 박물관·미술관 설립에 대해서는 향후 1년간 사전평가 신청이 불가능하다고 하였으므로, 丙박물관이 3번 연속 부적정 판결을 받은 경우 향후 1년간은 사전평가 신청이 불가능하다. 따라서 2021년 상반기 사전평가 역시 신청할 수 없다.

| 오답풀이 |

㉠ 공립 박물관·미술관을 설립하려는 경우 □□부로부터 설립타당성에 관한 사전평가를 받아야 한다고 하였으므로, 지원을 받으려는 경우 사전평가를 받는 것이 아니라, 설립하기 위해서 사전평가를 받는 것이다.

㉡ 사전평가 결과 '적정'으로 판정되는 경우, 지방자치단체는 부지매입비를 제외한 건립비의 최대 40%를 국비로 지원받을 수 있다고 하였으므로, 乙박물관의 건립비 40억 원에 40%가 적용된 16억 원까지 국비를 지원받을 수 있다.

DAY

05

정답 확인

문항	영역	정답	문항	영역	정답	문항	영역	정답	문항	영역	정답	문항	영역	정답
01	의사소통	③	02	의사소통	③	03	의사소통	③	04	의사소통	①	05	의사소통	②
06	의사소통	①	07	의사소통	④	08	의사소통	②	09	의사소통	②	10	수리	①
11	수리	②	12	수리	③	13	수리	④	14	수리	②	15	수리	④
16	수리	⑤	17	문제해결	④	18	문제해결	③	19	문제해결	④	20	문제해결	②
21	문제해결	②	22	문제해결	③	23	문제해결	④	24	문제해결	③	25	문제해결	②

영역별 실력 점검표

영역	맞은 개수	정답률	취약 영역
의사소통능력	/9	%	
수리능력	/7	%	
문제해결능력	/9	%	
합계	/25	%	

01 의사소통능력 정답 ③

유형	일반형 정보 Text 읽기 〉 거시적 이해 〉 맥락	난이도	★★☆

이동 코드가 신뢰할 만하면 실행하는 '인증에 의한 방법'에서는 굳이 프로그램을 시뮬레이션 해볼 필요가 없다. 프로그램을 시뮬레이션 하는 것은 '분석에 의한 방법'에서 일 것이므로, ㉢은 두 번째 방법에 붙어야 하는 내용이 된다. ㉢에 들어가려면 '이 방법을 위하여 원 제작자가 작성한 이동 코드가 그대로 전송되었음을 보장할 수 있는 기술이 사용된다.' 정도가 되어야 한다.

02 의사소통능력 정답 ③

유형	일반형 정보 Text 읽기 〉 거시적 이해 〉 맥락	난이도	★☆☆

주어진 글에 이어질 내용을 묻고 있으므로 마지막 부분을 중점적으로 살펴봐야 한다. 마지막 문단에서 '지구화도 여기서 예외가 아니다.'라고 하였으므로 역사적 패러다임의 전환기는 항상 긍정성과 부정성의 양면을 모두 가지고 있다는 전체 글의 내용에 비추어, 지구화도 그러한 긍정성과 부정성을 갖고 있을 것이라는 내용이 이어져야 한다.

03 의사소통능력 정답 ③

유형	일반형 정보 Text 읽기 〉 미시적 이해 〉 일치	난이도	★★☆

마지막 문단에서 정약용은 청렴을 지키는 두 가지 효과로 첫째, 다른 사람에게 긍정적 효과를 미쳐 목민관이 청렴할 경우 백성을 비롯한 공동체 구성원에게 좋은 혜택이 돌아간다고 하였고 둘째, 청렴한 행위를 하는 것은 목민관 자신에게도 좋은 결과를 가져다준다고 하였다.

| 오답풀이 |

① 2문단에 따르면 '지자(知者)는 인(仁)을 이롭게 여긴다.'는 말을 남긴 사람은 정약용이 아니라 공자이다.
② 1문단과 2문단에 따르면 청렴의 실질적 이익 측면을 이야기한 것은 정약용이고, 이황과 이이는 사회 규율로서의 청렴이 개인의 처세와 직결된다는 점에 유념해야 한다고 보았다.
④ 1문단에 따르면 유학자들은 청렴을 효제와 같은 인륜의 덕목보다는 하위에 두었다.
⑤ 2문단에 따르면 청렴을 당위의 차원에서 주장한 것은 정약용이 아니라 기존의 학자들이다.

04 의사소통능력 정답 ①

유형	일반형 정보 Text 읽기 〉 거시적 이해 〉 주제	난이도	★☆☆

1문단에 따르면 전쟁은 과장된 충성심에 의해 발발되었고, 전쟁의 배후에는 아군과 적군을 가르는 이분법적인 생각이 자리 잡고 있다고 하였다. 따라서 전쟁이 왜 일어나게 되었는지에 대해서 쓴 글이므로 주어진 글의 주제는 '전쟁의 발생원인'이다.

05 의사소통능력 정답 ②

유형	일반형 정보 Text 읽기 〉 거시적 이해 〉 맥락	난이도	★★☆

주어진 글에서 윤리학의 규범과 가치 판단의 진술에 대해 처음으로 언급된 문단은 [나]이므로 가장 처음으로 오는 문단은 [나]이다. [나]에서 규범을 진술하고 있는지 또는 가치 판단을 진술하고 있는지에 관한 문제는 단지 설명 방식의 차이에 불과하다고 하였으므로 [나] 이후에 규범에 대한 예인 [마]와 가치 판단에 대한 예인 [가]가 이어서 오는 것이 자연스럽다. 또한 [가]에서 일부 사람들이 가치 판단이 실제로는 하나의 주장이며, 따라서 참이거나 거짓이 되어야만 한다고 생각한다고 하였으므로 [다]의 '이들은'과 연결된다. 그리고 [라]에서 '그러나' 실제 가치 판단은 문법적 형식을 가진 명령어로서 참이거나 거짓이라고 할 수 없다며 [다]의 내용을 반박하고 있으므로 [다] 이후에 오는 것이 적절하다. 따라서 [나]－[마]－[가]－[다]－[라]이다.

06 의사소통능력 정답 ①

유형	일반형 정보 Text 읽기 〉 거시적 이해 〉 맥락	난이도	★★☆

주어진 글의 핵심 내용은 경제학적 관점에서 볼 때 환경의 개선을 위해서는 환경의 이용에 대해서도 대가를 치

르게 만들어야 한다는 것이다. 즉 환경의 이용에도 석유, 석탄 등의 자연 자원과 마찬가지로 일정한 대가를 치러야 한다는 것이다. 따라서 빈칸에 들어갈 내용으로 적절한 것은 ①이다.

07 의사소통능력 정답 ④

유형	일반형 정보 Text 읽기 〉 거시적 이해 〉 주제	난이도	★★☆

각 문단에서 '미래 생산과 소비의 혁명', '지능정보기술로 진화하여 생산과 소비의 변화를 주도할 것', '생산과 소비의 영역 간 융합' 등 계속해서 생산과 소비 변화에 대해 언급하고 있으므로 주어진 글의 중심 내용은 '4차 산업혁명 시대의 생산과 소비 변화'이다.

08 의사소통능력 정답 ②

유형	일반형 정보 Text 읽기 〉 미시적 이해 〉 추론	난이도	★★★

㉠ 1문단에서 '문명의 발달로 인구밀도가 높아짐에 따라 이전에는 인간에게 거의 영향을 줄 수 없었던 병원균들이 인간사회의 주변에 생존하면서 질병을 일으키게 되었다.'고 하였으므로, 문명의 발달로 인해 병원균들이 인간에 영향을 주게 된 것이지 문명의 발달로 인해 병원균의 종류가 계속 증가한 것은 아님을 알 수 있다.

㉤ 1문단에서 '말라리아와 같은 질병은 인간이 정주생활과 농경을 위해 대규모로 토지를 개간함으로써 흐르지 않는 물이 늘어나 모기 등의 서식지를 확대시켰기 때문에 발생하였다.'고 하였으므로, 인간이 감염되는 질병이 도시화와 산업화가 급속히 진전된 산업사회 이후부터 시작된 것은 아님을 알 수 있다.

㉦ 2문단에서 '회충, 촌충과 같은 기생충은 일정 기간을 인간의 신체 밖에서 성장하는데 인간이 정주생활을 함에 따라 병원체의 순환이 가능해졌다.'고 하였으므로, 회충, 촌충과 같은 기생충의 인체감염 확대가 원시사회부터 시작된 것은 아님을 알 수 있다.

| 오답풀이 |

㉡ 1문단에서 '병원균에 의한 대부분의 감염현상은 감염되는 개체의 밀도와 수에 의존한다.'고 하였으므로, 문명이 발달하고 인구밀도가 높아질수록 전염병의 창궐 가능성이 높아짐을 추론할 수 있다.

㉢ 2문단에서 '무역과 교류의 확대는 질병을 확산시켰다.'고 하였으므로, 교통수단의 발달은 질병의 지역 간 확산을 가속시켰음을 추론할 수 있다.

㉣ 1문단에서 '문명의 발달로 인구밀도가 높아짐에 따라 이전에는 인간에게 거의 영향을 줄 수 없었던 병원균들이 인간사회의 주변에 생존하면서 질병을 일으키게 되었다.'고 하였으므로, 문명이 발달하면서 인간이 감염되는 질병의 수도 증가함을 추론할 수 있다.

㉥ 2문단에서 '인간이 식용목적으로 동물을 사육함에 따라 동물의 질병이 인간에게 전파된다.'고 하였으므로, 인간이 식용을 위해 동물을 사육하면서 인수(人獸) 공통질병이 점점 더 증가하였음을 추론할 수 있다.

09 의사소통능력 정답 ②

유형	일반형 정보 Text 읽기 〉 미시적 이해 〉 추론	난이도	★★☆

주어진 글에 따르면 프톨레마이오스 천문학에서 코페르니쿠스 천문학으로 바뀌면서 태양과 달, 지구를 일컫는 용어가 바뀌었으며, 이전까지 태양과 달은 행성이었고 지구는 행성이 아니었는데, 전이 이후 지구는 행성이 되었고 태양은 항성이, 그리고 달은 새로운 종류의 천체인 위성이 되었다. 이렇듯 과학에서의 혁명적 변화는 자연 법칙 자체의 변화이고, 그 변화된 자연 법칙 속의 용어들이 자연에 적용되는 방식도 변화하므로 과학 용어의 의미와 지시 대상은 가변적임을 추론할 수 있다.

| 오답풀이 |

① 과학에서 혁명적 변화는 법칙 자체의 변화로, 이러한 법칙 자체의 변화를 진보라고 부를 수 있는지는 주어진 글을 토대로 추론할 수 없다.

③ 과학의 목적이 어떠한 것인지는 주어진 글을 토대로 추론할 수 없다.

④ 주어진 글에서 정상적 변화 과정에 대해서는 언급되지 않았다.

⑤ 주어진 글은 전이 이후의 이론과 전이 이전의 이론과의 우열을 가리는 것이 아니므로 옳지 않은 추론이다.

10 수리능력

정답 ①

유형	응용계산 〉 거속시	난이도	★★☆

순희와 지혜가 서로 다른 속력으로 마주 보고 걷다가 도중에 만났기에 만난 지점까지 두 사람이 걸은 시간이 동일하므로 다음과 같은 식이 성립한다.

$$\text{걸은 시간}=\frac{\text{순희가 걸은 거리}}{\text{순희의 속력}}=\frac{\text{지혜가 걸은 거리}}{\text{지혜의 속력}}$$

순희가 지혜를 만난 지점까지 걸은 거리를 x라고 하면 지혜가 걸은 거리는 $(10.5-x)$이므로, 위 식에 대입하여 계산하면 다음과 같다.

$$\frac{x}{4}=\frac{10.5-x}{3}$$

$3x=42-4x$

$7x=42$

$\therefore x=6$

순희는 6km를 걷고 지혜는 4.5km를 걷고 있을 때 만난 것이므로 순희는 지혜보다 $6-4.5=1.5$(km)를 더 걸었다.

11 수리능력

정답 ②

유형	기타 〉 수추리	난이도	★☆☆

주어진 문자들을 보면 홀수 번째는 A부터 +2씩에 해당하는 문자가 나열되고, 짝수 번째는 Z부터 −1씩에 해당하는 문자가 나열되는 규칙이 적용되어 있다. 따라서 빈칸에 들어갈 문자는 다섯 번째 문자인 E의 +2에 해당하는 문자 G이다.

12 수리능력

정답 ③

유형	자료해석 〉 수치 읽기	난이도	★★☆

울산공항의 여객 인원은 2019년 8월 44,352명에서 9월 51,100명으로 증가하였다.

| 오답풀이 |

① 2019년 6월 여객 인원이 4,700,065명, 7월 여객 인원이 5,283,736명이고, 4,700,065×1.1≒5,170,072이므로 7월 여객 인원은 6월에 비해 10% 이상 증가했다.

④ 2019년 6월부터 10월까지의 울산공항 화물 수송량을 모두 더하면 202+204+207+220+212=1,045(톤)이므로 2019년 6월 광주공항의 화물 수송량인 1,166톤보다 적다.

13 수리능력

정답 ④

유형	자료해석 〉 추세읽기	난이도	★☆☆

높이 1,000m 근처에서 0℃로 기온이 가장 높다.

| 오답풀이 |

①, ② 1,000m까지는 높이가 높아질수록 기온이 올라가는 역전현상이 나타난다.

③ 높이 2,000m에서 기온이 −6.5℃ 정도이다.

⑤ 해당 그래프로 높이 3,000m 근처의 기온을 알 수 없는 것일뿐 기온 측정이 불가능하다고 판단할 근거는 없다.

14 수리능력

정답 ②

유형	자료해석 〉 수치 읽기	난이도	★★☆

40~50대에서는 일식을 선호하는 남성의 비율이 여성의 비율보다 높은 것은 맞으나 성별에 따른 인원수는 주어진 [표]를 통해 알 수 없다.

| 오답풀이 |

① 성별에 상관없이 연령대가 높아질수록 한식 선호비율도 높아짐을 알 수 있다.

③ 20대에서 음식 종류 선호비율 순위는 양식-일식-한식으로 여성, 남성이 같다.

④ 여성보다 남성이 연령대가 높아짐에 따라 선호비율의 변동 폭이 크다.

⑤ 양식 선호 비율은 연령대가 높아질수록 여성은 50−35−30으로 낮아지고, 남성은 45−25−10으로 낮아진다.

15 수리능력 정답 ④

유형	자료해석 〉 수치 읽기	난이도	★★☆

이산화탄소 1인당 배출량은 미국이 매년 16톤 이상으로 가장 많다.

| 오답풀이 |

① 2019년에 이산화탄소 배출 총량은 미국-캐나다-한국-브라질-인도네시아 순으로, 세 번째는 한국이다.
② 2019년에 이산화탄소 배출 총량이 전년도에 비해 증가한 국가는 방글라데시, 캐나다, 미국, 아르헨티나, 볼리비아, 브라질로 6개 국가다.
③ 미국은 배출 총량과 1인당 배출량 모두 꾸준히 증가하고 있다.
⑤ 전년 대비 2019년에 이산화탄소 1인당 배출량이 증가한 국가는 인도네시아, 방글라데시, 미국, 아르헨티나, 볼리비아, 브라질로 6개 국가이다.

16 수리능력 정답 ⑤

유형	자료해석 〉 수치 읽기	난이도	★★☆

㉠ 부산의 240억 원보다 많은 지역은 경기, 강원, 충북, 충남, 전북, 전남, 경북, 경남으로 8개이다.
㉡ 사업비 상위 2개 지역인 경남과 강원을 합하면 440+420=860(억 원)이 된다. 하위 4개 지역인 세종, 인천, 울산, 제주를 합하면 0+80+120+120=320(억 원)이므로 2배 이상이다.
㉢ 전체 사업비는 160+240+200+80+160+160+120+360+420+300+320+280+320+320+440+120=4,000(억 원)이고 전체 사업비의 10%는 400억 원이므로 400억 원을 넘는 지역은 경남과 강원 2개이다.

17 문제해결능력 정답 ④

유형	Text로 된 정보에서 원리 파악하기 〉 거시적 원리 파악하고 적용하기	난이도	★★☆

[보고서]의 마지막 정황을 통해 구루병은 아이가 태어난 장소가 아니라, 어디에 살고 있는지가 영향을 미치는 것임을 알 수 있다.

| 오답풀이 |

① [보고서]의 첫 번째 진술에 따르면 북유럽에서 발병한 구루병 환자들 대부분이 가난하고 영양결핍 상태였다고 하였으나, 이는 유럽 전역이 아닌 북유럽에 한정된 정황으로 구루병의 원인을 가난으로 단정하기에는 어려우므로 옳은 진술이다.
② [보고서]의 네 번째 정황에 따라 옳은 진술이다.
③ 주어진 글에서 구루병은 일조량이 충분치 않으면 발병할 확률이 높다고 하였고, 감금생활은 일조량에 영향을 미치므로 옳은 진술이다.
⑤ 주어진 글에서 산업혁명과 함께 유럽 전역으로 확산되었다고 하였으므로 옳은 진술이다.

18 문제해결능력 정답 ③

유형	퀴즈 문제 〉 연쇄추리	난이도	★★★

㉠ C의 경우 '노란 구슬 1개, 파란 구슬 1개'라는 진술은 거짓이므로 노란 구슬 2개 혹은 파란 구슬 2개를 갖고 있는 상태이다. 이에 따라 C에게 질문하면 A와 B가 무엇을 갖고 있는지 알 수 있다.
㉡ C가 노란 구슬을 보여주는 경우, C는 노란 구슬 2개이므로 A는 파란 구슬 2개, B는 파란 구슬 1개, 노란 구슬 1개를 갖고 있음을 알 수 있다.
㉢ C가 파란 구슬을 보여주는 경우, C는 파란 구슬 2개이므로 A는 노란 구슬 1개, 파란 구슬 1개, B는 노란 구슬 2개를 갖고 있음을 알 수 있다.

19 문제해결능력 정답 ④

유형	퀴즈 문제 〉 명제	난이도	★☆☆

주어진 명제를 정리하면 다음과 같다.

- 비만 ○ → 운동 ×
- 운동 × → 건강 ×
- 비만 × → 좋은 피부
- 운동 × → 운동 ○보다 체지방률 높음

세 번째 명제의 대우와 첫 번째 명제와 두 번째 명제를 연결하면 '좋지 않은 피부 → 비만 ○ → 운동 × → 건강 ×'이다. 따라서 ④의 경우 '좋지 않은 피부를 가진 사람은 건강이 나쁘다'의 '이'인 '좋은 피부를 가진 사람은 건강하다'는 항상 옳은 설명은 아니다.

| 오답풀이 |

① 첫 번째 명제와 두 번째 명제에 따라 옳은 설명이다.
② 세 번째 명제의 대우와 첫 번째 명제에 따라 옳은 설명이다.
③ 첫 번째 명제와 네 번째 명제에 따라 옳은 설명이다.
⑤ 두 번째 명제의 대우와 첫 번째 명제의 대우, 세 번째 명제에 따라 옳은 설명이다.

20 문제해결능력

정답 ②

유형	적용 퀴즈 〉 매칭하기	난이도	★★☆

주어진 정보와 조건 ㉥에 따라 A~E가 관심이 있거나 관심이 없는 스마트폰을 정리하면 다음과 같다.

구분	A	B	C	D	E
아이폰					×
갤럭시	○				
픽셀폰		○			
화웨이				○	○

조건 ㉠에 따라 A와 D는 모두 같은 종류의 스마트폰에 관심이 있으므로 A와 D가 관심 있는 스마트폰은 갤럭시와 화웨이임을 알 수 있다. 이에 따라 조건 ㉡에서 D와 B는 서로 관심 있는 스마트폰이 전혀 일치하지 않다고 하였으므로 B가 관심 있는 스마트폰은 아이폰과 픽셀폰임을 알 수 있다. 그리고 조건 ㉣과 ㉤에 따라 E는 A, B와 정확하게 한 종류의 스마트폰에 공통적으로 관심을 가지므로 픽셀폰과 화웨이에 관심을 가진다는 것을 알 수 있다. 조건 ㉦에 따라 C와 E는 서로 관심 있는 스마트폰이 전혀 일치하지 않으므로 C는 아이폰과 갤럭시에 관심을 가지고, 이에 따라 C는 B와 공통적으로 아이폰에 관심을 가지므로 조건 ㉢을 충족시킨다. 이를 모두 정리하면 다음과 같다.

구분	A	B	C	D	E
아이폰	×	○	○	×	×
갤럭시	○	×	○	○	×
픽셀폰	×	○	×	×	○
화웨이	○	×	×	○	○

따라서 C가 관심 있는 스마트폰은 갤럭시와 아이폰이다.

21 문제해결능력

정답 ②

유형	적용 퀴즈 〉 순서정하기	난이도	★★☆

C보다 B가 먼저 왔고 D는 가장 늦게 왔으므로 화장실에 도착한 순서는 'A−B−C−D', 'B−A−C−D', 'B−C−A−D' 세 가지가 가능하다. 이때 B가 C에게 자리를 양보했고 마지막에 온 D가 양보를 구하고 가장 먼저 화장실에 들어갔으므로, 화장실에 들어간 순서는 'D−A−C−B', 'D−C−A−B', 'D−C−B−A' 세 가지가 가능하다. C가 두 번째로 도착한 경우, 세 번째로 도착한 A가 D에게 양보하므로 네 번째로 들어간다.

| 오답풀이 |

① A는 두 번째 또는 세 번째 또는 마지막으로 들어갔을 것이다.
③ D가 오지 않았다면 A 또는 C가 가장 먼저 들어갔을 것이다.
④ B가 두 번째로 들어갈 수 있는 경우는 없다.
⑤ 화장실에 들어간 순서로 D−A−C−B도 가능하지만 아닐 수도 있다.

22 문제해결능력

정답 ③

유형	Text로 된 정보에서 원리 파악하기 〉 미시적 원리 파악하고 적용하기	난이도	★★☆

전체 해야 하는 일을 1로 놓으면 병은 자신이 한 일의 절반에 해당하는 일을 남겨 놓았다고 하였으므로 2/3만큼 한 것이고, 그것의 절반인 1/3이 남은 것이다. 갑은 병이 아직 하지 못한 일의 절반에 해당하는 일을 했으므로 1/3의 절반인 1/6을 했고, 정은 갑이 남겨 놓은 양만큼 일을 했으므로 5/6를 한 것이다. 을은 정이 남겨 놓은 일

의 2배 만큼 일을 했으므로 1/6의 2배인 1/3을 했고 무는 을이 남겨 놓은 일의 절반이므로 2/3의 절반인 1/3을 한 것이다. 따라서 현재 시점에서 많은 양의 일을 한 순서로 나열하면 정(5/6) > 병(2/3) > 을(1/3) = 무(1/3) > 갑(1/6)의 순서다.

23 문제해결능력 정답 ④

유형	Text로 된 정보에서 원리 파악하기 〉 미시적 원리 파악하고 적용하기	난이도	★★☆

일단 인천공항을 이용하는 국제선 이용객을 위한 서비스이므로 ①, ②는 제외된다. 사이판을 포함한 미주노선 역시 제외되므로 ③도 제외된다.
인천공항에서 13:00~24:00에 출발하는 국제선에 적용되는 서비스이므로 10:00에 떠나는 ⑤도 적절하지 않다. 따라서 정답은 ④이다.

24 문제해결능력 정답 ③

유형	적용 퀴즈 〉 배치하기	난이도	★★☆

첫 번째 조건에서 경영전략 부서는 제일 아래층이나 제일 위층에 위치하고 있다고 하였으므로 두 가지 경우로 나누어 생각해본다.

i) 경영전략 부서가 제일 위층일 때
마케팅 부서는 홀수 층에 위치하고 있으므로 1층 또는 3층이다. 리스크관리 부서와 글로벌 부서는 이웃하고 있고, 여신운영 부서는 리스크관리 부서보다 아래층에 있으므로 마케팅 부서는 3층이 될 수 없다. 따라서 가능한 경우의 수는 2가지 경우이다.

ii) 경영전략 부서가 가장 아래층일 때
마케팅 부서는 홀수 층에 위치하고 있으므로 3층 또는 5층이다. 리스크관리 부서와 글로벌 부서는 이웃하고 있고, 여신운영 부서는 리스크관리 부서보다 아래층에 있으므로 2개의 경우 모두 가능하다. 마케팅 부서가 3층 또는 5층일 때 모두 여신운영부서는 2층이며 총 4가지 경우의 수가 있다.

구분	첫 번째 경우	두 번째 경우	세 번째 경우	네 번째 경우	다섯 번째 경우	여섯 번째 경우
5층	경영전략	경영전략	마케팅	마케팅	리스크관리	글로벌
4층	글로벌	리스크관리	리스크관리	글로벌	글로벌	리스크관리
3층	리스크관리	글로벌	글로벌	리스크관리	마케팅	마케팅
2층	여신운영	여신운영	여신운영	여신운영	여신운영	여신운영
1층	마케팅	마케팅	경영전략	경영전략	경영전략	경영전략

따라서 가능한 경우의 수는 총 6가지이다.

25 문제해결능력 정답 ②

유형	적용 퀴즈 〉 배치하기	난이도	★★☆

위 6가지 경우의 수에서 위치가 고정되어 있는 부서는 2층에 위치한 여신운영 부서이다.

DAY

06

정답 확인

문항	영역	정답	문항	영역	정답	문항	영역	정답	문항	영역	정답	문항	영역	정답
01	의사소통	③	02	의사소통	⑤	03	의사소통	③	04	의사소통	③	05	의사소통	④
06	의사소통	①	07	의사소통	⑤	08	의사소통	⑤	09	의사소통	②	10	수리	③
11	수리	③	12	수리	⑤	13	수리	①	14	수리	⑤	15	수리	④
16	수리	②	17	수리	④	18	수리	①	19	문제해결	③	20	문제해결	②
21	문제해결	④	22	문제해결	③	23	문제해결	①	24	문제해결	⑤	25	문제해결	②

영역별 실력 점검표

영역	맞은 개수	정답률	취약 영역
의사소통능력	/9	%	
수리능력	/9	%	
문제해결능력	/7	%	
합계	/25	%	

01 의사소통능력

정답 ③

유형	일반형 정보 Text 읽기 〉 미시적 이해 〉 일치	난이도	★★☆

2문단에서 집진기의 설치비용은 상당 부분 전력 소비자들에게 전가되어 전력 소비량 자체를 줄이는 효과가 있었다고 하였다.

| 오답풀이 |

① 2문단에서 1990년 수정 법안으로 새로운 프로그램을 통해 각 발전소가 자신의 허용량을 자유롭게 사고 팔 수 있다고 하였으므로 옳지 않은 추론이다.
② 2문단에서 1990년 수정 전의 제도 하에서는 모든 발전소들이 이산화황의 배출을 줄이는 집진기(集塵機) 등의 설치를 의무화하였다고 하였으므로 옳지 않은 추론이다.
④ 주어진 글에서 수정 법안을 통해 이산화황의 배출 자체가 큰 폭으로 감소했는지는 알 수 없다.
⑤ 3문단에서 프로그램이 1994년도에 시행된 이후로 허용량의 가격은 큰 폭으로 변해왔으며 이산화황 1톤을 배출할 수 있는 권리는 2004년에 260달러에 거래되었다고 하였을 뿐 법안에 명기되어 있는지는 알 수 없다.

02 의사소통능력

정답 ⑤

유형	일반형 정보 Text 읽기 〉 미시적 이해 〉 일치	난이도	★★☆

1문단에서 '구조란 대체로 언어 형식과 그것을 구성하는 요소와의 관계에서 등장한 개념이다.'라고 하였다. '체계'라는 개념이 선택 관계로 설명할 수 있는 데 반해, '구조'는 이와 달리 통합 관계라는 개념으로 설명할 수 있다고 하였으므로, 형태소가 다시 상위 구조의 구성 요소가 되는 것은 선택 관계가 아닌 통합 관계로 설명되어야 한다.

03 의사소통능력

정답 ③

유형	일반형 정보 Text 읽기 〉 미시적 이해 〉 일치	난이도	★★★

4문단의 '물과 달리 액체 금속은 끓는 점이 섭씨 2,000도에 달하기 때문에 상이 변화하지 않고 더 많은 열을 흡수할 수 있다. 그러나 상이 변화하게 되면 기체가 발생하여 문제를 유발하게 된다.'를 통해 상이 변화하게 되면 문제가 생기지만 액체 금속은 상이 변화하지 않고 더 많은 열을 흡수할 수 있음을 알 수 있다.

| 오답풀이 |

① 1문단에 따르면 냉각은 시킬 수 있으나 회로의 냉각에 소요되는 전력이 증가하고 있으며, 발생 소음도 커지는 문제점이 있는 것이다.
② 3문단에 따르면 순수한 갈륨이 아니라 액체 갈륨 합금이다.
④ 5문단에 따르면 Extreme Edition과 같은 마이크로프로세서는 열을 많이 발생시키므로 액체 금속 냉각 시스템을 적용하면 좋을 것이라고 말하는 것이다. 이런 것에 이미 적용되었다는 것이 아니다.
⑤ 마지막 문단에 따르면 나노튜브 전극을 이용한 냉각 기술은 개발되고 있는 기술이다.

04 의사소통능력

정답 ③

유형	일반형 정보 Text 읽기 〉 창의적 이해 〉 적용	난이도	★★☆

주어진 글에서 소비는 '욕구를 만족시키는 과정'이라는 일반적인 의미로부터 '기호를 조작하는 활동'으로 구분되며, 현대 사회에서 소비가 정당화되는 것은 우리가 더 많은 이미지와 메시지를 흡수하고 더 많은 기구와 장치를 마음대로 사용하기 때문이라고 하였다. 따라서 소비의 의미가 나머지와 다른 것은 충동적으로 단순히 돈을 쓰는 개념의 소비인 ③이다. 나머지는 모두 이미지의 흡수와 관련된 소비이다.

05 의사소통능력

정답 ④

유형	일반형 정보 Text 읽기 〉 거시적 이해 〉 주제	난이도	★★☆

④의 내용은 주어진 글을 통해 알 수 없는 내용이다. 절대적인 가치가 있다는 것을 역설하고 있다.

| 오답풀이 |

① 1문단의 '이와 같은 것들은 사실에 있어서도 비슷한 것이 원칙이다. 어찌해 인간만이 그렇지 않다고 의심할 수 있으랴.'와 마지막 문단의 '성인은 우리들의 마음이 다 같이 가지고 있는 이와 의를 우리보다 먼저

체득한 것 뿐이다.'를 통해 알 수 있다.

② 1문단의 '용자도 "발 크기를 모르고 짚신을 삼아도, 결코 삼태는 되지 않으리라."하였다. 짚신의 생김새가 비슷한 것은 천하 사람들의 발이 같은 모양을 하고 있는 까닭이다.'를 통해 알 수 있다.

③ 1문단의 '천하 사람의 미각이 일치한다는 증거다.'를 통해 알 수 있다.

⑤ 마지막 문단의 '입은 미각에 대해 같은 기호를 가지고 있고, 귀는 음성에 대해 같은 감상력을 가지고 있고, 눈은 용모에 대해 심미안을 가지고 있다고 말할 수 있다. 그렇다면 마음만이 어떻게 같지 않다고 할 수 있으랴.'를 통해 알 수 있다.

06 의사소통능력

정답 ①

유형	일반형 정보 Text 읽기 〉 미시적 이해 〉 일치	난이도	★☆☆

4문단의 '다이어트 중 '절대 먹어선 안 돼'라고 정한 음식일수록 더 먹고 싶어진다. 억지로 감정을 누르지 않는 것이야말로 성공하는 다이어트의 지름길이라 하겠다.'를 통해 먹지 않기로 결정한 음식에 대해 계속해서 상기하는 것이 좋다고 이야기한 ①은 옳지 않은 설명이다.

| 오답풀이 |

②는 1문단, ③은 3문단, ④는 2문단, ⑤는 마지막 문단을 통해 바르게 이해한 내용임을 알 수 있다.

07 의사소통능력

정답 ⑤

유형	일반형 정보 Text 읽기 〉 미시적 이해 〉 추론	난이도	★★☆

4문단에서 과학자들은 자연계에 안정한 형태로 존재하는 원소가 지금까지 발견된 것 외에 더 이상 있으리라는 데 대해서는 매우 회의적이라고 하였다.

| 오답풀이 |

① 주어진 글에서는 알 수 없는 내용이다.

② 3문단에서 원자 번호가 43번인 테크네튬과 원자 번호 61번인 프로메튬은 안정된 동위 원소를 지니고 있지 않아 92번보다 앞에 있는 원소이면서도 자연계에서는 발견되지 않는다고 하였으므로, 원자번호 92번 이내의 원소들이라도 모두 자연계에서 발견할 수 있는 것들은 아님을 알 수 있다.

③ 4문단에서 가속기를 이용하면 더 많은 원소들을 만들어 낼 수 있을 것이라고 하였으므로, 가속기가 원소를 분석하는 것이 아닌 생성하는 데 쓰이는 도구라는 것을 알 수 있다.

④ 1문단에서 원소의 주기율표에는 105가지 원소가 차례로 실려 있다고 하였고 마지막 문단에서 과학자들은 원자 번호 114번 근처에 원소의 의미를 부여할 수 있는 수명을 가진 무거운 원소가 존재할 가능성을 제시하고 있다고 하였으므로, 100번 이상을 원소라고 하지 않는 것은 아님을 알 수 있다.

08 의사소통능력

정답 ⑤

유형	일반형 정보 Text 읽기 〉 미시적 이해 〉 일치	난이도	★★☆

㉣ 5문단에서 행성들은 발견되자마자 이름이 정해지는 것이 아니라, 그것의 궤도가 확정되어야 번호와 함께 이름이 붙는다고 하였으므로 옳지 않은 설명이다.

㉤ 주어진 글에서 알 수 없는 내용이다.

| 오답풀이 |

㉠, ㉡ 2문단에서 지금부터 10년 전 소행성의 발견은 아마추어 관측가들에게 하나의 도전거리를 제공해 줬으며, 우주 공간에 소행성이 워낙 많았던 데다 천문학적으로도 그리 중요하지 않아 소행성은 대형 천문대에서 그다지 중요한 요소로 취급되지 않았다고 하였으므로 옳은 설명이다.

㉢ 1문단에서 소행성들 중 가장 밝은 것은 밝기가 6등급 정도나 되지만 대다수는 18등급가량으로 상당히 어둡다고 하였으므로 옳은 설명이다.

09 의사소통능력

정답 ②

유형	일반형 정보 Text 읽기 〉 창의적 이해 〉 적용	난이도	★★☆

㉠ 3문단의 '간호사들은 무례하고 공격적인 환자를 다룰 때 그 환자의 행동이 정당화될 수 있는 이유를 생각해 내려고 애쓰고, 화를 내기보다는 스스로 미안한 감정을 가지려 한다.'를 통해 이러한 '이해에 대한 노력'은 한계가 있다는 말이므로 현대인의 스트레스를 받은 사람에 해당한다.

㉣ 얼핏 종업원한테 화가 난 손님이기 때문에 지적한 부

분이 아닌 것 같지만 1문단에서 '감정노동은 특정한 범주의 직업에만 한정되지 않으며 공적·사적 생활에서 광범위하게 이루어지고 있다.'며 그 예로 종업원 앞에서 애한테 화를 못 내는 부모를 들고 있으므로 현대인의 스트레스를 받는 사람에 해당한다.

| 오답풀이 |

㉡ 스트레스를 안 받고 있는 상황이므로 현대인의 스트레스를 받는 사람에 해당하지 않는다.

㉢ 직업 때문에 일어나는 스트레스인 것은 맞지만, 마지막 문단의 '자신의 욕구를 부정하면서 언제나 다른 사람들의 욕구에 우선적으로 부응'하는 경우는 아니므로 현대인의 스트레스를 받는 사람에 해당하지 않는다.

㉤ 감정적으로 어떠한 상태인지에 대한 진술이 없으므로 현대인의 스트레스를 받는 사람에 해당하지 않는다.

10 수리능력 정답 ③

유형	응용수리 〉 방정식	난이도	★★☆

B의 득표수가 C의 득표수보다 110표가 많았는데 A의 득표수의 8%가 C의 득표수로 바뀌면 B의 득표수가 C의 득표수보다 30표가 적게 되므로 A의 득표수의 8%는 140표임을 알 수 있다. 이에 따라 A의 득표수는 $\frac{140}{0.08}$ =1,750(표)이다. 총 5,000표에서 무효표 140표를 제외한 4,860표에서 A의 득표수를 빼면 4,860−1,750=3,110(표)이고, B와 C의 득표수 차이는 110표이므로 B의 득표수는 1,610표, C의 득표수는 1,500표이다.

11 수리능력 정답 ③

유형	기타 〉 수추리	난이도	★★☆

연달아 있는 숫자의 차이가 5씩 증가하는 규칙이다. 처음엔 1 증가하고 그다음에는 6(+5) 증가하고, 다음에는 11(+5) 증가한다. 88에서 119로 31 증가했으므로 119에서는 36 증가하여 155가 되어야 한다.

12 수리능력 정답 ⑤

유형	자료해석 〉 수치 읽기	난이도	★★☆

수출은 제주권이 보합이라 동남권을 제외한 모든 권역이 증가였다는 것은 옳지 않다.

13 수리능력 정답 ①

유형	자료해석 〉 수치 읽기	난이도	★★☆

㉠ 전년보다 순위가 상승한 구단은 C, D, E, I로 4개 구단이고, 하락한 구단은 F, H, J로 3개 구단이다.

㉡ 미식축구 구단 가치액 합은 A+G+I=58+40+37 =135(억 달러)이고, 농구 구단 가치액 합은 C+D +E=45+44+42=131(억 달러)로 미식축구가 더 크다.

| 오답풀이 |

㉢ 미식축구 구단인 I가 31에서 37이 되었지만, 농구 구단인 E가 33에서 42가 되면서 더 큰 폭의 변화를 보인다. 따라서 I와 E의 전년 대비 가치액 상승률을 계산해보면 I는 $\frac{37-31}{31}\times 100 ≒ 19(\%)$, E는 $\frac{42-33}{33}\times 100 ≒ 27(\%)$이다.

㉣ 2020년에 F, H, J구단을 제외하고 대부분 전년보다 올랐으며, F, H, J 가치액의 합이 −5 정도이므로 2020년의 합이 2019년보다 크다.

14 수리능력 정답 ⑤

유형	자료해석 〉 수치 읽기	난이도	★★☆

내비게이션의 성능지표는 $\frac{7,020}{500}$=14.04로 가장 낮다.

| 오답풀이 |

① 유전체 분석의 명령어 수가 2,616이고 숫자 정렬의 명령어 수는 2,390인데, 수행 시간은 숫자 정렬이 오히려 많다.

② CPI가 가장 낮은 프로그램은 양자 컴퓨팅인데, 기준시간이 가장 긴 것은 영상 압축이다.

③ 수행시간은 $\frac{기준시간}{성능지표}$이므로 인공지능 바둑의 수행

시간은 $\frac{10,490}{18.7}$≒561이고, 내비게이션은 500이므로 인공지능 바둑의 수행시간이 더 길다.

④ 클럭 사이클 수는 'CPI×명령어 수'로 계산할 수 있다. 내비게이션의 기준시간은 7,020이고 양자 컴퓨팅의 기준시간은 20,720으로 내비게이션의 기준시간이 더 짧으나, 내비게이션의 클럭 사이클 수는 1,250×1.0=1,250이고, 양자 컴퓨팅의 클럭 사이클 수는 659×0.44=289.96으로 내비게이션의 클럭 사이클 수 가 더 많다.

15 수리능력 정답 ④

유형	자료해석 〉 수치 읽기	난이도	★★★

• B지역에서 타워크레인 작업제한 조치가 한 번도 시행되지 않은 달은 3개인데, 기준인 15 이하로 떨어진 달은 1월과 2월 두 개 밖에 없으므로 (가)가 15 이하라는 것을 알 수 있다.
• 매월 C지역의 최대 순간 풍속은 A지역보다 높고 D지역보다 낮으므로 (나)는 32.7>(나)>21.5의 범위라는 것을 알 수 있다.
• E지역에서 '설치' 작업제한 조치는 매월 시행되었으므로 항상 15는 넘고, '운전' 작업제한 조치는 2개 '월'에 있었는데, 20이 안 되는 것은 11월 밖에 없으므로 (다)가 20이 안 된다는 것을 알 수 있다.

따라서 (나)>(다)>(가)가 된다.

16 수리능력 정답 ②

유형	자료해석 〉 추세 읽기	난이도	★★☆

㉠ 2020년에 GDP 1,741조 원에서 국가채무 비중은 36%이므로 국가채무는 1,741×0.36=626.76(조 원)이다. 2014년에는 GDP 1,323조 원에서 국가채무 비중은 29.7%이므로 1,323×0.297≒392.93(조 원)이다. 따라서 2020년은 2014년의 $\frac{626.76}{392.93}$≒1.6(배)이다.

㉢ 적자성채무는 2019년에는 1,658×0.202≒334.9(조 원)이고, 2020년에는 1,741×0.207≒360.4(조 원)으로 300조 원 이상이다.

| 오답풀이 |

㉡ 2018년에 GDP 대비 금융성채무 비율은 34.1−18.3=15.8(%p)이었고, 2019년에는 35.7−20.2=15.5(%p)로 줄어들었다.

㉣ 2017년의 경우에는 48% 정도다.

17 수리능력 정답 ④

유형	자료해석 〉 수치 읽기	난이도	★★☆

㉡ 2017년 1학기 장학생 수는 112+22+66+543+2,004=2,747(명)이며, 2학기 장학생 수는 106+26+70+542+1,963=2,707(명)이므로 매 학기 장학생 수가 증가하진 않는다.

㉣ 2019년 1학기에 장학금 유형 D의 장학생 수는 749명, 장학금 총액은 1,330백만 원으로 다른 학기에 비해 많다.

| 오답풀이 |

㉠ 2019년에 장학금 유형 B는 1학기 장학금 총액과 2학기 장학금 총액이 동일하다.

㉢ 2018년 1학기 장학생 1인당 장학금은 B가 $\frac{74}{21}$≒3.5(백만 원)이고, A는 $\frac{391}{108}$≒3.62(백만 원)으로 A가 더 많다.

18 수리능력 정답 ①

유형	자료해석 〉 수치 읽기	난이도	★★☆

㉠ D는 직원 1인당 목표 매출액이 $\frac{13}{3}$≒4.3 정도로 가장 많다.

㉡ A는 목표매출액 달성률이 $\frac{10}{15}$×100≒66.7(%)이다. 그 다음으로 낮은 것이 $\frac{12}{16}$×100=75(%)인 E이다. 따라서 목표매출액 달성률이 가장 낮은 지점은 A이다.

| 오답풀이 |

㉢ 5개 지점 매출액의 평균은 $\frac{71}{5}$=14.2(억 원)으로 이를 초과하는 지점은 B와 C 2개이다.

㉣ 5개 지점의 매출액 합계에 20%가 증가한다면 71×1.2=85.2(억 원)이 되는데, 이는 목표매출액인 90억 원 미만이다.

19 문제해결능력

정답 ③

유형	퀴즈 문제 〉 연쇄추리	난이도	★★☆

항성 A, B, C 중 두 개는 반드시 탐사해야 하므로 A와 B, B와 C, A와 C 3가지 경우가 나온다. 그런데 A, C를 탐사하게 되면 조건에 따라 적어도 5개(A와 C, 금성, 화성, 천왕성)를 탐사해야 하는데, 4개의 행성을 탐사한다는 조건에 맞지 않는다. 이에 따라 A, B와 B, C의 두 가지 경우가 나오게 된다.

ⅰ) 항성 A, B를 탐사할 경우

다섯 번째 조건에 따라 항성 A를 탐사한다면, 금성과 화성 또한 탐사한다. 화성을 탐사하므로 두 번째 조건에 따라 수성은 탐사하지 않으며, 수성을 탐사하지 않으므로 세 번째 조건에 따라 목성을 탐사해야 한다. 또한, 네 번째 조건의 대우에 따라 금성을 탐사한다면 천왕성을 탐사하지 않으므로 항성 A, B, 금성과 화성, 목성을 탐사해야 해서 4개를 탐사한다는 조건에 모순된다.

ⅱ) 항성 B, C를 탐사할 경우

마지막 조건에 따라 항성 C를 탐사한다면, 천왕성도 탐사하므로 네 번째 조건에 따라 금성은 탐사하지 않는다. 또한, 첫 번째 조건의 대우에 따라 금성을 탐사하지 않으므로 수성 역시 탐사하지 않는다. 수성을 탐사하지 않으므로 세 번째 조건에 따라 목성을 탐사한다.

따라서 B, C, 천왕성, 목성을 탐사하게 된다.

20 문제해결능력

정답 ②

유형	적용 퀴즈 〉 매칭하기	난이도	★★☆

주어진 글을 바탕으로 정리하면 다음과 같다.

구분	주식	채권	선물	옵션
갑	×			×
을 (40대 회사원)				×
병 (30대 회사원)				
정				

그런데 50대 주부는 주식에 투자하였는데, 갑은 주식에 투자하지 않았으므로 결국 정이 50대 주부고, 갑이 60대 사업가임을 알 수 있다. 이때 60대 사업가는 채권에 투자하지 않았으므로 갑은 선물에 투자한 것이다. 갑~정 네 명은 각각 주식, 채권, 선물, 옵션 중 서로 다른 하나에 투자하므로 이를 정리하면 다음과 같다.

구분	주식	채권	선물	옵션
갑 (60대 사업가)	×	×	○	×
을 (40대 회사원)	×	○	×	×
병 (30대 회사원)	×	×	×	○
정 (50대 주부)	○	×	×	×

따라서 선물에 투자한 사람은 60대 사업가 갑이다.

| 오답풀이 |

① 채권 투자자는 40대 회사원 을이다.

③ 투자액이 가장 큰 사람은 50대 주부 정이다.

④ 30대 회사원 병은 옵션에 투자하였다.

⑤ 가장 높은 수익률을 올린 사람은 30대 회사원 병으로, 옵션에 투자하였다.

21 문제해결능력

정답 ④

유형	적용 퀴즈 〉 매칭하기	난이도	★★☆

4강 진출팀을 뽑을 때는 대결하는 팀 중에서 하나만 뽑게 된다. 즉 A가 한국외대를 뽑았다면, 서강대나 경희대, 동국대는 한국외대와 붙는 팀은 아니다. 그런데 B와 C

역시 한국외대를 뽑았으니, 서강대, 경희대, 동국대, 건국대, 아주대, 고려대는 한국외대의 상대팀이 아니다. 이에 따라 나머지 하나 서울대가 한국외대의 상태팀이다. 동국대를 기준으로 보면 한국외대, 서울대, 서강대, 경희대, 고려대, 아주대는 상대팀이 아니므로 나머지 건국대가 동국대의 상태팀이 된다. 경희대를 기준으로 보면 한국외대, 서울대, 서강대, 동국대, 건국대, 아주대는 상대팀이 아니므로 나머지 고려대가 경희팀의 상대팀이 된다. 이에 따라 남은 서강대가 아주대의 상대팀이 된다. 따라서 8강 대진을 정리하면 '한국외대-서울대, 동국대-건국대, 경희대-고려대, 서강대-아주대'이다.

22 문제해결능력 정답 ③

유형	Text로 된 정보에서 원리 파악하기 〉 거시적 원리 파악하고 적용하기	난이도	★★☆

A의 전하량이 $\frac{2}{3}$이라는 것에 주목하면 $\frac{2}{3}$를 갖고 −1, 0, 1과 같은 딱 떨어지는 정수로 만들어야 한다는 것이 난점이다. E를 포함하면 $\frac{1}{3}$이 되면서 또 다시 E를 포함하면 0이 되고, 아니면 C를 포함해도 0이 되고, A를 다시 포함하면 1이 되어 성립가능성이 많다.

| 오답풀이 |

① B를 포함하면 A와 B가 합해져서 1이 되고, 나머지만 가지고 정수를 만들 수는 없다.

② 만약 D가 포함되면 A와 D가 합해 0이 되면서 다른 어떤 것이 오더라도 정수가 될 수는 없다.

④ F를 포함하면 A와 F가 합해져서 전하량이 1이 되면서 다른 어떤 것이 오더라도 정수가 되지 못한다.

⑤ A, A, C일 때는 전하량으로는 1이 되어 성립하나 마지막 조건이 C가 오면 E가 와야 한다는 조건에 위배된다.

23 문제해결능력 정답 ①

유형	Text로 된 정보에서 원리 파악하기 〉 거시적 원리 파악하고 적용하기	난이도	★★☆

[A]의 관계 정의에 따를 때 DNA를 가진 진핵 세포는 단백질 아미노산이 될 수도 있고 안 될 수도 있으며, 지능을 갖춘 생명체는 어떠한 형태로든 유기 화학물질로 바뀔 수 있다.

24 문제해결능력 정답 ⑤

유형	수리, 기호 정보에서 원리 파악하기 〉 기호 원리 파악하고 적용하기	난이도	★★☆

A, B, C 지역에 대한 세 나라의 입장을 정리하면 다음과 같다.

구분	A지역	B지역	C지역
한국	37%	35%	28%
중국	40%	36%	24%
일본	33.33%	33.33%	33.33%

A, B 지역에 대한 이견에 따라 D, E 지역으로 재분할한 것에 대해 대한민국은 50%씩, 중국은 55%, 45%라고 주장하였다. 이에 C, D, E 지역에 대한 두 나라의 입장을 정리하면 다음과 같다.

구분	C지역	D지역	E지역
한국	28%	36%	36%
중국	24%	41.8%	34.2%

㉢ 중국의 입장에서 보면 일본은 24%를 받은 것이므로, 중국이 더 많이 받았다고 생각한다.

㉤ 위의 정리된 표를 통해 확인할 수 있다.

| 오답풀이 |

㉠ 중국은 자신이 많이 받았다고 생각할 것이다.

㉡ 한국의 입장에서 보면 일본이 28%를 받았고, 한국은 36%를 받았다고 생각한다.

㉣ A, B 지역을 다시 D, E 지역으로 나눌 때 일본은 이에 대해 어떻게 생각하는지 알 수 없으므로 적절하지 않다.

25 문제해결능력 정답 ②

유형	Text로 된 정보에서 원리 파악하기 〉 미시적 원리 파악하고 적용하기	난이도	★★☆

지금 표시된 숫자를 제외하고 비밀번호에 쓰일 수 있는

숫자는 0, 1, 2, 5, 7, 8이다. 현재 짝수가 표시된 자리에는 홀수가, 현재 홀수가 표시된 자리에는 짝수가 온다고 했으므로 현재 숫자를 생각하면 비밀번호는 짝-홀-홀-홀-짝이다. 또한 비밀번호 둘째 자리 숫자는 현재 둘째 자리에 표시된 숫자보다 크다고 했으므로 현재 6보다 클 수 있는 7, 아니면 8이 온다. 그런데 비밀번호를 구성하는 숫자 중 가장 큰 숫자가 첫째 자리에 온다고 했으므로 가장 큰 숫자인 8이 첫째 자리, 그리고 7이 둘째 자리에 들어가야 한다. 그러면 0, 1, 2, 5 중에서 3자리를 채워야 하는데, 뒤에 세 자리는 홀-홀-짝이 되어야 한다. 홀은 1과 5이므로 1과 5가 각각 셋째 자리와 넷째 자리에 쓰였다는 것을 알 수 있다. 이때 서로 인접한 두 숫자의 차이는 5보다 작아야 하므로 셋째 자리에는 1이 아닌 5만 올 수 있다. 그리고 마지막에 1보다 작은 짝수가 와야 하므로 0이 된다. 따라서 비밀번호는 87510이므로, 둘째와 넷째 자리 숫자의 합은 7+1=8이다.

DAY

07

정답 확인

문항	영역	정답	문항	영역	정답	문항	영역	정답	문항	영역	정답	문항	영역	정답
01	의사소통	②	02	의사소통	③	03	의사소통	③	04	의사소통	③	05	의사소통	③
06	의사소통	③	07	의사소통	②	08	수리	①	09	수리	②	10	수리	①
11	수리	①	12	수리	①	13	수리	③	14	수리	④	15	수리	③
16	수리	⑤	17	수리	①	18	문제해결	⑤	19	문제해결	②	20	문제해결	③
21	문제해결	③	22	문제해결	④	23	문제해결	④	24	문제해결	③	25	문제해결	③

영역별 실력 점검표

영역	맞은 개수	정답률	취약 영역
의사소통능력	/7	%	
수리능력	/10	%	
문제해결능력	/8	%	
합계	/25	%	

01 의사소통능력 정답 ②

유형	일반형 정보 Text 읽기 〉 미시적 이해 〉 추론	난이도	★★☆

밑줄 친 부분 앞에서 '두 종 간의 잡종을 대표하는 사슴 집단을 구하려고 노력을 기울이는 일에 유전학이 도움이 될 수 있으며, 최근 공통된 의견은 우리가 모든 것을 다 보존할 수는 없기 때문에 어려운 선택을 내려야만 한다.'고 하였다. 모두를 보존할 순 없고 선택을 해야 한다면 유전학적으로 많은 잡종을 가질 수 있는 유전자를 보존하는 것이 나을 것이다. 따라서 최소의 노력으로 최대의 종족보존을 이루는 선택을 의미한다고 볼 수 있다.

02 의사소통능력 정답 ③

유형	일반형 정보 Text 읽기 〉 미시적 이해 〉 추론	난이도	★★☆

주어진 글은 신그람시안 계열의 학자들이 새로운 헤게모니 블록에 대해 주장하고 있는 부분들을 제시하고 있으며, 이러한 시도가 자본주의 시장경제 패러다임의 변화를 주도하는 데 주목했다는 점에서 유의미함을 알 수 있다.

| 오답풀이 |

① 신자유주의가 무엇인지는 알 수 있지만 발전과정이라고 보기 어렵다.
② 신그람시안의 개념과 한계에 대해서는 언급하고 있지 않다.
④ 신자유주의가 무엇인지에 대해서는 알 수 있지만 등장배경과 유형은 알 수 없다.
⑤ 신그람시안의 주장에 대해서는 알 수 있지만 이에 대한 반론이나 대안은 알 수 없다.

03 의사소통능력 정답 ③

유형	일반형 정보 Text 읽기 〉 미시적 이해 〉 일치	난이도	★★☆

마지막 문단에 따르면 가난은 영혼의 구원이라는 신성한 재화의 획득을 매개한다고 하였다.

| 오답풀이 |

① 1문단에 따르면 가난은 화폐경제가 이루어지기 전까지 나타나지 않았다는 것이 아니라 지극히 순수하고 특수한 형태로 나타났다.
② 2문단에 따르면 많은 교리에서는 가난이 긍정적이며 필수적인 수단으로 해석되긴 하지만, 기독교도들이 모두 가난을 추앙했다고는 볼 수 없다.
④ 2문단에 따르면 프란시스코파 수도사들이 이상으로 삼기는 했지만, 수도 과정 중 하나라고 볼 수는 없다.
⑤ 1문단에 따르면 20세기 초 러시아에서 가난은 하나의 일반적인 현상으로 나타났지, 아예 없었던 것은 아니다.

04 의사소통능력 정답 ③

유형	일반형 정보 Text 읽기 〉 거시적 이해 〉 맥락	난이도	★★★

[라]에서 유토피아의 중요한 효용은 비판 정신과 개혁 사상으로, 유토피아는 현실 판단의 기준이 되고 현실 비판의 준거가 된다고 하며 유토피아의 비판 정신에 대한 효용을 먼저 언급하고 있다. [마]에서는 유토피아는 현실에 대한 불만의 산물로서 변화와 개혁을 촉구하고 새로운 가치와 목표를 추구한다고 하며 유토피아의 개혁 사상에 대한 효용을 언급하고 있다. 또한 [가]에서는 유토피아는 [마]에서 언급한 개혁의 원리일 뿐만 아니라 진보의 원리라고 하였으므로 '[라]－[마]－[가]' 순서로 이어져야 한다. 그리고 [다]에서 베르자예프는 인간 누구나 완전 사회의 꿈과 신국에 대한 소망을 품고 있으며 이는 현재에서 서서히 실현되고 있음을 지적하고, [나]에서 베르자예프의 지적처럼 유토피아는 모든 인간이 본래부터 가지고 있던 꿈이며 의식이라고 언급하는 것이 자연스럽다. 따라서 [라]－[마]－[가]－[다]－[나]이다.

05 의사소통능력 정답 ③

유형	일반형 정보 Text 읽기 〉 미시적 이해 〉 일치	난이도	★★☆

2문단의 수평 방향으로 발사한 포탄의 운동의 예시에 따라 일정한 시간 동안 달이 지구중심을 향해서 떨어지는 거리와 지구 표면이 곡면이기 때문에 같은 시간동안 지구 표면이 지평선 아래로 내려간 거리가 같을 만큼의 충분히 큰 수평방향 속력을 달이 가지고 있기 때문임을 알 수 있다.

| 오답풀이 |

① 만유인력을 설명하는 것이지 왜 달이 지구로 떨어지지 않는지를 설명할 수는 없다.

② 수평방향 속력이 없다면 그대로 지구로 떨어져야 한다.

④ 지구의 인력에서 벗어나 있다면 이미 다른 우주로 날아가 버려야 할 것이다.

⑤ 단순히 지구표면이 곡면이라고 해서 일정한 높이를 유지하는 것은 아니다.

06 의사소통능력 정답 ③

유형	일반형 정보 Text 읽기 〉 거시적 이해 〉 주제	난이도	★★☆

주어진 글의 필자는 현실에서는 오히려 올바르지 않은 것을 행하는 자가 올바른 것을 행하는 자보다 훨씬 많은 이익을 얻는다는 반증 사례를 통해서 소크라테스의 주장을 비판한다. 이렇게 놓고 보면 필자가 '올바름(정의)' 자체를 부정하고 올바르지 않은 것이 더 미덕이라고 주장하는 듯 보이지만 필자의 의도는 이것과 다르다. 필자가 보기에 소크라테스의 생각은 현실과 동떨어진 관념적인 생각일 뿐이며, 소크라테스처럼 관념적으로 올바른 것만을 고집할 수는 없다는 말을 하려는 것이다. 사람들이 관념적으로 올바르지 못하다고 생각하는 일이 현실에서는 더 바람직할 수도 있기 때문이다. 따라서 주어진 글의 중심 내용은 올바른 것이 항상 좋은 것은 아니며 오히려 올바르지 않은 것을 행하는 편이 이로울 수 있다는 것이다.

| 오답풀이 |

② 필자가 소크라테스 주장을 비판하기 위한 반증 사례일 수는 있겠지만 주어진 글 전체의 중심 내용은 아니다.

④, ⑤ 필자가 비난하는 소크라테스의 의견이다.

07 의사소통능력 정답 ②

유형	일반형 정보 Text 읽기 〉 미시적 이해 〉 일치	난이도	★★☆

㉠ 1문단에서 서파삼우(西坡三友)란 나의 벗 이이립(李而立)이 스스로 지은 별호로, 벼슬을 그만두고 남방으로 돌아와 영천의 서파리에 살면서 스스로 호하기를 서파삼우라고 하였다.

㉢ 1문단에서 서파삼우 즉, 이이립은 양수와 뿔술잔과 쇠칼 세 물건으로 벗을 삼았다고 하였으므로 이이립은 물건을 취하여 벗을 삼는 것이 가능하다고 생각했음을 알 수 있다.

| 오답풀이 |

㉡ 주어진 글에서 이이립이 벼슬에 뜻을 버렸기 때문에 시골로 내려온 것인지 알 수 없고, 무엇보다 고향이라는 점 역시 알 수 없다.

㉣ 마지막 문단에서 공자가 일컬은 '유익한 벗'은 양수와 뿔술잔과 칼을 지칭한 것이 아니라 필자의 입장에서 양수와 뿔술잔과 칼의 의미가 공자의 말에 비유된다고 볼 수 있다.

㉤ 주어진 글에서는 서파삼우를 벗으로 칭하고 있다.

08 수리능력 정답 ①

유형	응용계산 〉 확률	난이도	★★☆

두 주사위를 던져서 나온 합이 홀수이려면 A주사위에서 홀수가 나오고 B주사위에서 짝수가 나오거나, A주사위에서 짝수가 나오고 B주사위에서 홀수가 나와야 한다.
A주사위에서 홀수, B주사위에서 짝수가 나올 확률은 $\frac{4}{6}\times\frac{3}{6}=\frac{1}{3}$이고, A주사위에서 짝수, B주사위에서 홀수가 나올 확률은 $\frac{2}{6}\times\frac{3}{6}=\frac{1}{6}$이다. 따라서 주사위를 던져서 나온 수의 합이 홀수일 확률은 $\frac{1}{3}+\frac{1}{6}=\frac{1}{2}$이다.

09 수리능력 정답 ②

유형	기타 〉 수추리	난이도	★☆☆

이전 항과 다음 항 사이에는 차례대로 +1, +2, +2, +3, +3, +3, +4, +4, +4, +4, +5, +5, …의 규칙이 적용되어 있다. 따라서 빈칸에 들어갈 수는 37+5=42이다.

10 수리능력 정답 ①

유형	응용계산 〉 방정식	난이도	★★☆

㉠ 농산물별 해운 운송량이 각각 100톤씩 증가하면 결국 증가하기 전의 평균에 100을 더한다는 의미이다. 따라서 증가하기 전의 평균이 $\frac{10,600}{4}=2,650$(톤)이므로 여기에 100을 더한 2,750(톤)이 된다.

㉢ 도로 운송량이 많은 농산물은 밀>쌀>보리>콩의 순서인데, 비중을 계산해보면 밀은 $\frac{16,500}{27,000}\times100≒$ 61(%), 쌀은 $\frac{10,600}{18,000}\times100≒59$(%), 보리는 $\frac{2,900}{12,000}$ $\times100≒24$(%), 콩은 $\frac{400}{5,000}\times100=8$(%)이므로 순서가 일치한다.

| 오답풀이 |

㉡ 보리의 수송방법별 운송량이 각각 50%씩 감소하면 도로는 1,450톤, 철도는 3,550톤, 해운은 1,000톤 감소하게 되고, 이때의 감소하는 운송량의 합은 1,450+3,550+1,000=6,000(톤)이다. 반면 콩의 수송방법별 운송량이 각각 100%씩 증가하면 도로는 400톤, 철도 600톤, 해운 4,000톤 증가하게 되고, 이때의 증가하는 운송량의 합은 400+600+4,000=5,000(톤)이다. 따라서 전체 운송량은 1,000톤 감소하게 된다.

㉣ 해운 운송량이 적은 농산물 순서는 쌀<보리<밀<콩의 순서이다. 농산물의 운송량 중 해운 운송량이 차지하는 비중을 계산해보면 쌀은 $\frac{1,600}{18,000}\times100≒9$(%), 보리는 $\frac{2,000}{12,000}\times100≒17$(%), 밀은 $\frac{3,000}{27,000}\times100$ ≒11(%), 콩은 $\frac{4,000}{5,000}\times100=80$(%)이므로 보리와 밀의 순서가 일치하지 않는다.

11 수리능력 정답 ①

유형	자료해석 〉 수치 읽기	난이도	★★☆

2015년 프랑스의 전체 발전량 중 원자력 발전량의 비중은 100−(2.1+3.5+0.4+10.4+6.6)=77(%)로 75% 이상이다.

| 오답풀이 |

② 영국의 전체 발전량 중 신재생에너지 발전량의 비중은 2015년에 100−(20.8+22.6+29.5+0.6+2.7)=23.8(%)이다. 따라서 2010년 대비 2015년에 23.8−6.2=17.6(%p) 증가하였다.

③ 2010년 석탄 발전량은 미국이 일본의 $\frac{1,994.2}{309.5}≒$ 6.44(배)이다.

④ 2010년 대비 2015년 전체 발전량은 독일만 633.1에서 646.9로 증가하였고, 다른 나라들은 모두 감소했다.

⑤ 2010년 대비 2015년 신재생에너지 발전량은 모든 국가에서 증가하였고, 미국의 2015년 신재생에너지 비중은 100−(19.2+34.1+31.8+0.9+6.3)=7.7(%)이므로 2010년 대비 2015년 신재생에너지 비중도 모든 국가에서 증가하였다.

12 수리능력 정답 ①

유형	자료해석 〉 수치 읽기	난이도	★★☆

주어진 [표]의 빈칸을 채우면 다음과 같다.

이사 전 / 이사 후	소형	중형	대형	합
소형	15	10	(5)	30
중형	(0)	30	10	(40)
대형	5	10	15	(30)
계	(20)	(50)	(30)	100

㉠ 주택규모가 이사 전 '소형'에서 이사 후 '중형'으로 달라진 가구는 0이다.

㉡ 이사 전후 주택규모가 달라지지 않은 가구는 15+30+15=60(가구)이다. 따라서 달라진 가구는 40가구이므로 이는 전체의 40%로 50% 이하이다.

| 오답풀이 |

㉢ 주택규모가 '대형'인 가구 수는 이사 전이 30가구이고, 이사 후 역시 30가구로 같다.

㉣ 이사 후 주택규모가 커진 가구 수는 대각선 아래쪽의 수치들로 0+5+10=15(가구)이고, 이사 후 주택규모가 작아진 가구 수는 대각선 위쪽의 수치들로 10+5+10=25(가구)이므로 주택규모가 작아진 가구 수가 더 많다.

13 수리능력 정답 ③

유형	자료해석 〉 수치 읽기	난이도	★★★

- 연강수량이 세계 평균인 807mm의 2배 이상인 국가는 B와 G이므로, B와 G가 각각 일본 또는 뉴질랜드가 된다.
- 연강수량이 세계 평균보다 많은 국가들은 A, B, D, G, 영국, H, 이탈리아이다. 이때 A가 1인당 이용가능한 연수자원총량이 가장 적은 나라이므로 A가 한국이다.
- 1인당 연강수총량이 세계 평균의 5배 이상이라면 16,427×5=82,135을 넘어야 한다. 이에 해당하는 국가는 E, F, G인데, 이 국가들의 연강수량은 G>E>F이므로 순서대로 뉴질랜드, 캐나다, 호주임을 알 수 있다.
- 1인당 이용가능한 연수자원총량이 영국보다 적은 국가는 A, C, D인데, 이 중 1인당 연강수총량이 세계 평균의 25% 이상인 16,427×0.25=4,106.75을 넘는 국가는 C이므로 C가 중국이다.
- 1인당 이용가능한 연수자원총량이 여섯 번째로 많은 국가는 H이므로 H는 프랑스이다.

따라서 국가명을 알 수 없는 것은 D이다.

14 수리능력 정답 ④

유형	자료해석 〉 수치 읽기	난이도	★★☆

2020년 대비 2021년 불법체류 외국인 증가 인원은 355,126−251,041=104,085(명)이다. 이 중 A국 불법체류 외국인의 증가 인원은 153,485−81,129=72,356(명)으로 70% 가까이 된다.

| 오답풀이 |

① 2018년 체류 외국인 대비 불법체류 외국인의 비중은 $\frac{214,168}{1,899,519}\times100=11.3(\%)$이고, 2019년은 $\frac{208,971}{2,049,441}\times100≒10.2(\%)$로 비중이 감소한다.

② 2017년의 등록 외국인 수는 208,778×0.45≒93,950(명)이며, 2018년의 등록 외국인 수는 214,168×0.397≒85,025(명)이므로 매년 증가하지 않는다.

③ 2017년의 1위는 비전문취업이고, 2018년의 1위는 사증면제다

⑤ 2020년 체류외국인은 2,180,498명이고 2021년은 2,367,607명이다. $\frac{2,367,607-2,180,498}{2,180,498}\times100≒8.6(\%)$이다.

15 수리능력 정답 ③

유형	자료해석 〉 자료계산	난이도	★★★

공법별 공사비 총합을 구하면 다음과 같다.

공종 \ 공법 (구분)		공사기간	항목별 공사비			
			재료비	노무비	경비	총합
토공사	A	4	4	6	4	14
	B	3	7	5	3	15
	C	3	5	5	3	13
골조공사	D	12	30	20	14	64
	E	14	24	20	15	59
	F	15	24	24	16	64
마감공사	G	6	50	30	10	90
	H	7	50	24	12	86

각 공종별로 공사비가 최소화되는 공법들을 택하면, 토공사에서는 C, 골조공사에서는 E, 마감공사에서는 H를 택한다. 이때 공사기간을 보면 C는 3개월, E는 14개월, H는 7개월이므로 총공사기간은 24개월이 걸린다.

16 수리능력 정답 ⑤

유형	자료해석 〉 자료계산	난이도	★★☆

A~C의 적중률을 계산하면 다음과 같다.

참가자 \ 라운드	1	2	3	4	5
A	20.0 (1/5)	( )	60.0 (3/5)	37.5 (3/8)	( )
B	40.0 (2/5)	62.5 (5/8)	100.0 (5/5)	12.5 (1/8)	12.5 (1/8)
C	( )	62.5 (5/8)	80.0 (4/5)	( )	62.5 (5/8)

A의 최솟값을 구하기 위해 2라운드와 5라운드에서 가장 저조하게 맞췄다라고 가정하면, 최소 1발은 맞았으니 1발로 놓을 수 있다. 하지만 참가자별로 1발만 적중시킨 라운드 횟수는 2회 이하인데 A의 경우 1라운드에서 1회를 맞췄기 때문에 2라운드에 1회, 5라운드에 2회(순서는 바뀌어도 상관없음)로 맞춘 걸로 가정하면 최솟값이 된다. 이때 1, 3, 4라운드까지 다 합하면 총 10회를 맞춘 것이다. C의 최댓값의 경우 조건에서 최대 5발을 맞출 수 있다고 했으므로 5발로 놓을 수 있고, 이 경우 1발만 적중시킨 라운드가 2회 이하라는 조건에도 충족된다. 그러므로 1과 4라운드에서 최대치로 5발씩 맞췄다고 가정하면 최댓값이 나오므로, 2, 3, 5라운드의 결과치와 합하면 24회가 된다. 따라서 총적중 횟수의 최댓값과 최솟값의 차이는 24－10＝14이다.

17 수리능력 정답 ①

유형	자료해석 〉 수치 읽기	난이도	★★☆

일반국도에서 부상자 수 대비 사망자 수 비율
－ 안개일 때 3/38≒0.079
－ 맑음일 때 32/2,297≒0.014
지방도에서 부상자 수 대비 사망자 수 비율
－ 안개일 때 1/18≒0.056
－ 맑음일 때 26/1,919≒0.014
고속국도에서 부상자 수 대비 사망자 수 비율
－ 안개일 때 2/12≒0.167
－ 맑음일 때 10/792≒0.013
모두 3배 이상이다.

| 오답풀이 |

② 지방도에서는 흐린 날의 발생 건수 대비 사망자 수가 5/56≒0.09로 안개인 날의 1/14≒0.07보다 더 높다.

③ 일반국도에서 비일 때와 눈일 때의 교통사고 발생 건수 합은 83＋29＝112(건)이며, 맑음일 때만 해도 이미 1,442건이기 때문에 10% 이상은 될 수 없다.

④ 교통사고 발생 건수당 사상자 수가 2명을 초과하는 기상상태는 지방도는 흐림일 때 사상자 수는 115명이고 발생 건수는 56건으로 1가지다. 고속국도는 맑음일 때 사상자 수가 802명이고 발생 건수는 320건, 안개일 때 사상자 수는 14명이고 발생 건수는 4건이기 때문에, 2가지다.

⑤ 일반국도의 흐림일 때 교통사고 발생 건수 대비 부상자 수 비율은 115/55＝2.09이고 지방도는 110/56＝1.96이라서 일반국도가 지방도보다 높다.

18 문제해결능력 정답 ⑤

유형	Text로 된 정보에서 원리 파악하기 〉 미시적 원리 파악하고 적용하기	난이도	★★☆

윤호는 암호화폐 시세에 관계없이 D를 택하는 것이 제일 유리하다. 왜냐하면 D는 모든 조건에서 가장 최고의 아웃풋을 가지므로, D에 투자하는 것이 가장 현명한 일이 된다.

19 문제해결능력 정답 ②

유형	수리, 기호 정보에서 원리 파악하기 〉 수리적 원리 파악하고 적용하기	난이도	★★☆

㉠ 나프타에서 크래킹을 통해 에텐과 부타디엔을 얻을 수 있음을 알 수 있다.

㉣ 분리순서와 표를 분석하면 원유의 분별 증류는 끓는점에 따라 분류된다는 것을 알 수 있다.

| 오답풀이 |

㉡ 주어진 [표]를 보면 가솔린은 등유나 중유를 크래킹에 의해 얻을 수 있다.

㉢ 분자의 상대적 질량(탄소수와 비례)은 끓는점과 비례한다. 주어진 [표]만으로는 상대적 질량에 대한 정보가 없으므로 답이 될 수 없다.

㉤ 탄소 수와 끓는점이 반비례하지 않는다는 것을 알 수 있다.

20 문제해결능력 정답 ③

유형	적용 퀴즈 〉 매칭하기	난이도	★★★

총무부는 세 종목에서 1등을 했고 영업부는 세 종목에서 부상을 받지 못했는데, 다섯 개 종목에서 연속해서 1등을 한 부서가 없고 연속해서 부상을 받지 못한 부서도 없다고 하였으므로 첫 번째, 세 번째, 다섯 번째 종목에서 총무부는 1등을 하고 영업부는 4등 또는 5등을 했음을

알 수 있다.

구분	종목 1	종목 2	종목 3	종목 4	종목 5
1등	총무부		총무부		총무부
2등					
3등					
4등 5등	영업부	총무부	영업부	총무부	영업부

또한 기술부는 연속해서 세 종목에서 2등을 했는데 연속해서 부상을 받지 못한 부서가 없으므로 기술부는 두 번째, 세 번째, 네 번째 종목에서 2등을 했다. 영업부는 두 번째와 네 번째 종목에서 부상을 받았고 1등은 하지 못했으며 2등은 기술부가 했으므로 3등을 할 수밖에 없다.

구분	종목 1	종목 2	종목 3	종목 4	종목 5
1등	총무부		총무부		총무부
2등		기술부	기술부	기술부	
3등		영업부		영업부	
4등 5등	영업부/ 기술부	총무부	영업부	총무부	영업부/ 기술부

관리부가 두 번째 종목에서 1등을 하면 기획부가 부상을 받지 못하므로 ①에서와 마찬가지로 세 번째 종목에서는 기획부가 3등을 해야 하므로 정답은 ③이다.

| 오답풀이 |

① 기획부가 두 번째 종목에서 1등을 하면 관리부가 부상을 받지 못하므로 세 번째 종목에서는 관리부가 반드시 3등 안에 들어야 하므로 관리부가 3등이 된다.

②, ④ 두 번째, 세 번째, 네 번째 종목에서 기술부가 2등을 했으므로 불가능하다.

⑤ 기술부는 마지막 종목에서 부상을 받지 못하므로 2등을 할 수 없다.

21 문제해결능력

정답 ③

유형	수리, 기호 정보에서 원리 파악하기 〉 수리적 원리 파악하고 적용하기	난이도	★★☆

업체별 기대이익을 정리하면 다음과 같다.

구분	업체 입찰 금액 소요 금액	부실 공사율	부처 이익액 (억 원)	기대이익
갑	3억 원	4%	1	(0.96×1)−(0.04×3) =0.84(억 원)
을	3.2억 원	3%	0.8	(0.97×0.8)−(0.03×3.2) =0.68(억 원)
병	2.9억 원	5%	1.1	(0.95×1.1)−(0.05×2.9) = 0.9(억 원)
정	3.5억 원	1%	0.5	(0.99×0.5)−(0.01×3.5) =0.46(억 원)
무	2.8억 원	8%	1.2	(0.92×1.2)−(0.08×2.8) =0.88(억 원)

따라서 병 업체가 선정된다.

22 문제해결능력

정답 ④

유형	수리, 기호 정보에서 원리 파악하기 〉 수리적 원리 파악하고 적용하기	난이도	★★☆

이들이 모두 서울으로 돌아오는 시각은 3명 중 가장 마지막으로 서울로 오는 사람의 서울 도착 시각과 같으므로 갑, 을, 병이 서울로 돌아오는 시각을 먼저 계산한다.

• 갑(모스크바)

거래처 미팅(2시간)	8월 12일 18시
이동(20분)	8월 12일 18시 20분
저녁식사(45분)	8월 12일 19시 05분
공항 이동(1시간 30분)	8월 12일 20시 35분
출국 절차(1시간)	8월 12일 21시 35분
서울(18시간 50분)	8월 13일 16시 25분
서울 시각 기준	8월 13일 22시 25분

• 을(뉴욕)

거래처 미팅(1시간 30분)	8월 12일 14시 30분
이동(35분)	8월 12일 15시 05분
점심식사(1시간 40분)	8월 12일 16시 45분
공항 이동(30분)	8월 12일 17시 15분
출국절차(1시간)	8월 12일 18시 15분
서울(14시간 20분)	8월 13일 08시 35분
서울 시각 기준	8월 13일 22시 35분

• 병(밴쿠버)

거래처 미팅(2시간 10분)	8월 12일 16시 10분
공항 이동(1시간 25분)	8월 12일 17시 35분
출국절차(1시간)	8월 12일 18시 35분
서울(10시간 30분)	8월 13일 05시 05분
서울 시각 기준	8월 13일 22시 05분

따라서 3명이 서울에 모두 들어와 있는 시각은 서울 시각으로 8월 13일 22시 35분이며, 한 시간 뒤에 전체 회의를 한다고 했으므로 전체 회의 시각은 8월 13일 23시 35분이다.

23 문제해결능력

정답 ④

유형	Text로 된 정보에서 원리 파악하기 〉 미시적 원리 파악하고 적용하기	난이도	★★☆

전임지에서 신임지로 거주지를 이전하고 이사화물도 옮겨야 한다고 하였으므로 을과 병은 탈락이다. 동일한 시, 군, 섬 안에서는 안 된다고 하였으므로 갑도 탈락이다. 정은 같은 제주도지만, 제주도는 예외이기 때문에 탈락하지 않는다. 거주지와 이사화물은 발령을 받은 후에 이전하여야 한다고 하였으므로 발령 이전에 이전을 한 기는 탈락이다. 따라서 정과 무만 지원을 받을 수 있다.

24 문제해결능력

정답 ③

유형	적용 퀴즈 〉 배치하기	난이도	★★☆

㉠ 서로 다 키가 다르므로 키 순서대로 배치하는 딱 한 가지 경우만이 가능하다.

㉡ 5번 자리에 들어가는 어린이보다 키가 큰 어린이가 2명인데, 6번 자리에 한 명이 들어가더라도 5번 어린이보다 키가 큰 어린이 중 적어도 1명은 1~4번 자리에 있게 되므로 세 번째로 큰 어린이를 5번 자리에 세우면 A방향에서 그 어린이의 뒤통수가 보이지 않는다.

㉢ B방향에서 2명의 얼굴이 보인다는 것은 B방향보다 A방향 쪽에 키가 큰 어린이가 적어도 한 명은 존재한다는 말이 된다. 그러므로 A방향에서 6번 자리에 있는 어린이의 뒤통수를 볼 수는 없다.

| 오답풀이 |

㉣ 키가 작은 순서부터 1이라고 하면 1, 2, 3, 6, 5, 4 의 순서로 서면 B방향에서는 4, 5, 6의 얼굴을 볼 수 있고, A방향에서는 1, 2, 3, 6의 뒤통수를 볼 수 있다.

25 문제해결능력

정답 ③

유형	Text로 된 정보에서 원리 파악하기 〉 미시적 원리 파악하고 적용하기	난이도	★★☆

15시 50분에 교실 내 미세먼지 양은 90이고 공기청정기가 10분마다 15를 감소시킨다고 하였으므로 16시에 75로 줄어든다. 이때 학생 2명이 들어와서 10분마다 합해서 10을 발생시켰기 때문에 16시 40분에는 +40, 그런데 공기청정기는 40분 동안 60을 감소시켜서 −60이다. 이에 따라 40분 동안에는 합해서 −20으로 원래 75에서 55가 된다. 16시 40분에 3명이 더 들어와서 교실에는 5명이 있고 그러면 10분마다 +25가 되고, 공기청정기가 −15가 되므로 결과적으로 10분마다 +10이 된다. 그렇게 18시까지 80분이 소요되니까 결과적으로 +80이 되고 원래 55에 이를 합하면 135가 된다. 또한 30이 되면 공기청정기가 꺼지므로 30을 제외한 105가 없어지면 된다. 따라서 18시부터 105가 없어지려면 70분 소요되므로 19시 10분에 꺼지게 된다.

DAY

08

정답 확인

문항	영역	정답	문항	영역	정답	문항	영역	정답	문항	영역	정답	문항	영역	정답
01	의사소통	②	02	의사소통	②	03	의사소통	①	04	의사소통	④	05	의사소통	④
06	의사소통	②	07	의사소통	③	08	의사소통	④	09	의사소통	④	10	수리	③
11	수리	②	12	수리	④	13	수리	②	14	수리	②	15	수리	①
16	수리	②	17	수리	④	18	문제해결	①	19	문제해결	④	20	문제해결	⑤
21	문제해결	④	22	문제해결	①	23	문제해결	③	24	문제해결	③	25	문제해결	②

영역별 실력 점검표

영역	맞은 개수	정답률	취약 영역
의사소통능력	/9	%	
수리능력	/8	%	
문제해결능력	/8	%	
합계	/25	%	

01 의사소통능력 정답 ②

유형	일반형 정보 Text 읽기 〉 미시적 이해 〉 추론	난이도	★★☆

주어진 글에서 현시적 소비를 하는 계급이 불로소득을 하는 유한계급인지 아닌지에 대한 진술이 없기 때문에 불로소득에 의해 나타난 '현시적 소비'라고만 단정할 수 없다.

| 오답풀이 |

① 다른 사람에게 보이려고 하는 소비가 현시적 소비이므로 사회적 존재로서의 인간의 정체성을 추론할 수 있다.
③ 명품의 가치가 떨어진다면 다른 사람에게 보이고자 하는 소비의 가치도 떨어질 것임을 추론할 수 있다.
④ 현시적 소비는 상품이 가진 실제 가치보다 더욱 높은 가격의 소비를 부추기기 때문에 경제를 활성화시킬 수 있음을 추론할 수 있다.
⑤ 시장에서 사지 않고 백화점에서 비싼 가격으로 사는 것은 다른 사람의 시선을 기반으로 하는 현시적 소비에 대한 욕구 때문임을 추론할 수 있다.

02 의사소통능력 정답 ②

유형	일반형 정보 Text 읽기 〉 미시적 이해 〉 추론	난이도	★☆☆

1문단의 '한 개인으로서 환자는 자신의 사생활과 의료정보를 통제할 권리가 있으므로, 제3자가 직업상 타인의 사생활의 비밀 정보를 취득한 경우 이를 보호해야 할 책임이 발생한다.'를 통해 이러한 권리를 가지는 것은 환자이지 의사가 아니며, 의사는 그것을 알게 되었을 시 그것을 보호해야 할 책임을 가지게 됨을 알 수 있다.

| 오답풀이 |

① 1문단의 '개인의 사생활 비밀 보장은 기본적인 인권이다. 자신이 원하는 사람에게만 자신과 관련된 정보에 대해 언급할 수 있어야 한다.'를 통해 알 수 있다.
③ 1문단의 '의료정보의 경우, 의사, 한의사, 치과의사, 약제사, 약종상, 조산사 등 의료인은 업무처리 중 알게 된 타인의 비밀을 누설하는 것이 법적으로 금지되어 있으며, 이를 위반한 경우 형사처벌의 대상이 된다.'를 통해 알 수 있다.
④ 2문단의 '만약 환자가 의료인이 자신의 사적 정보를 본인의 허락이나 법이 정한 범위 밖으로 누출할 수 있다고 생각한다면, 환자–의료인 관계의 기본적인 신뢰는 무너질 것이며 정상적이고 효과적인 진료는 이루어 질 수 없을 것이다.'를 통해 알 수 있다.
⑤ 2문단의 '따라서 환자의 사생활의 비밀을 지키는 것은 B.C. 460년경의 히포크라테스 시대의 고대로부터 지금까지 가장 중요한 의료인의 윤리이자 법적인 의무이기도 하다.'를 통해 알 수 있다.

03 의사소통능력 정답 ①

유형	일반형 정보 Text 읽기 〉 미시적 이해 〉 추론	난이도	★★☆

1문단에서 'A 가설'대로 하면 신문이 없다는 것은 교육을 더 받은 사람들이 당시의 뉴스를 덜 접한다는 것을 의미하기 때문에 신문사 파업으로 인해 비례적으로 더 많이 '손해'를 보게 될 것이라고 하였다. 즉, 'A 가설'에 따르면 어떤 특정한 주제에 관한 대중매체의 보도를 제거해버리면 교육수준의 차이가 있는 집단들 사이에 지식 차이가 줄어듦을 알 수 있다. 참고로 A 가설을 '지식격차가설'이라고 한다.

04 의사소통능력 정답 ④

유형	일반형 정보 Text 읽기 〉 창의적 이해 〉 적용	난이도	★★★

④를 제외한 나머지 선택지에서 '사라진 정보'의 모순을 풀기 위해 정보가 사실은 사라진 것이 아니라 다른 형태로 보존된다고 설명하는 이론들이 주로 제시된 반면에, 정보가 소멸되면서 생기는 엄청난 에너지가 블랙홀의 성립조건을 구성한다는 ④의 가설은 정보의 소멸을 전제하고 있으므로 다른 가설들의 성질과 차이가 있다. 또한 보존이라는 ㉠의 관점에도 맞지 않다.

05 의사소통능력 정답 ④

유형	일반형 정보 Text 읽기 〉 미시적 이해 〉 추론	난이도	★★☆

밑줄 친 부분 앞에서 100자리에 이르는 소수 두 개를 찾고, 이 두 소수를 곱하여 200자리의 합성수 하나를 만들

수 있지만, 이를 역으로 200자리의 합성수를 소인수분해하는 것은 현재 가장 빠른 컴퓨터로 사용해도 불가능할 만큼 오래 걸리며, 이러한 불균형을 바탕으로 공유 열쇠 암호체계를 고안했다고 하였다. 따라서 공유 열쇠 암호체계는 한 방향으로의 변환은 쉽지만 반대방향으로 변환하는 것은 어려운 일방함수의 개념을 이용한 암호체계임을 추론할 수 있다.

| 오답풀이 |

① 소수의 개수가 무한하다는 성질과는 큰 상관이 없다.

② 소수와 자연수의 차이점을 이용해 만든 것은 아니다. 소수를 곱하지만 자연수를 곱한다고 해서 암호가 안 되는 것은 아니다.

③ 곱하는 것이기 때문에 만드는 것이 그렇게 어렵지는 않다.

⑤ 기본수이기 때문에 암호의 요소가 될 수 있을지는 모르겠지만, 기본 입자와 같은 작용을 하기 때문에 난해함을 가지는 것은 아니다.

06 의사소통능력 정답 ②

유형	일반형 정보 Text 읽기 〉 미시적 이해 〉 추론	난이도	★★★

2문단에서 '소비'의 신화는 언설과 반언설을 가지고 있으며, 소비 사회의 폐해와 소비 사회로 인한 비극적 결말을 비판하는 반언설은 어디에서나 읽을 수 있다고 하였다. 따라서 밑줄 친 부분은 소비에 대한 적당한 비판을 통해 소비 사회를 통제함으로써 소비 사회에 기여할 수 있도록 해야 함을 의미한다고 볼 수 있다.

07 의사소통능력 정답 ③

유형	일반형 정보 Text 읽기 〉 미시적 이해 〉 일치	난이도	★★☆

주역은 대통일론을 구성하는 것이지, 인간사의 길흉화복을 점치는 데 유용하다는 진술은 주어진 글에서 찾을 수 없다.

| 오답풀이 |

① 1문단의 '음과 양은 원초적이고 역동적인 두 상태를 말하며, 음양이 서로 전환되는 과정을 통해 도가 모습을 드러낸다.'를 통해 알 수 있다.

② 2문단의 '송 왕조 이후 음양은 태극(太極)으로 상징되기도 했다.'를 통해 알 수 있다.

④ 마지막 문단에서 '고대로부터 내려오는 역의 개념'이라고 언급하고 있지만, 주역이 고대에서부터 있었던 것이라고 단정하기는 어렵다.

⑤ 마지막 문단의 '2선형에 또 하나의 획을 덧붙이면 여덟 개의 8분원 즉 8괘에 해당하는 여덟 가지 조합이 나온다. 주역에 나오는 6선형(六線形)은 3선형(三線形) 두 개가 모여 이루어진 것, 혹은 2선형 세 개가 모여 이루어진 것으로 생각할 수 있다.'를 통해 음효나 양효 세 개가 모이면 모두 여덟 종의 조합이 가능하고, 3선형 두 개가 모이면 8의 제곱, 즉 64종의 조합이 가능함을 알 수 있다.

08 의사소통능력 정답 ④

유형	일반형 정보 Text 읽기 〉 거시적 이해 〉 맥락	난이도	★★☆

주어진 글에서 초고온성 미생물들이 일반 생물이라면 살아가기 힘든 고온의 환경에서 꿋꿋이 살고 있다고 언급하고 있으므로 이에 대한 이유를 설명하는 [마]가 가장 먼저 와야 한다. 이후 높은 온도에서도 생화학적 반응을 할 수 있는 초고온성 미생물은 상업적 응용가치가 높으며, 대표적인 것으로 써머스 아쿠아티커스에서 뽑아낸 내열성 DNA 중합효소가 있다는 [가]와, 내열성 DNA 중합효소가 중합효소연쇄반응에 꼭 필요하다고 설명하는 [라]와 [다]가 이어질 수 있다. 마지막으로 써모토가라는 초고온성 미생물에서 추출한 자일라나제라는 효소는 기능성 음료와 식품에 많이 첨가되며, 이외에도 펄프 제조나 폐기물 분해에 초고온성 미생물이 사용된다는 [나]로 마무리 지을 수 있다. 따라서 [마]－[가]－[라]－[다]－[나]이다.

09 의사소통능력 정답 ④

유형	일반형 정보 Text 읽기 〉 미시적 이해 〉 추론	난이도	★★☆

태풍의 눈은 지름이 약 20~60km로 모양은 주로 원형이나 때에 따라 타원형이라고 하였으므로, 태풍의 눈은 10~30km 정도의 반지름을 가진 원형 형태인 경우가 많다는 것은 옳은 추론이다.

| 오답풀이 |

① 아이월은 태풍의 중심부를 싸고 있는 '구름'을 일컫는 것으로, 태풍의 눈을 구성하는 일부분일 뿐이다.

② 태풍의 중심에서는 하강기류를 볼 수 있으며 이 하강기류 때문에 태풍의 눈이 생기는 것이다.

③ 구름이 없고 바람이나 비도 약한 구역이지 바람이나 비가 전혀 없다는 것은 아니다.

⑤ 태풍 속으로 들어온 공기덩어리는 각운동량의 보존이 이루어지므로 중심으로 접근할수록 바람이 강해지고, 그 결과 강한 원심력을 받게 된다.

10 수리능력

정답 ③

유형	기타 〉 수추리	난이도	★☆☆

백의 자리, 십의 자리, 일의 자리의 위치 교환(123 → 312), +1의 규칙이 반복되고 있다. 따라서 빈칸에 들어갈 숫자는 442에 1이 더해진 443이다.

11 수리능력

정답 ②

유형	응용계산 〉 소금물	난이도	★★☆

두 소금물의 소금의 양을 합하면, $200\times0.06+100\times0.1=22$(g)이다. 문제의 상황에서는 물만 증발하고 소금의 양은 그대로이므로 두 소금물을 합하여 소금의 농도가 10% 이상이 되려면 두 소금물의 양은 $\frac{22}{0.1}=220$(g) 이하가 되어야 한다. 그리고 물의 양이 198g이어야 소금의 농도가 $\frac{22}{22+198}\times10$(%)가 된다. 첫 번째 소금물의 물의 양이 처음에 188g이었고, 1분마다 2g씩 증발하므로 10분 뒤 물의 양은 168g이고, 두 번째 소금물의 물의 양은 90g이다. 각각 1분마다 2g씩 증발하므로 두 소금물의 물의 양이 198g이 되는 시간(x)은 다음과 같이 구할 수 있다.

$258-4x\leq198 \rightarrow 15\leq x$

따라서 두 번째 소금물을 적어도 첫 번째 소금물과 같이 15분 이상 증발시킨 후 섞어야 한다.

12 수리능력

정답 ④

유형	응용계산 〉 방정식	난이도	★★☆

지난달 형의 이용요금을 x원, 동생의 이용요금을 y원이라고 하면 다음의 식이 성립한다.

$x+y=120,000$

$(1-0.1)x+(1+0.15)y=120,000\times1.05$

$0.9x+1.15y=126,000$

위 식을 풀면 $x=48,000$(원), $y=72,000$(원)이다.

따라서 이번 달 동생의 데이터 이용요금은 $72,000\times1.15=82,800$(원)이다.

13 수리능력

정답 ②

유형	자료해석 〉 수치 읽기	난이도	★★☆

고속열차와 일반버스 간 소요시간 차이가 가장 작은 구간은 $264-179=85$(분)인 C구간인데, 비용 차이도 $36,900-22,000=14,900$(원)으로 다른 구간에 비해서 차이가 가장 작다.

| 오답풀이 |

① C구간에서 35,000원이 넘는 고속열차를 제외하고 나머지 일반열차, 고속버스, 일반버스를 계산하면 다음과 같다.

구간	교통수단 / 구분	일반열차	고속버스	일반버스
C	소요시간	247	210	264
	비용	32,800	25,000	22,000
	소요시간당 비용	$\frac{32,800}{247}$ ≒132.8	$\frac{25,000}{210}$ ≒119.0	$\frac{22,000}{264}$ ≒83.3

따라서 소요시간당 비용이 가장 큰 교통수단은 일반열차다.

③ 고속열차 이용 시 소요시간당 비용은 D구간이 $\frac{41,600}{199}$≒209(원), E구간은 $\frac{42,800}{213}$≒201(원)으로 D구간이 E구간보다 크다.

④ 고속버스가 일반열차보다 소요시간과 비용이 모두 작은 구간은 A, B, C, D, E로 5개 구간이다.

⑤ A구간에서 고속열차를 기준으로 보면 일반열차와의

소요시간 차이가 고속버스보다 크지만 비용 차이는 더 작다.

구간	교통수단 구분	고속열차	일반열차	고속버스	일반버스
A	소요시간	160	290	270	316
	비용	53,300	40,700	32,800	27,300

14 수리능력 정답 ②

유형	자료해석 〉 수치 읽기	난이도	★★☆

㉠ 2010년 대비 2015년 외국인 관광객 증가율은 아프리카가 $\frac{46,525-33,756}{33,756}\times 100 \fallingdotseq 37.8(\%)$, 대양주는 $\frac{168,064-146,089}{146,089}\times 100 \fallingdotseq 15.0(\%)$이다. 따라서 대양주의 2배 이상이라고 할 수 있다.

㉢ 2015년 대비 2020년 외국인 관광객 감소폭은 북미가 974,153－271,487＝702,666(명)이고, 유럽은 806,438－214,911＝591,527(명)이다. 따라서 북미가 유럽보다 감소폭이 크다.

| 오답풀이 |

㉡ 2015년 일본과 중국 관광객의 합은 1,837,782＋5,984,170＝7,821,952(명)이다. 이때 아시아가 10,799,355명이므로 그 비중은 $\frac{7,821,952}{10,799,355}\times 100 \fallingdotseq$ 72.4(%)이다.

㉣ 2020년 전체 외국인 관광객 중 미국 관광객이 차지하는 비중은 $\frac{220,417}{2,519,118}\times 100 \fallingdotseq 8.7(\%)$이다.

15 수리능력 정답 ①

유형	자료해석 〉 수치 읽기	난이도	★★☆

응급실 전담 전문의 1인당 응급실 전담 간호사 수가 가장 많은 응급의료기관 유형은 기초응급의료센터로 6.1명이다.

유형 \ 구분	응급실 전담 전문의 수	응급실 전담 간호사 수	응급실 전담 간호사 수 / 응급실 전담 전문의 수
권역응급의료센터	318명	1,695명	$\frac{1,695}{318}$ ≒5.3(명)
지역응급의료센터	720명	3,233명	$\frac{3,233}{720}$ ≒4.5(명)
기초응급의료센터	379명	2,312명	$\frac{2,312}{379}$ ≒6.1(명)

| 오답풀이 |

② 전체 응급의료기관당 응급실 전담 전문의 수는 $\frac{1,417}{399}$ ≒3.6(명)으로 4명 미만이다.

③ 내원 환자 수가 가장 많은 응급의료기관은 지역응급의료센터고, 응급의료기관당 응급실 전담 간호사 수가 가장 많은 유형은 권역응급의료센터로 동일하지 않다.

유형 \ 구분	응급의료 기관 수	응급실 전담 간호사 수	응급실 전담 간호사 수 / 응급의료 기관 수
권역응급의료센터	35개	1,695명	$\frac{1,695}{35}$ ≒48.4(명)
지역응급의료센터	125개	3,233명	$\frac{3,233}{125}$ ≒25.9(명)
기초응급의료센터	239개	2,312명	$\frac{2,312}{239}$ ≒9.7(명)

④ 응급실 전담 전문의 1인당 내원 환자 수가 가장 적은 응급의료기관 유형은 지역응급의료센터다.

유형 \ 구분	내원 환자 수	응급실 전담 전문의 수	내원 환자 수 / 응급실 전담 전문의 수
권역응급의료센터	1,540,393명	318명	$\frac{1,540,393}{318}$ ≒4,844(명)
지역응급의료센터	3,455,117명	720명	$\frac{3,455,117}{720}$ ≒4,799(명)

기초응급 의료센터	2,669,169명	379명	$\frac{2,669,169}{379}$ ≒7,043(명)

⑤ 응급실 병상당 내원 환자 수가 권역응급의료센터에서는 약 1,215명으로 1,200명 이상이다.

구분 / 유형	내원 환자 수	응급실 병상 수	내원 환자 수 / 응급실 병상 수
권역응급 의료센터	1,540,393명	1,268개	$\frac{1,540,393}{1,268}$ ≒1,215(명)
지역응급 의료센터	3,455,117명	3,279개	$\frac{3,455,117}{3,279}$ ≒1,054(명)
기초응급 의료센터	2,669,169명	2,540개	$\frac{2,669,169}{2,540}$ ≒1,051(명)

16 수리능력

정답 ②

유형	자료해석 〉 추세 읽기	난이도	★★☆

2012년에 전체 건당 거래량은 $\frac{1,401,374}{32}$≒43,792.9(kg)이다.

17 수리능력

정답 ④

유형	자료해석 〉 수치 읽기	난이도	★★☆

㉠ 전체 수급자는 1,000명인데 이 중에 1회 수급자가 359명, 2회 수급자가 293명, 3회 수급자가 216명, 4회 이상 수급자가 132명이다. 따라서 전체 수급횟수는 359+(293×2)+(216×3)+(132×4)=359+586+648+528=2,121(회)가 된다. 이때 4회 이상이 포함되어 있으므로 2,121회 이상이 된다.

㉡ 자녀장려금을 1회 수령한 수급자 수는 30대가 583×0.372≒216.9(명)이고, 40대는 347×0.349≒121.1(명)이므로 $\frac{216.9}{121.1}$≒1.80(배)이다.

㉣ 자녀장려금을 2회 이상 수령한 무주택 수급자의 수는 1회 수급한 35%를 제외하면 되므로 732×0.65≒475.8(명)이 된다. 같은 방식으로 유주택 수급자 수는 268×0.616≒165.1(명)이 되므로 $\frac{475.8}{165.1}$≒2.9(배)가 된다.

| 오답풀이 |

㉢ 얼핏 보면 자녀수가 2명인 수급자의 자녀장려금 전체 수급횟수는 자녀수가 1명인 수급자의 자녀장려금 전체 수급횟수보다 많아 보일 수 있으나, 수급횟수가 4회 이상인 인원이 포함되어 있으므로 비교가 불가능하다. 따라서 알 수 없다.

18 문제해결능력

정답 ①

유형	Text로 된 정보에서 원리 파악하기 〉 미시적 원리 파악하고 적용하기	난이도	★★☆

전문의 수가 2명 이하이거나, 가장 가까이 있는 기존 산재보험 의료기관까지의 거리가 1km 미만인 병원은 지정 대상에서 제외하므로 을과 무는 제외하고, 갑, 병, 정에 대해서만 점수를 계산하면 다음과 같다.

신청 병원	전문의 수	전문의 평균 임상경력	행정처분을 받은 적이 있는 의사 수	가장 가까이 있는 기존 산재보험 의료기관까지의 거리
甲	6명(8점)	7년(14점)	4명(2점)	10km(4.4점)
丙	8명(10점)	5년(10점)	0명(10점)	1km(−4점)
丁	4명(8점)	11년(20점)	3명(2점)	2km(−5.6점)

따라서 갑은 8+14+2+4.4=28.4(점), 을은 10+10+10−4=26(점), 정은 8+20+2−5.6=24.4(점)으로 점수가 가장 높은 갑이 산재보험 의료기관으로 지정된다.

19 문제해결능력

정답 ④

유형	Text로 된 정보에서 원리 파악하기 〉 미시적 원리 파악하고 적용하기	난이도	★★☆

3라운드까지의 A팀과 B팀의 점수는 다음과 같다.

구분	1라운드	2라운드	3라운드
A팀	왼손잡이(가위) +2점	왼손잡이(가위) +2점	양손잡이(바위)
B팀	오른손잡이(보)	오른손잡이(보)	오른손잡이(보) +0점

㉠ 3라운드까지 A팀이 4점, B팀이 0점이다.

㉢ B팀은 3라운드까지 모두 오른손잡이가 나왔으므로 나머지 4, 5 라운드에는 양손잡이와 왼손잡이가 한 번씩 나와야 한다. 이때 A팀이 다음과 같이 대진을 하게 되면 B팀이 +5점이 되어서 A팀을 이길 수 있다.

구분	1라운드	2라운드	3라운드	4라운드	5라운드
A팀	왼손잡이 (가위) +2점	왼손잡이 (가위) +2점	양손잡이 (바위)	왼손잡이 (가위)	오른손 잡이(보)
B팀	오른손 잡이(보)	오른손 잡이(보)	오른손 잡이(보)	양손잡이 (바위) +3점	왼손잡이 (가위) +2점

| 오답풀이 |

㉡ B팀은 3라운드까지 오른손잡이만 나왔으므로 규칙상 양손잡이와 왼손잡이가 한 번은 출전해야 한다.

구분	1라운드	2라운드	3라운드	4라운드	5라운드
A팀	왼손잡이 (가위) +2점	왼손잡이 (가위) +2점	양손잡이 (바위)	오른손 잡이(보) +0점	오른손 잡이(보)
B팀	오른손 잡이(보)	오른손 잡이(보)	오른손 잡이(보)	양손잡이 (바위)	왼손잡이 (가위) +2점

이렇게 되면 A팀은 4점인데, B팀은 2점으로 A팀의 승리다.

20 문제해결능력

정답 ⑤

유형	수리, 기호 정보에서 원리 파악하기 〉 수리적 원리 파악하고 적용하기	난이도	★★★

첫째 돼지 집의 면적은 둘째 돼지 집의 2배이고, 셋째 돼지 집의 3배이다. 삼형제 집의 면적의 총합은 11m²이다. 첫째 돼지 집의 면적이 x라면 둘째 돼지집의 면적은 $\frac{1}{2}x$, 그리고 셋째 돼지 집의 면적은 $\frac{1}{3}x$가 된다.

$x+\frac{1}{2}x+\frac{1}{3}x=11 \rightarrow x=6$

이에 따라 첫째 돼지 집의 면적은 6m², 둘째 돼지집의 면적은 3m², 그리고 셋째 돼지 집의 면적은 2m²이다. 면적에 따라 재료별 비용을 정리하면 다음과 같다.

구분	벽돌	나무	지푸라기
지지대 비용 (원)	0	200,000	50,000
1개당 가격(원)	6,000	3,000	1,000
1m²당 필요 개수	15	20	30
6m²인 경우	90×6,000 =540,000	120×3,000 =360,000 총 560,000	180×1,000 =180,000 총 230,000
3m²인 경우	45×6,000 =270,000	60×3,000 =180,000 총 380,000	90×1,000 =90,000 총 140,000
2m²인 경우	30×6,000 =180,000	40×3,000 =120,000 총 320,000	60×1,000 =60,000 총 110,000

3m²인 둘째 돼지 집을 짓는데 가장 돈이 많이 들었다는 것은 둘째가 나무집이어야 가능하다. 둘째가 벽돌집이라면 나무집은 6m²나 2m²인 경우 모두 벽돌집보다 비용이 더 많이 든다. 그리고 둘째가 지푸라기 집이라면 나무집, 벽돌집 모두 비용이 더 많이 든다. 따라서 3m²인 둘째 돼지 집이 나무집이면 6m²는 지푸라기 집으로, 2m²는 벽돌집으로 지어져야 가능하다. 따라서 첫째는 지푸라기, 둘째는 나무집, 그리고 셋째는 벽돌집이 된다.

21 문제해결능력

정답 ④

유형	수리, 기호 정보에서 원리 파악하기 〉 수리적 원리 파악하고 적용하기	난이도	★★☆

2020년도 총매출이 500억 원 미만인 기업만 지원하므로 A, B는 제외된다. 그리고 우선 지원대상은 D, E, G다.

기업	2020년도 총매출 (억 원)	소요 광고비 (억 원)	총매출 ×소요 광고비	순서	지원금
D	300	4	1,200	3	1억 2천 만 원
E	200	5	1,000	2	1억 2천 만 원
G	30	4	120	1	2억 원

G는 총매출이 100억 이하라 상한액의 2배인 2억 4천만 원도 가능하지만, 지원금은 소요 광고비인 4억 원의 1/2인

2억 원을 초과하지 못하기 때문에 2억 원만 지원받는다. 그리고 E와 D는 상한액인 1억 2천 만원을 지원받는다.

기업	2020년도 총매출 (억 원)	소요 광고비 (억 원)	총매출 ×소요 광고비	순서	지원금
C	400	3	1,200	5	0
F	100	6	600	4	1억 6천 만 원

F는 매출액이 100억 이하인 기업이고 광고비의 1/2도 3억 원이라 원래는 2억 4천만 원까지 가능한데, 지원금 6억 원 중에 이미 앞에서 4억 4천만 원이 소진되었다. 따라서 F는 남은 1억 6천만 원을 지원받을 수 있다.

22 문제해결능력

정답 ①

유형	수리, 기호 정보에서 원리 파악하기 〉 수리적 원리 파악하고 적용하기	난이도	★★☆

업무역량의 재능의 값만 생각해보면 다음과 같다. 기획력=360, 창의력=400, 추진력=440, 통합력=240

값이 투입 가능한 노력은 총 100이므로 이를 네 가지 부문에 각각 분배해야 한다. 만약 이미 점수가 높은 추진력에 노력을 0으로 한다면, '통합력의 노력×3'이 200을 넘어야 통합력이 가장 높은 점수를 받게 되므로 '통합력의 노력×3'은 67×3=201, 즉 최소 67이 될 수 있다. 이때 통합력의 총합은 240+201=441이 되어서 추진력의 440보다 높아진다. 다만 나머지 100−67=33을 다른 두 부문에 배분해서 추진력보다 높지 않다는 것을 확인해야 한다. '창의력의 노력×3'이 41보다 많으면 통합력의 총합보다 많아지므로 창의력에 노력을 최대 13을 투입하면 400+13×3=439이다. 이에 따라 기획력에 노력을 33−13=20을 투입하면 360+(20×3)=420으로 통합력의 총합보다 낮음을 확인할 수 있다. 따라서 통합력에 투입해야 하는 노력의 최솟값은 67이다.

23 문제해결능력

정답 ③

유형	퀴즈 문제 〉 참 · 거짓	난이도	★★☆

5명의 진술을 정리하면 다음과 같다.

- 은희: 경숙=1위, 희진>수연
- 혜진: 경숙>혜진, 수연>은희
- 수연: 혜진>은희
- 희진: 혜진>수연, 희진>은희
- 경숙: 혜진>희진, 은희>수연

이를 표로 정리하면 다음과 같다.

1위	2위	3위	4위	5위
경숙	혜진 (혹은 희진)	희진 (혹은 혜진)	수연, 은희	은희, 수연

2위와 3위의 발언은 어느 쪽이나 괜찮지만 모순이 생기는 발언은 4위와 5위를 두고 혜진과 경숙이 한 말이다. 혜진이 거짓말을 한다고 가정하면 혜진>경숙, 은희>수연이 되는데, 그렇다면 경숙은 1위라는 은희의 말과도 모순된다. 경숙이 거짓말 한다고 가정하면 희진>혜진, 수연>은희인데 이 순서는 무리없이 적용된다. 이에 따라 경숙이가 거짓말을 하고 있으므로 다섯 명의 순위를 정리하면 다음과 같다.

1위	2위	3위	4위	5위
경숙	희진	혜진	수연	은희

따라서 혜진이의 순위는 3위이다.

24 문제해결능력

정답 ③

유형	수리, 기호 정보에서 원리 파악하기 〉 수리적 원리 파악하고 적용하기	난이도	★★☆

A전화번호는 3을 제외한 세 가지의 홀수만으로 구성되어 있다면, 1, 5, 7, 9 중에 세 개다. 이 중에 5는 들어가고, A전화번호의 첫 번째와 마지막 숫자는 서로 다르며, 합이 10이라고 하면 이 숫자들은 1과 9라는 것을 알 수 있다. 즉, A전화번호는 1, 5, 9로 구성된 여섯 자리다. A와 B전화번호에서 공통된 숫자의 종류는 5를 포함하여 세 가지이므로 B에도 1, 5, 9가 들어간다. 그러면 B전화번호를 구성하는 숫자 중 가장 큰 숫자는 세 번 나타나기 때문에 9가 세 번 있는 것이다. 9, 9, 9, 1, 5가 나오는 것은 알기 때문에 여섯 자리 중 한 숫자만 더 찾아내면 된다. B전화번호를 구성하는 숫자 중 두 번째로 작은 숫자가 짝수라는 것은 1 다음 숫자고 5는 존재하기 때문에 이 숫자가 2 또는 4가 된다는 것이다. 이 숫자가 4라고 가정할 때 합한 값의 최댓값이 나온다. 따라서

9+9+9+1+5+4=37이 된다.

25 문제해결능력

정답 ②

유형	Text로 된 정보에서 원리 파악하기 〉 미시적 원리 파악하고 적용하기	난이도	★★★

주어진 조건을 [표]로 정리하면 다음과 같다.

	A	B	C	D	E	F	G	H
A	–	×						×
B	×	–	×		×	×	×	×
C		×	–	×	×	×		×
D			×	–	×			×
E		×	×	×	–			
F		×	×			–	×	
G		×				×	–	×
H	×	×	×	×			×	–

B와 함께 두어도 안전한 것은 D밖에 없으므로 이 두 개를 한 대의 트럭으로 운반하고, C는 B, D, E, F, H를 제외한 A, G와 함께 운반하여야 하므로 다른 한 대의 트럭이 필요하다. 그리고 남은 E, F, H를 세 대째 트럭에 운반하면 폭발이나 유독가스 유출의 위험 없이 운반할 수 있다. 따라서 총 3대가 필요하다.

DAY

09

정답 확인

문항	영역	정답	문항	영역	정답	문항	영역	정답	문항	영역	정답	문항	영역	정답
01	의사소통	④	02	의사소통	②	03	의사소통	②	04	의사소통	④	05	의사소통	②
06	의사소통	③	07	의사소통	④	08	의사소통	⑤	09	수리	③	10	수리	③
11	수리	③	12	수리	④	13	수리	⑤	14	수리	⑤	15	수리	②
16	수리	①	17	문제해결	⑤	18	문제해결	④	19	문제해결	②	20	문제해결	④
21	문제해결	②	22	문제해결	③	23	문제해결	②	24	문제해결	④	25	문제해결	④

영역별 실력 점검표

영역	맞은 개수	정답률	취약 영역
의사소통능력	/8	%	
수리능력	/8	%	
문제해결능력	/9	%	
합계	/25	%	

01 의사소통능력 정답 ④

유형	일반형 정보 Text 읽기 〉 미시적 이해 〉 일치	난이도	★★☆

남성 중심의 사회 구조는 현상적인 것이고 이들이 문제 삼는 것은 그러한 구조를 가져온 근본 사상, 즉 '가부장제'이다. 게다가 급진적 해방론에서는 해결책으로 가부장제의 철폐를 들고 있는 만큼, 단순한 사회 구조와는 구별되어야 한다.

| 오답풀이 |

③ 계급 불평등이 구조화되어 있는 자본주의 사회의 다양한 차별 기제 중 하나가 성차별을 낳게 된다고 보아 자본주의 체계의 개혁을 요구한다고 하였다. 이는 자본주의를 개혁하여 계급 불평등을 야기하는 계급 구조를 바꿀 수 있기 때문이다.

02 의사소통능력 정답 ②

유형	일반형 정보 Text 읽기 〉 창의적 이해 〉 적용	난이도	★★☆

주어진 글은 예술 작품을 알아보는 요령은 자신이 알고 있는 '양식'으로 그것을 이해한다는 것이다. 그러므로 보편적으로 인정하고 있는 양식에 맞는지 아닌지가 예술 작품을 판단하는 기준인데, 이집트 사람들은 당시 사람을 저렇게 그리는 양식에 익숙해있기 때문에 사람을 그대로 모사하는 그림이라고 생각했을 것이다.

03 의사소통능력 정답 ②

유형	일반형 정보 Text 읽기 〉 미시적 이해 〉 추론	난이도	★★☆

1문단에 따르면 이성이나 사유는 '의지의 도구'일 뿐이라고 하였으나 도구로 쓰이기 때문에 유용하지 않은 것은 아니며, 다만 의지의 작용의 결과이기 때문에 일차적이지 않다.

| 오답풀이 |

① 1문단에서 칸트가 물자체를 궁극적으로 알 수 없는 것이라 한 것에 대해 비판한다고 하였다.

③ 1문단에서 의지는 인간의 성적인 욕구로부터 출발한다고 하였다.

④ 2문단에서 만족과 더불어 결핍이 소멸하고 의지도 일시적 소멸을 한다는 것을 알 수 있다.

⑤ 2문단에서 고통에서 벗어나는 길로서 쇼펜하우어는 영원한 것의 추구, 그리고 그 방법으로서 '예술'을 권한다고 하였다.

04 의사소통능력 정답 ④

유형	일반형 정보 Text 읽기 〉 창의적 이해 〉 적용	난이도	★★☆

통계적 법칙성은 개별 움직임이나 요소들을 모두 이해할 수는 없지만, 전체적인 큰 틀에서 움직이거나 작동하는 것을 안다는 것이다. ④는 한 사건에는 일면이 아니라 여러 면의 관점이 있으므로 그것을 보자는 것이지, 개별 요소들을 모르니 큰 틀의 움직임만 보자는 것은 아니다.

05 의사소통능력 정답 ②

유형	일반형 정보 Text 읽기 〉 미시적 이해 〉 일치	난이도	★★☆

2문단에서 '민중들은 민주주의에 대한 소망을 잃게 되었다. 더 정확히 말한다면 정치적 민주주의의 신용은 떨어지게 된 것이다.'라고 하였으므로 경제적인 모순 해결에 아무런 도움을 주지 못하므로 사람들은 민주주의를 신용하지 않게 되었다.

| 오답풀이 |

① 3문단에서 '새로 제기된 산업 사회의 문제, 즉 빈곤이나 계급투쟁의 문제에 대해서는 아무런 해결도 주지 못했다.'라고 하였으나 이는 민주주의라는 정치체제로 인하여 발생한 문제가 아니라 자본주의의 모순으로 인하여 발생한 문제이다.

③ 3문단에서 '산업 자본주의의 가장 큰 난점은 노동을 하여 사회에 기여하는 사람에겐 작은 대가밖에 오지 않고 나머지는 모두 노동을 하지 않은 자에게 돌아간다는 것이다.'라고 하였으므로 이는 계급이 갈리는 것이 문제가 아니라 소득의 분배가 쏠린다는 것이 문제임을 알 수 있다.

④ 4문단에서 '굶주림을 견디다 못한 사람들은 일자리를 찾아 공장 문을 두드렸고, 목구멍에 풀칠할 정도의 보수를 위해 공장에서 피땀을 흘려야 했다.'를 통해 알 수 있다.

⑤ 4문단에서 '목적 달성을 위하여 어떤 희생이 따르더라도 상관없다고 생각했다.'라고 했지만 그것이 인간 생명의 문제까지인지는 알 수 없다.

06 의사소통능력

정답 ③

유형	일반형 정보 Text 읽기 〉 거시적 이해 〉 맥락	난이도	★★☆

주어진 글은 예술의 실용적 가치와 예술적 가치를 제시하고 극단론을 비판한다. 그리고 문명이 발달하면서 두 가치가 분리되고 예술의 독자적 영역이 커지게 되면서 순수예술이 등장하게 되지만 사람의 절실한 욕구를 표현하여 삶에 이바지한다는 성격은 버리지 않았음을 이야기하고 있다. 즉, 실용적 가치를 배제한 극단론을 소개하고 있는 [다]가 먼저 온다. 그리고 예술이 실용적 가치 이상의 아름다움을 추구한다는 것이 실용적 가치를 감싸안아야 한다는 것을 의미함을 언급한 [나]가 온다. 이를 통해 예술이 실용 예술과 순수 예술로 구분되기 시작했음을 언급한 [가], 그리고 이후 순수 예술의 성장과 특징을 설명하고 있는 [마], [라]가 이어지는 것이 자연스럽다.

07 의사소통능력

정답 ④

유형	일반형 정보 Text 읽기 〉 미시적 이해 〉 추론	난이도	★★☆

㉠ '공간의 팽창과 함께 우주의 온도가 내려가면서 순차적인 대칭이 깨지고 그에 해당하는 상전이가 일어난다.'를 통해 공간팽창 → 우주 온도하락 → 대칭깨짐의 순서로 일어남을 알 수 있다.

㉡ '우주론적 상전이는 우주공간의 급팽창, 우주론적 결함의 생성, 밀도요동, 강입자 수 비대칭의 유발 등의 원인으로 작용'을 통해 상전이가 다른 현상들의 원인임을 알 수 있다.

㉢ 해당 내용에 대해서는 지문을 통해 알 수 없으며, 초기우주에 관한 연구는 현상론적으로 검증할 수 있는 창구가 된다고 하였지만, 이것이 진위를 알 수 있는 것이라고 보기는 어렵다.

| 오답풀이 |

㉣ '초기우주에 대한 연구는 입자물리학이나 상대론 등 분야의 최첨단 이론을 현상론적으로 검증할 수 있는 창구가 되기도 한다.'를 통해 알 수 있다.

08 의사소통능력

정답 ⑤

유형	일반형 정보 Text 읽기 〉 미시적 이해 〉 일치	난이도	★★☆

㉣ 2문단에서 '피스톤 엔진은 자가용 엔진의 대명사로 불리었다.'고 하였다.

㉤ 4문단에서 '피스톤 엔진은 피스톤과 크랭크 샤프트로 이뤄져 있다.'고 하였다.

| 오답풀이 |

㉠ 5문단에서 '로터리 엔진은 피스톤 엔진에 비해 소음이 적고, 구조도 간단하여 부품 생산 비용을 줄일 수 있다.'고 하였다.

㉡ 5문단에서 '로터리 엔진은 연료와 공기가 섞여 연소가 일어나는 부분에 위치한 로터면에 열에너지의 팽창력이 전달되면서 모터가 왕복하는 대신 회전하는 방식을 채택했다.'고 하였다.

㉢ 3문단에서 '독일의 NSU 모터가 로터리 엔진 개발에 성공했다.'고 하였다.

09 수리능력

정답 ③

유형	기타 〉 수추리	난이도	★★☆

처음 두 항의 분모, 분자의 합은 3으로 일정, 그다음 세 항의 분모, 분자의 합은 4로 일정, 그다음 네 항의 분모, 분자의 합은 5로 일정하므로, 그다음 다섯 항의 분모 분자의 합은 6으로 일정함을 알 수 있다. 또한 각 항의 분모, 분자의 합이 한 숫자로 일정한 항의 집단 내에서 분모는 1씩 커지고 있다. 따라서 빈칸에 들어갈 수는 $\frac{3}{3}$이다.

10 수리능력

정답 ③

유형	응용계산 〉 확률	난이도	★☆☆

전체의 40%가 여자이고, 이 중 어린 아이가 20%이므로 전체에서 여자 어린이는 $0.4 \times 0.2 = 0.08$로 8%이다. 이에 여자 어른은 32%이다. 또한 전체 관람객 중 어른이 50%이므로 남자 어른은 전체에서 18%이고, 남자 어린이는 42%이다. 이를 표로 정리하면 다음과 같다.

구분	어른	어린이	합계
남자	18%	42%	60%
여자	32%	8%	40%
합계	50%	50%	

어른은 전체의 50%인데 여자 어른은 32%이므로 어른 중 임의로 뽑은 한 명이 여자일 확률은 $\frac{32}{50}$, 64%이다.

11 수리능력 정답 ③

유형	응용계산 〉 방정식	난이도	★★☆

예정 시간을 T라 하면, 다음과 같은 두 식이 성립한다.

$T-t=\frac{L}{v_1}$, $T+t=\frac{L}{v_2}$

두 식을 연립하여 T에 관하여 정리하면 $\frac{L(v_1+v_2)}{2v_1v_2}$와 같다.

12 수리능력 정답 ④

유형	자료해석 〉 수치 읽기	난이도	★★☆

㉣ 여름철 물놀이 사고 사망자 중 하천에서 발생한 사고로 사망한 사람의 수 비율은 다음과 같다.

- 2018년: $\frac{16}{24}$≒67(%)
- 2019년: $\frac{23}{36}$≒64(%)
- 2020년: $\frac{19}{37}$≒51(%)
- 2021년: $\frac{23}{37}$≒62(%)

따라서 2020년에는 51%이므로 60% 미만이다.

| 오답풀이 |

㉠ 2019년에 연령별 사망자를 다 합하면 36명이고, 2018년에는 24명이므로 전년 대비 50% 증가한 수치다. 또한 2019년 이후 매년 사고 사망자 수는 30명 이상이다.

㉡ 2018~2021년의 여름철 물놀이 사고 사망자는 2018년부터 순서대로 24명, 36명, 37명, 37명이고 이 중 4대 주요 원인에 의한 사망자 수는 2018년부터 24명, 34명, 33명, 29명이다. 따라서 차지하는 비율이 가장 높은 해는 100%인 2018년이다.

㉢ 여름철 물놀이 사고 사망자 중 수영 미숙에 의한 사망자 수 비율은 다음과 같다.

- 2018년: $\frac{13}{24}$≒54(%)
- 2019년: $\frac{14}{36}$≒39(%)
- 2020년: $\frac{14}{37}$≒38(%)
- 2021년: $\frac{12}{37}$≒32(%)

따라서 매년 30% 이상이다.

㉤ 2021년에 안전 부주의로 인한 사망자 수는 9명이고, 같은 해 20대 이하 사망자 수는 10대 5명, 20대 3명으로 8명이므로 적어도 1명은 30대 이상임을 알 수 있다.

13 수리능력 정답 ⑤

유형	자료해석 〉 수치 읽기	난이도	★★☆

㉡ 기타를 제외한 항목 중 조세지출 금액 상위 3개 항목은 2019년과 2020년에는 국민생활안정, 간접국세, 연구개발이다. 그리고 2021년에는 국민생활안정, 간접국세, 근로·자녀장려이다. 2019년에 상위 3개 항목의 합은 23.81+31.69+7.44=62.94(%)이며, 2020년에 상위 3개 항목의 합은 32.16+23.21+6.95=62.32(%)이다. 2021년에 상위 3개 항목의 합은 30.07+21.95+12.15=64.17(%)이다. 따라서 매년 60% 이상이다.

㉢ 조세지출 금액이 매년 증가한 항목은 중소기업지원, 고용지원, 기업구조조정, 지역균형발전, 공익사업지원, 저축지원, 국민생활안정, 근로·자녀장려, 간접국세, 농협구조개편으로 총 10개 항목이다.

㉣ 2019년과 2021년의 국제도시육성 항목의 비중을 구해보면 다음과 같다.

- 2019년: $\frac{2,316}{396,769}\times 100$≒0.58(%)
- 2021년: $\frac{2,255}{474,125}\times 100$≒0.48(%)

따라서 매년 감소하였다.

| 오답풀이 |

㉠ 기타를 제외하고 전년 대비 조세지출 금액이 증가한 항목 수는 2020년에 11개, 2021년에는 13개이므로 2021년이 더 많다.

14 수리능력 정답 ⑤

유형	자료해석 〉 복합 자료해석	난이도	★★★

㉡ A가 4강에 진출한 것은 80회이므로 4강 라운드 승률이 100%라고 가정하면 결승에 80번 간 셈이 된다. 이때 결승 라운드 승률이 적어도 10%가 되어야 8번 우승이 가능하다. 그래서 A의 결승 라운드 승률 최솟값은 10%이다.

㉢ 16강에서 B의 승률이 100%이므로 A와 B가 붙으면 무조건 B가 이긴다. A의 승률은 80%이므로 A와 B는 최대 20번의 대전이 가능하다. 마찬가지로 B와 C가 붙으면 무조건 B가 이긴다. C의 승률은 96%이므로 B와 C는 최대 4번의 대전이 가능하다. 따라서 최대 24회이다.

㉣ A는 4강에 80회, B는 90회, C는 84회 진출했다. A:B, B:C, C:A가 붙었다고 가정했을 때, A가 올라오지 못한 20회, B가 올라오지 못한 10회, C가 올라오지 못한 16회가 모두 다른 대회이더라도 총 46번이다. 따라서 100번 중에 54번 이상은 세 명 모두 4강에 진출한 것이다.

| 오답풀이 |

㉠ 16강과 8강에 승리하면 4강에 진출하므로 4강에 A는 $100 \times 0.8 \times 1 = 80$(회), B는 $100 \times 1 \times 0.9 = 90$(회), C는 $100 \times 0.96 \times 0.875 = 84$(회) 진출하였다. 따라서 많이 진출한 순서대로 나열하면 B, C, A이다.

15 수리능력 정답 ②

유형	자료해석 〉 수치 읽기	난이도	★★☆

㉠ 주어진 [보고서]에서 '수도권은 48,534세대로 전년 동기 및 2015~2019년 4분기 평균 대비 각각 37.5%, 1.7% 증가했고, 비수도권은 32,101세대로 전년 동기 및 2015~2019년 4분기 평균 대비 각각 47.6%, 46.8% 감소하였다.'의 내용을 작성하기 위해서는 2015~2019년 4분기 수도권 및 비수도권 아파트 입주 물량 자료가 추가로 필요하다.

㉢ 주어진 [보고서]에서 '시도별로 살펴보면, 서울은 12,097세대로 전년 동기 대비 7.9% 증가하였다.'의 내용을 작성하기 위해서는 2019~2020년 4분기 시도별 아파트 입주 물량 자료가 추가로 필요하다.

| 오답풀이 |

㉡ 공급주체별 연평균 아파트 입주 물량에 대해서는 지나간 년도와 비교하는 진술이 없기 때문에 굳이 2015~2019년 공급주체별 연평균 아파트 입주 물량 자료가 필요하지는 않다.

㉣ 주택 규모별, 공급주체별 통계에서는 전년도와 비교하는 진술이 없어서 전년의 자료가 필요치 않다.

16 수리능력 정답 ①

유형	자료해석 〉 수치 읽기	난이도	★★☆

주어진 [보고서]에서 다음과 같은 정보를 통해 제외되는 국가를 찾는다.

- 2020년과 2021년 모두 선행시간이 12시간씩 감소할수록 거리 오차도 감소하였다고 하였다. D의 경우 2020년 48시간일 때 거리 오차가 122km였는데, 36시간일 때 134km로 오히려 늘어났으므로 제외된다.
- 2021년의 거리 오차는 선행시간이 36시간, 24시간, 12시간일 때 각각 100km 이하라고 하였다. C의 경우 36시간일 때 103km이므로 제외된다.
- 선행시간별 거리 오차는 모두 2020년보다 2021년이 작았다고 하였다. E의 경우 48, 36, 24시간일 때 2021년이 2020년보다 크므로 제외된다.
- 2020년과 2021년 모두 선행시간이 12시간씩 감소하더라도 거리 오차 감소폭은 30km 미만이었다고 하였다. B의 경우 2020년의 36시간에서 24시간으로 감소할 때 40km 차이가 나므로 B도 제외된다.

따라서 갑국에 해당하는 국가는 A이다.

17 문제해결능력 정답 ⑤

유형	퀴즈 문제 〉 참 · 거짓	난이도	★☆☆

'강아지를 키우는 사람만이 진실을 말하고 있다'는 조건을 가지고 살펴보아야 한다. 김 대리가 강아지를 키우고 진실을 말했다면 이 대리와 박 대리도 강아지를 키우기 때문에 조건에 맞지 않다. 따라서 김 대리는 고양이를 키우며 거짓을 말한다. 이 대리가 강아지를 키우고 진실을 말했다면 박 대리는 고양이를 키우고, 박 대리의 진술에 따라 정 대리는 강아지를 키운다. 정 대리는 강아지를 키우고 진실을 말했으므로 김 대리와 박 대리는 고양이를 키운다. 만일 이 대리가 고양이를 키우고 거짓을 말했다면, 박 대리는 강아지를 키우고 정 대리는 고양이를 키운다. 이 경우 김 대리가 강아지를 키워야 하는데, 김 대리는 강아지를 키울 수 없으므로 조건에 맞지 않다. 따라서 강아지를 키우고 있는 사람은 이 대리와 정 대리이다.

18 문제해결능력 정답 ④

유형	퀴즈 문제 〉 참 · 거짓	난이도	★★☆

"A구역을 청소하면 D구역을 청소한다."라는 명제가 거짓인 경우는 A구역을 청소하고, D구역을 청소하지 않은 경우만 해당하므로 정 사원은 A구역을 청소하고, D구역을 청소하지 않는다. D구역을 청소하지 않으므로 ㉢에 의해 E구역을 청소하며, E구역을 청소하므로 ㉠에 의해 F구역을 청소한다. 또한, D구역을 청소하지 않으므로 ㉡에 의해 C구역을 청소한다. B구역과 G구역의 청소 여부는 확정되지 않는다. 이를 정리하면 다음과 같다.

구분	A구역	B구역	C구역	D구역	E구역	F구역	G구역
청소 여부	○	○/×	○	×	○	○	○/×

따라서 F구역은 항상 청소한다.

19 문제해결능력 정답 ②

유형	수리, 기호 정보에서 원리 파악하기 〉 기호 원리 파악하고 적용하기	난이도	★★☆

사무관을 자음과 모음으로 나누면 ㅅ, ㅏ, ㅁ, ㅜ, ㄱ, ㅘ, ㄴ 이므로 [자모변환표]에 의해 479775537456120189623이 된다. 여기서 자릿수를 보면 ④, ⑤는 한 자리가 더 많다. ㅘ 가 한 단위로 있는데, 이것을 ㅗ와 ㅏ로 나눠서 생각하면 빠지게 되는 함정이다. 따라서 ④, ⑤는 제외한다. 첫째 자리를 보면 자모변환표의 4에 암호 숫자를 더하면 난수표의 4가 나와야 되기 때문에 암호 숫자는 0이 되어야 한다. 따라서 ③은 제외된다. ①, ②는 세 번째 자모까지 같기 때문에 네 번째인 ㅜ로 비교를 해야 한다. 자모변환표 456인데 난수표에는 135에 해당하므로 4에 암호 숫자를 더해서 11이나 1이 나와야 한다. 그러면 7이 되어야 하기 때문에 ②가 답이 된다.

20 문제해결능력 정답 ④

유형	Text로 된 정보에서 원리 파악하기 〉 미시적 원리 파악하고 적용하기	난이도	★★☆

A는 특별한 일이 없으면 출근할 때 60쪽, 퇴근할 때 60쪽을 읽는다. A는 200쪽까지 읽은 280쪽짜리 책을 월요일 아침부터 읽었으니, 월요일 퇴근 길 10분이 지난 시점에 이 책을 다 읽는다. 그리고 20분 동안에는 그 다음 책을 읽기 시작하는데, 책의 1쪽부터 30쪽까지는 10분에 15쪽을 읽으니, 20분 동안에 30쪽을 읽는다. 화요일에는 회식이 있었지만, 시외버스라 책을 읽을 수 있고, 9시에 내렸으니 평소와 같은 스케줄을 소화할 수 있다. 그러니 120쪽을 읽었고 새 책의 150쪽까지 읽은 셈이다. 수요일에는 아침에 60쪽을 읽고, 오전 근무 후 지하철 이용시간 20분 동안 40쪽을 더 읽게 된다. 하지만 퇴근이 밤 9시 이후이므로 퇴근 때는 책을 읽지 않는다. 그래서 수요일에는 결과적으로 250쪽까지 읽은 것이다. 나머지 100쪽 중 60쪽은 목요일 출근할 때 읽게 되고, 목요일 퇴근 시간에 이 책의 나머지 40쪽을 다 읽게 된다.

21 문제해결능력 정답 ②

유형	Text로 된 정보에서 원리 파악하기 〉 미시적 원리 파악하고 적용하기	난이도	★★☆

맨 앞자리가 0이 아니라면 10, 11, 12월의 세 가지 밖에 없다. 그런데 31일까지 있는 달에 생일이 있으므로 달은 10월 또는 12월이다. 그리고 일은 8의 배수이므로 8, 16, 24일 중 하나다. 그런데 ㉠의 힌트가 주어지면서 월일을 모두 알 수 있어야 한다. 선생님 생신의 일이 월의 배수일 경우 10의 배수는 없고, 12의 배수가 24이므로 12월 24일임을 알 수 있게 된다.

| 오답풀이 |

① 15일 이전이면 날짜는 8일이 되지만, 월을 알 수가 없다.

③ 16이나 24 모두 월보다 크기 때문에 특정할 수 없다.

④ 1024도 있고 1208도 가능하다.

⑤ 1008, 1224 둘 다 가능하다.

22 문제해결능력 정답 ③

유형	Text로 된 정보에서 원리 파악하기 〉 미시적 원리 파악하고 적용하기	난이도	★★☆

경기는 원정팀이 승리했으나 홈팀이 두 세트를 이기며 분전했으므로 세트 스코어는 3:2라는 것을 알 수 있다. 경기장 전체에 가장 많은 사람이 남아 있으려면 적은 수의 관람객이 나가는 원정팀이 세트 점수가 낮은 것이 좋다. 또한 누적 세트 점수가 동일할 경우 양 팀 관람객 모두 나가지 않으므로 세트 점수가 동일한 상황을 만드는 것이 좋다. 이에 따라 다음과 같이 경기가 진행되어야 한다.

구분	1세트	2세트	3세트	4세트
홈팀 스코어	1	1	2	2
원정팀 스코어	0	1	1	2

1세트에 홈팀이 승리하면 세트 스코어가 1:0이 되므로 원정팀 500명이 나간다. 2세트에 원정팀이 승리하면 세트 스코어가 1:1이 되므로 아무도 나가지 않는다. 3세트에 홈팀이 승리하면 세트 스코어가 2:1이 되므로 원정팀 500명이 나간다. 4세트에 원정팀이 승리하면 세트 스코어 2:2가 되므로 아무도 나가지 않는다. 이 경우가 5세트 시작 전 관람객이 가장 적게 나가게 되는 경우로, 총 1,000명이 나갔으므로 남아 있는 관람객 수는 7,000명이다.

23 문제해결능력 정답 ②

유형	Text로 된 정보에서 원리 파악하기 〉 미시적 원리 파악하고 적용하기	난이도	★★☆

- 갑은 2022년에 30세가 되면서 자궁경부 항목의 대상이 되는데 검진 주기가 2년이므로 2022년에 받을 수도 있고 2023년에 받을 수도 있다.
- 을은 45세에 위를 검진 받았으므로 2년 주기로 봤을 때, 2022년에 위 검진을 받는다. 또한 심장은 45세부터 받을 수 있는데 2020년 검진 기록에 없다는 것은 2021년에 받았다는 것이고 다음 심장 검진은 2023년이 된다. 간 검진의 경우 고위험군이 아니기 때문에 받지 않는다.
- 병은 40세인데 위가 2020년에 검진 항목에 없다는 것은 2021년에 받는다는 것이고, 그러면 2022년에 위는 건강검진을 받지 않는다. 자궁경부 역시 마찬가지다. 대장이나 심장은 아직 나이가 되지 않는다. 그리고 간이 2020년에 검진항목에 있는데, 고위험군은 1년에 한 번씩 해야 하기 때문에 2022년에는 간 건강검진을 받는다.
- 정은 위의 경우 2021년과 2023년에 받을 것이고, 대장은 최초 검진 대상이 되는 해가 2022년이고 이는 2년 주기가 아니라 1년 주기이기 때문에 이 해에 받아야 한다. 심장을 2020년에 받았기 때문에 2022년에도 검진을 받아야 한다.
- 무는 위나 심장의 경우 2021년과 2023년 예정이고, 대장은 매년 해야 하므로 2022년에도 받는다. 자궁경부는 나이상 대상이 아니고, 간은 고위험군이 아니라서 받지 않는다.

  이를 정리하면 다음과 같다.

구분	위	대장	심장	자궁경부	간
갑	×	×	×	△	×
을	○	×	×	×	×
병	×	×	×	×	○
정	×	○	○	×	×
무	×	○	×	×	×

따라서 가장 많은 직원이 받게 되는 검진 항목은 대장이다.

24 문제해결능력

정답 ④

유형	Text로 된 정보에서 원리 파악하기 〉 미시적 원리 파악하고 적용하기	난이도	★★★

갑의 진술에 의해 갑은 가을 타입이고, 웜톤임을 알 수 있다. 첫 번째 천의 톤을 알 수는 없지만 병의 진술에 의해 을과 병이 같은 톤이라고 했으므로 을과 병은 쿨톤임을 알 수 있다. 을이 쿨톤이고, 을의 진술에 의해 을은 짝수 번째 천에서 형광등이 켜진 적이 없으므로 짝수 번째 천은 웜톤이고, 홀수 번째 천은 쿨톤이다. 이를 정리하면 다음과 같다.

구분	1	2	3	4	5	6	7	8
	밝은 색				어두운 색			
	C	W	C	W	C	W	C	W
갑								
을								
병								
정								

쿨톤인 병이 형광등이 켜진 천 순서에 해당하는 숫자의 합이 6이라고 하였으므로 가능한 경우는 첫 번째와 다섯 번째밖에 없다. 이에 같은 쿨톤인 을의 형광등이 켜진 천 순서에 해당하는 번호는 세 번째와 일곱 번째이다.

구분	1	2	3	4	5	6	7	8
	밝은 색				어두운 색			
	C	W	C	W	C	W	C	W
갑								
을			○				○	
병	○				○			
정								

정의 진술에 의해 밝은 색 천을 대었을 때, 을보다 먼저 형광등이 켜졌다고 했으므로 정은 두 번째 천에서 형광등이 켜졌으며, 갑은 네 번째 천에서 형광등이 켜진다. 갑은 마지막 천에서는 형광등이 켜지지 않았다고 했으므로 여섯 번째 천에서 형광등이 켜지고, 정은 마지막 천에서 형광등이 켜진다. 이를 모두 정리하면 다음과 같다.

구분	1	2	3	4	5	6	7	8
	밝은 색				어두운 색			
	C	W	C	W	C	W	C	W
갑				○		○		
을			○				○	
병	○				○			
정		○						○

㉡ "형광등이 켜진 색상 천 순서에 해당하는 숫자를 합해 보니까 6이야."라는 진술에서 알 수 있다.

㉢ 색상 천 순서대로 형광등이 켜진 사람이 누구인지 알 수 있다.

| 오답풀이 |

㉠ 병과 을이 쿨톤인 것은 알 수 있지만, 누가 정확히 여름인지 겨울인지는 알 수 없다.

25 문제해결능력

정답 ④

유형	Text로 된 정보에서 원리 파악하기 〉 미시적 원리 파악하고 적용하기	난이도	★★★

정은 두 번째와 여덟 번째 색상 천에서 형광등이 켜지므로 색상 천 순서의 합은 10이다.

DAY

10

정답 확인

문항	영역	정답	문항	영역	정답	문항	영역	정답	문항	영역	정답	문항	영역	정답
01	의사소통	④	02	의사소통	③	03	의사소통	③	04	의사소통	①	05	의사소통	⑤
06	의사소통	⑤	07	의사소통	④	08	의사소통	③	09	수리	③	10	수리	④
11	수리	②	12	수리	④	13	수리	②	14	수리	④	15	수리	③
16	수리	②	17	문제해결	③	18	문제해결	②	19	문제해결	②	20	문제해결	①
21	문제해결	②	22	문제해결	⑤	23	문제해결	③	24	문제해결	⑤	25	문제해결	③

영역별 실력 점검표

영역	맞은 개수	정답률	취약 영역
의사소통능력	/8	%	
수리능력	/8	%	
문제해결능력	/9	%	
합계	/25	%	

01 의사소통능력 정답 ④

유형	일반형 정보 Text 읽기 〉 미시적 이해 〉 추론	난이도	★☆☆

3문단에서 멜라토닌은 낮 동안 빛을 통해 생성하며, 몸속에 정상적으로 분비되기 위해서는 어두워져야 한다고 하였다.

| 오답풀이 |

① 2문단에서 의학계에서는 하루 7－8시간이 가장 적절한 수면시간이라고 하였다.
② 2문단에서 잠을 줄이면 병에 걸릴 확률이 높아진다는 것을 알 수 있지만 곧 병에 걸린다고 볼 순 없다.
③ 주어진 글을 통해 알 수 없는 내용이다.
⑤ 4문단에서 코티졸이 많을수록 면역력은 떨어지고, 스트레스가 많으면 과다 분비된다고 하였다.

02 의사소통능력 정답 ③

유형	일반형 정보 Text 읽기 〉 거시적 이해 〉 주제	난이도	★★★

주어진 글에서는 넓은 일관성에 대해서 변함이 없는 것이면 무엇이나 일관성이 있다고 할 수 있다. 그러나 변화가 불가피할 때는 변화를 하되 그 기준이 변하지 않는다는 뜻에서 일관성 있는 변화를 말할 수 있다. 또한 어떤 궤도나 방향을 따르는 운동이나 발전적 변화를 말할 때는 그 궤도를 벗어나지 않는 것이 일관성 있는 운동이 된다고 언급하고 있다. 즉, 넓은 일관성은 기준은 유지하되, 방식을 유연하게 하는 것을 포함한다. ③의 내용에서 사장은 방식에 일관성은 없지만 좋은 생각이 나와야 한다는 기준에는 일관성을 보이고 있으므로 넓은 일관성 개념과 가장 가까운 사례라고 할 수 있다.

03 의사소통능력 정답 ③

유형	일반형 정보 Text 읽기 〉 창의적 이해 〉 적용	난이도	★☆☆

음악을 수(數) 또는 수학(數學)과 연결시키기 어렵다고 생각하는 경우가 많지만, 음악 작품이 수와 관련되어 있다고 언급하고 있으므로 이후에 연결되는 문장에는 음악이 수학적으로 해석될 수 있다는 이야기가 나오는 것이 자연스럽다.

| 오답풀이 |

① 음악과 연관되어서 서술했기 때문에 수렴할 수 있는 진술은 음악과 관계된 정도만이 나와야 한다.
② 수학적으로 해석 가능한 것이 감각과 연관되는 결론으로 수렴되는 것은 어색하다.
④ '더욱 밀접'해지기 전에 앞서 수학과 밀접하다는 얘기가 정리되어야 할 것이다.
⑤ 음악을 수학과 연관시키기 힘들다는 진술 다음에, 일단 음악과 수학이 연결된다는 진술이 나와야 한다. 그리고 그 다음에 ⑤와 같은 진술이 나와서 구체적으로 설명을 해야 하는데, 바로 ⑤의 내용이 연결되면 중간 단계가 생략된 진술이 된다.

04 의사소통능력 정답 ①

유형	일반형 정보 Text 읽기 〉 미시적 이해 〉 추론	난이도	★★☆

4문단에서 서양에서는 누드와 네이키드를 구분하였으며 네이키드와 달리 누드는 문화적 의미를 덧입은 것이라 하였다. 이를 토대로 인체에 대한 이상화된 동기를 표현하는 전통이 회화와 조각이라는 장르로 존재해 왔음을 알 수 있다.

| 오답풀이 |

② 5문단에서 누드화에 대해 성차별적 성향이 강하게 나타난다는 것을 알 수 있으나 예술 작품 모두에 대해 성차별적 성향이 나타나는지는 알 수 없다.
③ 5문단에서 '앵그르 같은 걸출한 누드 화가가 나타나면서 여성 누드에 대한 선호는 극대화된다. 이렇게 여성 누드가 늘어난 것은 그러나 누드 미술에 깔려 있는 성차별 의식이 해소된 탓은 아니다.'라고 하였으며 인식의 전환과는 무관함을 알 수 있다.
④ 3문단에서 '원칙적으로 벌거벗은 몸에 대해 부끄러움을 느끼는 것은 서양도 동양과 크게 다를 것이 없다.'고 하였다.
⑤ 5문단에서 '시간이 흐를수록 나체를 누드로 표현하지 않고, 네이키드로 표현하는 예술가들은 늘어만 갔다.'고 하였으나 이것이 성적 차별을 심화시킨 것이 아니라, 이미 내재된 성적 차별 의식 때문에 생긴 변화임을 알 수 있다.

05 의사소통능력 정답 ⑤

유형	일반형 정보 Text 읽기 〉 창의적 이해 〉 적용	난이도	★★☆

5문단에서 '우주의 중심은 인간이고, 인간 가운데 가장 완벽한 존재가 남자 성인이라고 믿었기 때문이었다.'라고 하였다. 이는 남성 중심 사고관을 반영한 것으로 완벽한 존재를 남성으로 인식하고 있다는 것이다. 따라서 자연스럽게 여성의 존재는 우주의 중심에서 벗어나 있는 주변적인 것이 되고, 완벽한 존재가 아닌 것이 된다. 이는 남녀평등의 입장에서 왜곡된 것이라 할 수 있다.

06 의사소통능력 정답 ⑤

유형	일반형 정보 Text 읽기 〉 거시적 이해 〉 맥락	난이도	★★★

주어진 글은 자유무역에 반대하는 이유로, 자유무역이 특정 분야에 수익의 불균형을 발생시키고, 소득분배에 있어 사회적 격차를 키워 손해를 보는 소수의 이익집단과 반사이익을 보는 소수의 이익집단 간에 사회적 갈등과 문제가 발생할 수 있음을 지적하고 있다. 다만, 이익이 손해보다 그 규모 면에서 일반적으로 크기 때문에 결과적으로 자유무역이 국가 경제에 도움이 된다고 주장한다. 모든 선택지는 '자유무역에 대한 반대'가 어떻게 평가되는지 정리하는 것으로 시작하고 있다. 따라서 주어진 글의 마지막 부분을 참고했을 때, 자유무역이 경쟁력이 떨어지는 물품을 생산하는 공급업자들에게 단기적으로 손해를 가져오고 이로 인해 자유무역에 대한 반대가 이뤄진다는 것을 알 수 있다.

| 오답풀이 |

① 수입대체산업에 대한 언급은 찾아볼 수 없다.

② 손해를 보는 집단과 이익을 보는 집단에 대해 모두 이익집단이 형성될 수 있다.

③ 농부와 농기계에 대한 글은 아니다.

④ 자유무역으로 인해 소비자들은 오히려 이익을 볼 수 있다는 사례를 들고 있다.

07 의사소통능력 정답 ④

유형	일반형 정보 Text 읽기 〉 거시적 이해 〉 주제	난이도	★☆☆

케플러의 예에서 잘 알 수 있듯이 과학적이라 여겨지는 이론도 시대가 변하면 그 타당성을 잃고 시대착오적인 이론으로 여겨질 수 있다는 의미이다.

08 의사소통능력 정답 ③

유형	일반형 정보 Text 읽기 〉 거시적 이해 〉 맥락	난이도	★☆☆

코레일이 평창 동계올림픽의 공식 후원 협약을 체결했다는 [다]가 가장 먼저 와야 하며, 이 협약을 통해 진행될 사항을 언급하는 [마]가 이어진다. 나머지 [가], [나], [라]는 코레일의 주요 활동에 대해 언급하고 있는데, 가장 자연스러운 연결은 [가], [라], [나]이다.

09 수리능력 정답 ③

유형	응용계산 〉 확률	난이도	★★☆

전체 확률에서 A, B 두 사람이 같은 층에서 내릴 확률을 빼면 된다. A와 B는 2층부터 10층 중에 내릴 수 있으므로 전체 경우의 수는 $9\times9=81$(가지)이며, A와 B가 같은 층에 내리는 경우의 수는 9가지이므로 두 사람이 서로 다른 층에서 내릴 확률은 $1-\frac{9}{9\times9}=\frac{8}{9}$이다.

10 수리능력 정답 ④

유형	응용계산 〉 방정식	난이도	★☆☆

오프라인 강의만 수강하겠다고 응답한 신입사원의 수를 a명이라고 하면 온라인 강의만 수강하겠다고 응답한 신입사원의 수는 3a명이다. 또 두 강의를 모두 수강하지 않겠다고 응답한 신입사원의 수를 b명라고 하면, 두 강의를 모두 수강하겠다고 응답한 신입사원의 수는 3b명이다. 이를 벤다이어그램으로 나타내면 다음과 같다.

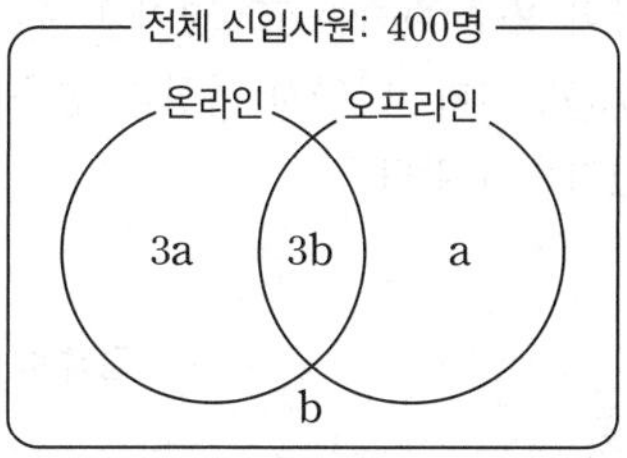

즉, $3a+3b+a+b=400$(명)이다. 온라인 강의를 수강하겠다고 응답한 신입사원의 수는 $3a+3b$명인데, 위 식을 계산하면 $a+b=100$이므로 온라인 강의를 수강하겠다고 응답한 신입사원의 수는 모두 300명이다.

11 수리능력

정답 ②

유형	응용계산 〉 거속시	난이도	★☆☆

영지가 집에서 미팅 장소1까지 가는 데 걸린 시간은 오전 8시 30분부터 9시 20분으로 50분이며, 84km/h의 속력으로 이동했으므로 이동한 거리는 $84\times\frac{50}{60}=70$(km)이다. 미팅 장소가 잘못되어 5분 후 미팅 장소1에서 미팅 장소2로 가는 데 걸린 시간은 9시 25분부터 9시 35분으로 10분이며, 96km/h의 속력으로 이동했으므로 이동한 거리는 $96\times\frac{10}{60}=16$(km)이다. 따라서 영지가 집에서 미팅 장소2까지 운전한 총거리는 $70+16=86$(km)이다.

12 수리능력

정답 ④

유형	응용계산 〉 거속시	난이도	★★☆

철수, 영수, 영희가 걸은 거리가 같으며, 시속 3km의 영희보다 시속 4km 철수가 10분 일찍 도착했으므로 영희가 걸은 시간을 t, 거리를 S라고 하면 다음과 같은 식이 성립한다.

$$t=\left(\frac{S}{4}+\frac{1}{6}\right)=\left(\frac{S}{3}\right),\ \frac{6S+4}{24}=\frac{S}{3},\ S=2\text{km}$$

영수는 철수가 도착하고 5분 후에 도착했으므로 영수의 속도를 $v$km라고 하면 다음과 같은 식이 성립한다.

$$\left(\frac{2}{4}+\frac{1}{12}\right)=\frac{2}{v},\ v=\frac{24}{7}$$

따라서 영수의 속도는 시속 $\frac{24}{7}$km이다.

13 수리능력

정답 ②

유형	자료해석 〉 수치 읽기	난이도	★★☆

탈모 증상 경험자 중 탈모 증상 완화 시도 방법으로 미용실 탈모 관리를 받았다고 한 응답자의 수는 남성이 $214\times0.098≒21$(명), 여성이 $115\times0.026≒3$(명)으로 남성이 18명 더 많다.

| 오답풀이 |

① 전체 응답자 수는 329명이고, 이 중 탈모 증상이 심각하다고 한 응답자는 150명이다. 여기서 부모의 탈모 경험이 있다고 한 응답자가 236명이므로 236명에 심각하지 않다고 대답한 179명이 다 있다고 가정하더라도 적어도 57명은 부모의 탈모 경험이 있다고 응답했음을 파악할 수 있다.

③ 연령대별로 탈모 증상 완화를 위해 모발 관리 제품을 사용한 응답자 수는 다음과 같다.
- 20대: $12\times0.5=6$(명)
- 30대: $32\times0.625=20$(명)
- 40대: $63\times0.524≒33$(명)
- 50대: $77\times0.468≒36$(명)
- 60대: $145\times0.262≒38$(명)

따라서 연령대가 높을수록 모발 관리 제품을 사용한 응답자 수가 많다.

④ 전체 응답자 수는 $236+93=329$(명)이며, 이 중 부모의 탈모 경험 여부에 있음으로 응답한 사람이 236명이므로 $\frac{236}{329}\times100≒72$(%)이다.

⑤ 남성은 20대에서 60대로 갈수록 탈모 증상 경험자의 비율이 5.1%, 16.2%, 30.0%, 35.8%, 49.4%로 커지고, 여성도 4.1%, 8.9%, 12.4%, 15.3%, 26.9%로 커진다.

14 수리능력

정답 ④

유형	자료해석 〉 수치 읽기	난이도	★★☆

㉠ "특히 2017년에는 전년 대비 20%p 감소하여 가장 큰 폭으로 감소하였다."와 같은 내용을 쓰기 위해서는 2016년 행정소송 처리대상건수 및 국가승소 건수 자료가 있어야 한다.

㉢ "2017~2020년 국가승소 건수 중 법인세 관련 행정소송 건수가 차지하는 비율 또한 매년 감소하였다."의 내용을 쓰기 위해서 필요한 자료이다.

㉣ "한편 2017~2020년 행정법원 소송 처리미완료건수 중 소송가액 10억 원 이상인 건수가 차지하는 비율은 2018년이 가장 높았으며 2020년이 가장 낮았다."의 내용을 쓰기 위해 필요한 자료이다.

| 오답풀이 |

㉡ 소송가액별 행정소송에 대해서는 보고서에 2021년과 비교하는 부분이 없기 때문에 이 자료는 필요 없다.

15 수리능력 정답 ③

유형	자료해석 〉 표의 해석	난이도	★☆☆

남성의 경우 흡연·음주가 30%, 비흡연·음주가 35%, 흡연·비음주가 10%이므로, 나머지 비흡연·비음주는 25%이다. 이를 비율적으로 계산해서 인원을 산출할 수 있다. 예를 들어, 남성 인원 중 30%인 600명이 흡연·음주이므로 남성 전체 인원은 600/0.3=2,000(명)이다. 이와 같은 방식으로 빈칸을 모두 채우면 다음과 같다.

음주 여부 \ 흡연 여부 \ 성별 / 구분		남성		여성	
		흡연	비흡연	흡연	비흡연
음주	인원	600	(700)	(450)	(300)
	비율	30	35	(30)	20
비음주	인원	(200)	(500)	300	450
	비율	10	(25)	(20)	30

㉡ 비음주이면서 비흡연인 남성 환자는 500명이고, 비음주이면서 비흡연인 여성 환자는 450명이므로 남성이 여성보다 많다.

㉣ 전체 환자 수는 3,500명이며, 이 중 음주 환자는 남성과 여성 합해서 2,050명이고 흡연 환자는 1,550명이므로, 음주 환자가 흡연 환자보다 많다.

| 오답풀이 |

㉠ 남성 환자의 흡연 비율은 30+10을 합해서 40%고, 여성 환자의 흡연비율은 50%이므로 남성 환자가 여성 환자보다 낮다.

㉢ 남성의 음주 환자는 1,300명이고, 남성의 비음주 환자는 700명이다. 여성의 음주 환자는 750명이고, 여성의 비음주 환자는 750명이다. 따라서 여성의 경우 음주 환자와 비음주 환자수가 같다.

16 수리능력 정답 ②

유형	자료해석 〉 표의 해석	난이도	★★☆

신규 인원보다 해제 인원이 많으면 자가격리자는 전일보다 줄어든다. 따라서 신규 인원보다 해제 인원이 많은 B는 세종이다. 또한 A~D지자체의 자가격리자 수는 각각 A가 9,778+7,796=17,574(명), B가 1,287+508=1,795(명), C가 1,147+141=1,288(명), D가 9,263+7,626=16,889(명)이며, 모니터링 요원 대비 자가격리자 수는 각각 A가 $\frac{17,574}{10,142}$≒1.7, B가 $\frac{1,795}{710}$≒2.5, C가 $\frac{1,288}{196}$≒6.6, D가 $\frac{16,889}{8,898}$≒1.9이므로, A는 충남이다. 마지막으로 자가격리자 중 외국인 비중이 가장 높은 지자체가 대전이라고 했는데, C가 $\frac{141}{1,288}\times100$≒10.9(%)이고 D가 $\frac{7,626}{16,889}\times100$≒45.2(%)이므로, D가 대전이고 C는 충북이다.

17 문제해결능력 정답 ③

유형	Text로 된 정보에서 원리 파악하기 〉 미시적 원리 파악하기	난이도	★★☆

마지막 시합을 통해 A가 이기면 3점을 얻게 되므로 A는 66피스톨을 모두 가진다. 반대로 A가 마지막 시합에서 지면 A와 B가 동점이 되므로 금화를 33피스톨씩 나눠 갖는다. 즉, A는 마지막 시합을 이기든 지든 33피스톨을 갖게 된다. 확률에 따라 금화를 나누기로 했으며, 이들의 승률은 각각 50%이므로 나머지 33피스톨을 A와 B가 반씩 나눠 가지는 것이 가장 합리적이다. 이때 A는 49.5피스톨을 갖고, B는 16.5피스톨을 갖게 된다.

18 문제해결능력

정답 ②

유형	퀴즈 문제 〉 매칭하기	난이도	★☆☆

㉠에 의해 일영은 안경을 끼거나 목도리를 하는데, ㉢에서 윤정이 안경을 끼고 있다고 하였으므로 일영은 목도리를 한다. 또한 ㉡과 ㉢에 의해 모의고사 등수가 윤정>일영>호식 순인데, ㉤에 의해 형준은 안경을 낀 윤정보다 등수가 높으므로 이들의 등수는 형준>윤정>일영>호식이다. 그리고 ㉣에 의해 1등을 한 사람은 머리가 긴 사람이 아니므로 형준은 빨간 볼펜을 쓰는 사람이고, 호식이 머리가 긴 사람이다. 이를 정리하면 다음과 같다.

등수	이름	안경	목도리	빨간 볼펜	머리가 길
1등	형준	×	×	○	×
2등	윤정	○	×	×	×
3등	일영	×	○	×	×
4등	호식	×	×	×	○

따라서 윤정은 2등이므로 점심값으로 5천 원을 내야 한다.

19 문제해결능력

정답 ②

유형	퀴즈 문제 〉 참 · 거짓 문제	난이도	★☆☆

A와 B는 일요일에 모두 참말을 한다. 그러므로 A의 두 번째 진술은 거짓이다. 거짓말을 하는 요일에는 거짓말만 한다고 하였으므로 A의 첫 번째 진술도 거짓이어야 한다. 따라서 A는 토요일에 참말만 하는 사람이며, 오늘은 A가 거짓을 말하는 요일이다. 월, 화, 수요일에 B는 참말만 하므로 B의 진술이 참이기 위해서는 오늘이 수요일이어야 한다.

20 문제해결능력

정답 ①

유형	Text로 된 정보에서 원리 파악하기 〉 거시적 원리 파악하기	난이도	★★☆

㉠ 소년 교도소의 재소자들이 실제로 폭력물을 많이 보았다는 통계이므로 주장을 지지하는 논거가 된다.

| 오답풀이 |

㉡ 아동과 청소년의 범죄 행위 유발에 관한 주장이므로 성인의 경우는 간접적 추론만 가능하다.

㉢ 이미 교도소에 들어온 경우이므로 교도소에서 매일 폭력물을 시청한다고 해서 그 전에 있었던 폭력의 인과를 따질 수는 없다.

㉣ 폭력성에 관한 근거로 볼 수 없다.

㉤ 텔레비전 발명을 근거로 삼을 수 없으며, 아동과 청소년의 폭력 범죄에 관한 자료가 필요하다. 아동과 청소년을 대상으로 한 폭력 범죄에 관한 자료가 필요한 것은 아니다.

21 문제해결능력

정답 ②

유형	Text로 된 정보에서 원리 파악하기 〉 거시적 원리 파악하기	난이도	★☆☆

주어진 글은 수사반장이 '조건부 확률'에 대한 정확한 인식 없이 4명의 용의자의 살인사건 범인 확률을 잘못된 조건하에 추리하고 있다. 다시 말해 살인사건이라고 이미 판단한 다음부터는 전체집합을 살인사건으로 기정사실화하여 용의자들의 범인 확률을 추리하였으며, 용의자들의 알리바이들을 고려하면서 점점 범인이 압축될수록 전체집합 또한 점점 특정 용의자들만으로 국한되어 결국 특정한 용의자가 범인이 될 확률이 100%가 되어버리는 논리적 오류를 범하고 있다.

22 문제해결능력

정답 ⑤

유형	퀴즈 문제 〉 연쇄 추리	난이도	★☆☆

두 번째 조건에 의해 직원 A가 선발되는 경우와 직원 B가 선발되는 경우로 나누어 생각할 수 있다.

1) 직원 A가 선발되는 경우

주민대표 E, F 중 한 명이 선발되어야 하며, 공무원 G, H 중 한 명이 선발되어야 한다. 네 번째 조건에 의해 주민대표 E가 선발되는 경우에는 직원 B가 선발되어야 하므로 주민대표 F가 선발되는 경우에만 직원 A가 선발될 수 있다. 마찬가지로 다섯 번째 조건에 의해 공무원 H가 선발되면, 주민 F가 선발되므로 공무원 H도 선발된다.

직원	주민	공무원
A	F	H

2) 직원 B가 선발되는 경우
네 번째 조건에 의해 주민대표 E가 선발된다. 그리고 다섯 번째 조건에 의해 공무원 G가 선발된다. 세 번째 조건에 의해 직원 C가 선발된다.

직원	주민	공무원
B, C	E	G

따라서 ㉠, ㉡, ㉢, ㉣ 모두 옳다.

23 문제해결능력 정답 ③

유형	Text로 된 정보에서 원리 파악하기 〉 미시적 원리 파악하기	난이도	★★☆

㉡ 35만 kWh/22,000대≒15.9(kWh)로 컴퓨터 1대당 절약되는 전력량은 연간 15kWh 이상이다.

㉣ 한 사람이 비행기로 출장 시 발생하는 이산화탄소 평균 배출량은 400kg이다. '이는 같은 거리를 4명이 자동차 한 대로 출장 시 발생하는 이산화탄소 평균 배출량의 2배에 해당'한다고 하였으므로, 1인당 이산화탄소 평균 배출량은 1명이 비행기로 출장을 가는 경우가 같은 거리를 4명이 자동차 한 대로 출장을 가는 경우의 8배에 해당한다.

| 오답풀이 |

㉠ 전력차단프로젝트는 밤에 꺼지는 것이 아니라 '컴퓨터가 일정시간 사용되지 않으면 언제라도 컴퓨터와 모니터의 전원이 자동으로 꺼지도록 하는 것'이기 때문에 출장 때문에 자리를 비우거나, 다른 업무 때문에 자리를 비운 직원이 컴퓨터를 끄지 않고 갈 가능성이 있는 낮에도 효과가 있을 것으로 추론할 수 있다. 이런 가능성 때문에 꼭 전력절감이 되는 것은 아니라 하더라도, '전력절감 효과는 없을 것'이라고 단언해서 말할 수는 없다.

㉢ '넷-제로(Net-Zero)'는 배출되는 탄소량과 흡수·제거되는 탄소량을 동일하게 만든다는 것이다. 한 사람이 비행기로 출장 시 발생하는 이산화탄소 평균 배출량은 400kg이고, A은행에서는 매년 1,000명이 항공 출장을 가고 있다. 그러므로 A은행이 항공출장으로 배출하는 이산화탄소량은 400톤이다. 항공 출장으로 인하여 현재 A은행이 배출하는 연간 이산화탄소의 양은 A은행의 연간 전체 이산화탄소 배출량의 1/5이므로 A은행의 전체 이산화탄소 배출량은 2,000톤이라는 것을 알 수 있다. 전력차단으로 652톤을 절약한다고 해도, 여전히 1,400여톤이 남아 있고, 400톤 정도 되는 항공 출장으로 줄인다고 해도, 여전히 남아 있는 배출량은 많기 때문에 넷-제로에 이르지는 않는다.

24 문제해결능력 정답 ⑤

유형	Text로 된 정보에서 원리 파악하기 〉 미시적 원리 파악하기	난이도	★★☆

항공 출장으로 절약되는 탄소량에 대해 구체적으로 보면 화상회의 시스템을 활용할 경우에 한 사람의 이산화탄소 평균 배출량은 항공 출장의 1/10 수준에 불과하고, 매년 항공 출장을 가는 1,000명 중 30%에게 항공 출장 대신 화상회의시스템을 활용하도록 할 계획이라고 하였다. 화상회의 시스템을 활용하는 사람은 300명이고, 이들은 40kg 정도만 이산화탄소를 배출한다. 즉, 1인당 400−40=360(kg)의 탄소가 절감되는 것이므로 총 300×360=108(톤)이 절감된다. 또한 전력차단으로 652톤을 절약할 수 있으니 절약되는 것은 총 760톤이고 이는 원래 배출량 2,000톤의 38%이다.

25 문제해결능력 정답 ③

유형	수리, 기호 정보에서 원리 파악하기 〉 수리적 원리 파악하기	난이도	★☆☆

㉠ 360ml는 7,200gtt이다. 2시간은 120분이고, 초로 환산하면 7,200초이므로 1초당 1gtt씩 주입해야 한다.

㉡ 3초당 1gtt로 주입하면, 60초에 20gtt이고 이는 1분에 1ml가 주입된다는 것이다. 24시간은 1,440분이므로 총 1,440ml를 주입할 수 있다.

DAY

11

정답 확인

문항	영역	정답	문항	영역	정답	문항	영역	정답	문항	영역	정답	문항	영역	정답
01	의사소통	③	02	의사소통	①	03	의사소통	②	04	의사소통	⑤	05	의사소통	⑤
06	의사소통	⑤	07	의사소통	③	08	의사소통	②	09	의사소통	②	10	수리	⑤
11	수리	③	12	수리	②	13	수리	②	14	수리	⑤	15	수리	⑤
16	수리	②	17	수리	④	18	문제해결	③	19	문제해결	②	20	문제해결	④
21	문제해결	②	22	문제해결	②	23	문제해결	①	24	문제해결	⑤	25	문제해결	③

영역별 실력 점검표

영역	맞은 개수	정답률	취약 영역
의사소통능력	/9	%	
수리능력	/8	%	
문제해결능력	/8	%	
합계	/25	%	

01 의사소통능력 정답 ③

유형	일반형 정보 Text 읽기 〉 창의적 이해 〉 적용	난이도	★☆☆

주어진 글은 선진국에서 볼 수 있는 생활의 질을 중시하는 태도와 잘 구축된 공공 정책, 다른 사람에게 도움이 되는 것을 즐거움으로 아는 태도에 대해 언급하고 있다. ③은 이러한 내용과 거리가 멀다.

02 의사소통능력 정답 ①

유형	일반형 정보 Text 읽기 〉 거시적 이해 〉 주제	난이도	★☆☆

지배층 입장에서는 노동 운동처럼 계급적으로 대립적이지 않은 경제학을 원한다는 의미다. 그렇다고 정부의 입장을 그대로 대변하는 것은 "경제 사회가 자본가니 노동자니 하는 계급의 대립 위에 성립되지 않고, 사실은 서로 공동 이익을 도모하는 생산자와 소비자라는 개인으로 구성되었다"는 대안의 경제학의 내용과는 맞지 않다.

03 의사소통능력 정답 ②

유형	일반형 정보 Text 읽기 〉 거시적 이해 〉 주제	난이도	★☆☆

시간과 공간이 절대적이지 않으며 변함없다는 성질이 제거된 것은 뉴턴 이후 상대론적 시각에서 찾아볼 수 있는 내용이다.

04 의사소통능력 정답 ⑤

유형	일반형 정보 Text 읽기 〉 미시적 이해 〉 추론	난이도	★★☆

4문단에서 기초 지반과 구조물을 완전히 분리한다는 것은 불가능한 것이라고 하였다. 따라서 지진파가 지반에서 구조물로 전달되는 것을 최대한 막기 위해서 이 둘 사이에 완충제를 끼워 넣는 방법을 생각한다고 하였다. 즉, 건물이 땅 위에서 분리되지 않는 한 지진파에 의한 피해가 발생한다는 것을 의미한다.

| 오답풀이 |

① 일반적으로 P파의 진폭이 작은데다가 상하로 흔들기 때문에 S파나 표면파의 피해가 더 클 가능성이 있다는 것이지 항상 그렇다는 것은 아니다.
② 피해가 클 수는 있지만 주파수가 비슷하다해서 무조건 무너지게 되는 것은 아니다.
③ 수직 하중과 수평 하중이 만나 증폭 되는지는 알 수 없다.
④ 지진에 의해서 인명, 재산 피해가 발생할 수 있기 때문에 내진 설계를 해야 한다.

05 의사소통능력 정답 ⑤

유형	일반형 정보 Text 읽기 〉 미시적 이해 〉 추론	난이도	★☆☆

㉣ "따라서 내진 설계는 몇 가지 원칙을 가지고 이루어지고 있다." 말하자면 여러 원칙 중에 하나를 선택하는 사항이 아니고, 모두 적용되어야 하는 원칙들인 셈이다.
㉤ "가장 바람직하다"는 표현 자체가 적절하지 않다. 다른 경우들이 선택 사항이 아니기 때문에 모두 이 원칙들이 지켜져야 하는 것이다. 그리고 굳이 가장 바람직한 설계를 고르자면 비용적인 효용도 계산해야 하지만 무엇보다 인간의 생명을 지키는 것이 최우선이 되어야 할 것이다.

06 의사소통능력 정답 ⑤

유형	일반형 정보 Text 읽기 〉 거시적 이해 〉 맥락	난이도	★★☆

몰리뉵스의 질문은 공 모양과 정육면체를 손의 감각으로만 기억한 사람이 눈으로도 그것을 구분할 수 있는지 여부를 묻고 있다. 만일 구분할 수 있다면, 이미 그 사람의 관념에 공 모양과 정육면체의 개념이 내재되어 있기 때문이라고 주장할 수 있으며, 구분할 수 없다면, 그는 손으로 만져야만 알 수 있는 것이므로 경험에 의해 관념이 형성되는 것이라고 이해할 수 있다. 즉, 몰리뉵스의 물음에 '네' 또는 '아니요'의 명확한 답변이 가능하다면, 양 편 주장에 대해 적절한 판정이 가능할 것임을 알 수 있다.

07 의사소통능력 정답 ③

유형	일반형 정보 Text 읽기 〉 미시적 이해 〉 추론	난이도	★★☆

어업준단의 유효기간은 발급일로부터 1년이었으며, 이

를 받고자 하는 자는 소정의 어업세를 먼저 내야 했다고 하였다.

| 오답풀이 |

① 일본은 조선해통어조합연합회를 만들어 자국민의 어업준단 발급 신청을 지원하게 했다고 하였다. 이는 발급을 지원하는 정도이며, 이후 조선해통어조합연합회를 없애고 만든 조선해수산조합이 어업법 공포 후 일본인의 어업 면허 신청을 대행하는 등의 일을 했다고 하였다.

② 조일통어장정에는 일본인이 조일통상장정 제41관에 적시된 지방의 해안선으로부터 3해리 이내 해역에서 어업 활동을 하고자 할 때는 조업하려는 지방의 관리로부터 어업준단을 발급받아야 한다는 내용이 있다고 하였으므로 이는 일본인의 어업 활동을 통제하는 것이며 조선인의 어업활동에 대한 규정이 아니다.

④ 일본은 조선해통어조합연합회를 만들어 자국민의 어업준단 발급 신청을 지원하게 했다고 하였다. 조업을 지원한다는 내용은 아니다.

⑤ 조일통어장정에는 일본인이 조일통상장정 제41관에 적시된 지방의 해안선으로부터 3해리 이내 해역에서 어업 활동을 하고자 할 때는 조업하려는 지방의 관리로부터 어업준단을 발급받아야 한다는 내용이 있다고 하였다. 이를 통해 면허가 아니라 준단임을 알 수 있다.

08 의사소통능력 　정답 ②

유형	일반형 정보 Text 읽기 〉 미시적 이해 〉 일치	난이도	★★☆

2문단에서 르베리에는 관찰을 통해 얻은 천왕성의 궤도와 뉴턴의 중력 법칙에 따라 산출한 궤도 사이의 차이를 수학적으로 계산하여 해왕성의 위치를 예측했다고 하였다. 즉, 뉴턴의 중력 법칙을 통해 예측했으므로 다른 법칙이 필요하지 않다.

| 오답풀이 |

① 3문단에서 르베리에는 수성의 궤도에 대한 관찰 결과 역시 뉴턴의 중력 법칙으로 예측한 궤도와 차이가 있음을 제일 먼저 밝힌 뒤, 1859년에 그 이유를 천왕성-해왕성의 경우와 마찬가지로 수성의 궤도에 미지의 행성이 영향을 끼치기 때문이라는 가설을 세웠다고 하였는데, 이는 뉴턴의 중력 법칙 외에 다른 것을 고려하지 않은 것이다.

③ 3문단에서 르베리에의 가설에 따라 이 행성을 발견했다고 주장하는 천문학자까지 나타났다고 하였다. 이를 통해 르베리에의 가설에 기반하여 연구한 천문학자가 있었음을 알 수 있다.

④, ⑤ 르베리에는 해왕성을 위치를 추정하는 데에 수학적 방식을 사용했으며, 동일한 방식으로 불칸의 위치를 추정했다고 하였다.

09 의사소통능력 　정답 ②

유형	일반형 정보 Text 읽기 〉 거시적 이해 〉 주제	난이도	★☆☆

"그를 끌어내린 것도 대중(大衆)이고 올려놓고 존대한 것도 대중이다"라는 내용을 참고했을 때, 국민이 정부에 권한을 위임하지만 처음 권한을 맡길 때와 다른 정치를 펼칠 때에는 정부를 재구성할 수 있는 권리도 가진다는 것을 알 수 있다. 따라서 정부의 재구성에 관한 내용이 들어가야 하기 때문에 ②번이 답이다.

10 수리능력 　정답 ⑤

유형	응용계산 〉 방정식	난이도	★☆☆

L이 이긴 횟수를 a, 진 횟수를 b라고 하면, T가 이긴 횟수는 b, 진 횟수는 a가 된다.

문제의 조건을 식으로 표현하면 다음과 같다.

• $2a-b=21$

• $2b-a=3$

→ $a=15,\ b=9$

따라서 L이 이긴 횟수는 15회이다.

11 수리능력 　정답 ③

유형	응용계산 〉 방정식	난이도	★☆☆

경수의 나이를 x라고 하고, 경진이의 나이를 y라 두자. 그러면 주어진 문제를 통해 $x=y+2$, $x^2=3y^2-2$의 두 식을 세울 수 있다. 연립하여 풀면 $(y+2)^2=3y^2-2$을 정리하면 $y^2-2y-3=(y-3)(y+1)$이 되고 $y=3$ 또는 $y=-1$이 된다. 나이는 양수이므로 $y=3$이고 $x=y+2$이므로 $x=5$이다.

12 수리능력 정답 ②

유형	기타 〉 수추리	난이도	★☆☆

+3, −5, ÷2의 규칙이 반복되는 규칙을 가지고 있다. 4 다음에는 +3이 되어야 한다.

13 수리능력 정답 ②

유형	응용계산 〉 일계산	난이도	★☆☆

1시간 동안 할 수 있는 일의 양은 갑이 $\frac{1}{4}$, 을은 $\frac{1}{6}$이다. 갑과 을이 함께 일을 하면 1시간 동안 할 수 있는 일의 양이 20% 향상된다.

이에 따라 갑이 1시간 동안 하는 일의 양은 $\frac{1}{4}\times\frac{12}{10}=\frac{3}{10}$, 을이 1시간 동안 하는 일의 양은 $\frac{1}{6}\times\frac{12}{10}=\frac{2}{10}$이다.

따라서 갑과 을이 함께 1시간 동안 할 수 있는 일의 양은 $\frac{3}{10}+\frac{2}{10}=\frac{5}{10}$가 된다.

갑과 을이 함께 일을 할 때, 그 일을 하는 데 소요되는 시간은 2시간이다.

14 수리능력 정답 ⑤

유형	자료해석 〉 수치 읽기	난이도	★★☆

㉠ 2023년의 인공지능 반도체의 비중은 $\frac{325}{2,686}\times100≒$ 12.1(%)이므로, 매년 증가한다.

㉡ 시스템 반도체의 31.3%가 1,179억 달러이므로 시스템 반도체의 시장규모는 $\frac{1,179}{0.313}≒$3,767(억 달러)이다. 그러므로 2021년의 2,500억 달러보다 1,000억 달러 이상 증가하였다.

㉢ 2025년의 시스템 반도체 시장규모는 $\frac{657}{0.199}≒$3,302(억 달러)이다. 이때 2022년 대비 2025년의 시스템 반도체 시장규모 증가율과 인공지능 반도체 시장규모 증가율을 구하면 다음과 같다.

- 시스템 반도체 시장규모 증가율: $\frac{3,302-2,310}{2,310}≒$ 42.94(%)
- 인공지능 반도체의 시장규모 증가율: $\frac{657-185}{185}≒$ 255.14(%)

따라서 5배 이상이다.

15 수리능력 정답 ⑤

유형	자료해석 〉 수치 읽기	난이도	★☆☆

㉠ [표]에서 오른쪽 끝의 합계는 출발 화물 합계이고, 마지막 행의 합계는 도착 화물 합계이므로 도착 화물보다 출발 화물이 많은 지역은 A, B, D 3개임을 알 수 있다.

㉢ 전체 화물 이동량은 출발 화물과 도착 화물을 합하되, 지역 내 화물이 중복 계산되므로 지역 내 화물 개수를 한 번 제하면 된다. 화물량이 유사해 보이는 C, D, H를 비교하면 다음과 같다.

- C: 381+366−30=717(개)
- D: 355+472−37=790(개)
- H: 522+489−46=965(개)

따라서 전체 화물 이동량이 가장 적은 지역은 C이다.

㉣ 도착 화물이 가장 많은 지역은 G다. 출발 화물 중 지역 내 이동 화물은 359개로 비중은 $\frac{359}{1,294}\times100≒$ 27.7(%)이며, 유사해 보이는 F의 비중은 $\frac{188}{729}\times100$ ≒25.8(%)이므로 G의 비중이 가장 높다.

| 오답풀이 |

㉡ 지역 내 이동 화물이 가장 적은 지역은 C이지만, 도착 화물이 가장 적은 곳은 D다.

16 수리능력 정답 ②

유형	자료해석 〉 자료 계산	난이도	★☆☆

각 지역의 건축 건수 1건당 건축공사비를 계산하면 다음과 같다.

- 가: $\frac{8,409}{12}≒$701(억 원)
- 나: $\frac{12,851}{14}≒$918(억 원)
- 다: $\frac{10,127}{15}≒$675(억 원)
- 라: $\frac{11,000}{17}≒$647(억 원)
- 마: $\frac{20,100}{21}≒$957(억 원)

따라서 건축 건수 1건당 건축공사비가 두 번째로 많은 지역은 나지역이다.

17 수리능력 정답 ④

유형	자료해석 〉 수치 읽기	난이도	★★☆

㉠ 나, 다, 마의 대체에너지 설비 투자 비율은 다음과 같다.

- 나: $\frac{678}{12,851} \times 100 ≒ 5.28(\%)$
- 다: $\frac{525}{10,127} \times 100 ≒ 5.18(\%)$
- 마: $\frac{1,080}{20,100} \times 100 ≒ 5.37(\%)$

따라서 가~마 지역의 대체에너지 설비 투자 비율은 각각 5% 이상이다.

㉢ 대체에너지 설비 투자액 중 태양광 설비 투자액 비율이 과반이 되는 것은 다와 마이므로 다와 마를 비교한다. 이때 다는 $\frac{300}{525} \times 100 ≒ 57(\%)$, 마는 $\frac{600}{1,080} \times 100 ≒ 56(\%)$로 다의 비율이 가장 높으며, 다의 대체에너지 설비 투자 비율은 5.18%로 가장 낮다.

| 오답풀이 |

㉡ 라지역의 태양광 설비 투자액이 210억 원이 되면, 대체에너지 설비 투자액 합이 510억 원이 되므로 대체에너지 설비 투자 비율은 $\frac{510}{11,000} \times 100 ≒ 4.64(\%)$가 된다. 따라서 5% 이하이다.

18 문제해결능력 정답 ③

유형	퀴즈 문제 〉 순서 정하기	난이도	★☆☆

주어진 대화에 따라 5명이 강의실에 도착한 순서를 정리하면 다음과 같다.

첫 번째 내용에 따라 '병진 – 철수 – 영희' 순으로 강의실에 도착했음을 알 수 있다.

두 번째 내용에 따라 '수정 – 지현 – 영희' 순으로 강의실에 도착했음을 알 수 있다.

세 번째 내용에 따라 '철수 – 수정' 순으로 강의실에 도착했음을 알 수 있다.

이를 종합하면 '병진 – 철수 – 수정 – 지현 – 영희' 순으로 강의실에 도착했음을 알 수 있다.

19 문제해결능력 정답 ②

유형	퀴즈 문제 〉 연쇄추리	난이도	★☆☆

을의 진술에 의하면 A와 D 중 적어도 한 명은 참석해야 하는데, 갑은 A가 반드시 참석할 것이라고 단언했으므로 이를 통해 D가 회의에 불참한다는 것을 알 수 있다.

20 문제해결능력 정답 ④

유형	퀴즈 문제 〉 연쇄추리	난이도	★☆☆

을은 C가 참석하지 못한다고 하였으므로 A나 B는 불참한다. A와 D 중 적어도 한 사람은 참석하는데, 갑은 A가 반드시 참석한다고 하였고, 앞 문제에서 D는 참석하지 않는다는 것을 알았으므로 여기까지의 내용을 다음과 같이 정리할 수 있다.

A	B	C	D	E	F
참석	불참	불참	불참		

마지막에 갑은 E와 F가 모두 참석한다고 하였으므로 선택지 중 위 내용을 토대로 E와 F가 모두 참석하게 하는 조건은 ④임을 알 수 있다.

21 문제해결능력 정답 ②

유형	Text로 된 정보에서 원리 파악하기 〉 미시적 원리 파악하고 적용하기	난이도	★☆☆

주어진 조건과 후보지의 특징을 표로 정리하면 다음과 같다.

구분	한전 선로	태양광	면적	밀집 인구	전력	일조량
기준	관계 X	100KW ↑	24만 평 ↑	70% ↓	320W ↑	5시간 ↑
(가) 지역			20만 평	70%		3시간 ↓
(나) 지역		120KW ↑		50%		5시간 ↑
(다) 지역	○		25만 평		300KW	

(라) 지역			27만 평		270KW	낮음
(마) 지역	작업 중	120KW	240만 평			

(나) 지역이 태양광, 밀집 인구, 일조량 조건을 만족하여 가장 많은 조건을 만족하는 곳이므로 (나) 지역이 선정된다.

22 문제해결능력

정답 ②

유형	Text로 된 정보에서 원리 파악하기 〉 미시적 원리 파악하고 적용하기	난이도	★★☆

갑이 각 종목에 부여한 점수는 다음과 같다.

구분	등산	스키	암벽등반	수영	볼링
비용(원)	8,000	60,000	32,000	20,000	18,000
	5	1	2	3	4
만족도	30	80	100	20	70
	2	4	5	1	3
위험도	40	100	80	50	60
	1	5	4	2	3
활동량	50	100	70	90	30
	2	5	3	4	1
점수 합계	10	15	14	10	11

따라서 갑이 선택할 운동은 스키이다.

23 문제해결능력

정답 ①

유형	Text로 된 정보에서 원리 파악하기 〉 미시적 원리 파악하고 적용하기	난이도	★★☆

을이 각 종목에 부여한 점수는 다음과 같다.

구분	등산	스키	암벽등반	수영	볼링
비용(원)	8,000	60,000	32,000	20,000	18,000
	5	1	2	3	4
만족도	30	80	100	20	70
	2	4	5	1	3
위험도	40	100	80	50	60
	5	1	2	4	3
활동량	50	100	70	90	30
	4	1	3	2	5
점수 합계	16	7	12	10	15

따라서 을이 선택할 운동은 등산이다.

24 문제해결능력

정답 ⑤

유형	Text로 된 정보에서 원리 파악하기 〉 미시적 원리 파악하고 적용하기	난이도	★★☆

각 종목에 대해 갑이 부여한 점수와 을이 부여한 점수를 합하면 다음과 같다.

구분	등산	스키	암벽등반	수영	볼링
갑	10	15	14	10	11
을	16	7	12	10	15
총합(점)	26	22	26	20	26

등산과 암벽등반, 볼링이 26점으로 가장 높다. 이 경우 을이 부여한 점수가 더 높은 종목인 등산과 볼링을 선택하며, 등산과 볼링 중에는 갑과 을의 점수 격차가 적은 볼링을 선택한다.

25 문제해결능력

정답 ③

유형	Text로 된 정보에서 원리 파악하기 〉 거시적 원리 파악하고 적용하기	난이도	★★☆

'월듀' 화장품사의 약점은 경쟁사 대비 상품 라인이 단순하다는 것이다. 그런데 이를 해결하지 않고 강점만 내세우는 것은 Strength를 통해 Weakness를 보완하는 SW전략에 어울리지 않는다.

DAY

12

정답 확인

문항	영역	정답	문항	영역	정답	문항	영역	정답	문항	영역	정답	문항	영역	정답
01	의사소통	①	02	의사소통	①	03	의사소통	②	04	의사소통	③	05	의사소통	③
06	의사소통	③	07	의사소통	⑤	08	의사소통	④	09	수리	③	10	수리	③
11	수리	⑤	12	수리	③	13	수리	④	14	수리	③	15	수리	③
16	수리	④	17	수리	②	18	수리	③	19	문제해결	①	20	문제해결	④
21	문제해결	①	22	문제해결	①	23	문제해결	⑤	24	문제해결	⑤	25	문제해결	③

영역별 실력 점검표

영역	맞은 개수	정답률	취약 영역
의사소통능력	/8	%	
수리능력	/10	%	
문제해결능력	/7	%	
합계	/25	%	

01 의사소통능력

정답 ①

유형	일반형 정보 Text 읽기 〉 거시적 이해 〉 주제	난이도	★☆☆

주어진 글은 인간이 인간의 편협한 가치관으로 획일적인 작물을 만들어 냈고, 이로 인하여 생명체의 다양성을 해치는 결과를 유발했으며, 다양성이 줄어든 생물은 환경 변화에 취약하다는 것을 언급하고 있다. 이에 따라 생명체가 다양성을 상실하면 멸종 위기에 직면할 수 있음을 시사하고 있다.

02 의사소통능력

정답 ①

유형	일반형 정보 Text 읽기 〉 미시적 이해 〉 일치	난이도	★★☆

배의 앞쪽에서 바라볼 때 배가 왼쪽으로 기울면 왼쪽 핀 안정기의 뒤쪽은 아래로 움직이고, 오른쪽 핀 안정기의 뒤쪽은 위로 움직인다. 그러면 왼쪽 핀 안정기 아래쪽의 물의 흐름은 느려지고 위쪽은 빨라지면서 핀 안정기 아래쪽의 압력이 위쪽보다 높아진다. 이 압력차로 인해 왼쪽 핀 안정기에서는 위로 양력이 작용하고, 반대로 오른쪽 핀 안정기에서는 양력이 아래쪽으로 작용한다.

| 오답풀이 |

② 2문단에서 빌지킬을 갖춘 배는 얇은 판이 배 양쪽에 하나씩 두 개가 설치되어 있다고 하였다.

③ 3문단에서 안티롤링 탱크의 원리인 U자형 관은 시간 차이를 이용하는 원리로, 한계를 보완하기 위해 인위적으로 펌프를 사용할 수 있다고 하였다.

④ 4문단에서 핀 안정기는 양력을 이용하는 장치로 가장 최근에 개발되었다고 하였다.

⑤ 3문단에서 큰 배들이 주로 사용하는 장치는 안티롤링 탱크임을 알 수 있다.

03 의사소통능력

정답 ②

유형	일반형 정보 Text 읽기 〉 미시적 이해 〉 일치	난이도	★☆☆

외거노비의 경우 별도의 호적을 갖고 수확의 일부로 생활이 가능하다고 하였다.

| 오답풀이 |

① 부모 가운데 하나가 노비이면 그 아이도 노비가 된다고 하였다.

③ 평생에 걸쳐 주인에게 노동력을 제공하는 솔거노비는 온전하게 가정을 이루고 재산을 소유하는 것이 불가능하다고 하였다.

④ 솔거노비와 달리 외거노비는 주인의 호적에 기재되는 외에 별도의 호적을 가지고 있었다고 하였다.

⑤ 이성계 세력은 귀족을 억압하기 위한 방편으로 외거노비에 대한 국가의 지배를 강화했다고 하였다.

04 의사소통능력

정답 ③

유형	일반형 정보 Text 읽기 〉 거시적 이해 〉 주제	난이도	★★☆

주어진 글은 마르틴 부버가 세계를 중층으로 이해하며, 아래층은 경험을 매개로 한 세계, 위층은 만남을 통해 알 수 있는 본질 세계로 구분하고 있다는 것을 언급하고 있다. 그리고 오늘날의 인간은 경험을 매개로 한 아래층의 세계에 현혹되어 본질적인 위층을 보지 못한다고 말한다. 선택지 ①, ②, ④, ⑤는 모두 이와 같은 논지와 일치하지만 ③은 인간이 경험적 인식의 한계를 깰 수 있는지 없는지에 대한 언급을 하고 있으므로 주어진 글의 내용과 맞지 않다.

05 의사소통능력

정답 ③

유형	일반형 정보 Text 읽기 〉 미시적 이해 〉 일치	난이도	★☆☆

인터넷이 등장한 이후 우리는 '가상공간'(Cyberspace)이라 불리는 새로운 공간에 대해 고민하지 않으면 안 되었다고 했으므로 인터넷이라는 미디어의 등장으로 가상공간이라는 용어가 만들어졌음을 알 수 있다.

| 오답풀이 |

① 가상공간의 등장으로 사람들의 의식 또한 사회라는 공간을 넘어 파편화되고 개별화되는 현상이 있었지만 이로 인해 존재의 근원적인 이유가 바뀌었다고 볼 수는 없다.

②, ⑤ 주어진 글을 통해 알 수 없는 내용이다.

④ 미디어가 가리키는 것이 TV에서 인터넷으로 전이된 것이 아니라 TV와 인터넷을 모두 포함하는 개념으

로 확장된 것이라고 이해해야 한다.

06 의사소통능력

정답 ③

유형	일반형 정보 Text 읽기 〉 거시적 이해 〉 주제	난이도	★★☆

주어진 글은 서구 지배적 정치 원리로서의 자유주의에 대해 1980년대부터 공동체주의의 도전이 있었음을 언급하고 있으며, 여기서 주목해야 할 점으로 공동체주의의 개념에 대해 합의가 없는 것을 말한다. 그러나 공동체 논의를 위해 개념을 정의하는 것이 불가피했고, 이로 인해 등장한 여러 모형을 소개하고 있다. 즉, 공동체라는 용어의 정의는 필요하지만 다양하게 정의될 수밖에 없다는 것이 글의 중심 내용이다.

07 의사소통능력

정답 ⑤

유형	일반형 정보 Text 읽기 〉 거시적 이해 〉 맥락	난이도	★★☆

주어진 글은 에르고딕 이론의 맹점에 대해 언급하고 있다. 3문단에서 사례로 들고 있는 타이핑 속도에 대한 실험에서는 타이밍 실력이라는 요인이 통제되지 않은 상태에서 평균치만으로 개인에 대해 결론을 내릴 경우 오류가 생길 수 있음을 말하고 있다. 즉, ⓜ에는 타이핑 실력이 통제된 것이 아니라 통제되지 않아 문제가 된다는 내용이 들어가야 하므로 적절하게 수정한 내용이다.

08 의사소통능력

정답 ④

유형	일반형 정보 Text 읽기 〉 거시적 이해 〉 주제	난이도	★☆☆

1문단에서 서구 사회의 기독교적 전통하에서 이 전통에 속하는 이들은 자신들을 정상적인 존재로, 이러한 전통에 속하지 않는 이들을 비정상적인 존재로 구별하려 했다고 하였으며, 2~4문단에서는 그 대상이었던, 적그리스도, 이교도, 나병과 흑사병 환자들을 추악한 형상으로 표현했음을 보여주고 있다.

09 수리능력

정답 ③

유형	응용계산 〉 거속시	난이도	★☆☆

표의 내용을 통해 72km/h일 때 제동거리는 36m임을 알 수 있다. 문제에 공주시간은 1초라고 하였는데, 72km/h의 속력을 m/s로 환산하면, $\frac{72,000}{3,600}=20(\text{m/s})$이므로 공주거리는 20m이다. 정지거리는 제동거리와 공주거리의 합이라고 하였으므로 $36+20=56(\text{m})$이다.

10 수리능력

정답 ③

유형	응용계산 〉 방정식	난이도	★★☆

4명 모두 4년 후에 동일하게 나이를 먹으므로
x년 후에 부모의 나이합이 자식의 나이합의 4배가 될 때의 식은 다음과 같다.

$4\{(A+x)+(B+x)\}=(C+x)+(D+x)$

$4A+4B+8x=C+D+2x$

$6x=C+D-4A-4B$

$x=\frac{C+D-4A-4B}{6}$

11 수리능력

정답 ⑤

유형	응용계산 〉 방정식	난이도	★☆☆

철수가 구매한 연필과 볼펜 개수를 식으로 나타내면 다음과 같다.

$800x+1,000y=36,000$

$8x+10y=360$

$4x+5y=180$

여기서 연필을 20개 구매했다면, 볼펜도 20개를 구매해야 하므로 물건 개수의 총합은 40개이다. 이와 같은 방식으로 식을 정리하면 다음과 같다.

x	y	지불 내용	$x+y$
20	20	$4\times20+5\times20=180$	40
25	16	$4\times25+5\times16=180$	41
30	12	$4\times30+5\times12=180$	42

35	8	$4\times35+5\times8=180$	43
40	4	$4\times40+5\times4=180$	44
45	0	$4\times45+5\times0=180$	45

연필을 45개 구매했다면, 볼펜을 구매할 수 없으므로 물건 개수의 총합이 45가 되는 것은 불가하다.

12 수리능력

정답 ③

유형	응용계산 〉 소금물	난이도	★☆☆

필요한 소금물의 양을 xg이라 했을 때, 다음과 같이 나타낼 수 있다.

$0.12\times100\text{g}+0.03\times x\text{g}=0.07(100+x)$

$\therefore x=125$

13 수리능력

정답 ④

유형	자료해석 〉 수치 읽기	난이도	★☆☆

각 과목의 평균 점수와 각 학생의 평균 점수를 계산하면 다음과 같다.

학생 / 성별 / 과목	갑	을	병	정	무	평균
	남	여	( )	여	남	
국어	90	85	60	95	75	81.00
영어	90	85	100	65	100	88.00
수학	75	70	85	100	100	86.00
평균	85.00	80.00	81.7	86.7	91.7	

㉠ 5명의 국어 평균 점수는 81점이다.

㉢ 정의 국어와 수학 점수가 가장 높으므로 국어와 수학에 높은 가중치 주어지면 유리할 수밖에 없다. 이에 따라 정과 무만 살펴보면 좋은데, 정의 점수는 $95\times0.4+65\times0.2+100\times0.4=91$(점)이고, 무의 점수는 $75\times0.4+100\times0.2+100\times0.4=90$(점)이다. 따라서 정이 점수가 가장 크다.

㉣ 병의 성별을 알 수 없으므로 병을 제외하고 평균을 계산하면 남학생의 수학 평균 점수는 87.5점이고, 여학생의 수학 평균 점수는 85점이다. 병이 수학 점수는 85점인데, 만일 병이 여학생인 경우 여전히 여학생 평균은 85점이고, 병이 남학생인 경우에도 남학생 평균이 86.7이 되므로 여학생 평균 점수보다 높다. 따라서 병의 성별에 관계없이 남학생의 수학 평균 점수가 높다.

| 오답풀이 |

㉡ 3개 과목 평균 점수가 가장 높은 학생은 무로 91.7이고, 가장 낮은 학생의 평균 점수는 을로 80점이므로 10점 이상 차이가 난다.

14 수리능력

정답 ③

유형	자료해석 〉 추세 읽기	난이도	★★★

㉠ 국민총소득 대비 공적개발원조액 비율이 UN권고 비율보다 큰 국가는 룩셈부르크, 노르웨이, 스페인, 덴마크, 영국이다. 이들 나라의 공적개발원조액은 노르웨이가 43억 달러, 스페인이 27억 달러, 덴마크가 25억 달러, 영국이 194억 달러고, 룩셈부르크는 상위 15개 회원국에 해당하지 않기 때문에 그래프에서 찾아볼 순 없지만 룩셈부르크를 제외하더라도 공적개발원조액의 합이 $43+27+25+194=289$(억 달러)이므로 250억 달러 이상임을 알 수 있다.

㉡ 공적개발원조액 상위 5개국의 공적개발원조액 합은 미국이 330억 달러, 독일이 241억 달러, 영국이 194억 달러, 프랑스가 120억 달러, 일본이 117억 달러로 총 1,002억 달러다. 15개국의 합계는 1,375억 달러이며, 나머지 14개국이 모두 15순위인 25억 달러라고 하더라도 14개국의 공적개발원조액 합은 350억 달러이며, 총 1,725억 달러 중 상위 5개국이 1,002억 달러이므로 50% 이상임을 알 수 있다.

| 오답풀이 |

㉢ [그래프2]를 통해 독일의 국민총소득은 $\frac{241}{0.0061}\fallingdotseq$ 39,508(억 달러)임을 알 수 있다. 여기서 독일이 공적개발원조액만을 30억 달러 증액하여 비율을 다시 구하면 다음과 같다.

- $\frac{271}{39{,}508}\times100\fallingdotseq0.686(\%)$

따라서 UN권고 비율인 0.7%를 넘지 않는다.

15 수리능력 정답 ③

유형	자료해석 〉 자료계산	난이도	★☆☆

각 회원사의 당해 연도 납입자금은 다음과 같다.

회원사	매출액(천억 원)	납입자금(억 원)
A	3.5	2
B	19.0	4
C	30.0	5
D	6.0	3
E	15.5	4
F	8.0	3
G	9.5	3
H	4.6	2

㉠ 당해 연도 납입자금이 3억 원인 회원사는 D, F, G 3개이다.

㉡ 2010년 모든 회원사의 총납입자금은 2+4+5+3+4+3+3+2=26(억 원)이다.

| 오답풀이 |

㉢ 2010년에 3억 원을 내는 회원사들의 매출액은 6+8+9.5=23.5(천억 원)이고, 4억 원을 내는 회원사들의 매출액은 19+15.5=34.5(천억 원)으로 4억 원의 납입자금을 내는 회원사들의 전년도 매출액 합이 더 크다.

16 수리능력 정답 ④

유형	자료해석 〉 수치 읽기	난이도	★★★

㉡ 고적 편찬 시 존재하는 성씨는 토성과 망성이므로 282+103=385(개)이고, 세종실록지리지 편찬 시 존재하는 성씨는 토성과 내성이므로 282+87=369(개)이다.

㉢ 고적 편찬 시 가장 많은 성씨를 가진 곳은 전라도로 572+26=598(개)이며, 가장 적은 곳은 황해도로 88+70=158(개)이므로 3배 이상이다.

| 오답풀이 |

㉠ 망성이 적고 토성이 많을수록 이출 비율이 낮다. 이에 따라 경상도와 전라도를 비교하면, 경상도의 이출 비율은 $\frac{15}{529+15}$≒0.0276, 전라도의 이출 비율은 $\frac{26}{572+26}$≒0.0435로 경상도가 낮다. 반면, 내성이 많고 토성이 적을수록 이입 비율이 높다. 이에 따라 경상도와 강원도, 황해도를 비교하면, 경상도의 이입 비율은 $\frac{250}{529+250}$≒0.32, 강원도의 이입 비율은 $\frac{98}{100+98}$≒0.49, 황해도의 이입 비율은 $\frac{92}{88+92}$≒0.51로 경상도의 이입 비율이 가장 높지 않다.

17 수리능력 정답 ②

유형	자료해석 〉 자료계산	난이도	★☆☆

제시문으로부터 구할 수 있는 정보를 도표로 만들면 다음과 같다.

구분	남자	여자	합계
60세 이상	30		
40~59세			60
20~39세	30		50
합계	100		150

구분	남자	여자	합계
만족	30		60
불만족			
합계	100	50	150

이를 토대로 나머지 정보를 채우면 다음과 같다.

구분	남자	여자	합계
60세 이상	30	10	40
40~59세	40	20	60
20~39세	30	20	50
합계	100	50	150

구분	남자	여자	합계
만족	30	30	60
불만족	70	20	90
합계	100	50	150

그러므로 60세 이상의 민원인 수는 40명이다.

18 수리능력

정답 ③

유형	자료해석 〉 자료계산	난이도	★☆☆

앞 문제의 해설을 통해 여성 민원인 50명 중 20명이 만족하지 못했으므로 그 비율은 40%이다.

19 문제해결능력

정답 ①

유형	퀴즈 문제 〉 연쇄추리	난이도	★☆☆

A의 말에 따르면 셋이 옹달샘에 갔기 때문에, 자기가 갔다고 말한 A를 제외하면 나머지 4마리의 토끼들 중 2마리가 옹달샘에 가야한다.

만약 D가 갔다면 D의 진술의 대우에 의해, B도 가야하고, C는 D를 계속 따라다녔다고 하였으므로 C도 옹달샘에 가야 한다. 이 경우, 셋 이상이 옹달샘에 가므로 D는 옹달샘에 갈 수 없다. D가 가지 않았다면 D만 따라다닌 C 역시 가지 않은 것이기 때문에, 옹달샘에 간 나머지 2마리는 B와 E이다.

20 문제해결능력

정답 ④

유형	퀴즈 문제 〉 연쇄추리	난이도	★★☆

E의 진술에 의해 E를 제외한 2마리는 물을 마셨고, E를 포함한 3마리는 물을 마시지 않았다. 그리고 B의 진술에 의해 D가 물을 마셨다면, B도 물을 마신다. 이를 다음과 같이 정리할 수 있다.

물을 마신 토끼	물을 마시지 않은 토끼
B, D	A, C, E

A가 물을 마시지 않았다면, B는 물을 마셨다는 것을 알 수 있다.

| 오답풀이 |

①, ② D가 물을 마시면 B도 물을 마셔야 한다.

③ E는 옹달샘에 갔다.

⑤ 옹달샘에 간 토끼와 물을 마시지 않은 토끼는 동일하지 않다.

21 문제해결능력

정답 ①

유형	Text로 된 정보에서 원리 파악하기 〉 미시적 원리 파악하고 적용하기	난이도	★☆☆

㉠ 겨울에 태어난 양의 이름에는 '눈'이 반드시 포함되고, 암컷 양의 이름에는 '불'이 반드시 포함된다. 그러면 두 글자 이름은 '눈불', 아니면 '불눈'이다.

| 오답풀이 |

㉡ '물불'이 여름에 태어난 암컷 양이라면, '불' 한 글자만 들어가도 조건은 충족한다. 따라서 반드시 여름에 태어났다고 수컷은 아닐 수 있다. 봄에 태어난 경우에도 마찬가지이다.

㉢ 봄에 태어난 수컷양의 이름을 물로 지으면 한 글자만으로도 이름 짓기가 가능하다.

22 문제해결능력

정답 ①

유형	퀴즈 문제 〉 연쇄추리	난이도	★☆☆

김 대리가 월요일에 출장을 떠났다가 목요일 오전에 돌아올 예정이고, 회의에는 전원이 참석해야 하므로 목요일 혹은 금요일이 회의를 하는 날이다. 그런데 회의가 있는 전날 야근에도 전원이 참석해야 하므로 하므로 김 대리가 없는 수요일에는 야근을 할 수 없다. 따라서 회의가 진행되는 날은 금요일이다. 이에 따라 A의 진술은 옳지만, B의 진술은 옳고 그름 여부를 알 수 없다.

23 문제해결능력

정답 ⑤

유형	Text로 된 정보에서 원리 파악하기 〉 미시적 원리 파악하고 적용하기	난이도	★★☆

각 진로의 편익을 구하면 다음과 같다.

구분	A	B	C
편익	25×10= 250(천만 원)	35×7= 245(천만 원)	30×5×1.2= 180(천만 원)

각 진로의 비용을 구하면 다음과 같다.

구분	A	B	C
비용	3×6×1.5= 27(천만 원)	1×1×1+20= 21(천만 원)	4×3×2+20= 44(천만 원)

마지막으로 비용편익분석 결과는 다음과 같다.

구분	A	B	C
편익 -비용	250-27= 223(천만 원)	245-21= 224(천만 원)	(180-44)×1.8 =244.8 (천만 원)

따라서 진로의 순위는 C, B, A이다.

24 문제해결능력 정답 ⑤

유형	수리, 기호 정보에서 원리 파악하기 〉 수리적 원리 파악하고 적용하기	난이도	★★★

전기요금 청구액 계산방법에 따라 순서대로 계산한다.

① 지훈이네의 이번 달 전기요금은 410kWh으로 400kWh를 초과했으므로, 청구되는 기본 요금은 7,300원이다.

② 전력량 요금은 (200×93.3)+(200×187.9)+(10×280.6)=18,660+37,580+2,806=59,046(원)이다.

③ 전기요금계=①+②-복지 할인인데, 복지 할인은 없으므로 7,300+59,046=66,346(원)이다.

④ 부가가치세(원 단위 미만 반올림)=③×10%=66,346×0.1=6,635(원)이다.

⑤ 전력산업기반기금(10원 미만 절사)=③×3.7%=66,346×0.037=2,450(원)이다.

⑥ 청구요금 합계(10원 미만 절사)=③+④+⑤=66,346+6,635+2,450=75,430(원)이다.

따라서 지훈이네의 이번 달 전기요금은 75,430원이다.

25 문제해결능력 정답 ③

유형	수리, 기호 정보에서 원리 파악하기 〉 수리적 원리 파악하고 적용하기	난이도	★★☆

- 9월: 50kWh에 대하여 기본 요금은 910원이며, 전력량 요금은 50×93.3=4,665(원)이므로 전기요금계는 910+4,665=5,575(원)이고, 200kWh 이하이므로 필수사용량 보장공제에 의해 월 4,000원이 감액되어 1,575원이다.
- 10월: 40kWh에 대하여 기본 요금은 910원이며, 전력량 요금은 40×93.3=3,732(원)이므로 전기요금계는 910+3,732=4,642(원)이고, 200kWh 이하이므로 필수사용량 보장공제에 의해 월 4,000원이 감액되지만, 최저 요금은 1,000원이다.

따라서 2개월간 사용한 전기요금계는 총 2,575원이다.

DAY

13

정답 확인

문항	영역	정답	문항	영역	정답	문항	영역	정답	문항	영역	정답	문항	영역	정답
01	의사소통	⑤	02	의사소통	④	03	의사소통	④	04	의사소통	③	05	의사소통	③
06	의사소통	④	07	의사소통	①	08	의사소통	②	09	의사소통	③	10	수리	②
11	수리	④	12	수리	②	13	수리	①	14	수리	③	15	수리	⑤
16	수리	①	17	문제해결	②	18	문제해결	④	19	문제해결	⑤	20	문제해결	④
21	문제해결	③	22	문제해결	④	23	문제해결	②	24	문제해결	②	25	문제해결	②

영역별 실력 점검표

영역	맞은 개수	정답률	취약 영역
의사소통능력	/9	%	
수리능력	/7	%	
문제해결능력	/9	%	
합계	/25	%	

01 의사소통능력 정답 ⑤

유형	일반형 정보 Text 읽기 〉 미시적 이해 〉 일치	난이도	★☆☆

컴퓨터가 이처럼 성공을 거둔 이유는 복잡한 문제를 0과 1이라는 디지털 데이터로 바꾼 후 알고리즘을 이용한 체계적인 접근을 통해 빠른 속도로 해답을 구할 수 있기 때문이라고 하였다.

| 오답풀이 |

① 일상생활에 컴퓨터가 깊숙이 침투해 있긴 하지만 컴퓨터가 없다고 생존이 위협받는 것은 아니다.

②, ④ 주어진 글의 내용을 통해서는 알 수 없다.

③ 아주 단순하고 명확하게 사물과 사물을 구분할 수 있으므로 기계화하기 쉬워지기 때문에 이진법을 쓴다고 하였다.

02 의사소통능력 정답 ④

유형	일반형 정보 Text 읽기 〉 미시적 이해 〉 추론	난이도	★☆☆

주어진 글은 서양의 정의 개념에 대해 언급하고 있다. 마지막 문장에서 서양의 정의는 타인들이 갖게 될 보다 더 큰 선을 위하여 소수의 자유를 빼앗는 행위를 허용하지 않는다고 하였는데, 이를 통해 개인보다 사회에 우선권을 두고 있다는 말은 옳지 않다는 것을 알 수 있다.

03 의사소통능력 정답 ④

유형	일반형 정보 Text 읽기 〉 미시적 이해 〉 추론	난이도	★☆☆

핵폐기물에는 다종다양한 핵분열 생성물이 들어 있다고 하였으며, 이것들이 집중적으로 몰려 있는 것이 고준위 핵폐기물이라 하였다.

| 오답풀이 |

① 성공적으로 처분한 나라는 없다고 하였으나 냉각을 성공하지 못했는지는 알 수 없다.

② 저준위 폐기물은 방사능 정도가 약할 뿐이며, 자연에 노출되어도 안전하다는 의미는 아니다.

③ 반감기 때문에 독성의 강약이 정해지는 것은 아니며, 오히려 반감기가 30여 년 정도로 짧기 때문에 수백 년 후 독성이 사라진다고 하였다.

⑤ 플루토늄의 반감기가 24400년이라고 하였으나 이는 방사능이 절반으로 줄어드는 기간이므로 독성이 모두 사라진다고 볼 수 없다.

04 의사소통능력 정답 ③

유형	일반형 정보 Text 읽기 〉 거시적 이해 〉 맥락	난이도	★★☆

주어진 글은 마그누스 효과에 대해 설명하고 있다. 먼저 독자의 흥미를 끌기 위해 축구 경기에서 프리킥의 중요성을 설명하는 [다]와 [가]가 차례로 이어져야 한다. 그리고 프리킥으로 찬 공의 회전에 적용된 마그누스 효과를 설명하는 [마]와 [라]가 이어지고, 마지막으로 비행기 날개에서 마그누스 효과가 적용된다는 것을 추가로 덧붙이는 [나]가 오는 것이 자연스럽다.

05 의사소통능력 정답 ③

유형	일반형 정보 Text 읽기 〉 미시적 이해 〉 일치	난이도	★☆☆

주어진 글은 원자들이 미시 세계에서 행동하는 모습은 가시 세계에서의 물질의 모습과 상당히 다를 것이라고 말하고 있다.

| 오답풀이 |

① 1문단에서 바이러스는 상당히 좋은 현미경을 통하지 않고는 볼 수 없다고 하였다.

② 5문단에서 우리의 일상 경험 세계를 잘 설명하는 이론이 고전 역학이라고 하였다.

④, ⑤ 주어진 글은 미시 세계와 거시 세계를 구분하여, 두 세계를 설명하는 방식은 다를 것이라고 말하고 있다.

06 의사소통능력 정답 ④

유형	일반형 정보 Text 읽기 〉 거시적 이해 〉 맥락	난이도	★★☆

거시 세계와 달리 미시 세계는 모양이 분명하게 확정되지 않는 대상이 많고, 모양이라는 말이 의미조차 없다고 하고 있다. 또한 우리의 언어는 일상 경험 세계를 표현하

는 데에만 적합하므로 우리가 실제로 경험할 수 없는 미시 세계는 언어로 지시하기 힘들다고 할 수 있다.

07 의사소통능력 정답 ①

유형	일반형 정보 Text 읽기 〉 미시적 이해 〉 추론	난이도	★☆☆

하늘에 제사하는 것은 제후의 일이고, 사, 서인은 조상에게만 제사할 뿐이라고 했으므로 서로 제사를 지내는 대상이 다름을 알 수 있다.

| 오답풀이 |

② 천지 귀신에게 음식으로써 아첨한다해도 화복을 내리지는 않는다고 하였다.
③ 하늘에 제사하는 것은 제후의 일이라고 하였다.
④ 사와 서인이 산천에 제사를 지내는 것은 음사이며, 예가 아니라고 하였다.
⑤ 배의 표류와 침몰은 행장과 바람의 문제임을 언급하고 있다.

08 의사소통능력 정답 ②

유형	일반형 정보 Text 읽기 〉 거시적 이해 〉 맥락	난이도	★☆☆

심리학자 브라이언 포터의 말에 따르면 스키너 박사의 행동주의는 조작적 조건화 원리, 긍정적 강화 등으로 설명할 수 있다. 특히 여기서 긍정적 강화는 사람들이 처벌보다 보상에 더 많이 반응한다는 것을 주요한 원리로 사용한다. 따라서 수저를 스스로 한 번 들 때마다 담배나 사탕 등을 보상으로 준 것은 스키너의 긍정적 강화로 볼 수 있다.

09 의사소통능력 정답 ③

유형	일반형 정보 Text 읽기 〉 거시적 이해 〉 주제	난이도	★☆☆

주어진 글은 천하의 일이 행운에 따라 이뤄지는 경우가 많다는 것을 언급하고 있다. 그러므로 역사서에 쓰인 것들 또한 행운에 따라 이뤄진 것이 많으며, 오히려 역사서는 그럼에도 불구하고 필연적으로 이뤄진 것처럼 그럴듯하게 꾸며지기도 한다고 하였다. 따라서 사서에 의해 성패를 헤아릴 수 없고, 우리의 지혜가 부족함을 탓할 수도 없으며, 진실을 드러내는 것도 어렵다고 하였다. 그러나 필자는 이처럼 사서가 꾸며지거나 왜곡이 발생하는 부분에 대해서 그것이 옳고 그름을 따지고 있지 않으며, 단지 현상적으로만 설명하고 있을 뿐이다.

10 수리능력 정답 ②

유형	기타 〉 수추리	난이도	★☆☆

앞서 나열된 두 숫자를 더하면 그 다음 숫자가 되는 피보나치 수열이므로 빈칸의 숫자는 $89+144=233$이다.

11 수리능력 정답 ④

유형	응용계산 〉 확률	난이도	★★☆

여사건을 이용하여 구할 수 있다. 즉, 적어도 1개가 불량품일 확률을 구하려면, 전체 확률에서 모두 정상일 확률을 빼면 된다. 3개를 선택했을 때 모두 정상일 확률$=\frac{16\times15\times14}{20\times19\times18}=\frac{28}{57}$이다. 그러므로 적어도 1개가 불량품일 확률은 $1-\frac{28}{57}=\frac{29}{57}$

12 수리능력 정답 ②

유형	응용계산 〉 거속시	난이도	★☆☆

경기장의 둘레는 2,600m이고, 지수의 속도와 나리의 속도를 각각 x, y라 하면(조건에 의해 $x<y$), 같은 방향으로 돌 때 $20y-20x=2{,}600$이고, 반대 방향으로 돌 때 $5x+5y=2{,}600$이므로 $x=195$m/min이다.

13 수리능력 정답 ①

유형	응용계산 〉 방정식	난이도	★★☆

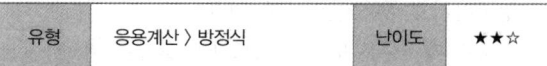

한 변의 길이가 x인 정삼각형의 넓이$=\frac{\sqrt{3}}{4}x^2$, 반지름이 r인 원의 넓이$=\pi r^2$이다. $\frac{4\sqrt{3}}{4}x^2=\pi r^2$을 r에 관해 정리

하면, $r=\frac{\sqrt[4]{3}}{\sqrt{\pi}}x$이다.

14 수리능력

정답 ③

유형	자료해석 〉 수치 읽기	난이도	★☆☆

종류별로 삼림 축적량이 10%씩 증가한 경우의 평균 축적량은 다음과 같다.

$=\frac{(2000+200)+(1200+120)+(1300+130)}{3}$

$=1,650(m^3)$

15 수리능력

정답 ⑤

유형	자료해석 〉 수치 읽기	난이도	★☆☆

㉡ 활엽수림과 혼합림의 산림 면적이 각각 150ha, 125ha 증가했을 경우 산림 면적당 산림 축적량은 다음과 같다.

- 활엽수림: $\frac{1,200}{150+150}=4(m^3)$
- 혼합림: $\frac{1,300}{200+125}=4(m^3)$

따라서 동일해진다.

㉢ 산림 축적량의 총량이 5% 증가하면 $4,500m^3$의 5%인 $225m^3$ 만큼 증가하고, 종류별로 증가한 축적량이 동일하다고 했으므로 종류별로 $225\div3=75(m^3)$씩 증가한다. 이 경우 산림 면적당 산림 축적량은 다음과 같다.

- 침엽수림: $\frac{2,075}{250}=8.3(m^3)$
- 활엽수림: $\frac{1,275}{150}=8.5(m^3)$
- 혼합림: $\frac{1,375}{200}\fallingdotseq6.9(m^3)$

| 오답풀이 |

㉠ 종류별로 산림 면적당 산림 축적량은 다음과 같다.

- 침엽수림: $\frac{2,000}{250}=8(m^3)$
- 혼합림: $\frac{1,300}{200}=6.5(m^3)$

따라서 침엽수림이 더 크다.

16 수리능력

정답 ①

유형	자료해석 〉 수치 읽기	난이도	★★☆

2020년 전체 회원은 85.2만 명이고, 이 중 장기저축급여 가입 인원은 744,733명으로 $\frac{744,733}{852,000}\times100\fallingdotseq87.4(\%)$이므로 85% 이상이다.

| 오답풀이 |

② 공제제도 자산 규모의 64.5%를 차지하고 있는 장기저축급여의 자산 규모가 27.3조 원이므로 총자산 규모는 $\frac{27.3}{0.645}\fallingdotseq42.3$(조 원)이다.

③ 주요 공제제도별 가입 인원을 모두 합하면, $744,733+40,344+55,090+32,411=872,578$(명)인데, 2020년 전체 회원 수는 852,000명이므로 약 2만 명 정도는 2개의 공제제도에 가입했음을 알 수 있다.

④ 장기저축급여 가입 회원 수는 744,733명이며, 15개 지역별 평균은 $\frac{744,733}{15}\fallingdotseq49,649$(명)이다. 부산의 장기저축급여 가입 회원 수는 44,677명이므로 평균보다 적다.

⑤ 공제제도별 1인당 계좌 수는 다음과 같다.

- 목돈급여: $\frac{2,257,396}{40,344}\fallingdotseq56$
- 퇴직생활급여: $\frac{1,381,285}{55,090}\fallingdotseq25$

따라서 목돈급여가 퇴직생활급여의 2배보다 많다.

17 문제해결능력

정답 ②

유형	수리, 기호 정보에서 원리 파악하기 〉 수리적 원리 파악하기	난이도	★☆☆

㉠ 70,000명과 30,000명으로 두 배가 조금 넘는 수준이므로 괜찮다.

㉢ 평균 유권자 수는 $\frac{15,000,000}{300}=50,000$(명)이다. 50,000명의 0.5배 내지 1.5배이므로 최소 25,000명, 최대 75,000명이면 되므로 기준을 만족한다.

| 오답풀이 |

㉡ 최소가 70,000명인데 최대가 200,000명으로 2배가 넘는다.

㉣ 평균 인구는 $\frac{30,000,000}{300}=100,000$(명)이다.

100,000명의 0.5배 내지 1.5배이므로 최소 50,000명, 최대 150,000명이 되어야 한다. 그러나 최대 200,000명이므로 조건에 어긋난다.

18 문제해결능력 정답 ④

유형	Text로 된 정보에서 원리 파악하기 〉 미시적 원리 파악하고 적용하기	난이도	★★☆

5명, 6명, 7명 소조직이 적어도 하나 이상이라고 했으니, 일단 5명, 6명, 7명으로 구성된 소조직이 모두 하나씩 존재한다고 가정한다. 이 외의 7개의 소조직이 모두 6명으로 구성됐다고 하면 총인원이 60명이 된다. 따라서 7개의 소조직 중 3개는 1명씩 인원을 줄여야 총 57명이 된다. 따라서 5명으로 구성된 소조직의 최소 개수는 4개이다. 그런데 만일 5명으로 구성된 소조직이 총 7개가 된다면, 마지막 1개 조직은 9명으로 구성되어야 총 57명이 된다. 이 경우 소조직이 5~7명으로 구성되어야 한다는 조건에 위배되므로 5명으로 구성된 소조직의 최대 개수는 6개이다.

19 문제해결능력 정답 ⑤

유형	Text로 된 정보에서 원리 파악하기 〉 미시적 원리 파악하고 적용하기	난이도	★★☆

㉠ (가)를 기준으로 했을 때, A집단은 개편을 하면 -10이 되고 B집단은 $+30$이 된다. 그런데 A가 B인구의 4배라면 개편했을 경우, $(-10)\times4+30$으로 최종 합을 구할 수 있는데, -10이 되면서 전체적으로 $-$가 된다. 따라서 현행 정책을 유지한다.

㉡ (가)를 판단기준으로 할 경우, 개편했을 경우 전체 합은 $(-10)\times0.7+30\times0.3$으로 $+2$가 된다. 따라서 개편안을 채택한다.

㉢ (나)를 판단기준으로 할 경우, 개인이 얻는 합이 더 적었던 집단은 B이고 B집단은 개편했을 때, 더 유리하므로 개편안을 채택한다.

| 오답풀이 |

㉣ 개인 혜택의 차이가 더 적은 정책을 채택하는데, 현행 정책은 A집단과 B집단의 혜택 차이가 50이고, 개편안은 10이므로 개편안을 선택한다. 이 경우 인구수는 관계없다.

20 문제해결능력 정답 ④

유형	퀴즈 문제 〉 매칭하기	난이도	★★☆

일단 주어진 조건을 표로 나타내면 다음과 같다.

구분	빨간색	파란색	노란색	검은색	합계
갑	4개	1개	2개		
을					
병			×		
정	2개	×			6개
합계	7개	4개	8개	3개	

각자 먹지 않은 접시의 색은 서로 다르며, 갑은 검은색 접시를 먹지 않았으므로 을은 빨간색 접시를 먹지 않는다. 병은 을보다 파란색 접시를 1개 더 먹었으므로 병은 파란색 접시를 2개 먹고, 을은 1개 먹는다. 검은색 접시를 먹은 사람은 3명이고, 갑은 검은색 접시를 먹지 않았으므로 을, 병, 정 모두 1개씩 먹는다. 빨간색 접시를 먹은 사람은 7명이므로 병은 빨간색 접시를 1개 먹고, 정은 총 6개의 접시를 먹었으므로 노란색 접시를 3개 먹고, 이에 을도 노란색 접시를 3개 먹는다. 이를 정리하면 다음과 같다.

구분	빨간색	파란색	노란색	검은색	합계
갑	4개	1개	2개	×	7개
을	×	1개	3개	1개	5개
병	1개	2개	×	1개	4개
정	2개	×	3개	1개	6개
합계	7개	4개	8개	3개	

따라서 을이 먹은 접시를 계산하면 $1,200+3\times2,000+4,000=11,200$(원)이다.

21 문제해결능력 정답 ③

유형	Text로 된 정보에서 원리 파악하기 〉 거시적 원리 파악하고 적용하기	난이도	★★☆

- 정수장 A
  정수장에서 잔류염소 검사는 매일 1회 이상 해야 하므로 빈도를 충족하며, 검사 결과가 2mg/L이므로 수질기준도 충족한다.

• 정수장 B

정수장에서 질산성 질소 검사는 매주 1회 이상 해야 하므로 빈도를 충족하나, 검사 결과가 11mg/L이므로 수질 기준은 충족하지 않는다.

• 정수장 C

정수장에서 일반세균 검사는 매주 1회 이상 해야 하는데 매월 1회 하고 있으므로 검사 빈도를 충족하지 않으며, 검사 결과가 70CFU/mL이므로 수질 기준은 충족한다.

• 수도꼭지 D

수도꼭지에서 대장균 검사는 매월 1회 이상 해야 하는데, 매주 1회 하고 있으므로 검사 빈도를 충족하며, 검사 결과가 불검출/100mL이므로 수질 기준은 충족한다.

• 배수지 E

배수지에서 잔류염소 검사는 매 분기 1회 이상 해야 하는데, 매주 1회 하고 있으므로 검사 빈도를 충족하며, 검사 결과가 2mg/L이므로 수질 기준도 충족한다.

따라서 검사 빈도와 수질 기준을 모두 충족하는 지점은 A, D, E이다.

22 문제해결능력 정답 ④

유형	Text로 된 정보에서 원리 파악하기 〉 수리적 원리 파악하고 적용하기	난이도	★★☆

사업자별로 시설평가액 기준과 하역시설 평가액을 구하면 다음과 같다.

• 갑: 부산항의 총시설평가액은 10억 원이다. 갑의 본인 소유 시설평가액 총액은 4+2=6(억 원)이고, 총시설평가액의 2/3인 6.6억 원보다 낮으므로 등록이 가능하지 않다.

• 을: 광양항의 총시설평가액은 10억 원이다. 을의 본인 소유 시설평가액 총액은 8억 원이므로 6.6억 원보다 높고, 하역시설 평가액은 8억 원이므로 을의 시설평가액 합인 11억 원의 2/3인 7.3억 원보다 높으므로 등록이 가능하다.

• 병: 묵호항의 총시설평가액은 5억 원이다. 병의 본인 소유 시설평가액 총액은 5억 원이므로 총시설평가액의 2/3보다 높고, 하역시설 평가액은 5억 원이므로 병의 시설평가액 합인 8억 원의 2/3인 5.3억 원보다 낮으므로 등록이 가능하지 않다.

• 정: 대산항의 총시설평가액은 1억 원이다. 정의 본인 소유 시설평가액 총액은 7천만 원이므로 총시설평가액의 2/3보다 높고, 하역시설 평가액은 8천만 원이므로 정의 시설평가액 합인 9천만 원의 2/3인 6천만 원보다 높으므로 등록이 가능하다.

23 문제해결능력 정답 ②

유형	퀴즈 문제 〉 참 · 거짓 문제	난이도	★☆☆

5명이 각각 범인일 경우 이들의 진위 여부를 정리하면 다음과 같다.

범인 / 진술	A	B	C	D	E
A	F	T	F	F	F
B	T	F	T	T	T
C	T	F	T	T	T
D	F	F	T	F	F
E	T	F	F	F	F

B가 비리에 연관된 사람일 경우에만 5명 중 참을 말한 사람이 1명이므로 B가 비리에 연관된 사람이다.

24 문제해결능력 정답 ②

유형	퀴즈 문제 〉 순서정하기 문제	난이도	★☆☆

모든 경우의 수를 구하는 문제가 아니라, 가능한 일정을 고르는 문제이므로 조건에 위배되는 선택지를 제외하는 방식으로 풀이한다.

조건은 다음과 같이 정리할 수 있다.

• (광주, 대전)>부산

• 대전>서울>전주

| 오답풀이 |

①, ⑤ 부산 방문 전에 광주와, 대전을 방문해야 한다.

③ 서울을 방문한 후에 전주를 방문해야 한다.

④ 대전을 방문한 후에 서울을 방문해야 한다.

25 문제해결능력

정답 ②

유형	퀴즈 문제 〉 순서정하기 문제	난이도	★★☆

문제의 조건은 다음과 같이 정리할 수 있다.

• (광주, 대전) > 부산

• 대전 > 서울 > 전주

여기서 광주 전에 전주를 방문한다는 조건을 추가하면 대전 > 서울 > 전주 > 광주 > 부산으로 출장 일정이 확정된다.

DAY

14

정답 확인

문항	영역	정답	문항	영역	정답	문항	영역	정답	문항	영역	정답	문항	영역	정답
01	의사소통	③	02	의사소통	④	03	의사소통	⑤	04	의사소통	③	05	의사소통	③
06	의사소통	③	07	의사소통	②	08	의사소통	③	09	의사소통	②	10	수리	④
11	수리	①	12	수리	②	13	수리	①	14	수리	③	15	수리	①
16	수리	④	17	수리	①	18	문제해결	④	19	문제해결	①	20	문제해결	②
21	문제해결	③	22	문제해결	④	23	문제해결	②	24	문제해결	⑤	25	문제해결	②

영역별 실력 점검표

영역	맞은 개수	정답률	취약 영역
의사소통능력	/9	%	
수리능력	/8	%	
문제해결능력	/8	%	
합계	/25	%	

01 의사소통능력 정답 ③

유형	일반형 정보 Text 읽기 〉 미시적 이해 〉 추론	난이도	★☆☆

5월 17일에 비가 오지 않는다고 하여 5월에 비가 오지 않는다고 말할 수 없다. 뒤의 명제가 포함하는 기간이 더 많기 때문에 이는 앞 명제의 진위 여부에 따라 뒷 명제의 논리적 이치가 결정되는 관계가 아님을 알 수 있다.

02 의사소통능력 정답 ④

유형	일반형 정보 Text 읽기 〉 미시적 이해 〉 일치	난이도	★☆☆

㉠ 분자의 결합 방식이 아니라 분자량의 크기에 따라 구별한다.

㉢ 개체의 개체성을 반영하는 단백질에는 수많은 종류가 있다고 하였다.

㉣ 동물들은 단백질 합성을 위해 다른 생물을 섭취하는 것이 아니라 단백질을 합성하지 못하므로 음식물 형태로 단백질이나 아미노산을 섭취한다고 하였다.

| 오답풀이 |

㉡ 폴리펩티드가 둘 이상 모여 집합체를 형성할 때는 반드시 단백질로 부른다고 하였다.

㉤ 동물성 단백질은 식물성 단백질보다 영양가가 많으며, 단위중량당 단백질 함유량이 높다고 하였다.

03 의사소통능력 정답 ⑤

유형	일반형 정보 Text 읽기 〉 창의적 이해 〉 적용	난이도	★★★

철학자들은 관찰에 의해 감각적 경험으로 얻어지는 것만을 '관찰할 수 있는' 것으로 구분하며, 과학자들은 감각적 경험으로 확인할 수 없다 하더라도, 측정 가능하면 '관찰할 수 있는' 것으로 구분한다. 그러므로 철학자는 10A의 전류 세기를 관찰할 수 없다고 할 것이다.

| 오답풀이 |

① 철학자는 이론 내용을 토대로 관찰 가능 여부를 구분하지 않는다.

② 과학자들이 철학자들의 관점을 포함한다. 즉, 소행성의 규칙성을 파악할 수 없다 하더라도, 감각적 경험으로 소행성을 관찰할 수 있다면, 관찰할 수 있다고 볼 것이다.

③ 측정 기구를 통한 측정 여부로 관찰할 수 있는 것을 구분하는 관점은 과학자들의 관점이다.

④ 과학자가 관찰할 수 있는 것으로 구분하는 이유는 이론적 가설로 가능하기 때문이 아니라 측정 가능하기 때문이다.

04 의사소통능력 정답 ③

유형	일반형 정보 Text 읽기 〉 거시적 이해 〉 맥락	난이도	★★☆

[가]에서 주장하는 것은 문학이 도덕적, 윤리적 교화 수단으로 사용되어 왔으나, 문학의 본래적 기능에 그것만이 있는 것은 아니라는 것이며, [나]에서는 문학을 예술이라는 큰 장르로 확장하여, 예술의 사회적 기능 그 자체가 예술의 전적인 기능이 아니라고 하며, [가]의 내용을 부연·심화하고 있다.

05 의사소통능력 정답 ③

유형	일반형 정보 Text 읽기 〉 미시적 이해 〉 추론	난이도	★★☆

3문단에서 인지된 시각과 순수 시각은 혼재되어 나타난다고 하였으며, 입체파의 회화에서는 사물이 추상적인 형태로 분해되고, 구상적인 형태를 유지하기도 한다고 하였다. 따라서 그림을 그리거나, 그림을 바라보는 사람에 따라 시각 형태가 구분되는 것이 아니라 두 가지 시각이 혼재되어 나타나는 것임을 알 수 있다.

06 의사소통능력 정답 ③

유형	일반형 정보 Text 읽기 〉 거시적 이해 〉 주제	난이도	★★☆

㉠ 1문단에서 핵분열 원자로가 너무 위험하면 안전한 핵분열을 개발할 것이라고 하였으나 이를 통해 이후에 개발되는 모든 기술이 안전하다고 주장할 수는 없다.

㉢ 4문단에서 필요할 때면 새로운 자원이 발견되고, 이전 자원의 대체물도 개발되어 왔다고 하였다. 즉, 인간이 기술로써 자원을 무한히 쓰는 것이 아니라 대체

물을 개발하는 것이다.

㉤ 5문단에서 결핍은 문제가 되지 않는다고 하였으며, 문제가 되는 것은 기술 부족과 퇴행적이고 반합리적인 이데올로기라고 하였다. 따라서 기술 발전으로 천연자원의 결핍에 대비할 수 있다는 말은 적절하지 않다.

| 오답풀이 |

㉡ 2문단에서 '해밀턴'이 언급하고 있다. 그리고 전체 글의 요지를 파악했을 때, 글쓴이 또한 이에 동의하는 입장이라는 것을 알 수 있다.

㉣ 자원의 종류가 문제가 아니라, 그것을 쓸 기술이 문제이므로 질소도 충분히 에너지원으로 이용될 수 있을 것이다.

07 의사소통능력 정답 ②

유형	일반형 정보 Text 읽기 〉 창의적 이해 〉 적용	난이도	★★★

주어진 글에서 퇴행적이고 반합리적인 이데올로기는 정치적, 사회적, 윤리적 문제를 말한다. 따라서 기술적인 문제에 대한 언급 없이 정치적, 사회적, 윤리적 관점으로만 접근하고 있는 ②가 답이다.

| 오답풀이 |

①, ⑤ 화학살충제의 사용 문제와 핵폐기물 처리 문제에 대해 기술 부족 관점에서 언급하고 있다.

③ 온실가스 문제 현상을 단순히 설명만 하고 있다.

④ 자원을 경제적인 거래 대상으로 보는 관점에서 설명하고 있다.

08 의사소통능력 정답 ③

유형	일반형 정보 Text 읽기 〉 미시적 이해 〉 일치	난이도	★★☆

㉡ 파손된 것을 붙이거나 손질하면 수리라 할 수 있지만, 파편을 찾을 수 없다면, 결손된 부분을 모조하여 원상태로 재현해야 하므로 복원의 대상이다.

㉣ 한 쌍으로 된 것은 한 점으로 계산하므로 귀걸이의 한 짝이 소실되더라도 유물의 개수는 변함 없다.

| 오답풀이 |

㉠ 뚜껑이 있는 도자기나 토기도 뚜껑을 포함하여 한 점으로 계산한다.

㉢ 재료인 청자 외에 다른 요소는 모두 다르므로 재료와 문양이 동일하다고 볼 수 없다.

㉤ 파편은 찾았다하더라도 이미 한 점으로 계산되어 있는 유물의 경우 전체 유물 수량에는 변화가 없다.

09 의사소통능력 정답 ②

유형	일반형 정보 Text 읽기 〉 거시적 이해 〉 맥락	난이도	★★☆

주어진 글의 1문단은 사람들이 눈에 보이는 것이 두려워 이를 조심하는 내용이며, 2문단은 사람들이 눈이 보이지 않으니 귀에 들리는 것을 두려워한다는 내용이다. 즉, 사람들이 눈에 보이는 것과 귀에 들리는 것에 현혹되어 두려움을 갖게 된다는 것이다. 따라서 필자는 눈으로 보고 귀로 듣기만 하는 자는 그것이 큰 병이 될 것이므로 눈과 귀를 통한 감각에 너무 현혹되지 말 것을 깨달았다고 볼 수 있다.

10 수리능력 정답 ④

유형	기타 〉 수추리	난이도	★☆☆

공차가 2의 배수(2, 4, 6, 8, …)로 증가하는 규칙이므로 112 다음 수는 134이다.

11 수리능력 정답 ①

유형	응용계산 〉 거속시	난이도	★☆☆

배의 속도를 xm/s라 했을 때, 속력$=\frac{\text{거리}}{\text{시간}}$이므로

$x-3=\frac{120}{30}=4$

$\therefore x=7\text{m/s}$

따라서 30초 동안 강을 120m 거슬러 오르려면 배는 7m/s의 속도로 이동해야 한다.

12 수리능력 정답 ②

유형	응용계산 〉 방정식	난이도	★☆☆

연속한 세 짝수를 $x-2$, x, $x+2$라 했을 때, $(x+2)^2=x^2+(x-2)^2$이므로, x는 0 또는 8이다. 세 수의 곱이 자연수이어야 하므로 x는 8이다. x가 8이므로 세 짝수는 6, 8, 10이고, 세 짝수의 합은 24이다.

13 수리능력 정답 ①

유형	응용계산 〉 거속시	난이도	★☆☆

거리를 L이라고 할 때, $\frac{L}{v_1}+\frac{L}{v_2}=1$이다. 이를 정리하면 $L=\frac{v_1v_2}{v_1+v_2}$이다.

14 수리능력 정답 ③

유형	자료해석 〉 수치 읽기	난이도	★☆☆

㉠ 흡연자의 폐암 발생률은 $\frac{300}{1,000}\times100=30(\%)$이며, 비흡연자의 폐암 발생률은 $\frac{300}{10,000}\times100=3(\%)$이므로 10배이다.

㉡ 흡연자의 폐암 발생률은 30%이며, 비흡연자의 폐암 발생률은 3%이므로 기여율은 $\frac{30-3}{30}\times100=90(\%)$이다.

| 오답풀이 |

㉢ 조사 대상 전체 인구의 폐암 발생률: $\frac{600}{11,000}\times100$ $≒5.45(\%)$

조사 대상 전체 인구의 흡연자 비율: $\frac{1,000}{11,000}\times100$ $≒9.09(\%)$

따라서 흡연자 비율이 더 높다.

15 수리능력 정답 ①

유형	자료해석 〉 자료계산	난이도	★★☆

노년부양비인 $\frac{\text{65세 이상 인구}}{\text{15\textasciitilde64세 인구}}\times100$이고, 2020년의 노년부양비는 21.8%이다. 노년부양비는 15~64세 인구가 몇 명의 65세 이상 인구를 부양해야 하는지 나타내는 비율인데, 이의 역수가 65세 이상 인구 1명을 몇 명의 15~64세 인구가 부양하는지 나타내는 비율이 된다. 따라서 $\frac{100}{21.8}≒4.6$(명)이다.

16 수리능력 정답 ④

유형	자료해석 〉 수치 읽기	난이도	★★☆

㉡ 노령화지수를 보면 1990년에 0~14세인구당 노인인구가 20명이고, 2020년에 124.2명이므로 6배보다 많다.

㉢ 2020년 대비 2030년의 노년부양비 증가율은 $\frac{37.3-21.8}{21.8}\times100≒71(\%)$이고, 2030년 대비 2040년에 노년부양비가 71% 증가한다면 2040년의 노년부양비는 $37.3\times1.71≒64(\%)$이다.

| 오답풀이 |

㉠ 1995년 노인 인구 성비: $\frac{987}{1,670}\times100≒59$

2005년 노인 인구 성비: $\frac{1,760}{2,623}\times100≒67$

따라서 2005년의 노인 인구 성비는 10년 전보다 높아졌다.

17 수리능력 정답 ①

유형	자료해석 〉 추세 읽기	난이도	★☆☆

합계출산율이 가장 높은 2012년(1.297명)과 2번째로 높은 2007년(1.25명)의 차이는 0.047명이며 합계출산율이 가장 낮은 2009년(1.149명)과 2번째로 낮은 2016년(1.172명)의 차이인 0.023명보다 크다.

| 오답풀이 |

② 2008년 합계출산율은 1.192명으로, 2013~2016년까

지의 합계출산율 평균인 1.201명보다 낮다.

③ 2007~2009년의 합계 출산율은 감소하는 추세이다.

④ 2014~2016년의 합계출산율 평균은 $\frac{1.205+1.239+1.172}{3}$≒1.205(명)이고, 2007~2009년의 합계출산율 평균은 $\frac{1.25+1.192+1.149}{3}$≒1.197(명)이므로 2014~2016년의 합계출산율 평균이 더 높다.

⑤ 인구에 대해서는 알 수 없다.

18 문제해결능력 정답 ④

유형	적용 퀴즈 〉 배치하기	난이도	★☆☆

편의상 두 동아리를 A, B라고 했을 때, A동아리에 수지와 지용이 가입하면, 두 번째 조건에 의해 광희는 B동아리에 가입한다. 또한 은철이 가입하는 동아리에는 은희나 소현 중 적어도 한 명이 가입해야 하는데, 은철이 A동아리에 가입하는 경우 A동아리 가입자 수가 이미 3명이라 조건을 만족할 수 없으므로 은철은 B동아리에 가입한다. 그러므로 은철과 광희는 항상 같은 동아리에 가입하게 된다.

A동아리	B동아리
수지, 지용	광희, 은철

19 문제해결능력 정답 ①

유형	적용 퀴즈 〉 배치하기	난이도	★☆☆

편의상 은희가 A동아리에 가입하고, 수지가 B동아리에 가입했다고 하자. 문제의 두 번째 조건에 의해 광희와 지용은 A동아리와 B동아리에 모두 가입할 수 있으므로 다음과 같이 가입하게 된다.

A동아리	B동아리
은희 광희/지용	수지 지용/광희

문제의 세 번째 조건에 의해 은철이 가입하는 동아리에는 은희나 소현이 가입해야 하는데, 은철이 B동아리에 가입하는 경우 조건을 만족할 수 없으므로 은철은 A동아리에 가입하고, 소현은 B동아리에 가입한다. 이를 정리하면 다음과 같다.

A동아리	B동아리
은희 광희/지용 은철	수지 지용/광희 소현

따라서 수지와 소현이 같은 동아리에 가입한다는 ㉠만 반드시 참이다.

20 문제해결능력 정답 ②

유형	퀴즈 문제 〉 참 · 거짓 문제	난이도	★★★

각 선택지의 거짓을 가정하여 모든 조건을 만족하는 경우가 없다면, 해당 선택지는 항상 옳은 것임을 활용하여 풀이한다.

② B가 최종 선발되지 않았다고 가정한다. B가 2차 시험을 통과하지 못했으므로 E의 진술은 거짓이다. A, B, C, D 중 거짓을 말하는 사람이 1명 더 있어야 하는데, A는 C가 2차 시험을 치렀다고 하였고, D는 A, D, E가 2차 시험을 치렀다고 하였으므로 2차 시험을 치른 사람이 3명이라는 문제의 조건에 위배된다. 즉, A와 D는 동시에 참일 수 없다. 또한 B는 D가 1차 시험을 통과했다고 하였고, C는 D가 1차 시험을 통과하지 못했다고 하였으므로 B와 C도 동시에 참일 수 없다. 따라서 A, B, C, D 중 거짓을 말하는 사람이 2명 이상이어야 하므로 조건에 위배된다. 즉, B가 최종 선발되지 않았다고 가정하면 조건에 맞는 경우가 없으므로 B는 반드시 최종 선발된다.

| 오답풀이 |

① A가 1차 시험을 통과하지 못했다고 가정한다. A가 1차 시험을 통과하지 못했다면, B와 D의 진술이 거짓이 된다. 그리고 나머지 A, C, E의 진술은 모두 참이다. C의 진술에 의해 C와 E는 1차 시험을 통과했고, D는 1차 시험을 통과하지 못했다. 1차 시험에서 3명이 통과되므로 B도 통과했다. E의 진술에 의해 B는 2차 시험을 통과했고, C와 D는 2차 시험을 통과하지 못했다. 최종 선발된 사람은 2명이므로 E는 2차 시험을 통과했다. 이를 정리하면 다음과 같다.

구분	A	B	C	D	E
진위 여부	참	거짓	참	거짓	참
1차 시험	×	○	○	×	○
2차 시험	×	○	×	×	○

즉, A가 1차 시험을 통과하지 못했다고 가정할 경우에 조건을 만족하는 경우가 있으므로 선택지 ①은 항상 옳은 선택지가 아니다.

③ 선택지 ①의 해설에서 C가 1차 시험에 통과한 경우가 있음을 알 수 있다.

④ 선택지 ①의 해설에서 D가 최종 선발되지 않은 경우가 있음을 알 수 있다.

⑤ 선택지 ①의 해설에서 E가 2차 시험을 통과한 경우가 있음을 알 수 있다.

21 문제해결능력

정답 ③

유형	퀴즈 문제 〉 연쇄추리	난이도	★★☆

만약 C가 채용된다면 B는 채용되지 않는다고 하였으므로 결론과 같이 C가 채용되지 않으려면 B가 채용되어야 한다. 한편, 경력직 채용 시험에 응시한 여성은 A와 B 둘뿐이며, 적어도 여성 한 명을 채용해야 한다고 하였으므로 B가 채용되기 위해서는 A가 채용되지 않아야 한다. A가 부적격 판정을 받는다면 채용되지 않는다고 하였으므로 빈칸에는 A가 부적격 판정을 받은 내용이 들어가야 한다. 참고로 다음과 같이 정리할 수 있다.

- A부적격 → A채용 × → B채용 → C채용 ×

22 문제해결능력

정답 ④

유형	Text로 된 정보에서 원리 파악하기 〉 거시적 원리 파악하고 적용하기	난이도	★★☆

각 대안별 필요 예산을 계산하면 다음과 같다.

- A안: 근로자 월평균임금의 10%인 10만 원을 노인 인구 500만 명에게 지급하므로 매월 5,000억 원의 비용이 소요된다.
- B안: 근로자 월평균임금의 15%인 15만 원을 노인 인구 500만 명의 80%인 400만 명에게 매월 지급하므로 매월 6,000억 원의 비용이 소요된다.
- C안: 빈곤선 미만인 250만 명 중 80%만이 사회적 급여를 신청하였으므로 200만 명이 신청했으며, 이들에게 최저생계비와 빈곤 노인들 소득 간의 차액인 25만 원을 매달 보전해주므로 매월 5,000억 원의 비용이 소요된다.

㉡ B안은 6,000억 원으로 A안의 5,000억 원보다 크다.

㉢ B안은 6,000억 원으로 C안의 5,000억 원보다 크다.

㉤ 노인 인구 500만 명 중 50%인 250만 명이 빈곤선 미만이므로 노인빈곤율을 50%이고, C안으로 인해 빈곤 노인인 250만 명 중 80%는 사회적 급여를 신청하고, 사회적 급여는 월평균소득과 최저생계비와의 차액을 보전해주므로 신청한 80%는 빈곤 노인이 아니게 되며, 나머지 20%인 50만 명은 여전히 빈곤 노인이므로 노인빈곤율은 $\frac{50}{500}=10(\%)$가 된다.

| 오답풀이 |

㉠ A안과 C안은 총소요 예산의 규모 면에서 5,000억으로 같다.

㉣ 고소득 계층인 20%를 제외하고 80%에게 15만 원의 사회적 급여를 제공하는데, 이를 통해 50% 미만의 노인 중 어느 정도의 규모가 빈곤선 이상의 소득을 갖게 되는지는 파악할 수 없다.

23 문제해결능력

정답 ②

유형	수리, 기호 정보에서 원리 파악하기 〉 수리적 원리 파악하고 적용하기	난이도	★★☆

올해의 전력예비율은 $\frac{7,200-6,000}{6,000}\times 100=20(\%)$

② 총공급전력이 300만 kW 증가하고, 최대 전력수요는 3% 감소한다. 따라서 총공급전력은 7,500만 kW이고, 최대 전력수요는 5,820만 kW가 된다.

그러므로 전력예비율은 $\frac{7,500-5,820}{5,820}\times 100 \fallingdotseq 29(\%)$이다.

전력예비율이 30% 이상이 안 되므로 채택하지 않는다.

| 오답풀이 |

① 총공급전력이 100만 kW 증가하고, 최대 전력수요는 10% 감소한다. 따라서 총공급전력은 7,300만 kW이고, 최대 전력수요는 5,400만 kW가 된다.

그러므로 전력예비율은 $\frac{7,300-5,400}{5,400}\times 100 \fallingdotseq 35(\%)$이다.

③ 총공급전력이 600만 kW 증가한다. 따라서 총공급전력은 7,800만 kW이고, 최대 전력수요는 5,940만 kW가 된다.

그러므로 전력예비율은 $\frac{7,800-5,940}{5,940}\times 100 \fallingdotseq$ 31(%)이다.

④ 총공급전력이 800만 kW 증가한다. 따라서 총공급전력은 8,000만 kW이고, 최대 전력수요는 6,000만 kW가 된다.

그러므로 전력예비율은 $\frac{8,000-6,000}{6,000}\times 100 \fallingdotseq 33(\%)$ 이다.

⑤ 총공급전력은 그대로고, 최대 전력수요는 12% 감소한다. 따라서 총공급전력은 7,200만 kW이고, 최대 전력수요는 5,280만 kW가 된다.

그러므로 전력예비율은 $\frac{7,200-5,280}{5,280}\times 100 \fallingdotseq 36(\%)$ 이다.

24 문제해결능력

정답 ⑤

유형	Text로 된 정보에서 원리 파악하기 〉 거시적 원리 파악하고 적용하기	난이도	★★★

[가]는 전시효과에 대해 설명하고 있다. 범죄자 한 명에게 가해지는 처벌의 고통을 다른 사람들에게 보여 범죄를 예방하는 효과를 노리는 것이다. 따라서 이는 ⓜ과 연결된다.

[나]는 잘못된 행동을 한 사람에게 이에 응당하는 처벌이 주어져야 한다는 것을 설명하고 있다. 따라서 이는 ⓛ과 연결된다.

[다]는 교정시설에 범죄자를 수용하는 행위가 범죄의 발생을 막을 수 있으므로 범죄자를 교정시설에 가두어야 한다고 말하고 있다. 이는 교정시설의 필요성을 더욱 언급할 것이므로 ⓒ과 연결된다.

[라]는 범죄자를 사회로부터 철저하게 격리해야 범죄를 줄일 수 있다고 말하고 있다. 이는 장기간의 구금에 대해서 언급할 것이므로 ⓡ과 연결된다.

25 문제해결능력

정답 ②

유형	Text로 된 정보에서 원리 파악하기 〉 거시적 원리 파악하고 적용하기	난이도	★★☆

ⓛ A안의 시설운영자는 건설한 민간업체고, C안은 위탁받은 민간업체이다.

ⓒ 정부가 사용료를 지불하고 운영하기 때문에 다른 안에 비해 정부예산 부담이 클 가능성이 높다.

| 오답풀이 |

ⓖ B안은 정부에게 운영을 맡기는 것으로 민간사업자 입장에서는 다른 안보다 투자위험이 낮다.

ⓡ 민간사업자 입장에서 최종 수요자가 적어 투자비 회수가 어려울 경우 운영을 정부에게 맡기고 사용료를 받는 B안이 적합하며, 투자비 회수가 비교적 용이한 사업의 경우 민간사업자가 직접 수익을 챙길 수 있는 A안이 적합하다.

DAY

15

정답 확인

문항	영역	정답	문항	영역	정답	문항	영역	정답	문항	영역	정답	문항	영역	정답
01	의사소통	①	02	의사소통	④	03	의사소통	③	04	의사소통	④	05	의사소통	④
06	의사소통	④	07	의사소통	⑤	08	의사소통	④	09	의사소통	⑤	10	수리	①
11	수리	④	12	수리	②	13	수리	③	14	수리	③	15	수리	⑤
16	수리	②	17	수리	⑤	18	문제해결	④	19	문제해결	②	20	문제해결	④
21	문제해결	②	22	문제해결	④	23	문제해결	④	24	문제해결	②	25	문제해결	③

영역별 실력 점검표

영역	맞은 개수	정답률	취약 영역
의사소통능력	/9	%	
수리능력	/8	%	
문제해결능력	/8	%	
합계	/25	%	

01 의사소통능력 정답 ①

유형	실용형 정보 Text 읽기 〉 법률/계약서 읽기	난이도	★☆☆

주어진 글은 복원 지침이다. 즉, 복원을 할 때, 고려해야 할 것들을 설명하고 있는데, 해당 지침에 복원 여부의 결정 기준은 언급되어 있지 않다.

02 의사소통능력 정답 ④

유형	일반형 정보 Text 읽기 〉 미시적 이해 〉 일치	난이도	★★☆

3문단에서 많은 기생들이 원치 않은 남성과의 동침을 피하기 위해 원칙을 내세웠다고 하였다. 또한 조선 세종조에 관기의 존폐 여부가 논의되었을 때, 지방관들이 동침을 거절한 관기를 다스리느라 정사를 돌볼 틈이 없었다는 것을 고려했을 때, 기생들이 단지 매타작을 피하기 위해 동침 요구를 거절하지 못했다고 볼 수는 없다.

| 오답풀이 |

① 1문단에서 기생이 확실한 신분 계층을 이루는 것은 고려 시대부터였다고 하였다.
② 2문단에서 양반이 기생을 끼고 놀면서 고급 문화를 향유하는 것은 풍류라는 이름으로 저자의 놀이와 구분되었다고 하였다.
③ 3문단을 통해 기생과의 동침이 원칙적으로 금지되었음을 알 수 있지만, 동침을 거부했을 때, 매타작을 당했다는 내용을 보면, 실제적으로 잘 지켜지진 않았음을 알 수 있다.
⑤ 4문단에서 관청에서는 방기(房妓) 혹은 수청기(守廳妓)라 불리는 기생을 두어 이들로 하여금 사신이나 관리의 잠자리 시중을 들게 하였다고 하였다.

03 의사소통능력 정답 ③

유형	일반형 정보 Text 읽기 〉 미시적 이해 〉 일치	난이도	★★☆

4문단에서 포비돈은 수소결합으로 요오드를 단단히 붙잡고 있다고 하였고, 이로 인해 요오드를 천천히 방출하여 자극성이 덜한 것을 알 수 있다.

| 오답풀이 |

① 4문단에서 포비돈은 원래 혈장 대용액으로 개발된 것으로, 요오드를 섞어서 혈장 대용액 개발이 가능해진 것이라고 보기 어렵다.
② 2문단에서 요오드는 아미노산에서 황의 전자를 빼앗아 결합을 깸을 알 수 있으므로 아미노산에 황의 전자를 빼앗기게 된다고 보기 어렵다.
④ 1문단에서 손세정제에 빨간약을 섞으면 인체에 깊숙이 퍼진 상태가 아닌 외부에 노출된 상태에서는 외피막 바이러스를 제거할 수 있음을 알 수 있다.
⑤ 2문단 문단에서 요오드는 다른 원소로부터 전자를 잘 뺏어오는데, 이로 인해 탄소의 이중결합을 깨는 것은 아니다.

04 의사소통능력 정답 ④

유형	일반형 정보 Text 읽기 〉 미시적 이해 〉 일치	난이도	★★☆

2문단에서 단어의 의미는 문장이 발화되는 상황, 맥락 등에 의해 결정된다고 하였으며, 여기서 맥락은 숨겨진 맥락 등이 상존하여 파악이 어려우므로 논란이 야기된다고 하였다.

| 오답풀이 |

① 주어진 글에서는 언어의 체계와 분류 방식이 다르기 때문에 외국어를 옮기는 것이 어렵다고 말하고 있으며, 본질적으로 언어가 음성으로 표현되기 때문이라고 말하진 않는다.
② 단어, 문장, 텍스트 중 단어를 하나의 예시로 들었을 뿐, 단어가 혼란을 가장 많이 야기한다고 하진 않았다.
③ 주어진 글은 사용자가 수용자나 그 사용 맥락을 알아야 정확하게 사용할 수 있다는 것에 대해 언급하고 있을 뿐, 어떤 입장에서의 의미가 중요한지는 언급하지 않았다.
⑤ 주어진 글의 논지와 관련 없다.

05 의사소통능력 정답 ④

유형	일반형 정보 Text 읽기 〉 미시적 이해 〉 일치	난이도	★★☆

θ는 입사광 또는 반사광과 반사평면이 이루는 각도이다.

이를 통해 X선의 파장과 보강 간섭을 일으키게 입사각을 조절할 수 있으므로 격자 간격 d를 구할 수 있다고 하였다.

| 오답풀이 |

① 방해석이나 운모 같은 것의 연구를 통해 알게 된 것이지, 이들과 같은 특이한 광물에만 있는 특징이라고 볼 수는 없다.

② 결정은 반복되는 최소 단위의 규칙적인 공간 배열이라는 것이 밝혀졌을 뿐 결정 이론의 대부분이 알려져 있는지는 알 수 없다.

③ 브래그 부자는 원자의 평면이 무수하게 있을 것이라는 가설을 먼저 세운 후 실험을 진행하였다.

⑤ 더 작은 간격을 가진 결정을 조사하고 싶으면 X선의 파장을 더 작게 하고, X선의 에너지를 높이면 가능하고 하였다.

06 의사소통능력 정답 ④

유형	일반형 정보 Text 읽기 〉 거시적 이해 〉 주제	난이도	★★☆

6문단에서 '아시아적 가치'라고 말해지는 이념은 실속이 없을 뿐 아니라 그것은 단지 중국화된 엘리트에게만 호소력이 있다고 하였고, 이슬람교주의자들의 이념은 이슬람교주의자들 이외의 사람들이 포괄되는 것을 원하지 않는다고 하였으므로 이들 국가는 세계화를 주도할 수 없다고 보는 것이 글의 견해이다.

| 오답풀이 |

① 3문단에서 맥몽드로의 전 세계적인 통합이 아니라 민족국가 중심의 세계 질서가 형성되고 있다고 하였다.

⑤ 미국 대신 프랑스라고 말하는 것이 아니라, 프랑스식의 다원주의적 관점이 필요하다는 내용이다. 따라서 프랑스 중심의 세계화라는 말은 적절하지 않다.

07 의사소통능력 정답 ⑤

유형	일반형 정보 Text 읽기 〉 거시적 이해 〉 주제	난이도	★★★

주어진 글에서는 여러 가지 현상과 이에 대한 해석을 보이고 있지만 핵심 주장은 다양한 민족 및 국가들의 다양성과 보편적인 세계 문명이 서로 공존할 수 있는 방법을 모색하고 있다는 것이다. 따라서 이에 대하여 비판하고 있는 것은 ⑤이다.

08 의사소통능력 정답 ④

유형	일반형 정보 Text 읽기 〉 미시적 이해 〉 일치	난이도	★★☆

㉠ 1문단에서 자연 상태에서 인간은 평등한 상태라고 하였다.

㉡ 2문단에서 후커는 인간의 평등을 도덕상 구속력의 기초가 된다고 하였다.

㉤ 1문단에서 자연 상태에서 인간은 아무런 차별없이 똑같은 혜택을 누린다고 하였다.

| 오답풀이 |

㉢ 2문단과 3문단에 따르면 후커는 평등을 기초로 정의와 사랑을 의무로 이끌어냈다고 하였다. 그러므로 사랑은 자연스러운 감정의 표출이 아니라 의무로 보아야 한다.

㉣ 주어진 글의 내용과 관련이 없으며, 오히려 4문단에서 다른 사람들은 내가 그들에게 표시한 것 이상의 사랑을 나에게 표시할 이유가 없다고 하였다.

09 의사소통능력 정답 ⑤

유형	일반형 정보 Text 읽기 〉 거시적 이해 〉 주제	난이도	★★☆

주어진 글의 필자는 다른 나라에 다양한 장사 풍습이 있듯이, 인간의 길흉화복은 풍수지리와 관계가 없으며, 학식 있는 사람이 중요한 지위를 맡으면, 풍수를 금하고 각 고을마다 산지를 한 곳씩 잡아 씨족끼리 장사하게 하여 묘터를 서로 빼앗거나, 넓게 잡는 등의 폐단을 없앨 수 있고 주장한다. 따라서 공동묘지는 풍수설의 폐단을 극복할 대안으로 제시되어 있다.

10 수리능력 정답 ①

유형	응용계산 〉 방정식	난이도	★☆☆

정수를 x라 했을 때, 다음과 같은 식이 성립한다.

$\frac{x-2}{3}>1$, $\frac{1}{2}x+1\geq\frac{2}{3}x$

이를 연립하여 계산하면, x의 범위는 $5<x\le 6$이므로 가능한 정수는 6, 1개뿐이다.

11 수리능력 정답 ④

유형	응용계산 〉 방정식	난이도	★☆☆

A제품의 경우 원가를 x라고 두면, $x\times(1-0.2)\times(1-0.4)=480{,}000$(원)
$x\times0.8\times0.6=480{,}000$(원), $x=1{,}000{,}000$원이다.
B제품의 경우 원가를 y라고 두면, $y\times(1-0.2)=320{,}000$(원)
$y\times0.8=320{,}000$(원), $y=400{,}000$원이다.
따라서 두 상품의 원가 합은 $1{,}000{,}000+400{,}000=1{,}400{,}000$(원)이다.

12 수리능력 정답 ②

유형	응용계산 〉 일계산	난이도	★★☆

실내 수영장의 용량을 1이라 하면, A수도꼭지는 1시간에 $\frac{1}{3}$의 일을 하고, B수도꼭지는 1시간에 $\frac{1}{7}$의 일을 한다. 처음 1시간 동안은 B수도꼭지만 틀어져 있었으므로 이후 A, B수도꼭지를 모두 사용하여 채워야 할 물의 양은 $\frac{6}{7}$이다. A, B수도꼭지를 동시에 틀면 1시간에 $\frac{1}{3}+\frac{1}{7}=\frac{10}{21}$의 일을 하므로 남은 $\frac{6}{7}$을 채우는 데 걸리는 시간은 $\frac{6}{7}\div\frac{10}{21}=\frac{9}{5}$(시간)이고, 이는 1시간 48분이다.
10시에 수영장 물이 가득 찼으므로 처음 B수도꼭지 하나만 틀어져 있던 1시간을 포함해야 하므로 물을 채우기 시작한 시각은 2시간 48분 전인 7시 12분이다.

13 수리능력 정답 ③

유형	응용계산 〉 경우의 수	난이도	★☆☆

임의의 두 수를 선택하는 경우의 수는 ${}_{10}C_2=\frac{10\times9}{2!}=45$(가지)이고 곱이 짝수가 되지 않는 경우는 홀수×홀수일 경우뿐이다. 홀수×홀수일 경우의 수는 ${}_5C_2=\frac{5\times4}{2!}=10$(가지)이다. 따라서 선택된 두 수의 곱이 짝수가 되는 경우의 수는 $45-10=35$(가지)이다.

14 수리능력 정답 ③

유형	응용계산 〉 확률	난이도	★☆☆

각 계약을 1, 2, 3으로 구분했을 때, 2개 이상 계약에 성공하는 경우는 다음과 같다.

구분	계약1	계약2	계약3
경우1	성공	성공	실패
경우2	성공	실패	성공
경우3	실패	성공	성공
경우4	성공	성공	성공

각 경우의 확률을 구하면 다음과 같다.

- 경우1: $\frac{1}{3}\times\frac{1}{3}\times\frac{2}{3}=\frac{2}{27}$
- 경우2: $\frac{1}{3}\times\frac{2}{3}\times\frac{1}{3}=\frac{2}{27}$
- 경우3: $\frac{2}{3}\times\frac{1}{3}\times\frac{1}{3}=\frac{2}{27}$
- 경우4: $\frac{1}{3}\times\frac{1}{3}\times\frac{1}{3}=\frac{1}{27}$

이를 모두 합하면 $\frac{7}{27}$이다.

15 수리능력 정답 ⑤

유형	응용계산 〉 일계산	난이도	★☆☆

인형을 완성하기까지 해야 하는 일의 양을 1이라 했을 때, A가 혼자 인형을 완성하는 데 걸리는 시간을 t_1이라 고 하였고 B가 혼자 인형을 완성하는 데 걸리는 시간을 t_2라 하였기 때문에 $\frac{1}{t_1}+2\left(\frac{1}{t_1}+\frac{1}{t_2}\right)+\frac{1}{t_2}=1$이다. 이를 정리하면 $3\left(\frac{1}{t_1}+\frac{1}{t_2}\right)=1$이다. A와 B가 함께 작업하여 인형을 완성하는 데에 걸리는 시간은 3일, 즉 $\frac{t_1t_2}{t_1+t_2}$이다.

16 수리능력

정답 ②

유형	자료해석 〉 자료 계산	난이도	★★☆

A지역의 15~64세 이상 인구를 Y라고 한다면

$$총부양비=\frac{0\sim14세인구+65세\ 이상인구}{15\sim64세인구}\times100$$
$$=\frac{총인구-15\sim64세인구}{15\sim64세인구}\times100$$
$$=\frac{4{,}000-Y}{Y}\times100=60(\%)이다.$$

따라서 Y=2,500명

17 수리능력

정답 ⑤

유형	자료해석 〉 수치 읽기	난이도	★★☆

0~14세 인구를 X라 하고, 15~64세 이상 인구를 Y라 하고, 65세 이상 인구를 Z라 한다면

$총부양비=\frac{X+Z}{Y}\times100$ $유년부양비=\frac{X}{Y}\times100$

$노년부양비=\frac{Z}{Y}\times100$ $노령화지수=\frac{Z}{X}\times100$

총부양비=유년부양비+노년부양비

$$노령화지수=\frac{노년부양비}{유년부양비}$$

ⓒ 노령화지수는 $\frac{노년부양비}{유년부양비}$이고, 노년부양비는 총부양비−유년부양비이므로 노령화지수는 $\frac{총부양비-유년부양비}{유년부양비}$으로 표현할 수 있다.

A지역의 노령화지수: $\frac{60-30}{30}=1$

C지역의 노령화지수: $\frac{40-20}{20}=1$

따라서 두 지역의 노령화지수는 같다.

ⓓ 노년부양비는 총부양비−유년부양비이므로 A, B지역의 노년부양비는 다음과 같다.

- A지역의 노년부양비: 60−30=30
- B지역의 노년부양비: 20−15=5

따라서 A지역의 노년부양비는 B지역의 6배이다.

| 오답풀이 |

ⓐ 노년부양비는 총부양비−유년부양비이므로 A, B, C 순으로 값을 구하면, 30, 5, 20이고 이를 큰 순서대로 나열하면, A, C, B이다.

ⓑ A와 C만 비교했을 때, 총인구수가 작은 지역이 총부양비도 작은 것을 알 수 있다.

18 문제해결능력

정답 ④

유형	퀴즈 문제 〉 연쇄추리	난이도	★☆☆

두 번째 조건에 의해 월요일에는 회의를 개최하지 않는다. 세 번째 조건은 화&목 or 월로 표현할 수 있는데, 월요일에 개최하지 않으므로 화요일과 목요일에 모두 개최한다. 화요일에 개최하므로 네 번째 조건에 의해 금요일에도 개최한다. 수요일은 개최 여부를 알 수 없다.

따라서 반드시 개최하는 날의 수는 화, 목, 금 3일이 된다.

19 문제해결능력

정답 ②

유형	적용 퀴즈 〉 매칭하기	난이도	★★☆

㉠에 의해 주은의 출근 시간은 10분이며, 왜건을 운전하는 사람의 출근 시간은 5분, 트럭을 운전하는 사람의 출근 시간은 40분임을 알 수 있다.

구분	세영	재원	정완	기중	주은
차량					
출근 시간					10분

㉡에 의해 정완의 출근 시간은 50분이다. ㉢에 의해 컨버터블을 운전하는 사람의 출근 시간은 25분이고, 세영과 재원의 출근 시간은 각각 25분, 5분임을 알 수 있다. 이에 따라 재원은 왜건을 운전하고, 기중의 출근 시간은 40분이며, 트럭을 운전한다. 마지막으로 ㉣에 의해 정완은 스포츠카를 운전하고, 주은은 밴을 운전하며, 세영은 컨버터블을 운전한다.

구분	세영	재원	정완	기중	주은
차량	컨버터블	왜건	스포츠카	트럭	밴
출근 시간	25분	5분	50분	40분	10분

20 문제해결능력 정답 ④

유형	적용 퀴즈 〉 위치 판단하기	난이도	★☆☆

첫 번째와 두 번째 조건에 따라 다음과 같이 배치할 수 있다.

6층	
5층	롯데리아
4층	
3층	앤제리너스/빌라드
2층	
1층	빌라드/앤제리너스

여기에 TGI가 나뚜루팝보다 층수가 높다는 조건을 조합하면 다음의 6가지 경우가 나온다.

6층	TGI	TGI	크리스피
5층	롯데리아	롯데리아	롯데리아
4층	나뚜루팝	크리스피	TGI
3층	앤제리너스/빌라드	앤제리너스/빌라드	앤제리너스/빌라드
2층	크리스피	나뚜루팝	나뚜루팝
1층	빌라드/앤제리너스	빌라드/앤제리너스	빌라드/앤제리너스

4층에는 나뚜루팝, TGI프라이데이, 그리고 크리스피도 올 수 있다.

21 문제해결능력 정답 ②

유형	적용 퀴즈 〉 위치 판단하기	난이도	★★☆

앞 문제에서 구한 6가지 경우는 다음과 같다.

6층	TGI	TGI	크리스피
5층	롯데리아	롯데리아	롯데리아
4층	나뚜루팝	크리스피	TGI
3층	앤제리너스/빌라드	앤제리너스/빌라드	앤제리너스/빌라드
2층	크리스피	나뚜루팝	나뚜루팝
1층	빌라드/앤제리너스	빌라드/앤제리너스	빌라드/앤제리너스

여기서 ②번의 조건을 덧붙이면 다음의 경우 하나로 줄어든다.

6층	TGI
5층	롯데리아
4층	나뚜루팝
3층	앤제리너스
2층	크리스피
1층	빌라드

22 문제해결능력 정답 ④

유형	Text로 된 정보에서 원리 파악하기 〉 거시적 원리 파악하고 적용하기	난이도	★★★

주어진 글의 내용에 따라 A~E의 특징을 정리하면 다음과 같다.

A－비례대표제, 의원내각제
B－단순다수대표제, 의원내각제
C－단순다수대표제, 대통령제
D－비례대표제, 대통령제
E－단순다수대표제, 혼합제

갑은 의원내각제는 양당제와 다당제 모두와 조화되어 정치적 안정을 도모할 수 있다고 하였으므로 A, B는 제외된다. 반면, 혼합형과 대통령제일 경우, 양당제일 경우에만 안정적이라 하였는데, 단순다수대표제를 실시할 경우 양당제 형태가 자리를 잡는다고 하였다. 그러므로 단순다수대표제를 실시하고 있는 C, E도 제외된다.
따라서 대통령제가 다당제가 되기 쉬운 비례대표제와 결합한 D가 가장 불안정한 정치체제라고 할 수 있다.

23 문제해결능력 정답 ④

유형	Text로 된 정보에서 원리 파악하기 〉 미시적 원리 파악하고 적용하기	난이도	★☆☆

각각 높은 점수대를 고려하면 된다. 환경 점수는 C국, 성능 점수는 B국을 기준으로 해야 두 나라에 모두 진출

할 수 있다. C국의 환경 점수를 만족하려면 6개월이 소요되고, B국의 성능 점수를 만족하려면 9개월이 소요되므로 총 15개월이 소요된다.

24 문제해결능력

정답 ②

유형	Text로 된 정보에서 원리 파악하기 〉 미시적 원리 파악하고 적용하기	난이도	★★☆

㉠ B국에 진출할 경우: 환경 점수 향상 3개월+성능 점수 향상 9개월=총 12개월
C국에 진출할 경우: 환경 점수 향상 6개월+성능 점수 3개월=총 9개월
그러므로 C국에 진출하는 것을 목표로 연구를 진행하는 것이 연구기간을 단축시키는 데 더 유리하다.

㉡ 두 국가에 모두 진출하기 위해서는 다음의 두 가지 방법이 있다.
- 환경 점수 향상 → 성능 점수 향상: 두 국가의 환경 점수를 만족하는 데 6개월이 소요되고, C국의 성능 점수를 만족하는 3개월이 소요된다. 이후 B국의 성능 점수를 만족하는 데 6개월이 더 소요되므로 한 국가 진출 후 나머지 국가에 진출하기 위해 필요한 연구기간은 6개월이다.
- 성능 점수 향상 → 환경 점수 향상: 두 국가의 성능 점수를 만족하는 데 9개월이 소요되고, B국의 환경 점수를 만족하는 데, 3개월이 소요된다. 이후 C국의 환경 점수를 만족하는 데 3개월이 소요되므로 한 국가 진출 후 나머지 국가에 진출하기 위해 필요한 연구기간은 3개월이다.

따라서 성능 우수성 연구를 먼저 진행해야 한 국가 진출 후 나머지 국가에 진출하기 위해 필요한 연구기간이 짧아진다.

| 오답풀이 |

㉢ C국에 진출하도록 연구를 진행하고 나면 환경 점수는 B국의 기준에 도달하게 된다. 그러나 성능 점수를 B국의 기준에 맞게 하기 위해서는 6개월이 더 필요하게 된다.

25 문제해결능력

정답 ③

유형	Text로 된 정보에서 원리 파악하기 〉 미시적 원리 파악하고 적용하기	난이도	★★☆

호주인 C에게 영업전 20무가 지급되고, 과부이므로 구분전 30무를 지급받는다. 딸에게는 구분전이 지급되지 않으므로 총 50무의 토지가 지급된다.

| 오답풀이 |

① 호주에게 영업전 20무가 지급되어 있고, 부모가 사망했어도, 자식에게 상속되므로 영업전 20무는 그대로 있으며, 17세 미만 호주이므로 구분전 40무를 받아 총 60무의 토지가 있다.

② 영업전 20무와 구분전 80무가 있었으나 60세에 구분전의 절반인 40무가 환수되었으므로 총 60무의 토지가 있다.

④ 영업전 20무와 구분전 80무가 있으므로 총 100무의 토지가 있다.

⑤ 호주인 E에게는 영업전 20무가 지급되며, E와 아들 두 명에 대해 구분전 80무씩 지급되므로 총 260무의 토지가 있다.

DAY

16

정답 확인

문항	영역	정답	문항	영역	정답	문항	영역	정답	문항	영역	정답	문항	영역	정답
01	의사소통	③	02	의사소통	③	03	의사소통	⑤	04	의사소통	⑤	05	의사소통	④
06	의사소통	①	07	의사소통	④	08	수리	④	09	수리	④	10	수리	③
11	수리	①	12	수리	⑤	13	수리	④	14	수리	②	15	수리	④
16	문제해결	①	17	문제해결	④	18	문제해결	③	19	문제해결	②	20	문제해결	③
21	문제해결	④	22	문제해결	③	23	문제해결	④	24	문제해결	③	25	문제해결	②

영역별 실력 점검표

영역	맞은 개수	정답률	취약 영역
의사소통능력	/7	%	
수리능력	/8	%	
문제해결능력	/10	%	
합계	/25	%	

01 의사소통능력 정답 ③

유형	일반형 정보 Text 읽기 〉 거시적 이해 〉 주제	난이도	★★☆

주어진 글은 정의의 본질에 대해 언급하고 있다. 사회적 여건의 우연성 때문에 발생하는 불평등과 자연적 우연성 때문에 발생하는 불평등 모두가 원초적 특성일 뿐이라고 주장한다. 또한 그러한 불평등 그 자체를 부정할 수 없기 때문에 이러한 불평등을 무조건적으로 부정하기보다, 공동의 자산으로 생각하여 적절하게 활용하는 것이 필요하다고 말한다. 따라서 우연성 때문에 발생하는 모든 불평등을 사회적으로 조정하는 것은 필요하다. 그러므로 사회적, 자연적 우연에 의해 발생하는 불평등은 정의롭지 못하다고 했으나 우연성 자체가 정의롭지 못하다는 의미로 볼 순 없다.

02 의사소통능력 정답 ③

유형	일반형 정보 Text 읽기 〉 미시적 이해 〉 일치	난이도	★★☆

2문단과 3문단에서 최한기는 양지와 이치가 선험적이 것이 아니며, 경험적으로 배워서 얻은 것일 뿐이라고 했으며, 참다운 지식은 경험으로부터 출발한다고 하였다.

| 오답풀이 |

① 3문단에서 최한기는 경험을 떠나서 얻어지는 지식은 공허하다고 보고 있으며 첫 번째 문단에서 마음속에 내재한 도덕성의 자각이라는 궁극적인 목적은 주자의 주장임을 알 수 있다.

② 1문단에서 왕수인은 선험주의적 인식 이론을 주장했으며, 이 주장에 의해 인식 내용인 이치는 마음속에 선험적으로 구비되어 있기 때문에 바깥의 세계에 대해서는 소홀할 수 있다고 하였다.

④ 3문단에서 객관 사물에 대한 탐구의 길을 마련한 것은 최한기의 주장임을 알 수 있다.

⑤ 2문단에서 인간의 마음은 경험이 쌓여감에 따라 지식을 축적하는 것이라는 최한기의 주장임을 알 수 있다.

03 의사소통능력 정답 ⑤

유형	일반형 정보 Text 읽기 〉 거시적 이해 〉 주제	난이도	★★☆

주어진 글에서 스티븐 핀커는 인간 본성에 대한 과학적 사실과 사회적 가치가 그릇된 논리로 연결되어 있다는 것을 주장하고 있다. 또한 마지막 문단에서 인간이 가지고 있는 천차만별의 본성적 개성들이 평등을 비롯한 우리의 근본적 가치들과 충돌하는 것은 아님을 알아야 한다고 했다. 즉, 많은 학자들의 잘못된 생각은 인간의 생물학적 사실과 사회적 가치를 혼동하여 제대로 구분하지 못하고 인간의 생물학적 사실을 토대로 사회적 가치에 맞추려 했다는 것이다.

04 의사소통능력 정답 ⑤

유형	일반형 정보 Text 읽기 〉 거시적 이해 〉 주제	난이도	★★☆

주어진 글은 이기적 유전자의 내용을 통해 인간을 포함한 자연계의 동물들이 자신의 생존과 종족 번식을 위해 이기적인 행동을 보이는 것이 아니라 유전자의 이기성에 집중하여, 이타적 행동을 보이기도 하면서 종족을 번식한다는 것을 설명하고 있다. 즉, 인간 사회의 형성도 인간 유전자의 진화적 산물이며, 이러한 유전적인 특성들은 이타적 본능을 통해 종족의 생존과 유지를 이루려 한다는 것을 말하고 있다. 이런 내용을 고려했을 때, ⑤와 같이 인간을 포함한 생명체가 경쟁과 적자생존을 한다고 말하는 것은 글에 내용과 부합하지 않다.

05 의사소통능력 정답 ④

유형	일반형 정보 Text 읽기 〉 거시적 이해 〉 주제	난이도	★★☆

근본적으로 과학적 방법이 가설을 세우고 그것을 증명해 가는 방식이라는 점에서 생기는 문제점이다. 주어진 글에서는 뉴턴 역학을 예로 들었는데, 뉴턴 역학은 시대가 거듭되면서 보다 발전되고 새로운 이론과 기술적으로 진보한 관찰기기로 인해 새롭게 발견된 사실들 때문에 계속 비판의 대상이 되고 있는 이론이다. 새로운 이론과 관찰 결과가 나올 때마다 뉴턴의 이론은 비판의 대상이 되

었지만 그때마다 계속 새로운 보조 가설들을 제기함으로써 뉴턴의 이론은 오늘날까지도 그 이론 자체가 폐기되지 않고 유지되고 있다. 이를 통해 이론과 관찰 사실이 일치하지 않아도 그 이론 자체가 즉각적으로 폐기되지는 않는다는 점을 알 수 있다.

06 의사소통능력 정답 ①

유형	일반형 정보 Text 읽기 〉 창의적 이해 〉 적용	난이도	★★★

일차적 관점에서 보려면 우리 세상에서 창조주와 사람의 관계를 대입해 생각하면 된다. 피노키오에 나오는 에피소드들과 실제 세상을 비교할 수 없는 것은 ①번이다. 사람이 언젠가는 신이 될 수 있다는 열망을 가지며 살진 않기 때문이다.

07 의사소통능력 정답 ④

유형	일반형 정보 Text 읽기 〉 창의적 이해 〉 적용	난이도	★★☆

제페토의 피노키오는 다리가 생기자마자 자기 멋대로 나가 뛰어다녔다. 하지만 자동차는 바퀴가 달린다고 뛰어나가지 않는다. 인간이 창조한 것에 대해 말하지만, 자동차와 같은 공산품에 대한 이야기가 아니라 인간이 창조하는 문화에 관한 것이다.

| 오답풀이 |

① 3문단에서 인간이라는 창조자는 이차적 창조자이기 때문에 근본적인 한계를 지닌다고 하였다.

②, ③, ⑤ 주어진 글의 관점에 따르면 작품은 자신을 창조한 작가와 독립적으로 존재하므로 작가가 아무리 자신의 작품이라 하더라도 그 작품에 대해 관여하는 것은 불가하며, 불필요하다고 볼 수 있다.

08 수리능력 정답 ④

유형	기타 〉 수추리	난이도	★☆☆

나열된 수는 4, 5, 6…의 세곱수의 나열이므로 빈칸에는 8의 세제곱인 512가 들어간다.

09 수리능력 정답 ④

유형	응용계산 〉 방정식	난이도	★☆☆

A4 용지 한 박스의 가격이 a원이므로 11박스 구매 시 가격은 10×a(원), 55박스 구매 시 가격은 50×a(원)이다. 따라서 15% 할인받은 후 지불한 총금액은 다음과 같다.

- 50×a×0.85=637,500(원)

a=15,000원이므로 A4 용지 한 박스는 15,000원이다.

10 수리능력 정답 ③

유형	응용계산 〉 방정식	난이도	★☆☆

A, E, F의 점수가 같으므로 A는 9점이다.

지원자	A	B	C	D	E	F
점수	9	( )	( )	( )	9	9

최댓값이 10점이므로 B, C, D 가운데 한 명은 10점이다. 산출 평균이 8.5점이므로 6명 점수의 총합은 51점이어야 한다. A, E, F를 제외하고 C, D, E 점수의 총합은 51−27=24(점)이다. 최댓값은 10점이므로 C, D, E 중 한 명은 10점이고, 나머지 두 명의 조합은 (8점, 6점)이다. 따라서 다섯 번째 조건에 의해 D의 점수가 10점, C의 점수는 6점, B의 점수는 8점이다.

11 수리능력 정답 ①

유형	응용계산 〉 거속시	난이도	★☆☆

시간$=\frac{거리}{속력}$이므로 거리를 $x$km라고 할 때, $\frac{x}{v_1}+\frac{x}{v_2}=\frac{t}{60}$이다. x에 관하여 방정식을 정리하면 $\frac{tv_1v_2}{60(v_1+v_2)}$이다.

12 수리능력 정답 ⑤

유형	자료해석 〉 추세 읽기	난이도	★☆☆

㉡ B학생의 용돈 10만 원이고, 소비액도 10만 원이므로 같다.

㉢ C학생의 소비액은 90만 원이고, 용돈 60만 원의 1.5배이다.

㉣ D학생의 용돈은 60만 원이고, 소비액 30만 원의 2배이다.

| 오답풀이 |

㉠ A학생의 소비액은 90만 원이고, 용돈 40만 원의 두 배 이상이다.

13 수리능력 정답 ④

유형	자료해석 〉 추세 읽기	난이도	★☆☆

다음과 같은 보조선 위쪽에 있는 사람은 용돈보다 소비액이 많으므로 과소비이다.

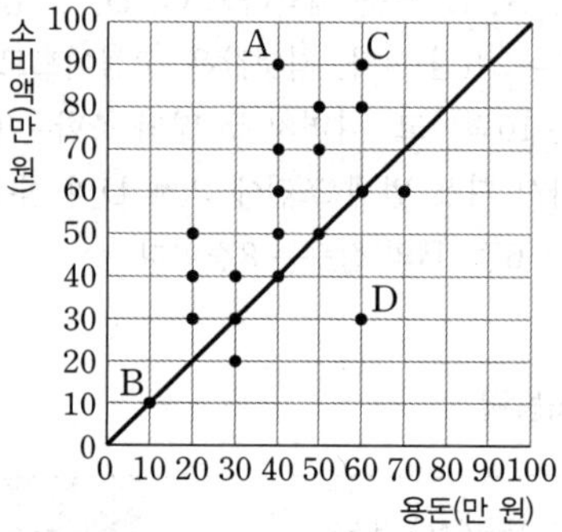

총 20명 중 선상에 있는 5명과 밑에 있는 3명까지 총 8명은 과소비를 하고 있지 않으므로 20명 중 과소비를 하는 학생의 비율은 $\frac{12}{20}\times100 \fallingdotseq 60(\%)$이다.

14 수리능력 정답 ②

유형	자료해석 〉 수치 읽기	난이도	★★☆

㉠ 뇌사자장기이식 건수가 뇌사 기증자 건수의 4배보다 크면 된다. 뇌사 기증자 건수의 4배는 2016년부터 1,072명, 1,472명, 1,636명, 1,664명, 1,784명이므로 매년 1인당 뇌사자장기이식 건수는 4건 이상이다.

㉡ 이식 건수 중 생체이식이 차지하는 비율은 다음과 같다.

- 2018년: $\frac{2,045}{3,990}\times100=51.3(\%)$
- 2019년: $\frac{1,921}{3,814}\times100=50.4(\%)$
- 2020년: $\frac{1,952}{3,901}\times100=50.0(\%)$

따라서 매년 감소한다.

| 오답풀이 |

㉢ 2019년의 전년 대비 뇌사 기증자 수 증가량이 눈에 띄게 작은 부분은 참고했을 때, 2019년의 전년 대비 뇌사 기증자 증가율은 $\frac{416-409}{409}\times100 \fallingdotseq 1.7(\%)$이고, 기증 희망자 수의 전년 대비 증가율은 $\frac{1,315,132-1,140,808}{1,140,808}\times100 \fallingdotseq 15.3(\%)$이므로 기증 희망자 수의 증가율이 더 높다.

㉣ 이식 대기자 수는 매해 증가하다가, 2020년에 처음 떨어진다. 이식 건수는 2018년에서 2019년 사이에 떨어지고, 2020년에는 다시 증가한다.

15 수리능력 정답 ④

유형	자료해석 〉 수치 읽기	난이도	★★☆

C지역은 행정동 평균 인원이 16,302명인데, 행정동은 14개이므로 얼핏 봐도 15만 명은 넘는다. 그러니 ③번은 아니다.

행정동 평균 인구보다 법정동 평균 인구가 많으려면 행정동 개수보다 법정동 개수가 더 적어야 한다. C에 해당하므로 C가 우정 지역이라는 것을 알 수 있으므로 ②번 아니면 ④번이다.

A의 경우 법정동이 행정동의 거의 두 배 가까이 많으므로 법정동의 평균 인구가 상당히 적을 것이라는 것을 짐작할 수 있다. 법정동 평균 인구는 '우정' 지역이 '행복' 지역의 3배 이상이라는 것을 생각하면 A가 행복 지역이라고 보는 것이 타당하다.

16 문제해결능력 정답 ①

유형	적용 퀴즈 〉 배치하기	난이도	★☆☆

자리에 1번부터 6번까지 번호를 매긴다. B는 1번 또는 4번에 앉는데, F가 4번에 앉으므로 B는 1번에 앉는다.

구분	1번	2번	3번	4번	5번	6번
앉는 사람	B			F		

여기서 D, E는 바로 옆자리에 앉고, C는 F 바로 옆자리에 앉지 않으므로 다음의 4가지 경우가 가능하다.

구분	1번	2번	3번	4번	5번	6번
앉는 사람	B	D	E	F	A	C
	B	E	D	F	A	C
	B	C	A	F	D	E
	B	C	A	F	E	D

따라서 A와 C는 바로 옆자리에 앉으므로 마주보고 앉지 않는다.

17 문제해결능력 정답 ④

유형	적용 퀴즈 〉 배치하기	난이도	★☆☆

앞 문제에서의 표를 기준으로 고려한다.

구분	1번	2번	3번	4번	5번	6번
앉는 사람	B	D	E	F	A	C
	B	E	D	F	A	C
	B	C	A	F	D	E
	B	C	A	F	E	D

① 모든 경우에서 A와 C는 바로 옆자리이다.
② A가 5번 자리인 경우는 2가지이므로 자리가 확정되지 않는다.
③ A 다음에 F가 앉는 경우는 2가지이므로 자리가 확정되지 않는다.
④ F 다음에 E가 앉는 경우는 1가지이므로 자리가 확정된다.
⑤ B와 C가 바로 옆자리인 경우는 2가지이므로 자리가 확정되지 않는다.

18 문제해결능력 정답 ③

유형	Text로 된 정보에서 원리 파악하기 〉 거시적 원리 파악하고 적용하기	난이도	★☆☆

주어진 글은 참 혹은 거짓이라고 증명되지 않았다는 점을 근거로 그것이 거짓 혹은 참이라고 주장하는 '무지에 의거한 논증 오류'를 설명하고 있다. ①, ②, ④, ⑤ 모두 주장의 근거로 증명되지 않은 반대 사실을 들고 있으나, ③은 단순히 과학자들이 강하게 믿고 있어서 그렇다고 했으므로 무지에 의거한 논증 오류는 아니다.

19 문제해결능력 정답 ②

유형	Text로 된 정보에서 원리 파악하기 〉 거시적 원리 파악하고 적용하기	난이도	★★☆

어린이나 노인에 대한 군포 부과를 '엄격하게' 금지한다는 점, 환곡 제도를 폐지하고 전세로 현실화한다는 점, 전결을 적게 소유한 자에게 병폐가 되지 않게 한다는 점 등을 미루어 보았을 때, 기존 법(제도)에 문제점이 있음을 인정하되, 전면적인 개혁보다는 부분 개혁을 통해 극복하려 한다는 것을 알 수 있다.

20 문제해결능력 정답 ③

유형	Text로 된 정보에서 원리 파악하기 〉 거시적 원리 파악하고 적용하기	난이도	★☆☆

주어진 글의 실험은 인간의 행동이 자신의 지위나 권위에 따라 달라질 수 있음을 보여주고 있다. 인간의 의지력에 대한 부분은 찾아볼 수 없다.

21 문제해결능력 정답 ④

유형	적용 퀴즈 〉 순서정하기	난이도	★★☆

구슬의 개수는 알 수 없고, 가지고 있는 구슬 개수를 순서대로 나열하는 순서 문제로 접근해야 한다.

첫 번째 조건에 의하면 다솜은 마야, 바울, 사랑보다 구슬을 많이 가지고 있다.

두 번째 조건에 의하면 사랑은 마야, 바울보다 구슬을 많이 가지고 있다.

세 번째 조건에 의하면 바울은 가영, 라임보다 구슬을 많이 가지고 있다.

여기에 나머지 조건을 결합하면 다음과 같이 순서를 구할 수 있다.

다 > 사 > 마
바 > 가 > 나
라

여기서 새로 주어진 조건을 결합하면 라임은 가영보다 구슬이 많아지며, 바울은 마야보다 구슬을 많이 가지고 있게 된다.

다 > 사 > 바 > 라 > 가 > 나
> 마

마야가 바울보다 적게 가지고 있는 것은 알지만, 다른 사람과의 구슬 수를 비교할 수 없으므로 이를 만족하는 순서는 ④이다.

22 문제해결능력 정답 ③

유형	적용 퀴즈 〉 순서정하기	난이도	★★★

마야와 바울의 구슬 수가 같다면 아래와 같다.

다 > 사 > 마
바 > 가 > 나
라

그런데 (사=마+바)인데, (바>가+라)이다. 즉, 가영과 라임의 구슬을 합해도, 바울보다 적으므로 가영, 라임, 마야가 가진 구슬은 사랑이 가진 구슬보다 적을 수밖에 없다. 그러므로 ③번은 성립할 수 없다.

23 문제해결능력 정답 ④

유형	Text로 된 정보에서 원리 파악하기 〉 미시적 원리 파악하고 적용하기	난이도	★★☆

사용계약의 취소 및 변경요청에서 사용자가 대관승인의 내용을 변경하고자 할 때 사용예정일 1일 전까지 공사와 사용자 간의 합의에 의해 변경 가능하다고 하였다.

| 오답풀이 |

① 교육시설의 면적을 모두 합하면 177.81+89.27+59.48+132.51=459.07(m²)이므로 체육관 면적보다 넓지 않다.

② 사용자의 귀책사유로 발생한 손해에 대해 사용자가 이를 변상 또는 처리하여야 한다고 하였다.

③ 3시간 이용 시 교육시설을 모두 대관하는 비용은 129,000+64,500+65,000+32,500+44,000+22,000+110,000+55,000=522,000(원)이므로 다목적홀을 대관하는 비용이 더 저렴하지 않다.

⑤ 주차장은 연중무휴로 24시간 운영하며, 1일 주차권의 경우 해당일의 0시부터 24시까지 이용할 수 있는 것으로 이해할 수 있다.

24 문제해결능력 정답 ③

유형	Text로 된 정보에서 원리 파악하기 〉 미시적 원리 파악하고 적용하기	난이도	★★☆

김 대리는 신규입사자 교육을 위해 강의실(중), 강의실(소), 다목적홀을 대관하며 이용시간은 2시간이다. 따라서 납부해야 하는 대관료는 65,000+44,000+585,000=694,000(원)이다. 주차요금은 실제 이용시간을 계산하여 후납하므로 바로 납부하지 않아도 된다.

25 문제해결능력 정답 ②

유형	Text로 된 정보에서 원리 파악하기 〉 미시적 원리 파악하고 적용하기	난이도	★★☆

김 대리가 최종적으로 대관해야 하는 시설은 강의실(중), 강의실(소), 세미나실, 다목적홀이다. 각 시설의 4시간 이용료는 다음과 같다.

— 강의실(중): 65,000+32,500×2=130,000(원)

— 강의실(소): 44,000+22,000×2=88,000(원)

— 세미나실: 110,000+55,000×2=220,000(원)

— 다목적홀: 585,000원

총비용은 130,000+88,000+220,000+585,000=1,023,000(원)이며, 사용예정일 2일 전에 대관을 취소하므로 10%의 위약금이 공제된 1,023,000×0.9=920,700(원)을 환불받을 수 있다.

DAY

17

정답 확인

문항	영역	정답	문항	영역	정답	문항	영역	정답	문항	영역	정답	문항	영역	정답
01	의사소통	③	02	의사소통	③	03	의사소통	①	04	의사소통	⑤	05	의사소통	③
06	의사소통	②	07	수리	④	08	수리	⑤	09	수리	③	10	수리	③
11	수리	④	12	수리	④	13	수리	③	14	수리	③	15	수리	③
16	수리	②	17	수리	③	18	문제해결	⑤	19	문제해결	②	20	문제해결	②
21	문제해결	②	22	문제해결	③	23	문제해결	④	24	문제해결	④	25	문제해결	④

영역별 실력 점검표

영역	맞은 개수	정답률	취약 영역
의사소통능력	/6	%	
수리능력	/11	%	
문제해결능력	/8	%	
합계	/25	%	

01 의사소통능력 정답 ③

유형	일반형 정보 Text 읽기 〉 거시적 이해 〉 맥락	난이도	★★☆

글 전체적으로 성과 지향적 임금 체계에 대한 언급을 하고 있는데, [바]를 보면, 성과 지향적 임금 체계가 근로시간을 단축하는 과정에서 생산성 향상 방안으로 언급되었다는 것을 알 수 있다. 따라서 근로시간 단축을 언급하고 있는 [라]가 가장 먼저 와야 한다. 다음으로 [바]가 이어지고, 성과 지향적 임금 체계 구축을 위해 제도의 틀을 설계해야 한다고 말하는 [가]가 다음으로 적절하다. 그러나 종래의 연공형 임금 체계를 유지하는 것은 무익하며, 따라서 공정한 평가 제도에 기초해야 한다는 내용이 자연스러우므로 [가] 다음으로 순서대로 [마], [다]가 이어지고 마지막으로 [나]가 오는 것이 적절하다.

02 의사소통능력 정답 ③

유형	일반형 정보 Text 읽기 〉 창의적 이해 〉 적용	난이도	★★★

[보기]의 대화에서는 상대방의 말에서 엉뚱한 부분을 강조하여 듣는 강조의 오류를 범하고 있는데, 순환, 대화모델에서는 화자와 청자가 적절한 해석을 위해 협동을 해야 한다는 것을 언급하고 있다. 따라서 강조의 오류는 청자가 화자의 의도를 배제하고 자신의 관점에서만 해석했기 때문에 엉뚱한 결론에 도달한 것으로 볼 수 있다.

03 의사소통능력 정답 ①

유형	일반형 정보 Text 읽기 〉 창의적 이해 〉 적용	난이도	★★☆

그라이스의 대화의 협동 원칙은 논리적 오류를 일으키는 일상적인 대화에 대한 분석 이론이다. [보기]의 상사와 부하의 대화에서 상사는 부하에게 일을 시키면서 마치 부하에게만 일을 시키는 것은 아니라는 듯이 말할 때, 이를 증명할 증거를 대지 않는다. 또한 부하는 자기가 가장 많은 일을 하는 것처럼 따지지만 "제가 압니까?"라며, 부하 역시 입증할 수 있는 증거를 대지 않는다. 따라서 증거가 있는 사실만 말해야 하는 질의 규칙을 위반하고 있다. 반면 현재 대화의 내용과 연관된 것을 언급하고 있으며, 난해한 표현은 없으므로 관련의 규칙과 방식의 규칙을 위반하지는 않는다.

04 의사소통능력 정답 ⑤

유형	일반형 정보 Text 읽기 〉 미시적 이해 〉 추론	난이도	★★☆

형이상학과 관련하여 인식할 때 분석판단과 종합판단이 사용되지만 인간의 정신에 관계된 것과 물리적인 것을 이분법적으로 나누자고 주장한 것은 아니다.

| 오답풀이 |

① 라이프니츠의 형이상학을 비판했다고 하였다.

② 칸트는 라이프니츠의 형이상학이 본성상 경험의 대상이 될 수 없는 것들에 대해서도 인간 정신이 순수사유를 통해 참된 인식에 도달할 수 있다는 점을 전제하고 있다고 비판했다.

③ 칸트는 진정한 학으로서 형이상학이 당면한 문제의 조건을 만족시키려면 인식이 선험적이면서 동시에 종합적인 판단에 의존해야 한다고 하였다.

④ 물체의 길이는 물체의 개념에 덧붙여서 따로 관계하고 있으므로 종합판단이다.

05 의사소통능력 정답 ③

유형	일반형 정보 Text 읽기 〉 창의적 이해 〉 적용	난이도	★★☆

주어진 글의 주장은 불신에 기초한 제도를 만드는 것이다. 따라서 이를 비판하기 위해서는 불신에 기초한 제도를 만드는 것이 어떤 문제점을 가져오는지 언급하면 된다. 그런데 ③은 비판이 아니라 불신에 기초한 제도가 가져올 긍정적인 효과에 대해 언급하고 있으므로 비판으로 적절하지 않다.

06 의사소통능력 정답 ②

유형	일반형 정보 Text 읽기 〉 거시적 이해 〉 맥락	난이도	★★☆

주어진 글은 역사 서술 방식에 대해 설명하고 있다. 역사 서술에 관하여 크게 두 가지 관점을 소개하고 있는데, 역사가에 의해 만들어지는 역사가 의미가 없다는 관점과

무한의 의미가 있다는 관점이다. 그리고 두 가지 관점이 지닌 난점을 지적하면서 글의 주장을 펴고 있다.

07 수리능력 정답 ④

유형	기타 〉 수추리	난이도	★☆☆

+2, ×2, −2가 반복되는 규칙이므로 빈칸에는 16의 ×2인 32가 들어가야 한다.

08 수리능력 정답 ⑤

유형	응용계산 〉 방정식	난이도	★☆☆

A의 원가를 a원, B의 원가는 150,000원이므로 다음 식이 성립한다.

$1.2a+150,000\times0.9=951,000$

$1.2a=951,000-135,000$

$a=\frac{816,000}{1.2}=680,000$(원)

09 수리능력 정답 ③

유형	응용계산 〉 거속시	난이도	★☆☆

A의 속력을 xm/min, B의 속력을 ym/min라 할 때, 다음 식이 성립한다.

- $x+y=330$
- $\frac{5}{3}y-\frac{5}{3}x=330$

두 식을 연립하여 풀면, $x=66$m/min, $y=264$m/min이다.

10 수리능력 정답 ③

유형	자료해석 〉 수치 읽기	난이도	★☆☆

㉠에 의해 (가)와 (나) 지역은 A 또는 C이다.
㉡에 의해 다목적 체육관 수가 아이스링크 수의 10배인 지역은 D이므로 (라)지역은 D이다.
㉢에 의해 (다)지역은 B, D 중 하나인데 D는 (라)지역이므로 (다)지역은 B이다.
㉣에 의해 (가)지역은 C이고, (나)지역은 A이다.
마지막으로 (마)지역은 E이다.

A: (나)지역
B: (다)지역
C: (가)지역
D: (라)지역
E: (마)지역

11 수리능력 정답 ④

유형	자료해석 〉 수치 읽기	난이도	★★☆

주간 확진자 수는 이전에 확진된 사람도 포함되어 있으므로 그 주에 새로 발생한 확진자만 기준으로 판단하면 된다. 5월 1주에 발생한 신규 확진자 수는 86,000명이고, 5월 2주에는 1주의 0.95 비율로, 5월 3주에는 2주의 0.75 비율이므로 5월 3주의 발생한 신규 확진자 수는 $86,000\times0.95\times0.75=61,275$(명)이다. 이는 $\frac{61,275}{181,857}\times100=33.7$(%)이다.

12 수리능력 정답 ④

유형	자료해석 〉 수치 읽기	난이도	★☆☆

㉠ 매주 확진자 수가 감소하고 있으므로 일주일 수치를 7로 나눈 일 평균 확진자 수 역시 매주 감소함을 알 수 있다.

㉢ 신규 확진자 수는 이전 주 대비 항상 1 미만으로 발생하고 있으므로 매주 감소함을 알 수 있다.

| 오답풀이 |

㉡ 6월 1주에 감염될 확률이 0.8이고, 전파 기간이 2라면, 접촉률은 $0.76\div0.8\div2=0.475$이고, 5월 4주의 접촉률이 0.9였으므로 0.9의 50%인 0.45보다 크므로 50% 이상 감소한 것은 아니다.

13 수리능력

정답 ③

유형	자료해석 〉 수치 읽기	난이도	★☆☆

두 과목의 점수 차가 20점인 학생은 다음 표시된 인원이다.

수리 \ 의사소통	50점	60점	70점	80점	90점	100점	총합
100점						1	1
90점			1		1	2	4
80점		2	3	3	2		10
70점			5	4	2		11
60점		2	2	3			7
50점	3	2					5
총합	3	6	11	10	5	3	38

총 38명 중 8명이므로 $\frac{8}{38}\times 100 \fallingdotseq 21(\%)$이다.

14 수리능력

정답 ③

유형	자료해석 〉 수치 읽기	난이도	★☆☆

두 과목의 평균 점수가 80점 이상인 학생은 다음 표시된 인원이다.

수리 \ 의사소통	50점	60점	70점	80점	90점	100점	총합
100점						1	1
90점			1		1	2	4
80점		2	3	3	2		10
70점			5	4	2		11
60점		2	2	3			7
50점	3	2					5
총합	3	6	11	10	5	3	38

따라서 총 12명이다.

15 수리능력

정답 ③

유형	자료해석 〉 추세 읽기	난이도	★★☆

2018년 간접광고(PPL)는 1,270억 원인데, 그중 지상파 TV는 573억 원으로 $\frac{573}{1,270}\times 100 \fallingdotseq 45.1(\%)$이고, 케이블TV는 498억 원으로 $\frac{498}{1,270}\times 100 \fallingdotseq 39.2(\%)$이다. 따라서 45.1−39.2=5.9(%p) 차이가 난다. 보도자료에서는 5%p 이하라고 했으므로 맞지 않다.

16 수리능력

정답 ②

유형	자료해석 〉 수치 읽기	난이도	★★☆

A는 전체에서 관세사의 비율이 과반이어야 한다. 관세사의 비율이 과반인 것은 수입, 사전검증, 환급이다. 수입, 사전검증, 환급 중 관세사의 비율이 63.2%인 것은 $\frac{22,228}{35,173}\times 100 \fallingdotseq 63.2(\%)$인 사전검증이다.

B는 세관의 비율이 26%인데, 세관의 비율이 약 26%인 것은 화물과 환급이다. 화물과 환급을 살펴보면 환급은 선사/항공사가 13건에 불과하여, 세관과 비율 차이가 큰 것을 알 수 있지만 그래프에서는 그 정도의 큰 차이는 없는 것으로 보아 B는 화물이다.

17 수리능력

정답 ③

유형	자료해석 〉 복합 자료해석	난이도	★★☆

세 번째와 네 번째 결과를 보면 2차 학습 전 지연이 없었던 1차 학습의 내용이 기억이 남아 있다는 것을 알 수 있고, 다섯 번째와 여섯 번째 결과를 보면 역시 기억검사 전 지연이 없었던 2차 학습의 내용이 기억에 남아 있다는 것을 알 수 있다. 즉, 그 시간차가 적을수록 그 직전에 한 학습의 내용이 기억에 남아 있다는 것이다. 따라서 1차 학습에서 배운 내용을 오래 기억에 남아 있게 하려면 1차 학습과 2차 학습 간의 시간차를 줄이고, 2차 학습과 기억검사 간의 시간차를 지연시키면 된다.

| 오답풀이 |

① 해당 실험은 학습의 내용을 다루는 것이 아니고, 학습

과 검사의 시간차에 관한 내용이다.

②, ④ 학습의 내용을 다루는 것이 아니기 때문에 A와 B의 내용이 회상에 영향을 미치는 것은 아니다.

⑤ 1차 학습과 2차 학습 간의 시간차를 늘리고 2차 학습과 기억검사 간의 시간차를 줄여야 한다.

18 문제해결능력 정답 ⑤

유형	Text로 된 정보에서 원리 파악하기 〉 미시적 원리 파악하고 적용하기	난이도	★☆☆

A지역의 배추 생산비가 20원 감소하여 80원이고, C의 시장에 운송비는 64원이므로 총비용이 144원이다. 배추 1포기 가격이 140원이므로 손해를 보기 때문에 C의 시장에 팔면 이익이 남지 않는다.

| 오답풀이 |

① 가격이 200원이라고 할 때, B에 팔면 50원이 남는 반면, C에 팔면 36원밖에 남질 않는다. 따라서 B와 C를 주어진 조건으로 단순 비교하면 B의 시장에 파는 것이 이득임을 알 수 있다.

② B로 가는 우마차의 운송비가 5원/km로 감소하면 1포기당 운송비는 25원이므로, B의 시장에 140원으로 팔면 15원이 남는다. 반면 C에 팔면 24원 손해를 보므로 농부는 B의 시장에 팔 것임을 알 수 있다.

③ B의 시장은 150원, C의 시장은 164원의 비용이 소요되므로, 배추값이 120원밖에 안 된다면 생산을 포기하는 것이 현명하다.

④ C까지의 운송비가 32원이 되므로 배추 가격이 140원이라도 운송비와 생산비를 제외하고 8원의 이익이 생기며, 반면 B의 시장에 팔면 10원 손해를 보므로 농부는 C의 시장에 팔 것임을 알 수 있다.

19 문제해결능력 정답 ②

유형	Text로 된 정보에서 원리 파악하기 〉 거시적 원리 파악하고 적용하기	난이도	★☆☆

주어진 글은 18세기 후반 영국의 공리주의자 제레미 벤담이 고안했다고 하는 원형 감옥 시설 '파놉티콘(panopticon)'에 대하여 설명하고 있다. 벤담의 원형 감옥은 중앙의 원형 로툰다를 향한 외벽을 따라 유리 지붕을 씌운 각 방이 늘어서 있는 마치 물탱크와 같은 원형 구조물이다. 간수는 자신의 모습을 감춘 채 중앙 로툰다에서 둥글게 둘러싼 각 방의 모든 수감자를 지속적으로 감시할 수 있다. 이렇게 해서 수감자들이 항상 감시자를 의식하도록 만들어 스스로 복종하게 만든다.

20 문제해결능력 정답 ②

유형	퀴즈문제 〉 참 · 거짓	난이도	★☆☆

OR 진술에서 참이 되려면 둘 중에 하나만 참이 되어도 되고, 거짓이 되려면 둘 다 거짓이어야 한다. 그래서 A와 B, 그리고 C가 각각 스파이라고 가정했을 때, 각 진술의 진위 여부를 판별하면 다음과 같다.

구분	A가 스파이	B가 스파이	C가 스파이
제보1	T	T	F
제보2	F	T	T
제보3	T	T	T

제보 중 2개는 참이라고 했으므로 A가 스파이거나 C가 스파이어야 한다. 따라서 B가 스파이라고 하는 것은 반드시 거짓이다.

21 문제해결능력 정답 ②

유형	Text로 된 정보에서 원리 파악하기 〉 거시적 원리 파악하고 적용하기	난이도	★☆☆

문제의 조건을 바탕으로 다음과 같이 정리할 수 있다.

구분	1월	2월	3월	4월	5월
P		2	4		
Q	3			5	
R		5			3
S					
합계	5		10		

S국과의 거래 건수를 알아야 하는데, 1월에 5건이 있었으며, 그 두 배 건수가 3월에 있었다고 했으므로 S국과는 1월에 2번, 3월에 6번 있었음을 알 수 있다. 이를 정리하면 다음과 같다.

구분	1월	2월	3월	4월	5월
P		2	4		
Q	3			5	
R		5			3
S	2		6		
합계	5	7	10	5	3

따라서 무역 거래 건수가 두 번째로 많았던 때는 2월이다.

22 문제해결능력 　정답 ③

유형	수리, 기호 정보에서 원리 파악하기 〉 수리적 원리 파악하고 적용하기	난이도	★☆☆

리그전 경기 수는 $\frac{n(n-1)}{2}$로 구할 수 있으므로 8명이 한 조인 리그 경기 수는 $\frac{8\times7}{2}=28$(번)이며, 두 조로 진행되므로 경기 수는 총 56번이다. 결승전은 8명이 토너먼트 방식으로 진행하므로 $4+2+1=7$(번) 진행된다. 따라서 대회에서 치러진 총경기 수는 $56+7=63$(번)이다.

23 문제해결능력 　정답 ④

유형	적용 퀴즈 〉 매칭하기	난이도	★☆☆

조사 결과를 표로 정리하면 다음과 같다.

구분	떡볶이	김밥	육회	식중독 발생 여부
철수	○	○	○	○
영호	×	○	×	×
영희	○	×	○	○
미선	○	○	×	×

조사 결과 2), 3), 4)를 통해 육회가 식중독의 원인임을 알 수 있다. 육회를 먹지 않은 영호와 미선은 식중독에 걸리지 않았으나, 육회를 먹은 영희가 식중독에 걸렸기 때문이다.

| 오답풀이 |

① 영호와 미선은 식중독에 걸리지 않았기 때문에 식중독의 원인을 밝히기 곤란하다.

② 떡볶이와 육회가 식중독과 관련이 있다는 건 알 수 있지만 두 가지 모두 원인이라고 보는 것은 무리가 있다.

③, ⑤ ②와 마찬가지로 떡볶이와 육회 중 어느 쪽이 식중독의 원인인지는 확인할 수 없다.

24 문제해결능력 　정답 ④

유형	Text로 된 정보에서 원리 파악하기 〉 거시적 원리 파악하고 적용하기	난이도	★☆☆

(가)에서는 "이런 제도는 물론 단위시간 안에 노동을 집약적으로 강화시켜 생산량을 늘리는 데에는 크게 기여했다."라는 진술로 미루어 업적제 임금제도의 실시 효과에 대해서 언급하고 있으며, (나)에서는 업적제 임금제도의 부작용으로 "건강을 해치거나 일을 혐오하게 만들어 오히려 일의 능률이 저하되는 결과"에 대해 언급하고 있다.

25 문제해결능력 　정답 ④

유형	적용 퀴즈 〉 배치하기	난이도	★★☆

두 팀의 이름을 임의로 T팀, S팀으로 명명하고 구성원을 분배할 수 있다. 마지막 조건으로 인해 A와 B, 나와 다는 같은 팀일 수 없고, 첫 번째 조건에 의해 갑과 을도 같은 팀일 수 없다.

T팀	S팀
A/B	B/A
나/다	다/나
갑/을	을/갑

여기서 A와 B는 모두 2학년이고, 나와 다는 모두 1학년이다. 갑은 1학년, 을은 2학년이므로 갑의 팀에는 2학년이 한 명 더 있어야 하고, 을의 팀에는 1학년이 한 명 더 있어야 한다. 따라서 다음과 같이 두 가지 경우로 크게 구분할 수 있다.

T팀	S팀
A/B	B/A
나/다	다/나
갑	을
가	C

T팀	S팀
A/B	B/A
나/다	다/나
을	갑
C	가

이때 가와 갑은 항상 같은 팀에 속하게 된다.

DAY

18

정답 확인

문항	영역	정답	문항	영역	정답	문항	영역	정답	문항	영역	정답	문항	영역	정답
01	의사소통	②	02	의사소통	①	03	의사소통	⑤	04	의사소통	④	05	의사소통	③
06	의사소통	④	07	의사소통	④	08	수리	①	09	수리	③	10	수리	③
11	수리	④	12	수리	③	13	수리	④	14	수리	①	15	수리	②
16	수리	④	17	문제해결	④	18	문제해결	③	19	문제해결	⑤	20	문제해결	②
21	문제해결	②	22	문제해결	④	23	문제해결	③	24	문제해결	④	25	문제해결	④

영역별 실력 점검표

영역	맞은 개수	정답률	취약 영역
의사소통능력	/7	%	
수리능력	/9	%	
문제해결능력	/9	%	
합계	/25	%	

01 의사소통능력 정답 ②

유형	일반형 정보 Text 읽기 〉 거시적 이해 〉 맥락	난이도	★★★

주어진 글에서 모래시계와 닮아 있는 부분은 농업 생산물이 소수의 가공 업체들을 거쳐 전 세계 소비자들에게 전달되는 식량 체계이다. 모래시계의 형태를 보면 위와 아래는 볼록하고 중간 부분은 오목하게 들어가 있는데, 이 모습이 중간층이 없는 식량 체계의 모습과 소수의 통로로 전 세계 소비자들에게 농업 생산물이 전달되는 모습을 비유적으로 보여준다.

02 의사소통능력 정답 ①

유형	일반형 정보 Text 읽기 〉 미시적 이해 〉 추론	난이도	★★☆

㉠ M&A가 통합이라면 Merger는 보다 더 완전한 통합이라 할 수 있다.

㉢ 3문단에서 정부가 주도하는 개발도상국형에서는 M&A의 필요성이 비교적 적었다고 하였으며, 외환위기 이후 시장 기능이 강조되면서 민간 기업이 앞장서고 정부가 지원하는 선진국형 경제에서 M&A의 중요성이 커지고 있다고 하였다.

| 오답풀이 |

㉡ M&A라고 할 수는 있다. 매각했다는 사실이 중요한 것이지 그것으로 인해 성공해야 반드시 M&A라고 부르는 것은 아니다.

㉣ M&A의 중요성이 커지는 이유 중 하나는 새로운 기업을 설립하기보다는 사업을 영위하고 있는 기업에 대한 M&A를 통해 커다란 위험부담 없이 새로운 시장에 손쉽게 진출할 수 있는 이점 때문이라고 하였다. 즉, 위험부담 없는 안정적인 경영을 좋아하는 경영자라면 M&A에 긍정적일 것이다.

㉤ 외환위기 이전에도 있었겠지만 활성화되지 않았고, 외환위기 이후에 법정관리 매물이 많아지면서 활성화되었다고 하였다.

03 의사소통능력 정답 ⑤

유형	일반형 정보 Text 읽기 〉 창의적 이해 〉 적용	난이도	★★☆

주어진 글은 M&A를 외부 역량의 끊임없는 추구로 이해한다. 즉, 비슷한 업종의 인수 등을 통해 시너지 효과를 기대하는 것이다. ①~④의 선택지는 비슷한 업종에서 모자란 역량을 보완하기 위해 M&A를 하지만, ⑤는 사업의 다각화를 위해 시도하고 있다.

04 의사소통능력 정답 ④

유형	일반형 정보 Text 읽기 〉 거시적 이해 〉 맥락	난이도	★★☆

동훈, 유리, 범준, 슬비는 신기술 개발의 중요성, 그리고 그러한 기술을 개발하기 위한 인력의 필요를 이야기하고 있는 데 반하여 윤선은 제품 판매를 위한 효과적인 홍보 전략의 중요성을 강조하고 있다.

05 의사소통능력 정답 ③

유형	일반형 정보 Text 읽기 〉 미시적 이해 〉 추론	난이도	★★☆

타인 역시 존중받을 인간이라는 사실은 문화 상대주의 입장에 부합한다.

06 의사소통능력 정답 ④

유형	일반형 정보 Text 읽기 〉 미시적 이해 〉 추론	난이도	★★★

장아찌의 '지'는 두시언해에 나오는 '디히'에서 유래되었고 김치의 '치'는 한자어인 '침채(沈菜)'와 관련이 있는 것 같다고 했으므로 둘의 어원은 다르다.

| 오답풀이 |

① 4문단에서 딤치라는 말은 한자어 '침채(沈菜)'와 관련된 것으로 생각된다고 하였다.

② 1문단에서 오늘날 김치라고 부르는 음식을 지칭하는 말이 '디히'였고, 이는 15세기 두시언해에서 찾아볼 수 있다고 하였다. 즉, 15세기부터 김치라는 음식은 있었음을 알 수 있다. 다만, 디히라는 용어는 김치의

어원이 아니라 장아찌의 어원이 된다.

③ 5문단에서 '·'가 소멸된 이후 '짐치'가 '짐츼'로 바뀌고, 이것이 김치가 되었다고 하였다.

⑤ 3문단에서는 '디이'가 구개음화 현상으로 '지이'가 되었다고 하였고, 5문단에서는 '딤치'가 구개음화 현상으로 '짐치'가 되었다고 하였다.

07 의사소통능력 정답 ④

유형	일반형 정보 Text 읽기 〉 미시적 이해 〉 추론	난이도	★★☆

㉢ 2문단에서 아테네의 민주주의를 예로 들며, 민주주의 이념 아래에서도 약간의 범죄적 결정이 발생했다는 것을 보여주고 있다.

㉣ 5문단에서 국민주권으로서의 민주주의의 이념과 국민의 심판대로서의 민주주의, 또는 제거할 수 없는 정부를 피하는 수단으로서의 민주주의의 이념 사이에는 언어적 차이뿐만 아니라 실제적으로 커다란 함의가 있다고 하였다.

㉤ 윈스턴 처칠의 말은 민주주의 최악의 정부 형태이지만 다른 모든 정부 형태를 제외한다고 했으므로 사실상 모든 정부 형태 중 가장 나은 정부 형태임을 알 수 있다.

| 오답풀이 |

㉠ 1문단에서 국민주권이론은 비합리적, 비도덕적 이데올로기이며 미신을 조장하므로 이를 거부해야 한다고 주장하고 있다.

㉡ 4문단에서 필자는 국민이 그 정부를 제거할 수 있다는 이념을 지지한다고 하였고, 이는 다름 아닌 국민법정으로서 이해되는 민주주의다.

08 수리능력 정답 ①

유형	기타 〉 수추리	난이도	★★☆

홀수 번째에 있는 숫자는 $+2^n$으로 숫자가 커지며, 짝수 번째에 있는 숫자는 -3^n으로 숫자가 작아지는 규칙이므로 빈칸에는 $305-3^5=62$가 들어가야 한다.

09 수리능력 정답 ③

유형	응용계산 〉 방정식	난이도	★☆☆

권수를 n이라 했을 때,

$7{,}000+700n<1{,}300n$이므로

$7000<(1300-700)n$

$7000<600n$

$11.67<n$

여기서 권 수인 n은 자연수이므로 12권 이상 대여할 경우 경제적이다.

10 수리능력 정답 ③

유형	응용계산 〉 일계산	난이도	★☆☆

A관이 1시간당 하는 일의 양은 1/9

B관이 1시간당 하는 일의 양은 1/6

A관과 B관을 함께 튼 시간을 x시간이라 했을 때,

$\frac{1}{9}+(\frac{1}{9}+\frac{1}{6})x=1$이므로

$x=3.2$시간이다.

3.2시간에 처음 1시간 동안 A관만 틀었던 시간을 더하면 걸리는 총시간은 4.2시간(4시간 12분)이다.

11 수리능력 정답 ④

유형	자료해석 〉 수치 읽기	난이도	★☆☆

여행 목적으로 휴가를 가는 비율은 $\frac{4.9}{12.2}\times100\fallingdotseq40.2(\%)$이므로 40% 이상이다.

| 오답풀이 |

① 상사와 동료의 눈치로 휴가를 못 가는 사람의 비율이 지나치게 많은 업무로 휴가를 못 가는 사람의 비율보다 높다.

② 연간 부여받은 휴가 일수의 평균이 14.6이므로 15일의 휴가를 못 받는 사람이 있음을 알 수 있다.

③ 휴가 사용률은 $\frac{12.2}{14.6}\times100\fallingdotseq83.6(\%)$이다.

⑤ 휴가 1일당 지출하는 경비는 $\frac{101.7}{12.2}\fallingdotseq8.3$(만 원)이다.

12 수리능력 정답 ③

유형	자료해석 〉 추세 읽기	난이도	★☆☆

저축액이 가장 높은 세 명은 다섯 번째, 일곱 번째, 열세 번째에 있는 사람이다. 이들의 총자산액 평균은 $\frac{92+148.5+8.5+84.5+45+9.5+72.5+310+6.5}{3}=$ 259(억 원)이다.

13 수리능력 정답 ④

유형	자료해석 〉 추세 읽기	난이도	★☆☆

고객 중 여성은 첫 번째, 다섯 번째, 열 번째, 열다섯 번째에 있는 사람이므로 이들의 부동산평가액의 평균은 $\frac{27+148.5+251.5+216}{4}=160.75$(억 원)이다.

14 수리능력 정답 ①

유형	자료해석 〉 추세 읽기	난이도	★★☆

2020년의 남성 장애인 수는 1,468,333명이고, 전년 대비 증가율이 5.5%이다. 따라서 2019년의 남성 장애인 수는 $\frac{1,468,333}{1.055}≒1,391,785$(명)이다.
2020년의 여성 장애인 수는 1,048,979명이고, 전년 대비 증가율이 0.5%이다. 따라서 2019년의 여성 장애인 수는 $\frac{1,048,979}{1.005}≒1,043,760$(명)이다.
따라서 남성 장애인 수와 여성 장애인 수의 차이는 1,391,785−1,043,760=348,025(명)이다.

15 수리능력 정답 ②

유형	자료해석 〉 수치 읽기	난이도	★☆☆

㉢ 등록 장애인 수가 가장 많은 장애등급의 남성 장애인 수는 6급의 389,601명이고, 등록 장애인 수가 가장 적은 장애등급의 남성 장애인 수는 1급의 124,623명으로 이를 계산하면 $\frac{389,601}{124,623}≒3.1$(배)임을 알 수 있다.

| 오답풀이 |

㉠ 2020년의 성별·장애인별 등록 장애인 수만 나와 있으므로 등급별로 어느 정도 증가했는지는 알 수 없다.

㉡ 5급 남녀 장애인과 6급 남녀 장애인 수를 다 합하면 248,059+278,586+203,810+389,601=1,120,056(명)으로 전체 2,713,127명의 $\frac{1,120,056}{2,713,127}\times 100≒41$(%)이다.

16 수리능력 정답 ④

유형	자료해석 〉 추세 읽기	난이도	★☆☆

조건을 기호로 나타내면 다음과 같다.
A+B=30
A+12=2E
E=B+6
이를 계산하면, A=20, B=10, E=16이다. 그리고 이에 따라 변동계수를 계산하면 다음과 같다.

구분	평균 (1인당 소비량)	표준편차	변동계수	변동계수 순위
A	20	5.0	25%	4
B	10	4.0	40%	2
C	30.0	6.0	20%	5
D	12.0	4.0	33%	3
E	16	8.0	50%	1

따라서 변동계수가 3번째로 큰 구는 D이고, 4번째로 큰 구는 A이다.

17 문제해결능력 정답 ④

유형	Text로 된 정보에서 원리 파악하기 〉 미시적 원리 파악하고 적용하기	난이도	★★☆

주어진 [보기]를 살펴보면 ㉠은 선물 때문에 설문지 회수율이 높다는 점, ㉣은 사탕이나 껌 때문에 팁이 늘어난다는 점에서 ㉠과 ㉣의 기능이 유사하다. 한편 ㉡은 1달러 지폐가 팁을 늘리고, ㉢에서는 기부금을 약속한 사람들의 명단이 기부금을 증가시킨다는 점에서 ㉡과 ㉢의 기

능이 유사하다. 다시 말해서 ㉠과 ㉣의 밑줄 친 부분의 기능은 일종의 대가를 제공하여 어떠한 행동을 유도하는 것이라면, ㉡과 ㉢은 다른 사람들의 행동을 모방하게끔 유도하는 것이다.

18 문제해결능력

정답 ③

유형	Text로 된 정보에서 원리 파악하기 〉 미시적 원리 파악하고 적용하기	난이도	★★☆

주어진 글의 실험은 사소한 결함의 방치가 더 큰 문제를 불러올 수 있다는 것을 보여준다. 따라서 중범죄에 대한 직접적 통제보다 사소한 것으로 여겨지는 기초질서 유지를 위한 경찰 활동이 범죄 예방에 더 중요한 것임을 알 수 있다.

19 문제해결능력

정답 ⑤

유형	퀴즈 문제 〉 연쇄추리	난이도	★★☆

조건4에 의해 7년 차 과장 중 2명을 발령해야 하는데, 조건3에 따라 A와 C는 동시에 팀장이 되거나 둘 다 팀장이 되지 않는다. 여기서 A와 C가 둘 다 팀장이 되지 않는 경우는 불가하므로 A와 C를 팀장으로 발령한다. A를 팀장으로 발령했으므로 조건2에 의해 F는 팀장이 될 수 없고, 조건1에 의해 D와 E 중 한 명은 팀장이 될 수 없다. 그러므로 G는 무조건 팀장으로 발령한다.

20 문제해결능력

정답 ②

유형	적용 퀴즈 〉 배치하기	난이도	★☆☆

포럼을 빨리 끝내기 위해서는 다음과 같이 모든 과정을 짧게 진행하고 휴식을 생략하면 된다.

개회사	발표	토론	발표	토론
10분	40분	10분	40분	10분

총 110분이 소요되므로 오전 9시에 시작하면 10시 50분에 끝난다.

21 문제해결능력

정답 ②

유형	적용 퀴즈 〉 배치하기	난이도	★★☆

피로도를 중심으로 포럼을 계획하면 다음과 같다.

개회사	발표	토론	발표	토론	발표	토론	합
10	15	20	15	20	15	20	115

휴식을 전혀 안 했을 경우 참여자의 피로도는 115이다. 포럼이 끝났을 때, 최종 피로도가 60 미만이어야 하므로 휴식을 통해 피로도를 55 이상 감소시켜야 한다. 토론 후 휴식은 2번 할 수 있으므로 −40이고, 발표 후 휴식을 2번 포함하면 −60으로 최종 피로도가 60 미만이 된다. 휴식을 한 번 더 할 수 있으나 포럼을 최대한 빨리 끝내야 하므로 세 번째 발표 후 휴식은 하지 않는다.
다시 시간을 중심으로 정리하면 다음과 같다.

구분	개회사	발표(휴식)	토론(휴식)	발표(휴식)	토론(휴식)	발표	토론	합
피로도	10	15−10	20−20	15−10	20−20	15	20	55
시간	10분	60분	30분	60분	30분	40분	10분	240분

따라서 오전 9시에 시작하여, 4시간 후 끝나므로 끝나는 시각은 13시이다.

22 문제해결능력

정답 ④

유형	Text로 된 정보에서 원리 파악하기 〉 미시적 원리 파악하고 적용하기	난이도	★★☆

도박사의 오류와 관련지어 판단할 수 있다. 도박사의 오류란 과거의 이력이 현재의 확률에 영향을 미친다는 오류이다. 예를 들어 동전을 4번 던져서 모두 앞면이 나왔다면, 한 번 더 던졌을 때는 뒷면이 나올 확률이 높을 것이라고 생각하는 것이다. 뒷면이 나올 확률은 앞의 이력과 관계없이 항상 50%이다.
해당 문제에서 갑수, 을수, 병수가 복권에 당첨될 확률은 모두 $\frac{1}{100}$이다. 이전에 당첨된 적이 있는지 여부는 당첨 확률에 영향을 미치지 않는다. 따라서 갑수 또는 병수가 당첨될 확률은 을수가 당첨될 확률보다 높다.

| 오답풀이 |

⑤ 두 사람 모두 당첨되지 않을 확률은 $\frac{99}{100}\times\frac{99}{100}$이고, 한 사람이 당첨되지 않을 확률은 $\frac{99}{100}$이므로 전자가 더 작다.

23 문제해결능력

정답 ③

유형	수리, 기호 정보에서 원리 파악하기 〉 수리적 원리 파악하고 적용하기	난이도	★★☆

- 갑: 출근 1회당 대중교통 요금이 3,200원이므로 기본 마일리지는 450원이고, 저소득층이므로 추가 마일리지는 200원이다. 도보 및 자전거로 이동한 거리는 800m이고, 월간 출근 횟수는 15회이다. 이를 식으로 계산하면 다음과 같다.

  $\rightarrow \left\{3,200-(450+200)\times\frac{800}{800}\right\}\times 15=38,250$(원)

- 을: 출근 1회당 대중교통 요금이 2,300원이므로 기본 마일리지는 350원이고, 저소득층이 아니므로 추가 마일리지는 없다. 도보 및 자전거로 이동한 거리는 1,000m이지만 800m만 인정되며, 월간 출근 횟수는 22회이다. 이를 식으로 계산하면 다음과 같다.

  $\rightarrow \left\{2,300-(350+0)\times\frac{800}{800}\right\}\times 22=42,900$(원)

- 병: 출근 1회당 대중교통 요금이 1,800원이므로 기본 마일리지는 250원이고, 저소득층이므로 추가 마일리지는 100원이다. 도보 및 자전거로 이동한 거리는 600m이고, 월간 출근 횟수는 22회이다. 이를 식으로 계산하면 다음과 같다.

  $\rightarrow \left\{1,800-(250+100)\times\frac{600}{800}\right\}\times 22=33,825$(원)

따라서 월간 출근 교통비 지출이 많은 사람부터 나열하면 을, 갑, 병이다.

24 문제해결능력

정답 ④

유형	Text로 된 정보에서 원리 파악하기 〉 미시적 원리 파악하고 적용하기	난이도	★★★

여론조사 결과를 정리하면 다음과 같다.

구분	전체	20대	30대	40대	50대	60대
남성	A=B					
여성	B	A=B	A=B	B	B	A=B
전체	A	A	A	B	B	A=B

A는 20대와 30대에서 높은 지지율을 보이지만 30대 이하에서 A와 B의 여성 지지율 차이가 크지 않다고 하였으므로 A에 대해 높은 지지율을 보이는 20대와 30대는 남성임을 알 수 있다. 또한 (3)에 따라 전체 성별을 기준으로 남성의 지지율 차이는 크지 않다고 하였으므로 A에 대한 4~60대 남성의 지지율은 상대적으로 2~30대 남성의 지지율보다 낮을 것임을 알 수 있다. 그런데 60대 이상에서 A와 B의 여성 지지율 차이가 크지 않았고, 60대 전체에서도 두 후보의 지지율 차이는 없는 것으로 나타났다고 했으므로 60대 남성의 지지율은 A와 B가 비슷하다고 보아야 하며, 이에 따라 40대와 50대 남성은 B에 대해 지지율이 높다고 볼 수 있다. 이를 정리하면 다음과 같다.

구분	전체	20대	30대	40대	50대	60대
남성	A=B	A	A	B	B	A=B
여성	B	A=B	A=B	B	B	A=B
전체	A	A	A	B	B	A=B

B가 당선되었으므로 B를 지지하는 층은 투표율이 높았고, A를 지지하는 층은 투표율이 낮았다고 할 때 40대, 50대 남성의 투표율이 2~30대 남성 투표율에 비해 상대적으로 높았을 것이라고 추론할 수 있다.

| 오답풀이 |

① 여성의 지지율이 특히 높은 B가 당선이 되었기에, 여성의 투표율이 높았다고 추론할 수 있다.

② 여론조사에서 앞섬에도 불구하고 A가 떨어진 것은 A의 지지층의 투표율이 낮았다는 사실을 함축하는데, A의 지지층이 바로 2~30대 남성이다.

③ 지지율이 높지 않은 B가 당선이 된 것은 B의 지지층에서 투표율이 높게 나왔다는 사실을 함축한다.

⑤ 60대 남성은 A와 B에 대해 비슷한 지지율을 보이므로 옳은 추론이다.

25 문제해결능력 정답 ④

유형	Text로 된 정보에서 원리 파악하기 〉 미시적 원리 파악하고 적용하기	난이도	★★☆

㉡ 어느 정도 시음회를 진행하다가 1번 컵과 2번 컵을 바꾸어 번호 선택 면에서도 치우치지 않게 할 필요가 있었다.

㉣ 목이 말랐다가 처음에 먹는 물맛이 두 번째 잔보다 더 맛있게 느껴질 수가 있기 때문에 순서적인 면에서도 고려를 했어야 한다.

| 오답풀이 |

㉠ 처음에 지원을 받았으므로 완전한 무작위는 아니다. 물에 대한 관심이 많거나, 특별히 물의 수질에 관심이 많은 사람일 가능성이 많으므로 전체 직원에 대한 대표성보다는 물에 관심이 많은 직원들에 대한 대표성이 확보되었다고 볼 수 있다.

㉢ 우리나라의 남녀 비율에 맞출 것이 아니라, A공기업 1,500명에서 남녀 비율에 맞추는 것이 오히려 적합하다.

19

정답 확인

문항	영역	정답	문항	영역	정답	문항	영역	정답	문항	영역	정답	문항	영역	정답
01	의사소통	④	02	의사소통	②	03	의사소통	⑤	04	의사소통	③	05	의사소통	①
06	의사소통	④	07	의사소통	⑤	08	수리	③	09	수리	④	10	수리	⑤
11	수리	③	12	수리	④	13	수리	②	14	수리	⑤	15	수리	①
16	문제해결	②	17	문제해결	⑤	18	문제해결	③	19	문제해결	③	20	문제해결	④
21	문제해결	④	22	문제해결	①	23	문제해결	②	24	문제해결	③	25	문제해결	②

영역별 실력 점검표

영역	맞은 개수	정답률	취약 영역
의사소통능력	/7	%	
수리능력	/8	%	
문제해결능력	/10	%	
합계	/25	%	

01 의사소통능력 정답 ④

유형	일반형 정보 Text 읽기 〉 창의적 이해 〉 적용	난이도	★★☆

엄마를 피하는 행동으로 엄마의 잔소리가 제거되므로 부적 강화라 할 수 있다.

| 오답풀이 |

① 양호실에 가는 행동을 통해서 싫어하는 '시험'이 제거된다는 것을 학습하고 있는 경우이므로 부적 강화라고 할 수 있다.

② 떠드는 행동에 대해 '청소'라는 벌을 부여하는 것이므로 수여성 벌이라고 할 수 있다.

③ '출석'이라는 행동에 대해 '점수'라는 상을 부여하므로 정적 강화다.

⑤ '복권을 사는 행동'을 통해 '당첨'이라는 상이 주어지는 경우이므로 정적 강화라고 할 수 있다.

02 의사소통능력 정답 ②

유형	실용형 정보 Text 읽기 〉 법률/계약서형 읽기	난이도	★☆☆

본 입찰에는 지문인식 신원확인 입찰이 적용되고, 개인인증서를 보유한 대표자 또는 입찰대리인이 지문 정보를 등록해야 한다고 하였다.

| 오답풀이 |

① 기초금액에 부가가치세가 포함되어 있고, 규격 및 수량에서 종량제 봉투의 단가와 매수를 합하면, $330\times36{,}000+460\times25{,}000=23{,}380{,}000$(원)으로 동일하므로 단가에 부가가치세가 포함되어 있음을 알 수 있다.

③ 낙찰 하한율 직상 최저가로 입찰한 자 순으로 결격사유를 판단하므로 낙찰 하한율을 우선 기준으로 한다는 것을 알 수 있다.

④ 동일가격으로 전자입찰서를 제출한 자가 2인 이상일 경우 국가종합전자조달시스템을 통해 자동으로 추첨한다고 하였다.

⑤ 전자입찰로 진행되며, 제출 기간 중 24시간 제출이 가능하다고 하였다.

03 의사소통능력 정답 ⑤

유형	일반형 정보 Text 읽기 〉 미시적 이해 〉 추론	난이도	★★☆

주어진 글은 기업의 사회적 책임과 비윤리, 초윤리, 윤리경영에 대해 언급하고 있다. 글의 내용으로 추론했을 때, 비윤리경영은 이윤추구를 위해 법과 제도를 장애물로 간주하므로 비윤리경영의 전략은 이익과 합치하면 무조건 추진하는 전략을 취할 것이라 볼 수 있다. 또한, 초윤리경영은 경영과 윤리를 별개의 영역으로 생각하므로 경영 시에 윤리적 이슈를 다루어야 할 경우에만 윤리를 적용할 것이라 생각할 수 있다. 따라서 (마) 전략 부분에서 비윤리경영과 초윤리경영의 내용이 서로 뒤바뀌어 잘못 연결되어 있음을 알 수 있다.

04 의사소통능력 정답 ③

유형	일반형 정보 Text 읽기 〉 미시적 이해 〉 일치	난이도	★★☆

3문단을 보면, 물체광은 물체의 각 표면에서 반사되어 나오는 빛이고, 물체 표면에 따라 위상차(물체 표면에서부터 필름까지의 거리)가 각각 다르게 나타난다고 되어 있다. 그리고 변형되지 않은 기준광과 물체광이 다시 필름에서 합쳐지면서 간섭을 일으키게 되고 무늬를 만들게 되는데 이것이 바로 홀로그램으로 저장되는 것이다.

| 오답풀이 |

① 1문단을 보면, 디지털 카메라로 촬영한 일반 사진은 대상 물체에 대한 2차원 정보인 빛의 명암과 색상을 기록한 것이고 홀로그래피는 빛의 파동 원리에 입각하여 3차원 정보인 위상 정보를 기록, 입체 영상으로 재현하는 것이라고 나와 있다. 디지털 카메라와 홀로그래피의 원리는 다르다.

② 2문단을 보면, 게이버가 홀로그래피의 원리를 발견한 것은 맞지만 당시에는 그것을 제대로 구현할 광원이 없어 발전하지는 못했다고 하였다.

④ 3문단을 보면, 홀로그램을 만들기 위해서는 둘로 나눈 레이저의 빛을 먼저 필름에 닿게 하고 다음에 물체에 닿게 하는 것이 아니라 레이저의 빛을 둘로 나누고 둘로 나눈 빛 중 하나는 물체를 거치지 않고 필름에 닿게 하고(기준광), 다른 하나의 빛은 우리가 보려고 하는 물체에 비춰 반사된 광선(물체광)을 필름에 닿게

하는 것이다.

⑤ 3문단을 보면, 홀로그램에 저장된 영상을 다시 볼 때는 기록할 때와 같은 파장을 가진 파동만이 3차원으로 재현되고, 파장과 위상이 다른 빛은 아무런 효과가 없이 저장된 홀로그램을 통과한다고 하였다.

05 의사소통능력 정답 ①

유형	일반형 정보 Text 읽기 〉 거시적 이해 〉 맥락	난이도	★★☆

주어진 글은 영화의 리얼리즘 미학에 대한 바쟁의 견해와 그 의의를 다루고 있다. 따라서 가장 먼저 나와야 하는 것은 영화의 리얼리즘 미학을 확립한 바쟁을 소개하는 문단인 [가]이다. 그 다음에는 바쟁이 조형 예술의 역사를 복제의 욕망으로 설명하고 있는 [다]가 와야 한다. 그러고 나서 이를 토대로 바쟁은 영화가 현실을 완벽하게 재연한 리얼리즘적 본질을 구현한 예술이라고 생각했다는 내용이 나오는 [나]가 나와야 한다. 이 뒤에는 바쟁이 주장한 영화적 기법에 대한 설명인 [마]와 이러한 바쟁의 영화관이 영화적 실천의 한 축을 이루었다는 내용을 담고 있는 [라]가 순서대로 나와야 한다.

06 의사소통능력 정답 ④

유형	일반형 정보 Text 읽기 〉 창의적 이해 〉 적용	난이도	★★☆

[마]에서 바쟁은 화면 속에 여러 층을 형성하여 모든 요소를 균등하게 드러냄으로써 현실을 진실하게 반영해야 한다고 생각했음을 알 수 있다. 즉 주어진 글에 동조하는 영화 감독이라면 화면 속의 중심 요소에 주목하게 하기보다 화면 속의 모든 대상을 똑같이 선명하게 보여 줌으로써 관객의 시선에 자유를 부여할 것이다.

| 오답풀이 |

①, ③ [마]를 보면, 바쟁은 과도한 편집보다는 단일한 숏을 길게 촬영하는 롱테이크 기법을 지지했음을 알 수 있다. 따라서 ①과 ③은 적절하다.

② [마]를 보면, 바쟁은 전경에서 배경에 이르기까지 공간적 깊이를 제공하는 촬영을 지지함을 알 수 있다.

⑤ [라]를 보면, 바쟁은 영화는 현실을 겸손한 자세로 따라가면서 해석의 개방성을 담보해야 한다는 믿음이 있었음을 알 수 있다.

07 의사소통능력 정답 ⑤

유형	일반형 정보 Text 읽기 〉 미시적 이해 〉 일치	난이도	★★★

3문단을 보면, 미토콘드리아 내막에서 ATP로부터 $NADH_2$와 $FADH_2$가 추가적으로 생산되는 것이 아니라 $NADH_2$와 $FADH_2$로부터 ATP가 추가적으로 생산된다는 것을 알 수 있다.

| 오답풀이 |

① 1문단을 보면, 모세혈관을 통해 조직 세포에 들어온 산소가 영양소와 결합하여 영양소가 산화되면서 에너지가 발생하는 과정을 내호흡이라고 한다고 나와 있다.

② 2문단을 보면, $NADH_2$는 포도당 한 분자로부터 피부르산 두 분자로부터 2개, 그리고 피부르산 두 분자가 TCA에서 총 8개를 생산한다는 것을 알 수 있다. 즉 10개가 맞다.

③ 2문단에서 포도당을 통해 만들어진 물질 중 에너지원으로 사용되는 것이 바로 ATP라고 하였다.

④ 2문단을 보면, 미토콘드리아 기질인 TCA에서 피루브산 한 분자는 $FADH_2$는 1개, ATP는 1개를 생성함을 알 수 있다.

08 수리능력 정답 ③

유형	응용계산 〉 방정식	난이도	★☆☆

원가에 붙이는 이익을 a원이라고 할 때, 다음과 같은 식이 성립한다.

$(1,000+a)\times0.8\geq1,000+(1,000\times0.08)$

$800+0.8a\geq1,080$

$a\geq350$

따라서 원가에 적어도 350원의 이익을 붙여서 정가를 결정해야 한다.

09 수리능력 정답 ④

유형	응용계산 〉 확률	난이도	★☆☆

두 번째 복권이 당첨 복권일 경우는 첫 번째 복권이 당첨 복권인지 아닌지에 따라 두 가지 경우로 나뉜다. 첫 번째

복권의 당첨 결과에 따라 경우를 나누고 덧셈 법칙을 이용하여 풀이한다.

첫 번째 복권	두 번째 복권	확률
○	○	$\frac{4}{20}\times\frac{3}{19}=\frac{3}{95}$
×	○	$\frac{16}{20}\times\frac{4}{19}=\frac{16}{95}$

→ $\frac{3}{95}+\frac{16}{95}=\frac{19}{95}$

10 수리능력

정답 ⑤

유형	기타 〉 수추리	난이도	★★★

앞 숫자의 $\times\frac{3}{2}$한 값이 다음 숫자인 규칙이므로 빈칸에는 $2,916\times\frac{3}{2}=4,374$가 들어가야 한다.

11 수리능력

정답 ③

유형	자료해석 〉 수치 읽기	난이도	★☆☆

광고 전 A당을 지지하는 사람은 74명이며, 광고 후 A당을 지지하는 사람은 86명이다.
광고 전 B당을 지지하는 사람은 35명이며, 광고 후 B당을 지지하는 사람은 77명이다.
광고 전 C당을 지지하는 사람은 101명이며, 광고 후 C당을 지지하는 사람은 47명이다.
따라서 이득을 본 정당은 A당, B당이다.

12 수리능력

정답 ④

유형	자료해석 〉 수치 읽기	난이도	★★☆

㉡ A당은 TV 광고를 통해서 지지자가 16+52=68(명) 증가하였고, TV 광고를 통해 B당과 C당으로 간 사람이 29+25=54(명)이므로 TV 광고로는 이득을 보았다. 반면, 신문 광고를 통해서 지지자가 6+12=18(명) 증가하였고, 신문 광고를 통해 B당과 C당으로 간 사람이 11+9=20(명)이므로 신문 광고로는 손해를 보았다.

㉢ ㉡ 해설에서 A는 신문 광고를 통해 손해를 보았음을 알 수 있으므로 B와 C만 구하면 된다. B는 신문 광고를 통해 지지자가 11+9=20(명) 증가하였고, A당과 C당으로 간 사람이 6+5=11(명)이므로 9명 이득이다. C는 신문 광고를 통해 지지자가 9+5=14(명) 증가하였고, A당과 B당으로 간 사람이 12+9=21(명)이므로 손해를 보았다. 따라서 신문 광고를 통해 이득을 본 정당은 B당뿐이다.

| 오답풀이 |

㉠ 전체 1,200명 중 신문 광고를 보고 지지 정당을 바꾼 사람은 20+11+21=52(명)이며, TV 광고를 보고 지지 정당을 바꾼 사람은 54+24+80=158(명)이다. 각 인원의 비율은 $\frac{52}{1,200}\times100≒4.3(\%)$, $\frac{158}{1,200}\times100≒13.2(\%)$이므로 10%p 이상 차이가 나지 않는다.

13 수리능력

정답 ②

유형	자료해석 〉 수치 읽기	난이도	★★☆

㉠ 2008년부터 2010년까지 의약품의 특허출원 건수는 11,130 → 6,708 → 4,719건으로 매년 감소하였다.

㉢ 2010년 다국적기업의 의약품 특허출원 중 원료의약품이 차지하는 비율은 $\frac{103}{444}\times100≒23.2(\%)$이며, 2008년에는 $\frac{274}{893}\times100≒30.7(\%)$이므로 30.7−23.2=7.5(%p) 감소하였다.

| 오답풀이 |

㉡ 2010년 전체 의약품 특허출원 중 기타 의약품 특허출원의 비율은 $\frac{1,220}{4,719}\times100≒25.9(\%)$로 27%를 넘지 않는다.

㉣ 2009년 다국적기업에서 출원한 완제의약품 특허출원 중 다이어트제 특허출원 비율은 $\frac{32}{284}\times100≒11.3(\%)$이다.

14 수리능력

정답 ⑤

유형	자료해석 〉 수치 읽기	난이도	★★☆

모든 품목의 2002년 기준이 100이므로 비교연도에서

100을 뺀 값을 상승률로 이해하면 된다. 유지류가 151.7로 상승률은 51.7%로 가장 낮다.

| 오답풀이 |

① 2015년 3월의 식량 가격지수는 173.8이고, 2014년 3월의 식량 가격지수는 213.8이다. $\frac{173.8-213.8}{213.8}\times 100 \fallingdotseq -18.7(\%)$로 15% 이상 하락했다.

② 2014년 4월에 211.5로 시작해 2014년 9월에 192.7까지 꾸준히 하락하고 있다.

③ 낙농품은 268.5에서 184.9로 83.6 하락하며, 제일 근접하게 많이 떨어지는 설탕이 254에서 187.9로 66.1 하락한다. 따라서 낙농품의 하락폭이 제일 크다.

④ [표]에서 육류 가격지수는 2014년 8월에 212.0까지 상승했다가 그 후로 계속 떨어지는 것을 확인할 수 있다.

15 수리능력

정답 ①

유형	자료해석 〉 수치 읽기	난이도	★★☆

㉠ 2020년 중국의 원자재와 소비재 합의 무역수지는 (741+796)−(1,122+138)=277(억 달러)로 흑자이다.

| 오답풀이 |

㉡ 각 재화의 증가율은 다음과 같다.

- 원자재 수출액은 $\frac{2,015-578}{578}\times 100 \fallingdotseq 249(\%)$
- 자본재 수출액은 $\frac{3,444-1,028}{1,028}\times 100 \fallingdotseq 235(\%)$

따라서 250% 이상 증가한 재화는 없다.

㉢ 2021년 한국과 일본의 자본재 무역특화지수는 다음과 같다.

- 한국의 무역특화지수: $\frac{3,444-1,549}{3,444+1,549}=\frac{1,895}{4,993}\fallingdotseq 0.379$
- 일본의 무역특화지수: $\frac{4,541-2,209}{4,541+2,209}=\frac{2,332}{6,750}\fallingdotseq 0.345$

따라서 한국의 수출경쟁력이 더 높다.

16 문제해결능력

정답 ②

유형	Text로 된 정보에서 원리 파악하기 〉 미시적 원리 파악하고 적용하기	난이도	★★☆

6시 정각에 첫 번째 종이 치고, 일정한 간격으로 마지막 6번째 종이 칠 때까지 6초가 걸린다. 그런데 1초부터 6초 사이에 매초 6번의 종이 치는 것이 아니라, 0초에 한 번 치고, 0초부터 6초 사이에 5번의 종이 치므로 종이 치는 시간 간격은 1.2초이다.
따라서 11시에는 총 11번의 종이 쳐야 하고, 0초에 치는 첫 번째 종을 제외하고 이후 10번의 종은 1.2초 간격으로 치므로 1.2×10=12(초)에 마지막 종이 친다.

17 문제해결능력

정답 ⑤

유형	퀴즈 문제 〉 연쇄추리	난이도	★★☆

조건을 정리하면 다음과 같다.
㉠ 록 → 포크
㉡ 록 → ~힙합
㉢ 힙합 or 포크 → 재즈
여기서 ㉠과 ㉢을 정리하면 '~재즈 → ~힙합 and ~포크 → ~록'이 된다.
따라서 재즈를 좋아하지 않는 사원은 록 음악을 좋아하지 않는다.

18 문제해결능력

정답 ③

유형	수리, 기호 정보에서 원리 파악하기 〉 수리적 원리 파악하고 적용하기	난이도	★★☆

- 갑: 독립항 1개와 명세서 14면에 대해서는 착수금이 산정되지 않는다.
  - 기본료: 1,200,000원
  - 종속항 2개: 70,000원
  - 도면 3도: 45,000원
  - 사례금: 착수금과 동일

  그러므로 갑의 보수는 (1,200,000+70,000+45,000)×2=2,630,000(원)이다.

• 을
 – 기본료: 1,200,000원
 – 독립항 4개: 400,000원
 – 종속항 16개: 560,000원
 – 명세서 50면: 270,000원
 – 도면 12도: 180,000원

다만, 착수금은 최대 1,400,000원이고, 사례금은 없으므로 을의 보수는 1,400,000원이다.

따라서 갑과 을의 보수 차이는 263－140＝123(만 원)이다.

19 문제해결능력 정답 ③

유형	수리, 기호 정보에서 원리 파악하기 〉 수리적 원리 파악하고 적용하기	난이도	★☆☆

서울외곽선의 3종 차량 통행료는 4,900원이고, 15% 할인하므로 4,165원이다.
서울외곽선의 1종 차량 통행료는 4,090원이고, 7% 할인하므로 3,803.7원이다.
따라서 1종 차량으로 통행할 때, 4,165－3,803.7＝361.3(원) 더 저렴하다.

20 문제해결능력 정답 ④

유형	수리, 기호 정보에서 원리 파악하기 〉 수리적 원리 파악하고 적용하기	난이도	★☆☆

1종 차량으로 서해안선을 통행하는 비용은 4,390원이고, 서울외곽선은 2명 이상 탑승하여 이용하므로 4,090×0.93 ＝3,803.7(원)이다.
따라서 총비용은 4,390＋3,803.7≒8,194(원)이다.

21 문제해결능력 정답 ④

유형	퀴즈 문제 〉 연쇄추리	난이도	★★☆

전제들을 정리하면 다음과 같다.
전제1: 사이클 → 마라톤
전제2: 등산 → 트레일 러닝
전제4: 수영 → ~마라톤

여기서 전제1, 전제4(대우)를 순서대로 연결하면 다음과 같다.
사이클 → 마라톤 → ~수영
즉, 사이클 타기를 하면, 수영을 하지 않는데, ④와 같이 수영이나 등산을 한다고 했을 때, 수영을 안 하게 되므로 등산을 반드시 해야 한다. 따라서 결론이 항상 참이 된다.

22 문제해결능력 정답 ①

유형	Text로 된 정보에서 원리 파악하기 〉 미시적 원리 파악하고 적용하기	난이도	★★☆

㉠ 외할머니의 자식은 엄마고 그 엄마의 자식이 자신이므로 동일한 모계 혈통에 속하지만 외할머니의 남자 형제의 자식은 그들의 어머니의 모계 집단에 소속되므로 자신과 동일한 모계가 아니다.
㉣ 어머니의 남자 형제의 자식은 그의 어머니와 동일한 모계 집단에 소속되므로 나와 모계 집단이 다르게 된다.

| 오답풀이 |
㉡, ㉢ 여자 형제의 경우 모계 집단에 그대로 남게 되므로 어머니의 여자 형제이든, 외할머니의 여자 형제이든 그의 자녀는 나와 모계 집단이 동일하다.

23 문제해결능력 정답 ②

유형	Text로 된 정보에서 원리 파악하기 〉 거시적 원리 파악하고 적용하기	난이도	★★☆

교육 훈련 수요의 발생 원인을 살펴보았을 때, 잠재적 수요는 새로운 기술의 도입과 새로운 직무 수행이 원인이다. 반면, 실질적 수요는 업무 수행 과정에서 능력 부족으로 목적 달성이 어려운 것이 원인이다. 이를 비교하면, 잠재적 수요는 앞으로 발생할 수 있는 일에 대한 미래지향적인 측면이 강하고, 실질적 수요는 현재 해결해야 하는 현재지향적인 측면이 강한 것을 알 수 있다. 이와 같은 관점으로 [보기]의 내용을 구분하면 된다. 눈에 띄는 부분부터 확인하면, 잠재적 수요는 예방적 성격이고, 실질적 수요는 처방적 성격이다. 교육 대상을 보았을 때, 잠재적 수요는 새로운 직급이나 새로운 기술을 담당할

사람이 대상일 것이고, 실질적 수요는 현재 직무를 수행할 능력이 부족한 사람이 대상일 것임을 알 수 있다. 동일한 방식으로 나머지를 모두 분류하면 다음과 같다.

구분	잠재적 수요	실질적 수요
초점	자격 기준	직무와 개인 자격 차
대상	새로운 직급이나 직위, 기술을 담당할 사람	직무 능력 미달자
교육 훈련 성격	예방적 성격	처방적 성격
수요 조사 곤란도	수요 조사 용이	수요 조사 어려움
교육 훈련	공급자 중심으로 운영	수요자 중심으로 운영

24 문제해결능력

정답 ③

유형	퀴즈 문제 〉 참 · 거짓	난이도	★★★

음양도 주민의 구성을 살펴보면 다음과 같다.

태양인		소음인	
여성	남성	여성	남성
거짓	참	참	거짓
(1)	(2)	(3)	(4)

'당신은 태양인입니까?'라는 질문에 (1)~(4)는 다음과 같이 답할 것이다.

(1)	(2)	(3)	(4)
아니요	예	아니요	예

A는 '아니요'로 답했으므로 적어도 여성임을 알 수 있다.
'당신은 남성입니까?'라는 질문에 (1)~(4)는 다음과 같이 답할 것이다.

(1)	(2)	(3)	(4)
예	예	아니요	아니요

B는 '예'로 답했으므로 여성인지 남성인지는 알 수 없다.
소음인 남성은 자신을 소음인 남성이라고 말할 수 없다. 소음인 남성은 거짓을 말하기 때문이다. 그러므로 C의 진술은 거짓인데, 소음인 남성을 제외하고는 태양인 여성만 거짓을 말한다. 따라서 C는 여성이다.
태양인 남성은 자신이 태양인 남성이 아니라고 거짓을 말할 수 없다. 태양인 남성은 참을 말하기 때문이다. 그러므로 D의 진술은 참인데, 태양인 남성을 제외하고는 소음인 여성만 참을 말한다. 따라서 D는 여성이다.
E는 '태양인 남성이거나 소음인 여성'이라고 하였는데, 이 말은 '나는 참을 말하거나 거짓을 말한다'라는 말과 같다. 즉, E의 진술은 참일 수도 거짓일 수도 있고, 여성일 수도 남성일 수도 있다.
따라서 확실히 여성인 사람은 A, C, D이다.

25 문제해결능력

정답 ②

유형	퀴즈 문제 〉 참 · 거짓	난이도	★★★

앞 문제의 해설을 근거로 A~E 5명의 정보를 정리하면 다음과 같다.

A	B	C	D	E
태양인 여성/소음인 여성	태양인 여성/태양인 남성	태양인 여성	소음인 여성	모두 가능

㉡ B, C는 반드시 태양인임을 알 수 있다.

| 오답풀이 |

㉠ D만 확실히 소음인이고, 다른 사람은 확실하지 않다.
㉢ 소음인 남성이 될 수 있는 사람은 E뿐이다.

DAY

20

정답 확인

문항	영역	정답	문항	영역	정답	문항	영역	정답	문항	영역	정답	문항	영역	정답
01	의사소통	⑤	02	의사소통	④	03	의사소통	⑤	04	의사소통	③	05	의사소통	⑤
06	의사소통	②	07	의사소통	④	08	의사소통	③	09	수리	②	10	수리	③
11	수리	③	12	수리	⑤	13	수리	⑤	14	수리	③	15	수리	④
16	수리	②	17	수리	④	18	문제해결	③	19	문제해결	②	20	문제해결	②
21	문제해결	④	22	문제해결	①	23	문제해결	③	24	문제해결	⑤	25	문제해결	⑤

영역별 실력 점검표

영역	맞은 개수	정답률	취약 영역
의사소통능력	/8	%	
수리능력	/9	%	
문제해결능력	/8	%	
합계	/25	%	

01 의사소통능력 정답 ⑤

유형	일반형 정보 Text 읽기 〉 미시적 이해 〉 추론	난이도	★★☆

3문단에서 힌두교인 중 고행자나 성자들은 아트만과 합일을 통해 깨달음을 얻으려 한다고 하였으며, 그의 관점에서 모든 욕망이나 두려움이 무의미하고 헛된다고 하였다.

| 오답풀이 |

① 1문단에서 대부분의 다신교는 최고 권력의 존재를 인정했다고 하였고, 2문단에서 다신교도는 최고 권력에게 제물을 바치거나 사원을 짓거나 하지 않았다고 하였다.
② 4문단에서 세속적 삶을 사는 힌두교도에게 풍요 문제에 대해서 아트만은 전혀 도움이 되지 않는다고 하였다. 그 이유는 최고 권력이 누구에게나 객관적 존재이기 때문이다.
③ 5문단에서 다신교는 일신교와 다르게 최고 권력에게 인간의 행위나 윤리 도덕을 바로잡는 역할을 요구하지 않는다고 하였으며 신의 도덕적 결함이 문제가 되지 않는다고 하였으므로 일신교도들은 자신들의 신이 도덕적·윤리적으로 결함이 없어야 한다고 믿을 것임을 알 수 있다.
④ 힌두교 신 중 락슈미는 행운의 여신이라고 하였고, 힌두교도는 아트만을 숭배하지 않는다고 하였으므로 자신에게 행운이 생기길 기원하는 힌두교인은 락슈미를 숭배할 것이다.

02 의사소통능력 정답 ④

유형	일반형 정보 Text 읽기 〉 미시적 이해 〉 추론	난이도	★★☆

마지막 문단에서 메타물질을 활용하기 위해서는 실시간으로 메타물질의 성질을 바꿀 수 있는 기술이 필요하다고 했으므로 메타물질은 스스로 자신의 성질을 바꿀 수 없음을 알 수 있다.

| 오답풀이 |

① 1문단에서 메타라는 용어가 그리스어에서 기원한다고 하였으나 이를 메타물질의 기원이 그리스 시대라고 이해할 수 없다.
② 1문단에서 메타물질은 자연계에 존재하는 재료를 섞거나 분리하여 얻어낸 것을 뛰어넘는다고 하였다.
③ 3문단에서 타임머신 기술은 빛의 속도를 늦추거나 빠르게 하여 만들 수 있는 것임을 알 수 있다.
⑤ 4문단에서 초박막 렌즈 기술이 가상현실에 적극 활용될 수 있다는 내용이며, 이 내용을 통해 가상현실 기술이 초박막 렌즈 기술로 인해 상용화되는 기술이라고 이해하기는 어렵다.

03 의사소통능력 정답 ⑤

유형	일반형 정보 Text 읽기 〉 창의적 이해 〉 적용	난이도	★★☆

주어진 글은 이민 문제에 대해 사람들이 긍정적인 측면보다 부정적인 측면에 집중하는 이유을 인지적 편향인 '손실 회피 편향' 이론을 통해 설명하고 있다. 그러나 정량화된 통계자료를 제시하여 주장의 객관성을 높이고 있지는 않다.

| 오답풀이 |

① 테아 비그가 실험을 통해 내린 결론을 "사람들은 이민자 때문에 발생하는 비용을 강조하는 부정적인 설득 작전에 취약하다."며 직접 인용하고 있다.
② 손실 회피 편향에 대해 10달러를 얻기보다는 10달러를 잃지 않는 쪽은 선택한다는 사례를 들어 설명하고 있다.
③ 손실 회피 편향이 이민자들을 대하는 사람에게 적용되며 또한 이민자들에게도 적용된다고 설명하고 있다.
④ 손실 회피 편향을 설명하기 위해 테아 비그가 진행한 실험을 소개하고 결과를 제시하고 있다.

04 의사소통능력 정답 ③

유형	일반형 정보 Text 읽기 〉 미시적 이해 〉 일치	난이도	★★★

3문단에서 열람복사지침에 따르면 심의를 받는 자는 심사관이 심사보고서에서 공개하지 않은 자료에 대해 별도의 서식을 갖추어 공정위에 열람·복사를 요구할 수 있게 된다고 하였다.

| 오답풀이 |

① 4문단에서 제한적 자료열람은 심의를 받는 자에 소속되지 않은 대리인이 최대 2주 이내 범위에서 주심위원이 정한 일시에 제한적 자료 열람실에 입실하는 방

식으로 자료를 열람할 수 있다고 하였다.

② 5문단에서 비공개 열람보고서는 공정위 위원 및 소속 공무원에게만 공개되고 피심인 등 제3자에게는 공개가 금지된다고 하였다.

④ 3문단에서 열람·복사의 대상이 되는 자료가 영업비밀 자료, 자진신고 자료, 다른 법률에 따른 비공개 자료 중 어느 하나에 해당하지 않는 한, 원칙적으로 열람·복사를 허용해야 한다고 하였다.

⑤ 2문단에서 현재 시행되고 있는 공정거래법 제52조의2는 심의를 받는 자에게 증거자료에 대한 열람·복사 요구권을 부여한다고 하였다. 열람복사지침은 해당 법의 구체적인 지침을 추가하여 제정한 법이며, 열람·복사 요구권은 공정거래법 제52조의2에 의해 부여된 권리이다.

05 의사소통능력 정답 ⑤

유형	일반형 정보 Text 읽기 〉 거시적 이해 〉 주제	난이도	★★☆

빈칸에는 열람복사지침을 제정함으로써 이루고자 하는 목적이 들어가야 한다. 이어지는 2문단에서는 종전 법에는 제52조의2 외에 구체적인 규정이 없어 심의를 받는 자의 방어권 보장이 제대로 이뤄지지 못하는 게 아니냐는 우려를 언급했고, 이어 공정위가 열람복사지침 제정과 함께 심의를 받는 자의 방어권 보장과 더불어 자료 제출자의 영업비밀도 보호할 수 있는 방안을 담았다고 밝혔음을 알 수 있다.

06 의사소통능력 정답 ②

유형	실용형 정보 Text 읽기 〉 미디어형 정보 읽기	난이도	★★☆

감염병 확산 기간 동안 승객은 줄었지만 전동차 운행 간격을 평소와 같이 유지함으로써 혼잡도를 완화하였다고 하였다. 그러므로 도시철도운영기관이 사회적 거리두기 운동의 일환으로 전동차 운행 간격을 일시적으로 늘렸다는 내용을 적절하지 않다.

| 오답풀이 |

① [표]를 참고했을 때, 모든 지방 도시철도운영기관의 무임승차 손실비용 규모가 매년 증가하고 있음을 알 수 있다.

③ 노인·장애인·유공자들의 이동권을 보장하고 무임승차 제도의 지속 제공을 위해서는 도시철도 운영기관이 부담하고 있는 공익비용에 대한 국비 지원이 절실하다고 하였고, 코레일은 무임손실 비용을 보전받는 반면, 동일한 서비스를 제공하는 지방 도시철도운영기관은 차별을 받고 있다고도 하였다.

④ 제20대 국회 심의 중 임기만료로 폐기된 도시철도 법정 무임승차 국비 지원 법제화의 조속한 재추진을 건의한다고 하였다.

⑤ 1984년부터 36년간 법률에 따라 도시철도 법정 무임승차 제도가 국가적 교통복지로서 시행되었다고 하였다.

07 의사소통능력 정답 ④

유형	실용형 정보 Text 읽기 〉 미디어형 정보 읽기	난이도	★★☆

주어진 보도자료는 무임승차로 인한 재정적 어려움에 대해 국가적 지원이 필요함을 언급하고 있다. 무임승차 제도가 개선되어야 한다는 것을 말하고 있지 않으며, 이를 통한 재정적 어려움을 해소해야 한다는 내용은 아니다.

08 의사소통능력 정답 ③

유형	일반형 정보 Text 읽기 〉 미시적 이해 〉 추론	난이도	★★☆

4문단에서 증여 받은 부동산을 매각하여도 양도 차익이 없다고 하였으나 실제 법률에서는 증여받은 후 5년 내에 매각할 경우 양도소득세를 내도록 하는 특례가 있다고 하였다.

| 오답풀이 |

① 3문단에서 소득세법에는 과세 대상을 나열하고 있으며, 나열되지 않은 자산에 대해서 과세하지 않는다고 하였다.

② 2문단에서 양도소득은 특정 해의 소득이 아니라 보유기간 전체에 걸쳐 누적된 소득을 말한다고 하였으므로 정해진 기간이라고 보기 어렵다.

④ 마지막 문단에서 대법원은 대금이 모두 지급되지 않은 경우에도 사회통념상 대부분 지급되었다고 볼 수 있는 경우에는 양도가 되었다고 판단한다고 하였다.

⑤ 2문단에서 소득세법은 자산가치 상승분 자체를 소득으로 보지 않는다고 하였다. 자산을 팔아서 실현된 양도 차익을 소득으로 본다고 하였다.

09 수리능력

정답 ②

유형	응용계산 〉 방정식	난이도	★☆☆

전체 인원은 40명이며, 중국어 성적이 90점 이상인 사람 수를 x명이라 할 때, 다음과 같다.

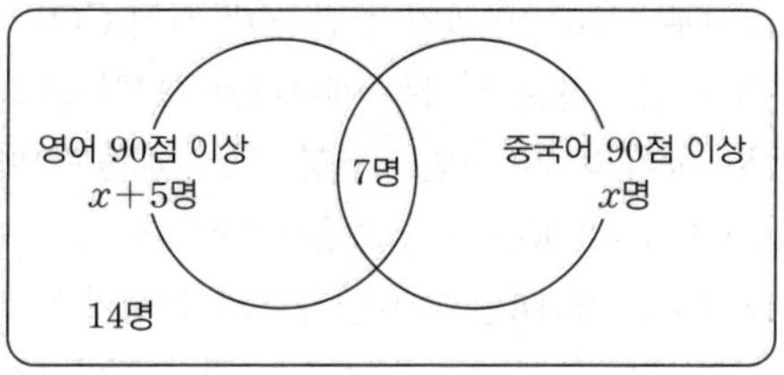

$40=14+x+5+7+x$

$x=7$

10 수리능력

정답 ③

유형	자료해석 〉 수치 읽기	난이도	★☆☆

ⓛ TV 시청 또는 독서는 9~13시간이고, 근무 또는 공부 시간은 20~45시간이므로 항상 근무 또는 공부에 더 많은 시간을 할애한다.

ⓒ 휴식은 3~5시간, 출·퇴근 및 운전은 6~9시간이다.

ⓜ 몸단장은 3~6시간, 가사는 8~22시간이다.

| 오답풀이 |

㉠ 유지활동의 최솟값을 다 합하면 20시간, 최댓값을 합하면 42시간이다. 여가활동의 최솟값을 합하면 20시간, 최댓값을 합하면 43시간이다. 즉, 여가활동에 더 많이 할애하는 경우도 가능하므로 항상 참은 아니다.

㉣ 여가활동은 20~43시간, 생산활동은 24~60시간이지만, 여가활동이 42시간 될 수도 있고 생산활동은 42시간 미만이 될 수도 있기 때문에 반드시 참이라고 할 수는 없다.

11 수리능력

정답 ③

유형	자료해석 〉 복합 자료해석	난이도	★★☆

1만 원의 5년 후 현가는 0.7835만 원이이므로 100만 원의 5년 후 현가는 78.35만 원이다.

12 수리능력

정답 ⑤

유형	자료해석 〉 복합 자료해석	난이도	★★★

㉠ 1문단에서 1만 원을 이자율 5%로 10년간 복리로 운용하면 10년 후 원리금 합계는 1.6289만 원이라 하였고, 반대로 10년 후 1만 원을 만들기 위해서는 1/1.6289라고 하였다. 따라서 10년 후 10억 원을 만들기 위해서는 $\frac{1,000\text{백만 원}}{1.6289}$≒613.9(백만 원) → 약 6억 1,400만 원이 필요하다.

ⓛ 10년 후 100만 원을 만들기 위해 필요한 금액을 현가라고 볼 수 있으므로 동일 금액에 대해서는 이자율이 낮을수록 현가가 높아야 한다.

ⓒ 연금 현가율표를 참고했을 때, 이자율 5%에서 지급기간이 10년일 경우 연금 현가율이 8.1078이므로 매년 초 100만 원의 연금을 10년간 지급하기 위해 현재 필요한 금액은 100×8.1078=810.75(만 원)이고, 820만 원을 넘지 않는다.

13 수리능력

정답 ⑤

유형	자료해석 〉 자료 계산	난이도	★★☆

C와 E의 기본생산능력은 동일하다. 그런데 3월의 경우 E는 20% 초과생산을 했다. 그 결과가 총생산량 22,000개다. 손실비는 없으니 그대로 기본생산능력의 합이 된다.

C와 E는 동일하고 3월의 E는 1.2배 생산했으므로 다음과 같은 식이 성립한다.

C+1.2C=22,000

C=10,000(개)

C의 기본생산능력이 10,000개이므로 1월을 기준으로 B의 기본생산능력은 13,000개이다. 이를 토대로 2월 생

산량을 확인했을 때, 손실비 0.5가 있으므로 다음과 같이 계산할 수 있다.

$(13,000+D)\times(1-0.5)=17,000$

$D=21,000$(개)

따라서 기본생산능력이 가장 큰 기업은 D이고, 세 번째로 큰 기업은 B이다.

14 수리능력

정답 ③

유형	자료해석 〉 수치 읽기	난이도	★★☆

2014년의 디자인 출원 건수를 x건이라고 하면

$\frac{49,638-x}{x}\times100=5.4 \rightarrow 1.054x=49,638 \rightarrow$

$x\fallingdotseq47,095$이다. 따라서 2014년의 디자인 출원 건수는 46,000건 이상이다.

| 오답풀이 |

① 주어진 그래프의 권리별 비중 크기는 출원이 '특허-상표-디자인-실용신안' 순이고, 등록이 '상표-특허-디자인-실용신안' 순으로 일치하지 않는다.

② 2015년에 등록된 상표의 건수는 84,139건이고, 이 중 심사청구된 상표의 건수는 3,088건이다. 따라서 $\frac{3,088}{84,139}\times100\fallingdotseq3.7(\%)$이므로 4% 미만이다.

④ 2015년에 전년 대비 증가한 출원 권리 항목은 특허, 디자인, 상표이다. 상표의 경우 전년 대비 등록 건수가 증가하였다.

⑤ 2015년에 출원된 디자인 건수는 49,638건이고, 등록된 디자인 건수는 39,654건이다. 따라서 $49,638-39,654=9,984$(건) 더 많다.

15 수리능력

정답 ④

유형	자료해석 〉 수치 읽기	난이도	★★★

2016년 1인당 CO_2 배출량이 11톤을 초과하는 국가는 '한국, 캐나다, 에스토니아, 룩셈부르크'이며, 이 중 전체 CO_2 배출량이 가장 많은 국가는 한국(589.2백만 톤)이다. 따라서 한국의 2015년 대비 2017년의 전체 CO_2 배출량 증가율은 $\frac{600-582}{582}\times100\fallingdotseq3.1(\%)$로 4% 이하이다.

| 오답풀이 |

① 2016년부터 2018년까지 유럽 국가의 온실가스 배출량이 가장 많은 나라 1~5위까지의 순위는 '독일-프랑스-폴란드-스페인-네덜란드' 순으로 동일하다.

② 2014년 유럽 국가 중 온실가스 배출량이 두 번째로 가장 적은 국가는 룩셈부르크이며, 이 국가의 2015년부터 2019년까지의 전체 CO_2 배출량의 연평균은 $\frac{8.8+8.5+8.6+8.9+9.2}{5}=8.8$(백만 톤)으로 2018년 룩셈부르크의 전체 CO_2 배출량인 8.9백만 톤보다 적다.

③ 2017년부터 2019년까지 전년 대비 전체 CO_2 배출량이 계속 증가하는 국가는 캐나다와 룩셈부르크이다. 이 두 국가의 2019년 1인당 CO_2 배출량의 합은 $15.2+14.8=30$(톤)으로 32톤 미만이다.

⑤ 2015년부터 2018년까지 핀란드의 온실가스 배출량의 전년 대비 증감 추이는 감소와 증가를 반복하고 있지만, 그리스의 경우 '감소-감소-증가-감소'로 두 국가의 증감 추이는 같지 않다.

16 수리능력

정답 ②

유형	자료해석 〉 추세 읽기	난이도	★★☆

국가의 연도별 전체 인구수를 구하려면, [표1]에서 전체 CO_2 배출량을 1인당 배출량으로 나누면 된다. 또한, [그래프]의 단위가 만 명이므로 전체 CO_2 배출량에 100을 곱하여 1인당 CO_2 배출량을 나눠 인구수를 구해야 한다.

㉠은 2015년 칠레의 인구수로 $\frac{81.1\times100\text{만 톤}}{4.5\text{톤/명}}\fallingdotseq1,802$(만 명)이며, ㉡은 2018년 포르투갈의 인구수로 $\frac{47.2\times100\text{만 톤}}{4.6\text{톤/명}}\fallingdotseq1,026$(만 명)이다.

17 수리능력

정답 ④

유형	자료해석 〉 추세 읽기	난이도	★★☆

[가] 2015년부터 2017년까지 온실가스 배출량이 전년 대비 계속 증가하고, 2017년부터 1인당 CO_2 배출량이 4.7톤으로 일정한 국가는 '헝가리'이다.

[나] 2015년부터 2019년 동안 전체 CO_2 배출량이

2017년에 가장 많았던 국가는 '터키, 체코, 에스토니아, 프랑스, 헝가리, 폴란드, 포르투갈, 스페인'이다. 이 국가 중에서 2017년도에 전체 CO_2 배출량 수치가 가장 높은 국가는 378.6백만 톤으로 '터키'이다.

[다] 조사 기간 동안 매년 온실가스 배출량은 유럽 국가 중에서 두 번째로 높은 국가는 '프랑스'이다.

[라] [표2]에서 온실가스 배출량의 단위는 천 톤으로 백만 톤으로 바꾸기 위해서 각 수치에 $\frac{1}{1000}$을 곱한다. 따라서 조사 기간 동안 온실가스 배출량이 매년 5백만 톤보다 적은 국가는 '아이슬란드'이다. 연평균은 5백만 톤 이하이다.

18 문제해결능력

정답 ③

유형	퀴즈 문제 〉 명제문제	난이도	★★☆

㉡, ㉢을 정리하면 다음과 같다.

㉡ B햄버거를 먹어 본 사람은 C햄버거도 먹어보았다.

㉢ C햄버거를 먹어 본 사람은 D햄버거도 먹어보았다.

이를 통해 다음과 같이 벤다이어그램을 그릴 수 있다.

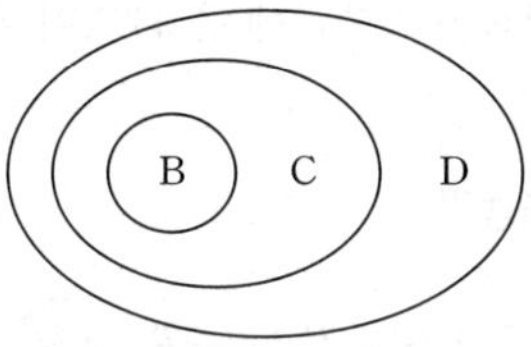

여기에 ㉠을 포함하여 나타내야 하는데 '모든'이 아니기 때문에 여러 가지 가능성이 나올 수 있고, 가장 일반적인 그림은 다음과 같다.

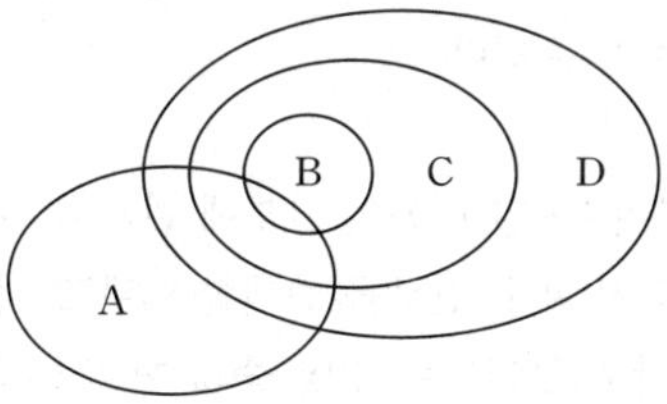

하지만 A가 B, C, D와 전혀 교집합이 없는 경우는 가능하지 않다. 그러므로 ③은 항상 거짓이다.

19 문제해결능력

정답 ②

유형	퀴즈 문제 〉 연쇄추리	난이도	★★☆

전제들을 정리하면 다음과 같다.

전제1: 문어꼬치 → ~칼국수

전제2: 비빔밥

전제4: 비빔밥 → 문어꼬치

전제5: 떡갈비 → 아이스크림 튀김

전제1, 2, 4를 연결하면 다음과 같다.

비빔밥 → 문어꼬치 → ~칼국수

전제5와 연결하면 진수는 아이스크림을 먹게 되는데, 필요한 전제는 '칼국수를 먹지 않을 경우 떡갈비를 먹는다'이다.

20 문제해결능력

정답 ②

유형	퀴즈 문제 〉 연쇄추리	난이도	★★☆

㉠~㉣을 정리하면 다음과 같다.

㉠ 월 → ~수

㉡ ~월 → 화∨목

㉢ 화 → ~금

㉣ ~수 → 목∨금

재선이가 월요일에 출근하지 않는다고 했으므로 ㉡에 따라 화요일이나 목요일에 출근해야 하는데, 목요일에도 출근하지 않는다고 했으므로 화요일에 출근한다. 화요일에 출근하므로 ㉢에 의해 금요일에 출근하지 않고, 목요일과 금요일에 모두 출근하지 않으므로 ㉣의 대우에 의해 수요일에는 출근한다. 따라서 재선이가 출근하는 요일은 화요일, 수요일이다.

21 문제해결능력

정답 ④

유형	퀴즈 문제 〉 연쇄추리	난이도	★★☆

월요일에 출근하면 ㉠에 의해 수요일에 출근하지 않는다. 수요일에 출근하지 않으면, ㉣에 의해 목요일이나 금요일에 출근하는데, 목요일에는 출근하지 않는다고 했으므로 금요일에 출근한다. ㉢의 대우에 의해 금요일에 출

근하면 화요일에는 출근하지 않는다.

따라서 재선이가 출근하지 않는 날은 화요일, 수요일, 목요일이다.

22 문제해결능력

정답 ①

유형	Text로 된 정보에서 원리 파악하기 〉 거시적 원리 파악하고 적용하기	난이도	★★☆

주어진 글의 밑줄 사례는 합성의 오류이다. 합성의 오류는 특정 개체의 특성을 전체의 특성으로 연결하는 오류를 말한다. 당에 속한 특정한 개인이 흠집이 있다고 하여, 당 자체가 그런 흠집을 가졌다고 판단하는 것은 합성의 오류이다. 이는 성급한 일반화의 오류와 구분이 어려울 수 있는데, 밑줄 친 내용이 성급한 일반화의 오류가 되려면 당 전체가 아니라 다른 당원, 또는 모든 당원을 언급해야 한다. 즉, '당에 속한 A가 흠집이 있으므로 같은 당에 있는 B도 흠집이 있을 것이다' 등으로 말하는 것은 성급한 일반화의 오류이다. 특정 개체를 근거로 집단의 특성을 판단하느냐, 집단에 속한 다른 개체를 판단하느냐에서 그 차이가 있다. ① 역시 우승 팀 출신의 선수로 구성된 것을 근거로 팀의 우승을 확신하는 합성의 오류를 범하고 있다.

23 문제해결능력

정답 ③

유형	수리, 기호 정보에서 원리 파악하기 〉 기호 원리 파악하고 적용하기	난이도	★☆☆

주어진 그림의 숫자를 보면, 연관된 숫자와 순서가 1, 2, 3으로 동일한데, 일부 결과가 다르다. 이를 통해 숫자와 순서가 결과에 영향을 미치는 것이 아니라 숫자를 감싸고 있는 도형의 모양이 영향을 미친다고 판단할 수 있다.

주어진 그림의 규칙은 ○×□+△이다.

따라서 ?에 들어갈 숫자는 5×5+7=32이다.

24 문제해결능력

정답 ⑤

유형	Text로 된 정보에서 원리 파악하기 〉 미시적 원리 파악하고 적용하기	난이도	★★★

- 홍문관: 종2품 이상의 관원(3명)을 제외하여, 17명이다.
- 예문관: 종2품 이상의 관원(3명)과 응교가 겸직이므로 제외하여, 9명이다.
- 춘추관: 종2품 이상의 관원(7명)과 홍문관 부제학 이하 중 1명, 기사관 6명이 겸직이므로 제외하여, 6명이다.

그러므로 17+9+6=32(명)이 최대이다.

| 오답풀이 |

① 인원만 놓고 보면 33명이지만 예문관 관원의 경우 "응교는 홍문관의 직제학으로부터 교리에 이르는 관원 중에서 택하여 겸임"이라는 구절을 보거나, 제학 이상은 다른 관청의 관원이 겸임케 한다는 구절을 보면, 겸임 인원을 생각했을 때, 31명도 가능하다.

② 겸직을 반드시 해야 하는 것은 "수찬관 이하는 홍문관 부제학 이하 중 1명"만이다. 홍문관과 춘추관 관원의 합은 최대는 39명까지 가능하다. 하지만 홍문관의 영사, 대제학, 제학이 춘추관의 직제와 겸한다고 생각하면 36명이 모일 수도 있다.

③ 홍문관에서 17명, 춘추관에서는 "수찬관 이하는 홍문관 부제학 이하 중 1명" 겸직하므로 13−1=12(명)이다. 그래서 총 29명이 모일 수 있다.

④ 예문관 10명, 춘추관 13명인데, 이 중 기사관 6명은 예문관과 겸직이기 때문에 총 17명이 된다.

25 문제해결능력

정답 ⑤

유형	Text로 된 정보에서 원리 파악하기 〉 미시적 원리 파악하고 적용하기	난이도	★★☆

을은행에 예금된 1억 원을 상계에 사용하면 해당 부분의 변제를 거부할 수 있다.

| 오답풀이 |

① 연대채무는 "동일 내용의 급부에 관하여 여러 명의 채무자가 각자 채무 전부를 변제할 의무"로서 채무 전부를 변제할 의무이므로, 2명 중의 한 명이라 하더라도 1억 원이 아니라 2억 원의 변제 책임이 있는 것이다.

② 우선적으로 갑회사가 변제할 책임이 있으나 회사의 재산으로 채무를 완전히 변제할 수 없는 경우이므로 A와 B가 연대하여 변제하여야 한다.

③ "회사가 그 채권자에 대하여 상계, 취소 또는 해제할 권리가 있는 경우"에 변제를 거부할 수가 있으므로

현재 갑회사는 을은행에 예금되어 있는 1억 원에 한하여 거부할 권리가 있다.

④ "공동면책이 된 때에는 다른 연대채무자의 부담부분에 대하여 구상권을 행사"하는 것이다. B는 2억 원 중 1억 원만 변제하였으므로 아직 면책되지 않아 구상권을 행사할 수 없다.

여러분의 작은 소리
에듀윌은 크게 듣겠습니다.

본 교재에 대한 여러분의 목소리를 들려주세요.
공부하시면서 어려웠던 점, 궁금한 점,
칭찬하고 싶은 점, 개선할 점, 어떤 것이라도 좋습니다.

에듀윌은 여러분께서 나누어 주신 의견을
통해 끊임없이 발전하고 있습니다.

에듀윌 도서몰 book.eduwill.net

- 부가학습자료 및 정오표: 에듀윌 도서몰 → 도서자료실
- 교재 문의: 에듀윌 도서몰 → 문의하기 → 교재(내용,출간) / 주문 및 배송

매일 1회씩 꺼내 푸는 NCS Ver.2

발 행 일	2022년 7월 25일 초판 ｜ 2025년 5월 16일 6쇄
지 은 이	이시한
펴 낸 이	양형남
개발책임	김기철, 윤은영
개 발	윤나라, 김하랑
펴 낸 곳	(주)에듀윌
I S B N	979-11-360-1793-2
등록번호	제25100-2002-000052호
주 소	08378 서울특별시 구로구 디지털로34길 55 코오롱싸이언스밸리 2차 3층

www.eduwill.net

대표전화 1600-6700